法律今典译丛

The Economic Structure of
Intellectual Property Law

知识产权法的经济结构

(中译本第二版)

〔美〕威廉·M.兰德斯（William M. Landes） 著
理查德·A.波斯纳（Richard A. Posner）

金海军 译

北京大学出版社
PEKING UNIVERSITY PRESS

著作权合同登记号　图字：01-2016-4361 号
图书在版编目(CIP)数据

知识产权法的经济结构/(美)威廉·M.兰德斯,(美)理查德·A.波斯纳著;金海军译.—2版.—北京:北京大学出版社,2016.8
（法律今典译丛）
ISBN 978-7-301-27407-1

Ⅰ.①知…　Ⅱ.①兰…②波…③金…　Ⅲ.①知识产权法—研究—美国　Ⅳ.①D971.234

中国版本图书馆 CIP 数据核字(2016)第 188409 号

THE ECONOMIC STRUCTURE OF INTELLECTUAL PROPERTY LAW
by William M. Landes & Richard A. Posner
Copyright © 2003 by the President and Fellows of Harvard College
Published by arrangement with Harvard University Press
Simplified Chinese translation copyright © 2016
ALL RIGHTS RESEVED

书　　　名	知识产权法的经济结构（中译本第二版） ZHISHI CHANQUANFA DE JINGJI JIEGOU
著作责任者	〔美〕威廉·M.兰德斯　理查德·A.波斯纳　著 金海军　译
责任编辑	王　晶
标准书号	ISBN 978-7-301-27407-1
出版发行	北京大学出版社
地　　　址	北京市海淀区成府路 205 号　100871
网　　　址	http://www.pup.cn
电子邮箱	编辑部 law@pup.cn　总编室 zpup@pup.cn
新浪微博	@北京大学出版社　@北大出版社法律图书
电　　　话	邮购部 62752015　发行部 62750672　编辑部 62752027
印　刷　者	天津和萱印刷有限公司
经　销　者	新华书店
	965 毫米×1300 毫米　16 开本　35.5 印张　530 千字 2005 年 5 月第 1 版 2016 年 8 月第 2 版　2025 年 8 月第 4 次印刷
定　　　价	88.00 元

未经许可，不得以任何方式复制或抄袭本书之部分或全部内容。
版权所有，侵权必究
举报电话：010-62752024　电子邮箱：fd@pup.cn
图书如有印装质量问题，请与出版部联系，电话：010-62756370

中译本第二版序言

《知识产权法的经济结构》英文原版于2003年由哈佛大学出版社出版,北大出版社于同年10月即获得翻译授权,余亦得以受邀独任译事。此后费时一年有半,历经翻译、编辑、校稿、咨询各阶段诸位齐心协力,中译本遂于2005年初夏时节问世。今时过十年,北大社准备以重排本再版,这就给译者一个机会,得以再次通读全书,细加校勘。冬去夏至,校译诸事告竣,现据相关资料,可以大概地谈谈本书作者以及本书问世以来的一些情况,以裨理解。

一、关于作者

本书作者是兰德斯教授与波斯纳法官,均为法和经济学的芝加哥学派(Chicago School)的健将。波斯纳法官,无论在美国、中国还是其他国家,都是大名鼎鼎,几乎就是法和经济学派的化身。而国内学界谈起法律的经济分析,似亦言必波斯纳。"波斯纳在哈佛法学院就读时的成绩优异,毕业后先到加州的斯坦福大学任教;然后,他接触了一些芝加哥学派的经济学者,感受到经济思维的趣味。1969年,他转往芝加哥法学院,直接和芝加哥学派的经济大师们展开辩论。然后,这位优秀的法律学者,先变成优秀的经济学者,再进一步成了推展'法律经济学'的大将;2003年,他几乎是执这个新兴领域牛耳的掌门人。"[1]在他最近刊布网络的一份长达192页的简历上,胪列学术种种,其著述之丰,恐无人能及。[2]截

---

[1] 熊秉元:《正义的成本—当法律遇上经济学》,东方出版社2014年,第77页。
[2] 劳伦斯·莱西格曾评价道:"他是著述最丰的联邦法官,前无古人。任职于上诉法院,仍属最高产的法学家之列,同样前无古人。如果以引证率测度影响力,那么当仁不让,波斯纳是在世的最有影响的法学家。"参见波斯纳:《论剽窃》,沈明译,北京大学出版社2010年版,封二"作者简介"。

至 2015 年 7 月,波斯纳出版图书 64 本,其中,他的第一本著作即 1973 年出版的《法律的经济分析》(*Economic Analysis of Law*),到 2014 年已经修订至第 9 版,成为法和经济学领域的权威教科书;而其自芝加哥大学执教开始迄今四十多年间,共发表学术论文 316 篇,另有大量书评、短文不计在内。[3] 1981 年,波斯纳获得里根总统提名并经参议院表决通过而出任美国第七巡回上诉法院法官,至今将近三十五年。因其专职由法学教授而变为联邦巡回法官(circuit judge),故世人多以波斯纳法官相称。他也一直在芝加哥大学法学院教课,但依例只能称之为"senior lecturer",姑且译为"资深讲师",不过,这一职位绝非一般教授可比,更不可以当今所谓的"学者型法官"衡之。在这 35 年左右的时间里,波斯纳法官撰写的判决书达 880 多份之巨。[4] 本书曾经提到,法官撰写的判决书是没有著作权的,诚然,如果根据他人对法官的判决意见的使用,例如引用这些判决的情况而决定法官的报酬,那么司法判决书的质量可能会有很大提高(参见本书边码第 15 页[5])。英美法系法官撰写的判决书,从引证方式与表达内容来看,实不亚于一篇论文,而波斯纳法官的不少判决也确已成为著名判例,被广为引用。因之,波斯纳横跨人文社科各界的学术气度,审案判决与撰著学问俱为一流的气势,实堪比伟大的霍姆斯大法官。[6]

波斯纳法官的光芒如此闪耀,或许难免遮掩住本书的另一位作者。但事实上,威廉·兰德斯教授对本书,乃至在他们的其他诸多学术合作中的贡献,绝对毫不逊色。鉴于兰德斯教授在国内往往不太为人所识,故需在此着重介绍一下他的学术经历。

兰德斯在青少年时期入读纽约市音乐艺术高中(High School of Music & Art in New York City),他自嘲是因为没有艺术天分

---

[3] 参见芝加哥大学法学院官网 http://www.law.uchicago.edu/files/cv/posner-july-28-2015.pdf.

[4] 参见同上注。这些判决的案件名称依时间先后列于该简历的第 53 页至第 192 页,这里是依每页大约包含 22 个案件而估算的数量。

[5] 以下括注页码无特殊说明均为本书的边码。

[6] 《芝加哥大学法律评论》在 2007 年出版专辑,纪念波斯纳担任联邦法官 25 周年。参见 Douglas G. Baird, "The Young Astronomers", 74 *U. Chi. L. Rev.* 1641 (2007).

而最终在选择大学时弃艺从文,入读哥伦比亚大学。但年轻时长期的艺术训练和熏陶还是令他受益终生,因为他感到,任何作品都必须要有创造性与想象力,而这也影响到他后来对学术道路和研究主题的选择。在大学三年级时,兰德斯选定修读经济学课程。导致他转向经济学的原因,居然是他对当时主流观念的怀疑:一是认为微观经济学的假设不具有现实性,故不能解决现实世界中的问题;二是教授们将广告斥之为巨大的社会浪费。大学毕业后,兰德斯投身华尔街做股票经纪人,但数月下来,他就开始觉得还是在大学里比较有意思,于是到哥大研究生院,开始半工半读。在研究生课程中,有一次他旁听了加里·贝克尔(Gray Becker)教授[7]的课,才感受到"真正的经济学家的训练",从而领悟到简化而描述性的经济学假设所带来的思维乐趣和益处,这也让他学会了如何用简单的模型来描述现实世界中的问题,而这样的模型就为系统性思考公共政策和法律提供了一种方法。[8] 于是,在贝克尔教授的指导下,兰德斯开始以"干中学"(learning by doing)的方式,以关于公平雇佣法是否提高了非白人人群的经济地位为题,学习如何建立模型、实证调查和做回归分析。他最终完成这篇博士论文,于1966年获得哥大经济学博士学位。

在20世纪60—70年代,法和经济学还属于一种广义上的研究领域,研究者也主要是经济学家,他们偏重于对市场的法律管制,以及在反托拉斯案件中的商业实践做经济分析。但是,兰德斯所设想的法和经济学则是狭义上的。为加以区别,他称之为"新"法和经济学,亦即以罗纳德·科斯关于社会成本的那篇论文[9]作为开始标志的研究领域。这样构建起来的法和经济学,其主场就从经济系转到了法学院。[10]

在早期的学术生涯中,兰德斯曾任教于美国多所大学的经济

---

[7] 加里·S. 贝克尔(1930—2014),美国著名经济学家,芝加哥大学教授,1992年获诺贝尔经济学奖。

[8] William Landes, "The Art of Law and Economics: An Autobiographical Essay", *The American Economist* Vol. 41, No. 1 (Spring, 1997), pp. 31—42.

[9] Ronald. H. Coase, "The Problem of Social Cost," 3 *J. Law & Econ.* 1 (1960).

[10] William Landes, "The Art of Law and Economics: An Autobiographical Essay", *The American Economist* Vol. 41, No. 1 (Spring, 1997), pp. 31—42.

系。根据其简历介绍,他1965—1966年任斯坦福大学经济学助理教授,1966—1969年任芝加哥大学经济学助理教授,1969—1972年任哥伦比亚大学经济学副教授,1972—1974年任纽约城市大学经济学副教授。不过,他的学术研究重心却一直放在法和经济学上面,最初的研究主要是诸如刑事案件中的辩诉交易(他称之为真正的"囚徒困境"[prisoner's dilemma])和民事诉讼和解之类的与法院以及诉讼相关的课题。他的"不务正业"也引来经济系资深教授的劝告,好在他的导师贝克尔教授对此给予大力支持。1968年,兰德斯就从芝加哥回到纽约,并于次年正式加入美国国家经济研究局(National Bureau of Economic Research,简称NBER),而这一工作变动也给予其更加自由的研究空间。1971年,NBER正式成立法和经济学研究组,成员除了兰德斯,还包括贝克尔、艾萨克·埃利希(Isaac Ehrlich,他也是贝克尔的学生)和波斯纳。波斯纳时任芝加哥大学法学教授。兰德斯认为,波斯纳的加入填补了该研究小组的学术空白,大大开拓了他们这些经济学家的研究范围,因为此前他们的研究只是集中于犯罪与法院,而现在由于成员之间的不同专业背景,才真正形成了法学与经济学的交叉研究。[11]他们这种合作模式,一直延续至今,并且对两人今后的学术研究影响至深。

几经辗转,兰德斯终于在1973年收到芝加哥大学法学院发出的终身教职邀请,回到了他梦寐以求的地方,这里也成为他学术生涯的归宿之地。彼时的芝加哥大学,经济学大师云集,贝克尔(1992年)、科斯(1991年)、斯蒂格勒(1982年)、弗里德曼(1976年)等先后获得诺贝尔经济学奖。而芝加哥大学法学院,一直就有邀请经济学家担任教员的传统,比如,在兰德斯之前,就有赛门斯(Henry Simons)[12]、迪雷克托(Aaron Director)[13]和科斯加盟法

---

[11] William Landes,"The Art of Law and Economics: An Autobiographical Essay",*The American Economist* Vol. 41, No. 1 (Spring, 1997), pp. 31—42.

[12] 亨利·C.赛门斯(1899—1946),一译"西蒙斯"或"赛蒙",美国著名经济学家,1938—1946年任芝加哥大学经济学教授,被迪雷克托看作"芝加哥学派"最早的领袖。

[13] 艾伦·迪雷克托(1901—2004),芝加哥大学法学院教授,1958年创办《法和经济学杂志》(*Journal of Law & Economics*),对法和经济学影响至巨,被称为"大师们的老师"。

学院。1974年至今，兰德斯一直任教于芝加哥大学，其间于1974—1980年担任经济学教授，1980—1992年任克里夫顿·R.马瑟(Clifton R. Musser)经济学讲座教授，1992—2009年任克里夫顿·R.马瑟法和经济学讲座教授。他在2009年退休之后，任克里夫顿·R.马瑟法和经济学荣休教授。而科斯在2013年去世之前所担任的，也是克里夫顿·R.马瑟法和经济学荣休教授。[14] 兰德斯与科斯的交叠，正说明他们在精神与现实层面一定有着种种的交汇。如前所述，兰德斯认为，法和经济学就应当从科斯那篇论文开始，而他们在芝加哥大学先后担任的，又是同样名称的讲座教授。这似乎反映了他们的学术传承，然而对于法和经济学的基础及其功能，两者却有着不同的认识。或许由于年龄相仿和此前在NBER的合作经历，兰德斯与波斯纳，一位经济学有与一位法学家，倒是理念颇为相契，也就有了更多的学术合作。

根据兰德斯教授的简历，他迄今为止共出版图书6本。而其中最具分量的三本是1987年的《侵权法的经济结构》(*The Economic Structure of Tort Law*)、2003年的本书以及2013年的《联邦法官的行为：理性选择的理论与实证研究》(*The Behavior of Federal Judges: A Theoretical and Empirical Study of Rational Choice*)。有意思的是，这三本书均系与波斯纳合作完成（最后一本加入另一位合作者Lee Epstein），并且都是由哈佛大学出版社出版。

二、关于本书

本书是两位作者继1987年出版关于侵权法的经济分析的专著[15]之后，转向知识产权法领域进行合作研究而形成的成果汇集。

---

[14] 这里需要说明的是，本书中文版在初次印刷时，"译后记"开头第一段在排版时出现错误，致使国内部分读者误认"兰德斯"为"科斯"，鲁鱼亥豕，误使人把冯京当马凉。这一误植在本书第二次印刷时已予更正，但仍不啻为一次严重警告。

[15] William M. Landes and Richard A. Posner, *The Economic Structure of Tort Law*, Harvard University Press 1987。该书中译本为《侵权法的经济结构》，王强、杨媛译，北京大学出版社2005年版。

由于两本书的标题结构非常相似,很容易被人认为是同一个系列的丛书。[16]"尽管这两本书同属于在其各自法律领域的第一本经济分析专著"(第10页),但事实上,除了它们在作者、出版社、名称上具有相同性,两书在主题与内容上是完全不同的。

作者在导论中提到,他们是在此前发表的一系列相关论文的基础上"进行了广泛的修订,包括更新数据、重新编排、扩写和反思"并最终成书。他们最早的一篇是1987年发表的关于商标法的经济分析的论文,而后逐步扩展至著作权法、商业秘密、专利法、专利法院、反托拉斯法等几乎是知识产权法的全部领域。从全书结构来看,大致可分为四个部分:

(一)关于一般财产权与知识产权的法律基础与哲学基础(第1章);

(二)对各类知识产权的经济分析(第2—11章、第13章);

(三)对联邦巡回法院的分析(第12章);

(四)反托拉斯法与知识产权政治经济学(第14、15章)。[17]

显然,本书的重心是在第二部分,其篇幅也占全书三分之二以上。不过,本书的中心却是在第1章中所提出的问题。"贯穿全书,我们对相关案件、法律规定与原则进行考察的立场就是:它们在经济意义上是否有效率;如果不是,可以如何让它们变得有效率。"(第4页)。这个关于如何让知识产权法有效率的问题,就等同于如何为知识产权划定界线的问题,译者称之为知识产权的基本问题。[18] 如果说他们最初还致力于介绍和传播以经济学方法分析知识产权法的基本知识的话,那么,其后期研究重心则转移到对前述基本问题的回答上来了。因此,在本书当中,除了能够让人比较全面地领略那种"以经济学方法解析一切法律问题"的波斯纳-兰德斯风格之外,还可以特别注意到他们对这个基本问题的回答。

---

[16] 加州大学伯克利分校信息经济学教授布朗斯坦在一篇书评中就有这样的看法。参见 Yale M. Braunstein,"Book Review",*Journal of Economic Literature*,Vol. 42, No. 4 (Dec., 2004), pp. 1147—1149.

[17] 同上注。

[18] 金海军:《知识产权的界线划在哪里——〈知识产权法的经济结构〉再读记》,载《电子知识产权》2005年第12期。

不过,他们在此问题上提出了新的方法和见解,但一如他们的前辈那样,他们也无法给出完整而确定的答案。因此,这恐怕仍然是一个问题!

兰德斯和波斯纳在书中借助物质财产的法和经济学模型,来考察知识产权法的一般原理以及基本问题。"财产的经济理论"既是本书第一章,也是其全部讨论的基础。无论是普通法系的财产法还是大陆法系的物权法,关于物质财产的法律制度已经相当健全,而产权经济学亦属经济学的基础,因此,以此切入来分析知识财产权,无疑是最便捷,也是最有效的路径。人们对于知识财产应当像物质财产那样享有财产权,对此命题的论证方法有多种。西方的知识产权法教材一般都将证明知识产权正当性的经典论述,首先追溯到约翰·洛克的《政府论》(1690年)下篇,这被后来者称为财产权的"劳动成果理论"。继而求诸黑格尔《法哲学原理》(1820年)中关于财产的"人身自由理论"。不过,兰德斯和波斯纳显然"对于知识产权的非经济学理论是否具有更强的解释力或者规范意义"表示怀疑(第5页),从而竭力推崇他们那套经济分析方法,因为"经济学使法律得到很大的简化。……经济分析得以让人们整体把握知识产权法,存在于不同领域和案件中的许多共同点,就与它们之间的重大差别一起而为人们清晰所见"(第420页)。事实上,无论在道德层面还是在经济理论上,亦无论根据洛克、休谟、康德和黑格尔,还是按照斯密、边沁、庇古和陶西格,要证明为什么必须对知识财产赋予产权的效力,亦即知识产权的正当性并不难。[19] 那么,兰德斯和波斯纳在本书中的贡献又在哪里呢?他们的首要贡献是从产权经济学的角度,比较系统地阐述了知识产权之于物质财产权的共性和关联,也突出强调了两者之间的差别,从而解释了知识产权法律制度之有别于物权法/财产法的根本原因。

法和经济学对于产权制度的常规论证方法就是所谓的"成

---

[19] 关于知识产权正当性的最新争议,参见 Robert P. Merges, *Justifying Intellectual Property*, Harvard University Press 2011; Mark A. Lemley, Faith-Based Intellectual Property, 62 *UCLA L. Rev.* 1328 (2015).

本—收益"分析(cost-benefit analysis),并据此认定某一制度究竟是否符合效率,进而有无正当性。他们提出,财产权的收益分为静态收益和动态收益,前者是指财产权制度减少了交易成本(以法律规则来替代产权人与全体第三人的谈判与交易),后者是指财产权提供了激励(获得将来收益的稳定预期)。财产权的成本在于:转让该权利的成本(交易成本);寻租成本;保护成本。这种分析对于物质财产(动产和不动产)而言,其产权的效率是非常明显的,即物质财产的产权制度保证权利人有效地利用其财产,并实现稀缺资源的有效配置。在法和经济学著作中通常假设的例子,就是所谓的"公地悲剧"(tragedy of commons),而实证的例子就有英国的"圈地运动"(第12页)。但是,对于知识财产而言,则需作进一步的分析,因为"知识产权趋向于比物质财产的权利而需要更大的成本"(第21页)。知识产权的高成本表现在:其一,由于交易对象难以界定,所以交易成本较高。著作权法关于作品的定义、实质性相似的规定,专利法规定的专利申请审查、权利要求书、等同原则等,就是相应的制度设计。其二,寻租成本相对高得多,尤其在专利领域。相同的发明只能将专利授予最先完成发明者或者最先提出申请者,其余作出相同发明的人,哪怕晚一天也不可能取得产权。这样就形成了"赢家通吃"(win-take-all),而非双赢(win-win)的游戏规则,由此产生的租值当然要高得多,这甚至被比喻为"专利竞赛"(patent race)。其三,知识产权由于其对象的特性,而且具有公共产品(public goods)的特征,所以其保护成本趋于特别高昂。

鉴于此,"我们可以期望知识产权法努力地减少这些权利的成本……方法之一,就是对知识产权施加在物质财产领域中所没有的限制"(第21页)。但是,这样的限制或者界线应当被确定在何处?而且,这样的限制规定,是否会涉及更深层的问题?正如兰德斯和波斯纳在书中所提出的,"政府在知识财产上有着比在物质财产上更深的涉入,就使得把理所当然被认为享有美誉的土地和其他物质财产的财产权制度不加批判地外推至知识财产领域的做法充满了危险"(第36页)。

兰德斯和波斯纳在书中也承认,在如何为知识产权划定界线的问题上存在着实证研究的欠缺。"在决定应当承认某一知识产权的宽窄范围时,理想的做法是对不同的知识财产形态进行分类,其标准是承认与不承认这样一种权利时可能被生产的产量,并且只对那些当未承认该权利时其产量将严重达不到最佳状态的种类才授予该权利。……令人遗憾的是,为这样一种分类所必需的实证研究从未进行过"(第24页)。

在随后展开的各章中,他们着重探讨的诸多问题就包括著作权保护期限、如何确定权利对象(作品、发明等)的范围、行使权利的范围等。兰德斯和波斯纳在该书中也多处进行了理论和实证的研究,比如美国联邦巡回上诉法院对专利案件的专属管辖权、合理使用制度、著作人身权等。他们试图从一般理论到具体制度,来论证知识产权的界线。他们强调了知识产权的基本问题,并以独特的视角和方法进行了可贵的探索,也得出了一些尽管不同于现行知识产权制度,但着实令人思考的结论。也许我们并不能从中得到明确完整的答案,也许反而因此带来了更多的问题,但是,正如德国数学家希尔伯特(David Hilbert)所说:"只要一门科学分支能提出大量的问题,它就充满着生命力,而问题缺乏则预示着独立发展的衰亡和终止",问题的价值和魅力恐怕就在于此。[20]

另外还需谈谈本书的表达方式。有评论认为,本书集中于对知识产权的经济分析而非法律分析,这在一定程度上可能解释了它的可读性(readability)。[21] 但是,作者在作经济分析时,也不可避免地使用了若干方程式或数学等式,还有几份进行回归分析的表格,这些对于非经济学或者统计学专业的读者来讲,可能会构成一定的阅读障碍。正如霍金在《时间简史》中曾经提到,"有人告诉我,我放在书中的每一个方程式都会使本书的销售量减半,为此我决定一个方程也不用。"[22]霍金介绍的是如此高深而前沿的物理学问题,如果不用方程式确实存在一定的挑战。"现代科学变得如此

---

[20] 转引自金海军:《知识产权的界线划在哪里—〈知识产权法的经济结构〉再读记》,载《电子知识产权》2005年第12期,以上七段均引自该文,并略有调整。
[21] Yale M. Braunstein, "Book Review", *Journal of Economic Literature*, Vol. 42, No. 4 (Dec., 2004), pp. 1147—1149.
[22] 斯蒂芬·霍金:《时间简史—从大爆炸到黑洞》,许明贤、吴忠超译,湖南科学技术出版社1996年版,第6—7页。

之技术化,以至于仅有极少数的专家能够掌握解释这些问题所用到的数学。不过关于宇宙的起源和命运的基本概念则可以离开数字,以一种没有受过科学训练的人也能理解的形式来加以陈述。"[23]那么,经济学家能否把法和经济学的问题,以一种没有受到专业训练的人也能理解的形式加以表达呢?

事实上,最近以来,在经济学领域确实存在着"数学崇拜"的现象,并且正受到人们的反思与批评。一些经济学家"似乎只要建了模型,就认为研究方式和结论便有了充分的正当性",他们"疏于追求真相,反而被光鲜的数学外衣迷得晕头转向"。反思之后的结论是,经济学家们应该借助更加直接、易懂的语言来展现他们所擅长的知识。[24]

好在本书借助于经济分析的这些数学工具,都是建立在真实而具体的统计数据、司法案例与法律规则之上的,由此进行实证分析,倒并非为了"炫耀其科学性"。而且,两位作者文笔流畅,笔力矫健,在很大程度上缓解了前面所提到的理解困难,当然也就增强了本书的可读性。第二巡回上诉法院勒瓦尔法官(Pierre N. Leval)在评价本书时,曾经幽默地提到了一个方程式:"某一天,爱因斯坦在一块写满了奥妙演算的黑板旁深思良久,而后得出了这样一个生活化的发现:Time＝＄＄。兰德斯与波斯纳就扮演了神话中爱因斯坦的角色,他们从各个方面揭示了经济效率的概念如何盛行于法律规则之中。"(参见本书封底评语)。无独有偶,霍金在《时间简史》一书中,最终也还是用到了一个方程式,那就是爱因斯坦著名的方程 $E=mc^2$,尽管他还为此担忧"这个方程不会吓跑一半我的潜在读者"。[25] 事实证明,《时间简史》成为风靡全球的畅销书,至今不衰;希望本书的这些方程式也不会"吓跑潜在的读者"。

---

[23] 斯蒂芬·霍金:《时间简史——从大爆炸到黑洞》,许明贤、吴忠超译,湖南科学技术出版社 1996 年版,第 6—7 页。
[24] 参见斯扬编译:《经济学家的数学崇拜》,载《文汇学人》2016 年 4 月 15 日。
[25] 斯蒂芬·霍金:《时间简史——从大爆炸到黑洞》,许明贤、吴忠超译,湖南科学技术出版社 1996 年版,第 7 页。

三、本书之后及其影响力

自本书出版之后,两位作者的学术研究重心再次转向,转移到对于法官行为与理性选择的研究上,这些也构成了他们在2013年出版的另一本著作的基础。但是,在此期间,他们还是有少量的一些论著涉及知识产权法的经济分析,兹列于此。

波斯纳法官曾于2007年出版一本小册子《论剽窃》[26],此外还有几篇论文,主要是对因美国著作权法修改延长作品保护期所引发的 Eldred v. Ashcroft 案[27]进行评析[28],另有一篇文章是与兰德斯合作的关于专利法院的实证分析[29],以及一篇关于知识产权法和经济学方法的综述。[30]

在本书之后,兰德斯教授也有几篇论文涉及知识产权法的经济分析。除了前述与波斯纳合作的那一篇之外,他的论文主要是集中在2003—2004年的数篇,均涉及侵犯著作权的间接责任问题。[31] 此外,在波斯纳担任联邦法官25周年的纪念特辑(2007年)中,兰德斯曾撰一文,对波斯纳所撰写的"豆豆娃"(Beanie Ba-

---

[26] Richard Posner, The Little Book of Plagiarism (Pantheon Press, 2007). 波斯纳《论剽窃》,沈明译,北京大学出版社2010年版。

[27] Eldred v. Ashcroft, 537 U.S. 186 (2003).

[28] Richard A. Posner, "The Constitutionality of the Copyright Term Extension Act: Economics, Politics, Law, and Judicial Technique in Eldred v. Ashcroft," 2004 Supreme Court Review 143; Richard A. Posner, "How Long Should a Copyright Last?" 50 Journal of the Copyright Society of the U.S.A. 1 (2003); Richard Posner and William F. Patry, "Fair Use and Statutory Reform in the Wake of Eldred," 92 California Law Review 1639 (2004).

[29] Richard A. Posner and William M. Landes, "An Empirical Analysis of the Patent Court," 71 University of Chicago Law Review 111 (2004).

[30] Richard A. Posner, "Intellectual Property: The Law-and-Economics Approach," Journal of Economic Perspectives, Spring 2005, p. 57.

[31] William M. Landes, "Indirect Liability for Copyright Infringement: Napster and Beyond," 17 Journal of Economic Perspectives 113 (2003); William M. Landes and Douglas Gary Lichtman, "Indirect Liability for Copyright Infringement: An Economic Perspective," 16 Harvard Journal of Law and Technology 395 (2003).

bies)系列知识产权案件[32]的判决加以经济学分析。[33] 兰德斯在正式评论之前写下这样一段话,向波斯纳法官致敬:"如果有一位法官,他热爱小动物,认为知识产权是经济学中的一个具有挑战性的范畴,并且视写作为一种消遣,然后在3年时间内就Ty公司一种名为'豆豆娃'的毛绒玩具所引发的著作权与商标案件而连续写出4份判决,还有比这更有趣的吗?"[34] 兰德斯当然完全赞同波斯纳法官的判决,但这也毫不奇怪,因为他们在本书的相关之处已经探讨了与此相关的案件,其中清楚地表达了他们共同的观点(第121—122页、第164页、第206页。)。

由此可见,本书作为知识产权法律经济分析的集大成者,已经系统地呈现了两位一流学者的观点与方法。他们的后续无多,而仅有的研究成果,也只能看作是对本书观点与方法的一种验证或者应用。

值得注意的是,本书出版以来给知识产权法学界带来了深远而广泛的影响。我们可以对此作一番实证分析。

2016年7月15日,我们利用Westlaw数据库进行检索,结果如下。首先以"economic structure"/s "intellectual property"/s "posner"/s "landes"为检索关键词,显示总数量为1031篇。其中:Cases:13;Secondary sources:916;Briefs:72;Trial case documents:27;Expert materials:3。

再来看本书在司法判决与学术论文上的引证情况。

其一,在联邦法院的判决中,有13份判决引证了本书,其中,美国最高法院引证本书的判决有5份。[35] 另有7份是巡回上诉法

---

[32] *Ty, Inc. v. Publications International Ltd.*,292 F.3d 512(7ᵗʰ Cir. 2002); *Ty, Inc. v. Perryman*,360 F.3d 509(7ᵗʰ Cir. 2002); *Ty, Inc. v. Softbelly's Inc.*,353 F.3d 528(7ᵗʰ Cir. 2003); *Peaceable Planet, Inc. v. Ty, Inc.*,362 F.3d 986(7ᵗʰ Cir. 2004).

[33] William M. Landes,"Posner on Beanie Babies,"74 *U. Chi. L. Rev.* 1761 (2007)

[34] 同上注。

[35] *Illinois Tool Works Inc v. Independent Ink Inc.*,547 U.S. 28(2006)(涉及专利产品的搭售协议是否合法); *Laboratory Corp. of America Holdings v. Metabolite Laboratories Inc.*,548 U.S. 124(2006)(涉案专利是否无效); *Bilski v. Kappos*,561 U.S. 593(2010)(商业方法是否可授予专利); *Golan v. Holder*,132 S.Ct. 873(2012)(著作权保护期限延长是否适用于本来进入公共领域的外国作品); *Mayo Collaborative Services v. Prometheus Laboratories, Inc.*,132 S.Ct. 1289(2012)(涉案专利是否无效)。

院的判决,包括著名的谷歌图书馆案。[36] 这也足证本书对于美国高层法院和法官的影响程度。

其二,在引用本书的916篇二手文献中,属于法律期刊论文的有836篇。再按照收录这些论文数量较多的法律期刊(这里设定门槛值为9篇)进行观察,可以发现,收录论文最多的是《伯克利技术法杂志》(Berkeley Technology Law Journal),一共有29篇论文引用了本书。这当然可以解释为是因为该杂志属于知识产权专业期刊,本身收录此类论文较多之故。但值得注意的是,在一般性法律评论上,像最著名的《哈佛法律评论》(Harvard Law Review)、《耶鲁法律杂志》(Yale Law Journal)和《斯坦福法律评论》(Stanford Law Review),它们所刊载的论文中,居然各有11篇引证过本书。这一点倒也不难理解,因为本书两位作者早在二十多年前就做过一项精彩的实证研究,表明"在美国主流法学期刊中,使用经济分析方法的论文数量要多于使用其他任何方法的文章"。[37] 本书在法学论文中的引证率之高,从一个侧面反映了在美国知识产权法研究中,经济分析方法变得更加普遍与重要。

我国对本书的引用情况如何呢?因为我国法院在裁判案件时不可能引用学术论著,故在司法判决引证方面,无法进行对比。我们来看国内学术论文对本书的引用,这里所依据的是中国知网期刊数据库。

首先看本书英文原版的被引用情况。我们以同时包含"intellectual property"+"economic structure"+"posner"+"landes"进行全文检索,结果显示为15篇。据此可知,本书英文原版被15篇国内学术论文引用过;其中,各年度的引用情况为:2015年(2篇)、2013年(2篇)、2014年(4篇)、2011年(2篇)、2010年(1)篇、2009年(3篇)、2007年(1篇)。其次看本书中译本的被引用情况。我

---

[36] Authors Guild v. Google, Inc., 804 F.3d 202 (2nd Cir. 2015)(撰写该案判决的正是勒瓦尔法官)。

[37] William M. Landes and Richard A. Posner, "The Influence of Economics on Law: A Quantitative Study,"36 J. L. & Econ. 385 (1993)。另参见罗伯特·考特、托马斯·尤伦:《法和经济学》(第六版),史晋川、董雪兵等译,格致出版社2012年版,第2页。

以同时包含"知识产权"+"经济结构"+"波斯纳"+"兰德斯"+"金海军"进行全文检索,结果显示为272篇。由此可知,本书中译本自2005年出版发行以来,已被272篇学术论文引用过。看各年度的引用情况分别为:2016年(10篇)、2015年(32篇)、2014年(31篇)、2013年(34篇)、2012年(32篇)、2011年(23篇)、2010年(21篇)、2009年(17篇)、2008年(31篇)、2007年(25篇)、2006年(14篇)、2005年(2篇)。若除掉出版当年只有2篇,以及2016年只计作半年,那么在其余的十整年当中,引用本书的学术论文共计260篇,亦即年均26篇。

对照上述关于学术论文引用本书的统计数据,可以发现中美两国学界的若干差别。首先,中国学者在知识产权法研究中运用经济分析的论文数量较少,其次,收录此类论文的期刊级别相对较低。而从本书原版与中译本在国内学术论文中的引用情况看,尽管原版早于2003年即已出版,但引用原版的论文最早是在2007出现的,而中译本在2005年出版后,当年即有论文引用之。并且,国内学者引用中译本的数量远远多于引用原版的数量。这种状况既符合国内在法和经济学上的整体研究水平,也正说明国内极需介绍引进包括本书在内的法和经济学优秀著作。

四、其他说明与致谢

如前所述,本书提出的问题很多,作者对有些问题给出了明确的答案,有些可能只是提供了观察的视角和解决思路,而有些回答则似是而非,甚至争议颇大。答案也许不是最重要的,好的问题与方法或许才是本书的魅力所在。

首先,书中的一些结论仍需经受司法实践的考验。例如,专利到期之后被许可人是否还须向专利权人支付使用费?有人会说,专利既然已经到期,人人皆可免费使用,被许可人自然无需再支付使用费了。美国最高法院在1964年 *Brulotte v. Thys Co.* 一案[38]的判决中认定,专利权人在专利保护期届满之后,不得再强制执行

---

[38] 379 U.S. 29 (1964)。

一份有关支付专利使用费的合同。最高法院的推理是,通过索取一项关于在专利保护期届满之后继续支付专利使用费的允诺,专利权人就在法定保护期之外延长了专利,从而违反法律。但是,兰德斯和波斯纳认为,这个推理是错误的(第 380 页)。这一问题也在司法实践与学术界引发争议。一些法院和法学家建议推翻 *Brulotte* 案。比如,波斯纳法官在其所审理的一起案件中认为,*Brulotte* 案"从各方面来看,已经受到了严重批判。……但是,我们没有权力推翻最高法院的判决,无论其推理多么地靠不住,或者甚至与最高法院目前的思路多么不合拍"。[39] 鉴于各巡回法院存在意见分歧,美国最高法院遂决定受理有关该争议的 *Kimble v. Marvel Entertainment*, *LLC* 案。最高法院于 2015 年 6 月 22 日作出判决,最终还是以 6∶3 的结果维持了原审判决,亦即根据"遵循先例"(stare decisis)原则,仍然维持 *Brulotte* 案规则。[40] 最高法院指出,对 *Brulotte* 案规则的批评者,应当去向国会寻求修改法律。"推翻一个先例就必须要有'特殊的正当性'(special justification),而不仅仅是因为相信'它判错了'。如果说先例是对制定法的解释,那么遵循先例就是在提升这种解释的力量。批评者完全可以向国会反映他们对该项制定法的反对意见。但是,国会已经数度摒弃其可以推翻 *Brulotte* 案的机会,甚至断然拒绝了那些本来可以替换 *Brulotte* 案规则的法案。"[41] 这一判决结果可谓对本书作者所持观点的一大打击,也或许会因此引发更大的学术争论。

其次,需要特别提出来的是,本书于 2003 年问世之后,在这十余年间,美国知识产权法律制度(包括制定法与判例法)发生了诸多修订与改变。典型者如 2011 年国会通过的《美国发明法》(American Invent Act,简称 AIA)。这项法律对美国专利制度的改革力度之大,范围之广,意义之重,被业界普遍认为是仅次于

---

[39] *Scheiber v. Dolby Labs., Inc.*, 293 F. 3d 1014, 1017—1018 (CA7 2002)。另参见 Ayres & Klemperer, "Limiting Patentees' Market Power Without Reducing Innovation Incentives: The Perverse Benefits of Uncertainty and Non-Injunctive Remedies," 97 Mich. L. Rev. 985, 1027 (1999) ("我们的分析表明,*Brulotte* 案判决应予推翻")。

[40] *Kimble v. Marvel Entertainment*, *LLC*, 135 S. Ct. 2401 (2015).

[41] 同上注。

1952年《专利法》的制度性革命。这些改革中最为重要的,也是广受世人关注的一项,就是《专利法》第102条的修改,从而将美国实行了二百余年的"先发明制"(first-to-invent rule)一改而为"发明人先申请制"(first-inventor-to-file rule)。经此一改,不仅影响到有关新颖性、现有技术的认定,而且涉及程序性设计上的更新。[42] 因而,对于本书第11章相关之处的一些表述,可能就需要特别注意其在AIA前后的差别了。

又如,美国在1995年引入商标淡化规则,即《联邦商标反淡化法》(Federal Trademark Dilution Act,简称FTDA),但由于最高法院的 *Moseley v. Secret Catalogue, Inc.* 案判决[43],导致2006年国会通过《商标反淡化修订法》(Trademark Dilution Revision Act,简称TDRA),对商标淡化规则作出重大修改。因此,在阅读本书第9章关于商标淡化的部分时,亦应予以留意。

再比如,随着互联网、生物技术等对经济社会的影响,相关案件层出不穷,特别是在知识产权领域出现了很多争议性案件,而美国法官也通过对这些案件的裁判,确立了许多新的规则。以美国最高法院为例,它在最近十年间审理的知识产权案件(尤其是专利案件)远超以往任何时期。例如,在2000—2007年间,最高法院的知识产权案件判决一般是每年1—3件[44],但是,到最近五年,该数量已经翻倍。2012年开庭期,知识产权案件的判决数量达到6件。[45] 而在2013年开庭期,最高法院总共作出75件判决,其中的知识产权案件判决竟然高达10件(包括专利案件判决6件)。[46] 当然,无论是制定法的修改还是判例法规则的变化,它们对于本书的基本原理、研究方法和观察视角往往并不会产生根本性影响,毋

---

[42] 参见金海军:《从美国〈专利法〉第102条看发明人先申请制的实质》,载《知识产权》2013年第4期。

[43] 537 U. S. 418 (2003).

[44] Matthew Sag, Tonja Jacobi and Maxim Sytch, "Ideology and Exceptionalism in Intellectual Property: An Empirical Study," 97 *Cal. L. Rev.* 801, 852.

[45] David J. Kappos, October Term 2012: Trends in Supreme Court Intellectual Property Jurisprudence, www.cravath.com.

[46] 金海军:《知识产权实证分析[I]创新、司法与公众意识》,知识产权出版社2015年版,第108页。

宁说，它们正是进一步研究的材料与契机。

最后，向所有关心本书的同事同学和读者朋友表示感谢。王晶编辑一如既往地为此次再版修订工作倾注心力。在本书中文版推出之后，译者曾收到校内外诸多师友同学的热烈反馈，这些既是嘉勉，也为中译本的校订修正提供了线索。在最近几年本校知识产权法专业博士生的研究方法与文献研讨课中，译者曾与13、14级博士生共同研读包括本书在内的知识产权法和经济学经典作品，其间，对此研究领域颇有心得的曾凤辰同学，自称对本书通读数遍，故其对本书提出的若干疑问与意见，令人颇受启发。学无止境，译亦无涯。在中译本第二版中，译者除订正此前已经发现并暗自汗颜的少量讹误之外，工作重点是遵照由信达而语顺的要求，通读全书译文，努力使句子结构和文字表述更加规范，务求晓畅易懂。借用波斯纳法官所言，"让判决自己来说话"（The opinions have to speak for themselves）。[47] 本次修订是否达到这一要求，也还是让文本自己来说话罢。

"凡事过去，旨为序章"（What's past is prologue）。[48] 诚愿再次聆听读者诸君的意见，也希望以区区微力而共襄谱写吾人在知识产权法以及法和经济学领域的研究新篇章。

金海军
2016年大暑于北京

---

[47] http://www.srr.com/assets/pdf/interview-judge-richard-posner-patent-litigation.pdf

[48] 莎士比亚：《暴风雨》（The Tempest），第2幕，第2场。这句话因2015年10月习近平主席在英国议会演讲时加以引用而在国内流行一时。实际上，在朱生豪先生的译本中，未作如此文雅的翻译，而是直白地译作"以往的一切都只是个开场的引子"，而紧接着的半句话是："以后的正文该由我们来干一番"（what to come in yours and my discharge）。

目　录

导　论　　　　　　　　　　　　　　　　　　　　　　　1
第1章　财产的经济学理论　　　　　　　　　　　　　　13
　　一、收　益　　　　　　　　　　　　　　　　　　14
　　二、成　本　　　　　　　　　　　　　　　　　　18
　　三、成本—收益的交换　　　　　　　　　　　　　24
　　四、纸上所有权与占有性所有权　　　　　　　　　29
第2章　关于著作权的若干思考　　　　　　　　　　　　43
　　一、表达性作品的创作和流通　　　　　　　　　　43
　　二、即使没有著作权法也将对复制构成限制的因素　48
　　三、侵权、剽窃以及著作权法中独创性
　　　　和人格的作用　　　　　　　　　　　　　　　72
　　四、著作权保护和表达成本　　　　　　　　　　　80
第3章　著作权的一个形式模型　　　　　　　　　　　　85
　　一、复制件的价格　　　　　　　　　　　　　　　91
　　二、著作权保护的福利效果　　　　　　　　　　　94
第4章　著作权基本原理　　　　　　　　　　　　　　　101
　　一、复制还是再创作　　　　　　　　　　　　　　101

	二、思想与表达	108
	三、思想与表达的合并	116
	四、事实与表达	122
	五、演绎作品	129
	六、合理使用	137
第5章	**未发表作品的著作权**	**149**
	一、未发表材料的合理使用	150
	二、作品载体的所有权与作品著作权的所有权	152
	三、合理使用分析	154
	四、对并无最终发表意图的未发表作品给予著作权保护所产生效果的一个模型	157
	五、生产性使用与复制性使用	170
	六、意图发表的未发表材料	171
	七、案件重评	172
第6章	**合理使用、滑稽模仿与嘲讽表演**	**176**
	一、著作权问题	178
	二、商标的滑稽模仿和对著作权法的启示	192
	三、案　件	197
第7章	**商标法的经济分析**	**203**
	一、商标的经济功能	204
	二、关于语言经济学	206
	三、商标的社会成本	211
	四、商标经济学的一个形式模型	213
	五、商标的取得、转让和存续期间	218
	六、显著性和通用名称	227
	七、功能性	240
	八、侵权与混淆	244
	九、淡化、模糊与污损：商标的财产化	251

第8章 著作权与商标的最佳保护期　256
一、导　言　257
二、著作权有限时间的收益　259
三、允许某些著作权在事实上无限期保留的社会收益　270
四、实证分析　284
五、商标的续展率　301

第9章 后现代艺术的法律保护　306
一、后现代艺术的三大流派　310
二、挪用艺术　314

第10章 著作人身权与《视觉艺术家权利法》　327
一、制定法；此中的雇佣作品　328
二、著作人身权的经济学　334
三、案　件　340
四、对州著作人身权法的一个实证分析　349

第11章 专利法经济学　356
一、专利与专利法的经济逻辑　356
二、专利法的社会成本合理吗？　375
三、专利法：作为对商业秘密法以及垄断的一种回应　396
四、关于外观设计专利的一个评论　403

第12章 专利法院：一个统计性评价　405
一、专利申请与专利授权　408
二、研究与开发支出　418
三、专利诉讼的数量　421

第13章 商业秘密法的经济学　428
一、商业秘密的激励　431

　　　　二、允许发明人在专利保护之外选择商业
　　　　　　秘密所产生的福利效果　　　　　　434
　　　　三、限制商业秘密法的经济学解释　　　　439
第14章　反托拉斯与知识产权　　　　　　　　　450
　　　　一、专利搭售以及其他被禁止的"扩张"
　　　　　　专利垄断之意图　　　　　　　　　450
　　　　二、其他专利案件　　　　　　　　　　462
　　　　三、著作权案件与最终产品使用费协议　　466
　　　　四、新经济中的反托拉斯与知识产权　　471
第15章　知识产权法的政治经济学　　　　　　　486
结　语　　　　　　　　　　　　　　　　　　　506
志　谢　　　　　　　　　　　　　　　　　　　511
案例索引　　　　　　　　　　　　　　　　　　513
作者索引　　　　　　　　　　　　　　　　　　516
主题索引　　　　　　　　　　　　　　　　　　521
译后记　　　　　　　　　　　　　　　　　　　538

导 论

　　远早于现代的法和经济学运动之前,人们就已经意识到知识财产提出了独特的经济学问题。我们所谓的"知识财产"(intellectual property),是指那些独立于某一特定物质载体而存在的思想、发明、发现、标记、图像、(言语、视觉、音乐、戏剧)表达性作品(expressive works),或者简言之,任何具有潜在价值的人为产品(广义地说,即"信息"),而无论该产品是否已经在实际上被"产权化"(propertized),亦即被纳入一套财产权法律制度之中。我们这里所定义的知识财产,具有古老的渊源;商标在其接近于现代的意义上,即作为被交易商品的来源指示而在古罗马得到普遍使用。[1] 即便是这样的"现代"观念,即如果要为知识财产的创造提供充分的激励则必须对知识财产予以产权化,也可以追溯到中世纪时期。这一历史进程中的里程碑分别是:1474 年《威尼斯专利法》(Venetian Patent Act)、1624 年英国《垄断法》(Statute of Monopolies)、1643 年英国出版商公会(Stationers' Company)向议会提出的请愿书[2]、《安妮法》(Statute of Anne,即 1710 年英国著作权法)[3]、1787 年《美国宪法》中的专利与著作权条款[4]、1790 年美国的专利法和著作权法、1791 年《法国专利法》。知识产权的经济分析则可以从亚当·斯密、边沁、密尔以及其他古典经济学家的简要讨论算

---

[1] 参见 Abraham S. Greenberg, "The Ancient Lineage of Trade-Marks", 33 *Journal of the Patent Office Society* 876, 879—880 (1951)。

[2] 参见 Arnold Plant, "The Economic Aspects of Copyright in Books",载 Plant, *Selected Economic Essays and Addresses* 57,65—67 (1974 [1934])。

[3] 根据当时使用的历法是 1709 年;根据现代历法则是 1710 年。参见 Lyman Ray Patterson, *Copyright in Historical Perspective* 3 (1968)。

[4] 授权国会"对于著作家及发明家保证其作品及发明物于限定期间内之专有权利,以奖励科学与实用的技艺的进步"。U.S. Const., art. I, §8, cl. 8。

2 知识产权法的经济结构

起,还有 20 世纪初的一些经济学家,比如庇古(Pigou)、陶西格(Taussig),也许最出名的是阿诺德·普兰特(Arnold Plant),他于 20 世纪 30 年代发表了具有开创性的有关专利与著作权的文章。[5]

不过,一直到 20 世纪 70 年代,有关各种形式知识产权的经济分析文章才开始持续性地发表。自此而后,相关文献激增。[6] 这是一般性的法经济分析不断壮大的一个反映,是知识产权在国内经济与世界经济中日益增强其重要性的一个反映,也同样反映了在国内与世界范围内要求对该种财产扩张权利的一种强大的运动;这种运动已经导致了在立法、行政执法与司法方面的一系列举措,这些都会在本书中讨论。自 20 世纪 70 年代历经整个 80 年代(以及 90 年代的某些时期)[7],在美国存在着一种普遍的信念,即这个国家处于衰落之中,或者说它正被其他国家,尤其是日本在竞争中超越,而只有通过重新强调技术创新作为经济增长的刺激,才能遏制这种衰落。以 1976 年国会对著作权进行全面修订为标志,一个法律急速变革的时代开始了。在司法政策方面具有特别重要意义的是,1982 年创设美国联邦巡回上诉法院(U. S. Court of Appeals for the Federal Circuit),它被授权独家审理专利上诉案件。

以下是一些因强调技术创新和对知识产权不断增长的热情所产生的一般性成果。1985 年至 2001 年间,美国专利商标局年均授予的专利数量由 11.1 万件增加到 26.9 万件。[8] 在同一时期,联

---

[5] 参见 Plant,前揭[2],并 Plant,"The Economic Theory concerning Patents for Inventions",载同揭书,第 35 页。一般性参见 Gillian K. Hadfield,"The Economics of Copyright: An Historical Perspective",38 *Copyright Law Symposium* 1 (1992)。

[6] 关于一个有益的调查,参见 Peter S. Menell,"Intellectual Property: General Theories",载 *Encyclopedia of Law and Economics*, vol. 2: *Civil Law and Economics* 129, 130—156 (Boudewijn Bouckaert 与 Gerrit De Geest 编, 2000)。

[7] 参见,例如,Lester Thurow, *Head to Head: The Coming Economic Battle among Japan, Europe, and America* (1992)。

[8] 参见美国专利商标局,"U. S. Patent Activity 1790-Present", http://www.uspto.gov/web/offices/ac/ido/oeip/taf/reports.htm (仅计实用专利,且仅计向美国公民授予的专利)。在商标与著作权数量的增长率上也是相同的。有关更为详细的专利统计(但仍然只限于向美国公民授予的实用专利),参见第 12 章的表 12.2,有关著作权的统计,参见第 8 章的图 8.2。

邦民事案件中涉及知识产权争议的案件比例则翻了1倍。[9] 从1980年到2001年，美国律师协会知识产权部的成员从5526名增加到21670名——而在该时期的最后5年中就增加了39%，其增速超过了除与之非常相关的"科学与技术"外的其他所有门类。有关知识产权、技术与艺术的专门性法律期刊，其数量由1980年的2种增加到今天的26种，与此同时，芝加哥大学法学院在1981年开设税收方面的课程或者研讨班有7门而知识产权课程是1门，但现在两者的课程比例已经是5比5了。[10] 1982年，经济类杂志所发表文章中只有5篇的标题包含了表示知识产权的术语，而2000年则为235篇。[11] 从1980年到2000年，美国科学与工程方面就业人口的年均增长率为4.9%，是全部就业人口年均增长率的4倍还要多[12]，同时，在1983年到2000年间，受雇担任作者的人员数量以每年8.7%的比例增长，而担任设计者的人员数量则以每年9.2%的比例增加。[13] 而且，仅仅从1987年到1999年的12年间，美国每年从知识产权对外贸易中所得收入就从100亿美元增加到365亿美元，与之相对，1999年美国向外国知识产权所有人支付的则只是130亿美元。[14]

如果按照知识产权是美国最大出口这一通常的说法，这365

---

[9] "United States District Courts—National Judicial Caseload Profile"，载 Administrative Office of the U. S. Courts, *Federal Court Management Statistics* (1974—2000).

[10] 芝加哥大学法学院，*Announcements* (1981—2001)。

[11] 从 OCLC FirstSearch 用电脑检索：在 EconLit. 进一步检索 "Intellectual Property"、"Copyright"、"Patent" 与 "Trademark", http://newfirstsearch.oclc.org (2002年8月12日访问)。

[12] 参见国家科学基金会，"Science and Engineering Workforce: Profile of the U. S. S&E Workforce", http://www.nsf.gov/sbe/srs/seind02/c3/c3sl.htm.

[13] 美国人口统计局，*Statistical Abstract of the United States: 2000*，第416页，表669。

[14] 国家科学基金会，"Science and Engineering Indicators: 2002"，表6.1, http://www.nsf.gov/sbe/srs/seind02/append/c6/at06-01.xls; 国家科学基金会："Industry, Technology and the Global Marketplace: U. S. Technology in the Marketplace"，表6.6, http://www.nsf.gov/sbe/srs/seind02/c6/c6sl.htm. 所有这些出口数据均按1997年美元计算。

亿美元的数字就不尽全面了。1998年，美国高技术产品诸如电脑与电子设备的出口额为1900亿美元，在全部出口额6900亿美元[15]中占28%，而著作权相关产业包括电影与电脑软件的出口额，在2001年就是890亿美元。[16] 当然，这些数字中包括了大量的硬件（比如电脑与CD）以及在硬件中承载或与之一并销售的知识财产。不过很明显的是，知识产权在日常美国经济中，尤其在美国的对外贸易中，是占有相当大比例并且还在不断增长的一部分。

我们两人在知识产权方面的研究合作开始于20世纪80年代中期，发表了有关商标法与著作权法的经济分析的文章，那时还有必要向法律界——以及许多经济学家与政策制定者们——从经济视角来解释这些法律的正当性。现在对于主要调整商业关系的法律部门就不需要做这样的工作了，而关于知识产权的法律正属于这样的法律部门。今天，已经为人们所承认的观点是，对知识产权法的分析与评价是相应地在一个经济框架内进行的，而该经济框架就是要调适法律，以与经济效率的要求相一致。[17] 贯穿全书，我们对相关案件、法律规定与原则进行考察的立场就是：它们在经济意义上是否有效率；如果不是，可以如何让它们变得有效率。

除经济学角度外，在学术性文献中还可以找到考察知识产权法的其他视角。[18] 例如，著作权法与专利法长期以来是通过引用洛克的理论而加以辩护的，即劳动产生了对其成果的一种财产权

---

[15] 参见同上。

[16] 参见Stephen E. Siwek, *Copyright Industries in the U. S. Economy: The 2002 Report* 6 (2002)。

[17] 参见，例如，Symposium, "Taking Stock: The Law and Economics of Intellectual Property Rights", 53 *Vanderbilt Law Review* 1727 (2000)。关于一组有用的论文集，参见 *The Economics of Intellectual Property*，4卷本（Ruth Towse 与 Rudi Holzhauer 编，2002）。

[18] 有关一份精彩的摘要与批评，参见Robert P. Merges, Peter S. Menell 与 Mark A. Lemley, *Intellectual Property in the New Technological Age* 2—12（第2版，2000）。

(entitlement)。但是,既然知识的创造是一个累积的过程(这是本书中一个经常性主题)——每一项"新的"知识财产的创造都是建立在前人基础上的——而且,既然著作权法,尤其是专利法,对于在创造新的表达性作品或者新发明的比赛中获胜的一方,哪怕只是比其他人早了一天,就给予一个相当长期限的财产权,那么,知识产权究竟在何种程度上可以被实际视作其所有权人付出劳动的独占性果实,这一点就并不清楚了。[19]

知识产权法另一个不同的哲学方法,建立在黑格尔所强调的观点之上,即财产的占有是自由人的一个标志。由此得出的结论是,也许知识产权应当是不可转让的[20],正如自由本身是不能转让的(亦即,人不得将自己出卖为奴隶)那样。步此结论之后尘者,包括追续权(*droit de suite*)原理(它赋予某一表达性作品的创作者以一种不可取消的收取作品使用费的权利,即使其已转让著作权),我们在第 2 章中对此进行简要分析;也包括著作人身权,我们将在第 10 章中论及于此。我们在这几章指出,限制某人出售其财产以获取资金用来购买其所更需要或更想要的东西,则该人的自由不仅没有扩大,反而被缩减了。

知识产权的非经济学理论是否具有更强的解释力或者规范意义,我们对此表示怀疑,但是我们在本书中对此问题不予深究。现代知识产权以及调整该财产权的制定法与普通法原理,其复杂性与多样性之巨,就连一个综合性的经济分析,亦非单独一册书的范围所能涵盖。本书将重点特别放在著作权,然后是商标、专利与商业秘密,偶尔旁及对公开权(right of publicity)的侵权、反对剽窃的社会规范以及从 INS 案(参见第 4 章)引发的有关非法挪用(misappropriation)的普通法规则,而所有这些从实际经济意义上讲也都是知识产权保护的种类。鉴于最近几十年来,也许是因为复制技术的超常进步,知识产权法中大多数的法律,尤其是制定法的形

---

[19] 参见 Wendy J. Gordon, "A Property Right in Self-Expression: Equality and Individualism in the Natural Law of Intellectual Property", 102 *Yale Law Journal* 1533 (1993); Alfred C. Yen, "Restoring the Natural Law: Copyright as Labor and Possession", 51 *Ohio State Law Journal* 517 (1990).

[20] 参见 Merges, Menell 与 Lemley,前揭[18],第 11 页。

成和发展都与著作权法相关,我们对著作权的强调也就无可避免了。不过,由于我们在那些主要讨论著作权的章节进行比较研究,也常常会提到商标、专利与商业秘密,因此,任何偏向于著作权的"不平衡"并没有像本书章节标题所显示的那么大。要说存在什么不平衡的话,我们对著作权的强调也正是为了扭转在经济文献中的一种不平衡:太多的经济学学术力量放在了专利上而不是在著作权上[21],而且极少放在商标与商业秘密上。如果考虑到最近以来如此众多的法律发展都是关于著作权的,那么,经济文献的那种不平衡就真的不合适了。

以下是对本书各章的快速浏览,以进一步显示我们所强调的重点。第1章分析了一般财产的经济学,从而将知识产权置于一个更为宏大的有关最优财产权的理论之中。第2章提出了著作权保护的一般经济理论,并且在第3章中加以模型化。[22] 考虑到技术的进步,有关创造性这一概念的变化,特别是对于公共领域作为创作新的表达性作品的一种关键性输入资源的作用强调不足,我们强调,要想确立该保护的最佳范围是存在困难的。第4章继续分析并考察著作权法的基本原理,包括有关独立创作的构成条件、对思想与事实不予保护、著作权所有人对演绎作品的独占性控制以及合理使用抗辩。第5章转向未发表作品的著作权以及一个有争议的问题,即在何种情况下对此类作品的复制应当被认为是一种合理使用。第6章继续讨论合理使用,并探讨了该原则在滑稽模仿以及同类情形(嘲讽表演与讽刺)中的应用,而且将商标也纳入讨论范围,因为在有关滑稽模仿的案件中,涉及商标的比涉及著作权的还要多。

---

[21] 有关该悬殊关系之略述,参见 Nancy Gallini 与 Suzanne Scotchmer,"Intellectual Property: When Is It the Best Incentive System?" 2 *Innovation Policy and the Economy* 51 (2002).

[22] 其他若干章也包含了数学模型或者计量经济学的实证分析,但不懂数学的读者在阅读本书的这些专业部分也不会有任何障碍。事实上,本书除了要求有经济理论或者知识产权法方面的最基本知识外,没有任何的前提要求。我们希望本书会吸引那些对知识产权感兴趣的受过教育的一般读者,而不仅仅是专业人士。

第 7 章集中于商标。我们主张,商标法的首要原理可以解释为,努力使商标在减少消费者搜寻成本(search costs)方面的价值最优化——即使在那些以原告商标的淡化(dilution)而不是以消费者的混淆(confusion)为依据而指控侵犯商标权的案件中亦然,尽管我们对反淡化理论可能的扩张也表达了某种关注。第 8 章转而讨论著作权的保护期限,并在结尾这一节涉及商标的保护期限。我们在该章提出一个被人忽视的问题,即著作权在阻止表达性作品的"拥塞"(congestion)以及由此导致价值减损方面所发挥的作用。我们主张回归到一种可续展保护期限的体制,以取代 1976 年《著作权法》所创设的制度,后者除雇佣作品的情况外,规定了一种单一的不可续展的保护期限,现为作者去世之后 70 年;而雇佣作品的著作权保护期限也很长。[23]

第 9 章与第 10 章继续讨论著作权法的其他话题。其中包括,著作权保护适用于现代艺术的风格,它所强调的是观念性而不是表达性的东西,比如"挪用艺术"(Appropriation Art);也包括将著作人身权引入美国法,即《视觉艺术家权利法》(Visual Artists Right Act)。第 9 章强调了这两者之间的紧张关系,一是以著作权法保护观念艺术,二是著作权法在思想与表达之间的基本区分,即前者不受保护而后者是受保护的。我们也提出这样的一般性问题,即对于那些独一无二的艺术作品,比如绘画与雕塑,著作权是否具有重要意义。在第 10 章中,除了叙述与评价《视觉艺术家权利法》,我们还讨论了雇佣作品的原理,并且以我们独有的实证性方法,试图解释为什么知识产权法总是在不断扩张。

第 11 章讨论的是专利。我们将它与商业秘密(第 13 章的主题)紧密联系,并提出了专利保护的最有说服力的情形——尽管并不必然支持如法律所采纳的极具扩张性的可专利(patentability)概念和专利保护期限——亦即,即使有商业秘密法(我们认为此法不应当被取消,而且在任何情况下也不会被取消),但某种程度的专利保护仍属必需,因为如果没有专利制度可供发明人选择的话,商

---

[23] 第 8 章包含有实证分析的其中一章,我们相信这些分析具有独立于我们所作的特定分析用途的某种旨趣。

业秘密法就会造成社会成本,而专利制度则能够将这种成本最小化。正如我们在第13章所表明的,商业秘密法填补了专利法的某些空隙;实际上,商业秘密法使专利法成为必需,而专利法亦使商业秘密法成为必需。

第12章考察了1982年美国联邦巡回上诉法院的创设对专利法与实践所产生的效果,该法院对专利上诉案件享有专门管辖权,这可能是知识产权领域在过去四分之一个世纪中最有意义的一项制度创新。

第14章检验了由知识产权,特别是专利与著作权所带来的主要的反垄断问题。这些通常用语,例如"专利垄断"与"著作权垄断",并不只是语言上的修辞用法。虽然大多数的专利与著作权并没有为其所有权人赋予实质性的垄断势力,但有些却确实如此,而更多的则是被人们担心可能如此。

第15章论及知识产权法的政治经济学;换言之,我们探讨那些决定知识产权法演变以及目前范围的政治力量,强调利益集团(正如在传统的公共选择分析中那样)与自由市场的意识形态(它可能时常迷恋于对财产权富有裨益的热情之中)这两者在近几十年来知识产权扩张中的作用。结语部分摘要总结了我们的一些主要观点,并且罗列了一些在我们的分析中留而未答的问题。

尽管本书涵盖诸多方面,但还是省略了某些重要的主题,特别是知识产权的强制许可、外国知识产权法以及知识产权条约。[24] 有些问题则没有展开。例如当我们讨论与计算机软件相关的知识产权以及互联网对知识产权法的影响之类的问题时,读者若认为这些乃今日法律之中心问题,就可能对我们的内容表示失望。遗憾的是,如果我们试图以其应有的理论深度将这些问题容纳其中,就将不适当地让一本已经很厚的书再添厚度。

我们时时都在讨论知识产权案件的法律救济,但除有关商业

---

[24] 参见,例如,Alan S. Gutterman 与 Bentley J. Anderson, *Intellectual Property in Global Markets: A Guide for Foreign Lawyers and Managers* (1997); John F. Duffy, "Harmony and Diversity in Global Patent Law", 17 *Berkeley Technology Law Journal* 685 (2002)。

秘密的部分以外，其他的都没有系统性探讨。[25]请记住，一旦知识财产被"产权化"，亦即被纳入某一个在法律上可强制执行的财产权制度，那么，权利人就应当拥有与有体财产所有人相同的充分救济。例如，当一项专利被他人故意侵权使用，而使用人比专利权人更有效率，从而其从侵权中所获得的利益超过了专利权人的损失时，就应当允许专利权人向侵权人主张其从中的获利。由于侵权人不能从侵权行为中获利，法律就迫使该专利的潜在使用人与专利所有权人进行谈判，从而以一个市场交易来替代一个法律交易。

当市场交易的费用较低，通常的情况就是当某人认为其能够比财产的所有人更有效地利用该财产时，效率原则就要求这样的法律救济，从而迫使潜在的使用人去跟财产的所有权人谈判，而不是直接拿了所有权人的财产就用，再由法院来决定他应当为此而强迫支付的价格（损害赔偿金）——后者是一种低效率的资源分配方式。这个关于普通法的经济分析的基本观点[26]对于知识产权也同样适用，它还表明了本书的其中一个主题——那些用于说明与解释财产法的经济学原理，同样可以用于指导对知识产权法的思考。知识产权法与物质财产法的主要区别，就在于前者情况下的交易成本可能更高。这一区别支持了这样的主张，知识财产应当比物质财产更少地被彻底产权化。但是，一旦判定具体的某一"块"知识财产应当归人所有，那么，有关法律救济选择的标准分析就可适用了。

我们大量采用产权经济学，就是为了让我们的分析具有统一性，而且正如前面所提到的，也是为了给我们在第 1 章中专门讨论的那些经济学以统一性。但是，由于在诸如土地之类传统的物质财产与知识财产之间存在重要的经济性差异，所以，对一般财产权的经济分析就只能作为一个讨论的起点。正如令人尊敬的普兰特

---

[25] 关于从一个经济学视角而对知识产权法律救济所作的精细讨论，参见 Roger D. Blair 与 Thomas F. Cotter，"An Economic Analysis of Damages Rules in Intellectual Property Law"，39 *William and Mary Law Review* 1585 (1998)。

[26] 参见，例如 Richard A. Posner，*Economic Analysis of Law*，下册（第 6 版，2003）。

(Plant)所指出的,在物质财产的情况下,"私人财产制度有利于稀缺产品的保护,意图(正如我们在不那么严谨意义上所说的)引导着我们'对它们作最有效的利用'",而且它"一般来说也是正确的,即某一特定产品及其易于被替代品的供给的所有权,并不存在充分的集中(sufficient concentration),从而使得所有权人可以控制其所拥有财产的价格。任何一个财产所有权人对财产的保留或者处分,一般都不会明显地影响此类商品的价格"[27]。相反地,"专利或者著作权上的财产权则可能为相应产品制造了一种稀缺,而除此之外这些产品的稀缺是不可能得到维持的……某一产品可能不存在易于获得的替代品,这样就由所有权人完全供给而成为受益人"[28]。

就知识产权的社会价值而提出重要问题者而言,普兰特并不是该主题唯一身负重任的经济学研究者。[29] 其他人曾经提议,实行对于有价值的知识财产的创造者给予政府奖金或者奖励的制度。[30]

---

[27] Plant,"The Economic Theory Concerning Patents for Inventions",前揭[5],第36页。

[28] 同上。(着重号系原文所加)

[29] 参见一个有趣的讨论,在 Fritz Machlup 与 Edith Penrose,"The Patent Controversy in the Nineteenth Century", 10 *Journal of Economic History* 1 (1950)。对知识产权法的其他怀疑性分析,参见 Robert M. Hurt 与 Robert M. Schuchman,"The Economic Rationale of Copyright", 56 *American Economic Review* 421 (1966),该文激发了当代对著作权法经济学的研究兴趣。Stephen Breyer 与 Adam Jaffe 的持怀疑态度的重要论文,在本书第 1 章中引用。在 Lawrence Lessig, *The Future of Ideas*: *The Fate of the Commons in a Connected World* (2001)中也持有强烈的怀疑立场。

[30] 例如,在 Steven Shavell 与 Tanguy Van Ypersele,"Rewards versus Intellectual Property Rights", 44 *Journal of Law and Economics* 525 (2001)中所鼓吹的。关于对知识产权法更为有利的一个比较,参见 Gallini 与 Scotchmer,前揭[21]。与奖励制度非常相关的是强制许可制度,它在著作权某些领域得到了实施,但同样出于政治化原因而遭到反对。参见 Robert P. Merges,"Contracting into Liability Rules: Intellectual Property Rights and Collective Rights Organizations", 84 *California Law Review* 1293 (1996)。正如莫杰思在另一篇文章中所指出的,这些制度实际上阻碍了自愿交易安排的出现,以克服在知识产权法律实施中的交易成本难题,这些交易安排包括由表演权组织(ASCAP 与 BMI 及其国外同行)所颁之一揽子许可(blanket licenses)。参见 Robert P. Merges,"Of Property Rules, Coase, and Intellectual Property", 94 *Columbia Law Review* 2655 (1994)。

鉴于奖励制度也存在危险,即可能被无可救药地政治化,从而严重削弱其对经济效率的作用,并且可能产生与强制执行知识产权所造成的同样的错误分配结果,因此,一种更好的替代方法也许就是,让知识产品市场来发现自己的方法,正如该种财产在被赋予法律上可强制执行的权利之前所做的那样。

我们不能忽视这些基本问题,因为它们包含了许多我们所要讨论的知识产权命题。但是我们并不能给出令我们自己完全满意的答案。废除知识产权的经济实例还没有发生过。但是,无论是经济学理论还是实证性证据,都不能对除商标法以外的任何完整的知识产权法体系给出断然支持,然而商标法只是一种较弱意义上的"财产"保护。不过,我们确实发现,对商业秘密给予某种程度的保护,具有相当有力的经济学支持,而该种保护程度就接近于我们现有制度的保护程度;我们也发现,对著作权和专利给予某种程度的保护,存在着有力的经济学支持,但该种保护程度却比我们现有制度的保护程度要低一些。

考虑到现有关于知识产权的学术或者通俗文献所强调的重点,这可能会让许多读者感到奇怪,我们提出的促进知识产权保护的经济学主张,主要并不是基于如下信念,即没有法律保护,创造该等财产的激励将变得不足。以现有知识,该种信念尚无法得到确证。相反,我们的注意力集中于下面这些问题,诸如现存知识财产的最优化管理、拥塞外部性、搜寻成本、寻租以及交易成本。[31]

主题的复杂性,有关知识产权经济分析的程度即使不算不确定但也谈不上结论性[32],这些都对读者诸君提出了警告,不要对本书抱有对我们其他以诸如《侵权法的经济结构》(*The Economic*

---

[31] Edmund W. Kitch 因其早期所作出的关于将知识产权的思考从创造激励转向其他经济目的的努力而值得尊敬。参见 Kitch, "The Nature and Function of the Patent System", 20 *Journal of Law and Economics* 265 (1977)。我们在第 11 章中对其分析的具体细节提出了疑问,但对其在知识产权的经济学思想中的重要意义毫不怀疑。

[32] 有关专利的经济作用的文献,尤其不是结论性的。参见,例如,Vincenzo Denicolò, "Patent Races and Optimal Patent Breadth and Length", 44 *Journal of Industrial Economics* 249 (1996),以及本书第 11 章。

Structure of Tort Law，1987)之类为标题的著作那样大的期望，尽管这两本书同属于在其各自法律领域内的第一本经济分析专著。作为一个非制定法的领域，侵权法包含了一个相对较小的一般性规则体系，它们形成了一种令人感受深刻的知识统一性。我们用一种相当直接与直觉性的经济分析方法，就能够使这种统一性变得清晰易懂，并且显示它一般（或者我们如是主张，并且继续相信）是有效率的。相反地，知识产权法是一个复杂的混合体，由一些时常被修改的联邦制定法，加上联邦与州的普通法原则以及某些州的制定法所共同构成；而其中的经济问题也是相当地错综难解。不过，经济学对于理解知识产权法——如同在侵权法中的大部分系根据效率因素而得以形成——以及知识产权法的进一步改革还是大有贡献的，尽管严格意义上的根本性变革建议，尚不能根据现有知识而获得支持。

法的经济分析的主要贡献之一就是简单化(simplification)以及提升人们的理解。经济学既复杂又有难度，但是与法律原理相比，它的复杂性相对较小，并可用于统一不同的法律领域。我们所要表明的就是，经济学如何说出知识产权法各个领域之间以及知识产权法与调整物质财产的法律之间所存在的强烈共性与重大差异。经济学可以减少这些制定法、修订案与司法判决中令人思维困惑的复杂性，从而达到内在一致性。通过剪除法律技术细节中过密的下层灌丛(underbrush)，经济分析还能够提出一些可能为法律技术所遮蔽的范围明确的政策问题。这也是本书的一个目标。

第1章
财产的经济学理论

物质财产的产权经济学现已广为人知,而其基本内容亦可以相当简要地加以概括。[1] 尽管有必要作出调整,但这些内容还是为我们提供了分析工具,用以理解知识财产在经济学上的本质特征,以及评价知识产品中财产权的利弊、保护范围与限制。随着知识产权学术活动变得越来越专门化,这就产生了这样一种危险,即人们可能抛弃在物质财产与知识财产之间具有连贯性的观点,从而失去通过应用经济学对前者的理解而来帮助分析后者的效用。

这种危险还可能加剧,因为在知识产权的经济分析中存在着一种趋势,把全部的知识产权难题归结为"激励"(incentive)与"接触"(access)之间的一种交换。由于知识财产通常能够被竞争对手所复制,而其无须承担创造该产品的任何成本,所以就存在着这样的担心,即如果没有法律保护以防止复制,则创造知识财产的激励就会受到破坏。同时,针对复制的法律保护又可能使知识财产的创造者得以对复制件(他因在其上的财产权而成为一个垄断者)收取超过其边际成本的价格,从而阻止了那些将该接触估值为高于边际成本但低于该价格的人接触(使用)该知识财产。我们的主张是,将知识产权问题归结为这种交换是过度简单化了;它忽视了知识产权法的完整体系,尤其是商标法;而且特别与本章相关的是,它模糊了物质财产与知识财产在法律上和经济上的连贯性。问题不在于激励—接触交换(incentive-access tradeoff)并不存在,甚至说它并不重要;而是在知识产权法的经济分析中,还有许多其他方

---

[1] 参见,例如,Richard A. Posner, *Economic Analysis of Law*,第3章(第6版,2003);关于一个更全面的论述,参见 *Property Rights: Contract, Conflict, and Law* (Terry L. Anderson 与 Fred S. McChesney 编,2003)。

面应当加以考虑。

财产权是一种排除他人——所有其他人[其中存在一些不必在此处深入探讨的例外,比如行使征用权(eminent domain power)的政府]——使用某一资源而在法律上可被强制执行的权力,并因而无需与该资源的潜在使用人缔结合同即可禁止其使用。假如甲拥有一块草地,他就能够凭借法院与警察的支持,禁止他人在该草地上放牛。他不必与其他人谈判,以达成一个授予其排他性使用权的协议;这个协议将是一个不可行的选择方案,因为整个世界都可能威胁要在他的草地上放牛,以使其为换得他们的不作为而向他们付款。相反,乙如果想要对该草地享有排他性使用权,就必须根据一些能够让甲接受的条件而获得该草地。因此,一项财产权包括两个方面,即排除他人的权利和将财产转让给他人的权利。

一、收益

财产权带来两种经济性收益,即静态的与动态的。前者的例子比如一片天然(亦即未开发的)草地。如果其所有权人不能排除他人使用其草地,就会形成过度放牧。除非法律或者合同(或者可能是习惯)的干预,否则,草地的使用人就会忽略他们彼此加诸对方的成本,这种成本就是动物重量的减少,因为动物在食草时需要消费更多的能量以发现足够的食物。[2] 顺便一提,这不是一个假设的例子。英格兰的圈地运动就是把公共的草地转换成私人财产。尽管从分配性(非)正义[distributive (in)justice]的角度讲,它受到了诸多批评,但该运动极大地提高了农业生产率[3],当然,相比于通过消除草地的过于密集使用,这些成就更多地是通过减少

---

[2] 该种支持财产权的主张来自于 Frank Knight, "Some Fallacies in the Interpretation of Social Cost", 38 *Quarterly Journal of Economics* 582 (1924),尽管他所使用的例子是交通堵塞。虽然我们是用草地的例子作为财产权静态收益的例子,但它也具有一种动态方面的特征,因为过度放牧将永久性地耗尽该草地。我们在第 8 章讨论知识财产的拥塞外部性时再回到这一点上。

[3] 参见,例如,J. R. Wordie, "The Chronology of English Enclosure, 1500—1914", 36 *Economic History Review* (n.s.) 483, 504—505 (1983).

交易成本而取得的。圈地就使得在该草地转作其他用途之前，无须与草地的全体使用人达成协议[4]，从而有利于土地从较低价值的使用转向较高价值的使用。减少交易成本正是财产权的存在理由（raison d'être），当我们把它与合同权利进行对比时，就可以看到这一点。

在知识财产中，与公共草地相对应的就是公共领域（亦即知识的公共领域，因为在有体物当中也有一种公共领域，主要是道路、公园和航道）。[5] 该术语指很大部分的不享有著作权、专利权或其他财产权的思想与表达。因为圈地运动受到了批评，某些知识产权法的批评家想扩大公共领域，就强调在公共草地与公共领域之间的类比，以及圈地运动与扩大知识产权保护范围和保护期限的运动之间的类比[6]，后者的运动自20世纪70年代中期以来形成了一股潮流，我们在本书中还将反复提到。因此，强调圈地运动对于农业生产率的贡献具有重要意义。但并不能随之得出，对信息和其他知识产品漫无节制地给予财产权也会产生同样有利的效果。事实上，我们对此表示怀疑。想象出没有公共草地的农业是比较容易的，但是，如果根据某一制度，词语、标记、颜色以及其他识别性标志的任何一种可能的组合都已经归人所有了，如果想要开发一个新的品牌，就必须购买某一个商标，那么，这样一种制度是令人难以想象的。

财产权的动态收益是指激励，即拥有这一权利的人，考虑到没有任何人可能在时间2（收获时节）侵占该资源，就可以在时间1（例如，种植谷物时）投资，以创造或者改进某一资源。它使得人们可以收获他们所播种的东西。如果没有这种预期前景，就会降低播

---

[4] 参见 Donald N. McCloskey, "The Persistence of English Common Fields", 载 *European Peasants and Their Markets* 73, 85—87 (William N. Parker 与 Eric L. Jones 编, 1975); Carl J. Dahlman, *The Open Field System and Beyond: A Property Rights Analysis of an Economic Institution* 175 (1980).

[5] 参见 Carol M. Rose, "The Comedy of the Commons: Custom, Commerce, and Inherently Public Property", 53 *University of Chicago Law Review* 711 (1986).

[6] 参见，例如, James Boyle, "Fencing Off Ideas: Enclosure and the Disappearance of the Public Domain", *Daedalus*, 2002 年春季卷，第 13 页，及其所引用的参考材料。

种的激励。从知识财产中举一个例子,如果竞争对手无需承担开发费用,即可复制他人新开发的产品,并以与创新者相同的边际成本生产该产品,那么,企业就不太可能花费资源去开发新的产品;竞争将把产品的价格降至边际成本,而发明的沉没成本(sunk costs)将不能得到补偿。这种预期前景为知识产权提供了传统的经济学理由,尽管正如我们所将看到的,它涉及相当程度的过度简单化。该种权利也可能带来静态收益,消除那些可与我们在开头的公共草地相比的拥塞外部性,但这种可能性易为人忽视,因为人们广泛秉持这样的观点,认为知识财产并不是物质性的,它不可能因为额外的使用而被磨损、发生拥挤或者受到其他损害。从经济学意义上看,它是一种"公共产品"(public good),即一个人对它的消费并不会减少另一个人的消费。更准确地说,它具有公共产品的特征,因为我们将表明,在某些情况下,知识财产的产权化可以防止过度使用或者拥塞,而这些术语在经济学上是具有很深意义的。

而且,"公共产品"这一术语具有误导性。它听起来就像是一种由政府生产的产品,从而与私人部门生产的产品相对。诚然,公共产品并不能排除人们享受其利益,即使他们不分担供给该产品的成本。最明显的例子是国防。不过,许多的公共产品,包括知识财产在内,却能够做到以付款作为接触的条件,从这种意义上来说,它们具有可排他性。此类产品也就无需由政府提供。

正如我们在开头所称,财产权的静态与动态收益都有一个预设条件,即财产上有着太多的潜在使用人,所以与他们中所有的人进行交易是不经济的。当交易成本——尽管不是在每种情况下都是如此,但它一般随着交易当事人的人数增加而提高——较低时,罗纳德·科斯(Ronald Coase)著名的交易成本分析就暗示着,社会的全部所需就是可强制执行的合同权利,因此,除了某些基本的法定权利外,当事人对某些事情就需要订立合同,以获得最优的使用与投资。[7] 在此情况下,从社会角度看,财产权可能变得可有可

---

[7] 参见 R. H. Coase, "The Problem of Social Cost", 3 *Journal of Law and Economics* 1 (1960)。那些为合同过程所必需的法定权利,除了简单的占有"权利"就不需要更多复杂的东西了。只要甲"拥有"乙想要的某样东西,并且反过来也一样,那么这里就存在着达成交易的可能性。

无,甚至不受欢迎,而这并不是唯一的情形。尽管可以很低的费用进行交易,而且无论其为占有人带来的效用如何有价值,但如果某一产品并不稀缺(亦即,如果它没有任何交换价值)[8],或者如果强制执行该财产权利的成本与其价值不成比例,或者如果占用他人有价值产品除了要受到法律制裁外并且成本非常高昂,那么,该财产权的社会价值就将是极小,甚至是负值。[9] 这些限制条件在本书中显得很突出;我们将看到,知识产权的"去产权化"(depropertizing)有时在经济学上可能是最好的政策。即便是最强烈的财产权支持者也承认,保留公共领域——亦即该领域中的产品可以为公众所使用,而非归人所有——的经济价值,对于物质财产如此,对于知识财产更是如此。[10]

下面这个例子,我们相信它不存在争议。司法判决书没有著作权;它们全部处于公共领域之中,因而是一块无需许可即可为公众所使用的"公地"(commons)。因为它们是作为某一法院体系运作的副产品而被生产出来的,所以,即使让它们享有著作权,也不可能生产得更多。它们也不是越多越好。诚然,如果根据他人对法官的判决意见的使用,例如引用这些判决的情况而决定法官的报酬,那么司法判决书的质量可能会有很大提高;但是,判决书的数量也可能因此上升,从而增加律师的搜寻成本,并且,与判决书较少的情况相比,它可能使法律更加缺乏可知性与内在一致性,因为判决书数量的上升就增加了裁决不一致的可能性。最重要的是,无数想要复制司法判决的律师、诉讼当事人、法官和法学教授们为获得使用许可而付出的交易成本,将变得巨大无边。

但这也不能因此得出结论,认为政府绝不应当对其文件主张

---

[8] 产品可能具有很高的价值,但如果它们的供应是无限的,则其价格将是零,从而不具有任何交换(市场)价值。这就是亚当·斯密对水与钻石所做的区分。

[9] 参见 Harold Demsetz, "Toward a Theory of Property Rights", 57 *American Economic Review Papers and Proceedings* 347, 350—353 (1967年5月),在该文中,这些交换第一次得到了明确界定。

[10] 参见,例如,Richard A. Epstein, "Steady the Course: Property Rights in Genetic Material"(芝加哥大学法学院 John M. Olin 法和经济学工作论文第152号[第2系列],2002年5月22日)。

著作权,尽管现有法律就是这么规定的。传统观点认为,如果政府对其制作的文件享有著作权,或者对其发明享有专利权,那么公众将付两次钱,第一次是纳税,用于为文件创作或者发明活动提供财政支持,第二次付款则包含于其购买价格中,它们反映了著作权或者专利权垄断[11],但是,这种观点并不正确。如果它是正确的,那就意味着政府不应对其所提供的服务收取任何费用。只有在政府允许私人或者企业对政府文件享有著作权时,它才会是正确的。与之相似的是政府对专利的政策,对此我们将在第 11 章中讨论。但是,如果政府对之主张著作权,通过禁止他人复制而得以高价出售其文件,那么它就可以减少税收。换言之,对政府文件给予著作权,就只是把对政府创作表达性作品的财政支持方式,由税收转换为使用费而已。这种转换通常就是节约政府成本的一种方式,对于多种政府文件可能都可以这样处理。固然,对该等文件收取的价格越高,就可能导致一种无谓损失(deadweight loss),因为它使得消费者转向该享有著作权之文件的替代品,该文件就可能令社会承担更多的生产成本。但是,当收取的价格较低时,相对于为该文件的创作提供财政支持所必需的较高税收而产生的无谓损失,它并不必然是一种更大的无谓损失。

二、成本

财产权的成本是多重的。第一是转让该权利的成本(交易成本)。如果交易成本过高,那么财产权就可能阻止对价值的变化作出最优调整。假设某一工厂受让了一项财产权,即对一条从其旁边经过的河流的使用权,原因是该河流作为排污沟比用于消遣更有价值,但是,若干年过去之后,有关这些用途的相对价值倒转过来了。如果消遣性使用者的人数众多,他们从工厂那里购买该河

---

[11] 这里有必要作出解释:在使用"著作权垄断"或者"专利垄断"这些传统术语时,我们并不表示,任何一项著作权与专利就都应当替反托拉斯执法人员标上警示标记。大多数著作权与专利并不赋予充分的市场控制力从而引起任何的反托拉斯问题,我们在第 14 章讨论有关反托拉斯在知识财产市场中的应用时,将强调这一点。

流使用权的交易成本可能都超过了该权利对于他们来说的价值。在此情况下,采用一项责任规则可能是更好的方法,据此,工厂可能因其被迫支付与它对消遣性使用者产生的污染这一成本相同的损害赔偿金而停止使用该河流。该规则就不需要一项交易,仅根据价值的变化就对河流的使用权作出了重新配置。

在知识产权案件中,即使就只有几个实际或潜在的交易者,交易成本仍会趋于较高。其原因在于,确定这样的财产通常是困难的,因为从产权界定上来说,该种财产没有任何独一无二的物质性场所。即使对于绘画作品这样独一无二的作品,也是如此,因为一幅绘画可以被照相复制或者以其他方式被复制,而该复制品可以作为印刷品销售,或者附合在其他诸如马克杯、挂历等可供销售的物品上。原作与复制品的共同之处——我们可称之为"图画"或者甚至是"艺术作品"[12]——在于它是一种与该画作本身相分离的非物质性对象。涉及原作销售的交易成本不可能特别高;难题是出在该图画本身利益的交易,亦即进行复制的权利(著作权)以及该权利的组成部分的交易上。该等权利是难以界定范围的,因为尽管原作本身是一个范围确定、具有可视性的物质对象,但我们称之为"图画"的东西则不是,从而就可能产生这样的问题,那些看起来与原作非常相似的东西究竟是一件侵犯了著作权的复制品呢,抑或是一个仅仅与原作相似的独立作品。

财产权制度的第二个主要成本,也是对知识产权具有特别重要意义的成本,是从获得财产权的共同动机中产生的,经济学家将该动机称为"寻租"。经济租(economic rent)是超过为产生回报所付出成本的一种回报;它是纯利润,因而值得为此而付出成本,哪怕成本超过了从其任务中所产生的社会利益,正如它们通常所表现的那样。假定一艘沉船的残值为 100 万美元,而实现该残值的成本只要 10 万美元。如果能够获得该沉船的财产权,那么打捞者的潜在收益——从打捞沉船中所得的经济租或者纯利润——就是 90 万美元。各个打捞者为通过取得财产权而实现该收益,相互进

---

[12] 参见 Oswald Hanfling, "The Ontology of Art", 载 *Philosophical Aesthetics: An Introduction* 76 (Oswald Hanfling 编, 1992)。

行竞争,就可能消耗掉全部或者大部分潜在的租,将之转化为一种无谓的社会损失;除非杂乱无章的竞争加快了打捞进程,足以在现值上产生一个增加值,以抵消所增加的成本。

这个例子假定沉船的原始所有人已经抛弃该船,因此它是无主的。如果它并未被抛弃,那么其所有人就可以将打捞沉船的权利拍卖给要价最低的竞拍者,亦即对打捞船只要求最少的打捞公司。这样就没有任何寻租的问题了,因为竞拍者之间的竞争会将打捞价格降至其成本加上一个合理利润的水平,而该利润是根据打捞中所使用资源的机会成本(opportunity cost)来计算的——该利润就不是一种租,而只是一种成本的报偿。

在抛弃沉船的情况下,财产法有时通过给予最先行动的搜寻者以展开搜寻行为的专有权,从而缓解寻租问题。所以,在 *Treasure Salvors, Inc. v. Unidentified Wrecked & Abandoned Sailing Vessel* 一案[13]中,我们读到:"那些将丢失物或者抛弃物实际回复占有的人,以及那些积极地并有能力为此付出努力的人,它们应当在法律上受到保护,以免于他人的干扰,然而,那些只是发现或者确定了该财物的位置,但无意致力于回复占有的人,则不(受法律保护)。……法律保护那些实际付出努力以使丢失物或者抛弃物回归社会的人,这就是一种激励,从而使他们承担此种既耗资巨大又有风险的事业;法律并没有对那些单纯的发现给予其对发现物的专有权,因为该规则几乎不会对发现者提供鼓励,以使其承担这样一项通常是很费劲的任务,即实际回收该财物并使之恢复社会有用性,而只会对其他意图如此作为的人构成障碍。"通过将寻租行为转移到早期阶段,以及在后期消除重复搜寻的费用,实际搜寻人原则(committed-searcher doctrine)就能够限定在寻租上的全部费用。不过,这也不能完全肯定,我们在第11章从专利法上考察该原则时还将指出这一点。

---

[13] 640 F.2d 560, 572—573 (5th Cir, 1981)。我们感谢 James Krier 对该案的推荐。相似的案件涉及捕鲸,其讨论见于 Robert C. Ellickson, *Order without Law: How Neighbors Settle Disputes* 196—296 (1991),以及 Richard A. Posner, *Frontiers of Legal Theory* 210 (2001)。同时参见 Haslem 案,本章在后面将讨论之。

知识产权的法律保护产生了严重的寻租问题,因为在某种程度上,知识产品是有待于被人发现或者发明的,就像那艘被其所有人抛弃的沉船。"专利竞赛"(patent race)这一术语被杜撰出来时,就是为了描述在知识产权中与沉船打捞相对应的例子。就在"寻租"这一术语被收入经济学词典之前,乔治·斯蒂格勒(George Stigler)就发现,"(专利)定价垄断的预期将导致在知识生产上的这样一种投资规模,其回报仅仅是平均回报乘以竞争率(competitive rate)"[14]。超过最优投资的部分,减去由于投资增加所产生的任何社会收益,就是由寻租所造成的浪费。

财产权的第三项成本是保护成本。它不仅包括了警察、财产所有权人以及法院为阻止不法侵入和盗窃而强制实施法律时所承担的费用,而且还包括用以标志财产边界而构筑篱笆的成本,为强制实现公路或者桥梁的财产权而建造收费站的成本,以及用来登记土地产权而设立登记机关的成本。在某些情况下,这些总的成本会超过产权化的收益。购物中心的所有人对购物中心停车场的使用并不单独收费,反而把它当作公地,这是因为他考虑到对该停车场使用收费所需的成本,将超过其通过收费而鼓励消费者更经济地使用停车场从而只需建造一个较小的停车场所带来的收益。

知识产权趋向于保护成本特别高昂。一个思想或者其他知识产品不可能像一片土地那样被人看到,或者可能在地图上得到精确描绘。土地可能在许多代人之间继承转让,但是,除非它处于不断变换的海岸线上,它始终是同一块土地,登记在同一家土地登记机关的图籍上,而且其四至范围的具体说明亦保持不变。追溯某一思想(或者图像、口语套话等等)则要困难得多,因为它们没有任何空间界线。而且,知识产品具有的公共产品特征(在下文以及后两章中还要详述),这就使得在没有特别法律保护的情况下,难以阻止他人的不法使用,难以排除搭便车的行为。与之相关的一点是,它也更难于发现未经许可的使用。假如甲偷了乙的汽车,乙很

---

[14] George J. Stigler, "A Note of Patents",载 Stigler, *The Organization of Industry* 123, 124 (1968)。斯蒂格勒的论文首次发表于其 1968 年的著作中;我们并不知道其写作的时间。

快就会发现失窃,因为汽车被盗使他不能再开自己的汽车了。他也会很快报告失窃案件,并采取行动找回自己的汽车。但对知识产权来说,情况就不同了。假如甲复制了乙享有著作权的作品,乙可能很长时间(或者根本就)未能发觉,因为该复制行为并未剥夺乙对其作品的使用,而只是剥夺了其对作品的排他性使用。而且,这种复制行为可能发生在另一个州或者外国。[15]

为强制实现一项财产权而构筑篱笆或者采取其他措施,这也可能由于限制对财产的使用而减少了产出,如果真是这样,那么它也像篱笆本身的成本那样,构成财产权的一种成本。假设某一购物中心的所有人对其停车场的使用收费;接下来,考虑到该停车场的使用需求在一个很短时期内并不是完全非弹性的(如果从长远看其弹性为零,则导致利润最大化的价格就将是无限的),那么,对该停车场的使用与"免费"停车时相比就会减少。这样就会导致某些浪费,例如在停车场空起来的日子里,多增加一个使用者并不会造成任何成本,但可能由于所有权人收取的停车价格而使这位使用者偏向一种成本更高的行为,比如到另一家较不便利但提供免费停车的购物中心去购买。当然,这种浪费可能可以与那些在购物中心发生停车拥挤的日子相抵销而且还有剩余。如果停车要收费,那么在那些不用购物者排队等候稀缺停车位的日子里,只有更少的司机(并不必然是购物者)会选择将车停在商业街,以使那些愿意付费的人更容易找到停车位。用价钱来替代排队就节约了实际的资源,因为价钱只是从司机那里转让给了购物中心的所有人,而排队则由于涉及时间花费而造成了一种社会成本。在知识产权的情形中,由于其公共产品的特征而鲜有可能发生这样一种节约。如果因为价格而把零边际成本产品(zero-marginal-cost good,比如在空停车场里的空间)的使用者引向成本高昂的替代品,那么这就没有从减少拥挤中产生任何抵销性收益。由于一个人使用知识财产并不妨碍他人对之的使用,因此,从这个意义上来说,就没有任何拥挤效果,以致人们可能想要通过对该种使用收取价钱而减少

---

[15] 这些观点是由霍姆斯大法官在 *White-Smith Music Publishing Co. v. Apollo Co.*, 209 U.S. 1, 18—20 (1908)(附和意见)中提出来的。

拥挤。

知识财产的公共产品特征是显著的。在农场的情形中,无论其是否已经被开发,正如我们在讨论有关过度放牧草地的例子时所指出的,增加一个使用者将会对现有使用者强加成本。因此,篱笆将额外的使用者拒之于外,这一事实并不必然为使用者的整体带来一个净成本,如果不是这样,那么财产权的唯一成本就将只是这堵篱笆了。在我们所举的购物中心的例子中——它与哈罗德·霍特林(Harold Hotelling)以及20世纪上半叶其他经济学家们的讨论遥相呼应,他们所讨论的是诸如桥梁之类产品的最优定价问题,这些产品的边际成本中有很高比例的固定成本[16]——对停车场使用收费可能产生某种错误分配的效果。因为一旦停车场建成,如果它非常大,足以适应顾客在购物高峰时间的停车所需,那么它通常是具有过度能力的,正如我们所看到的,在此时为额外的购物者提供停车位的边际成本就将是零。在此时,停车场就是一个公共产品,而其他使用者的边际成本为零(不计细微的磨损)。当该停车场变得拥挤时,边际成本就将变成正值,因为有些顾客对该停车场的使用将剥夺其他人的使用。

增加使用人数量而不会对知识财产以往的使用人带来成本,这是通常的情形,而非例外。一个农场主利用有关轮作法(crop rotation)的思想,并不阻碍任何其他农场主利用相同的思想。诚然,当更多的农场主采用轮作法,作物产量就会增加而价格将会下降,从而损害那些已经采用了轮作法的农场主。但是,思想传播对价格的影响纯粹是金钱上的外部性(pecuniary externalities),因为农场主所受到的损失完全被消费者的收益所抵销;从社会的经济资源总价值上看,并没有任何减少。[17] 不过,当使用一项资源的边际成本为零时,通过对其使用收取价钱而排除他人(边际购买人)使用该资源,就在以篱笆、保安、警察、律师与产权契据登记机关而

---

[16] 我们抽取了任何拥塞成本。正如在过度放牧的例子中那样,在一座桥梁上的交通拥堵,就是每个司机强加给其他司机的成本(在这个例子中就是时间成本)。这是一种边际成本,因为它随着桥梁使用的数量而变动。

[17] 当外部性导致在产出价值上的一个净减少,比如在污染的情形中,而非仅仅是财富的转让,则它被称作一种"技术"外部性(technological externality)。

强制执行该排他性所导致的现款支付成本(out-of-pocket cost)之外,还会产生一个无谓损失,因为该价格使一些使用者转向那些具有正边际成本的替代品。在物质财产的情形中,该损失几乎不具有显著水平,因为正如我们已经说过的,它所带来的是一种收益:它避免了在草地的例子以及购物中心的例子中的拥挤,并在联合消费不可能时避免出现更糟的情况。从更广泛的意义上来说,它把稀缺资源配置到具有最高价值的用途上。两个人不可能同时吃同一根萝卜或者穿同一双鞋。社会必须有一个资源配置的机制,而通常来说,最有效率的就是价格制度。因此,普兰特才提出这样的观点,即知识产权创造了稀缺,而有体物的财产权则是管理稀缺。

但是,该观点并不全面。除非存在排他性力量,否则,尽早创造出知识财产的激励就可能受到损害。如果知识财产的创造者不能收回其沉没成本,则可能遏制具有社会有利性的投资(所产生的社会收益超过其社会成本的投资)。这就是财产权的动态收益,而其结果就是"接触与激励"之间的交换:对一个公共产品收取价钱就减少了对它的接触(一种社会成本),使之人为地变得稀缺(普兰特的观点),但这增加了尽早创造出该产品的激励,而这是一种可用于抵销的社会收益。

三、成本—收益的交换

从我们已经表明的各方面看,知识产权趋向于比物质财产的权利而需要更大的成本,这一事实具有若干含义,而这也正是我们在本书中所要探求的核心。第一,在以经济效率观念引导的范围内,我们可以期望知识产权法努力地减少这些权利的成本。第二,我们可以期望法律这样做的方法之一,就是对知识产权施加在物质财产领域中所没有的限制。举例来说,一项发明要具有可专利性,条件就是它必须不是对现有技术的一个显而易见的应用或者扩展。这个条件就禁止在无谓损失和过度寻租将成为严重问题的情况下获得一个财产权。"显而易见性"意味着一个较低的发现与开发成本,在价值与成本之间存在着一个潜在的巨大差距,并因而是获得经济租的丰厚机会。作为取得财产权的一个前提条件,非显而易见性(nonobviousness)这个条件在物质财产法中并无任何对应的规定。

另一个例子是专利的保护期限,它在物质财产法中倒是有一个远房表兄[敌意占有规则(doctrine of adverse possession),正如我们在稍后所看到的那样,它使得物质财产的所有权在特定条件下由于时间的经过而消灭]。由于保护时间上的限制,它为一项专利的预期价值设定了一个最高限额,从而进一步限制了寻租行为,尽管这个限额也是很高的。它还对于因为追踪某一个很久以前的思想所导致的较高成本作出了回应,而在这个长久的时间内,该思想可能已经被体现在许多不同种类的产品与方法之中了。这也是一种交易成本,因为它增加了许可使用该思想的成本。

第三,是对第二点的扩展,知识产权的高社会成本产生了不确定性,即从一个完整的社会立场看,该权利总的说来是否最终在成本上是合理的(cost-justified)。[18] 知识财产的创造者无可争议地占有知识产权所附着其上的有体物。一个作家对他的时间、他的文字处理器以及他的原始手稿享有财产权。一位画家享有其画作的财产权。一个发明人则对他的时间、他的实验室、他的设备以及他的图纸享有财产权。这些财产权,加上某些人身权,比如保持人身同一性的权利、不受欺诈的权利,就能够让作家、画家和发明人创造出知识财产。但如果出现以下情况,比如假设有人侵入一位作家的笔记本电脑,盗走从中找到的作品,再以其自己的名义发表而不构成犯法,那么这些知识财产就没有一个会被创造出来。因为知识财产的生产者享有上述权利,所以即使在知识产品上没有

---

[18] 正如在本书导论部分所指出的,首要的怀疑论者仍然是阿诺德·普兰特(Arnold Plant)。参见前揭[2]与前揭[5]所引他的两篇文章。另参见,例如,Stephen G. Breyer, "The Uneasy Case for Copyright: A Study of Copyright in Books, Photocopies, and Computer Programs", 84 *Harvard Law Review* 281 (1970),以及 Adam B. Jaffe, "The U.S. Patent System in Transition: Policy Innovation and the Innovation Process", 29 *Research Policy* 531, 539—540 (2000). 这两篇文章分别对于著作权和专利持有一种适度怀疑的立场——并不要求取消而是反对扩张。可引的文章还有许多,部分将见于此后的章节中。

任何财产权,也会有大量的知识财产被创造出来。我们是知道这一点的,因为在这样的权利产生之前,就有很大数量(和很高质量)的知识财产被生产出来,甚至在今天,即便这些权利不存在,大量的知识财产仍会在生产出来——有些知识财产的生产本来就不抱有获取重大经济收益的希望,有些是因为受到销售以外方式的财政支持,而有些则是因为其成本可以在竞争者能够对之进行复制之前就收回了,因为正如我们刚刚指出的,在知识财产创造的准备阶段,是通过人们的隐私权以及对物质财产所享有的一般权利而加以保护的。诚然,当这些权利被用来保护知识财产时,它们是在"商业秘密"的类目下得到讨论的,这一类目通常被视为知识产权法的一个分支。但是,我们在第13章中将会看到,无论如何,商业秘密法的绝大部分并不创设知识财产权。

对知识产权扩张的社会价值之所以抱有怀疑态度,进一步的原因是接触与激励之间的交换;这些权利在价格与边际成本之间插入了一个楔子,从而减少了人们对知识财产的需求,这样就产生了无谓损失,而该损失必须与拒绝给予该财产的创造者以反对复制者的法律救济所造成的抑制效果加以权衡。另一个观点是,知识产权保护可能导致太多而不是太少的(也许是两者兼有,这是由知识财产的种类不同所致)知识财产被生产出来。阿诺德·普兰特就强调了这种观点,他在这方面预料到了很晚以后才出现的关于卡特尔与其他垄断者寻租的经济学文献。这种保护产生了一种垄断,从字面意思看就如同某人对其所有的房屋所具有的那一种垄断,并且常常也具有一种富有意义的经济学意思,因为可能就没有任何产品来替代某一特定的知识作品。人们的大多数活动是无法得到垄断利润的,因此,正如在我们所举的关于沉船的例子中那样,能够获得该种利润的前景就吸引资源用于知识财产的创造,而这些资源如果在那些只能获得一种正常的投资回报但更具竞争性的部门,可能更具社会生产效率。假如有人想到一个好主意,认为某个特定的十字路口是设立加油站的好位置,然后就在该十字路口的一角建造了一家加油站,但是他并不能阻止其他人仿照他的想法,在对面的另一角也建造一家加油站。美国法的一项基本原则就是,竞争并非侵权行为,亦即,竞争并不是对一个在法律上受保护权利的侵犯。模仿与复制的自由,就是竞争的一块基石,也被用来使垄断利润最小化。

普兰特评论道,出版商通过下面这一点而为知识财产辩护的观点是,许多图书在市场上是失败的,而它们的成本就得由偶尔成功的图书所产生的利润来支付。作为该辩护之基础,其中隐含的假设是,那些在市场上失败的图书,从一种非商业性的意义上来说,每一本都是"成功"的,因为它们通过增加知识存量(stock of knowledge)而带来了一种外部收益;或者,哪些图书将在市场中"获得成功",这里存在着非常难解的不确定性,从而,出版商是无力承担图书出版的成本的,除非由成功图书所带来的收入远超过生产它们的固定成本。这与一口喷油井所带来的收入必须包含那些不出油的空井(dry hole)*的成本正是同样的道理,而这是任何合理的石油开采计划都必须事先预料的。不过,一种可供替代的可能性是,那些在市场上不成功的图书的成本,至少在相当的程度上,就像未成功的找宝人的成本——他们对经济租的竞争而导致浪费。[19]

是否承认知识财产上的权利,这个问题的另一方面是,搭便车行为对于在边际成本中占有很高比例固定成本的产品的生产会造成潜在削弱的效果,而这正是知识财产与其公共产品特征相关的一个特征。[20] 科斯以及其他人在批评霍特林时已经指出,如果一座桥梁的所有权人被禁止向使用者收费,理由是他们使用的边际成本为零,那么,如何才能最初融资来造这座桥就将成为一个很严

---

* 石油天然气用语,指无产出井。——译注

[19] 对于普兰特的观点,一个具有可能性但并不非常具有吸引力的回应将是,对于替代行为给予相同的法律保护。这是支持"商业方法"专利的一种论据(参见第 11 章);如果有关新的商业方法的思想不能获得专利,而新的技术方法却可以,那么就可能在智慧才能与其他资源上发生一种无效率的偏向,即由前一类创新转向后一类创新。

[20] 有些公共产品,比如空气并不涉及任何生产成本。但是,一个产品具有零边际成本这一事实当然并不意味着它的生产不需要任何成本。不过,其生产成本将如其定义所说,是固定成本。

重的问题。[21] 政府将不得不为此支付费用,而政府又如何才能发现对该桥梁的需求足以保证造桥的成本呢?如果使用者愿意支付一笔钱,其总额足以摊平其成本,那么至少我们就会知道,市场认为该桥梁的价值大于其他可供替代的选择。这是让一个公共产品具有可排他性而对社会产生的有利的情形之一。

同样地,如果知识财产的固定成本——在首次销售之前所发生的成本——非常高而其边际成本相当低,并且正如由边际成本较低所暗示的那样,如果重制成本很轻微,那么,在没有知识产权的情况下,要么就没人去创造知识财产,要么政府可能就不得不通过一种向作家和发明人给予奖励或者奖金的制度来资助它[我们说"可能"(may)而非"一定"(will),是因为可能还有其他可供替代的资金来源,比如私人赞助(patronage)]。但是该制度必然会被政治化,而且它涉及对知识财产特定种类由政府定价来替代市场定价,从而存在对它的反对意见,此外,它也没有解决有关接触的问题(亦即,收取一个超过边际成本的价格而造成的错误配置的效果)。或者毋宁说,它解决这个问题的代价就是产生了另一个有关接触的问题。用于奖励或者奖金的钱不得不以税收方式筹得,而全部可行的税收形式都会导致价格与边际成本的分裂,这就与在承认知识财产上的权利时对之进行定价是一样的。这正与下面这个问题相同,即究竟通过税收而为政府文件的制作提供资金,还是通过政府对该文件主张著作权,从而使之能够以一个摊平其创作成本之价格出售。

在决定应当承认某一知识产权的宽窄范围时,理想的做法是对不同的知识财产形态进行分类,其标准是承认与不承认这样一种权利时可能被生产的产量,并且只对那些当未承认该权利时其产量就将严重达不到最佳状态的种类才授予该权利。因此,在那些固定成本较低或者除了许可使用费收入前景之外还有其他激励在起作用的知识财产领域,知识产权保护的作用就将是很轻的,或者甚至可以完全拒绝。令人遗憾的是,为这样一种分类所必需的

---

[21] 参见,例如,R. H. Coase, "The Marginal Cost Controversy", 13 *Economica* (新辑) 169 (1946); Posner, 前揭[1],第 370—371 页。

实证研究从未进行过;而且还存在这样一种危险,即该种分类可能成为一场政治足球赛,那些在政治上势力较强的知识财产生产者将得到比其他人更大的权利(在某种程度上,这可能已经开始并正在发生)。最后请注意,当重制成本较高时,搭便车行为就可能得以消除,而知识产权保护就可能因此变得相对不重要("相对"是因为知识产品也像物质产品那样,可能产生拥塞外部性)。对于视觉艺术作品而言,情况确实如此,除非诸如印刷品、装饰性盘子、小铸像、明信片、马可杯与T恤衫之类在博物馆商店里销售的演绎作品,成为该有著作权之艺术作品的所有人的一种重要收入来源。

四、纸上所有权与占有性所有权

在有关包括知识财产在内的产权经济学中,一个关键性问题,就是在作为所有权根据的占有(possession)与纸面(paper)之间的选择。这两种方式都在使用,并且于物质财产和知识财产皆然。如果被统一化,那么任一种方式都将是无效率的。一个统一的纸上所有权制度假定所有东西都已经为人所有[22],并且只有通过形式化表达(例如,一份契据的交付)才能允许转让;因此,对于在新产生的、从未归人所有的、或者曾经归人所有但又被人抛弃的财产上设定权利而言,它就毫无用处。这样一种制度还将使虽非所有权人但对财产享有专有使用权的人,比如承租人或者被许可人,其地位处于不确定中。而且,它对于解决由一个纸面权利所产生的那些不可避免的错误也没有任何帮助。在另一种截然相反的制度中,对财产进行排他性使用的权利是依靠对该财产的实际控制而产生的,或者在商标的情形中,是依靠销售商标所指向的产品或服务达到具有商业意义的数量而取得权利的,因此,这样一种制度就使得投入巨资以维护该种控制成为必要。它也未就将来使用的权利作出任何规定,以与现在的使用权利相区别。例如,在美国西部的一些州实行有关水权的占据制度(appropriation system),人们通过对水的占有,亦即使用(比如灌溉)而获得水权,这就等于鼓励

---

[22] 有一个例外——通过一种授权而取得所有权——将在下面讨论。

以现在的浪费性使用为手段而标明其对水的将来使用权。将来使用权可能对于占有人而言具有充分价值,从他的立场看,足以使现在的浪费性支出物有所值,但是从整个社会的角度看,一个实行纸面权利的制度将更有效率。就像美国法那样,以商标人已经实际开始销售带有该商标的商品为条件,才可以享有实行商标的权利,这就存在着一种危险,尽管由于允许以"使用意图"(intent to use)而可以注册商标,从而在一定程度上缓解了这个问题(参见第7章)。

因此,一个有效率的财产权制度可能就是一个混合制度,结合了纸上的权利和占有性权利。例如,我们来考察一下,对于无主财产,是应当只通过占有方式而获得,抑或也可以通过授权或者其他非占有性方式而获得。一般的回答是,只能通过占有方式。假设有一块新大陆被发现了,而且为简化讨论起见,假设这块大陆是无人居住的。如果在发现者从占领的意义上实际占有该大陆的全部或者至少是大部分之前就给予其整个大陆的所有权,这将是没有效率的。假定在探险市场上存在着竞争的话,那么,如此巨大的一个奖励将导致在探险行为上的过度投资。探险者只要比其竞争者早一天发现大陆,就将获得该大陆的全部价值。获得一项远远超过其发现成本的价值,这样的前景就诱使他,当然也诱使其他竞争者承担额外的成本(即超过最小的发现成本),而这样一来,就超过了那些付出额外努力的边际收益。

回想一下前面有关海洋打捞的例子,再假定对新发现大陆的排他性开发权值 X 美元,而如果只有一位潜在的发现者,他将花费 0.1X 美元去发现它,并且需花上他两年时间才能完成发现。如果有十个潜在的发现人,每个人都有赢得比赛的平等机会,每人将为最先发现它而至多花费 0.1X 美元〔假定他们都不是风险逃避型(risk-averse)的〕。但现在假设由于该比赛,将导致提前一年发现该大陆;考虑到时间的金钱价值,提早发现大陆就将增加发现人的现值,比如说 1.1X 美元。但是,在价值上的增量(0.1X 美元)将远低于所增加的成本(0.9X 美元)。尽管其中一位参赛者比其他人有着低得多的成本,但从一个社会角度看,该比赛就因而是浪费的,所以,从一开始就很明显的是,如果举行一场比赛(并且参赛者拥有平等的机会,可以进入资本市场以融得比赛所需资金)他肯定会赢的话,那么其他人就会克制自己来参与竞争,而这样一来就不存在任何比赛了。[23]

以下这个替代性方案与前面所述的实际搜寻人原则相类似,并且我们将在第 11 章再予考察,即授予第一位搜寻人以排他的发现权——但接下来的是,他可能为了成为第一位搜寻人而承付租值。

也许,对于以前将无主财产的所有权建立在发现或者授权基础之上的做法,最有效率的替代性方案是,将之建立在实际占领(physical occupation)的基础之上。这种做法减少了成为第一人的净收益,并因而在某种程度上缓解了过度投资的难题,因为它迫使将来的所有权人承担占领成本。它也趋向于把资源配置给那些最能够对之加以有效利用的人,因为他们是最可能自愿承担因占有所涉及成本的人。如果发现人可以仅仅通过宣称或者申请而获得整个大陆的所有权,那么他就会立刻调转船头,出售大部分或者全部土地,因为他并不是所有这一切土地的最有效率的开发者。而如果一开始就把所有权交给那些实际想要占有该土地的人,就可以使交易成本最小化。这正是《宅地法》(Homestead Act)所遵循的手续。160 英亩的土地被授予给那些想要经营农场的人。另一个替代性方案是,把整个公共领域都交给一家房地产公司,再由该公司进行细分;但这样做将可能导致更高的交易成本。

知识财产中的一个类比是下面这项美国规则,它反对在没有使用或者即将使用商标的情况下,仅仅通过注册而获得商标权。或者我们来考察专利权:专利证书只是一纸文件,但你除非真正发明了某一东西,否则你是不可能获得专利的。我们在第 11 章将会看到,对以下这个问题存在争论,即一个人为了对这份关键性的文件享有权利,应当要求他的发明达到什么程度。

奥利弗·温德尔·霍姆斯(Oliver Wendell Holmes)讨论了这样一起案件,原告委托被告为其出售一个保险箱,被告在出售之

---

[23] 参见 Dean Lueck, "First Possession", 载 *New Palgrave Dictionary of Economics and the Law*, 第 2 卷, 第 132 页(Peter Newman 编, 1998)。

前,从该保险箱的缝隙中发现了一些钞票,很显然这些钱是原告的。法院判决原告有权取回这些钞票;在法律的眼中,被告并非其"占有人"。[24] 捡到遗失物是一种有价值的服务,应当受到鼓励。[25] 但是,正如对新大陆的发现那样,对一个拾得者给予其所找到的全部价值,就可能在力图寻找值钱之物上导致过度投资(新大陆发现者也是某一类拾得者)。假如在霍姆斯所提案件中的代理人是一位在保险箱中寻找遗失物的专家,那么他就可能早就协商买下了这个保险箱以及箱内所发现的任何东西。这正是鉴赏家们从他们的技巧中获利的方法——他们从那些未意识到其全部价值的所有权人那里购买艺术品。

还有一个与"谁捡归谁"(finders keepers)这一法律规则相关的问题,即把失物的全部价值都给予拾得者,可能导致所有权人在保护其财产上的过度投资,而这在有关发现新大陆的例子中并无对应之处。我们在关于向发现那些早就丢失的艺术作品的人给予所有权的主张方面,已经讨论过这个问题了。[26] 与给予拾得者以所有权相比,更好的做法是,根据原物返还法(law of restitution),授予其向所有权人主张费用之权利以补偿其寻找成本,但他应返

---

[24] Oliver Wendell Holmes, Jr., *The Common Law* 225—226 (1881)。关于当代一起涉及一幅绘画的案件,参见 *Mucha v. King*, 792 F. 2d 602 (7th Cir. 1986)。

[25] 然而,货币却有其特殊之处,与其他有价值的物品相比,货币并不适用这条原则。成功地搜寻到沉在海底的手工艺品,就将丰富世界上值钱东西的存量,但成功地搜寻到同样沉在海底的货币(假定它没有任何历史价值)却只是通过增加货币存量并且给予其所增加的数量而把财富转移给了发现者,从而在搜寻中所付出的全部资源就是一个无谓损失。因此就有这样的规则,"无主埋藏物"(treasure trove)(货币与金银)归于政府而不是成为发现人的财产。参见 Posner,前揭[1],第 36—37 页。这是一个例子,说明就像实际搜寻人原则那样,一项法律原则可以解释为其用意就是为了使寻租最小化。

[26] 参见 William M. Landes 与 Richard A. Posner, "The Economics of Legal Disputes over the Ownership of Works of Art and Other Collectibles",载 *Economics of the Arts* 177 (Victor A. Ginsburgh 与 Pierre-Michel Menger 编,1996)。

还该财产。[27] 与那种在原所有权人和拾得者之间分割拾得物的做法相比,这种做法也更好。除非该财产易于分割,否则,分割将减少其总的价值(不过,这对于一捆钞票来说就不成问题了),当事人因此还得费时费力地进行谈判,要么把一方当事人的份额转让给另一方,要么把双方当事人的份额都转让给第三方,以便保持该财产的整体性与经济价值。例如,一尊雕像被人找到了,现在把雕像头部分给找到人,而该雕像的其余部分仍归原所有人,这就是一个无效率分割的极端例子。

在霍姆斯所讨论的案件中,该钞票判归保险箱的所有人。我们现在假设他不享有所有权。或者假设有人在一家超市的结账柜台上遗忘了一个装有现金的钱包;另一位顾客捡到了这个钱包;而钱包的所有人从未对之提出过主张。那么,对于该钱包以及包内现金,应当由顾客享有保持占有的权利,抑或由超市享有该权利?支持归该顾客享有的论据是,既然是他发现钱包的,他就值得奖赏;而超市则没有做任何事情。但是,如果顾客明知,假如所有人不主张权利他就能够拥有该钱包,并顺手牵羊地拿走了钱包,那么在这种情况下,他还给钱包主人的可能性,比该钱包仍放在原处由超市店员发现后还给其主人的可能性要小得多。因为当钱包的所有人发现它丢了以后,他就会到那天自己所去过的地方寻找,而这样一来他就会很快找回到超市里去。

超市的例子说明,丢失物与遗忘物(lost and mislaid items)之间存在法律上的区别,"丢失"的意思是指所有人并没有意识到该财产已经遗失了。因为没有意识到,他就不可能去寻找它,所以法

---

[27] 参见 Nadalin v. Automobile Recovery Bureau, Inc., 169 F. 3d 1084 (7th Cir. 1999),以及在其中引用的案件;William M. Landes 与 Richard A. Posner, "Salvors, Finders, Good Samaritans, and Other Rescuers: An Economic Study of Law and Altruism", 7 Journal of Legal Studies 83 (1978); Saul Levmore, "Explaining Restitution", 71 Virginia Law Review 65 (1985). 与保险箱案相似的还有一个案件,也是由霍姆斯所讨论的,它涉及"一段原木被大水冲到了某人的土地上"(大概他对此并不知情)。"他因此就取得了一个'占有权',以反对想要搬走原木而进入其土地的实际拾得者"。Holmes,前揭[24],第 223 页(脚注略)。最优的解决方案可能是给予拾得者一笔奖赏,而把该财产给予土地所有人——假定该段原木在被冲上岸时是无主的。

律就对丢失物的捡到者赋予合法的占有权,而不是像在遗忘物的情况下,把它的合法占有权赋予发现该物之场所的所有人。而且,丢失物也不是抛弃物(abandoned property),因此在拾得者与失主之间,后者享有更优先的权利。但是,抛弃物是一个重要的范畴,对于知识财产而言尤其如此,因为要考虑到专利与著作权的保护期限以及时常发生的商标权丧失。当财产被抛弃时,法律就在以下两者之间作出选择,一是将之"去财产权化"(depropertizing),从而任何人都可以使用它,但也没有人可以享有排他性使用权,二是允许它可以被重新占据(reappropriated),这可能导致更有效率的使用,但也可能因为在将来重新占据者之间的竞争而激发寻租行为。

由过度奖赏所激发的寻租行为就提出了另一种观点,拒绝在我们所举的超市例子中的顾客即拾得者拥有无人主张权利的遗忘物:因为他的奖赏可能大大地超过了他的成本。诚然,顾客(拾得者)获得该种奖赏只是事后的;也就是说,只有当失主没有对其财产主张权利时他才能得到。而且,这意味着拾得者的预期奖赏可能价值很小的,因为大多数丢失了值钱财物的人都会想方设法把它找回来。但是,既然超市的店员可能在该顾客捡到该钱包之后也马上发现它,所以,顾客捡到钱包的价值可能就很小了——事实上是负值,因为钱包的所有人向一位顾客比向超市去主张权利而将面临更大的困难,即使该顾客被要求在超市留下了他的姓名与住址。

有关在保险箱藏有钞票的例子阐明了这样的问题,即保持和取得所有权是否应当以实际控制为必要。通常的回答是"不",因为这样一个必要条件将导致浪费性支出,并且阻碍了专门化分工。为了说明第二点,我们只要想象有一位承租人,因为房东通过租赁合同而失去对房屋的实际控制(亦即,在租赁期内房东不能擅自闯入该屋内),他就被认定为该出租房屋的所有人。更为合理的做法是,承认房东与承租人的共同占有,并按照他们在特定条件下的比较优势而分配有关采取法律行动的权利,以保护他们的占有性权益。因此,当侵入者剥夺财产的行为发生在租赁合同末期而承租人没有什么大的激励去起诉时,或者在侵权行为对于房东的损害大于对承租人的损害时(例如,如果承租人被一个从事毒品交易的人赶了出去,而该人接下来还想要吓走其他的承租人),或者只是因为承租人缺乏起诉侵权人的资源,那么,尽管房东并不占有该房屋,也应当允许其提起诉讼。

共同占有也并非没有问题。如果法律不是把财产使用权置于一人身上,而是要求两个或者更多的人就如何使用财产彼此达成协议,那么交易成本就会变得较高。法律解决这一问题的方法是,允许每一个共有人坚持对该财产的分割,因此它就变成了由每一个人所控制的单一地块所组合而成的财产。当然,如果分割会大大地减少该财产的价值,这也是不被允许的,正如我们在前面所举的关于雕像的例子那样。在这样的例子中——这在知识财产的情形中很常见——效率要求假定被占有的是整体对象。由诸如ASCAP*之类的表演权组织所发放的一揽子许可证(blanket license),就是一个令人印象深刻的例子,它通过集中控制——在此情形下是把许多一小块一小块的财产(单独的歌曲)视作在同一管理人之下的单一整体(single lump)——从而使交易成本最小化。另一个例子是,因为著作权、专利都是不可分割的,所以当它们为人共有时,法律允许每一个共有人可以完全行使该财产权,从而使交易成本最小化。这个例子与有关雕像的例子存在差别,就在于知识财产的公共产品特征是区别于物质财产的。一个著作权的每一个共有人都可以把该著作权作品的元素结合到他自己将来的知识财产中,一项专利的每一个共有人也可以继续研究以改进该发明,而不会对其他共有人的行为构成冲突(至少是在物质层面上)。

假设有一块土地,它在以前是无主的、无人主张也未被占领,从而在其上不存在任何的纸上所有权。第一个占有人就因此而成为所有权人。但是,如果该人并没有持续出现在该土地上,情况又当如何呢?如果他人现在占据着该土地,那么他是占有人吗?当然不是,否则的话,所有权人就得构筑篱笆与在土地上巡逻,从而导致浪费性支出。以占有作为在新发现财产上取得所有权的条件,这只是一个方面。但是,一旦以此途径取得所有权之后,将之

---

* 美国作曲家作家出版者协会,全称 the American Society of Composers, Authors and Publishers。美国主要的音乐作品表演权集体管理机构。——译注

登记在一个公共的契据登记机构,以警示其他的无意侵入者,就应当足以维持该所有权了。这是一种比煞费苦心地标记和构筑篱笆更为便宜的公示方式,更不用说那种为获得对未知区域(*terra incognita*)的所有权而被合理要求的现行和普遍的使用方式。这就是另外一个例子,说明为什么一个纯粹的占有性财产权制度是不经济的。它也是这样一个例子,说明对法律进行一般归纳,特别是通过类比的方式过快地从物质财产转向知识财产的做法是危险的。因为在商业秘密的情形下,占有人想要对其秘密信息的窃取者提出控诉,就必须已经采取积极的保密措施。假如商业秘密必须在公共登记机构进行登记,则商业秘密的社会目标就将受到阻挠,因此,必须有另一种用来警示侵权人的替换方法,即由占有人采取措施,向世界表明该发生争议的信息在事实上是一项秘密,并且未经其同意他人不得使用。而与物质财产法律相反的是,这反过来又意味着,商标秘密的拾得者就是拥有人。与你的钱包不同的是,如果你让自己的商业秘密"乱放"(lying around),而不是将之关好上锁,那么当别人"捡到"你的秘密发明,他就成了该发明的合法占有人——当然他并不是具有排他性权利的占有人,因为它已不再是一个秘密。

　　所有权登记也不是绝对不会出错。它们通常也不对财产抛弃进行登记。如果对于从前为他人所有的土地,一个新占据者能够证明他正在就该土地主张权利,而所有人多年以来并未采取任何行动以反对这种主张,那么,法律就把该土地的所有权转移给新的占据者,这就被称作通过"敌意占有"(adverse possession)而获得所有权。其中的敌意性(adverseness)条件(它隐含于我们所述的新占据者一直就该土地"主张权利"之中)是关键。否则,一个承租人如果其租约延续至以时效(亦即随着时间的经过)获得所有权所需的年份,当该期间结束之时,岂非成了租赁物的所有人。

　　承租人的占有并不是"像所有人那样的"(owner-like);而敌意占有人是这样的。其根本的差别就在于占有人的意图,而这通常可从以下这些客观表象中推断出来,比如双方有租约、所有人的行为(其本身是否"像所有人那样")以及占有人的行为(例如他是否在该财产上进行了永久性改进,以表示他认为自己就是所有人)。

我们将在商标领域中看到与敌意占有相类似的东西在起作用;当一个商标在公众的头脑中变成了某种产品的名称而不再是特定销售商的牌子时,销售商通常最终会被剥夺其商标权。

敌意占有被理解为转移所有权的一种方式,不具有从谈判或者纸面性转让所带来的收益,但它回答了这样一个问题,即何时应当认定财产被抛弃了,亦即回到了无主的公共资源(common pool)中。经济学教导我们,它应当发生在可能促进有效率地使用有价值的资源的时候。有关抛弃的例子,最明确的就是当一个占有人故意"扔掉"该财产,其实就是自愿地让它回归到公共资源中。他的行为表明,该财产在他的手中没有任何价值了。从而,通过确定该财产已经被抛弃并因而可以为其他人重新占用,法律就鼓励把该财产配置给那种价值较高的用途,以使得整个制度免于承担谈判的成本。同样地,所有权人如果经年以来不对其财产的敌意占有作出反应,就表明他认为该财产的价值还不如为维持其财产权所必需采取措施的成本;这就是财产抛弃的经济学意义。

法律允许对抛弃物取得财产权,就借此而遵循了经济学家对公共财产进行财产权化(propertized property over commons)的推定性偏好。它允许将财产从公共领域中抽取出来,并被私人化。但是,正如我们已经指出的那样,当所讨论的公共领域包含了知识财产时,这就构成了人们潜在担忧的渊源。对财产权进行交易越是代价高昂——我们已经看到,在知识产权上的交易可能是代价相当高昂的——允许那些处于公共领域的产品被私人化所将产生无效率之结果的危险就越大。在极端的情况下,如果交易成本过分高昂,允许公共领域的私人化,就将使它不再成为一种由他人在将来创造知识财产时的输入资源,除非该人就是该原为公共领域的特定部分现被私人化的知识财产的所有权人。

如果一个所有权人实际扔掉他的财产——总有一些东西在随时被扔掉,甚至是土地,正如当一个所有权人未履行其所抵押的债务或者因其未支付不动产税而同意将其土地交由政府扣押时那样,这就表示在减去因对该财产享有所有权所付出的费用,他评估该财产的价值为零或者更少,因此,任何不怕麻烦而取得该财产的拾得者,当然就是对该财产估价更高的人。在此情况下,也就无须再进行谈判,以保证由拾得者取得该财产确实是一个使价值最大化的交易;谈判成本就将是一个无谓损失。在其他情形中,假定交易成本比较低的话,那么与强制交易相比,市场交易就是一种使财产转向具有最高价值用途的更有效率的方法。但是,交易成本常常很高,即使所涉及的财产如同一块土地那样便利时,亦然。所有权人可能不为人知。更常见的情况是,他的财产的确切边界不为人知,这也是为什么敌意占有人并不知道其正在实施侵占或者所有权人并不知道其土地正在遭受侵占的原因所在。在知识财产的情况下,这样的问题尤其严重。知识财产在空间上没有边界,或者除了开始之时,它在时间上也没有边界,而且由于它是非物质的,所以它不可毁灭,也不具有任何空间限制。

法律以不同方式来对待知识财产的抛弃。一旦它被抛弃,它就成为公共领域的一部分,在其上可能不再取得财产权。之所以存在不同的法律处理方式,既可由知识财产相比于物质财产有着较高的交易成本,也可由传统上强调知识产权在提供该种财产的创造的激励方面的作用而得到解释。一旦知识财产被创造出来而又被抛弃的,那么从激励论的角度看,就不会让人感到还有任何必要,允许对之加以重新拥有。不过,这个角度可能过于局限,我们将在后面的章节,特别是在第 8 章中探讨之。

我们在前面指出,敌意占有的权利被限制在敌意占有人善意行为的情形中,亦即,他确实相信该财产是他的。否则,该原则就等于鼓励在交易成本较低的情况下强制进行财产转让。由于该原则被限定适用于诸如真正的所有权人无法轻易确定、找到或者其显然已经放弃财产这样的情形,因而就实现了一项从经济学上所构想的法律的基本功能,即在以下情形中对市场的模拟,其中较高的交易成本要么阻止市场带来一种有效率的资源配置,要么像在抛弃财产的情形中那样构成一个纯粹的浪费。不过我们还将在本书中再三指出这样的情况,其中,由于存在较高的交易成本——它在事实上可能是用来解释知识产权法与物质财产法之间差别的最重要因素——法律允许在既不主张所有权,也未对现在的所有人给予补偿的情况下,审慎地没收知识财产。

在市场交易成本较高的情况下,敌意占有也可以被认为是纠正纸上所有权的一种方法[28];它改进了财产权制度,而不是对之构成挑战。当一个未被发现的所有权人,或者未知其财产范围的所有权人清醒过来并且主张其权利时,证据可能已经模糊了,并且敌意占有人可能已经对其合理的信念——他就是该争议财产的真正的所有人——形成了依赖。他认为该财产就是他的,也就可能已经在其上作出了某种投资,而该投资在其丧失该财产并归于原始所有人——但对原始所有人而言,从其在该权利上睡大觉这一点就表明,该财产可能已经没有价值——时将变得毫无价值。当某一产品的竞争者对其上所附着之价值存在着重大的悬殊评估,那么,随着每个竞争者为了在该价值中获得最大的可能份额展开竞争,交易成本就可能变得很高。假设对于敌意占有者来说,该土地值100万美元(也许是因为他相信地下有矿藏),而对于原始所有人来说只值1万美元(他并不相信该地下有矿藏)那么,任何在1万美元到100万美元之间的售价,都使双方当事人认为通过一笔买卖而使自己的情况变得更好。但每个人仍将热切希望把尽可能多的差别在文件上表述出来,这使得他们未经旷日持久的讨价还价,恐怕难以就价格达成合意;最终他们甚至可能无法协商一致,特别是在他们顾及获得或者保持其作为一个精明的谈判对手的声誉时。

　　敌意占有原则在知识产权案件中的适用极为罕见。但与之非常相似的东西在商标领域中还是有发生;我们将在第7章讨论"March Madness"案件时看到这样一个例子,其中,先使用人将商标权丧失给了后使用人。商业秘密法包含了敌意占有的一项对应规则,如果未采取预防措施以使其发明(或者客户名单、商业计划或者其他信息)保密,则商业秘密的占有人就表明他对之估价不高。专利与著作权的固定的保护期限,也是敌意占有的一项非常粗略的对应规定,它们除了其他目的外,也具有简化知识财产的纸上所有权制度的目的,以便新知识财产的创造和旧知识财产的使用不会因为与现有所有人之间交易所产生的过度费用而受到阻碍。该固定的保护期限对应于取得时效(或者诉讼时效)的期间,

---

[28] Thomas W. Merrill, "Property Rules, Liability Rules, and Adverse Possession", 79 *Northwestern University Law Review* 1122 (1985).

后者的期间届满时，物质财产就丧失给敌意占有人。两种情形的结果，都是清除了陈旧的纸上所有权的障碍。不过，两者之间的一个主要差异在于，敌意占有是把所有权由一人移转至另一人，而知识产权的固定保护期限届满后，就消除了所有权，并使该作品或发明成为公共领域的一部分。

有时，抛弃财产的意图可以从占有人对该财产使用的疏忽中推断出来。占有人的疏忽大意，既通过其行为表示该财产对他而言无甚价值，也给潜在的拾得者造成了这样的印象，以为该财产实际上已经被抛弃，从而是适于下手的对象（fair game）。在这些情况下认定财产已经被抛弃，就变成了减少交易成本的一种方法，也可藉此增加该财产转向一个更高价值用途的可能性。我们关于商业秘密的例子就说明了这一点。

占有性所有权与纸上的所有权作为确立财产权的方法，它们之间的紧密关系以及相互依赖的关系，现在就应当很清楚了，并且在历史上，前者的优先性也应当是明确的。正像在公共登记机构所登记的一纸所有权契据，如果考虑到占有是"公开和众所周知的"，比如在敌意占有的情形中，那么，它也是向世界公示存在某种权利主张的一种方式。[29] 在社会的最早时期，这是唯一可行的方式。作为宣示一项财产权的方法，篱笆是早于纸上所有权的，而且与之类似的其他东西还在商标法与商业秘密法中隐约可见，在著作权法中同样如此。在1988年对1976年《著作权法》进行修订之前，版权标记必须附着于已出版的作品上，并因之方可享有著作权。修订案摒弃了有关形式性标记的条件，但是根据1976年法，现在对于任何表达性作品，一旦其被固定在一个有体的载体上就自动取得著作权，所以作品本身就成了财产权的标记。是否为了取得或者维持一项占有性权利，必须要有一个物质性行为，对此问题的回答涉及传达某一权利主张的特定行为的成本与清楚传达所带来收益之间的交换。所要求的行为越精细，传达意思就越不会发生错误，而对财产权的清晰的公开界定就降低了交易成本，并趋

---

[29] 占有的这项功能被强调于 Carol M. Rose, "Possession as the Origin of Property", 52 *University of Chicago Law Review* 73 (1985).

向于优化投资,所以这是有效率的;但同时,这种标记形式也变得成本更高。

通过占有而实施的最为精细的标记行为——即完全、连续与明显的占据行为——其成本常常超过其收益。重申一下前面的一个观点,这就是为什么说,与取得一项财产权所必需的积极占有程度相比,一个较低程度的积极占有就足以保持该财产权。通过 Haslem v. Lockwood[30] 这个引人入胜的古老案例,可以来说明这一观点。原告把公共街道上拉下的马粪扒拢成堆,并准备第二天把它们用车运走,这是他能够获得必要运输工具的最早时间。被告抢先把它们运走了。原告起诉要求返还马粪并获得胜诉。马粪的原始所有权人是那些在街道上拉大粪的马匹的所有人,他们抛弃了马粪;但原告发现了它。他通过将之扒拢成堆而实现了占有,这些粪堆就是向第三人,比如被告,所作的充分标记,说明该马粪不再是抛弃物而可被人重新取得。如果为了保护其财产权,在将马粪扒拢成堆之外还要求原告实施其他行为——将马粪用篱笆围起来,连续看护,或者预先安排一辆大车在此处待命,以便在扒拢成堆后马上运走——就将增加交易成本,据此,对于原始所有人来说一无价值的马粪就变成了一个具有较高价值的商品,然而却没有产生可供抵销的收益。

财产的失窃并不被法律认为是抛弃。从窃贼手中购买财物的人,即使其完全或者有理由不知道其占有来源是有瑕疵的,他也不享有任何用以对抗原始所有人的权利。这项规则可以这样来解释,它减少了行为人从盗窃事件中的获利,并因此减少了发生此类事件的可能性;但是,如果根据一个合理的经济学分析,它还有更多的可辩护之处,正如由被盗艺术作品的财产权问题所提出的那些方面。[31] 许多艺术作品在半个世纪前结束的第二次世界大战中被盗了。可以这样认为,如果原始所有人在那时起自始至终没有采取任何措施,以图收复其作品的,那么他的所有权就应当被消灭,以防止现在的所有人因为担心引起其处于休眠的前手的警觉

---

[30] 37 Conn. 500 (1871).
[31] 参见 Landes 与 Posner,前揭[27]。

而不愿意将作品进行展览；该等作品应当被认定是"被抛弃的"。如果真是这样的规则，那么原始所有人就会产生这样一种激励，采取额外的注意措施，以防止他们的艺术品被盗。

但是，制造这样一种激励并不像它看起来的那样纯粹是收益。这些预防措施的成本，预防措施中可能包括了拒绝让艺术品进行广泛地展览，它们都必须与购买人为防止被人发现是失窃作品而付出额外努力的成本加以权衡。如果原始所有人有权取回其被盗艺术品，即使是从一个向窃贼购买的善意买方手中亦然，那么，这些成本还必须与原始所有人为发现该被盗艺术品所将承担的额外的搜寻成本进行权衡。如果根据一种以原始所有人优先的制度而产生的、购买人的隐瞒成本与所有人的搜寻成本，并没有大大超过根据一种以善意购买人优先的、所有人采取预防措施的成本，那么，因为使被盗物品更易于在市场流通而形成的社会危害性就可能起着决定性作用，从而反对允许该购买人取得所有权。

但是，我们已经多次指出，现在的商业秘密法找到了相反的折中方法。这是一个提示，说明人们从经济学理解的传统的财产法，尽管作为按照经济学来理解知识产权法的一种思想渊源是非常珍贵的，但它不可能被机械地外推到该法律领域。它们之间的差别与它们的共性同样重要。知识产权可能发生的不加批判的扩张，也许就要归咎于人们对这一点的忽视，对此我们将在最后一章中试图加以解释。

物质财产与知识财产之间最后一个具有重要意义的差别在于，除了我们所举的关于发现新大陆的例子以及我们提及的《宅地法》，几乎所有可以为私人所有的物质财产都已经是有主的。政府不再从事分发土地财产权的事务，以此之故，所有涉及土地（以及动产，亦即那些非土地的物质财产）的交易都是私人性的。但在知识财产的情况下，政府仍然非常多地从事着给予专门授权的事务。每年，政府通过授予著作权、专利和商标而产生了成百上千，或许成百万的在知识财产上的财产权。政府在知识财产上有着比在物质财产上更深的涉入，就使得把理所当然被认为享有美誉的土地和其他物质财产的财产权制度不加批判地外推至知识财产领域的做法充满了危险。

第 2 章
关于著作权的若干思考

在本章中，我们提出一个有关著作权最佳保护的非形式化的经济学模型，并在下一章中将之形式化，而且在接下来的几章中，我们将考察著作权法的主要原则（比如合理使用）以及其他特点（比如保护期限）是如何与我们所做的经济分析紧密联系在一起的。在本章中，我们首先讨论那些对所创作的表达性作品的数量和特征起着决定性作用的技术、文化、法律和经济因素，接着再探讨利用被创作作品的模式。这些都是在下一章中构建形式模型的建筑材料。

我们用"表达性作品"（expressive works）一词，意指任何根据现代法律而可能获得著作权保护资格的作品。尽管该术语并不算理想，但我们也想不出一个更好的术语来替代它。著作权保护并不局限于那些具有想象力的作品，比如小说、歌剧、绘画，它还扩展至纪实性作品，某些数据汇编，甚至是机器可读的计算机软件。不过，它所保护的是表达某一思想的形式或者外形（configuration），而不是该思想本身，后者的保护不属于著作权法，而是属于专利法和商业秘密法的领域。

一、表达性作品的创作和流通

一本图书或者其他表达性作品（我们就从讨论图书开始，而后延伸至其他表达形式）的生产成本由两部分组成。第一部分是创作该作品的成本。我们假定它并不随着所制造或者销售的复制件数量而变化，因为它主要由作者的时间、精力，加上出版商延揽、编辑手稿并将之录入排版的成本所组成。与著作权惯例相一致，我们把这些成本之和称为"表达成本"(cost of expression)。复言之,它是一个固定成本(fixed cost)。第二部分,亦即实际复制件的生产成本,则是随着所生产复制件的数量而增加的,因为它由每一复制件的印刷、装订和配送成本所组成。因此,它是一个可变成本(variable cost)。

我们对于作者和出版者之间在成本或者激励方面的差别,一般忽略不计,反而将这两者合称为"作者"或者"创作者"。这样做,我们就省略了许多涉及作者和出版者之间关系的、令人感兴趣的经济学问题。这些问题包括,如果作者享有在某一特定的若干年限(现行的是35年)之后从受让人那里收回著作权的权利,以及与之密切相关[因为它所授予的也是一种不可让予的权利(inalienable right)]的追续权(droit de suite),该权利现已在美国法中获得了稳固的地位,它授权艺术家可以从最初(或者此后的)买家对其艺术作品的再销售收入中要求获得版税,那么,这些法律规定究竟是增加还是减少了创作新作品的激励呢?[1] 经济分析表明,与人们的直觉相反,这些法律减少了对知识财产创造的激励,因为它们阻碍了作者或者艺术家将风险转移给出版商或者艺术作品交易商。其之所以受阻,是因为他不能通过合同放弃其收回权(right of reclamation)。一个出版商如果必须与作者分享任何将来的投机性收益,就会向作者就该作品而支付较低的价格,从而,作者预期报酬中的风险性成分(risky component)就会相对于确定性成分(certain component)而上升。如果作者是风险逃避型的,那么结果就是,他的情况变得更糟。而且,如果在赋予其权利的事实[在收回权(recapture right)的情况下是指经过35年的时间,或者在追续权的情况下是指对其作品的再销售]发生时作者已经死亡的,那么,他将不能获得在该事实之后所存续著作权的任何部分的价值,因为法律并不允许他出售该价值。另请注意,如果创设追续权的法律也适用于在该法律通过之前已经创作的作品,那么,这样的法律就只是有利于已经成名的艺术家,而新出道的艺术家却必须为

---

[1] 参见 Jeffrey M. Perloff, "Droit de Suite",载 *The New Palgrave Dictionary of Economics and Law*,第1卷,第645页(Peter Newman, 1998)。

此承担成本,因为它使得前者对其作品享有一种不得讨价还价(unbargained-for)的回报,但同时降低了收藏家们愿意为新作品支付的价格。[2]

但是,如果作者在事实上是风险逃避型的,而出版商则是风险中立的,因为出版商们有图书的出版组合,而且它们是公司,股东们能够通过持有一种多样化的股票投资组合而消除特定企业的风险,那么,为什么作者通常要求按版税方式支付,而不是将作品转让给出版商以得到一次性支付,从而由出版商承担该图书在市场上全部的成败风险呢?答案可能就是,通过把作者的收入与该图书所实现的成功而不是事前预料的成功相挂钩,版税合同就增加了作者创造出商业性成功之作的激励。同时,作者收入流的可变性("风险"是在这种意义上而言的,即经济学家用该词来讨论风险逃避、风险偏好和风险中立)被最小化了,因为那些实际以版税收入为生的作者,通常会在版税之外收到一笔不得要求退还的预付金,从而把风险又转移给了出版商。另一些作者——例如教学研究者——则有一种稳定的收入来源,即工资,这就减少了其全部收入(工资加版税)中的风险性。

对某一图书复制件的需求曲线是向下倾斜的,因为市场上存在着比较好的但并非完全的替代品。出版商会一直生产该图书的复制件,直至边际成本等于边际收入的那一点为止。由此导致的价格与边际成本之差,再根据所销售的复制件数量而求和,就可以得出用以抵销表达成本的收入。但这种抵销并不是完全的;它可能低于或者超过表达成本,因为它所依据的并不是该种成本,即不会影响到理性出售人价格的一种沉没成本(sunk cost),而是依据于需求弹性和边际成本。

既然是否创作作品的决定是在作者知道其复制件的需求量之前就必须作出,那么,只有当预期收入与复制件生产成本之差等于或者超过表达成本时,作者才会作出创作作品的决定。而且,因为不同作者创作同样作品的成本并不相同,所以,与某一特定作品的

---

[2] 参见 Richard E. Caves, *Creative Industries: Contracts between Art and Commerce* 282 (2000)。

复制件数量相区别的是,被创作出来的作品数量将会一直增加,直到被创作出来的最后一个作品的回报恰好等于(递增的)表达成本为止。

有两个限制条件也应当提出。第一,对某一特定作品复制件的需求,不仅取决于该复制件的数量,而且取决于其竞争性作品(competing works)的数量。竞争性作品越多,对任何特定作品的需求就会越低。因此,作品数量和每一作品复制件的数量需同时得到确定,这种互动的净效果就是减少作品创作的数量。

第二,在知识财产的情形中,价格歧视(price discrimination)通常是可行的,因为每一作品在彼此之间并非完全的替代品,从而常常能够阻止或者至少是限制套利行为(arbitrage)。因此,出版商常常对于某一作品的精装本收取较高的价格,在后期则为愿意等待该作品平装本的另一部分市场而降低价格。同样,电影院一般会对首轮放映的电影收取较高的票价,而在后期市场(包括二轮放映的影院、家庭录像带、付费电视、有线电视和网络电视)上的价格则较低。价格歧视增加了收入,并因此增加了生产作品的数量,尽管它可能并不增加每一特定作品的复制件数量。价格歧视采用价格计划表,替代将所有单位都只采取单一价格的做法,其中的某些价格将高于该单一价格,并因此而减少其收取较高价格的那部分市场份额的销量;而减少的数量将等于、大于或者小于其针对收取较低价格的那部分顾客销量中所增加的数量。[3]

许多经济学家相信,价格歧视更可能的结果是扩大而不是减少产量,或者使之保持不变[4],但是,并不存在任何切实的理论或

---

[3] 参见 F. M. Scherer 与 David Ross, *Industrial Market Structure and Economic Performance* 494—496 (第 3 版,1999);Paul A. Samuelson, *Foundations of Economic Analysis* 42—45 (1947);Joan Robinson, *The Economics of Imperfect Competition* 188—195 (1933)。

[4] 参见,例如,Robinson,前揭[3],第 201 页;Scherer 与 Ross,前揭[3],第 494—496 页;Peter O. Steiner, 书评, 44 *University of Chicago Law Review* 837, 882 (1977);而特别提到知识产权的是,Jerry A. Hausman 与 Jeffrey K, MacKie-Mason, "Price Discrimination and Patent Policy", 19 *RAND Journal of Economics* 253 (1988)。我们在第 14 章中将举出一个例子,说明价格歧视看起来可能增加产量。

者经验性依据,可以支持这种信念。[5] 只有当对价格歧视计划的管理成本忽略不计时,那么,即便是完全的价格歧视——卖方在其需求曲线的每一点上收取不同的价格——也将导致竞争性产出(因为实行完全价格歧视的卖方将一直沿着该需求曲线直至其与边际成本曲线的交点,从而对于在此区间内的需求曲线上的每一点都收取不同的价格)。但是无论如何,为能够执行完全的价格歧视就必须获得关于顾客需求的信息,而这些信息如不付出相应成本是不可能获得的。[6]

如果没有著作权保护,则图书或者其他表达性作品的市场价格都将最终竞价下跌,直至复制的边际成本,但如果是这样的结果,则该作品可能压根儿就不会生产出来,因为作者和出版商可能无法收回其在该作品上的创作成本。我们说"可能无法"(may not),而不是"不能"(will not),是因为这些成本也可能不是过大,而且由于其领先于竞争者,这些竞争者不可能立即就复制某一作品(或许,对于一个数字化作品,能够通过互联网传播,情况就有所不同),这就使得创作者可以收取一个充分高于边际成本的价格,以使其固定成本得到补偿。但是,由于作者创作该作品的成本以及许多的出版成本(例如编辑成本)都是在知道该作品的需求量之前发生的,补偿问题因此而更加严重。因为需求并不确定,所以,成功作品的价格与边际成本之差,就必须既包括表达成本,也包括对不可避免的失败的风险补偿。如果一个复制者能够延期制作复

---

[5] 参见 Dennis W. Carlton 与 Jeffrey M. Perloff, *Modern Industrial Organization* 290—291(第3版,2000); Jean Tirole, *The Theory of Industrial Organization* 152—158 (1988); Hal R. Varian, "Price Discrimination",载 *Handbook of Industrial Organization*,第1卷,pp. 597,629—633 (Richard Schmalensee 与 Robert D. Willig 编,1989)。

[6] Hausman 与 MacKie-Mason,前揭[4],强调了实行价格歧视的另一个不同的社会好处,即它得以打开新市场。不过,为促销而大跌其价,并不是真正的价格歧视;这是一种广告形式。价格歧视也应当与拉姆塞定价(Ramsey pricing)相区别,后者是指一企业的产品按照需求曲线逆向定价,但带有一个零利润的约束。参见 Richard A. Posner, *Economic Analysis of Law* 371—372 (第6版,2003)。如果顾客是可分的,则拉姆塞定价(Ramsey pricing)就使得产量最大化。但它必须受到公共效用型(public-utility-type)管制,以防止企业寻求利润而非产量的最大化。

48 知识产权法的经济结构

41 制件,直至其知道该作品是否系一部成功之作,这就提高了他对该作品搭便车而获得的潜在收益,因为原始作品的价格与边际成本之差将不断上升,以补偿需求的不确定性,这样就为复制者创造了获得更大利润的可能性。

诚然,不确定性既存在一种上升的趋势,也有一种下降的趋势,所以,没有理由认为,从平均来讲,对某一图书所预测的需求就超过了最终实现的需求。因此,如果一个出版商拥有一份多样化的书单,那么,预期的结果与实际结果就将趋于重合。所以,不确定性越大,我们就能期望出版商的出版物会数量更大、种类更丰富。但是,如果任由其竞争对手免费复制那些成功之作,那么,即便是一个拥有多样化书单的出版商也会处于一种丧失其上升趋势的危险。

二、即使没有著作权法也将对复制构成限制的因素

除了前一节所提到的领先开始以外,还有许多其他因素,使得即便没有著作权法,也能够限制因复制所带来的、阻碍原始作品作者收回其创作成本的效果。本章或者此后的章节,将对其中的某些因素作进一步阐释。

1. 复制件质量较低,从而并不构成原始作品的一个完全替代品

在图书和其他印刷品的情形中,复制者可能无法做到与原始作品的纸张、装订质量或者绘画作品的线条分明相媲美,而且在誊录复制过程中还可能存在差错。但现在,所有这些已经不再是成为好复制件的重要障碍。不过,对于那些独一无二的艺术作品——比如某一著名艺术家的美术作品——无论其复制件做得如何精确,在市场上也仍然只是一个拙劣的替代品,对该艺术作品的价格不会产生任何消极影响[试比较一幅伦勃朗(Rembrandt)原作的价格跟一幅只有专家才能甄别的复制件的价格]。事实上,复制件还可能对该艺术家的作品起到广告作用,从而对其作品的价格具有某种积极影响,尽管也可能通过出售演绎作品,比如其绘画作

品的印刷品和明信片而使该艺术家丧失了部分收入。[7] 对计算机软件的完全拷贝，从经济上来说也可能是较次的复制件，因为它们并不附带指导手册或者用户可能想要的品质担保。

同样，即使在一个没有著作权的世界中，博物馆商店在出售招贴画、艺术复制品和其他演绎艺术作品的市场上仍将具有一种重要的地理位置优势。从小的方面说，这就是一个例子，说明了这个在专利研究文献中经常被人强调的一般性命题：一个企业如果在知识财产上已经形成一种垄断（即可以某种原因而阻碍他人进入），那么它就不需要知识产权了。

2. 复制本身可能涉及某种独创性表达——即该复制件并非原文照录，而是涉及释义、删节、旁注等等——并因此而可能产生一个正值的表达成本

换言之，复制者可能产生他自己的固定成本，而且不止于前述这些，此外还有调试成本（set-up cost），比如对原始作品的文字"重新录入"或者"照相复印"的成本。尽管如此，复制者的平均成本通常还是低于原始作品创作者的成本，因为前者并不包括作者的时间或者延揽、编辑原始手稿的成本。而且，现代技术已经大大提高了复制的速度和精确度，并降低了复制成本。对一本图书的文字进行"重新录入"或者"照相复印"已经过时了。图书可以扫描到电脑里，它所形成的字体，可以像原始作品所印刷出来的印版（这是另一个已经过时的术语）那样清晰整洁。在电子图书（e-books）的情形中，图书是以机读形式销售的，如同音乐 CD 那样，它们可以插入电脑中，其内容则可以下载到电脑硬盘里。这样一种情况仍然存在，即由于复制者不可能对创作者在表达上的投资以及其他固定成本完全搭便车，从而减少了著作权保护的必要性；但是通过观察可知，这种重要性正在递减。

3. 复制需要时间，因此就有一个时间间隔，原始作品出版商在此期间内不用面对竞争

因为生产成本通常与时间成反比[8]，所以一般说来，除非在作

---

[7] 博物馆商店的演绎作品并不限于印刷品，这已经成为一个日益突出的现象。参见第 9 章。有关演绎作品的讨论，参见第 4 章。

[8] 参见 Armen A. Alchian, "Costs and Outputs"，载 *Readings in Microeconomics* 159, 165（William Breit 与 Harold M. Hochman 编，第 2 版，1971）。

者所复制的作品已经上市一段时间之后,否则复制者不可能以合理成本而生产复制件。但是,现代技术已经缩短了制作复制件所需的时间,并且能够以较低成本制作出完美或者近乎完美的复制件,因此,对于许多种类的表达性作品而言,著作权保护的重要性已经大大增强了。当然,这并不针对所有的作品。对于那些流行性或者短期性作品(例如,典型的报纸文章)——其需求起初很旺,但短时间之后即急速下降——著作权保护可能就无法确保该作品的创作者获得一个完全补偿的回报。此类作品的成本必须在短期之内收回,而该期间常常超过因复制该作品以及营销复制品所需的时间。

但在戏剧作品的情形中,这仍然是一个考虑因素。如果大多数戏剧只有一个很短的流行期(这一点,在我们的时代与莎时比亚时代是一样的,尽管戏剧通常在其初次流行期之后过些时候还会重新流行),那么,等到盗版者搞到剧本手稿,再把它制作成戏剧时,公众可能已经对它失去兴趣了。而且,完全复制一出戏是不可能的,因为复制者为了能够表演该戏剧,不得不找到他自己的导演、演员等等。当然,如果已经打算将该剧本拍成一部电影,那么,复制者就有机会比剧本的所有人抢先行动。这种可能性导致剧本的所有人跳过戏剧版而直接拍摄电影——这个(众多例子之一的)例子说明,在没有著作权保护的情况下,表达性作品的创作者可能寻求潜在性成本高昂的自我保护措施。复制者的电影并不是剧本所有人电影版的一个完全复制品,因为其中的演员等并不相同,但它可能与之非常相近,当复制者的版本抢先推出时,就足以剥夺该所有人所制作版本的市场。

4. 著作权保护存在着可供替代的合同性方法,用以限制复制

其中之一是,在许可他人使用原始作品时设定条件,要求被许可人不得对之制作复制件,或者不得以某种方式向他人披露而使他人可以制作复制件。与商业秘密相似,合同性禁止复制的规定,可能执行成本较高,而且只有在被许可人数量较少时才具可行性。但是,该可行性条件在以下这类重要的可享有著作权的表达中,就能获得满足,亦即计算机软件程序的制造商通过向顾客发放许可证的方式直接完成销售,从而在该许可证中禁止顾客制作和销售该软件程序的复制件。不过,如果作者为了从一个享有著作权的作品中获得充分的回报,必须让该作品通过中间人广泛流通,那么,合同性禁止规定将无法阻止作品的广泛复制,因为作者(或者出版商)与每一个非授权复制件的潜在购买者之间,并不存在合同关系。无论如何,要执行与众多个人所订立的合同,其成本将非常高昂。这也是著作权实施中的一个难题,除了帮助侵权(contributory infringement)这个概念常常使得著作权所有人可以将其实施著作权的行为集中于一个或者少数几个大企业身上,其他的就只能放过个人消费者侵犯著作权(不过,在合同法中也有一个相应的原则:侵权性引诱违约)。

5. 通过技术措施(technical fix)来限制复制

计算机文档(以及在更广泛意义上的数字文档)一般能够快捷、便宜、精确地得到复制,而且该复制件的传播不仅便宜——有时在事实上就是零成本——而且在实质上可以瞬间完成。但是,加密软件(encryption software)通过物理手段阻止软件产品购买人复制其所购买的软件复制件,从而使得未经授权复制计算机文档的成本变得非常高昂。法律可以让加密手段更加有效。《数字千年著作权法》[9](Digital Millennium Copyright Act)禁止以便于对享有著作权的录音作品进行未经授权的电子化复制为目的,对加密手段进行反向工程。

与著作权法的功能相比,加密手段能够在实际上为表达性作品提供更大的保护。这不仅是因为存在调查和诉讼成本,使得著作权法无法获得百分之百的遵守,从而著作权时常会受到侵害,而且是因为加密手段避免了有关侵犯著作权行为的抗辩理由,例如著名的合理使用原则——更不用提著作权的保护期限了(在许可证中的合同性限制规定也能够如此处理)。不过,同样成立的结果是,加密手段因为提高了分享具有著作权作品的成本,从而减少了作品的价值。因此,加密手段在一个边际上增加了著作权所有人的收入,但在另一个边际上则减少了他的收入。其净效应(net

---

[9] 17 U.S.C. §§1201 及以下。参见 *Universal City Studios v. Corley*, 273 F.3d 429 (2d Cir. 2001)。

effect)尚不确定,但是,除非加密手段本身的成本过高,否则,该净效应很可能是正值。

尽管加密手段使得著作权保护对于知识财产的创作者来说已不那么至关重要了,但是,它这样做是需要付出一种社会成本的,而该成本可能会非常高。而实际上,把它跟物质财产相类比,这一点就变得模糊了。如果有人抱怨法律禁止可能的侵入者拆毁土地所有人为防止他人侵入而在其土地周围所树立的篱笆,那将是令人奇怪的;法律反对通过反向工程来解密(de-encryption)[更常用的术语是"规避"(circumvention)],也就有那么一种相同的意思在其中。但区别在于,对于物质财产来说,其财产权是永久受到保护的,并且不存在诸如合理使用之类的限制,法律这样禁止是有效率的,但在知识财产的情况下,由于知识公共领域具有社会价值,则情况就不一样了。在没有加密的情况下,对数字化作品的复制成本就等于或者接近于零,而如果对于该等作品著作权的侵权人强制执行著作权法,则可能出于这样或者那样的原因而无法奏效,所以用加密手段来替代这些作品的著作权,但这样一来,诸如保护期限、合理使用例外之类的限制,也会被置于加密保护(或者,就此而言,也会被置于具有相同效果的许可合同条款)之上,正如加密手段被置于著作权保护之上那样。不过,这也将取决于对加密程序进行必要修改的可行性和成本,以及政府对技术措施进行监管的成本。

在录音制作行业,对加密技术和规避技术的使用和最优配置不可能仅仅通过引用《数字千年著作权法》就可以达到。数字化作品的生产者具有一种提高其加密技术的激励,以挫败他人在反向工程上的努力(尽管,鉴于反向工程也可能就此作出类似的反应,这还将取决于该等努力的成本和可能的功效)。如果这些努力能够取得成功,加密手段将比著作权法提供更大的知识产权保护。而且,这些努力将抵销在想要阻止复制知识财产的生产商与可能的复制者之间所引发的"军备竞赛"(arms race),而该军备竞赛所发生的成本将是典型的寻租成本。如果加密手段可以为知识财产提供比著作权法更大的保护,那么,它们就可能超过由著作权法所产生的寻租成本。

因为存在着对现值的折扣,而且因为许多数字化作品(就像其他作品那样)是短期性的,所以,对知识产权保护期限的技术性扩张,除了该技术本身及其所引发的军备竞赛的成本,不可能再增加其他重要的社会成本了。但是,这里假定的是,享有著作权的作品是在创作甫始即采用了该技术。然而更可能的情形是,该技术是在著作权保护期届满之前不久才被采用的。因为在此之前,著作权所有人通过强制实施其法律上的救济手段即可满足。事实上,因为存在着对现值的折扣,所以对他来说,如果在受著作权保护的作品被首次创作出来之时就承担先期的技术成本,以图延长著作权保护期限,那么,该种成本几乎不具有合理性。但是,随着著作权保护期限临近结束,他的法律救济手段即将消失,而该作品仍然具有商业价值,并且在著作权保护期届满之后,无法以较低成本而利用购买人所持有的复制件来制作精良的复制件(这种复制在此时当然是合法的了),那么,著作权所有人就具有一种激励,对其享有著作权的作品进行加密。假如他是在著作权期限届满之前不久对其作品加密的,那么,就几乎立刻产生了因阻止复制而产生的无谓损失。

保护期限的延长是一个方面,此外,通过技术手段或者合同方式杜绝合理使用性复制,也可能带来沉重的社会成本。我们贯穿全书强调的是合理使用性复制的经济价值,而且事实上我们的主张就是,扩展合理使用这一免责理由。

对于前述问题,一个可能的部分解决方案就是,对于使用规避技术者,仅限于当其被用来侵犯著作权之情形时,才给予其惩罚。[10] 为了在著作权期限届满之后的复制或者合理使用性复制而采用规避技术的,则属于合法。但是,如果对该技术的使用得以对被复制的作品进行侵权性复制,则使用人(侵权人或者帮助侵权人)就将因该侵权行为而受到更加严厉的惩罚,就如同在毒品犯罪中,若犯罪人持枪进行毒品交易的则从重量刑。

---

[10] 这是由劳伦斯·莱西格(Lawrence Lessig)在交谈中向我们提议的。在有关加密和其他技术措施给予著作权所有人比著作权法所设想的更大的防止复制的保护这些问题上,莱西格处于最前沿的研究地位。参见 Lessig, *Code, and Other Laws of Cyberspace*,第 10 章(1999)。

6. "可复制性"可能提高了原始作品的价值,因此,著作权所有人间接获取了复制件的部分价值

一本图书,如果顾客能够复制对其可能特别有价值的章节,那么它就具有更大的价值。一张 CD,如果购买人能够将其上传到他的电脑中,并且通过网络传输给他的朋友,也许是为了与该朋友所拥有的另一张 CD 进行交换,那么,这张 CD 的价值就变得更大。图书馆如果能够为教师们免费复制学术期刊,则其将为该期刊支付更高的价格,而且高出的价格可能补偿期刊的出版者在教师订阅量方面所减少的收入。[11] 博物馆对于某一件美术作品,如能够将之制作成在博物馆商店内销售的招贴画,则其将以更高的价格来收购它。即使对于软件行业抱怨之声日高的软件盗版,也不能算作软件生产商的全部损失。它可能在盗版者这一方创造出一种对于被盗版软件的生产商所提供的互补性产品的需求。[12] 既然盗版是购买作品原件及其复制件的一种替代,并因而缩小了复制者的市场,它就可能妨碍合法或者非法复制品市场的形成。而且,盗版促进了作品传播速度,这也可能有利于作品的创作者获得一种网络垄断(参见第 4 章和第 14 章)。合理使用原则承认,原始作品和它的复制件之间经常具有互补性,正像实践中不断扩大的做法那样,出版商为其图书和期刊的购买人提供"免费的"在线版,使他们能够下载和打印某一作品的选定部分以及进行全球检索。

原始作品的创作者能否从其顾客的复制行为中获取收益,基

---

[11] 参见 S. J. Liebowitz, "Copying and Indirect Appropriability: Photocopying of Journals", 93 *Journal of Political Economy* 945 (1985)。不过,在 CD 和期刊的情况下还是有所不同:只有在后者的情况下,出版者才能够进行价格歧视,并因此通过向大型复制者(图书馆)收取一个更高价格而占有从其消费者复制中所产生的大部分价值。参见 Benjamin Klein, Andres V. Lerner 与 Kevin M. Murphy, "The Economics of Copyright 'Fair Use' in a Networked World", 92 *American Economic Review Papers and Proceedings* 205, 206 (2002 年 5 月)。

[12] "互补"(complement)和"互补性"(complementarity)这两个术语在全书中反复出现,因此,清楚地理解它们是很重要的。有两个商品,如果其中一个商品的价格下跌增加了另一个商品的需求,它们就彼此构成互补。如果在一个商品上的价格下跌导致了另一个商品需求的减少,则它们是替代品(substitutes)。

本上取决于向复制件接受者直接进行销售的成本和复制成本。如果顾客能够以一个比原始作品创作者更低的成本而向他人提供复制件，那么，后者即使没有进行销售也可能获得收益。[13] 如果顾客能够为他人，比如亲属或者朋友进行复制，那么，他所购买的该作品复制件就具有更高的价值。未经授权的复制也可能在实际上有利于著作权所有人，其最明显的例子就是当复制件的接受者无力为复制件支付任何代价的情形。在家庭成员内部分享有著作权之作品的情形，在很大程度上也具有这样的特征，而如果对此加以禁止，则将危害而不是有助于原始作品的创作者，因为这样一来就减少了该作品对于购买人的价值，而又没有产生任何补偿性收入。不过，对于一个顾客来说，其制作复制件的成本越低，以下这种可能性就越大，即复制行为变得非常广泛，以至于剥夺了原始作品创作者本来可以通过直接向其顾客的复制件接受者销售复制件所获得的收入。从极端的情况看，如果第一位顾客就能够制作不限数量的复制件，而其成本还低于原始作品的创作者为收回其固定成本所必须收取的价格，那么，未经授权的复制就将阻止该成本的回收。

　　这个讨论进一步阐明了有关著作权盗版的问题。如果盗版者无力或者不愿支付由著作权所有人所收取的价格，那么，著作权所有人并未因此失去任何收入；因为盗版者并不是潜在的购买人。这是著作权窃贼以及知识产权窃贼通常区别于物质财产窃贼的一个重要方面。如果一个窃贼从汽车商那里盗窃了一辆劳斯莱斯，那么，以该窃贼没有能力向汽车商支付价款从而不是其潜在客户这样的说法，并不会让汽车商得到任何安慰；该窃贼剥夺的是汽车商将该辆劳斯莱斯出售给他人的机会。但是，当某一软件程序的购买人为他人制作了复制件时，他并没有让软件生产商存货的复制件数量减少。如果此人并不是软件生产商的潜在购买人，则生产商就没有从未经授权的复制中失去任何东西。药品（例如用于在非洲治疗艾滋病的药品）的需求疲弱就是一个例子，说明盗版并

---

[13] 参见 Stanley M. Besen 与 Sheila N. Kirby, "Private Copying, Appropriability, and Optimal Copying Royalties", 32 *Journal of Law and Economics* 255 (1989).

不必然减少知识财产所有人的销售收入。[14]

我们这样说,并不表明盗版对于表达性作品的创作者无害,更不是说有利,从而应当得到允许。一些盗版制品的接受者本来就不会为此而付款,这一事实并不意味着全部或者大部分接受者本来也不会付款。表达性作品的创作者确实获得了著作权并执行之,而反过来,如果盗版总的来说使他们受益的话,他们就根本不需要取得并执行著作权了。对于那些不愿向著作权所有人付费的人来说,任何关于复制的"免责事由"都不可行,因为法律不可能区分那些真正不愿意付费的人和那些假装不愿意而实际是想逃避付费的人。而且,所谓在家庭或者朋友内部进行少量的、私人的、非商业性复制,通常因此而使原始作品的创作者能够收取更高的价格,从而完全可以抵销因所出售作品复制件的数量减少所导致的收入损失。但是,这种说法并不总是成立。通过互联网而与朋友之间共享数字化文件,这会导致像 Napster 之类侵蚀著作权的细菌(参见第 4 章)。不过,对于享有著作权的作品进行某种程度的共享,即使该共享涉及复制,就像一个家庭成员复印某篇文章后将之传送给另一个成员,也可以被认为属于合理使用,或者是著作权人的默示许可;它们所得出的结果是同一回事。

7. 许多作者从作品的出版中获得了可观的利益,并且远远超过了任何版税

这种说法是成立的,不仅仅是在声望、知名度以及其他非金钱性收入的形式上,而且是在金钱性收入上,比如一位出版了作品的教授就比没有作品发表的教授拿着更高的工资[15],或者更高的咨

---

[14] 参见 Jagdish Bhagwati, "Patents and the Poor", *Financial Times*(美国版),2002 年 9 月 17 日,第 13 页。

[15] 参见,例如 Steve Swidler 与 Elizabeth Goldreyer, "The Value of a Finance Journal Publication", 53 *Journal of Finance* 351(1998)(其中可见,"顶级金融类期刊的文章,目前的价值是在 19493 美元到 33754 美元之间,还有附加的结果,就是从后续的发表中获得大量的回报");Daniel C. Hamermesh, George E. Johnson 与 Burton A. Weisbrod, "Scholarship, Citations and Salaries: Economic Rewards in Economics", 49 *Southern Economic Journal* 472 (1982);Howard P. Tuckman 与 Jack Leahey, "What Is an Article Worth?" 83 *Journal of Political Economy* 951(1975)。

询性收入,或者对于流行作家、表演家或者其他知识财产创作者来说,他们可以从演讲甚至给产品做广告中获得收入。作品出版就是自我宣传和自我推广的一种有效方法。有关反剽窃的社会规范,就特别强调通过出版而获得的声望;就该规范所实行的范围而言,无论通过遭受排斥、嘲笑还是其他方法来实行,它确保了作者能够从其所出版的作品中得到承认,虽然并不总是能得到版税。而一张"剽窃者"的标签,则足以破坏一个作家、毁掉一段学术性生涯,使一名政治家丧失当选的机会,导致一位学生从大学或者学院中被开除;因此,有关反剽窃的规范有助于确保原创性作者因其独创性而获得一种回报,尽管并不一定是金钱意义上的回报。

虽然我们说过,并不打算讨论作者和出版商之间的关系,但是,在前一个段落的讨论中已经暗示着,应当注意他们之间可能发生(尽管很可能并不会实际发生)的利益冲突。作者,尤其是学术性作者,可能偏好于最少的著作权保护,因为这样就扩大了公众接触其作品的机会,从而能够使作者获得比他们在图书销售上受到的版税损失要高得多的收入,无论是金钱的还是非金钱的,比如演讲费、学术职位升迁以及学术声誉提高。这些收益并不归出版商所有,因此它们不能抵销其因著作权保护减少所意味着的收入损失。不过,作者可以接受较低的版税和预付金,以及在某些情况下向出版商补贴出版其作品,从而对出版商给予补偿。[16] 学术出版一般就采用这种模式。例如,期刊文章的作者就极少从其投稿中获得报酬;在某些情况下,他们实际上还得为发表文章而向期刊付费,该项费用一般从赞助基金中报销。

8. 复制成本的减少,同样有助于著作权所有人减少自己的复制成本

"复制件"(copies)这个词有两个不同的指向对象。它既指复制者的产出;也指被复制产品的生产者的物质产出,我们现在所关注的就是其第二层含义。出版商通过销售其所出版的图书的复制件而获得收入。制作复制件的成本越低,他的生产成本就越低,在

---

[16] 这种观点在 *American Geophysical Union v. Texaco*, 60 F. 3d 913, 927 (2d Cir. 1994)中被忽略了。

其他各方面保持不变的情况下，其图书上的需求就会越大。对于出版商所由获取收入的复制件，现代技术已经导致其生产成本急剧下降，特别是，成本调低的同时，质量反而更高。试想一下，CD与19世纪传播音乐方式的比较，或者电视机、录像机作为在电影院放映电影的替代方法。再试想一下，一个出版商如何能够通过仅仅保存一份其存书目录的数字化拷贝，只在接到订单时才将之印刷成书，从而节约了库存成本。最后试想一下，一本数字化的图书是如何又快又便宜地做到修订和更新的——从而淘汰其最初版本的盗版复制件。

简而言之，技术的发展、市场的壮大、运输成本的下降以及新的传播方法，这些方面结合在一起，就极大地提高了表达性作品的生产商从其复制件的销售中获取收入的能力。我们记得有这样一个古老的笑话，说有一个商人每出售一笔货都短了钱，但他想着在算总账时可以补回来。当没有著作权保护时，出版商因为在其图书价格中包含着一个较高比例的固定的表达成本，从而不可能获得成本补偿，但是，只要该价格包含了他的边际成本，并对其固定成本的回收作出了某种分配，那么，他销售的复制件数量越多，其可以回收的固定成本也就越多。

知识财产的传播方式已有巨大的改进，这在相当大程度上解释了"超级明星"现象。[17] 设有两个音乐会钢琴演奏家，其中一位（甲）从总体上说（亦即，用技巧精湛来与敏感度、舞台风度以及其他讨人喜欢之处进行综合对比）稍稍优于另一位（乙）。假设现代音乐会钢琴演奏家的收入大部分并不是来自于现场演奏或者教学，而是来自于录音。由于同一首音乐的录音是相当接近的替代品，消费者就没有任何理由购买由乙而不是由甲所演奏的录音，除非它们之间存在着明显的价格差别，然而这种价格差别并不必然存在。即使甲从其与唱片公司所订立的合同中收到一份比乙所能得到的更高的版税收入，录音公司由此增加的成本也可能通过增加生产量的经济规模而加以抵销。最终的结果可能是，甲因此而

---

[17] 参见 Sherwin Rosen, "The Economics of Superstars", 71 *American Economic Review* 845 (1981).

从录音中获得一笔相当可观的收入,而乙从中获得的收入则为零,尽管甲作为钢琴演奏家可能只是优秀了2%,甚至这个质量差别也许只有一小部分爱好音乐的公众才能分辨出来。当然,如果甲制作的录音制品能够以相当低的成本被复制,那么,甲的版税收入也会下降——在复制品的竞争对手无须付费的情况下,唱片公司就不可能支付很高的版税。但是,由超级明星现象所产生的版税,大部分仍然属于经济租,很少会产生激励效果(我们将在稍后举例说明)。因此,该种复制唯一真正重要的问题在于,它可能阻止唱片公司收回那些在生产和营销过程中发生的、与艺术家开支无关的那些成本。但是,许多这些成本将不得不由复制者共同承担。诚然,复制者可以一直等到某一作品被证明是个大热门之后再来进行复制,从而避免空井成本。但是,他的观望也就给了原始作品生产商一个领先开始的机会,而这对于像流行音乐这样的市场来说,可能是起决定性作用的,因为即使再热门的歌曲,也都只有一个很短的商业半衰期(half-life)。

9. 在许多知识产权领域,表达成本已有下降

我们所称的表达成本,包括了一个表达性作品的全部固定成本,换言之,大致说来,是指在第一个复制件被销售之前所发生的成本。这些成本可以划分为创作成本和开发成本两部分。以一部小说为例,创作成本是指小说家为写出一份可被接受的手稿所花费的时间和精力,而开发成本则是出版商在将手稿转换为可出版的形式、第一次印刷、安排图书配送和广告宣传以及诸如此类行为时所发生的成本。电脑化印刷和互联网将在不久之后使作者能够自己当出版商,这就极大地减少了开发成本和可变成本,而且通过互联网向顾客直接出售,他们就可以通过合同方式约束购买人不得制作或者出售复制件。这也许能够使他们获得比著作权法所提供的更大的针对复制的保护。对于包括音乐和美术作品在内的其他种类的表达性作品,也存在同样的可能性。技术进步已经极大地减少了与质量相应的复制成本,它们同样也在减少表达成本,通过合同性或者技术性限制而提高[复制者的]复制成本,而且根据这两个方面,就降低了著作权保护作为收回表达成本的一种手段的重要性。

上述九个方面构成这样一种情形,反对著作权有一种激励动机(incentive-motivated)的必要(尽管在以合同或者加密手段作为著作权的替代的情况下,它属于一种不确定的情形)——尤其是反对给予太长的著作权保护期限的必要。即使对于那些特别容易因迅捷、完全与广泛的复制而受到侵害的表达性作品,比如 CD 和其他多种多样的计算机软件,也不能肯定其生产商必须要多年保持著作权保护,才能使其收回该作品合理的创作成本("合理的"这一限定语是必需的,因为著作权保护越多,许多的表达成本就越可能成为由于寻租所产生的成本)。著作权怀疑论者喜欢补充说,在任何著作权法产生很久之前,就有相当数量和质量的知识财产被生产出来了[18],但这种观点是引人误解的。在印刷机(printing press)发明之后的几个世纪里,图书的生产成本仍然很高。更准确地说,印刷的可变成本——即随着被印刷的复制件数量而变化的成本,比如纸张和油墨的成本——无论绝对地说,还是与固定的表达成本相对而言,都还是很高的[19],而这些固定的表达成本本来被认为应当不会太高,因为大多数图书是对一些常见作品的翻译或者重版,比如《圣经》(它是两者兼具),而它们已全部落入了公共领域。其中也存在着调试成本,但在当代通过扫描制版的电脑化印刷之前,复制者也有一个调试成本。一个复制件的成本相对于原始作品的成本越高,复制者因无需承担任何原作创作成本而具有的优势就越小。举例来说,如果创作成本(我们称之为表达成本)只占总成本的 1%,那么,复制者因无需承担该成本而只从原始作

---

[18] 关于著作权法的历史与著作权法产生之前的历史——它看起来首次出现于 15 世纪的威尼斯,随着专利法而产生——参见 Joseph Loewenstein, *The Author's Due: Printing and the Prehistory of Copyright* (2002); Arnold Plant, "The Economic Aspects of Copyright in Books", 载 Plant, *Selected Economic Essays and Address* 57, 58—79 (1974[1934]); Bruce W. Bugbee, *The Genesis of American Patent and Copyright Law*, 第 12 章 (1967); Brander Mathews, *Books and Play-Books*, 第 1 章 (1895); Salathiel C. Masterson, Comment, "Copyright: History and Development", 28 *California Law Review* 620 (1940)。

[19] 参见 Henri-Jean Martin, *The History and Power of Writing* 237—239 (1994)。

品出版者那里取得了1%的成本优势。

而且,在正式的著作权法出现之前,事实上也存在着具备有限功能的某种类似于著作权法的东西,而在今天,即便取消了著作权,这样的东西已不复可得。[20] 在英格兰,出版商如果专门出版那些价格昂贵或者具有政治敏感性的图书,比如《圣经》和法律图书,则有时会获得王室所颁发的印刷特许状,这就是与著作权相类似的东西。因为出版商公会(Stationers' Company)对于由其登记的图书享有一种垄断权,所以,该公会的成员只需拿出一本图书——或者甚至只去买一册该图书的复制件——并经登记,就能够获得一种类似于著作权保护的特权。该公会是由印刷商和图书销售商所组成,并不包括作者,但这只是一个在经济学上没有任何意义的细节。作者对其手稿享有所有权,而如果拿不到手稿,公会就无法将之出版,因此,根据科斯定理就意味着,作者所得到的条件就等于或者至少类似于他们在由自己而非公会成员对该与著作权类似的特权享有所有权时,本来所将得到的条件(出版商公会垄断权的消退,为1710年制定的英国第一部著作权法提供了部分背景)。[21] 弥尔顿(Milton)于1667年所订立的关于向一位出版商出售未享有著作权的《失乐园》(*Paradise Lost*)的合同表明,出版商公会的成员需要向作者支付一大笔钱,才能换取作者保证不向其他任何人

---

[20] 参见 Lyman Ray Patterson, *Copyright in Historical Perspective* 20—142 (1968);另参见 John Feather, "From Rights in Copies to Copyright: The Recognition of Author's Rights in English Law and Practice in the Sixteenth and Seventeenth Centuries",载 *The Construction of Authorship*: *Textual Appropriation in Law and Literature* 191 (Martha Woodmansee 与 Peter Jaszi 编, 1994); Mark Rose, *Authors and Owners*: *The Invention of Copyright* 9—12, 17 (1993); David Saunders, *Authorship and Copyright* 47—51 (1992). 对16世纪法国的平行发展的追溯,见于 Cynthia J. Brown, *Poets, Patrons, and Printers*: *Crisis of Authority in Late Medieval France* (1995), 而有关16世纪的德国,见于 Fedor Seifert, *Von Homer bis Richard Straus*: *Urheberrecht in Geschichten und Gestalten*, 第9章(1989).

[21] 参见 Benjamin Kaplan, *An Unhurried View of Copyright*, 第1章(1967); Philip Wittenberg, *The Protection of Literary Property*, 第1章(1968). 不过,该段历史远较文中所作摘要复杂. 参见 Patterson, 前揭[20], 第6—7章.

出售其作品的复制件——事实上就是为了出版其作品的权利。[22]这正是科斯定理引导我们所预期的结果。

在表达自由获得普遍赞同之前,出版行为通常被认为施加了负的外部性——因此,就很少有,有时甚至没有对此进行鼓励的愿望。在中华帝国,尽管印刷开始出现的历史要比西方早上3个世纪,但是,部分地是由于中华文化所强调的是接续过往,部分地是由于其怀疑新生事物,这两种态度都鼓励人们采取那种我们视之为剽窃(取决于晚近才出现的该词的确切含义)的行为,从而导致在那里不可能存在著作权法。[23]文艺复兴时期的欧洲对新生事物则更加开通。但在那时书报检查制度盛行,并在此后延续了很长时间,这表明,知识创造既让人恐慌,又被人珍视,而通过慷慨授予作者权利以鼓励文学生产,这本来并不算是一项深思熟虑的政策。

在我们于下一章所进行的形式分析中起着主要作用的一个相关问题是,如果没有著作权保护,这对于作者来说,既是一种收益也是一项成本,而它看起来似乎自相矛盾。它降低了创作成本,因为它使得作者可以免费从前人那里进行复制。莎士比亚如果不能从历史作品或者文学作品中进行免费复制——他有时正像我们所看到的那样,是逐字照录——那么,他可能就得付出加倍努力的工作,并且即便如此,他所能创作的剧本也可能更少。但是,独创性越少被人尊重,鼓励独创性的著作权保护对于作者和读者来说,就越没有价值。

这一点向来如此,于今亦然;有所变化的是,今天提高了对独

---

[22] 参见 Peter Lindenbaum, "Milton's Contract",载 *The Construction of Authorship*,前揭[20],第 177 页;Patterson,前揭[20],第 73—74 页。作者不能全部授予出版权,是因为书报检查制度的存在就意味着没有任何人享有法定的出版权。同揭,第 73 页。

[23] 参见 William P. Alford, "Don't Stop Thinking about······Yesterday: Why There Was No Indigenous Counterpart to Intellectual Property Law in Imperial China", 7 *Journal of Chinese Law* 3, 29—32 (1993)。安守廉(Alford之中文名字——译注)还提到,有限的识字水平和缺乏使大规模商业创新成为可能的公司实体,也是阻碍创设知识产权法的因素。同揭,第 20 页。这些因素减少了复制的需求,增加了成本,使得著作权法愈加显得没有必要。

创性的评价。但是,即使在今天,著作权在将表达成本内部化(internalizing)方面的重要性依然很容易被夸大。对于许多优秀的作家来说,写作成本是很低的——这主要是指作者的时间成本——因此,就作者而言,即使他们由于缺乏著作权保护,从而很少有希望或者根本没有任何希望能够从其作品中获取版税或者其他收入,但他们仍然能够承受成本,写出一些作品。当然,如果写作是其全职工作,这种说法就将难以成立,但对于大多数的作家来说,即使给他们作品很高的报酬,他们也只是兼职写作。正如我们在此前所指出的,许多作家从其写作中获得的是非金钱性回报,加之他们常常能够把这些变成金钱。一位著名作者可能受到邀请发表演讲或者从事教学,获颁奖金,被拉去做广告。事实上,一种文化如果更多地强调原创性,即便复制行为是低成本、高速度和更精确的,但原创性作者获得的回报仍将越大;该回报并不必然以针对复制行为提供法律救济的形式出现。

与此相关的问题是,只有在作者为其作品而要求图书购买人付费时,著作权保护才显出重要性。而作者可能反而有一个赞助人来资助其写作,或者可能收到一份政府的写作补贴,或者——这种情况越来越普遍——可能有偿讲授写作或者文学,由于考虑到他将利用其自由时间从事写作,因此,他的讲课收入无疑也是一种写作收入。大多数学者所收到的著作权版税很少,但正如前面所指出的,学术性出版对于其学术职业的收入仍然具有一种重要的作用。写作赞助之制则依然存在。

不过,我们一定不要忽略了出版商。考虑到在出版上的可观的固定成本和比较容易的可复制性,出版商可能就需要著作权保护,以使其能够收回固定成本,即便它们无须为其所出版的表达性内容支付一分钱。而出版商确实也常常无须为此付费——它们通常出版那些已经进入公共领域的图书,比如《斯塔尔报告》(*Starr Report*)。对于学术性图书,正如我们所指出的,出版商可能还会要求作者支付出版补贴,这事实上是一种负版税(negative royalty)。但是,正是这些论据表明,以出版商的固定成本为据而要求著作权保护的主张,远非无懈可击。进入公共领域的作品是不享有著作权的,但出版商却无论如何都会将它们出版。就像通常在知识财产的情况下,如果固定的生产成本占总成本的较高比例,从而平均总成本在超出可能产量的全部范围之外就会呈现下降,那么在此时,我们就称之为形成了一种自然垄断;而对于自然垄断者,是难以进行竞争的。复制者尽管并未承担由原始作品出版商所承担的全部固定成本,但他也有某些固定成本,并且,如果作为对复制者加入的反应,原始作品出版商就很可能将他的成本降至或者接近于边际成本,那么,复制者将会发现,要收回自己的固定成本也变得很难了。

我们在第11章中将提到一个相反的例子——品牌药品的专利权人意图(或者曾经意图——实际情况会随时变化)在专利保护期届满,并且受到大量出现的通用名称药品的竞争时,仍然不降低其药品的价格,而是将其市场中的低价位部分让给通用名称药品。这是有可能的,因为许多顾客并不认为通用名称药品是品牌产品的完全替代品,尽管它们在化学成分上完全相同。这对于生产商收回其固定成本来说,就容易多了。虽然在图书市场上,品牌使用费作为一种要素远不及在药品市场上那样重要,但是它并非全不管用。关键在于商标。药品上的商标将其标识为一种有品牌的产品,从而区别于其为通用名称药品的替代品。假如不存在著作权法,原始作品的出版商就可以细致地将其标示为作家亲自授权的版本。图书的复制者为了避免侵犯商标权,将不得标识其版本是经过作出授权的。一些读者为了获得正版图书,就得支付一个溢价。

而且,出版商除了出版自己的原始作品,也在出版由其他出版商所出版的原始作品的复制件,不管是经由许可方式,还是因为这些作品已经进入公共领域。任何导致复制成本下降的东西——比如取消著作权保护,都创造了新的出版机会。公共领域的范围越大,出版商无须谈判征得许可或者支付版税而能够出版的作品数量也就越多。

让我们看看当前知识财产顶级生产者的巨额收入,无论他们是软件作者、摇滚歌星、演艺人员,或者诸如前总统克林顿(他为一本有关其总统生涯的图书已经收到了800万美元预付款)、顶级的好莱坞制片人和导演这样的名人作者。[24] 这些收入中的绝大部分看来就是租值,亦即超过接受者的机会成本的收入(这与超级明星现象相关)。既然这些租值是出版商的成本,那么,减少或者消除这些租值,就可能使出版商获益,而不是使之受损,只要这样做不会砍掉他们的摇钱树。

表象也许会有迷惑性。可能有人认为,与实际回报相区别,创造知识财产的预期回报很低,并且如果因为实际收入较低从而导致预期回报进一步下降,就可能不再有足够高的预期回报来吸引优秀人员加入这一行业了。但这种观点是可以被驳倒的。因为通过著作权所赋予的垄断优势而使最成功的知识财产创造者获得了巨大的租值,所以,那些身处不可能获得垄断回报的其他领域但可能产生更大社会产值(social product)的人,就会带着撞大运的想法,被吸引到知识财产的创造中来。

想一想所有那些在市场上惨败的图书、电影、电视节目和歌

---

[24] "Power 100", *Forbes Magazine*, 2002 年 7 月 8 日,第 123 页。它评估 2002 年各位名人的年收入为:布兰妮(Britney Spears)3920 万美元、麦当娜(Madonna)4300 万美元、奥普拉·温弗莉(Oprah Winfrey)1.5 亿美元、汤姆·克兰西(Tom Clancy)4780 万美元、乔治·卢卡斯(George Lucas)2 亿美元、斯蒂芬·金(Stephen King)5240 万美元、比尔·克林顿 2500 万美元、梅格·瑞恩(Meg Ryan)2500 万美元。在《福布斯》所列全部 100 位名人的榜单中,只有 4 位的年收入低于 1000 万美元,而且尽管卢卡斯和温弗莉是收入最高的,但该榜单中其他许多人的收入是高于我们所列举的这几位的——例如,布兰妮按照收入排名仅列第 25 位。该 100 位名人的大部分收入来自于享有著作权的作品或者给人做广告,而另一些收入则来自"公开权"(publicity rights),这是我们在后面的章节中所要讨论的一种知识产权形式。由于盗版增加而减少了著作权保护,特别是在音乐 CD 方面,由此给这些名人表演家所带来的一个影响,其评论见于一篇最新的报纸文章中,"因特网上的盗版、更多的传媒选择以及不断下降的 CD 销量已经迫使音乐公司更加卖力地招揽顾客购买音乐制品。艺术家们必须不断参加推广活动,现身于早间新闻和黄金时段的专题节目中。他们必须比十年前更向歌迷们开放。其结果就是,艺术家们更愿意面临曝光过度的风险"。Lynette Holloway, "Keeping J. Lo in Spotlight Has Risks for Her Career as well as Rich Rewards", *New York Times*(国内版),2002 年 12 月 9 日,C1,C12。这篇文章写的就是演员和歌手珍妮弗·洛佩兹(Jennifer Lopez),根据《福布斯》排行榜,她在 2002 年的收入是 3700 万美元。

曲。如果出版（广义的）是一个竞争性行业，那么就其在经济学意义上的行业利润来说，它在均衡点上将是零，尽管某些出版作品将获得巨大利润。这些利润将由于出版了大部分赔钱的那些投机性作品而被分走了。如果这些失败的投资本身是为了追求偶然成功所产生的租值而人为形成的一个结果，那么，由它们所产生的成本就是不是纯粹的私人损失，而是与之相区别的社会性损失。

打个比方，设想一个卡特尔或者政府管制在其成本之上提高了小麦的价格：小麦的产量就可能超过市场在固定价格的情况下购买需求的数量，而超过的供给将被贮存起来，并让它们烂在仓库里。生产和贮存这些多余小麦所产生的成本就是一种无谓损失。著作权所起的作用虽然不同，但也会产生一种相似的结果。它虽然没有为图书价格确定一个底价，但是，通过对非法复制行为的处罚，著作权所有人就得以对每一册图书收取一个在其成本之上的较高价格，而这种处罚，就如同对不属于某一小麦卡特尔的成员因其生产小麦而处以罚款那样。

在下一章的形式模型中，我们把对侵犯著作权行为的预期罚款，视为对享有著作权作品的非法复制者（侵权人）增加其边际成本。如果罚款是零，并且假定除罚款以外，著作权所有人和复制者的边际成本是相同的，那么，著作权所有人对复制件所收取的价格就将下降至其边际成本。如果预期的罚款是正值（亦即，著作权有效并受到了侵犯，而且执行成本也不是高得令人却步），那么，复制者将面对一条比著作权所有人所面对的更高的边际成本曲线。既然限量复制将不涉及太多的承担侵权责任的风险，而随着复制变得越来越广泛，预期的罚款将会提高，那么，复制者的与罚款相关的边际成本曲线将向上倾斜。这就会限制复制者的竞争能力，正如在一个主导企业模型（dominant-firm model）中，边缘企业（fringe firms）更高的边际成本就使得主导企业即使在不具有百分之百市场占有比例的情况下，仍能够收取一种超过边际成本的价格。在有限的情形中，因为随着著作权的强制执行而使非法复制行为趋向于零，所以，著作权所有人收取的价格就将根据著作权作品的需求弹性（它在此时就等于面对著作权所有人的需求弹性，因为已不存在任何非法复制行为）及其边际成本而确定。

通过著作权保护而增加的净收入,就把资源引向了新图书的创作和生产。事实上,这正是有关著作权保护的激励论。问题并不在于著作权是否产生了创作出表达性作品的激励,而在于它是否产生了相当有力的激励,足以引发在创作和生产该等作品时浪费的社会性支出。诚然,额外的支出可能用于生产一种质量更高的产品,但同样成立的是我们所举的小麦例子:卡特尔成员常常通过非价格竞争,生产出质量和价格都超出消费者愿望的产品,从而将租值转化为成本。如果要按消费者所想要的那样,那么它是可以通过竞争获得的。

让我们来考察一下学术出版这个并不显眼的例子。学术类图书出版商的收入有很大部分来自于它们的"存书"(backlist),也就是说,来自于对以往有时甚至是很早以前所出版图书的持续性销售。这些收入用于为当前出版学术图书提供融资,因为后者之中的大部分并不能获取充分的收入来收回其成本。如果没有著作权,这些存书就不会那么值钱,由各大学出版的图书数量也将会下降。那么,哪些构成社会性损失呢?一方面,人们可能提出,即使是那些从商业意义上来说属于边缘性的学术类图书(占绝大部分),也产生了异常巨大的外部收益,因为与那些主要是娱乐性或者专事宣扬丑闻的图书以及其他短时性作品相比,它们对于知识存量的增加要大得多。另一方面,这些学术类图书通常一次只能销售几百本,对于作者来说很少带来什么重大收入,因此,它们能够比较容易地通过电子格式或者地下出版(samizdat)形式,在这些少量的读者群中进行传播。它们之所以作为图书出版,也许只是因为著作权所产生的一个人为结果,而不是对社会需求的一种反应。

尽管我们通过考察已经表明,从对表达性作品生产的最优化的观点来看,要声称著作权必然是一件好事还是一件坏事其实很难,事实上也许是不可能的[25],但要,要确定为某一著作权法所矫正的特定的扭曲之处,还是比较容易的。如果没有著作权保护,作

---

[25] 有关该问题的一个出色的讨论,参见 Björn Frank, "On an Art without Copyright", 49 *Kyklos* 3 (1996).

者、出版商以及复制者就不会产生有效率的激励,就各种不同的决定进行时间选择(timing)。出版商为了延长其领先开始的时间,就会不愿投入出版广告,甚至不愿提前预告出版日期,而复制者则将产生一种激励,安装过度高速的生产线。创作短时性作品的激励则会有所增加,因为对于此类作品而言,从其首次上市中的获利就可能超过由复制者所分取的收益。这里也将产生支持纵向合并的激励,因为出版商通过收购那些销售其图书的零售店,就能够利用合同来阻止其图书的购买者对之进行复制。戏剧家将不愿意发表其剧本,因为别人通过观看一场表演和记住演员的台词来复制出一个剧本(尽管观众也将必然受到禁止,不得对该表演进行录制)要难得多。还可能存在着一种转换,作者会倾向于创作那些难以复制的作品;作者为了减少复制的风险,就更可能对其作品作私下流传而不是广泛流通;而对于复制的合同性或者技术性限制则将成倍增长。

　　特别应当强调的是防御措施的成本,它们类似于物质财产的占有人(possessors)[他们并不是"所有人"(owners),因为所有权是一种法律地位]在缺乏法律保护的情况下所采取的那种手段。在有关发明的情形中,防御成本可能表现为如下形式,在实验室和工厂中最大限度保守秘密,通过严格的竞业禁止协议(covenants not to compete)来约束雇员。对于诸如小说之类的表达性作品,作者或者出版商因为担心复制者可能率先出版该作品,就会激发其因此而购买用以保存手稿的保险箱、雇佣保安、限制初稿的数量和流通范围,甚至在作品尚未成熟或者尚未全部完成时就抢先出版。这些措施不仅成本高昂,而且可能刺激潜在的复制者采取同等或者成本更高的反措施。在盗版盛行的软件业中,软件生产商借助这样一些方法来保护其免于受到复制,比如"提供大量的、其使用与程序运行紧密相连的手册,订立严格的合同条款,供应难以复制的纸质手册,以及经常性升级——一些愤世嫉俗者可能如此认为——它包含的便利极少,却提高了相关软件的使用"。[26] 社会能够通过为知识财产提供有效的产权实施手段,减少为反对盗版而

---

[26] John Gurnsey, *Copyright Theft* 120 (1995).

采取防御措施所付出的总成本,正如它能够通过刑罚威胁之手段威慑犯罪,从而减少为采取针对犯罪行为的防御措施所产生的总成本。

不过,著作权在表达性作品的市场上也造成了它自身的扭曲。由于不鼓励复制,它也就不鼓励那种在历史上非常重要的艺术创作形式,即采纳已有作品并改进之。例如,莎士比亚戏剧作品的典型模式是,从某一已有的历史、传记或者戏剧作品中借用故事情节和大部分的人物——有时甚至是某些实际的词句,而后对故事情节进行添枝加叶、掺入一些次要人物、改写主要人物,并且写出许多的对话,在更为通常的情况下是写出全部对话。莎士比亚在《裘力斯·凯撒》(*Julius Caesar*)中虚构了安东尼的盛大葬礼;它的任何部分均不能从其出处,即诺思(North)对普卢塔克(Plutarch)*的翻译本上找到。但是,在《安东尼与克莉奥佩特拉》(*Antony and Cleopatra*)中有关克莉奥佩特拉的描写,却只是对诺思—普卢塔克的描写做了一番编辑,尽管他做得很高明,并且对之有相当大的改进。这是诺思的描写:

> 她不屑于加快前行,只是让她的画舫漂在西德奴斯河上,而它的舵楼是黄金的、帆是紫色的、桨是白银的,随着舵楼上笛子、西特琴、六弦琴和其他乐器演奏的音乐节奏而在水面上下划动。现在来说说她本人;她斜卧在用金色的锦绸制成的天帐之下,盛装打扮得像图画上的维纳斯女神;紧随着她的,在她手两边的是可爱的小童,就像画师笔下的丘比特神,手执小扇儿为她扇风。[27]

以下是莎士比亚相应的段落:

> 她坐的那艘画舫,就像一尊发光的宝座,
> 在水上燃烧。舵楼是用黄金打成的;

---

* (46?—120?),古希腊传记作家、散文家,一生写有大量作品,其中最著名者为《希腊罗马名人比较列传》。——译注

[27] Plutarch,"The Life of Marcus Antonius"(托玛斯·诺思勋爵翻译,1579),载 *Narrative and Dramatic Sources of Shakespeare*,第5卷,第254、257页(Geoffrey Bullough 编,1964)。

70　知识产权法的经济结构

> 帆是紫色的,熏染着异香,
> 逗引得风儿也为它们害起相思来了。桨是白银的,
> 随着笛声的节奏在水面上下,使那
> 被它们击动的痴心的水波
> 加快了速度追随不舍。讲到她自己,
> 那简直没有字眼可以形容;她斜卧在
> 用金色的锦绸制成的天帐之下,
> 比图画上巧夺天工的维纳斯女神
> 还要娇艳万倍;在她的两旁
> 站着好几个脸上浮着可爱的酒涡的小童,就像一群微笑的丘匹德一样,
> 手里执着五彩的羽扇,那羽扇的风,
> 本来是为了让她柔嫩的面颊凉快一些的,
> 反而使她的脸色变得格外绯红了。[28]

为了进行充分衡量,表明更古老的创造性观念并非无用,尽管它受到著作权的约束,这里还可举出 T.S. 艾略特的关于画舫场景的版本,见《荒原》(*The Waste Land*)第二节:

> 她坐的椅子,像金碧辉煌的宝座,
> 映照在大理石上熠熠生光,高擎明镜的
> 灯台石柱雕刻着果实累累的葡萄藤蔓
> 一个金色的丘比特从藤蔓中偷偷望外张望
> (另一个却把眼睛藏在他的翅膀后面)
> 明镜把七枝灯座吊灯的烛光反照得加倍明亮,
> 当她的珠宝炫目的闪光与灯光相遇
> 桌面上便反射出一片霞光。*

提及艾略特是恰当的,因为对于以往文学作品的共鸣,已经成

---

[28] *Antony and Cleopatra*,第二幕,第2场,第201—215行(David Bevington 编 1988)。(中文引自朱生豪译本,载《莎士比亚全集(十)》,人民文学出版社 1978 年版,第 35 页。——译注)

* 据汤永宽中译本。参见艾略特:《情歌、荒原、四重奏》,上海译文出版社 1994 年版。——译注

为现代主义文学的一个共同手法;人们并不只是在讨论一个已经消逝的文学对话的时代。乔伊斯(Joyce)的《尤利西斯》(*Ulysses*)就是有关现代主义者进行借用的一个著名例子。卡夫卡(Kafka)也从克莱斯特(Kleist)和狄更斯(Dickens)那里大量借用。叶芝(Yeats)的名诗《再度降临》(*The Second Coming*),在第一诗节中包含了从雪莱(Shelley)诗中借来的两句。[29] 现代作家们生活在著作权时代,就必定受到限制,只能从公共领域那里加以取用,除非他们愿意花力气进行谈判,以从著作权所有人那里得到一纸许可,或者(作为我们在第 6 章所讨论的一种例外)他们的目的是对一个享有著作权的作品进行滑稽模仿,或者他们满足于含义相当不明确的措辞变换,以避免根据"实质性相似"(substantial similarity)标准而构成侵权(参见第 4 章),或者他们所取用的数量很小,从而得以用合理使用作为对侵权指控的抗辩。甚至浪漫派诗人那个众所周知的关于独创性与创造性之间的等式(equation of creativity with originality),也是对他们实际状况的一种相当程度的夸张。科勒律治(Coleridge)似乎是浪漫派中最具"独创性的",但他也从其他作家那里大量借用,足以达到剽窃的程度。[30]

文学领域中无处不在的借用,正应了诺思罗普·弗赖伊(Northrop Frye)的那句格言:"诗只能出自于其他诗中;小说亦出自于其他小说。"[31] 弗赖伊对于著作权多有尖酸刻薄之语。他指出,对于作为著作权法基础的一些假定,它们所面临的挑战是由于这样的文学家所造成的,"包括乔叟(Chaucer),其大部分诗作是对他人作品的翻译或者换个说法;莎士比亚,他的剧本忠实于其资料出处,几乎一字不差;还有弥尔顿,他除了尽可能多地从《圣经》中

---

[29] Harold Bloom, *Shelley's Mythmaking* 93—94 (1959).

[30] 参见 Norman Fruman, *Coleridge, the Damaged Archangel* (1971); Francoise Meltzer, *Hot Property: The Stakes and Claims of Literary Originality* 2—3 (1994). Thomas Mallon, *Stolen Words*,第 1 章(1989),讨论了科勒律治和托马斯·德·昆西(Thomas De Quincey)的剽窃,以及更早的,劳伦斯·斯特恩(Laurence Sterne)在《项狄传》(*Tristram Shandy*)中明目张胆的剽窃。有关浪漫派诗歌典故的许多例子,参见 Christopher Ricks, *Allusion to the Poets*,第 1 节(2002)。

[31] Northrop Frye, *Anatomy of Criticism: Four Essays* 97 (1957).

窃取一些东西,还能有什么"[32]。乔叟、莎士比亚和弥尔顿对于所继承或者借用的主题和资料的处理——如果这些原创性资料受到现代著作权保护的话,那么这些行为就构成对侵犯著作权——跟那些在著作权意义上具有完全独创性的文学作品相比,却反而证明了它们具有更高层次的创造性。在著作权法体制之下,莎士比亚也许(might)不得不从诺思那里获得一纸许可,以便蒙允将其最优美的段落放入自己的作品中。[33] 再说一遍,尽管受到著作权法约束,这种比较古老的创作形式在现代文化中仍保持着一种稳固的地位;除了此前所举的例子,我们还可以增加的例子包括挪用艺术(appropriation art)(参见第9章),正如其名所示,它就是大量借用以往的作品;还有爵士乐即兴演奏(jazz improvisation),它常常通过即兴演奏者所增加变奏曲(variation)中的创造性,来消除已有的旋律。

三、侵权、剽窃以及著作权法中独创性和人格的作用

剽窃者和著作权的侵权人都是仿制者(copycats);他们的区别在于,剽窃者试图将所复制的作品冒充为自己的作品,而侵权人之为侵权人,则只是因为试图侵占由他人财产所产生的价值,亦即著作权所有人在侵权人所复制之文学作品或者其他作品上的价值(如果侵权人声称或者默示其复制件是一个独创性的作品,则其同时也属于剽窃者)。如果"被窃取的"知识财产因为已经进入公共

---

[32] 同前揭,第96页。另参见前揭,第95—104页。
[33] 这里用"也许"(might)而不用"就"(would),是因为普卢塔克并且因此包括诺思的描写,其主旨就是事实性的,而正如我们在第4章将会看到的那样,事实性陈述是没有著作权的,尽管它们的编排与遣词造句是有著作权的。还应注意,如果普卢塔克的描写已落入公共领域,但诺思的则否,那么莎士比亚(或者任何他人)都可以对普卢塔克的描写进行翻译或者编辑,而不侵犯诺思(假设的)著作权。但是,翻译者可以对其翻译享有著作权;而莎士比亚显然是从诺思的译文而非原文中进行复制的,所以侵犯了诺思(假设的)著作权。如果普卢塔克的作品是有著作权的,而莎士比亚被认为复制了表达而不仅仅是事实,那么,莎士比亚也将对该著作权构成侵权。不过,艾略特就能够利用实质性相似标准和合理使用原则的结合而做出其模仿,因为他是一种含义不明确的措辞变换,除了在第一行中他只是把"画舫"改成了"椅子"。

领域而不再享有著作权,或者如果被复制的东西所包含的是事实或者思想,而不是表达这些事实或者思想的形式,或者如果该复制基于合理使用原则而免于承担责任,因为该原则允许在评论或者批评文章中引用某一本书中简短(有时可以是更长一些的)段落,那么,就不存在任何针对著作权的侵权行为。我们将在第6章指出,根据合理使用的规定,某一著作权作品的滑稽模仿者(parodist)在使读者能够认出其复制的作品是一种滑稽模仿所必需的程度上,是被允许进行复制的。合理使用还将允许一位作家仅仅出于使其叙述更为活泼之目的而引用其他作家的片段。但是,在此情况下,如果省略了引号——把另一作家所写的东西假冒为自己的——就更可能是一种欺诈,而不太可能是对另一作家作品的一种"合理"使用。

剽窃[34]可以尝试性地定义为不承认(unacknowledged)其为复制,而不管其是否违反著作权法,同时,侵犯著作权的行为则是非法复制,而不管是否承认该原创作者。尽管从一种道德角度来说,剽窃与纯粹的侵犯著作权行为相比,听起来似乎是一种更加恶劣的侵犯行为,但我们知道,在文学、艺术、戏剧和音乐史上,充满了各种高尚的剽窃。不过,与我们在定义中最初的尝试相反,这些例子表明,并非所有不承认的复制,即便它涉及此前已公开发表作品的一大段而不是一点点,就都构成贬义的"剽窃"。虽然在我们所举的例子中都没有对复制给出任何明确的承认(除了艾略特在《荒原》的尾注中确认了其所借用的大部分出处),或者可以从文学传统中给出这样的例子,比如莎士比亚对诺思和普卢塔克所做的那样(莎士比亚的大多数读者可能都不曾听说过这两人),但是,它们都不存在任何致人上当受骗的可能性。它们要么打算让读者认识到这里发生了复制,就像弥尔顿借用《圣经》这个例子[35],要么基于

---

[34] 对此概念,一般性参见 *Perspectives on Plagiarism and Intellectual Property in a Postmodern World*(Lise Buranen 与 Alice M. Roy 编,1999)。

[35] 亦即,弥尔顿是引用《圣经》的典故,而不是在假称《失乐园》系完全原创作品的意义上对《圣经》的剽窃——即假称是他创造了亚当和夏娃、撒旦、伊甸园、偷食禁果、逐出伊甸园等等人物与情节。有关引用典故(allusion)和剽窃之间的区别,强调于 Rick,前揭[30],第 219—240 页。

某一特定作品中原创部分与复制材料之间的比率,根本就不会让读者产生任何特定的预期。

欺骗性就因此而成为贬义"剽窃"的本质。在该意义上的剽窃之所以遭到如此谴责,原因之一就在于,它看起来太没有道理了;复制者只要简单地承认他是在进行复制,就能够得到他所想要的全部东西,而不致成为一个剽窃者。剽窃如此经常地受到禁止,似乎与剽窃者所造成的损害并不相称,一个相关的原因在于:确切地说,由于剽窃者试图隐藏其行为,从而常常很难被人发现。这在学生抄袭学年论文以及在更小的范围内,教授抄袭学术文章的情况下,的确如此。这些是真正的欺诈,因为它们可能引导阅读者采取一些在知道真相之后所不会采取的行动,诸如为学生打一个高分或者投票支持教授升迁。[36] 通过诱导这些行动,这种欺骗性的剽窃就造成了损害——受害者是那些诚实的学生(假定为论文打分是一条曲线)以及那些原创性声誉由于一次成功的剽窃而受到损害的学生或者其他作者。但如果被剽窃者已经去世,那么给他造成的损害就通常会减少至零。剽窃可能是一种欺诈的形式,但正如侵犯著作权的行为那样,它毕竟不是真正的盗窃。如果一个小

---

[36] 一个介乎中间的例子是,通俗历史学家们不加引号地引用以往历史学家们的作品片段,而是将之作为脚注引用材料,正如最近有名的斯蒂芬·安布罗斯(Stephen Ambrose)与多丽丝·卡恩斯·古德温(Doris Kearns Goodwin)的例子中那样。他们可能觉得,如果他们坦承"在我之前有一位前辈……已经说过我接下来要说的话,还比我说得好,因此,与其在这里把他的话换个法子再说,我不如特意加上引号,直接给你们引用他书中的一段话……"从而不得不打断他们流畅快捷的叙述,他们作品的可读性就将受到损害。既然脚注并不标明逐字结合了来自于该脚注来源的材料,因此,安布罗斯和古德温把他们的"赃物"做成脚注这一事实,并不能使他们免于受到剽窃指控,但这一做法确实降低了发现该行为的成本;这就关乎他们应当受到何种程度的严厉批评了,因为正如文中所指出的,发现剽窃的难度正是它应当受到严厉批评的原因之一。而且,因为通俗历史书的读者并不是专业的历史学家,他们并不关心他们所阅读的历史学家如何具有原创性,所以,构成欺诈的因素也就变得更少了。公众想要的是一段美好的阅读时光、一个好的节目,至于该书或者节目是由许多人完成的作品,就如同在大多数艺术和娱乐产品中那样,这一事实就无足轻重了。但这还是会对其他与之竞争的历史学家以及被盗用作品的作者造成损害。剽窃的盛行以及因此带来的社会成本将会不断下降,因为电脑检索程序已经使人更容易发现剽窃了。

偷窃取了你的汽车,你就失去了这辆汽车的市场价值;但如果一个作者从你写的某一本书中复印了材料,你却不需要把这本书换掉。充其量,剽窃者所得到的是他所不配的一个声誉(这就是剽窃的欺诈性因素),但是,主要的受害人并不是被复制作品的作者,而是剽窃者自己的一部分竞争者,他们顾忌以此方式来提高自己的声誉。与剽窃相反,承认原创者的复制不仅没有减损作者根据著作权法而可能享有的任何权利,而且是在为原始作品的作者做广告宣传。

有趣的是,剽窃并不是一个法律范畴;剽窃行为既不是犯罪行为,也不是普通法上的侵权行为或者是任何知识产权制定法上的违法行为。这就表明,法律中并不存在任何这样的一般原则,规定挪用他人所创造的知识财产就属于不法行为,尽管特定形式的不当使用有时是被禁止的,对此,我们在以下章节中将不断地指出其区别。不过,某些剽窃可以作为侵犯商标权的行为而被起诉。就像其他短语那样,标题是没有著作权的;但是,如果某位作者想要挪用某一著名图书的书名,并且在此情况下,读者因受到欺骗而认为其所购买的使用该书名的图书就是那本著名的图书,那么,该行为就构成侵犯商标权。但是,通常而言,剽窃者并不试图将其自己的作品假冒为其他作者的作品。

在对文化传统进行的高尚剽窃中,并不涉及任何欺骗、欺诈或者假冒的因素,因为复制者增加了价值[使他的使用成为在著作权意义上的原创性"转换"(transformative),对此将在以后的章节中讨论],也因为在其意图被承认为属于此类作品(就像我们所举的弥尔顿的例子)的范围内,复制行为本身丰富了新的作品。即使对于原创性没有添加任何价值的情况下,剽窃也是合法的——事实上,还是有效率的;法官们就是这样,他们彼此之间自由"窃取"而不说明出处,试图掩盖他人的独创性,假装他们的判决是先定的。法官们大量引证判例,却鲜有注明他们所引证之法官意见的作者;读者一般也不会从判例的名称中去认识作者,或者费力地去查找这个作者。

从历史上看,"不添加任何价值"(no value)这一限定条件极为重要。现代人在原创性上加诸一个较高的价值,这还是一种相对晚近的现象。它与从匿名到确认作者身份(from anonymous to identified authorship)这一运动相关——对此也许可以称之为"人格"(personality)的兴起。《韦氏新国际词典》第 3 版(*Webster's Third New International Dictionary*)对于"人格"一词给出了若干定义,包括"成为一个人的事实"、"特征的综合体,使某一特定个人得以区别,或者在与他人的关系中加以个性化或者得到刻画"以及"通过个人特征而博得注意、敬佩、尊重或者影响的社会特征"。人格就因而表示人的个性以及如最后这个定义所示,表示一种努力,希望被承认为一个独立的、特别的、令人钦佩的个人。如果人格不被承认,那么我们看到的就是无名氏。"作者"(author)就蕴含着将其人格熔入其作品之中的写作者(writer),因而与捉刀代笔者(ghostwriter)相反,后者力图(或者曾经努力——因为实际情况是变化的)隐藏其人格。

从个性的意义上,以及随之而来的把表达性作品当作个人创造性的表现这种观念上来说,人格的概念是著作权法的核心,尽管它最显著之处在于著作权保护的变化,它在美国法中现在已获得了稳固的地位,并被冠以"著作人格权"(moral right)之名,简单地说,就是阻止对艺术家的作品进行篡改,即使其已经将该作品的著作权转让给他人(参见第 10 章)。与愈来愈多对剽窃的否定相适应的是著作权的兴起,它可能反映了人们对人格所附加的更多价值,而我们正是在这个意义上使用该术语的。莎士比亚时代的创造性被定义为创造性模仿(creative imitation),这就意味着创作者的独创性相对于早期创作者的独创性是第二位的。一个新的作品,实质上就是与旧作品的一种协作。这种理解贬低了新作品创作者的个性和人格。随着哲学、文学、美术和音乐中浪漫主义运动的兴起,创造性被重新认为是人格的表达。著作权就因此而得到一种提升,因为对作品的复制可以成为一种损害人格或者不当盗用人格的方式。剽窃和伪造是通过限制复制而来保护人格的另外一些概念,它们的定义也随着浪漫主义创作论的兴起而得到了扩张。

一旦我们理解,作为一个企业或者其他机构,它也像自然人那样能够具有个性意义上的人格时,人格在商标法中同样会有显现。一个有品牌名称的产品是有人格的;而产品的通用名称则没有人格。正如我们在第7章所提出的,品牌名称不仅减少了消费者的搜寻成本,而且,著名品牌自身也的确就像是"名流"(celebrities),那些有流行意识的人们以将该标识戴到他们的服饰上为荣。人格也是有关隐私权侵权行为的核心,特别是隐私权的一个分支,即所谓的"公开权"(right of publicity)——某人控制将其姓名或者肖像用于广告或者其他商业目的行为的权利(主要对于名人而言具有价值的一种权利)[37]——但也不限于此。而且,该权利的出现与扩张,可能也与作者匿名现象的减少相关,此不独以图书为然,报纸杂志的文章亦然。对于一部请人代笔的图书,捉刀代笔者的名字在图书扉页中被列于(名义)作者的名字之下,这种做法已经变得习以为常。在法律评论杂志中,学生的评论文章(notes and comments)现在也通常署有学生作者的名字(这是一种前所未闻的做法),而不管该作品可能进行了大幅度的编辑。电影导演运动(auteur movement)已经取得了某种成功,因为电影的导演被承认为电影的作者,而同时,也可能与表面看来不一致的是,在一部图书或者其他创作项目中,对于由草稿的阅读者、编辑、家庭成员以及秘书和其他从事誊录者所作出的贡献提出鸣谢正越来越成为规范,并且事实上在某些文字作品的形式中正在变成强制性做法。那些明显具有学术性的作品越来越多地包含一些自传中的花絮趣闻。而有品牌名称的产品则是相对较晚被发展起来的。

人格越来越多地获得社会和法律承认,是与产品的个人化生产和匿名生产之间在成本和收益上的变化相关的,无论该产品是有体的抑或无体的。有三个变化是关键性的。第一个变化是市场的规模。产品的市场越小,对于消费者来说就越容易确定其生产者,而无需通过一种确认标志,无论该标志就像在图书或者美术作品的情形中那样,是生产者的名字或者签名,还是像在一个较少"创造性"的产品或者服务中那样,就是一个符号。一个相当有力的说法是,现代通常的大型市场都是"非个人化的"。它们的非个人化(impersonality)就产生了一种信息需求,这种需求集中地通

---

[37] 参见 Huw Beverley-Smith, *The Commercial Appropriation of Personality* 174—187 (2002).

过品牌名称、标志以及其他个人化工具来供给。试想一下学术研究者与下列问题之间越来越多的重要关系:已发表作品的优先性、原创性和发行数量,在已发表作品中的引证率和其他被承认的状况,以及剽窃。现代学术市场已经相当之大,事实上也具有国际性,因此,学术研究者不可能像以往那样,可以很容易地通过口头言词的方式创立一种声望;它们需要一种个性化的视觉印记。

一个市场可能很小,为该市场而提供的生产不可能从消费者那里得到融资;生产者可能需要私人赞助或者公共补贴。如果消费者无需付款,他们就会较少关注生产者的身份确认。而且,市场越小,通过使之占有其作品中更大份额的社会利益而对生产者提供激励的重要性就越小。尽管塞缪尔·约翰逊(Samuel Johnson)挖苦说,只有傻瓜才不是为钱而写作,但是,总还是有一些杰出之士,它们之所以写作、谱曲或者绘画,是因为由此带给他们的个人满足,而不是因为他们所获得的金钱性收入。如果某一类作品的需求很小,自我激励的(self-motivated)生产者所付出的努力就可能足以满足它了。

第二个在经济上的变化是随着法律、规范和商业中个性因素的兴起而产生的,它与第一个变化,即市场规模问题密切相关。这个变化就是,有关产品和服务质量的信息成本提高了。其原因是,产品和产品生产者的数量变多了,产品种类和复杂性提高了,并且专门化程度增加了,这就减少了消费者获得有关其所使用产品的设计和生产信息的数量(消费者已经不再自己制造工具,或者自己种植粮食了)。信息成本越高,对某一产品作出评估就会越加困难,因此,知道何人生产该产品就变得更有价值。换言之,今天的许多产品就是经济学家所谓的"信赖商品"(credence goods)——即人们购买该商品是基于对生产者的信赖,而不是基于其通过检验直接评估该商品的能力。日常消费品如此,文化产品也是如此。

虽然,对于生产者的人格给予法律承认,就因此而存在相当可观的好处,但是,这种承认的成本也不容忽视。它们在很大程度上与大多数生产的协作性相关,而这正是强调天才创造的浪漫主义加以遮蔽的一个特征,同时,这也是我们所强调的在培养和承认人格过程中的第三个变量。大多数具有创造性的作品是相当倚重于以往的作品的,尽管在某种程度上,创作者本人可能会竭力加以隐瞒。对以往作品的挪用,如果更多地是由跟它的创作者进行交易的成本来负担,无论这些成本是基于著作权法,还是在较少可能的情况下是基于反剽窃的规范(说其较少可能,是因为此类规范并不禁止对之进行复制,而只是禁止复制者不承认创作者)所产生的,那么,无论现在还是将来,创作作品的成本必将变得更高。代际之间的协作是一个例子,当然,也存在着大量的同代人之间的协作,正如合作作品以及创作像歌剧和电影这样的多媒体作品的情形。在此情形中,如果要对每一贡献者的人格都在法律上予以承认,那么这种努力也可能产生大到难以承受的交易成本。

人格的兴起以及因此而对个人特性的强调,就隐含着对知识财产的供给与需求。对独创性的奖赏越多,最有能力的作家就越没有兴趣从事于创造性模仿,特别是对最近出版的作品进行修订。莎士比亚依然受人敬仰,但他的方法不足为今日杰出的作家和艺术家仿效。抑制著作权保护发展的一个可能的压力来源,就因此得以消除。

尽管针对随着人格兴起而成为一项有价值的资产所做的分析,有助于解释对著作权以及知识财产相关法律保护形式的需求,但是,它并没有确证著作权保护的社会有效性水平。这取决于诸多方面,包括对某一表达性作品复制件的需求弹性。如果该弹性很高,就像在流行音乐的情况下,那么,当著作权所有人提高价格以使其利润最大化时,著作权保护就可能导致产量发生骤减[38],但如果没有著作权保护则可能导致供给枯竭。保护的有效水平正是在这一点上被发现的,其中,因更高的保护水平而获得的社会收益,正好等于社会成本。超过这一点,则因提高保护水平所增加的成本将大于收益;低于这一点,则因加强著作权保护所产生的收益,大于因此所产生的成本。

---

[38] 参见 Paul Romer,"When Should We Use Intellectual Property Rights?" 92 *American Economic Review Papers and Proceedings* 213(2002 年 5 月).

四、著作权保护和表达成本

著作权对于知识财产后来的生产者所产生的影响,需要专门予以强调。创作一个新的表达性作品,一般涉及对已有的一系列作品中的材料进行借用或者构建,再给它加上独创性表达。例如,一部新的小说作品将包含作者的表达性贡献,还包括由以往作者所设计的人物、场景、具体情节以及诸如此类的东西。此前我们已经举了一些例子;这里还可以举出更多的例子。在一本很有影响的著作权论著中,作者采用为许多法院所适用的"实质性相似"(substantial similarity)标准,从而得出结论,认为《西区故事》(*West Side Story*)对《罗密欧和朱丽叶》(*Romeo and Juliet*)构成侵权,假如后者还有著作权的话。[39] 照此而论,那么《一报还一报》(*Measure for Measure*)就侵犯了伊丽莎白时代早期一个剧本《波莫斯与卡桑德拉》(*Promos and Cassandra*)的(假设的)著作权;达特罗(Doctorow)的小说《爵士乐》(*Ragtime*)就将侵犯海因里希·冯·克莱斯特(Heinrich von Kleist)的小说《米凯尔·库尔哈斯》(*Michael Kohlhaas*)的著作权;而《罗密欧和朱丽叶》本身也对阿瑟·布鲁克(Arthur Brooke)的《罗密欧和朱丽叶之悲剧故事》(*The Tragicall Historye of Romeo and Juliet*)构成侵权,后者发表于1562年,但它却又构成对几个更早版本的《罗密欧和朱丽叶》的侵权[40],所有这些则可能侵犯了奥维德(Ovid)关于皮拉摩斯(Pyramus)和提斯伯(Thisbe)的故事——莎士比亚在《仲夏夜之梦》(*A Midsummer Night's Dream*)剧中将此上演为一出戏:构成对奥维德"著作权"的另一项侵权行为。假如《圣经·旧约》是有著作权的,那么,《失乐园》就对之构成侵权,托马斯·曼(Thomas Mann)的小说《约瑟夫和他的兄弟们》(*Joseph and His Brothers*)也构成侵权。还有更糟糕的:对于古代作者,比如荷马和《圣经·

---

[39] 参见 Melville B. Nimmer 与 David Nimmer, *Nimmer on Copyright*,第4卷,§ 13.03 [A][1][b],第13—33页到第13—34页(2002)。

[40] 参见 *Narrative and Dramatic Sources of Shakespeare*,前揭[27],第1卷,第269—283页。

旧约》的作者，我们并不知道他们的作品来源，因此无从知道这些作者在多大程度上是原创者，又在多大程度上是复制者。

这样的例子不胜枚举。而且它们并不限于文学领域。一个新的音乐作品可能从早期作品中借用节奏变换与和弦。而且，正如意义奥博的文学作品通常就是对某个古代民间故事的重写，经典音乐也常常建立在民间曲调的基础上（只要想一下德沃夏克、巴尔托克、科普兰），并且常常"引用"（正如音乐家们所说的那样）早期的古典作品。[41] 至少，对于业余听众来说，巴赫《第一交响曲》的最后乐章听起来实际上与贝多芬《第九交响曲》的最后乐章完全相同。再试想一下，无数的对早期作曲家某一主题所作的"变奏曲"——贝多芬对于由莫扎特作曲的一个主题、巴赫对于韩德尔（Handel）的一个主题、拉赫玛尼诺夫（Rachmaninoff）对于帕格尼尼（Paganini）的一个主题，等等。

同样的事情也发生在绘画领域。马奈最有名的绘画作品《草地上的午餐》(*Déjeuner sur l'herbe*)，就包含了对以往由拉斐尔（Raphael）、提香（Titian）与库尔贝（Courbet）等人所创作作品的大量而准确无误的复制。[42] 在歌剧和音乐剧中，这样的例子也举不胜举，比如《窈窕淑女》(*My Fair Lady*)是以萧伯纳的剧本《卖花女》(*Pygmalion*)为基础的；布里腾（Britten）的歌剧《比利·巴德》(*Billy Budd*)是以梅尔维尔（Melville）的小说为蓝本的；以及威尔

---

[41] 有关大量的例子，参见 S. S. Dale, "Musical Quotations", 96 *Musical Opinion* 623 (1973). 另参见 Eric Cross, "Vivaldi's Operatic Borrowings", 59 *Music and Letters* 429 (1978); William Klenz, "Brahms, op. 38: Piracy, Pillage, Plagiarism or Parody?" *Music Review*, 1973 年 2 月, 第 39 页.

[42] 参见 Michael Fried, *Manet's Modernism—Or, The Face of Painting in the 1860s* 150—151 (1996). 按照 Fried 的解释，马奈特别不遗余力地从早期画家中进行借用，尽管他被广泛地认为是现代派画家的先驱和其中最杰出的一位。马奈另一幅最有名的绘画作品《奥林匹亚》(*Olympia*)是对提香的《乌尔比诺的维纳斯》(*Venus of Urbino*)的演绎，参见，同揭，第 152—154 页；T. J. Clark, *The Painting of Modern Life: Paris in the Art of Manet and His Followers* 93—94 (1984). 另参见 Peter Schjeldahl, "The Spanish Lesson: Manet's Gift from Velázquez", *New Yorker*, 2002 年 11 月 18 日, 第 102 页：马奈"对贝拉斯克斯（Velázquez）和其他西班牙艺术家的模仿，不只是由于受到他们的影响。这简直就是一种直接的窃取"。

第(Verdi)的莎士比亚式歌剧。再看电影中的例子[43]，比如《上流社会》(High Society)是以《费城故事》(Philadelphia Story)为基础的,《紧张大师》(High Anxiety)根据《迷魂记》(Vertigo)而创作,《玻璃丝袜》(Silk Stockings)则改编自《情迷冰美人》(Ninotchka)。还有电影重拍的例子，比如1978年重拍1956年的经典影片《人体异形》(Invasion of the Body Snatchers)，以及对希区柯克《三十九级台阶》(The Thirty-Nine Steps)的几个重拍版本。伍迪·艾伦(Woody Allen)的电影《再弹一遍,萨姆》(Play It Again, Sam)从电影《卡萨布兰卡》(Casablanca)中"引用"了一个著名的镜头。[44]时下流行的梅格·瑞恩—汤姆·汉克斯(Meg Ryan-Tom Hanks)的喜剧片《网络情缘》(You've Got Mail)是对1940年伟大的杰米·斯图尔特—玛格丽特·萨拉文(Jimmy Stewart-Margaret Sullavan)喜剧《笔友求缘》(The Shop around the Corner)的重拍。诸如滑稽剧、侦探小说和间谍惊险片之类的流行体裁,已趋向于变得程式化,其结果就是,如果对著作权保护作扩张解释,那么创造性模仿的范围就将大为缩减。试想一下,《铁金刚勇破间谍网》(From Russia with Love)大量借用了希区柯克的惊险片《捉贼记》(To Catch a Thief)和《西北偏北》(North by Northwest)(它们本身也是对希区柯克早期惊险片的演绎),或者迈克尔·凯恩(Michael Caine)的后期惊险片《坚冰》(Blue Ice)就应当归功于其早期惊险片《伊普克雷斯档案》(The Ipcress File)。这样的例子不计其数(流行文化的消费者在追求变化,但变化只发生在一个狭窄的范围内——事实上都是根据少数几个经过尝试与检验的主题而生出无数的变化)。而且,还有无数的电影是根据图书来拍摄的,比如《三十九级台阶》改编自约翰·巴肯(John Buchan)的同名小说,《战地钟声》(For Whom the Bell Tolls)则根据海明威的同名小说拍摄而成。所有这些例子都涉及演绎作品,而根据现代著作权法律,它们均需从原始作品的著作权所有人那里获得授权许可。

---

[43] 参见 Don Harries, *Film Parody* (2000)。
[44] 参见 *Play It Again, Sam: Retakes on Remarks*（Andrew Horton 与 Stuart Y. McDougal 编,1998)。

著作权保护的范围越窄，作家、作曲家、画家或者其他创作者就越能够无需许可即从以往的作品中进行借用，而不侵犯著作权，并且因此而使新作品的创作成本更低。不过，在一些我们所举的例子中，独创性部分是有著作权的，从而对其进行复制须经著作权人的授权。在决定著作权保护范围时成为问题的，并不是享有著作权的作品能否被合法地复制，而是该复制权是否应由原始作品的著作权所有人控制。

即使著作权法禁止任何未经授权而复制享有著作权的作品，其他创作者们仍然会进行复制。但他们将复制那些著作权保护已经届期的作品，或者他们将掩藏其复制行为，致力于代价高昂的搜寻，去发现那些进入公共领域的东西，以替代他们本来偏好用于其作品中的享有著作权的作品，或者，如同我们所指出的那样，承担许可费用或者其他交易费用，以获得复制该等作品之许可。其结果就是提高了创作新作品的成本，这是与质量相适应的成本（quality-adjusted cost）也是广义上的表达成本，但与之矛盾的是，也许就因此而减少了新创作作品的数量。

这个分析就意味着，著作权人事前可能发现，对著作权保护的范围和期限加以限制是符合他们的自身利益的。后来的作者可以免费从以前的作者那里借用材料，就此而言，后来作者的表达成本就得以减少；从事前视角看，每个作者既是后来作者可能想从中借用材料的一个以前作者，而他本身也是后来作者。当其处于前一角色时，他希望为其所创作的作品提供最大化的著作权保护，但当其处于后一角色时，他又偏好于对他人在以往所创作作品的保护最小化。固然，第一代作者因为不能向任何人借用，所以在达到最优化平衡上，他们将比后来的作者较少具备激励。后来的各代作者之间对于把著作权保护定在什么水平，也可能存在不同意见；那些期望自己所借用数量少于自己被借用数量的作者，较之于那些期望成为净借用人（net borrowers）的作者，将偏好更大的著作权保护。不过，从事前角度看（ex ante）——也就是说，在任何人知道自己可能成为一个净的"债务人"或者"债权人"之前——作者们应当能够就著作权保护水平达成协议。从经济学角度看，著作权法的一项根本任务就是为这个假设的合同确定条款，或者换言之，是在通过减少复制而鼓励创作新作品的著作权保护效果与通过提高创作成本而阻碍创作新作品的效果之间,找到最优化平衡。

这里也应当指出进一步的复杂性。尽管从短期看,扩大著作权保护就缩小了公共领域,但从长远看,它可能扩大了该领域。由于更大的保护,就增加了作品的可获利性,从而诱致更多的表达性作品,就此而言,既然著作权保护期是受到限制的,这些多创作的作品,尽管享有著作权,但其在著作权保护期限届满后就将成为公共领域的一部分。未来的公共领域恰恰是通过著作权而得到繁荣的。但是,当著作权保护期限变得很长时,这一因素的意义就很有限了,正如1976年《著作权法》的规定,以及《松尼波诺著作权保护期延长法》(Sonny Bono Copyright Term Extension Act)对于保护期限的进一步延长(参见第 8 章)。因为对现值的折扣,著作权保护期限再额外延长 20 至 25 年所产生的激励效果就极少了(并因此而不会带来表达性作品数量的显著增加,以便在这些作品的保护期限届满时丰富公共领域),同时却极大地缩小了公共领域的规模,特别是因为著作权保护期限的延长既适用于新创作的作品,也适用于已有的作品。我们将在第 8 章阐述有关最佳保护期限的问题;第 4 章则集中于有关保护范围的问题。

最后声明(final caveat):贯穿全章,我们强调的重点是著作权对于表达性作品的生产所产生的影响。根据第 1 章所介绍的内容,本章强调的是动态的著作权收益和成本,以区别于静态者。但是,我们在第 8 章中将会看到,也可能存在静态的著作权收益。著作权可能纠正在表达性作品市场上的某些拥塞外部性(congestion externalities)。这些收益在很大程度上被以往有关著作权的学术文献所忽视乃至否定,但是,当我们在对著作权的社会价值作出任何全面评估时,则必须将之牢记于心。

第3章
著作权的一个形式模型

正如在上一章所解释的,尽管著作权的标准经济模型强调的是激励与接触的交换(incentive-access tradeoff),但我们还要额外强调,在激励与随著作权保护水平变化而对表达成本所产生效果之间的交换。为了把这个见解纳入一个易于处理的形式模型中,我们先规定几个简化的假设:创作者与复制者所生产的、受到质量调整的(quality-adjusted)复制件是完全的替代品[1];需求不会受到不确定性的约束;表达成本是表达性作品的唯一的固定成本;并且,创作者的边际成本是不变的,尽管复制者的并非如此。我们以 p 表示一个复制件的价格,$q(p)$ 表示对某一特定作品复制件的市场需求,x 与 y 分别代表创作者与复制者所生产的复制件的数量(从而 $q=x+y$),c 是一个复制件对于创作者的边际成本,而 e 是指表达成本。我们用 $z \geqslant 0$ 来表示著作权保护水平,因此,$z=0$ 就意味着不存在任何著作权保护,而 $z=1$ 则表示完全的保护——未经著作权人同意,不得进行任何复制。著作权保护的程度取决于这样的事项,诸如两个作品必须相像到何种程度才构成侵权、作品中受保护的部分、保护的时间期限以及执法的成本与功效。我们把所有这些要素都归入我们唯一的著作权保护指数 z 之中。

我们假定复制者就像一个处于有着一家主导企业(dominant firm)的市场之中的边缘企业(fringe firms),他们所供给的复制件达到这样一点为止,其中的价格等于边际成本,并且他们的边际成本随着复制件数量和著作权保护水平的提高而增加(但并不必然

---

[1] 当然,复制者可能生产出一个只有作者所生产的一半好的复制件。在此情况下,按照一个与质量相应的依据,由该复制者所生产的每两个复制件就被计为一个复制件。

是急剧地增加）。[2] 考虑到我们在之前的假定,即作者[3]的边际成本(c)是不变的,那么复制者边际成本的增加就是一个必然的假定了;否则,复制者将生产出全部的复制件,在此情况下作品就不会被创作出来,或者将不存在任何的复制件,在此情况下著作权保护程度就不再是一个令人感兴趣的问题了。

更为重要的是,复制者将承担一个递增的边际成本,这一假定是合乎实际(realistic)的。回想一下,在 z 的某一特定水平下所发生的复制行为是合法的。其中的一些复制是由消费者作出的（例如家庭对电视节目的录像）,而另一些则是由生产者作出的,但他们把作者的作品结合到了自己的产品中（比如合理使用的复制）。z 的值越高,此类合法复制的数量就越小。不过,在 $z<1$ 的某一给定水平,将存在着某些种类的复制,从而要求消费者与生产者只能使用他们的一小部分资源。他们将能够对作者的作品搭便车,从而复制成本将趋于较低。另一些种类的复制则将变得成本很高,从而对它们来说,搭便车将显得并不那么重要。这些区别将在复制者之间产生复制成本上的差别,并因此导致复制者作为一个整体提高了边际成本（说其提高,是因为如果需求下降,则该需求将更多地由那些具有最低边际成本的复制者来供给）。

复制者的供给曲线就因此可以写为

$$y = y(p, z) \tag{1}$$

其中,$y_p > 0$ 而 $y_z < 0$。[4] 作者的利润是

---

[2] 我们在第 2 章中解释了这一假定的重要意义。

[3] 请记住,我们对于"作者"(author)和"创作者"(creator)是互换使用的,并且不计作者和出版者之间的差别。

[4] 亦即,在市场价格上的增加,或者在著作权保护上的减少,都将引起额外的供给。我们可以根据其成本而将复制者的供给曲线按下述方式进行移动。把复制者的总复制成本表示为 $M = M(y, z)$,其中,$M_y > 0$ ($=$ 边际成本),$M_{yy} > 0, M_z > 0, M_{zz} \geq 0$ 且 $M_{yz} > 0$。也就是说,边际成本是正值,并且随着复制件数量的增加而提高。我们假定 z 既增加了复制件的总成本,也提高了复制件的边际成本(M_y),因为随 z 的提高,在某一给定作品中受保护的材料也将上升,从而复制者必须增添更多自己的材料或者在复制件中作出更大的改变,才能避免构成侵权。这一因素被认为导致复制行为变得成本更高。为简化起见,我们假定 $\partial M_{yy}/\partial z = 0$——亦即在边际成本上的变化率与 z 无关。既然复制者在 $p = M_y(y, z)$ 时从事经营,我们就有 $y_p = \partial y/\partial p = 1/M_{yy} > 0$,且 $y_z = \partial y/\partial z = -M_{yz}/M_{yy} < 0$。请注意,$y_z$ 表示复制者的供给曲线随着 z 的提高而向左移动,从而在每一价格上,复制者都生产出更少的复制件。

$$\Pi = (p-c)x - e(z), \tag{2}$$

再替换 x,我们就有

$$\Pi = (p-c)[q(p) - y(p, z)] - e(z), \tag{3}$$

其中,$e(z)$表示作者的表达成本,著作权保护越大,则其值越高。[5]

设作者的毛利润——我们用 R 表示——等于其出售复制件的收入减去这些复制件的制作成本,或者$(p-c)x$。我们在后面将表明,R 是随着 z 的提高而增加的。当且仅当

$$R \geqslant e(z), \tag{4}$$

作者将创作一个作品,因为否则的话,他的利润[等式(2)]将是负值。

设 N 等于所创作完成的(同等)作品的总数量。我们假定作者之间的表达成本 $e(z)$ 是不相同的——有些作者在创作同等作品时更有效率,从而其成本将比其他作者的低——这就意味着,当作者可以自由进入这个行业,从事新作品的创作时,N 将不断上升,直至边际作者的表达成本等于 R。作品的供给将等于

$$N = N(R, z), \tag{5}$$

其中,$N_R > 0$ 且 $N_z < 0$。

著作权保护(z)的提高对 N 产生的净效果,取决于这两个效果之间的平衡,因为该项提高既导致作品供给曲线(随着 N 增加)向上移动,也导致供给曲线随着 z 迫使表达成本上升而向上移动。因此 $dN/dz = N_R(dR/dz) + N_z$。在 z 的较低水平上,因限制由搭便车者所作的复制从而产生的提高作者收入的效果将是主要的,从而 $dN/dz > 0$。当 z 变得极低时,就很少或者没有作品会被创作

---

[5] 我们的模型类似于 Salop 与 Scheffman 的模型,后者被用于分析一个主导企业如何选择策略以提高其自身与竞争者的成本。参见 Steven C. Salop 与 David T. Scheffman, "Cost Raising Strategies", 36 *Journal of Industrial Economics* 19 (1987)。在我们的模型中,著作权保护就像一种策略,既提高了竞争者(复制者)的边际成本,也提高了主导企业的固定成本(创作者的表达成本)。

出来，因为复制者的搭便车行为将阻止任何作者收回其表达成本。[6] 因此，N 将随着 z 的提高而增加，并至少提高到这样的水平，比如 $\bar{z}$。超过 $\bar{z}$，我们假定主要效果就变成了对边际作者表达成本的增加，从而作品数量也将开始下降。亦即，对于所有 $z < \bar{z}$，$dN/dz > 0$；等于 $\bar{z}$ 时，$dN/dz = 0$；而对于所有 $z > \bar{z}$，$dN/dz < 0$。

在这些结果背后的直觉其实很简单。某种程度的著作权保护是必需的，以便激励作者承担成本，创作出易于复制的作品。但是，过多的保护则可能提高创作成本，直至到达这样一点，而在这一点之上，当前的作者即便对自己的独创性表达享有完全的著作权保护，也不可能收回其表达成本。关键问题在于，究竟要到何种保护水平 z，因为它在这里被模型化为一项单一指数，而它实际上应当从多个方面加以确定，包括对于跟表达相对的思想不予保护、把演绎使用的权利给予著作权人、允许符合合理使用标准的未经授权的复制行为。

最佳的著作权保护水平不仅取决于原始作品的数量和成本，而且取决于每个原始作品的复制件的数量和成本。表达性作品一旦被创作出来，就能够以多种方式为人所使用，而它们彼此之间并不必然具有排他性。一本小说的作者（请记住也可能是出版者）可以销售其复制件，可以将预先发表节选部分的权利卖给一家杂志，也可以许可创作演绎作品，比如创作出一台戏剧、一首音乐作品、一部电影、一个翻译本或者缩写本。同样，他还可以将小说中的角色许可给一本漫画书、一部电视连续剧或者一套系列服装。在下一章中，我们将对制作出与作品完全相同之复制件的复制者与创作出演绎作品的复制者作出区分，因为前者对于创作原始作品的激励会产生更大的影响。但在当下，我们把对作品的所有不同方式的使用均视为完全相同，统称其为制作和销售复制件。

图 3.1 与图 3.2 可能有助于一种直观的理解，即著作权保护

---

〔6〕 不过，当复制者的边际成本比原始作者的边际成本高出很多时，从我们在之前的讨论可知，为保证作者能够收回其全部表达成本，著作权保护可能并不是必需的。在此情形中，提高 z，即使是在很低的水平上，其主要效果就将是提高表达成本，并因此而减少 N。在我们的形式模型中，我们假定不存在使著作权最优值等于零的那些条件。

(z)是如何同时决定了一个复制件的价格(p)、表达性作品的作者所制作的复制件数量(x)、未经授权的复制件数量(y)、创作一个作品的经济回报(R)以及被创作出来的作品的总量(N)。

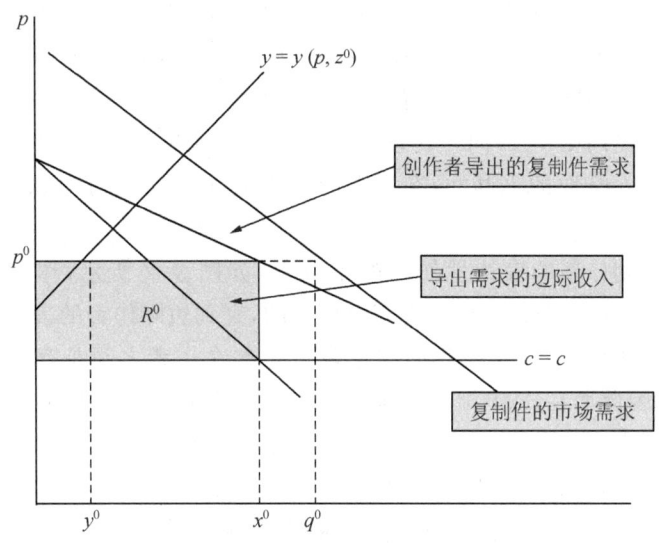

图 3.1 复制件的市场

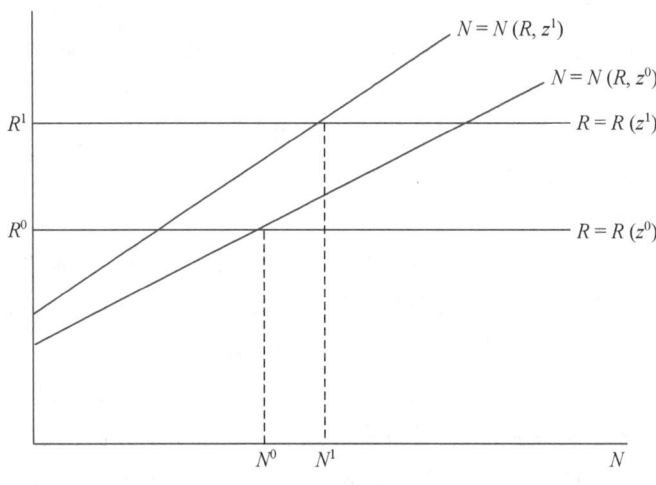

图 3.2 新作品的市场

图 3.1 所示是复制件的市场。由表达性作品作者所制作之复制件的需求曲线,是由复制件的市场需求减去复制者的供给曲线

($y=y(p,z^0)$))而形成的。表达性作品的创作者所设定的边际成本(c),就等于从前述形成的需求曲线中得到的边际收入。这就得到了一个价格 p^0,由作者和复制者分别制作的复制件,即 x^0 与 y^0,以及总的复制件数量 $q^0(=x^0+y^0)$。在均衡状态,表达性作品的创作者所赚取的毛利润是由标记为 R^0 的阴影区域表示的。请注意,复制者的边际成本或者供给曲线取决于著作权保护的水平——随着 z 的提高则 $y(z)$ 向左转动——它反过来就影响价格、产量以及著作权人赚取的毛利润:在 z 上的一个增量,就增加了 p、x 与 R,并且减少了 y 与 q。

在创作新的表达性作品的市场上,如图 3.2 所示,作品数量(N)是随着著作权保护的提高而增加的,直到边际作者的表达成本等于其回报这一点,而我们假定表达成本在作者之间是存在差异的,并因此而在 N 上渐增。假定著作权保护在一开始被确定为 z^0,它转而决定了图 3.1 中的均衡,特别是表达性作品创作者的毛利润(R^0)。而后从图 3.2 中,我们可以确定均衡的新作品数量;它就是 N^0。如果著作权保护提高,则 R 曲线将上移至 R^1,但新作品 N 的供给曲线也将因此上移,因为通过减少公共领域而扩张著作权保护,就增加了新的知识产品的创作成本。尽管 N 被显示为随着著作权保护的扩张而由 N^0 增加到 N^1,但 z 在 N 上增加的净效果实际上却是模棱两可的——而且出于进一步的原因,通过在 z 上的一个增量导致了在 N 上的一个增量,它由于在表达性作品市场上增加了竞争而具有一个反馈效果,并因此降低了 z 对著作权人收入增加的效果。

在下面,我们所解决的是使社会福利最大化的 z 的水平,但决定该最大化的那些因素可见于图 3.1 与 3.2。在复制件的市场上(图 3.1),z 的提高会产生一个更大的无谓损失,因为每一复制件的价格上升了,而所销售的复制件数量却减少了。z 的提高也能增加作者的毛利润 R,但它反过来导致了图 3.2 中新作品供给曲线向上运动以及向左移动。第一个结果是以生产者剩余(producer surplus)的形式产生了社会福利,而第二个结果则减少了生产者剩余。当在更高的生产者剩余上递增的 z 的边际收益,正好与复制件市场的福利减少,以及在图 3.2 中生产者剩余随着新作品供给曲线向上移动而导致的减少保持平衡时,总的社会福利就得到了最大化。

一、复制件的价格

作者将选择在等式(2)中使其利润最大化的价格。这就必须要 p 符合

$$[q(p)-y(p,z)]+(p-c)(q_p-y_p)=0 \tag{6}$$

它也可以被写为

$$p\{1-F/[\varepsilon^d+\varepsilon^s(1-F)]\}=c, \tag{7}$$

其中,F 是由作者所制作的复制件部分,$1-F$ 是由复制者所制作的复制件部分,ε^d 是复制件的需求弹性,ε^s 是复制件的供给弹性($\varepsilon^s=y_p(p/y)$)。复制件的需求弹性越小,复制者的供给曲线弹性就越小,并且作者的复制件份额相对于复制者的份额就越大,反过来,当作者复制件的制作成本相对于复制者的制作成本越低时其份额就越大[7],则每一复制件的价格也将越大。

我们通过在等式(6)中对 z 与 c 进行完全微分(totally differentiating),就可以确定因为在著作权保护水平(z)以及作者复制的边际成本上的变化而对价格所产生的效果。由此即得

$$dp/dz = y_z/S > 0, \tag{8}$$
$$dp/dc = (q_p - y_p)/S > 0, \tag{9}$$

其中,S 等于 $\partial^2 \Pi/\partial p^2$,它根据利润最大化的二阶条件是负的。在 z 和 c 上的增加就提高了每个复制件的价格,并且减少了所售出的复制件的数量——当然,假定复制者的总产量仍然是正的。如果不是这样,那么在 z 上的增加将不会对复制件的价格和产量或者数量产生任何影响;此时作者就成了一个垄断者,从而也就无需任何著作权保护了。

我们同样感兴趣的,还有因 z 的变化而给作者的毛利润(亦即在减去表达成本之前的利润)以及由作者与复制者制作的复制件

---

[7] 我们假定满足了最大化的二阶条件——亦即
$$\partial^2 \Pi/\partial p^2 = 2(q_p-y_p)+(p-c)(q_{pp}-y_{pp})<0。$$

数量(再次假设复制者的产量是正的)所产生的影响。从 z 的一个细微变化而给毛利润(R)所造成的变化,是通过

$$dR/dz=-(p-c)y_z>0。 \quad (10)$$ [8]

既然等式(8)中的 y_z 是复制者随着 z 的增加(设 p 保持不变)而在供给数量上的减少,那么,由于 z 的一个小小增加而在作者毛利润上所产生的变化,就等于价格与作者边际成本之差乘以在作者供给复制件上的增加数量,该增量处于均衡状态时,就正好等于复制者所供给复制件的减少数量。

尽管作者的毛利润将随着更大的著作权保护而增加,直到复制者停止制作复制件——在此之后,继续提高著作权保护也不产生任何收益了,因为已经没有任何更多的竞争者需要排除了——但净利润并不必然提高。由于存在交易成本、取得成本(acquisition cost,当新生产者想要在其作品中结合一个由他人享有著作权的作品时,该著作权所有人所收取的许可使用费)以及替代成本(substitution costs,在公共领域中发现某个与新生产者最想用的、有著作权的作品相等同的东西),受到著作权保护的作品的作者,其表达成本必然也随着作权保护的提高而增加。所以,除非他能获得许可,否则,若一个作者(而非复制者)可以从其他著作权人那里借用而不对他们的著作权构成侵权的材料越少,则其表达成本也就越大。因 z 的提高而造成的净利润变化究竟是正值还是负值,取决于

$$-(p-c)y_z-e_z<或者>0。 \quad (11)$$

不等式(11)的符号和前面的问题有关,即提高著作权保护究竟是增加还是减少新创作作品的数量。对边际作品(或者作者)加上一个正号,表示随着 z 的提高而增加的毛利润超过了随之增加的表达成本,从而净利润将得到提高,作品数量也将得以增加。如果加

---

[8] dR/dz 等于
$$d(p-c)x/dz=dp/dz+(p-c)\{q_p(dp/dz)-[y_p(dp/dz)+y_z]\}。$$
整理各项,得
$$d(p-c)x/dz=dp/dz[x+(p-c)(q_p-y_p)]-(p-c)y_z。$$
既然从利润最大化的一阶条件而得出 $x+(p-c)(q_p-y_p)=0$,则上述表达式中的第一项就消除了,而只留下正文中的表达式。

上一个负号,则表示更大的著作权保护将导致作品数量的减少。

我们在此前推测,在 z 的一个较低水平上,提高收入(revenue-enhancing)的效果将是主要的,而在 z 的一个较高水平上,则提高成本(cost-enhancing)的效果将是主导性的。不等式(12)使我们得以更为明确那些影响 z 与作品数量关系的因素。既然毛利润就等于边际作者的表达成本,不等式(11)——判断 z 是增加还是减少作品数量的条件——就可以按百分比的形式重写为:

$$-\tilde{y}_z(y/x)-\tilde{e}_z < 或者 > 0, \tag{12}$$

这里,~表示由 z 的变化所产生的百分比变化。当复制者的份额相对于作者的份额而更小(亦即 y/x 变得更小),这一表达式更可能是负的。既然复制者的份额随着 z 的提高而下降,而作者的份额则随之上升,那么,不等式(12)在著作权保护的较高水平上的值,就比在较低水平上而言,更可能是负的。因此,与我们在此前的推断相一致,因提高著作权保护而产生的收入增加效果是随着保护水平的提高而不断递减的。

复制者的边际成本随着 z 的提高而变得越大,并且,与复制件数量变化相关的在边际成本上的增加率越小——亦即,他们的供给弹性越小[9]——那么,因著作权保护水平的变化所产生的在复制者供给上的百分比变化 $\tilde{y}_x$ 就将变得越大。这有两重含义。第一,对于复制者来说,由于受保护部分更大,复制者通过以其他输入来替代该作者作品中受保护的部分,从而避免侵犯该作者的著作权的难度就更大,而这种难度越大,就越增加复制者的边际成本。这样就将使作者的毛利润增加得越多,并因此更可能使作品数量随着著作权保护的扩张而增加。如果复制者所生产的只是复制件,或者换言之,是依样画葫芦的模仿,那么根据定义,就没有产生任何其他的产品来替代作者的作品,因此,在 z 上的提高就将趋于对复制者的边际成本曲线以及对创作作品的数量产生一种很大的正效应。

---

[9] 回想一下,$-y_z = M_{yz}/M_{yy}$,其中 M_y 表示复制者的边际成本。因此,当复制者的边际成本随 z 的增加而变得更大,并且其边际成本随着 y 的增加而增加得更少(亦即,复制者的边际成本曲线变得更加平坦或者更有弹性)时,$-y_z$ 将趋于变得更大。

第二，复制者之间在效率或者成本上的差别越小（这反过来取决于复制者使用该作者的作品的相似程度），复制者的供给和边际成本的弹性就越大，因此，随着 z 的提高而增加的作者的毛利润也就越大。这也越可能通过扩大著作权保护而增加所创作作品的数量。如其不然，当复制者以各种不同方式使用该作者的作品时，复制的边际成本就可能更少弹性，并因此而使得著作权保护的提高对于作者的毛利润只是产生一种较小的效应。

复制者与作者所生产的复制件数量随着著作权保护水平的提高而会产生什么变化吗？既然价格将上升，那么复制件的总量将下降。不过，在复制者产量（y）上的变化将取决于两个效果抵销之后的净效果。随着 z 的提高，复制者的供给曲线将向左移动（$y_z <0$），y 不断减少。但是，在 p 上的增加将导致供给曲线向上运动，y 不断增加。

至于作者所销售的复制件数量（x），请回忆一下 $x=q-y$，并且加大著作权的保护就提高了价格，减少了被销售复制件的总数量，那么，只有当 y 的减少数量超过了在 q 上的减少数量，作者才可能销售更多的复制件。不过，这其实是最可能出现的结果。既然在 z 上的提高增加了作者所面临的剩余需求（residual demand），一般而言，他就被预期可以销售更多的复制件。但是，如果剩余需求曲线的弹性在其向外移动时充分下倾，那么作者在新的均衡价格上就可能生产得更少。这只是一个例子，可用来说明下面这个众所周知命题，即如果需求曲线随着需求增加而充分下倾，那么在需求上的增加，就将减少一个垄断者的最佳产量。

二、著作权保护的福利效果

为了就著作权保护在经济福利上所产生的效果建立模型，设 w 等于在单一作品的复制件市场中，减去该作品创作成本之前的经济福利的标准计量单位（消费者剩余与生产者剩余的总和）：

$$w = \int_{p^*}^{\infty} q(p) \mathrm{d}p + (p^* - c)[q(p^*) - y(p^*, z)]$$
$$+ \int_{p0}^{p^*} y(p, z) \mathrm{d}p \tag{13}$$

等式的第一项是在 p^*（由作者所设定的利润最大化的价格）时的消费者剩余,中项是作者的毛利润,而最后一项是复制者的利润。[10]

净福利等于 $w-e(z)$,其中 $e(z)$ 是创作特定作品的成本,它是著作权保护范围的一个函数。与 z 的变化相关而在净福利上的变化,等于

$$\partial[w-e(z)]/\partial_z = (p^*-c)\{q_p(\mathrm{d}p^*/\mathrm{d}z) - [y_p(\mathrm{d}p^*/\mathrm{d}z) + y_z]\}$$
$$+ \int_{p0}^{p^*} y_z \mathrm{d}p - e_z \neq 0. \qquad (14)^{[11]}$$

这个复杂的表达形式其实可以做一个简单的解释。第一项是随著作权保护范围的变化而在作者剩余上所产生的变化。它取决于价格与作者边际成本之差,也取决于在他所销售复制件数量上的变化;大括号内的项就是复制件总量变化与复制者所销售复制件变化之间的差。通常,作者将随着 z 的提高而销售更多的复制件,因为复制者的边际成本提高了。

请注意,在边际状态,复制者既未产生消费者剩余,也未产生生产者剩余,因为他们使得边际成本等于价格。至于等式(14)的最后两项,$\int_{p0}^{p^*} y_z \mathrm{d}p$ 是负的,因为随着 z 的提高就增加了复制者所生产复制件的总成本;$-e_z$ 也是负的,因为表达成本随著作权保护水平提高而增加。

---

[10] 请注意,p_0 是复制者所愿意生产一个复制件的最低价格。既然我们假定复制者不承担任何固定成本,因此在 p_0 时的复制者数量为零——亦即 $y(p_0, z)=0$。

[11] 根据等式(13),我们就有

$$\partial w/\partial z = -q(p^*)(\mathrm{d}p^*/\mathrm{d}z) \qquad\qquad (\mathrm{i})$$
$$+ [q(p^*) - y(p^*, z)](\mathrm{d}p^*/\mathrm{d}z) + (p^*-c)$$
$$\cdot [q_p(\mathrm{d}p^*/\mathrm{d}z) - (y_p(\mathrm{d}p^*/\mathrm{d}z) - y_z)] \qquad (\mathrm{ii})$$
$$+ y(p^*, z)(\mathrm{d}p^*/\mathrm{d}z) - y(p^0, z)(\mathrm{d}p^0/\mathrm{d}z) + y_z \mathrm{d}p \qquad (\mathrm{iii})$$

其中,(i) 表示在消费者剩余上的减少($\mathrm{d}p^*/\mathrm{d}z>0$);(ii) 是在作者利润上的变化,它取决于在价格上的变化以及在其所生产的复制件数量上的变化(其值可能为正也可能为负);而(iii) 则是在复制者剩余上的变化,它取决于价格的提高、他的成本提高以及由其所生产复制件数量的变化。合并在 $\partial w/\partial z$ 中的各项,即得出等式(14)。

提高著作权保护,就可能减少了由某一给定作品——假定该作品将被创作出来——所产生的福利性收益(消费者剩余加上生产者剩余)。无论作品创作成本的增加,还是复制者成本的增加,都减少了福利,而这些增加也极少可能因为以下的成本节约而获得抵销,该成本节约系由于复制件的生产由复制者向作者移动所致,而当作者的边际成本相对于复制者的越小,则该移动将会越大。因为,成本节约只是由于作者生产的额外单位所获得,而成本增加则影响到所有由复制者所生产的复制件以及作者的表达成本。

不过,总的福利既取决于所创作的作品数量,也取决于由某一假定被创作出来的给定作品所产生的消费者剩余和生产者剩余;而作品数量将随着著作权保护的扩大而上升,即便每个作品的福利下降了。传统的分析强调了著作权保护在鼓励作品生产所产生的收益与在减少消费者接触该作品所导致的损失之间进行交换。如果人们把"接触"(access)定义为由某个单独的作品所产生的消费者剩余与生产者剩余之和,那么,接触实际上就可能随着著作权保护的提高而下降。但是,它的下降是出于以下这些在传统观点中被忽略的因素——复制者的成本以及表达成本的提高。传统观点强调了因较高价格而给消费者造成的损失——这个因素恰恰从我们的分析中被排除了。

设总的福利等于

$$W = W[N, w, E(N, z)]。 \qquad (15)$$

W 是 N 和 w 的一个递增函数,其中 N 是被创作出来的(等同)作品的数量,w 是每个作品在减去其创作成本之前的消费者剩余和生产者剩余,W 也是 E 的一个递减函数,E 是创作这些作品的总成本(包括著作权制度的管理成本和执行成本)。反过来,E 是 N 和

z 的一个递增函数(亦即,$E_N > 0$ 且 $E_z > 0$)。[12] 出于方便目的,我们假定等式(15)可以被重新写为

$$W = f(N)w - E(N, z), \quad (16)$$

其中,$f_N > 0$ 且 $f_{NN} < 0$——亦即,随着被创作出来的作品数量增加而发生边际效用递减。

将与 z 相关的 W 最大化,得出

$$\partial W/\partial z = f_N N_z w + f(N)w_z - (E_N N_z + E_z) = 0, \quad (17)$$

或者,等同于

$$N_z(f_N w - E_N) = -f(N)w_z + E_z, \quad (18)$$

其中,$N_z = (\partial N/\partial R)R_z + (\partial N/\partial z)$,$w_z = (p^* - c)(\mathrm{d}x/\mathrm{d}p)(\mathrm{d}p/\mathrm{d}z) + \int_{p_0}^{p^*} y_{zd\rho}$(参见等式(14))。[13] 我们用 z^* 表示使 W 最大化的 z 的水平。在典型情形中,等式(18)的右边将在 z^* 时为正值,因为 z 的增加将减少每一作品的生产者剩余和消费者剩余(亦即,w_z 是负值),并且将提高所有作品的表达成本,增加管理成本和执行成本 ($E_z > 0$)。[14]

N_z 所衡量的是因著作权保护的提高而在被创作出来的作品数量上的反应。正如我们在此前所看到的那样,它既可以是正值,也可以是负值。不过,当 z 被最优化设定时,N_z 将是一个正值。出于特定目的,N_z 在 z^* 时也可以是负的。既然一个较低的 z 也可

---

[12] 注意,$E_{NN} > 0$,因为作者之间在作品创作上的成本是不同的,但随着由作品创作所带来的经济回报增加,那些创作成本较高的作者将发现,创作作品还是一件经济的事情。$E_{Nz} > 0$,因为不断加大的著作权保护将对所有从事作品创作的作者提高成本。管理成本(administrative cost)和执行成本(enforcement cost)在假定 z 保持不变的情况下随着创作出来的作品数量而加大,并在假定 N 保持不变的情况下随着著作权保护水平而加大,因为在这两种情况下,都有更多的作品被登记和更多的侵权行为被起诉。不过,一个可能的抵销是,著作权保护的提高将阻吓某些侵权人。在此情况下,尽管随着 z 的增加而产生了更大的去提起侵权之诉的激励,但诉讼案件的数量反而可能下降。

[13] 我们假定满足了最大化的二阶条件,亦即,$\partial^2 W/\partial z^2 < 0$。

[14] 等式(18)的右手这边在下面这种不可能发生的情形中才会是负值,即随着 z 的增加而使 w 提高和执行成本降低,并且这些变化足以抵销所增加的表达成本而有余。在那种情形中,z^* 将处于一种足以消除所有复制行为的水平。

以保持相同水平的 N（因为 N 一开始是上升的,而后随着 z 的提高而下降）,那么,一个较低的 z 将产生一个较高水平的 W。不仅 $E(N,z)$ 将是较低水平的（因为当 N 不变时,它是 z 的一个正函数,而 z 将变得较低）,而且基于在前一节所解释之原因,w（每个作品在减去其创作成本之前的消费者剩余和生产者剩余）在一个较低的 z 上也将是较高的。

因此,当 $N_z<0$ 时,我们就可以把 z 的水平从我们的分析中消除。唯一的例外是,w 随着 z 的下降而下降——亦即,由复制者所制作的复制件替代了作者所制作的复制件所造成的生产者剩余损失,超过了复制者成本随 z 的下降而减少的数量,此外,假定该效果相当明显,足以抵销随 z 的下降而在 E 上的减少。但是我们之前已经表明,随 z 的下降 w 可能会上升。而且,如果当 N_z 是负值时,总的福利将得到最大化,那么这将颠覆有关著作权保护的传统理由。著作权与其说是鼓励作品的生产,毋宁是在达到均衡时阻碍它们的生产,而且,与其说是减少了对作品的接触,著作权毋宁将提高对作品的接触（与前相同,指它被限定在对每个作品的福利而言）。

另一个因素尽管没有纳入我们的形式模型中,但也在朝着相同方向发挥作用,它就是,当 N 上升到这样一点时,则任何进一步的增加都将提高每一作者的表达成本,并因此提高表达的边际成本 E_N。由于存在着越来越多享有著作权的作品,那些处于公共领域的材料——不属于某人专有而又适于纳入新作品之中的材料——就会减少。这将使得创作一个新作品的成本变得更高。如果"思想"（在著作权法所使用的含义）与表达同样可以享有著作权,则该问题将变得尤为严重。正如我们在下一章将看到的,思想是不可以享有著作权的,而我们的解释将以在我们的形式模型中所形成的 z 与 N 的关系为基础。

在我们的形式模型中,应当指出如下几个蕴含的意义,其中有一些则将在此后的章节中加以阐述:

1. 在 z^* 时,由 f_N 所衡量的每个作品的消费者剩余和生产者剩余的数量(w),必须超过边际作品的创作成本[15];否则,等式(18)的左手这边将是负值。这就意味着,对于那些具有更大社会价值的作品种类而言,著作权保护的最佳水平也变得更高(亦即,相对于作品的创作成本,w 变得更高)。相对于右手这边,等式(18)的左边在一开始将上升,它要求增加 z 以保持均衡。与我们的模型相反,法律实际上是拒绝这样做的,即根据不同种类表达性作品被人认为所具有的社会价值而采取不同的保护期限或者相应地调整著作权保护水平。不过,这也许就是正确的次优方案,因为如果著作权保护在不同作品种类之间有所不同的话,就会引起著作权立法过程的政治化以及随之而来的寻租行为。受某一法律影响的人越是种类多样,就越难以将他们组织成一个在政治上有效的利益集团,以使该法律于他们更加有利。

2. 最佳的著作权保护,要求 z^* 被定在那个使被创作出来的作品数量最大化的水平之下。而后者则要求 $N_z=0$(假定 N 随 z 的提高在一开始增加,而后来减少),这将使等式(18)的左手这边为零。用另一种方式表示就是,超过 z^* 而加强著作权保护,将提高创作出更多作品的激励($N_z>0$),但与以下几方面相比却并不值得,即每个作品福利减少而带来的成本、更高的表达成本(对于那些即便 z 值较低也会被创造出来的作品)以及更高的管理和执行成本。这一结论就是对这两方面进行交换的定型化,一方面是随著作权保护而提高的表达成本,另一方面是著作权在鼓励创作表达性作品上的激励效果。

3. 由等式(18)可以推出,N 对 z 的提高所作出的反应越大(亦即,在 z 的每一水平上的 N_z 越大),则为达到均衡的著作权保护最优值就必须越大。反过来,在作者毛利润(R)(当 p 和 c 之差越大,并且复制者所生产的复制品随 z 的提高而减少得越多,则它就越大)上增加得越多,在边际作者表达成本上的增加越小,对边际作者的表达成本随 N_z 的增加而提高得越小,并且因此作者之间在创作作品的成本上差别越小,则 N_z 将会(随 z 的提高而)越大。换言

---

[15] E_N 也包括因 N 增加而导致的在管理和执行著作权制度时的增量成本。请注意,既然 $E_{NN}>0$,w 也将超过在 z^* 时创作每一个作品的全部成本。

之,新作品的供给因该保护的提高而反应越大,则最佳的著作权保护将趋向于变得越大,而该反应将取决于创作新作品的成本以及生产未经授权之复制件的成本。新作品的成本越高,生产未经授权的复制件的成本越低,则著作权保护的最佳范围就将越大。

4. 我们知道,著作权保护的最佳范围趋向于随着某个作品的价值(w)而提高,而对该作品需求越大,生产复制件的成本越低,则w将越大。因此,如果收入的提高和技术的进步扩大了对标志性作品的市场,并使复制成本下降,则应当扩大著作权的保护。这就为下面这个问题暗示了一个可能的符合效率的解释,即为什么在事实上著作权保护一再扩张。但这个解释是高度推测性的,因为该模型并没有对这种扩张的程度予以具体化,而正如后面的章节所表明的,这种扩张可能走得太远了。

5. 假设w随着著作权保护的扩张只是稍有下降。那么,等式(18)的右手这边将变得更小,而最优的著作权保护水平则将提高。换言之,每个作品的福利因著作权保护而减少得越少,则该保护的最佳水平就会越高,因为著作权保护的扩张带来了表达性作品数量的增加。

6. 表达成本随z的提高而变得越大(亦即,E_z越大),则著作权保护的最佳程度就将越低。这就表明,如果在侵权诉讼中对下面两种人进行区分是可行的,其一是制作逐字照抄的复制件,其二是通过向享有著作权的原始作品增添新的表达,从而利用该作品创作出演绎作品,那么,针对前一种人就应当比针对后一种人而为作者提供更广泛的著作权保护——而事实也是如此。

7. 最后,明显(但可感知)的是,该形式分析意味着,管理和执行一项著作权制度的成本越低,并且作者对于金钱性激励的反应越高,则最佳的著作权保护水平将越高。

第 4 章
著作权基本原理

前两章所构建的模型能够有助于解释著作权法的诸多特点。我们在本章中将检验其中的一部分,余者(主要是在本章中仅作简要讨论的合理使用以及著作权保护期限的长度问题)则将在后面的章节中讨论。

一、复制还是再创作

首先,我们来讨论著作权给予其所有人之保护的本质。与一项专利或者商标不同,著作权保护所针对的仅仅是复制(copying);对享有著作权的作品非故意进行再创作["独立的",亦即非故意的重复(duplication)]的,这种行为并不具有可诉性。[1] 而且,故意复制而应承担的法律责任,也被严格限定在如下情形,即复制者没有任何抗辩理由,来证明其合理地相信该作品处于公共领域之中。

非故意的重复之所以不具有可诉性,从经济学分析,是基于两个原因。第一个原因是,作者为避免非故意重复而检查不计其数的享有著作权的作品,就需要承担额外的成本。根据我们的形式模型,这种成本(如果真实发生——这一限定条件的意义就将很快显现出来)将增加 $e(z)$(以著作权保护为一个函数的表达成本),并

---

[1] 尽管我们可以想到这样一个例外:一位艺术批评家过度细致地观察和分析了一幅比如说关于尼亚加拉瀑布的名画。通过对画风、颜料以及其他设计元素进行显微镜式研究,他就能够确定该画创作的确切地点和何年何日所完成,并且汇编成一组指示,如果照着做,即使是一位业余画家也能够在未曾见过该名画的情况下画出一幅尼亚加拉瀑布的图画。即便该业余画家并不明知他是在复制那幅画,但这也并不算是独立重制;他将构成侵权,而该艺术批评家则是协助侵权人。

减少社会福利,因为每个作品的净福利($w-e(z)$)和被创作出来的作品数量都将下降。诚然,如果由于减少非故意重复从而增加了对其作品的需求,或者使该需求的弹性变得较小的话,作者的毛收入可能会提高。[2] 但是,正如以下所讨论的那样,既然除了流行音乐领域之外,对享有著作权的作品进行非故意复制的情形极少存在,那么,将之规定为非法行为,其纯效果就只可能是减少社会福利,除非这种情况真的非常少,从而没有作者或者出版者会不厌其烦地去检索以往所有享有著作权的作品。

与著作权相反,对专利的非故意侵权(inadvertent infringement)则是可诉的。这种区别在经济学上是有道理的。一项专利,只有在申请人和美国专利商标局对以往的专利发明进行检索之后,才能予以授权。这个程序具有可行性,因为在大多数情况下,集中紧凑地描述一项发明,并且建立相对较小的类别,从而无须在此范围之外进行检索,这些都是有可能的(软件专利可能是一个例外)。该程序使得发明人能够以合理的成本,避免对某个现有的专利构成非故意的侵权。在商标的情形中,非故意的侵权同样是可诉的。其可行性在于商标所具有的两个特征。特征之一是,商标仅当其在商业中使用时,才受到保护;另一特征是,许多的商标是注册商标。无论是商业使用这个条件,还是注册行为,都使得那些想要采用某一新商标的企业,比较容易获得这些信息,从而确定是否已经有其他企业对该商标主张所有权。

反之,版权局在授予或者登记某一项著作权之前,并不对已享有著作权的作品进行检索——事实上,著作权也不采用授权方式;它仅由作者或者出版者提出主张即可。著作权可以登记,并且登

---

[2] 如果我们把由非故意重复者所制作的复制件算入 y,即复制者的复制件供给之中,则规定非故意的复制属于非法从而对著作权保护范围进行的这个扩张,就将使复制者的供给曲线和作者的剩余需求曲线都发生上移。

记可以为法律救济带来明显有利的条件[3],但它并非著作权保护所必需,而且,更为重要的是,它不是以让版权局相信该作品具有独创性,而非对以往作品的重复作为条件。[4] 享有著作权的材料有成百万上亿页,其中任何一页中所包含的一句话或者一段话,都很可能使后来的作者纯粹巧合地发生重复,从而,在他事实上复制了所争议的词句,或者在不以复制作为构成承担责任的一个先决条件时,他都会被认为是一个侵权人。

如果涉及争议的是一个以上的短语或者句子,那么逐字发生非故意的重复,当然是极不可能的,但是,逐字重复并不是构成侵权的必要条件,只需两者存在实质性相似即可,而这在描述相同现象时也可能偶然地发生,例如两篇文章描写的是同一场拳击比赛。如果所有享有著作权的作品都变成数字化形式,并且放到一个公众可以进入的网站上,那么,为确定是否重复而进行检索就具有可行性了;这与我们在第 2 章中所提出的关于在我们当前的数字化时代发现抄袭行为的可行性大为提高,正是相同的道理。但是,实际情况并非如此。

那些对于版权局来说(在目前)不可行的事情,对作者来说同样不可行。他不可能为了确保自己并没有非故意地重复某一有著作权的材料,而去阅读所有现存的有著作权的文献。进一步的障碍在于,那些尚未发表的表达性作品,只要它们被固定在某种有体的载体上,同样可以享有著作权;作者又如何能够检索到呢?这个问题在专利法中就不会发生,因为正如我们将在第 11 章中所看到的,某一已有之发明并不构成授予专利的障碍,除非该发明已经为

---

[3] 在著作权未经登记之前不得提起侵权诉讼,但在提出诉讼之前的任何时间均可以进行著作权登记;著作权人可以一直等到最后一分钟才进行登记。不过,为了在该诉讼中有权获得法定数额的损害赔偿金(固定的损害赔偿金,最高额为 15 万美元,且不需要关于实际损害的证据)和当其在侵权诉讼中胜诉时要求被告补偿其律师费,则必须在作品首次发表之日起 3 个月内或者在侵权行为发生之前将其著作权进行登记。参见 17 U.S.C. §§408, 411—412, 504—505。

[4] 不过,版权局法规第 202 节对某些种类的作品因为没有满足著作权的法定标准而拒绝予以登记,比如单词和短语,以及那些全部包含的都是不可享有著作权的信息的作品,比如标准日历,它并不包含任何原始的著作人。

人所知和使用。

为防止对享有著作权的作品发生非故意重复，成本很高，而根据较高的回报（以及在该种重复具有可诉性的情况下因此所获得的损害赔偿数额）所得到的收益却相当的小，原因是该种重复非常罕见，因此，正如我们所表明的那样，即使非故意重复行为是可诉的，也没有任何作者或者出版者会为了避免发生这种行为而付出努力，从而也不至于过多地增加表达成本。但是，社会福利还是会因此减少。最多，我们可以设立一种没有任何明显的分配效果（allocative effects）的严格责任制度；它就不会阻碍重复了。就如同我们在侵权法有关严格责任与过错责任的文献中所阐释的那样，从总经济福利的角度来说，这种制度在成本上是浪费的，因为它们唯一的结果就是一种偶然发生的转让支付。[5] 在这里可能发生的就是，从不经意的侵权人向受到非故意重复的材料的著作权人进行转让。

之所以不对非故意重复认定为侵权行为，第二个理由是，它不涉及搭便车的问题。因为第二个作品是独立创作的，作者承担了全部的表达成本。如果两个作品完全一模一样——至少来说，这种可能性微乎其微[6]——那么，它们之间的竞争就可能把复制件的成本降低至边际成本，并且阻止其中任何一位作者收回其在该作品上的创作成本。但是，极可能的情况是，两个作品之间存在足够的区别，从而使作者收回各自的表达成本。在两位作者都不是边际作者——即如果没有任何非故意的重复来分取其收入，则其

---

[5] 参见 William M. Landes 与 Richard A. Posner, *The Economic Structure of Tort Law* 70, 115—116 (1987)。

[6] 回忆一下勒尼德·汉德（Learned Hand）法官在 *Sheldon v. Metro-Goldwyn Pictures*, 81 F. 2d 49, 54 (2d Cir. 1936) 一案中的评论，即"如果通过某种魔法，一个从来就不知道这首诗的人却重新写出了济慈（Keats）的名篇《希腊古瓮颂》(Ode on a Grecian Urn)，那么他就是一位'作者'，而如果他对之享有著作权的话，那么其他人就不可能复制这首诗了，尽管他们当然还可以复制济慈的诗"。汉德视这种非故意复制为极不可能的事（"魔法"）。他的看法是正确的。事实上，对济慈的诗逐字发生非故意重复的可能性小到几乎为零——如此小的可能性就难以解释法院将之视为一个可诉讼的问题的做法，也就是说，这个问题还在相当程度上存疑。

总收入正好就是他的表达成本——的情况下,就很可能是这样的情形。

文学作品和音乐作品的著作权在法律上的一个重大区别在于,如果某一歌曲已经被广泛传唱,则非故意重复也可能侵犯该歌曲作者的著作权。[7] 因为大多数流行歌曲只有简单的旋律,而且旋律变化的数量有限,所以,非故意地重复若干小节的可能性相当大。由于电台广泛播放这些歌曲,就使得另一个作曲家有可能接触该原始作品,这一方面增加了非故意重复的可能性,但也减少了避免非故意重复的成本。在此情况下,如果认定侵权必须要有关于故意重复的证据,那么,流行歌曲的作曲家就极少可能得到著作权保护了。尽管一些涉及真正再创作的案件,由于法院所采用的标准而被列入侵权责任范围之内了,但即便在这类案件中,受到惩罚的也并不是非故意重复(inadvertent duplication)本身,而是无意识的复制(unconscious copying)。

为了在音乐领域区分复制和真正的再创作,法院就在下述两个要素之间作出权衡,一是被指控侵权人对被侵权作品的接触,一是两个作品的相似性。如果强烈地显示出这种相似性,就表明原始作品极有可能在事实上被复制了,在此情况下,著作权所有人就可能胜诉,即使他在证明被告接触了该原始作品方面,只能提供较弱的证据。但是,如果原始作品与被指控侵权的版本之间存在着实质性的差别,则著作权所有人还必须提供有关接触其作品的有力证据,以反驳被告关于独立进行再创作的抗辩。

同样的推理也为如下规则提供了一种解释,即简短的词组[诸如"未用部分,退货返款"(Return Unused Portion for a Refund)或者"内附信封,载有地址"(Self-Addressed Envelope Enclosed)]不得享有著作权。词组越短,发生独立重复的可能性就越大,从而更

---

[7] 例如,在 *ABKO Music,Inc. v. Harrisongs Music,Ltd.*,722 F. 2d 988,997—999 (2d Cir. 1983)一案中,法院认定乔治·哈里森(George Harrison)的"My Sweet Lord"对于由 Chiffons 所录制的歌曲"He's So Fine"构成侵权。"He's So Fine"在哈里森(前甲壳虫乐队成员)创作"My Sweet Lord"的同一年就已经在美国和英国成为最流行的歌曲之一。尽管法院同时认为哈里森对 Chiffons 歌曲的复制是无意识的而不是有意的,但还是判定其构成侵权。

难以通过诉讼方式将其与故意复制加以区分。[8] 但对该规则的解释还远多于此。既然想出一个简短词组的成本通常比较低,那么,著作权保护在为其创作提供充分激励方面,也就并不见得必需了。该规则还有其他经济方面的原因,容后讨论。

但是,究竟什么是复制呢?我们知道,并不是必须逐字照抄才构成侵权,因为如果是这样,著作权保护就很可能是虚幻的了。事实上,侵权认定的标准是实质性相似。而且也不存在这样精确的标准,能够具体规定必须要存在多大的差异性(用一个毫无用处的著作权术语,即"独创性"),才能避免被认定构成实质性相似,但是,经济分析暗示了如下标准:对于享有著作权作品的被控侵权的复制件,当它在市场上成为该作品在表达性方面的一个相近的替代品,并因而会明显地挤占其市场份额时,它就构成侵权。一本经济学教科书可能就是另一本经济学教科书的一个相近的替代品,即使第二本书当中没有任何句子是对第一本书中句子的变换措辞,而且主题的选择和排列也是完全不同的。但是,这只是由于它们在思想上的相似性,使得第二本书构成了一个相近的替代品,然而正如我们所将看到的,思想是没有著作权的。相反,如果第二本书是对第一本书以一种相近的变换措辞而写成的,粗心的读者甚至都不会注意到它其实是另一本不同的书,那么,它无论在表达层面上还是在思想层面上都构成了一个相近的替代品,并因此构成侵权。即使它只是从以前的书籍中窃取了一章,它仍将是侵权的;窃取者就使后一本书成为一个相近的替代品,因为它既采用了原始作者的思想,也利用了他的文字。

---

[8] 参见 Douglas Lichtman, "Copyright as a Rule of Evidence" 17(芝加哥大学法学院,John M. Olin 法和经济学工作论文第 151 号[第 2 组],2002 年 5 月)。在流行音乐之外,非故意重复(与非故意侵权[inadvertent infringement]相对,后者是没有任何这样的意图而复制了他人享有著作权的材料)的情形就很少了。这里就是两个例子。在电视连续剧《莫菲·布朗》(Murphy Brown)中有一段小插曲,一位儿童读物作家被指控对一个作品构成侵权,该作品是他在孩提时曾经听过的,尽管他已经对此事情没有任何记忆了。较为常见的是,一位画家可能在没有意识到自己正在复制的情况下,"复制"了他自己以前的作品。如果他对该以往的作品已经不再享有著作权,那么他现在的作品就可能构成侵权。

我们之所以称"独创性"(originality)条件毫无用处,是因为它与制定法上规定的授予专利的"新颖性"(novelty)条件(见第 11 章)形成了非常相近的对应性。与美国专利商标局在确定申请人是否符合实用性、非显而易见性等条件而需要预先审查那样,新颖性也是可专利的一个条件。专利可能授予很大的垄断权,其部分原因就是专利确实禁止他人独立作出的重复发明;如果专利可以非常容易地获得,就会导致明显的寻租行为和无谓损失。著作权针对竞争而只给予较小的保护;享有著作权的作品如果独创性越低,则著作权所给予的保护也就越小,因为表达性作品的消费者所高度珍视的正是独创性。以显示某种独创性而作为给予著作权保护的条件,其主要功能并不是为了减少垄断权,而是为了减轻法院在证明上的负担,否则法院就不得不就两个在本质上无从区别的作品(无从区别是因为它们只包含了微不足道的独创性表达——也许两者都是对同一份列车时刻表的复制,只在格式上作了无关紧要的改动)作出判决,认定它们到底是独立创作出来的,还是一个抄了另一个;基于这个目的,法律规定只要存在一个最低程度独创性的要求(minimal requirement of originality)即为已足。我们在本章后一部分有关演绎作品的讨论中,将接着探讨这个问题,并且还将指出,许多此类作品,事实上都是原始作品的相近替代品。不过,也并非全部如此。用一种外语翻译某一本书,如果国外的人并不阅读由该原始作品的语言所写就图书,就可能没有占有原始作品的任何市场份额。最后一个难题是,有时甚至是一字不差的(verbatim)复制也不会使该复制件成为原始作品的市场替代品,从而并不构成侵权(稍后详述)。

现在让我们暂时回到关于两本经济学教科书的那个例子,它们属于相近替代品,尽管它们之中没有一句话是相同的,或者甚至是另一本书中某一句话相近的变换措辞,而且还存在着其他诸如在篇章结构安排上的足够的差异,从而可以排除有关侵犯著作权之认定。然而,它们都是表达性作品,但又是相近的替代品。这就使得前两章关于扩张著作权保护而对表达性作品产量的影响的分析变得更加复杂。在第 3 章所提出的形式模型中,N(不同表达性作品的数量,以区别于某一给定作品的复制件的数量)随着 z(著权保护水平)的提高而增加,但只有一直达到保护水平 $\bar{z}$,因为超过这一点,由著作权保护所引起的较高输入成本而在边际作者表达成本上的增加,就会高过因一个较高的 z 而对复制者边际成本的影响。不过,除此之外,由著作权保护提高而导致的在 N 上的增加,也加剧了在表达性作品的作者之间的竞争,因为正如我们所举的经济学教科书的例子所示,许多享有著作权的作品就可能是其他享有著作权作品的替代品。因此,如果 N 越大,这样的替代品就越多。考虑到导致 N 增加的是 z 的提高,因此,它们并不像以往所可能的那样成为相近的替代品。但是,更多的替代品会增加某一给定作品的复制件市场中的需求弹性,并因此降低一个复制件的均衡价格。这反过来将使扩大著作权保护而对表达性作品创作者的预期回报的积极作用递减,并因此减弱一个较高的 z 而对 N 的影响。[9] 作为这种反馈效应的一个结果是,在超过某一点之后,再扩大著作权保护就具有某种程度上自我拆台(self-defeating)的特点,虽然由于同样的原因,反馈效应通过限制由扩大保护所产生的复制件的价格,也减少了接触的作品成本。

二、思想与表达

著作权法保护表达而不保护思想。[10] 举例来说,如果一位间谍小说的作者复制了伊安·弗莱明(Ian Fleming)有关詹姆斯·邦

---

[9] 这种观点受到了最近一篇有关专利的论文的启发。参见 Tomas J. Philipson 与 Frank R. Lichtenberg,"The Dual Effects of Intellectual Property Regulations: Within- and Between-Patent Competition in the US Pharmaceuticals Industry"(芝加哥大学,乔治·J. 斯蒂格勒经济与国家研究中心,工作论文第 178 号,2002 年 10 月 12 日)。我们将在第 11 章再回到这个问题上来。

[10] "在任何情况下,对作者的一个独创性作品的著作权保护,决不扩展至任何思想、程序、方法、系统、操作方法、概念、原理或者发现,而不管其在该作品中被描述、解释、说明或者体现之形式"。17 U.S.C. §102(b). 思想也许可以其他方式得到保护,例如通过合同法。或者,如果甲向乙披露某一思想,并默示地理解为如果乙使用该思想将要付钱给甲,则甲将根据准合同或者不当得利之原则而获得保护。参见 *Minniear v. Tors*, 266 Cal. App. 2d 495 (1968)。另参见第 13 章关于商业秘密以及本章后面关于非法挪用原则的讨论。

德的小说的一部分，那他就是一个侵权人。如果，他被弗莱明引发了灵感，决定写一部关于一位生活舒适讲究吃穿的英国特工的小说，他就不是侵权人。如果一个经济学家未经同意就重印了罗纳德·科斯(Ronald Coase)关于社会成本的文章，那他就构成侵权；但如果他用自己的话解释了科斯定理(Coase Theorem)，他就不构成侵权。正如这些例子所示，著作权不予保护的"思想"在虚构作品与非虚构作品(fictional and nonfictional works)中而趋向于有所不同，因此我们也需要把它们分开来讨论。在非虚构作品中，科学家、哲学家或者其他理论家在通常意义上算作思想的东西就是思想。在虚构作品中，正如在其他想象型作品(works of imagination)，比如绘画与音乐谱曲中那样，它们倾向于变成由两个范畴组成的东西。第一个范畴包括了常常陈腐老套的标准、主题或者情节[一个妇人被因妒而致丧失理智的丈夫所谋杀，但又不是《奥赛罗》(Othello)中的特定情节]、固定常用的角色(有关一只会说话的动物的想法，但又不是米老鼠)、文字技巧[比如一个反应迟钝的叙述者，但并不就是在福特·马多克斯·福特(Ford Madox Ford)的《好兵》(Good Solider)中的愚钝叙述]、相似的主题与场景、在绘画中用于刻画深度而使用的透视法和其他传统手法以及音乐作品中为表示悬念、焦虑或者惊喜而采用的传统手法。这些"思想"平常无奇，因此，它们既存在于具有独创性从而享有著作权的作品中，也存在于被指控侵权的作品中，并不能支持有关复制的认定——"侵权人"能够轻而易举地从那些处于公共领域的作品中撷取这些思想。第二，也有一些深刻的或者独创性的思想、技巧以及诸如此类的东西——(从广义上理解的)"思想"在某种程度上可以说并不是到处存在的，相反，它们是该独创的享有著作权作品的创作者所完成的发明。在20世纪，此类例子就包括立体派、意识流叙述、冷硬派侦探小说(hard-boiled-detective story)以及十二音音乐(twelve-tone music)等。但这些也不受著作权保护，这倒不是因为它们是平常无奇的(实际上它们并非如此)，而是因为对该发明人给予一种垄断权可能并无必要，无论是为了诱致该等发明的最优供给，还是为了防止由于它们不归人所有而导致的拥塞外部性。

(一) 想象型作品(imaginative works)中的思想

假设在第3章形式模型中的 N 个作品是以不同方式表达了相同的思想。例如,它们中的每一个作品可能都是一部不同的小说,但都是关于分属不同社会阶层或者宗教信仰而且其父母存在世仇的年轻人之间的一段浪漫史。假如著作权保护了第一个作者的思想,则其余 $N-1$ 位作者中的每一位作者的表达成本就将增加,因为每个人都将不得不投入更多的时间和精力,以便为其作品想出一个独创性的思想,或者用额外的表达来替代其思想中与第一位作者的思想重合之处,或者承担许可成本或者其他交易成本,以获得使用该第一位作者之思想的权利。

我们可以把创作一个作品的全部成本写作 $e(z)+i$,其中,i 是获得在该作品中所使用的思想的成本。如果著作权法保护思想,i 将变成 $i(z)$,并将不断上升,并且可能 $e(z)$ 也将不断上升,因为既然 e 和 i 是被用于创造一个作品的变量部分,则作者将更多地以其自己的表达性材料来替换 i。保护思想的净效应就因此而减少了创作出来的作品数量(其极值是只有一个作品,尽管提到科斯教授就提醒了我们,科斯定理使得这样的结果是不可能的),从而社会福利[参见前一章等式(16)]将会下降。固然,如果著作权保护思想,则复制者的成本也将上升,因为复制者通常在利用作者的表达的同时也在使用其思想。但是,用来抵销的部分将可能很小。复制者对表达的复制要么是非法的,而在此情况下,由保护思想所产生的边际威慑效果(marginal deterrence)可能就很小,要么是合法的,例如因为该复制被认为是一种合理使用。无论哪一种情况,对于复制者的复制成本而言,著作权对思想的保护都将只具有一种微不足道的效果。即使该保护确实增加了该 $N-1$ 位作者的毛收入,并因此部分地抵销了在 N 上的减少,但社会福利仍将下降,因为无论 N 还是每一个作品的福利都将下降。

为什么只有表达是受保护的?对这一问题的传统解释,强调了因为对思想的垄断而导致的福利损失。我们强调的,毋宁是因为它增加了作品的创作成本及其所导致的作品数量的减少,而不是通常与垄断相联系的(每一复制件的)更高价格。假设我们的 N

位作者并不知道谁将第一个想出为其余 $N-1$ 位作者所采用的思想。既然为想出可能体现在一个表达性作品中的新思想所必需的投资,通常与表达该思想而在时间和精力上的成本较少具有相关性(我们稍后即举例说明),而且,既然该思想的原创者将因其成为市场上的第一人,从而即使在没有获得著作权保护的情况下也可能以这种或者那种形式而获得一个正常的回报,那么,在一个无知之幕的背后,N 位作者都可能同意这样一项规则:对表达给予法律保护,而对思想则拒绝予以保护。[11]

对思想给予著作权还将导致鼓励寻租行为,正如在第 1 章中所讨论的关于未发现大陆的假设性例子那样。侦探小说的发明人能够对其全部体裁享有著作权吗?还有,悲剧、喜剧、星际情人的故事、十四行诗(sonnet)、押韵对句(rhymed couplet)、歌剧等等的发明人呢?在大多数情况下,一种新思想的开发成本相对于将该思想许可给他人所获得的潜在收入而言很可能是较低的,如果我们的这一见解成立,那么就将引发一股开发思想和对之主张著作权的狂潮。资源就会被吸收到开发最低表达的思想(ideas with minimal expression)上[12],这样开发出来的思想还会被储存起来,以期将来的作者使用并为此支付费用。在著作权中也有与专利竞赛同样的事,而专利竞赛的原因正是由于一个专利授予了对思想的独占控制权,该思想可能具有广泛的适用性并因此具有直接的商业价值。这是为什么对单一的词语、标题和短语不得主张著作权的另一个原因。

最后一个问题,涉及因执行在思想上的权利而产生的管理成本。法院将不得不界定每一个思想,设定其边界,确定它与其他思想的重叠之处,而且,全部之中最为困难的是,确认被控侵权作品中的原创性思想。固然,如果对思想予以保护,则著作权制度运行

---

[11] 在一个更为复杂的模型中,对复制件的需求不仅像在我们的模型中那样,取决于复制件的数量,而且取决于竞争性作品的数量。在此情形中,除了会产生其他的影响外,对思想的法律保护将提高复制件的价格。

[12] 换言之,即抽象的(abstract)思想,因为它们将最大范围地覆盖此后创作的作品。参见 Michael Steven Green, "Copyrights in Facts", 78 *Indiana Law Review* 919—964(2003)。

所需的总的管理成本和执行成本将在事实上可能缩减,因为被创作出来的作品反而变得更少了。但是,既然对于表达所给予最佳著作权保护水平考虑到了执行成本,那么我们的第一个问题——由于被创作出来的作品数量减少所带来的社会福利下降——就与因被保护作品数量的减少所带来的管理成本和实施成本的节约结合起来了。这些节约虽然减少但并没有消除因作品减少所带来的福利损失。既然享有著作权的材料既包括表达也包括思想,那么作者在意图许可这些材料时,将面临交易成本的急增,所以,这就存在着进一步的损失。

用来说明这些问题的很好的例子是小说。小说家通过结合那些为人熟悉并因此而容易被人认可的角色与场面(其中的许多部分追溯到那些从古代留存下来的最早的作品,以及毫无疑问还有更早期的作品)——i(idea,思想)——再加上他对语言、事件和剧中人物的特定选择——e(expression,表达)——从而创作了一部小说。他使用的这些熟悉的角色与场面,既非由其创作,也未为之付费。与可获得专利的思想不同,在小说中所发现的大多数"思想"并不具有新颖性,而且小说家是以零成本取得它们的,要么来自于对其周围世界的观察,要么取自于那些长期处于公共领域中的作品。这倒并不是因为小说家个人疏懒或者没有创造力。而是因为那些为人们所想复制的大多数小说作品,不管作者有意还是无意,正是吸引大众化读者的作品,而为了做到这一点,特别是要经历像经典作品情形中那样的一个更长漫长的时期,一个作品就必须相对地不受文化变迁的影响。因此,在相当大的程度上,它无论如何都必须处理人类生存状况中不断重复的难题,而只能运用生活的平淡无奇、重复发生的场面、为人熟悉的人物类型(伊丽莎白一世时代所称的"体液"*)和标准的叙述。这也是为什么变换措辞的文学(paraphrasing literature)倾向于只是产生陈腐庸俗和陈词滥调的原因。文学思想不同于科学或者哲学思想;他们更像画家的主题。当它们把一组相当有限的场面、叙述和角色类型集中

---

* humour,中世纪病理学所称对人的健康和气质起决定作用的体液,分为血液、黏液、胆汁和忧郁液四种。——译注

起来时,承认它们之中的财产权利,就将使最早的作家获得过度报偿(overreward),并耗尽本可以为后来作家所无偿使用的文学原材料的库存量。它还将产生令人难以捉摸的(baffling)证明难题,原因就是刚刚表明的那个看法,即文学作品除非刻画人类状况中永恒的特点,否则它们不可能持久地存在。假如没有荷马,最终仍会有其他人写出一首诗,其中涉及复仇、上帝和因一个漂亮女人所引起的战争。但是,一旦《伊利亚特》(Iliad)这个作品诞生了,那么想要确定后来写出有关这些主题的作品的作者究竟是复制了《伊利亚特》还是复制了生活,就变得相当困难了。我们所举的虽是文学上的例子,但同样的例子在音乐、绘画以及其他表达性活动中也都大量存在。

我们已经确认了把著作权扩展至思想所产生的实际问题,但也不应将其夸大。这些问题的大小程度,取决于著作权保护期限的长短。如果它是永久的,则这些问题会大得惊人。它的期限越短,这些问题也就越不严重,特别是,如果我们的这一观点属于正确的话,即文学和艺术按其本性是趋向于利用古代有关描写对象、叙述形式等等库存的。但是也有例外——让我们回想一下20世纪的文化创新,比如连环画书、动画卡通、黑色幽默电影(film noir)、现代舞、立体派以及抽象表现主义。对于这些文化形式,即便对它的著作权保护期限很短,也可能产生深远而且具有很大消极性的影响。

在想象型作品中所发现的一类重要思想是由技巧组成的,比如十四行诗的体裁、五幕剧、意识流写作、绘画中的透视法、尖拱造型以及在音乐中的系列谱曲。在此等情形中,之所以拒绝给予著作权保护,除了该保护将在它们的许多种类上造成过度垄断之外,还有一个原因是,对技巧的复制要比对体现该技巧的作品的复制难得多。复制他人的一首十四行诗是容易的,但如果自己试图写一首呢! 随着复制可能变得成本高昂、表现缓慢而且不够完美,一项技巧的创立者就能够收回部分并且也许全部的固定成本,即使相对于他自己运用该技巧所创作的作品享有著作权,而在该技巧上并没有任何的财产权利。

不过请注意,在"思想—表达"区别的名义之下,通过允许作者完全自由地从以往的作者那里复制体裁、技巧、风格,甚至——在一种虽非无限但相当重要的程度上而言的——情节和角色,著作权法就在文学作品的种类之间进行了区分,并借此可能扭曲作家对于所用体裁的选择。一首抒情诗从著作权法中获得的保护最大,因为文字模式几乎就是诗歌的全部,而著作权法最确定无疑所保护的正是文字模式。最大的保护也不是完全的保护。如果该诗利用了一种新的格律(meter)[比如长短短格的六韵步组成的诗行(dactylic hexameter)]或者一种新的体裁(比如十四行诗),则诗人并不能禁止对该格律或者体裁的复制。但是,小说或者剧本中的情节和角色通常比具体的用语选择更为重要(这也是为什么相比于诗歌,小说和剧本更容易翻译),所以其获得的保护也比诗歌更少。

(二) 论证型作品中的思想

在科斯教授的例子中,之所以把著作权保护仅限于他表达科斯定理的形式,而并不扩展于该定理本身,其原因并非那么显而易见。该定理的产生并非零成本,而是反映作者几十次的研究与思考才获得的。在某种意义上,正如在可获得专利的思想而不是美学思想的情形中那样,使它们得到客观确定的正是新颖性和非显而易见性。[13] 但是,因为该定理是一个有说服力的分析结构,所以,著作权保护将在作为一名重要理论家所应当获得的那些非金钱性(以及间接的金钱性)收入以外,为发明人带来客观的许可使用费收入。任何一个经济学家想要应用或者扩展科斯定理,都将不得不从科斯那里寻求一份许可证,虽然根据合理使用原则,一个想要检验或者挑战该定理的经济学家可以主张免责。科斯的总收入将超过其发明成本,从而就会产生一个寻租问题。实际上,该事实暗示着,他是在未预见到有关著作权保护的情况下,创造(或者发现)了该定理;问题在于,该保护对于面临同样机会的学者将会

---

[13] 即使在科斯发明该定理时已经承认"商业方法"专利(参见第11章),但它也许仍然不可能获得专利,因为它不具有任何商业可应用性,从而不具有专利法意义上的"实用性"。

产生什么样的效果。

如果该文章本身已经被复制,则对该定理之著作权的执行成本还将变得更大。通常,要说出经济学中某一篇文章是否真正使用了科斯定理,将会面临困难;作者(如果不想支付使用费)就会竭力用不同的术语来解释其结果。而且,数学和科学(包括社会科学)思想通常是同时或者几乎同时被人发现的;这就难以确定某一受到指控的侵权人到底是复制者还是独立发明人。一些经济学家甚至提出主张,认为科斯定理毫无新意;他只是说,当交易可行时就存在着交易收益。[14] 科斯本人则认为,其文章的真正意义是提醒人们注意交易成本的重要性。这样,如果在表达性作品中所发现的思想以及该表达本身都可以享有著作权的话,那么,难道所有此后对交易成本的经济分析,包括本书在内,都必须从科斯教授那里获得一纸许可吗?

很明显,如果将著作权扩展至思想,那么,在著作权仅限于表达的情况下就足够了的那个最基本的"独创性"概念,将不得不朝着专利法的方向进行修订。而提到专利法,它就提示我们,在以下两者之间作出区分,具有重要意义:一是作为基础研究成果的思想;一是作为应用研究成果的思想。从经济学的视角看,它们最根本的区别在于,前者缺乏直接的商业实用性。专利法并不允许与应用研究相区别的基础研究的成果获得专利,而在与想象型作品相区别的论证型作品中所能够看到的思想,主要就体现为一种基础研究的特点,比如科斯定理本身。如果允许它们享有著作权,就将打破由专利法以审慎而明智的方式所达成的一种平衡,同时,对应用性思想授予著作权,则将直接闯入专利法领域。诚然,对于某种计算机软件而言,存在着专利保护与著作权保护的重合,但是,之所以如此,是因为某些软件既满足了可授予专利的条件,同时也是一种表达性作品。而思想本身,并不是表达性作品。

有关科斯定理的最后一个,也是与可专利性相关的问题,就通

---

[14] 参见 Deirdre N. McCloskey, "The Good Old Coase Theorem and the Good Old Chicago School: A Comment on Zerbe and Medema", 载 *Coasean Economics: Law and Economics and the New Institutional Economics* 239, 240—241 (Steven G. Medema 编, 1998)。

常涉及在科学和学术领域的报偿制度。准确地说,因为真正的基础研究成果严格说来是没有任何直接或者可预见的商业应用性的,对基础研究的激励,必须从商业性产品与服务市场以外的地方去寻求。它们来自于学术薪水以及在成功的科学家和其他学者身上所积累起来的声望,而这些薪水反过来在相当大程度上也是该种声望的一个函数。学者为了使其声誉最大化而在彼此之间进行竞争,想要在竞争中胜出,就取决于他们的创造性思想被人们广泛地接受,对这些思想的"复制"——由其他研究人员进行使用——就因此与这些思想本身有着某种程度的互补性(complementarity)。[15] 这就意味着,研究者一般会将他们的思想以零使用费而许可他人使用,而如果这样,既然许可并不是无须成本的,那么这就是一项进一步的论据,反对为这些思想给予著作权或者专利保护。

三、思想与表达的合并

某些思想只能以一种或者极少的几种方式加以表达,因此,完全保护表达就会产生一个现实的问题,即阻止除作者以外的任何人使用该思想。在该等情形中,对著作权保护就应作狭义解释,以避免排除他人使用该思想。用著作权行话来说,就是当表达与功能不可分离——"功能性表达"(functional expression)——时,该表达不可享有著作权。正如我们在第7章所将看到的,这与拒绝对"功能性"商标给予商标保护,正是基于相同的原理,后者的情形,比如商标包含了外形等商品特征,而这可能是为使用附有该商标的产品所根本必需的。

有关功能性表达的首要判例就是 *Baker v. Selden* 案。[16] 塞尔登(Selden)出版了一本图书,其中描述了他所发明的一种记账方法,而且他用空白的簿记表格来加以说明。贝克(Baker)复制了这些表格,重新编排了栏目,并使用了不同的标题,然后出售给那些

---

[15] 参见 Green,前揭[12]。
[16] 101 U.S. 99 (1879)。另参见 *Morrissey v. Procter & Gamble Co.*, 379 F.2d 675 (1st Cir. 1967),在该案中,拒绝给予著作权保护的理由是以与我们的分析高度一致的术语加以解释的。

想要使用塞尔登方法的人们。这一做法被判决并不构成侵权,因为否则的话,塞尔登将在其记账方法上形成一种垄断,从而能够以此要求任何想要使用该方法的人向他购买所必需的表格。在形式上,如果 r 表示对塞尔登新记账方法的使用,s 是该方法本身,t 是在图书中的空白记账表格,则

$$r=f(s,t) \tag{1}$$

因为 s 与 t 都是产生 r 所必需的,因此,如果塞尔登控制了 s 或者 t,他都可以对 r 形成一种垄断。

看起来似乎是,如果没有著作权保护,塞尔登甚至都不能阻止贝克复制他的整本书,但这种看法并不正确。假如贝克出版了一本书,它一字不差地(或者以相近的变换措辞)复制了塞尔登书中的说明部分,那么他将被认定构成侵权。如果他想与解释性材料一起销售这些表格,则其必须自己来写这些材料;塞尔登书中的表达性部分因此是受到保护的。同样,只有塞尔登或其被许可人(他在贝克未经许可复制之前就已经许可他们复制这些表格),才能够将他们的表格标称为"受塞尔登正式授权"。

拒绝对塞尔登的表格给予著作权保护,是否就是最优结果呢?如果拒绝他对其表格享有著作权,就可能阻止其收回因发明一种新的记账方法而在时间和精力上的花费。但事实并非如此。因为还有其他方式,使他能够从这个著名的商业发明上赚钱。想一想盗版计算机软件。消费者可能就为了得到随附的指导手册而偏好于付钱购买正版软件,同样,簿记员也可能偏好于购买那些与塞尔登自己就如何使用表格所作之解释连在一起的表格。授予其著作权保护,反而可能对他构成过度补偿,从而引出寻租这一幽灵,同时,还由于在其边际成本之上提高了这些表格的价格,就产生了该记账表格市场中的无谓损失。

更为重要的是,著作权是被用来保护表达,而不是新的商业方法发明的,不管后者如何具有独创性、巧妙设计和社会价值。一种新的记账方法是否应当被看作知识财产——像塞尔登这样的人在今天就可能获得一项商业方法专利——这是一个应当正面看待的问题,而不是通过将新方法作为表达性作品给予法律保护,就将之略过。这就如同允许拉链发明人对拉链享有著作权,从而犯有同

样的错误。如果授予其著作权,就将给他一种远超过拉链的表达性方面的垄断,因为没有任何其他人能够设计出一种看起来与原始发明人的拉链非常不同的拉链,足以不对其著作权构成侵犯。我们有一系列的法律来确定何时应当在发明人的发明上授予一种财产权,但那是专利法,并不是著作权法。

同样的推理还提供了另一个理由,说明为什么简短的词组[比如"保证质量,否则退款(Money-Back Guaranty)"]是不可享有著作权的。如果一个销售者能够就其产品销售和市场推广中所必需的词组主张著作权,那么,对于其他销售者来说,就难以有效地与之进行竞争了。

Baker v. Selden 案的规则还与下面这个问题有关,即对于计算机软件的著作权保护[17]是否扩展至计算机操作者借以观看所呈现文件、文档、程序等等图标的可视性"桌面",以及是否扩展至操作者据以被引导运行某一程序的组织与序列。因为某一特定的桌面展示["用户界面"(user interface)]或者程序序列是可以由许多不同的程序产生的,所以,作为程序本身的机读代码的著作权,并不覆盖这些计算机使用的可视性方面。问题是,它们是否可以与绘画作品——也是一种能够由许多不同方法而产生的视觉展示——相类比,从而单独享有著作权。主张反对享有著作权的理由在于,所争议的可视性方面可能已经成为计算机市场中的一种标准(正如QWERTY键盘已经成为打字标准一样)而被人们广泛接受,从而,著作权保护就可能使著作权所有人将竞争性软件生产者从市场中排除出去。相反的主张则认为,文档或者其他数据、或者步骤序列在显示器上的展示是"思想",而特定的视觉符号系统才是"表达"。该主张进一步提出,某一组特定的符号成为行业标准这一纯粹的事实,只是对特定生产者表达技巧的一种赞扬,而不应被认为是把表达转换为思想。

解决该争论不应通过"思想"与"表达"这两个单词的语义学,而应当借助于该问题的经济学,尤其是对以下两方面的比较:其一

---

[17] 对此,参见该全文分析,Peter S. Menell, "Envisioning Copyright Law's Digital Future", 46 *New York University Law Review* 63—199(2002/2003)。

是因允许某一企业占有已经成为一项行业标准的东西而造成的无谓成本,其二是当禁止该种占有时给原创者所带来的抑制效果。如果 QWERTY 键盘的发明人能够对于构成该键盘的字母位置安排来主张著作权,或者,如果在一个富有特征的钟表表面上依环形排列一组数字,时针与分针绕着它们反复转动,从而生产出该钟表的第一个人就能够对该表面享有著作权,那么,无谓成本可能会变得相当之大——大到足以产生严重的反托拉斯问题(参见第 14 章)。但是,迪斯尼对于一块以图案装饰的、看起来像米老鼠的手表表面主张著作权,则仍然为其竞争者留出了许多可供选择的图案装饰。对于一项标准而否定其可以享有著作权,由此所带来的抑制效果可能很小,因为对于一个获得此等地位的企业来说,易于得到远高于那些由著作权保护所带来的重大回报(通过竞争而成为该标准的所有人,就可能将预期回报降低至正常的、竞争性水平);而受到保护的如果只是所展示出来的范围较窄的表达性部分,就能限制搭便车行为的数量。

有关标准问题的一个变换形式是间接复制(intermediate copying),其例子是 *Sega Enterprises Ltd. v. Accolade, Inc.* 案。[18] Sega 既生产受著作权保护的电子游戏,也生产一种用于玩这些游戏的操纵台或者显示器。Accolade 想要生产同样能够在 Sega 的操纵台上运行的游戏。为此,它必须接触 Sega 享有著作权的计算机源代码,以发现使某一程序与 Sega 操纵台中的操作代码相"挂钩"(hook)的界面。它通过对 Sega 的电子游戏进行反向工程(reverse engineering),得以接触该代码。它以这种方式所获得的信息,能够让它生产出与 Sega 的操纵台相兼容的电子游戏。Accolade 的游戏本身并没有侵犯 Sega 所拥有的任何著作权,而它所获得的有关这些界面的信息,并不是 Sega 可享有著作权的信息,因为这是思想。[19] 但是,为了获得这些信息,Accolade 复制了全部的源代码,而源代码是有著作权的。不过,它制作复制件的唯一用途是为了生产非侵权的产品,因此,如果追究责任,其唯一效果将只

---

[18] 977 F.2d 1510 (9th Cir. 1992).
[19] 第 102(b)条所规定意义上的"操作方法"。参见前揭[10]。

是为了阻止 Accolade 与 Sega 在电子游戏市场上的竞争，而这是一个不为任何著作权法律政策所支持的反竞争的结果（anticompetitive effect）。法院明智地判决该复制行为是一种合理使用，因此并不构成侵权。

Baker v. Selden 案的另一个应用是关于对建筑作品的复制。建筑师的规划、蓝图等等是有著作权的，如果未经许可而进行复制，则复制者构成侵权，尽管由于刚刚讨论过的"间接复制"例外，他人有权使用在该规划中所包含的、不具有著作权的思想。[20] 但是，如果有人复制的并非建筑规划或者与该建筑相连的某种装饰性雕塑作品，而是建筑本身（其外观、比例、覆面等等），而后者系根据规划建成，既包含了表达性因素，也包括了设计因素，那么情况又会怎样呢？他是侵权人吗？在下述制定法之前所发生的案件中，法律的明智回答是"不"。[21] 一个建筑既是形式的或者装饰性的，也是功能性的。如果建筑师可以阻止对建筑中可视性设计因素进行复制，那么，它将获得比著作权法所设定范围更大的财产权保护。不得借助于建筑师的规划而建造大楼，正好比于不得接触原创者的软件而生产出桌面显示。

但是，在 1990 年的《建筑作品保护法》（Architectural Works Protection Act）中，国会修改了著作权法，以使"[建筑]的整体形式以及空间与要素的安排、组合"都可享有著作权，尽管不包括"单一的标准特征"。[22] 这是对著作权保护的一种含糊不清的扩张。复制一个建筑而又不得接触该建筑的规划，正如刚才所示，后者根据传统规定是可以享有著作权的，但是这样做可能代价极度高昂。复制者非但不能对原始作品搭便车，还可能在其复制该建筑时承担较高的费用。一个人如果想要复制由一位杰出建筑师所设计的建筑，通常就会因此而偏向于聘请该建筑师或者其所在的企业，而

---

[20] 除非它们受到一项外观设计专利的保护，或者复制者无法获取——但在后揭[21]所引 *Demetriades* 案中，该规划由市政机关归档并向公众开放查阅。

[21] 参见，例如 *Imperial Homes Corp. v. Lamont*, 458 F.2d 895, 898 (5th Cir. 1972); *Demetriades v. Kaufmann*, 680 F. Supp. 658, 666; 698 F. Supp. 521, 527 n.6 (S.D.N.Y. 1988)。

[22] 17 U.S.C. §101；另参见 §102 (a)(8)。

不是试图根据该建筑的可视方面来加以复制[23]——进一步的原因是,他可能会因此而被认为是廉价货。对于建筑而言,极少产生演绎作品(这是建筑师收入的一个潜在来源),虽然也并非都是如此——想一想帝国大厦和埃菲尔铁塔的小铸像。

如果一个建筑师或者建造者只是想要复制另一个建筑的外部的、非功能性和纯粹装饰性的特征,情况又将有所不同。这无需接触该建筑规划就可以很容易地达到。但是,这样的复制将不受 Baker v. Selden 案原则的保护,因为禁止该种复制行为并没有禁止对建筑的任何功能性特征的重复。

令人奇怪的是,根据《建筑作品保护法》而发生的案件很少;事实上,我们发现——这对于这样一部充满潜在的解释方面问题的新制定法是很少见的——只有一份实质性的法庭意见。[24] 该案涉及对由一个开发商享有著作权的开发区住房("Louisa")的复制,而不是针对由某个著名设计师所设计的一套住房;因此,无需聘请该建筑师而进行重复,就变得极为可行了。既然开发商向其客户提供的只是一组限定数量的设计选择,那么,允许复制,就是让完全相同但数量无限的住房出现在市场上,这将降低其显著性(distinctiveness),并因此减少原始开发商的产品的价值——当初的购房人可能由于其住房与那些任何人均可居住的住房一模一样而感到大丢其脸。不过,既然"Louisa"在开发过程中已经被人复制了,那么因为更多复制件而造成的消极影响可能会比较轻微。无论如何,这个案件即便说与使得某个表达性作品的创作者能够收回其固定成本有任何关系的话,也是关系极小的。它毋宁说属于在第 7 章所讨论的那些案件,它们禁止对一个商标进行非混淆性复制,以防止该商标失去其显著性。

在诸如 Baker v. Selden 那样的案件中思考有关思想与表达

---

[23] 前揭[20]、[21]中的 Demetriades 案是一个例外;被告复制了一幢由原告建造的造价达 200 万美元的房子,并试图将其建造在与原始作品只相距几幢房屋的地块上。

[24] Richmond Homes Management, Inc. v. Raintree, Inc., 862 F. Supp. 1517 (W. D. Va. 1994),部分维持并部分撤销,1995 WL 551274 (4th Cir. 1995 年 9 月 18 日)。

的合并,还有另外一种方法,即按照递增激励(incremental incentives)来解释。如果要表达一个具有商业价值的思想只有一种便利的方法,那么发明人必将具有一种强大的激励,投入必需的资源以创造出表达该思想的适当形式;因为否则的话,其思想的价值就会低得多。如果存在着法律或者其他的方式,可以将发明的外部性本身进行内部化,则也无任何必要为诱致创造思想而保护该表达。再回到科斯的例子,我们指出,在合并的例子中,表达就是伴随思想而来的,但这对于科斯的文章来说并不如此,在该篇文章中,除了提出科斯定理(尽管没有用那样的术语来表述),科斯还为之举例、将其与以往的方法进行对比、为之进行辩护,并讨论其在法律、经济以及公共政策中的应用,所有这些都采用了一种独特的散文风格。正如后来有关科斯定理的文献所显示,表达形式无穷多样,都可以用来阐述、辩护、攻击、限制与举例说明科斯的思想。

四、事实与表达

考虑到拒绝对文学体裁、技巧以及为人熟悉的人物类型给予著作权,所以,思想与表达的合并在小说中就极少成为一个问题。借以利用这些公共领域因素中各种不同的表达形式,近乎是无限的。一方面是虚构型作品,另一方面是这样的作品,它们可能的表达种类是受到相当限制的,从而注定了表达是完全融合于思想中的(Baker v. Selden 案),而介乎两者之间的是非虚构型作品(works of nonfiction)。形成此类作品对象的事实,既可能支配着表达,也可能并不支配;如果它们是支配的,则其属于思想与表达合并之情形,从而应当拒绝给予著作权保护。因此,对于第一位写出美国史的作者,不应允许其就叙述事件的顺序而享有著作权,因为这样做,就将阻碍任何后来的作者写作一部与第一位作者所涵盖相同时期的叙述性的美国史。我们说"阻碍"(impede)而非"排除"(preclude),是因为后来的作者还是能够主张,其叙述所依据的,是由不享有著作权的直接来源所披露的历史事实,而不是根据任何享有著作权的历史书。当一个作品的"独创性"主要包含于对事实的披露时,通常就难以确定,一个后来作者的相似作品究竟是以往作品的复制件还是一个独立创作的作品，因为除了以往的作品，还存在着接触该事实的其他途径。独立创作的可能性越大，有关主张侵犯著作权的诉讼就会愈加成本高昂和具有不确定性，而这也是拒绝对此类作品予以著作权保护的一个论据。

这也是在 Baker v. Selden 之类案件中的一个因素。贝克可能主张，他的形式（除非与塞尔登的形式逐字相同，或者如果它们包含了与塞尔登相同的打字错误或者其他机械错误——而这将成为用以区分复制和独立创作的特别具有说服力的证据）之所以重复了塞尔登的形式，仅仅是因为只有一种方法才可以用来表达不享有著作权的塞尔登记账方法，因而它们实际上是一种独立创作。

著作权并不保护事实。受到排除的思想范畴与事实范畴是相似的。比较以下两种情形：一种是，一位外科医生对其所写的描述一种新的隆胸方法的文章享有著作权，并且根据该著作权而获得了一种防止其他任何人将该方法的描述予以出版的权利；另一种情形是，一位宇航员对其所写的描述其发现一颗处于遥远银河系的行星的文章享有著作权，并因此而获得了一种排除任何其他人提及该行星的权利。在这两种情形中，允许享有著作权的结果，都将是对有别于表达的行为提供法律保护（两者都是研究的形式，但前者产生的是一种思想，而后者则是披露一个事实）。

然而，著作权法明确授权，可以对汇编作品主张著作权，具体而言是指"通过对已有材料或者数据的收集与编排而形成的作品，其依某种方式进行选择、整理与安排，从而使最后形成的作品作为整体而构成一个享有著作权的独创性作品"[25]。在某种程度上，每一个表达性作品实际上都是对现有材料的一种汇编，这些材料可能是文字[在书籍或者文章的情形中——除非作者杜撰单词，就像在刘易斯·卡洛尔（Lewis Carroll）*的《无意义诗》"Jabberwocky"中那样]，或者绘画中的线条与色彩，或者计算机代码中的 0 和 1。但是，汇编在著作权法中的重要意义在于，单纯对事实的汇编是可

---

[25] 17 U.S.C. §101；另参见§103。

*　刘易斯·卡洛尔（1832—1898），真名查尔斯·勒特威奇·道奇森（Charles Lutwidge Dodgson），英国牛津大学数学教授，但因以刘易斯·卡洛尔署名为《爱丽丝漫游奇境记》的作者而知名。——译注

以享有著作权的,这就与不可享有著作权的事实本身之间产生了紧张关系。在 *Feist Publications, Inc. v. Rural Telephone Service Co.* 案中,最高法院就该案所争议的汇编反对其享有著作权,从而克服了这种紧张。[26] 原告 Rural 是一家小型电话公司,出版有一本电话号码簿,其做法与被告 Feist 的相同;Feist 的电话簿包括了 11 个服务区域,而 Rural 的只包括了 1 个服务区域。Feist 不是一家电话公司,因此并不实际接触人们的电话号码。它向服务于不同区域的电话公司寻求许可,当 Rural 拒绝授予其许可时,Feist 无论如何还是继续向前推进,它从 Rural 的电话簿中复制了用户名字和电话号码,这就促使 Rural 提起了诉讼。既然 Rural 是免费发放其电话簿的,因此难以确定 Feist 的复制给它造成了怎样的损失。这甚至都可能是很有帮助的;Feist 的电话簿使得查找电话号码变得更为容易,并因此可能增加人们对电话的使用。

但是,正如 *Baker v. Selden* 案中的思想与表达是被融合在塞尔登的表格中的,就此意义而言,与 Rural 的诉讼(它最终败诉)相关的更深层的问题在于,在同样意义上,事实与汇编也被融合于 Rural 的电话簿中。把电话用户的名字按字母顺序排列就是对已有材料的编排。但是,因为没有任何其他令人满意的方法可被用来编排这些名字,所以,对编排者给予电话号码簿(指白页电话簿而非黄页电话簿,后者在选择与编排上可以有更大的灵活性)上的著作权,就是给予其对现有材料、事实(在本案中就是用户名字和电话号码本身)的实际控制权。

问题并不是在此等案件中不存在任何的搭便车;也许存在搭便车;搭便车可能阻止了对社会有用的行为,这取决于获取事实的成本。但是,由于它们是与表达相区别的行为,因此,是否以及如何在它们之上设定财产权的这个问题,就应当根据其自身的条件进行处理,而不是通过把著作权法机械地扩张于不属于表达的行为,不加批判地予以回答。

随着数字化数据的创造与复制在最近的发展,这个问题表现得愈加尖锐。创造大型的电子数据库需要大量成本,但同样以电

---

[26] 499 U. S. 340 (1991).

子化方式完全复制这样一个数据库,却通常价格便宜,并且实际上可以瞬间完成,这就引来了大量的对这种巨大投资搭便车的行为。著作权对此几乎无能为力,因为这些数据库的数据并不是由汇编者作出编排的;它们只是让用户得以进行检索;用户的搜索引擎替代了汇编者在传统上的创造性编排功能。是否以及采用何种形式将财产权扩展至这些数据库的创造者,而不是迫使他们依靠合同的执行以及其他自助行为(例如加密,类似于用来阻挡侵入者踏入某人土地而设置的篱笆),这一问题需要进行认真思考,而不是自动地将著作权法扩展至电子数据库。[27]

这项普通法原则为事实创设了一种有限的财产权利;它的名字叫做"非法挪用"(misappropriation),其最有名的阐释是最高法院在 International News Service v. Associated Press 案中的判决。[28] 不过,该判决已不再是权威判例,因为它所建立的基础是,在依据州法而向联邦法院提起的诉讼[通常是基于不同州当事人诉讼管辖权(diversity jurisdiction)]中,联邦法院有权从中形成普通法原则,但是,联邦法院在本案之后已放弃了该项权力。美联社(AP)与国际新闻社(INS)在收集新闻与将之出售给报界上存在竞争。在第一次世界大战期间,由于国际新闻社的所有人威廉姆·伦道夫·赫斯特(William Randolph Hearst)在战争早期是同情德国人的,所以,该社受到英国与法国的书报审查,它们阻止其向美国发送战争新闻报道。因此,该社就复制在美国东海岸报纸所刊登的美联社新闻报道,然后根据不同区域的时差,在同一小时内将它们刊登在赫斯特在西海岸发行的报纸上,而刊登在赫斯特的东海岸报纸上也只是慢了几个小时。这里不存在任何对著作权的侵权,因为新闻是由事实或者那些被人们相信是事实的东西所

---

[27] 参见 J. H. Reichman 与 Pamela Samuelson, "Intellectual Property Rights in Data?" 50 *Vanderbilt Law Review* 51 (1997); Green,前揭[12]; Stephen M. Maurer 与 Suzanne Scotchmer, "Database Protection: Is It Broken and Should We Fix It?" 284 *Science* 1129 (1999)。

[28] 248 U. S. 215 (1918)。参见 Richard A. Epstein, "*International News Service v. Associated Press*: Custom and Law as Sources of Property Rights in News", 78 *Virginia Law Review* 85 (1992),尤其第 112—119 页。

构成的,它并不享有著作权(用以表达新闻的确切形式可能是有著作权的,但这并不是案件争议的对象)。这里也不存在任何窃取商业秘密的行为,因为美联社的新闻报道是公开的。而且,这里也不构成对商标权的侵犯。但是,最高法院判决,美联社有权禁止国际新闻社的复制,因为否则的话,就会减少美联社愿意承担获取新闻的成本的激励。这是一起很直观的搭便车的案件。

INS 案的原则得到了某些州的承认,并产生了一系列有趣的案件。[29] 我们讨论其中的 3 起案件。在 *Board of Trade v. Dow Jones & Co.* 案[30]中,芝加哥期货交易所(Chicago Board of Trade)以道·琼斯(Dow Jones)30 种工业股指数为基础创设了一种期货合同。该合同使得人们可以根据这个为人广泛接受的指数的波动来进行投机交易。在由道·琼斯公司提起的诉讼中,伊利诺伊州最高法院判决,交易所非法挪用了道·琼斯在其指数上的权利。从经济学的角度看,这份判决没有道理。道·琼斯公司是一个出版商而非一家股票交易机构,因此它没有创设一份期货合同的任何计划或者可能的前景。所以,交易所对道·琼斯指数的复制并没有造成任何现实的或者将来的损害,除了在一开始并没有预见到的一笔许可收入的损失——而期货合同将是对该指数进而也是对道·琼斯公司的一种广告。而且也不能板着面孔提出这样的主张,假如它有权阻止交易所创设这样的期货合同,却没有借此而可以从交易所那里收取许可费收入,那么,道·琼斯公司就将无法收回其在设立与维护该指数上的固定成本。该指数在创设之时,并没有预期会有许可费收入,而如果只是为了维持足够的多样性而间或替代 30 种股票中的某一种,则其维护费也所需甚微。

---

[29] 参见 Douglas G. Baird, "Common Law Intellectual Property and the Legacy of *International News Service v. Associated Press*", 50 *University of Chicago Law Review* 411 (1983). 关于将非法挪用原则扩张使用以填补专利法的漏洞的主张,见于 Douglas Gary Lichtman, "The Economics of Innovation: Protection Unpatentable Goods", 81 *Minnesota Law Review* 693 (1997). 有关该原则与本书第 2 章所提及的公开权之间的密切关系,其讨论见于 Huw Beverley-Smith, *The Commercial Appropriation of Personality* 176—177 (2002).

[30] 456 N. E. 2d 84 (Ill. 1983).

一年之后,另一家法院在一起类似案件中却得出了相反的结论。[31] 美国高尔夫协会是业余高尔夫运动的管理机构,它制定了该项目比赛的规则与章程,并举办比赛。它开发了一套公式,用以计算高尔夫选手的差点(handicaps),以使不同能力的选手在一个名义上平等的基础上彼此展开竞争。[32] 被告 Data-Max 获得了该套公式(推定其是通过合法手段获得)并提供服务,而高尔夫选手据此就能够获得一个根据美国高尔夫协会公式计算的最近更新的差点。事实上,与高尔夫选手必须要么向美国高尔夫协会本身,要么向该协会授权执行该公式的高尔夫俱乐部获取信息相比,Data-Max 的服务提供了一种成本更低的接触该公式的机会。因此这是一件对各方都有利的事情。尽管 Data-Max 毫无疑问是在美国高尔夫协会创设与推广该公式上搭便车,但正如 *Dow Jones* 案那样,这种搭便车并不可能导致美国高尔夫协会放弃该公式。法院拒绝对 Data-Max 的行为颁发禁令,其理由是,非法挪用必须对原告在其主要市场上构成一种损害时才是可诉的。

在第三起案件,即 *National Basketball Association v. Motorola,Inc.* 一案[33]中,全国篮球协会是 NBA 比赛广播电视节目的著作权所有人,它试图禁止被告的"SportsTrax"服务。被告的雇员一边从电视上观看 NBA 比赛,一边在比赛的暂停间歇用电话把比赛分数、剩余时间以及其他关键信息通知计算操作员,由后者对信息进行汇编、处理与格式化,并且将其传送到被告出售给球迷的传呼机上。被告的行为并不构成对著作权的侵犯,因为其从享有著作权的广播电视节目中所提取的只是事实而已(与舞台演出不同,比赛本身可能并不享有著作权,因为球员所做的动作并不是被规定好的)。这看起来似乎留下了一个可由非法挪用原则来填补

---

[31] *U.S. Golf Association v. St. Andrews Systems,Data-Max,Inc.*,749 F. 2d 1028 (3d Cir. 1984).

[32] 因此,如果一个与标准杆有着 10 个差点的高尔夫选手与一个有 3 个差点的高尔夫选手进行比赛,则后者必须比其对手至少低于 8 杆完成比赛,才能获胜。该差点是由高尔夫选手以往的分数并根据其获得该分数时的球场难度进行调整后确定的。

[33] 105 F.3d 841 (2d Cir. 1997).

的空白。但是,联邦著作权法不仅优先于那些意图削减由联邦制定法给予知识财产所有人以保护的州法律,而且优先于那些对于由著作权法所故意保留不予以保护的部分给予保护的州法律。联邦著作权法已经被解释为拒绝保护思想、事实以及其他嵌入表达性作品中的非表达性材料,这样规定并非出于一时忽视,而是一项有意作出的联邦政策,目的是保留一个公共领域,由在著作权作品中不可享有著作权的内容(比如事实与思想)所组成。[34] 正如我们所知,《宪法》授权国会创设著作权,但把具体内容交由国会,而将事实与思想排除在著作权保护之外,就是国会对于所授予之著作权规定权限进行微调(fine-tuned)的一种方式。这样微调的结果就是,一州对于在某一受著作权保护的广播电视节目中的事实性内容,不得以非法挪用之名而给予概括式保护(blanket protection)。

但法院又称,如果被告行为所涉及的不仅仅是复制,那么,一州为该行为的受害人提供法律救济,就不适用联邦法优先于州法的原则了。我们认为,这并不是一种非常令人满意的解释,或者可以适用于这样的情形,即如在 INS 案中那样,被告所做的只不过是复制了在某一表达性作品中所发现的事实。法院本来应当说的是,国会通过其在著作权上所施加的限制,可能并不想要禁止各州对于在以下情形中复制事实的行为加以惩罚,即无限的自由复制将消除人们尽早产生出事实的激励。因为在这样一种情形中,确保事实被保留在公共领域内并使之可为任何人无偿使用这一国会所确定的政策就将遭到破坏;在公共领域中,就将不存在任何在该案中所涉及的事实。

法院系统阐述了对非法挪用行为提起诉讼的权利,其构成要素如下:"① 原告为生产或者收集信息付出了某种成本或者费用;② 该信息的价值具有高度的时间敏感性;③ 被告使用该信息,是对原告在生产或者收集该信息时所付出的成本高昂的努力上搭便车;④ 被告对该信息的使用与原告所提供的产品或者服务构成直接竞争;⑤ 因其他当事人能够对原告的努力搭便车,从而将极大地减少原告生产该产品或者服务的激励,以致其存在或者质量受到

---

[34] 同上揭,第 849—850 页。

实质性威胁。"[35]其实质内容在于第⑤项,而从第①到第④项确定了可能满足在第⑤项所述之标准的条件。该标准可能就等于说,只有当被告的行为可能阻碍原告或者处于相同地位的他人生产出由被告所复制的事实时,各州才能够保护所收集的事实,而又不与联邦著作权法中的优先条款(preemption provision)相冲突。

将此标准适用于 SportsTrax 案,法院认定其中并不存在非法挪用。NBA 不会仅仅因为有一些人由于被告所提供的替代服务而不观看比赛或者电视,就放弃举办篮球比赛或者不再进行电视广播。事实上,此项服务是为那些无论如何都不会观看比赛的人准备的。对于电视广播服务,可能还存在着其他的替代品,从而使 NBA 球队的广告收入有所减少,但即便如此,亦必定相当轻微。

在全部这 3 起案件中,由于无须对应的成本就可以让消费者从增加的服务中受益,因此,对知识财产授予财产权的成本内部化解释(cost-internalization rationale)在事实上就已经失败了。无疑,在所有这 3 个案件中,被告可以支付某种价格而从原告处获得一个许可,但是,这将产生交易成本;而且,视乎其计算方式,许可费还将限制人们接触新的服务。

五、演绎作品

演绎作品是对不同语言的一种翻译,或者对不同载体的一种转换或者改编(广义上的"翻译")。[36] 这方面的例子有:一部英国戏剧的德文翻译、某一出戏的电影版、汤姆·斯托帕德(Tom Stoppard)的戏剧《君臣人子小命呜呼》(*Rosecrantz and Guilderstern Are Dead*)(《哈姆雷特》的一个演绎作品)、《窈窕淑女》(*My Fair*

---

[35] 同上揭,第 852 页(引注略)。

[36] 《著作权法》对演绎作品的定义是,"以一个或者多个已有作品为根据而创作的作品,比如译本、音乐编排、戏剧改编、小说改编、电影、录音、艺术复制品、节选本、缩写本,或者任何对一个作品进行改写、改变或者改编的其他形式"。17 U.S.C. §101。因此,一个演绎作品必须要么属于其中列举的某种具体形式,要么是被"改写、改变或者改编的"。*Lee v. A. R. T. Co.*,125 F. 3d 580,582 (7th Cir. 1997)。

Lady)之于《卖花女》(*Pygmalion*)、某一幅画的照片、装有发条的米老鼠玩具、饰以某一电影镜头的瓷盘。《著作权法》第 106(2) 条给予原始作品的著作权所有人以创作演绎作品的独占权。[37] 这一规定被解释为,未经许可而对某一享有著作权作品所创作的演绎作品,是不可能享有著作权的,即使他对该作品加入了独创性表达。[38] 那么,实际上,原始作品的著作权所有人对于演绎作品享有一种垄断。不过,"演绎作品"这一术语一定不要从其字面上进行解释。如果不是对享有著作权的材料进行任何复制,而是从受到灵感启发或者暗示的意义上而言,一个作品系由以往另一个作品中派生而来,那么,依据该事实并不能认为,在后这个作品构成对以前这个作品的侵权。[39]

著作权所有人可以许可他人制作某一演绎作品,但并不涉及其销售权,也许因此,某一复制件的购买人就可以为适应自己的特殊需要而将之改编;这在计算机软件的情形中是非常普遍的,因此国会已经立法规定,软件购买人出于个人使用之目的而修改软件,不构成侵权。[40] 原始作品的著作权所有人或者其被许可人,也能够对演绎作品享有著作权(更准确地说,是对其中新的表达),只要它满足了增量独创性(incremental originality)的适度要求。如果

---

[37] 17 U.S.C. § 106(2).

[38] 参见,例如 Pickett v. Prince, 207 F.3d 402, 405—407 (7th Cir. 2000); Melville B. Nimmer 与 David Nimmer, *Nimmer on Copyright*, 第 1 卷, § 3.06 (2002); Mark A. Lemley, "The Economics of Improvement in Intellectual Property Law", 75 *Texas Law Review* 989, 992 (1997)。这里存在着一个例外,如果在未经授权而创作的演绎作品中所添加的独创性表达,是明显可与原始作品本身分开的,从而不存在任何混淆,或者不对著作权所有人使用其作品的计划造成任何破坏,则将允许该未经授权之创作者对其独创性表达主张著作权。参见 Pickett v. Prince,前揭, 207 F.3d 407; *Williams v. Broadus*, 2001 WL 984714 (S.D.N.Y. 2001 年 8 月 24 日); *Anderson v. Stallone*, 1989 WL 206431 (C.D. Cal. 1989 年 4 月 25 日); Paul Goldstein, *Copyright*, 第 1 卷, § 2.16, p.2:209 注 11(第 2 版, 2002)。另一个例外见以下之讨论。

[39] 参见 Paul Goldstein, "Derivative Rights and Derivative Works in Copyright", 30 *Journal of the Copyright Society* 209, 229 (1983)。

[40] 参见 17 U.S.C. § § 117 (a)(1),(b).

原始作品已处于公共领域(例如《哈姆雷特》),则任何人均得创作演绎作品并对之享有著作权,当然,该著作权保护仅限于由演绎作品作者对原始作品所增加的表达性成分。

给予一个享有著作权作品的所有人以对演绎作品的控制权,这种情形颇为微妙。它并不如有些人所想象的那样,是为了使原始作品的创作者能够收回其表达成本。从定义上看,演绎作品是一种不完全替代品(imperfect substitute);通常它并不构成任何替代。一个人想要从市场中得到一幅价值2万美元的原始绘画,并不会对该绘画作品的一张价值50美元的照片感兴趣。一个德国人如果不能阅读英文,他也不会因为没有任何德文译本,而去购买英文原版书来读。当然也存在例外;比如,一部根据某一本书拍摄的电影,就可能减少了该图书的需求,尽管更大的可能性是扩大了它的需求。

不管如何,即使不存在任何替代性或者互补性成分——亦即,该演绎作品并不构成复制者供给曲线[参见第3章等式(15)]的一部分,从而作者所面对的原始作品需求与演绎作品需求是相互独立的——那么,给予原始作者以对演绎作品的独占权,就将增加其预期收入。但是,既然这一点并不确定,即对于作者或者出版者收回那些为生产出具有社会性最优产量的表达性作品而必须承担的固定成本来说,是否给予任何著作权保护——更不用说现行法律所给予的保护程度——是必需的,那么,认为如果没有对演绎作品的控制权就将使作者与出版者无从收回这些成本的结论,就只能是猜测性的。可以肯定的是,如果不存在从演绎作品中获得收入的预期,有一些作品是不会被创作出来的(例如,一部预期将被拍摄成电影的小说),正如当禁止生产者实行价格歧视(price discriminate)时,某些产品就不会被生产出来。

即使对原始作品的需求与对演绎作品的需求是互不相关的,也要给予原始作品的所有人以一种对演绎作品的控制权。为了理解其最佳的经济学情形,人们必须首先考虑为什么演绎作品最终应当享有著作权。设想这样一种情况,翻译者不能从其对演绎作品的贡献中获得著作权保护,而是把该演绎作品视作他与原始作者的合作产品(joint product)。把《卡拉玛佐夫兄弟》(*The Broth-*

ers Karamazov)俄文版翻译成英文是一件需要花费大量时间的苦差事,正与著作权所保护的表达行为的一般特征相同;事实上,翻译是文学表达中一个必不可少的重要部分,通常也属于表达。如果翻译者不能获得其译本的著作权,他就不可能收回其时间成本;而任何人则无需承担成本即可自由复制该译本,从而能够以低于译者的价格进行出售而仍可获得利润。

这样分析似乎意味着,即使原始作品尚未进入公共领域,也应当允许演绎作者而非原始作者对演绎作品(整个作品,而不仅指由演绎者所增加的表达)享有著作权。但这样做就可能扭曲了发表原始作品和演绎作品的时间。原始作者为了使其从作品中所获得的收入最大化,就会有一种激励,迟延发表该作品,直到他自己也已经创作出演绎作品(或者已经安排由被许可人进行创作),以便对该作品的任何潜在作者在起步时就领先一头。由于在相同的原始作品上的各种变体发生不加协调的激增(uncoordinated proliferation of variants),这就存在着拥塞外部性的风险。

之所以授予原始作者对演绎作品的控制权,最具说服力的原因是,为了使交易成本最小化。假设陀思妥耶夫斯基的继承人是《卡拉玛佐夫兄弟》原始俄文版著作权的所有人,但一位美国人拥有其英文译本的著作权。一个出版商如果想要出版该译本的新版本,就不得不与两个著作权人进行交易。如果由一个人拥有该两个著作权,则交易成本将得以减少。当然,即使它们起先归不同的人各自所有,其中一位所有人也可以购买其他人的著作权。但如果法律把拥有两个著作权的权力在一开始就置于同一人身上——事实上法律就是这样做的,那么,这样一种交易成本及其附随成本就可能避免。而且,也没有任何理由说一定只有两个作品。对于一个流行一时的原始作品,可能存在成百上千的演绎作品。例如,一部流行电影就可能导致各种各样的附带产品,从午餐盒到玩具娃娃再到电子游戏,所有这些都结合了电影中的角色。另一个演绎作品虽不可能对所有这些演绎作品都构成侵权——其中的许多作品甚至都不为作者所意识到——但为了安全起见,他将不得不从他已经或者可能被指控接触的每一个演绎作品的著作权所有人那里获得许可。这些交易成本通常并不只是一般的高,而是高得令人望而却步。

但是,如果由原始作者来控制演绎作品的安排,这是一种最优的选择,那为什么不干脆拒绝给予这些演绎作品以著作权保护呢?著作权就是一种排除权;如果没有任何人可以对演绎作品主张著作权,则任何生产该作品的人就都是原始作品的侵权人——当然,除非他就是原始作品的作者。因此,这看起来似乎是说,拒绝演绎作品的可获著作权性(copyrightability)从而对原始作者提供的法律保护,就等于法律规定只允许由他对演绎作品主张著作权,从而享有法律保护。但实际上并不如此。如果演绎作品是在原始作品的著作权保护期行将届满之前完成的,而且包含了大量以很高成本所创作的新表达,那么,除非原始作品的作者能够对它主张著作权,否则,就可能缺乏足够的激励来创作这样的演绎作品。此外,如果作者能够在演绎作品上执行其著作权,则有关侵权行为的证据将被简单化,因为那时就不需要通过认定侵权人的演绎作品是否与原始作品足够相似才构成侵权;而只要它是对其演绎作品的一个相近复制,即足以构成侵权。而且,通过使作者的财产权利再细分,演绎作品可以获得著作权性就促进了交易;比较一下对那些更传统财产权的分时(time-sharing)以及其他细分。例如,根据某一本书拍摄而成的一部电影,制片人在此情形中无一例外地享有该演绎作品即电影的著作权,因为他最能够开发利用该电影的演绎性用途,例如制作录像带、改编成电视剧、发行招贴画、发布广告以及给黑白片着色(colorization)。在原始作品已进入公共领域的情况下,就不存在任何的著作权所有人,可以来阻止对其译本或者其他演绎作品的复制了,这样,如果不能对演绎作品享有著作权,那么,创作此类作品的激励必将受到破坏。

人们可以想象这样一种制度——它就类似于专利法对于改进专利的处理——其中,一位未经授权的人有权"投机性地"(on spec)创作一个演绎作品,希图让原始作品的著作权所有人对其所创作的演绎作品给予许可,尽管他也知道,在未获得该种许可之前,他是不能销售其演绎作品的,因为这将对原始作品构成侵权。如果某个演绎作品的潜在创作者能够完成该作品,而不必先行说服原始作品的所有人相信这是一项值得进行的风险事业,那么,这就将对创作构成激励,而交易成本也可能实际减少。[41] 从本质上看,这正是专利法所创设的制度,它允许未获授权的人就其在一项已有专利之上所作的重大改进而获得专利,并因此形成这样一种情形[封锁性专利(blocking patents)],其中,如果该专利所有人想使用这一改进,则必须从改进人那里获得许可,同样,改进人在未获原始专利所有人的许可之前,也不能使用其改进。不过,正如我们在第 11 章中所解释的那样,这种情形,即虽未被授权但可享有专利权的改进专利,与未被授权但可享有著作权的演绎作品的情形相比,前者更具说服力,这主要是因为,获得一项专利比获得一个著作权要困难得多,成本也要高得多,因此,仅仅为包围原始专利权人而使用改进专利,就比未经授权而创作演绎作品的作者可以对这些作品享有著作权所造成的危险小得多。

基于明显的原因,一个演绎作品想要获得著作权,就必须具备某些在原始作品中所未见的表达;否则,从一种有意义的层面上来说,它就是一种直接复制而非一个演绎作品。我们来考察这样的情形,一只装有发条的米老鼠玩具看起来就像那个享有著作权的米老鼠卡通形象;该玩具的商业性成功,就取决于它是对沃特·迪斯尼角色的一模一样的复制。因为这种把角色形象机械地"翻译"在一种新的载体上,并不涉及任何表达,所以,不是必须要有著作权保护,才能防止第三人在演绎作品作者所承担的表达成本上搭便车,正如在我们所举关于陀思妥耶夫斯基小说英文译本的例子中那样。但这并不是说,任何人都可以自由地进行机械性翻译。这就是一种复制,因此,除非原始作品的作者或者由其许可而为之,否则即属侵权。问题仅仅在于,允许完全相同的复制件享有著作权,就将毫无收获,至少从提高激励创作出更多表达性作品的角度看,就是如此。但我们必须对艺术品摄影所表明的情形,设定一种限制条件,因为在这种情形中,演绎作品的创造性,严格来说

---

[41] 参见 Jed Rubenfeld, "The Freedom of Imagination: Copyright's Constitutionality", 112 *Yale Law Journal* 1, 48—59 (2002)。关于某种证据,参见 Salil Kumar Mehra, "Copyright and Comics in Japan: Does Law Explain Why All the Cartoons My Kid Watches Are Japanese Imports?", 55 *Rutgers Law Review* 155—182(2002)。

就包含于逼真度(fidelity)之中,它借此而复制了由原始作品所创作的视觉印象;我们在第 9 章中举有一例。

以这种限制条件为前提,与受著作权保护的原始作品完全相同的一个演绎作品,就不应享有著作权(实际上,一张美术作品的照片也从来不会与原始作品完全相同,因此,摄影可能最终也不是一个例外)。原因还在于著作权的保护期限。假设在原始的迪斯尼角色上的著作权将于 2020 年期限届满,而迪斯尼在 2000 年将其进行了一次机械性翻译并可对之享有著作权。在 2021 年,有人发表了一份该迪斯尼角色的完全复制件。迪斯尼此时就会主张,复制者所复制的并不是著作权保护期已经届满的角色,而是其单独享有著作权的那个机械翻译。这将成为一个通过诉讼这一并非完美的手段所难以解决的争议,尽管从理论上而言,演绎作品的著作权仅包括增量性表达(incremental expression),从而,如果他人并没有复制由该演绎作品所增加的表达,那么,当原始作品的著作权保护期限届满时,任何人均得自由复制该演绎作品中的原始作品的那部分。如果允许照片或者甚至是高度逼真的绘画享有著作权,这就会成为一个潜在的难题。[42] 针对同一尊坐落在公共领域的雕塑作品而拍摄的两幅照片,可能看起来一模一样;但这是因为其中一幅复制了另一幅呢?还是因为两者都是对同一对象的照片呢?如果就一件美术作品而拍摄了一幅照片,这同样也可能是一个难题。

在根据公共领域的作品而产生演绎作品的情形中,例如亚当·斯密《国富论》的一个现代版,那种为演绎作品给予著作权保护的观点将更具有说服力,因此,我们可以预期,它对于增量性表达的要求将比享有著作权作品的演绎作品所要求的更低。原始作者(或者其继承人)因为在此情形中并不享有著作权,所以并不能阻止对演绎作品中所包含的表达搭便车;因此,如果不能由演绎作品的创作者享有著作权,则其创作演绎作品的激励必将受到破坏。

为确定在演绎作品中存在着可因此享有著作权的增量性表达,就必须在原始表达与演绎表达之间进行对比。有些法院要求

---

[42] 参见 Goldstein,前揭[38],第 1 卷,§2.11.1.1,pp.2:124—2:125。

该增量[称之为"增量独创性"(incremental originality)]是重大的。他们担心,如果门槛设置过低,而原始作品与演绎作品的著作权碰巧在不同人的手上[回想一下,允许对演绎作品享有著作权的原因之一,就是为了允许对原始作者的权利进行分类定价(unbundling)],那么,为确定侵权行为而付出的成本将变得非常高昂。[43] 如果演绎作品与原始作品之间只存在细微差别[设想一下,例如将约翰·斯坦贝克(John Steinbeck)20 世纪 30 年代的小说翻译成"现代"美国散文],那么,就不可能通过诉讼这一并非完美的手段而作出一个可靠的判决,确认某一侵权作品究竟是复制(并因此而侵犯)了演绎作品,还是复制了原始作品,抑或同时复制了这两个作品。[44] 那也就是我们所举的米老鼠的例子,除了在该例子中,著作权是在同一人手中的。

演绎作品这个概念的外部界限是不清晰的。假设在一本书中包含了对某个场景的非常具体的描写;那么,就该场景所创作的一幅画就构成演绎作品吗?或者,从相反方向来探讨这个问题,对一幅画所作的完全相同的文字描述,就是该绘画的演绎作品吗?按照我们在较早前的看法[45],这可能确实构成,如果它是一套运算法则(algorithm),从而使得绘画作品的一个完全复制件能够或多或少被机械地生产出来。但那是一种例外的情形[46],而且,如果我们将之搁置一边,那么这两个问题的答案都是"不"。这不仅因为其中涉及的复制行为是创造性而非机械性的,从而在这两种情形中发生搭便车的行为数量有限,也不仅因为由此产生的"复制件"并不是原始作品的一个相近替代品——这些都是许多演绎作品的特征——而且还因为在这两个例子中,"复制件"的表达性成分大于

---

[43] 参见 Gracen v. Bradford Exchange, 698 F. 2d 300 (7th Cir. 1983); Pickett v. Prince, 207 F. 3d 402 (7th Cir. 2000); *L. Batlin & Son, Inc. v. Snyder*, 536 F. 2d 486, 490 (2d Cir. 1976)(全院庭审); *Durham Industries, Inc. v. Tomy Corp.*, 630 F. 2d 905 (2d Cir. 1980).

[44] 著作权原理的证据意义,无论是一般性的还是具体提及前注所引案例中的原则,其讨论见于 Lichtman,前揭[8]。

[45] 参见前揭[1]。

[46] 对该问题的更多讨论,参见第 9 章。

原始作品的表达性成分。这可以与第 11 章所讨论的专利等同原则以及反等同原则相类比。等同原则使得专利权人可以禁止他人复制其享有专利权的发明,即使该复制只在无关紧要的方面与其专利所描述的发明有所不同。这些等同发明就像作为"复制件"的演绎作品,因为它们尽管与原始作品并不完全相同但在实质上是相似的。但是,如果第二发明尽管与第一发明发生重叠,却仍具有相当高的创造性,使得第一发明实际上只是它的一种无关紧要的变更,那么,这就构成了反等同原则,第二发明人因此无需从第一发明人那里获得许可。

同样地,列奥纳多·达·芬奇的绘画作品《最后的晚餐》,尽管是以《圣经》故事的描写为依据的,但它应归功于该描写的表达性内容极少;由列奥纳多所增加的表达性内容完全高于他从《圣经》来源处所受惠的内容。假如是相反的情形,在麦克尔·弗雷恩(Michael Frayn)的小说《失落的风景画》(*Headlong*)中对勃鲁盖尔(Bruegel)绘画作品的文字描述,该结论同样也是成立的。当"复制件"中的表达性成分很明显地高于其从"被复制的"作品中所借用的表达性内容,那么很显然,该"复制件"具有了重要的独立价值,而在此等情形中,交易成本——实现该价值的一个障碍——可以通过拒绝认定构成侵权而使之最小化。既然在文字性和视觉性的表达性作品之间只存在着极小的竞争,那么,对于原始创作者来说,未经许可而被借用的成本是很低的。将该观点以另一种方式来表达就是,在假设的情形中,几乎可以肯定,"被复制的"作品的所有人会给予一种许可,许可使用费也将会很小,因此,允许未经许可进行复制,就近似于在自由市场情况下的解决方案,而且没有交易成本。

六、合理使用

"合理使用"是这样一项原则,它允许对一个享有著作权作品的表达性成分(亦即由著作权实际保护的部分)进行某种复制,即使著作权人并没有授权复制,复制者也不会因此被认为构成侵权[47];我们在此仅举两例。大多数律师怀疑能否用任何一般性理论来解释涉及此项原则的案件。这样的观点因1976年《著作权法》第107条而得到了强化。第107条把合理使用原则法典化了,而它实际是由法官所创设的、用以补充以往著作权制定法的一项联邦普通法。[48] 第107条规定,"出于诸如批评、评论、新闻报道、教学……学术或者研究之目的而对某一享有著作权的作品进行合理使用的,不属于对著作权的侵权行为",而决定某一特定使用是否合理,"[由法院]考虑的因素应当包括(1)使用的目的与特征,包括该使用是否具有商业性本质抑或出于非营利性的教育目的;(2)享有著作权的作品的本质;(3)被使用部分与著作权作品作为整体相比的数量与实质性程度;以及(4)该使用对该享有著作权作品的潜在市场或者价值的影响"。因素(1)与(2)在很大程度上是空洞的,除了因素(1)表明了对非商业性教育使用的一种优先,它把制定法在前面所规定的"教学……学术或者研究"提取了出来,并且正如我们将在第6章所看到的,它在有关滑稽模仿的案件中发挥了作用;它没有而且通常也不应发挥重大作用,因为大多数表达行为正是商业性的,而且大多数构成合理使用的复制也是商业性的。因素(4)未能对以下两种使用进行区分,一种使用是由于批评该作品而使享有著作权作品的潜在市场或者价值受到破坏,另一种使用是由于对作品搭便车而损害该享有著作权作品的潜在市场或者价值。只有因素(3)是符合经济学方向的,但正如我们将会看到的那样,它在某种程度上却具有误导性。幸运的是,制定法所规定的这些因素只是说明性的,而且为司法自由裁量权的行使留下了足够的空间。

(一) 高交易成本但没有任何损害的情形

假设进行自愿交换的成本相对于其潜在利益是如此之高,以至于在某个享有著作权作品的使用人与它的所有人之间进行任何

---

[47] 我们在接下来的两章中进一步讨论合理使用原则。
[48] 17 U.S.C. § 107.

交换都不可行。使用人可能愿意付给所有人一笔钱,而后者也将乐意接受,从而同意其使用该作品,但这样一种许可的谈判成本相对于收益而言可能是非常高昂的。例如,使用人可能只是想引用其中简短的一段话。在这样一种情形中,合理使用特权就给予使用人以一种明显的利益,对所有人也无甚大害;它没有对所有人强加一种需要以现金支付的成本(out-of-pocket cost),它只是"剥夺了"他的一种利益(亦即强加了一种机会成本),而由于存在交易成本,无论如何都将阻止他获得该利益。复制者既不是一家出售复制件的企业,也不是这些复制件的潜在购买者,因此,复制者所计划的使用既不影响复制件的供给,也不影响它们的需求。

规定某些限制条件是必需的。第一,虽然在我们的例子中,交易成本非常高昂,但我们可以用一项责任规则来替代现有的财产权方法——它在没有合理使用原则时,将阻止使用人对所有人的作品作任何使用——而依据责任规则,使用人无需与著作权人进行谈判,只需在事后支付损害赔偿金(如果有的话)。但是,根据这种方法所产生的交易成本,相对于潜在收益——它主要是对尽早创作出作品的一种小小的额外激励——仍将很高。通常,使用者的人数众多,这将导致较高的补偿费安排成本以及大量的法律诉讼程序。每一位使用者的潜在费用或者损害赔偿金可能很小——也许是零——从而,强制执行程序常常变得并不可行,尽管集团诉讼方式或将在某种程度上缓解这一问题。强制许可制度是另一种可能的做法,但是,任何此类政府管制将可能带来实质性成本(正如在导言中所提到的,我们并不讨论强制许可制度)。

第二,如果对合理使用作过于宽泛的解释,将可能削弱开发创新性市场机制的激励,而这些机制既减少了交易成本,也使得著作权人与使用人之间的经济交换变得可行。[49] 表演权组织,比如美国作曲家作家出版者协会(The American Society of Composers, Authors and Publishers, ASCAP)与广播音乐法人机构(Broadcast Music, Inc., BMI)以及它们在其他国家的同行机构,就是对于由

---

[49] 参见 Edmund W. Kitch, "Can the Internet Shrink Fair Use?" 78 *Nebraska Law Review* 880 (1999)。

高交易成本所引起的著作权难题而作出的有效率的市场回应。[50]对于享有著作权的音乐作品,往往有大量的使用人(电台、电视台、饭店、旅馆、夜总会、电影制片人等等),因此,与著作权人个别进行谈判以获得表演权是不可行的。表演权组织从著作权人那里取得非独占性权利,而后以固定的使用费向将来的使用人提供一份概括性许可,播放在该组织庞大的目录单中所收的全部歌曲。这种使用是受到监督的,所收费用则根据每一词曲作家的歌曲被播放的频率而在他们之间进行分配。既然表演权的收入分配是词曲作家收入中的一项重要来源,那么,在表演上适用合理使用例外,就可能严重降低对于创作音乐作品的金钱性激励。

第三,即使由于使用者人数众多,从而为了对原始作品的一部分获得个别许可而进行谈判是成本高昂的,但还是有一些使用人会愿意购买整个的作品(因此,把这种合理使用指称为"无损害",就稍嫌夸张了)。假设你想要从某一本书中复印其中的一章。如果你被禁止复印该章,那么,尽管个别谈判可能是不可行的,但你也可能干脆买下这本书。当然,"交易成本"即使不算高得负担不起,也将是很高的:它就是该图书的价格与复制该章对于复制者而言的价值两者相减所得之差。

(二) 损害为负且默示同意的情形

一个图书评论者享有合理使用的特权,可以从该书中引用简短的段落。如果评论者引用过多,以致其评论变成了该享有著作权作品本身的一个替代品,则将构成侵权。图书评论通常是整本图书的替代品,这倒不是由于大量引用,而是因为它们概括了该书的思想——但思想是不受著作权保护的。

对图书评论者特权的传统法律分析,是让合理使用原则在以下两者之间达成一个平衡,一是作者在使用费上的利益,一是评论者及其读者对该作品的有限部分自由接触而带来的利益。而经济

---

[50] 最近,还涌现出其他机构,以便利于期刊文章的许可[著作权清算中心(Copyright Clearance Center)]与艺术品复制的许可(视觉艺术家和画廊协会、艺术家权利学会,我们将在第 10 章讨论之)。

分析的第一阶段,则把该原则重新构想为对交易成本的节约,尽管根据我们在此前所作的讨论,交易成本也不一定非得很高。既然图书评论是广告的一种替代,那么当不存在合理使用原则时,出版者通常也会许可评论者从其所出版的图书中无偿引用简短的段落。通过实际上给予评论者以一种自动的、不需支付使用费的许可,合理使用原则就避免了在出版者与评论者之间进行明示交易所需的成本,由此所产生的结果完全相同。

  对于评论者的特权,还存在着更基本的原因。因为图书是一种体验商品(experience good)而非搜索商品(search good)[51],如果人们事先获得有关图书的准确信息,就可能增加对它们的需求。不过,如果没有合理使用特权,出版者就可能对那些倾向于就某一特定图书作出不利评论的评论者拒绝授权其引用,或者可能以评论者删除其评论中的批评部分作为条件而给予其许可。出版者作为整体在这样一种制度下并不会变得更好,因为在此情况下,读者由于知道了那种有利的评论有可能是作为允许引用该图书的条件,因此,就会倾向于对有利的评论打个折扣。从事前角度看,如果评论者无须许可即可以自由引用,那么,出版者作为整体就会变得更好,因为这使得评论成为图书广告的一种可靠(credible)形式(其可靠性就在于不受审查)——而且对于出版者而言,它还是免费的——这样通常就增加了被评论图书的需求。[52] 这就是为什么我们称这种合理使用为"损害为负且默示同意"的原因。

  正是依据这一理论,为时间转换(time-shifting)之目的而对享有著作权的电视节目进行家庭录像的行为,在 Betamax 案中就被

---

[51] 体验商品是指在消费者实际使用该产品从而获得一种经验之前,其品质并不明显的商品,区别于搜索商品,其品质在购买时即属明显。参见 Dennis Carlton 与 Jeffrey M. Perloff, *Modern Industrial Organization* 454—457(第 3 版,2000)。图书实际上是一个中间情形。人们可以通过在书店草草翻阅的方式来检查一本图书,非常类似于人们通过用力挤压的方式来检验一个西瓜有没有成熟。其差异在于,对图书的检查需要较长的时间,而且由于图书过多,不可能都以这种方式来进行抽样检查。

[52] 如果出版者事先知道其图书可能得到负面评论,并能够以著作权为根据而压制这样的评论,则这些出版者可能变得更好,即使图书消费者将变得更糟。对一个不利评论的压制就类似于一个普通销售者隐瞒其商品中的瑕疵。

判定为可以合理使用原则而得到保护。[53] 因为让观众可以在一个更方便的时间观看某一节目——即如果他不能改变观看时间就可能基本上会错过的节目——录像机就扩大了该节目的收视观众。但这只是理论而已,在实际上,著作权人可能因录像而受到损害,因为广告发布者只为那些可能收看商业广告的观众支付费用,而对一个电视节目进行录像,就使观众很容易通过快进而跳过商业广告。

Betamax 案中的被告索尼公司并不是作为侵权人而受到指控——(被指控的)侵权人是那些利用索尼的 VCR 系统的电视观众,他们把电视节目录到录像带上以便在不同时间观看。在承认由著作权人对人数众多的个人侵权者提起诉讼并不现实的前提下("追寻个人消费者是一件费时费力的事情,恰如以斗量海")[54],法律允许著作权人转而起诉侵权行为的协助者[用法律行话来说就是"帮助侵权人"(contributory infringer)],实际上就把他们当作帮助人或者唆使者。对帮助侵权行为施以法律责任,其经济学依据就类似于认定引诱违约构成侵权的经济学理由。[55] 如果对违约行为(或者违反一个著作权许可,它也是一种合同)的阻止,可以通过甲(合同或者许可的一方当事人)或者乙,而且通过乙来加以阻止的成本更低,那么,通过一个法律机制而将最终责任置于乙的身上,就言之成理了。禁止索尼公司出售 VCR 与禁止成千上万的 VCR 购买人相比,前者的成本低得多。

但是,尽管索尼公司客户中的许多人,也许大多数人是侵权人,但其他的人却不是;最高法院作出判决,认为只要存在着实质性的非侵权用途(例如时间转换,还有对宗教或者其他非商业性节目的录像,这些节目的著作权人并不反对被录像),索尼公司就可

---

[53] 参见 *Sony Corp. of America v. Universal City Studio, Inc.*,464 U.S. 417 (1984); Wendy J. Gordon, "Fair Use as Market Failure: A Structural and Economic Analysis of the Betamax Case and Its Predecessors", 82 *Columbia Law Review* 1600 (1982)。

[54] Randal C. Picker, "Copyright as Entry Policy: The Case of Digital Distribution", 47 *Antitrust Bulletin* 423, 442 (2002)。

[55] 参见 Landes 与 Posner,前揭[5],第 222—225 页。

以免于构成帮助侵权。该判决因未在侵权用途所致的损害与非侵权用途所获的利益之间进行平衡而饱受批评。[56] 事实上,前者可能更大。但要达到一个恰当的平衡也许是不可能的,因为从一个社会性角度看,该损害并不在于著作权收入的减少,而是由于该侵权行为而对创作新的有著作权作品的影响所导致的消费者与生产者剩余(surplus)的减少。在以下两个问题之间,一定不要产生混淆:一个是法律责任是否将促进经济福利,另一个是如果被施加法律责任,那么什么样的救济手段是为阻止违法所必需的。第一个问题是关于社会收益与成本的,而第二个问题则以私人收益与成本占主导,因为除非其违法行为的私人成本(包括预期的惩罚成本)超过私人收益,违法者才会被阻止,而如果法律救济并不能偿还受害人因违法行为所承担的私人成本,则受害人就没有得到补偿(而如果他未得到补偿,就可能致力于采取无效率的自我保护手段)。因此,一旦认定某一特定行为构成侵权,著作权所有人就有权要么获得其损失补偿,要么取得违法者的不法所得,即便两者之中没有一个在数量上是与该违法行为的社会成本相适应的。

探讨 Betamax 案的另一个方法,是提出这样的问题,即何种结果可使交易成本最小化。那就是最高法院的判决结果,因为如果索尼公司为了能够销售 VCR 而必须从全部电视节目的著作权所有人那里获得许可,则将是一件成本极度高昂的事情。

对于由 Betamax 案方法所导致的两难问题,还有一个可供替代的解决办法,就是要求索尼公司修改其录像机系统,消除快进键选项。这个办法是否有效率,不仅取决于制造成本,而且还取决于消费者因为不能为非侵权目的而使用快进键选项所造成的损失。[57]

最后请注意,尽管通常说来,"损害为负且默示同意"这一种类涉及对作品的简短摘选进行复制,但是,对于"简短段落"这一范畴,就像制定法中的因素(3)——我们曾指出,这一点似乎是指向

---

[56] 参见 Picker,前揭[54],第 444—445 页。
[57] 参见 William M. Landes 与 Douglas Lichtman, "Indirect Liability for Copyright Infringement: Napster and Beyond", *Journal of Economic Perspectives* 113 (2003 年春季卷)。

正确方向的("被使用部分与著作权作品作为整体相比的数量与实质性程度")——不能以绝对化视之:在 Betamax 案中,享有著作权的作品是被整体复制的。

另有一个问题与 Betamax 案中所提出的相同,尽管它并不必然采用相同的解决方法,那就是由涉及诸如 Napster 之类音乐共享服务的案件所提出的问题。被告主张(但在 Napster 案本身并未成功)[58],它的服务使得 CD 的所有人能够通过互联网,将 CD 上的音乐传输给任何人,只要此人具有一个互联网地址和用于下载音乐的软件,而根据 Betamax 案中所确定的标准,这就是合法行为。这种服务通过使更多的人能够收听音乐,从而发现他们所想要购买唱片的表演者或者表演团体,这就可能增加了对享有著作权的音乐作品的需求。它还可能由于使某一唱片在共享音乐网络中像流通货币一样被人使用,从而增加了该唱片的价值。可以通过 Napster 而获得的音乐作品,有一些是处于公共领域之中的,其原因或者可能是从来就没有著作权,或者可能是著作权的保护期已经届满。而且,有些人利用 Napster 服务所收听的音乐,就是他们自己所拥有 CD 上的音乐,只是因为他们发现,在电脑上拨号上网收听比在一台 CD 播放机上收听音乐更为方便——这是一种空间转换形式,类似于时间转换的效果。[59]

但是,假如所有的人都注册了 Napster 的服务,那么唱片公司可能发现,它们所制作的每一张唱片都只能卖出去一份! 当然,这是一个极端的例子,但它说明,该服务对于唱片公司通过销售唱片而收回其固定成本的能力,潜在地产生了巨大的负面影响。[60] 然而,正如在 Betamax 案中那样,Napster 的服务也有实质性的非侵权性用途。并且,与该案相同的还有,从音乐唱片的著作权人那里

---

[58] 参见 A&M Records, Inc. v. Napster, Inc., 239 F. 3d 1004 (9th Cir. 2001)。

[59] 参见 Lawrence Lessig, *The Future of Ideas*: *The Fate of the Commons in a Connected World* 194 (2001)。

[60] 随着电子图书的流行,出版者在其业务上将面临着与唱片业同样的风险。参见 Matt McKenzie, "Book Publishers Tune In to Napster Debate", *Seybold Report on Internet Publishing*, 2000 年 10 月,第 4 页。

获得许可,也将导致很高的交易成本,尽管比在 Betamax 案中的要低,因为大多数流行音乐的表演权只控制在两大机构,即 ASCAP 与 BMI 的手中。

比 Napster 所产生问题较少些的,是由 MP3.com 所提供的那种音乐共享服务,它制作唱片的复制件,并将其存放于某一个可为互联网接入的数据库中[61],但只有当想要进入者证明他自己拥有该唱片的 CD 版本时,他才被允许进入该数据库。该服务使得音乐发烧友们在离家以后,实际上仍然能够听到他们的唱片,而且,由于它以享有 CD 的所有权为前提条件,所以,它对唱片公司的负面影响可谓做到了最小化。事实上,该影响还可能是积极的。其提供的接入服务使得 MP3.com 服务的订户能够从其所购买的 CD 中获得更大的价值,而当有足够多的购买人订购该项服务时,就可能使唱片公司提高其价格。但是,MP3.com 的服务还是被法院判定构成侵权。[62]

我们关于"损害为负且默示同意"这一种类的最后一个例子,涉及"豆豆娃"(Beanie Babies)。[63] 作为一种市场营销的花招,豆豆娃[用著作权行话来说,Ty 将之按"软雕塑"(soft sculptures)而享有著作权]的制造商 Ty,故意以很低的价格出售,但又不足量生产该产品的复制件以满足在该价位的市场需求,从而为每一种豆豆娃制造了市场短缺。这样做的结果,就产生了一个二级市场,就像艺术品的二级市场一样。二级市场为豆豆娃带来了广泛的知名度,而制造二级市场的短缺又把小孩子们鼓捣起来,缠着父母给他们买最新推出的豆豆娃。这就迎合了小孩子们竞相追求一致性的需求——但也迎合了收藏者的心理。当被告 PIL 在 1998 年出版

---

[61] 是直接侵权,而不是协助侵权;因为 MP3.com 实际上就是复制者,而 Napster 不是——Napster 仅仅是便利于共享那些由 CD 所有人上传到电脑上的音乐。从一个经济学的角度看,这是一个没有差异的区分。比较那个"间接复制"的案件,*Sega Enterprises Ltd. v. Accolade, Inc.*,前揭[18]之正文。

[62] 参见 *UMG Recordings, Inc. v. MP3.com, Inc.*, 92 F. Supp. 2d 349 (S.D. N.Y. 2000)。

[63] 参见 *Ty, Inc. v. Publications International Ltd.*, 292 F.3d 512 (7th Cir. 2002)。(豆豆娃系一种戴无檐小便帽的玩偶。——译注)

了《豆豆娃收藏指南》(*Beanie Babies Collector's Guide*)时，有一些豆豆娃在二级市场上的售价竟然高达成千上万美元，尽管也有其他一些豆豆娃只是以略高于其原始售价而被出售。价格变化如此巨大，这就产生了一种对收藏指南的需求。

Ty承认，针对一系列享有著作权作品而制作的收藏指南，与图书评论一样都不是演绎作品。事实上，一本收藏指南与一篇书评非常相似，后者就是某一本图书的指南。它们都是批评性、评价性以及纯粹信息性的；都可能扩大作为其基础的该享有著作权作品的需求；而且，对一项著作权的所有人而言，他并没有被赋予一项对享有著作权作品的公众评价进行控制的法律权利。不过，尽管Ty没有销售过豆豆娃的照片，但这样的照片属于演绎作品，而PIL的书中就包含了豆豆娃系列的全部照片——难道这不正像图书评论者复制了整本图书，或者更糟糕的是，复制了他所评论的这位作者的全部作品(*entire oeuvre*)吗？其实并不如此，因为一本收藏指南为了在市场上具有竞争力，就必定是综合性的。假如Ty能够许可(事实上已经许可)出版包含所有豆豆娃照片的收藏指南，那么，被禁止发表该完全系列照片的竞争者就不可能与之进行竞争，其结果就是把豆豆娃收藏指南的垄断权交到了Ty的手中。

但是，如果豆豆娃收藏指南是对豆豆娃的一种补充(它们确实如此)，而Ty对豆豆娃享有一种垄断权(它也的确如此)，那么，Ty又怎么能够通过占领收藏指南的市场而攫取二次垄断利润呢？它对收藏指南收取的价格越高，对该指南的需求就越低，并因此而降低收藏豆豆娃的需求，这样就将减少Ty把豆豆娃作为收藏品进行市场营销的策略的有效性。这与在经济学家当中就有关反对搭售协议的反托拉斯规则而产生的怀疑主义(参见第14章)，正是相同的问题。但这里存在着两种可能的回答。第一种回答是，Ty可能想要压制这些指南中对其产品的批评。它若能进行许可，就使它对那些由其被许可人出版的收藏指南的内容享有了否决权；未经许可的PIL指南正是包含了对Ty的产品以及企业的批评。把它与图书评论进行类比，倒是很贴切的。

另一种可能的解释是，Ty想实行价格歧视。那些购买收藏指南的人可能是最热衷的收藏者，他们本来就愿意为豆豆娃支付更高的价格。但当一个新的豆豆娃第一次在商店发售时,任何人都是以相同的价格购买的。而通过许可有关出版收藏指南的权利,Ty 就能收取足够高的许可使用费,从而能够从对豆豆娃具有较小需求弹性的人所获得的剩余(surplus)中,分得一部分。

(三) 损害为正但生产性使用的情形

我们的第三个也是最后一个合理使用种类,涉及对著作权人在收入减少方面的某种损害,但该损害与以下两者之和进行抵销而仍有余,其一是由他人所获之利益,其二是在如必须进行许可所将承担的交易成本上的节约。豆豆娃也是用于说明这一种类的例子。PIL 的收藏指南包括了豆豆娃的照片加上评论。在这样的案件中,决定是否属于合理使用,就好像力图确定某一被指控侵权的作品是否与被复制作品实质性相似,从而构成侵权。法院必须尽力把原始著作权人与被指控侵权人对新产品的贡献区分开来。向一个虚构作品所作的输入,包括了人物角色、场景、情节的细节等等由以往作者所发明的东西,而它们尚未成为标准或者老套,以致被视作角色与场景库存中的基本保留节目的组成部分,从而,正如我们此前在有关思想与表达的区分中所解释的那样,任何作者均得自由提取。后来的作者通过在其作品中运用那些享有著作权的材料,对表达性领域作出的贡献越是实质性的,则其作品被认定与他人作品构成"实质性相似"的可能性就越小,或者同理,他对那些材料的使用被认定属于合理使用的可能性就越大。

法院把这种允许使用享有著作权材料的行为,称作生产性 [productive,或者转换性(transformative)]使用,以与那种只是复制性[reproductive,或者替代性(superseding)]使用相区别。生产性使用是指那种减少表达成本并因而倾向于增加原创性作品数量的使用,而复制性使用则只是增加了某一给定作品的复制件数量,减少了作者的总利润,并降低了有关创作作品的激励。毫不奇怪,正如我们在下一章所将看到的,如果其使用是生产性的,就比单纯的复制性使用而更可能令合理使用抗辩获胜。但是,Betamax 案认定,对享有著作权的作品进行纯粹的复制性使用也属于合理使用——尽管,正如我们在此前所指出的,通过让那些根据既定时间就无法观看的观众来观看该节目,时间转换就具有了将复制性使用转换成那种使著作权所有人实际受益的使用的潜在可能。对于一位经济学家而言,问题并不是与复制或者替代相对应的生产或者转换,以及诸如此类,而是复制对于原始作品需求以及潜在的成本节约和其他利益的影响,而这些利益的产生,可能是因为建立于享有著作权原始作品之上的新作品减少了创作成本。正如 *Betamax* 案所示,即使复制者对原始作品本身并未增加任何东西,其对该作品的影响也可能是积极的。

第 5 章
未发表作品的著作权

传统上,对于未发表的表达性作品,比如信函、个人日记、日志、报告或者著作权所有人将要或者可能在将来发表的草稿,其法律保护是属于(由各州实施的)普通法著作权而非(由联邦实施的)制定法著作权的领域。虽然正如我们以下所要解释的,传统已经发生了变化,但在该变化之前与之后,司法趋向都是对合理使用作更为严格的限制,从而相比于已发表作品或者已被广泛传播的作品,给予未发表作品以更强的著作权保护。我们必须考察该种趋向在经济学上是否合理。

我们先提出这样的问题作为开头,即为什么未发表作品最终应当得到法律保护。该问题并不是说,为什么盗窃他人的手稿应当是一种犯罪,因为这个问题的答案是显而易见的,真正的问题在于,如果作者丢失其手稿或者在演讲会上宣读该手稿而在听众中有人将之记录下来,为什么作者应当能够禁止将该作品发表,并且毫无疑问,他可以这样做。[1] 经济学所显示的是一个双重答案:一个表达性作品的作者处于决定何时并以何种方式发表该作品(例如作品是否已经完成)的最佳位置,而且,作者如果不享有法律上的救济,就将承担过度的自我保护成本。其中一项主要成本是,作者会对其作品草稿只作有限传播,从而放弃考察其思想的机会;这里存在着一个类比,即如果所有人的权利很容易被消灭,就会对其将美术作品出租展览的意愿产生消极效果(参见第 1 章)。还有一个类比,即如果对发明不可授予专利,则其产生的效果是,发明人

---

[1] 参见,例如 Estate of Martin Luther King, Jr., Inc. v. CBS, Inc., 194 F. 3d 1211 (11th Cir. 1999)。

付出努力以保守该发明之秘密(参见第11章与第13章)。

一、未发表材料的合理使用

因此,承认未发表作品的著作权,这在经济学上是有理由的,但是,它并没有排除适用合理使用原则,后者毕竟涉及对享有著作权作品的复制。不过,对未发表作品主张合理使用的实际情况则相当糟糕。在 Harper & Row, Publishers, Inc. v. Nation Enterprises 案中[2],一个匿名来源提供给《国家》(Nation)杂志有关前总统杰拉德·福特回忆录的排版校样,该回忆录不久之后将由 Harper & Row 出版社出版。《国家》杂志赶印出它认为是"热点"的一篇关于福特决定赦免理查德·尼克松的文章,其中有对该回忆录的变换措辞和直接引用。在 Harper & Row 出版社针对《国家》杂志提起的侵犯著作权案件中,最高法院作出了有利于原告的判决,该判决认定,该作品系尚未发表,这一特征是法院否定有关合理使用抗辩的一个关键因素。

在 Salinger v. Random House 案中[3],第二巡回法院禁止出版伊恩·汉密尔顿(Ian Hamilton)关于 J. D. 塞林格(Salinger)的传记,除非汉密尔顿从该传记的排版校样中删除对塞林格未发表信件的引用和非常接近的变换措辞。这些信件大约有 30 封,写于 1939 年至 1962 年间。它们的收信人或者其继承人已经将信件捐献给多家不同的大学图书馆,而这些图书馆让汉密尔顿使用了这些信件。法院认为,未发表的"作品通常应享有完全保护,以反对复制任何受到保护的表达。"[4]

在 New Era Publications v. Henry Holt & Co. 案中[5],还是这家法院面临着一个相似的问题。一部高度批判性的关于基督教科学教派(Church of Scientology)*创始人 L. 罗恩·哈伯德(L.

---

[2] 471 U.S. 539(1985).
[3] 811 F.2d 90 (2d Cir. 1987).
[4] 同前揭,第 97 页。
[5] 873 F.2d 576 (2d Cir. 1989).

* 也译作"山达基教派"。——译注

Ron Hubbard)的传记,对于哈伯德未发表的信件与日记加以广泛引用,力图揭露其为一个江湖骗子、偏执狂与盲从者。虽然法院拒绝关于禁止该书出版的请求,因为原告自身行动迟延,直到其知道该书出版计划之后两年才起诉,但是,法院没有为金钱损害赔偿的可能性设置障碍,并且暗示,如果该诉讼及早提出,法院也可能会禁止该书的出版。

这些判决,特别是第二巡回法院涉及人物传记的后两个案件充满了争议。《新闻周刊》(Newsweek)曾刊登一篇文章,标题是"历史的终结?"它引用小阿瑟·施莱辛格(Arthur Schlesinger, Jr.)的话称,假如在他写作三卷本历史著作《罗斯福时代》(The Age of Roosevelt)时,哈伯德案的判决已经成为一项法律的话,那么他就只好缺写其中的两卷。[6] 国会于1992年修改著作权法,规定"作品尚未发表这一事实本身并不当然阻碍认定构成合理使用,只要该认定是在考虑到上述全部因素之后作出的"[7]。

这些案件提出了许多问题,可借助经济学来回答。一个甚至不可能发表的作品,相比于一个意图在将来,也许是不久的将来发表的作品,其受到的著作权保护应当是多一点呢还是少一点?(塞林格的信件并非出于发表之意图而写,而福特的回忆录则是准备发表的)。未发表材料的使用方式应当在这里起作用吗?(在 Salinger 案与 New Era 案中,未发表的材料只是更大篇幅的传记作品的组成部分,而在 Nation 案中,该文章则完全以福特回忆录中的材料为基础,其中没有任何重要的评论或者分析)。再有,为什么信件的著作权应当属于写信人,而不是收信人?后者虽然拥有信件的"所有权",并有权将之出售、销毁、向朋友展示或者送给某所大学的图书馆,但(因为他并非著作权人)不能将之制作复制件。

---

[6] David A. Kaplan, "The End of History? A Copyright Controversy Leads to Self-Censorship", Newsweek, 1989年12月25日,第80页。

[7] 17 U.S.C. §107。"上述"是指我们在第4章所讨论的在制定法上关于合理使用的因素。法院并不(很)同意,对于未发表材料的复制就不可能是一种合理使用,因此,该修订的效果尚不明确,尽管它一般被解释为表达了国会不同意 Salinger 案和 New Era 案判决。

二、作品载体的所有权与作品著作权的所有权

前述最后一个问题所标示的，正是著作权法的一个基本特征，即作品著作权的所有权与该作品每一个复制件的所有权是相互独立的，我们在本书中对此亦早已视之为当然。这种所有权的分离，对于仔细观察著作权法的好处是至关重要的，因为在著作权法上还有这样一项规则：某一著作权的全体共有人都可以许可他人对作品的使用，而无需征得其他共有人的同意，只是他必须把从被许可人那里所获得的收益向其他共有人报账分配。但是，假如每一本《蝙蝠侠》连环画的所有人也都是该书著作权的共有人，那么，那些想要制作出售其复制件的人，就毫不困难了，因为他们只要付出少量的报酬，就能说服成千上万共有人中的某一人许可其制作无限数量的复制件（实际上，他干脆自己去买一本并因此成为共有人之一，这对他来说甚至成本还会更低）。原始作者所出售的某一作品复制件的价格，不可能包括因许可进一步复制的权利而产生的任何加价，因为在这些复制件的所有人之间的竞争将把复制件的价格压低至其边际成本。[8] 如果解决这个问题时，法律要求必须得到全体共有人的同意，则交易成本将最终变得过分高昂；有人如果想在电影、电视连续剧或者时装展览中复制蝙蝠侠的角色，就不得不从成千上万的著作权共有人那里获得许可。一个替代性办法是，由著作权人保留每一本《蝙蝠侠》连环画的所有权，并将之出租（而非出售）给读者，但这一设想也只是差强人意而已。

有关分割所有权的主张，在诸如一幅画或者一件雕塑之类独一无二的美术作品的情形中，则更无说服力。它们的复制可能受到限制，并且还必须对该艺术品有物理性接触才行。如果该著作权颇具价值，那么该画作的购买人就愿意为这个作品（及其著作权）支付更高的价格。这与我们所举的图书的例子并不一样，在该

---

[8] 参见 Stanley M. Bense 与 Sheila Nataraj Kirby, "Private Copying, Appropriability, and Optimal Copying Royalties", 32 *Journal of Law and Economics* 255 (1989)。不过，该竞争可能受到这样的条件限制，即共有作品的所有人许可他人使用的，必须与其他共有人分享其许可收入。

例子中,如果每一复制件的所有人也都享有著作权,那么,该著作权的价格视乎有关收入分配的要求,而可能的结果是零或者接近于零。

在这些情况下,可以通过将著作权的所有权与物质性载体的作品所有权相联合而使交易成本最小化,从而,作品的销售就自动地将著作权转让给了购买人。但在另一些情形中,艺术家则处于开发作品将来用途的更好位置,而在此情况下,效率原则就要求著作权保留在艺术家手中。自动转让因而只适合于作为在物质性作品销售合同中的一项默认条款,这项条款可随合同当事人的意愿而排除。在普通法著作权的时代,未发表作品的著作权转让是由州法调整的,而我们所建议的方法正是在许多州存在的一项规则。它被称作"普什曼推定"(Pushman Presumption),出自 *Pushman v. New York Graphic Society* 案。[9] 1976 年《著作权法》将此前已经成为普通法著作权对象的大部分纳入联邦法之中,用联邦规则约束它们,要求著作权的转让必须以明示的书面方式进行。[10]

把著作权给予某一信件的写信人,并因此而将著作权与物质性作品——信件本身,它是收件人的财产——相分离,这种情形介于《蝙蝠侠》连环画与独一无二的艺术作品之间。由于相互分离,这就增加了书信对于写信人的价值,从而提高了写信的激励,但也减少了收信人保留信件而不是将之丢弃的激励。相互分离也可能提高了交易成本,因为出版商想要发表信件就得既与作为著作权所有人的写信人谈判,又与作为信件本身的所有人并因此控制着对信件内容的接触的收信人进行谈判,除非写信人留有该信件的复制件。

进一步的考虑表明,相互分离规则最终还是更有效率的,尽管它对于如下问题并没有定论,即在某些情况下,是否应当允许存在合理使用的特权。把著作权与信件的有体物所有权融为一体是为了有利于信件的保存,但是,由于受到广泛使用的照相复印这种解释已经变得不再重要;写信人常常会保留一份复制件——让他如

---

[9] 39 N. E. 2d 249 (N. Y. 1942).
[10] 参见 17 U.S.C. § § 202, 204(a).

此行事的激励则因为他可以拥有著作权而变得更高,而他如果丢弃信件,也就等于抛弃了一项具有潜在价值的财产。而且,现在越来越多的通信采用电子邮件的形式,因此,其复制件就由发送者自动保存了——事实上,想从他自己或者收信人的计算机中删除该信件几乎是不可能的。信件还可能在各种不同的服务器保存或者在 CD 上存档。

如果出于这些理由,写信人或者电子邮件的发送人能够可靠地保留信件的一份复制件或者该电子邮件,那么,想要获得发表的权利,只需与一个人谈判就可以了。这一点较为重要,因为出版单独一封信件就几乎没有任何利益可言。更为常见的情况是,将所收集到的 X 的信件予以出版,或者从中摘选,编入 X 的传记。通常,X 会与许多个人进行通信,因此,如果他保留了这些通信的复制件,那么,与那种必须得到 X 信件的众多收信人同意的情况相比,这种情况下为获得出版权所需付出的交易成本将更低。不过,无可否认的是,这并不是一个完全的解决方案,因为出版商或者传记作家可能想要出版两边当事人就此主题所作的通信。

三、合理使用分析

在前一章关于合理使用原则所提出的三种解释中,当适用于未发表作品时,其中两种解释即使可以提供任何支持,也是极为有限的。有关避免较高交易成本的问题,如果不存在这些成本,那么当事人就会自愿进行交换,但实际上,一个作品如未被发表,通常就意味着其作者并不想将之进行交易。不管如何,一般只可能是两方当事人(或者当潜在的使用人必须与该作品的所有人以及著作权人进行谈判的情况下,则可能是三方当事人),因此,相对于因使用未发表作品所得到的收益,与著作权所有人进行交易的成本应当是比较小的。如果原始作品与复制件之间存在强烈的互补性,正如在有关图书评论的例子中那样,那么,有关默示同意的解释也同样不可适用了,因为该作品既然未被发表,就表示著作权所有人在出版方面没有现实的利益。第三个解释——对著作权人虽有某些损害,但该复制件的生产性特点(productive character)更加重要——则更具说服力。在一个已发表的作品中使用未发表的材料,就可能提高了前者的价值,有时甚至是很大程度的提高,但并没有剥夺这些材料的作者的实质性或者任何的收入。但是,这个结论假定该材料的作者从未意图将之发表,而且它忽略了该发表可能带给他在隐私或者其他方面的成本。

没有任何规则规定,对于未发表作品就必然不可以合理使用,这一点在国会于 1992 年修改《著作权法》第 107 条之前,即使在第二巡回法院[11]也是相当明确的。在那之前,法院的消极态度都是受狭义的"普通法"因素的考量影响,带有历史特征。

根据 1909 年《著作权法》,未发表作品主要由各州的普通法保护(尽管一个未被发表的作品能够通过在版权局登记而获得联邦著作权,而且在所有享有联邦著作权的作品中,大约 30% 是属于这一情形)[12],而已发表的作品则由联邦法律加以保护。在联邦制定法领域内,《著作权法》是优先于各州法律的,并且这种情形持续至今,只要它满足了某种手续要求,比如版权标识(我们自己无需注意那些手续条件或者"发表"的准确含义,后者在 1909 年《著作权法》中尚未定义)。因此,将联邦法下的合理使用原则适用于未发表作品的情形就极少发生。

1976 年《著作权法》把受到联邦制定法保护的起始时间由作品发表之时改为作品被固定于某一有形载体之时,这样大部分的普通法著作权就消失了。现在,一封信或者其他文件写成之时,就开始受到联邦制定法的保护,这就没有了由普通法来保护这些文字作品的余地。只有那些没有被某种有形载体加以固定的作品,比如即兴演讲和现场的爵士乐演奏,才仍然属于普通法著作权的保护对象。因此,塞林格、哈伯德的信件和私人文件就得由联邦著作

---

[11] *Wright v. Warner Books, Inc.*, 953 F.2d 731 (2d Cir. 1991),授权在一本有关赖特的传记中复制从理查德·赖特(Richard Wright,1908—1960,著名美国黑人作家——译注)的信件和日记中摘选的非常简短的未发表材料。由于其如此简短,以致该传记在市场上不能被认为是编辑出版后的这些信件和日记的一个替代品。

[12] 以新著作权登记的数据为依据,见于 *Annual Reports of the Register of Copyright*,1975—1977,美国版权局出版。

权法来保护了。

不过,由于 1976 年《著作权法》已把合理使用原则法典化,在与合理使用相关的问题上,作品发表与否仍然起着某种作用。立法史表明,国会意图通过法典化而"对司法中的合理使用原则进行重述,而非以任何方式对之加以修改、限缩或者扩张"。[13] 由于州普通法针对复制未发表作品的行为并不承认合理使用抗辩,除非该作品由于受到相当广泛的传播从而作为一个事实问题而视其为已经发表[14]。一件作品尚未发表,这一特征在反对认定合理使用上至为重要,尽管并不清楚的是,国会通过将司法上的合理使用原则法典化,就是意图将这一点固定起来;在制定法本身之中并无任何此种迹象。无论如何,1992 年的立法修订扫除了这个疑云,同时也否定了我们开始时所讨论的那些判决,就这些判决受到我们刚刚所阐述的制定法历史的影响而言,确实如此。

合理使用作为一项好的经济政策是否应当扩展至未发表的作品,这是一个极其复杂的问题。回答这个问题,首先必须在这两类作品之间作出区分。第一类是作者并不意图发表的作品。*Salinger* 案与 *New Era* 案均涉及这样的作品。塞林格有一种强烈的保护隐私的欲望,这可以其在新罕布什尔州的隐居生活为证。他在超过 20 年的时间里没有发表过任何东西,而且对于出版信件没有任何兴趣,尽管这些信件的估值超过 50 万美元。基督教科学教派是哈伯德作品的著作权所有人,它想要阻止对哈伯德私人文件的出版,目的是为了隐瞒其未发表的观点,如果将之公之于众,就会对该教派产生负面的收入影响以及其他影响。因为著作权法保护的是表达,而不是事实、理论、观点或者思想,所以,无论是被包含于已经发表的抑或尚未发表的文字材料之中,塞林格与基督教科学教派的未发表信件以及私人文件都不可能完全被保留于公众视野之外;拥有未发表文字作品文件的所有人可以自由地(除非受到

---

[13] H. R. Rep. No. 94—1476,94 届国会第 2 次会议,66 (1976)。
[14] 普通法还辟出一个范围较窄的例外,即在法律程序中公布尚未发表的材料,以及为维护自己的声誉不受写信人或者其他人的指控而有必要将之公之于众,但这些与我们的讨论无关。

反诽谤法的禁止,或者可能为隐私保护法所不允)发表其中所包含的思想。而且,这些文字作品的发表,还会对著作权人造成某种增加性损失。这方面的证据是,著作权人须自愿承担诉讼成本并且容忍因其诉讼导致其不利的公众形象,即使他们所寻求的是禁制令救济(injunctive relief)而非要求损害赔偿,从而即使胜诉也不能从中获得任何钱财收入。

另一类未发表的材料则是作者意图发表的作品,包括以其现有形式或者修订形式,或者结合到一个更大的作品之中。*Nation*案就是一个很好的例子,其中,发表福特回忆录中摘选内容的先行出版权(prepublication rights)已经卖给了《时代》杂志,而该书亦即将出版。以上两类作品之间的区分实际只是程度不同而已,因为将来是否发表总是存在着某些不确定性。不仅作者或者其继承人可能改变有关不发表其作品的主意,而且作者在写作该争议作品时,可能根本就不存在关于最终出版问题的任何意图。

在重新开始探讨前一章所讨论的合理使用原则的一个构成要素时,我们有必要注意一种进一步的区分,即对未发表材料的纯粹"复制性"使用与"生产性"使用。将一组未加评注的塞林格信件予以出版,这是复制性使用,而将这些信件用于丰富某部塞林格传记,则是生产性使用。我们首先来考虑第二种情形,亦即对并不意图出版的未发表材料进行生产性使用。我们把自己的考察限定于那些可能引起传记作家、批评家与历史学家兴趣的材料上。

四、对并无最终发表意图的未发表作品给予著作权保护所产生效果的一个模型

未发表之作品(比如一封信)的作者在最初写作时,必须决定是否最终要把它写出来。他从写作该作品中所获得的收益,就是他从这种形式的交流中所获取的任何的正价值。其成本则不仅取决于他在准备和发送信件上所花费的时间与精力以及诸如邮寄之类的附带费用,而且还取决于因他人未经写信人同意而最终(经由收信人安排)发表该信件所造成的、经由对现值的相应折扣之后的预期损害。这个预期损害将取决于因发表所造成损害的可能性与

程度,而该可能性取决于该作者的知名度如何或者可能变得如何、该信件将被破坏或者错误放置的可能以及该信件对于潜在传记作家的价值。不过,考虑当下人们对社会历史的兴趣通常是"从底层开始讲起的"历史,所以名气并不是一个必要条件,尽管完全汲汲无名之辈的人物传记仍然几乎没有。

因发表而造成的损害,将包括一种隐私的丧失、声誉的降低,以及因后一种损害所导致的收入损失。该损害的规模将受到作者个人折扣率(personal discount rate)的影响——因为任何的发表都在将来发生的——以及对未发表材料的著作权保护范围的影响,特别是某些人在复制和出版信件上所提出合理使用抗辩的有效性。

通过一个形式模型,我们可以对这些因素进行分类。设 g 等于未发表之材料的作者在扣除全部成本后所获得的净收入(它可能是正值或者负值),记作

$$g = b - p(z)h, \tag{1}$$

其中,b 是在扣除 h(因发表而给作者造成的损害)之前,因创作该未发表作品而为作者带来的收益(扣除成本后的净值),而 $p(z)$ 是该并不意图发表的材料在将来被发表的概率,例如由该作者的一个传记作家来发表,因此 $p(z)h$ 是因发表而造成的预期损害(我们现在暂忽略不计其对现值的折扣)。该概率取决于 z,我们回想一下第 3 章即可知,它是指著作权保护的水平(这里是指对未发表的材料而言);我们可以简单地将之看作是未经作者同意即不能合法复制的未发表作品的分数。当 $z=1$,则 p 可以被推定为接近于零[15],因为对于后来的作者而言,复制任何的未发表材料均属非法。即使对于未发表作品不给予任何的著作权保护(即 $z=0$),它

---

[15] 但并不是零,因为即使当 $z=1$ 时,仍然 $p(1)>0$,因为法律执行是不完全的,而且无论如何,著作权法并不禁止一位传记作家复制包含于未发表材料中的思想、理论或者事实,因此,这里就仍然存在着一个正的概率,即未发表材料将被人使用以及写信人将因此受到损害。$p(1)$ 究竟等于零还是大于零,这对于我们的分析并不是关键性的,尽管对该模型的一个更为一般化的阐述将允许 h(以及 p)取决于 z,以便记录比如因增加 z 而在减少对表达而非思想的复制上所产生的结果。

们仍可能被保护为未发表状态,这只是因为可能不存在任何的利益,值得为该材料的作者写作一部传记,或者因为该材料对于一个传记作家来说并不重要,或者因为它们已经灭失或者遭到破坏。事实上,这些情况是非常普遍的,从而对于大多数未发表的材料而言,即使 $z=0$,p 也是接近于零的。

决定写一封信或者记一篇日记,这取决于 g 大于还是小于零;同样的表述是,b/h 大于还是小于 $p(z)$。显然,如果即使在对发表概率(小于1)打折之前,利益仍是等于或者大于损害的,那么,著作权保护的水平就不会对前述决定产生影响,即作者还是会决定进行写作。即使最终不能获得任何普通法或者制定法上的著作权保护,未发表作品毫无疑问仍然会被大量创造出来,这不仅是因为 b 通常将大于 h 在被折扣之后的值,而且是因为 $p(<1$,即使在发表上不存在任何的著作权障碍)通常将变得较小;请考虑一个汲汲无名之辈就其家庭成员所写的笔记,即可明白这一点。只有在 b 小于 h 的那些情形中,著作权保护才起作用。而在那些情形中,z 越大,p 越小,则 $b/h>p(z)$ 的可能性越大,从而,未发表作品被创作出来的可能性就越大。[16]

设 Q 表示为并不意图发表的未发表材料的总量。

$$Q=Q[p(z),b/h,x], \tag{2}$$

其中,$p(z)$ 与 b/h 在当前是指这些被用于计算未发表材料的潜在作者总数之变量的平均值,而 x 表示其他所有相关因素,比如能够创作使传记作家或者历史学家感兴趣的未发表作品的作者数量。b/h 的平均值越大,并且 p 的平均值越小,则 Q 越大,反过来说,著

---

[16] 我们假定随着 z 的提高,p_z 将以一个递减率($p_{zz}>0$)而减少——亦即,随着 z 的提高,著作权保护的效力根据一个递减率而提高。

作权保护 z 的范围越宽,则 Q 将越小。[17] Q 可以被写为
$$Q = q_0 + q(z) \tag{3}$$
其中,q_0 是并不意图发表的未发表作品的数量,它们即使不受任何著作权保护仍将被创造出来(亦即在 $b/h > p(0)$ 时的未发表作品),而 $q(z)$ 是指由于存在著作权保护($q_z > 0$)而增加创作的作品数量。[18] 既然 q_0 是由 $b/h > p(0)$ 时所创作的未发表作品的数量,那么,即使复制行为是合法的,b/h 的平均值越大,并且未发表材料被复制的平均概率越小,则 q_0 越大。

Q 严格来说是用数量表示的;但发表的质量效果又会如何呢?由于担心信件会被发表,写信人在与当其确信该信件永不会被发表时相比,就可能变得较少诚实与坦率。固然,因为是一封信,这就意味着它会被其他人阅读并为他人所拥有,而且后者可能合法地决定将之向第三人展示,甚至将之出售,这一事实将会更多地诱使作者保持谨慎。但也并不尽然。在以下两种自我暴露的情况下,人们会有不同的表现,一种是只在一个有限范围的熟人(或者甚至是熟人的熟人)圈内暴露自己,另一种是把自己向一般公众暴露。这种差别在涉及隐私的侵权法中已得到承认,它规定,只有当

---

[17] 请注意,Q_z(在 z 的每一单位增加上所增加的 Q)是正的,但在 z 上是递减的。假设每一封信上存在着 L 位潜在的作者。第 i 位个人作出写信的决定将取决于 $g_i >$ 抑或 < 0,或者 $b_i/h_i >$ 抑或 $< p_i$。假定 b_i/h_i 在 L 位个人之间存在着一个从 a 到 c 的均匀分布(其中 $a < c$, $a > 0$,并且 $c > 1$),再假定 p_i 在所有个人之间是相等的($= p$)。后一假设并不会比它所表现出来的更不真实,因为未发表材料可能在每一作者具有足够多的关于发表之可能性的信息之前就被创作出来了,所以在 p 上的个人差别可能是很小的。对于每一 z 值,写信的那部分人等于 $[c - p(z)]/(c - a)$,而 $Q = L[c - p(z)]/(c - a)$。在 z 上的一个增加而对 Q 的作用是 $Q_z = -Lp_z/(c - a) > 0$,如果 p_z 的绝对值越大,L 越大,并且 b/h 在个人之间的变动越小(亦即,$c - a$ 越小),则 Q_z 越大。注意,假定 $p_{zz} > 0$,则 $Q_{zz} < 0$。

[18] 为简化标记符号,我们将 p, b/h 和 x 从等式(3)的 Q 中略去,尽管 b/h 和 x 将影响 q_0 和 q,而 z 将通过其对 p 的影响从而间接地影响 q。利用前揭相同的标记,我们就有
$$q_0 = [(c - p(0))/(c - a)] \tag{i}$$
与
$$q(z) = [p(0) - p(z)/(c - a)]L。 \tag{ii}$$

侵犯行为涉及将某些私人性事实公开,亦即广泛传播(比如通过出版方式)时,才为这种侵犯隐私权的行为提供救济。

我们从前几章中已知,一旦否定了财产权,就存在这样的危险,将诱致采取防御性措施(例如在土地的情形中,建造一堵坚固的篱笆),而该措施的成本比执行财产权所将产生的成本要高得多。写信人由于缺乏一种安全的财产权,就会在自己的信件中隐藏自己的真实想法与感受,这也将成为一种藩篱,并可能涉及两类重要的社会成本。第一类是对该信件的收信人以及后来的使用人(例如,接受收信人捐赠的大学图书馆的读者)而言,减少了有关写信人的信息和了解。第二类是同样减少了对于将这些信件纳入其作品中的传记作家(以及其他围绕该信件的作者进行写作的人,但我们用传记作家来代表全部的此类作者)的价值。我们首先来看第二类成本,它是一个更大图景——即对未发表材料给予著作权保护而带给传记作家的收益与成本——的组成部分。

对未发表作品的著作权保护最终使传记作家受益,因为它使得此类材料更可能被尽早地创作出来,并因此而可能为一部传记作品所用,而且这些材料将变得更加诚实与坦率,因而从传记作家的角度看,具有更高的质量。同时,著作权保护也减少了传记作家所能对这些材料进行的合法使用,包括那些即使没有著作权保护也将被创作出来的材料。限制对未发表材料的引用以及非常接近的变换措辞,这就使得传记作家难以向读者准确地表述传记的主人,从而可能使他遭到批评,指责其扭曲了作为基本来源的材料。[19] 正如指责某一专家证言可靠性的最有效方法,是表明其以往的证言或者学术著述与他当前的证言相互矛盾,因此,通过引用其传记人物的未发表作品,一个批评性的传记作品就能够以最佳方式达到其目的。即使变换措辞的做法可以同样使未发表作品的内容得到传播,但是,广泛地引用还可能使传记变得更加生动,并

---

[19] 在一篇对汉密尔顿所写的塞林格传记的评论中,莫登查·里克特(Mordechai Richtler)因为已经看到过塞林格的信件,就声称汉密尔顿对这些信件进行了错误描述。Richtler, "Summer Reading: Rises at Dawn, Writes, Then Retires", *New York Times*, June 5, 1988, §7, p.7。如果汉密尔顿没有被要求删除塞林格的信件并重写其书,就可能更少一些这样的指责。

成为一本有趣的读物。至关重要的一点是,因为一个人自我表达的方式是说明其性格的一个重要线索,所以,如果一部传记中未包括有关该传记人物言语的任何东西,它就是不完整的,正如传记作家被禁止披露有关说明传记人物人格的事实一般。[20]

设 N 是传记作品的数量,$\alpha=\alpha(z, Q)$ 是把 N 转换为按质量调整的传记作品的一个函数,而 X 就是经过质量调整的传记作品数量。那么

$$X=\alpha N 。 \quad (4)$$

我们可以视 $\alpha(>1)$ 为因传记作家能够将未发表材料包括其中从而给传记作品带来的质量"提高"(boost)。我们假定,如果一位传记作家无法获得任何未发表的材料,其原因或者由于没有任何此类材料被创作出来,或者由于著作权保护过宽以至于无人能够加以使用,那么此时 $\alpha=1$。既然这是对未发表材料进行纯粹复制性使用的情形,那么,在讨论 $\alpha>1$ 的情形时,我们所讨论的就是生产性使用。等式(4)是对如下观点的形式化,即不受著作权保护的未发表材料越多,传记作品的质量就越高。因此,当 Q(未发表材料的数量)保持不变,而对未发表材料的著作权保护越小($\partial\alpha/\partial z=\alpha_z<0$),同时,当 z 保持不变,而未发表材料的数量越大($\partial\alpha/\partial Q=\alpha_Q>0$),则 α 就越大。

但是,有关作者保持缄默不动笔写出来的问题——如果作者担心这些材料会违背其意愿而被发表,那么,那些并不意图发表的未发表材料的质量就可能降低——情况又怎么样呢?我们可以通过解释我们的假定而对之予以调整,即如果 Q 保持不变,则 $\alpha_z<0$——亦即,传记的质量与著作权保护程度成反比——这就意味

---

[20] 有关引用未发表材料而对于传记和其他批评性文字作品的重要意义,强调于 Pierre N. Leval, "Toward a Fair Use Standard", 103 *Harvard Law Review* 1105,1113—1119(1990)。[利瓦尔(Leval)法官参与审理 *Salinger* 案和 *New Era* 案。在这两起案件中,他都支持了有关合理使用的抗辩,但其意见都被撤销了——我们的分析表明,这些撤销决定是错误的]。广泛引用的重要性,在文学评论作品甚至比在传记作品中更大。参见 *Sundeman v. Seajay Society, Inc.*, 142 F.3d 194 (4th Cir. 1998),其中涉及对名噪一时的小说家马乔里·金南·罗林斯(Marjorie Kinnan Rawlings)一篇未发表小说所进行的文学评论分析。文学评论的出版者最终获得胜诉。

着,剥夺传记作家和其他作者发表这些未发表材料的权利、给予更强的著作权保护所产生的效果,超过了它在增加此类材料的真实性与坦诚性方面所产生的效果。稍后我们将给出若干理由,说明为什么我们认为这种解释是可行的。

设 N 保持不变,则对未发表作品增加著作权保护而对 X 的净效果就被给定为

$$\partial X/\partial z=(\alpha_z+\alpha_Q Q_z)N \tag{5}$$

其为正值还是负值,取决于递增的 $Q(=\alpha_Q Q_z>0)$ 所产生的边际收益大于还是小于因可允许使用未发表作品的递减而产生的边际损失($\alpha_z<0$)。当 $\alpha_z+\alpha_Q Q_z=0$,亦即,对于经由质量调整的传记作品总量而言,当著作权保护范围递增而产生的边际收益与边际成本相等时,对于每一个 N 值,X 与 z 的相关值都得到了最大化。

用 E(即 expression)表示创作一个表达性作品的成本(参见第 3 章),我们可以将 N 个传记作品的表达成本写为

$$E=E(N)。 \tag{6}$$

我们假定 E_N 是正值(写作一个传记作品的成本是正值)并且是递增的,因为写作传记作品的成本在不同的传记作家那里是有差别的。[21] 一些作家会比另一些作家更有效率,而 N 将不断增加,直到一部额外的传记作品的创作成本正好等于从销售该作品的复制件中所预期获得的净收入。预期净收入就是在这些图书复制件的销售市场上的生产者剩余。边际的传记作品将正好赚得足够的生产者剩余,以收回其表达成本。所有其他的传记作家则将获得超过其作品创作成本的生产者剩余。

为了进一步简化,我们假定,每一个作品都面对一条完全相同的对其复制件的需求曲线,该曲线是下斜的(说明这些传记作家彼

---

[21] 我们在第 3 章中使用了一个更复杂的表达成本函数,使该成本既取决于 N 也取决于 z,而 z 对于 N 的影响,是因为一个人能够合法地从以往作品中借用得越多,则创作新作品的成本越低。在本章中,对该模型的一个替代性阐述是,假定对未发表材料的著作权是通过其对 Q 的影响而对 $E(N)$ 产生影响的——亦即,未发表材料的数量是降低了传记作品的创作成本,而非提高了它们的质量。两种方法产生了相同的含义。我们之所以选定用质量的方法,因为它看起来更直观。

此之间并不构成完全替代,尽管任何作品的需求弹性都可能很高),并且对每一作品而言,制作复制件的边际成本是完全相同的,从而在此意义上,这 N 部传记作品是等同的。这意味着,每一传记作品所销售的复制件,无论在价格还是数量上都是相同的,从而每一传记作品所获得的净收入或者在该复制件市场中的生产者剩余是完全相同的。

设每一传记作品所获得的生产者剩余等于 $\alpha(=X/N)$ 乘以 s($=$当 $\alpha=1$ 时的生产者剩余),因此,作品的质量越高,对它的需求就越多,从而生产者剩余也就越大。[22] 在均衡状态下,传记作品的数量将不断增加,直到 $E_N=s\alpha$,或者换言之,直到表达的边际成本等于从该图书复制件市场中所获得的生产者剩余,后者被假定为对于所有传记作家都是相等的。传记作品的供给曲线可以写为

$$N=N(\alpha,s,z), \qquad (7)$$

其中,N 是生产者剩余 s 的一个递增函数。对未发表材料给予更大的著作权保护,究竟提高还是降低了 N,取决于 z 提高还是降低了 α。[23] α 越大,N 对于 s 的增加而作出的(正)反应将会越大,因为每一部额外的传记将因其更高的质量而获得一个更大的回报。

最佳的著作权保护程度是在 N 的增加到达 $E_N=s\alpha$ 这一点的约束条件下,使社会福利最大化的 z 的水平。社会福利(W)就等于经由质量调整的已发表作品的数量——在此处是指传记作品——与每一传记作品的消费者剩余、生产者剩余之和相乘所得的积,再

---

[22] 这些是简化的假定。我们可以添入有关在传记作品复制件的需求和复制件制作成本上的差异,以及在所创作的传记作品数量和某一特定传记作品复制件的需求之间的互动关系。这将使我们的描述变得相当复杂,但不改变基本结果。

[23] 被创作出来的传记作品数量将不断增加,直到在均衡状态中的生产者剩余等于表达的边际成本(亦即,边际性传记作品的写作成本)或者直到 $s\alpha=E_N$。N 的供给曲线的斜率(设 z 保持不变)是 $dN/ds=\alpha E_{NN}$,从边际成本递增的假定看,它是正的。而且,$dN/dz=s(\alpha_z+\alpha_Q Q_z)/E_{NN}$,其值大于或者小于零,取决于 $(\alpha_z+\alpha_Q Q_z)$ 究竟大于抑或小于零,或者随着 Q 递增而产生的边际收益究竟大于抑或小于因 Q 的合法使用随 z 的提高而减少所导致的损失。请注意,N 究竟随着 z 的变化而增加抑或减少,其条件与 X 究竟随 z 而增加或减少的条件完全相同。参见等式(5)。

减去表达成本,记作

$$W = X(c+s) - E(N), \tag{8}$$

其中,c 是每一经由质量调整的传记作品的消费者剩余,其余术语的定义已如前述。

在等式(8)中的社会福利,仅仅是由已发表的作品所创造的。这是一个任意性限制条件,在其后会有所放宽。未发表材料的创作者以及数量有限的可能接触它们的人也都是社会成员。他们从该材料中获取利益,特别是当该材料是真实坦率而非有所保留或者为己谋利之时,创作者就可能因保守这些材料不被公开而从中获得额外利益。相对于接触已发表并被广泛传播的作品的人数而言,这些人的数量可能较小,但是,根据未发表作品所获之利益是在当下实现的,而从那些结合了未发表材料的已发表作品中所获之利益,则要迟延到以后才实现。进而,创作未发表的但对将来的传记作家与历史学家具有潜在利益的材料的人,其数量将大大超过已发表的传记作品或者历史著作的数量,尽管他们并不是后面这些作品的读者。也就是说,Q 将超过 N,尽管两者之差越大,p 就越小,并因此对每一单位 Q 的预期损害就越低。

社会福利(在我们加以限制的社会福利函数中)的最大化,是当 $W_z = 0$ 时,或者等同于当

$$(\alpha_z + \alpha_Q Q_z) N(c+s) + \alpha N_z(c+s) - E_N N_z = 0, \tag{9}$$

它被简化为[24]

$$(\alpha_z + \alpha_Q Q_z)[N(c+s) + cE_N/sE_{NN}] = 0。\tag{10}$$

既然方括号内的各项是正值,那么当 $(\alpha_z + \alpha_Q Q_z) = 0$ 时,它表示当 N 保持不变时每一传记作品的平均质量(α)或者经由质量调整的传记作品产量(x)的最大化[参见等式(5)][25],则 W 就得到了最大化。

等式(10)背后的直觉就是,对未发表作品给予著作权保护的

---

[24] 因为在处于均衡状态时 $E_N = s\alpha$(亦即,表达的边际成本等于生产者剩余),并且 $N_z = s(\alpha_z + \alpha_Q Q_z)/E_{NN}$。

[25] 既然从一阶条件看,在 W_{zz} 中的其余各项等于零,则满足了一个最大化的二阶条件($W_{zz} < 0$),因为它要求 $\alpha_{zz} < 0$。我们假定 α_{zz} 是负的,因为随着 z 的提高,q 可能将以一个递减率而增加。

最优水平受到如下事实的约束,即一个传记作品只有当预期回报与表达成本一样大时才会被写出来。传记作品的数量就因此而不断增多,直到每一部传记作品的生产者剩余($s\alpha$)正好等于边际成本(或者同样地,指边际的传记作品的成本)。既然s(或者每一质量单位的生产者剩余)是给定的,那么,通过选择某一水平的z,称之为z^*,它使α或者平均质量最大化,法律就使传记作品数量得到了最大化,因为这将使每一传记作品产生出最高的生产者剩余。既然z^*使$s\alpha$并因此而使传记作品的均衡数量最大化,它同样使得减去表达成本之后的总的生产者剩余($\alpha sN-E(N)$)最大化。[26] 并且,既然假定每一 N 产生了一个不变的消费者剩余αc,那么z^*就使$W=\alpha N(c+s)-E(N)$最大化了。

当$(\alpha_z+\alpha_Q Q_z)=0$时,$W$就得到了最大化,它要求$z^*$被设定在这样的水平,其中,从允许传记作家引用额外的未发表材料中所获得的边际收入,正好等于因减弱著作权保护而使未发表材料的数量减少所带来的边际损害。这就意味着,为使社会福利最大化,必须允许某种对未发表材料的复制,但这样一来,就与在涉及未发表作品的案件中,永远不得适用合理使用抗辩的观点相悖了。而且,$q_0/q(z)$——在没有任何著作权保护的情况下所将产生的未发表材料与只是因为有了著作权保护才增加的该材料数量之比——越大,则z^*将越低。如果该比率较高,因限制对未发表作品的复制而产生的福利损失,将趋向于超过任何由Q(并不意图发表的未发表材料的总量)的增加而带来的收益提高,从而,对未发表作品的著作权保护应当被设定在一个较低的水平上。同样地,未发表材料的供给对该种保护的反应越小(亦即,Q_z越小),则从z的递增中所产生的收益就将越少,从而z^*也就越低。

$q_0/q(z)$的比率可能较高而Q_z则较低:著作权保护不太可能对未发表材料的数量产生很大的影响,因为未发表材料最终被他人复制与出版的可能性通常是极低的,并且只存在着与z的微弱关

---

[26] 如果 N 一直增加,直到 E_N 等于每一传记作品的消费者剩余和生产者剩余之和,而不是仅仅等于生产者剩余,则社会福利将变得更大。但到那时,边际的传记作品将不能收回其表达成本。

系。因发表而带给未发表材料的作者的预期损害,也就可能是很细微的,并且必须进一步打折,因为即使它们最终被发表了,那也是在将来发生的事。而且,相关损害是由发表所引起的增量性损害(incremental harm),它将趋向于变得很小,因为著作权所保护的是表达,而不是思想、事实、理论或者诸如此类的东西。

较弱的著作权保护也不太可能导致未发表材料的作者随风使舵,因之而改变许多。一封信是写给他人的;一篇日记通常是为某人阅读而被表达出来的,只要该作者有遗著管理人(literary executor)。作者如果相信其所意料的读者,就会变得比较坦率,即使在根本上他就没有著作权保护,而如果他不相信意料中的读者,那么即使他享有完全的著作权保护,因为考虑到著作权保护并不能使他反对披露其信件或者日记中的思想,那么,他也不会变得比较坦率。无论以上哪一种方式,著作权都不太可能对其行为产生重大影响。

形式模型忽略了未发表作品在不同种类之间的差别,而这种差别可能影响到著作权保护的最佳范围。让我们想一下信件与日记的区别。既然一封信的作者是向其收信人披露其内容的,而后者转而可能向其他人披露,或者可能将之捐献给图书馆,从而其他人尽管不能对之加以复制,却可以在那里阅读此信,那么,其由于最终发表所带来的增量性损害将小于日记的情形,后者并不意图让任何人来阅读。增量性损害越小,$q_0/q(z)$将会越大,从而最优的保护水平就越低。不过,用另一种方式来表示就是这样的事实,即对传记作家可能最有价值的材料,严格地说就是那些非常私人性的文件,而将之发表就可能导致对文件作者的极大损害,因为越是私人性的材料,它们(相对于至多算是半私人性的信件)就越可能包含了让作者感到丢脸的信息。

形式模型也把未发表材料的数量与传记作家或者其他后来使用者可以使用的数量视为相等的了,尽管这两种数量实际上并不完全相同。不仅是某些材料会在创作之后与使用之前遭到灭失,而且,保留这些材料的激励以及是否将之破坏的相关决定——特别是这一点应当很明确,即这些材料在将来的某一天可能落入不怀好意者之手——可能就取决于著作权保护的水平。如果考虑到被创作出来的未发表材料数量与那些被保留下来以供将来之用的材料数量之间的差,那么,与我们所提出的可能数值相比,$q_0/q(z)$的比率可能变得更小,而 Q_z 则可能变得更大。但是,著作权保护还是不太可能对保留未发表材料的激励产生很大的效果。复言之,这些材料的发送者与接收者之间的关系亦必须加以考虑。通常,由于未发表材料的接收者是因为它们会连累自己而对之加以破坏的,所以,它就是作为材料作者的代理人实施的该行为,从而该分析就与前一段的分析相同:著作权并不重要。

形式模型忽略了对未发表作品给予著作权保护的管理成本。该成本当然是正值,并且表示,对该等材料的最佳著作权保护应当比该模型所暗示的要更弱一些。技术性因素也是相关的:由于像电话、低成本旅行(写信的替代品,它可能增加了 Q_z 并因此暗示着一个更大的著作权保护范围)这样的替代品已经具有很大的可行性,所以,通过书面形式进行交往的激励就不断下降了;相反的,复印、扫描设备以及计算机具有不断降低制作与存储复制件的成本的效果,这就增加了未发表作品被保留下来的可能性,而不管著作权保护所产生的激励如何。

在确切地得出结论,认为应当允许对未发表材料进行某些甚至很多的复制之前,我们必须扩大我们的社会福利函数,以估计因未发表材料的著作权保护而对于它们的创作者以及被预料将接触这些材料的人所带来的净收益。如果对未发表材料的著作权保护范围越宽,则这些收益即 $G(z)$ 就越大(亦即 $G_z>0$)。

将 G 代入社会福利函数,得出

$$W = X(c+s) - E(N) + G(z)。 \quad (11)$$

将与 z 相关的 W 最大化,必须

$$(\alpha_z + \alpha_Q Q_z)[N(c+s) + cE_N/sE_{NN}] + G_z = 0。 \quad (12)$$

既然 $G_z>0$,则第一组项必须为负值——而不是像前面所讲的那样等于零。这就要求在 z^* 之外再提高最佳的 z 值,一直达到这样的点,在该点上,因对未发表材料限制使用而造成的边际损失超过了传记作家从不断增加的 Q 中所获得的边际收入。设 z^{**} 等于那个满足了被扩张的社会福利函数的 z 值。z^* 与 z^{**} 之间的差别可能很小,一则是因为,$(\alpha_z + \alpha_Q Q_z)$ 的负值是由那些包括了从使用未发

第 5 章 未发表作品的著作权 **169**

表材料的已发表作品中所产生的全部消费者剩余和生产者剩余在内的条件加权而得的,二则是由于以前给出的对下述观点表示怀疑的理由,即因发表而给未发表材料的作者所带来的预期损害可能是很大的。

把 G 从社会福利函数中排除出去,或者至少应对之大打折扣的另一个原因,在于消费者剩余。z^* 是一个次优解决方案,因为 W 的最大化是受到边际的传记作品(E_N)等于该作品复制件市场中的生产者剩余(αs)这个条件的约束的。不过,边际的传记作品,其全部社会价值是生产者剩余与消费者剩余的总和$[\alpha(s+c)]$。既然传记作家并不能获得消费者剩余,因此,只有更少的传记作品被创作出来。将 G 从社会福利函数排除,就导致一个更低的 z^*,一个更高的 α,以及因此而有 N 的一个更大值,以抵销有关创作过少传记作品的负面激励。

私人损害与社会损害也必须加以区分。未发表材料的作者可能因为其中披露了他的不光彩或者不道德的行为而反对将之发表。如果事先知道对此类材料的著作权保护是较弱的话,就可能诱使其平素行为更加端正,并因此提高社会福利(因此 G 可能实际上是负值)。这是对于那种认为隐私始终就是一种社会产品的观点表示怀疑的原因之一。[27] 我们可能就得承认这样的事实,即在侵权法上的隐私权,从来就没有阻止过意料中的收信人或者能够合法接触私人文件的任何其他人"泄露其秘密"(spilling the beans)。利用著作权法而给人以更大的隐私,而不是利用本来就被设计用来在隐私与公众知情权之间达到适度平衡的法律体系,这显然是自相矛盾的。如果明知那些可能有损其名誉的便条(jottings)将不受著作权保护,那么人们出于这一风险考虑,就会在那些随意记录的便条上更加出言谨慎。既然在言行谨慎上的私人成本可能小于因隐瞒其性格方面有价值的线索而造成的社会成本,那么,当拒绝为未发表材料给予著作权保护时,该缄默因素就将减少由传记作品所产生的消费者剩余。

---

[27] 参见 Richard A. Posner,*The Economics of Justice*,第 9 章(1981)。

五、生产性使用与复制性使用

到现在为止,我们所考察的还只是对未发表材料的生产性使用,而这些材料并不意图被发表、使用,以改进那些将之结合其中的已发表作品。我们现在来考察著作权法是否允许复制性使用,比如将信件汇集为一部单独的文集出版,而不是将之作为一本传记或者历史作品中的组成部分。人们直觉的回答是"不",因为出版者制造了一个对该作者作品的完全替代品,而且除了将该作品公之于众,没有增加任何价值。但请记住,我们所考察的作品是本来并不打算发表的,因此,出版者并没有剥夺作者的利润,而该利润是作者尽早创作出作品的激励。[28] 不过,还是存在着两大原因,说明对未发表材料的复制性使用应提供比对生产性使用更强的著作权保护。第一,复制性使用将趋于更为具体与广泛,从而所造成的损害也更大。塞林格因其被收藏信件的发表而遭受的痛苦,毫无疑问要大于因一部引用这些信件的传记作品发表而给他带来的痛苦。如果法律在复制性使用与生产性使用之间不作任何区分,那么,将来的塞林格们就更不愿意写信了。

第二,为写信人提供一种控制其信件发表的权利,就会促进一种效用最大化的交易:如果该信件的市场价值折换成写信人所收到的作品使用费,超过了由此而给他带来的心理或者名誉上的损害,那么,写信人就会同意发表信件。但是,这一点难道不同样可适用于对未发表作品的生产性使用吗?如果传记作家由此的所得大于塞林格所受到的损害,那么他们就可以购买有关引用这些信件的权利。区别在于,传记作家可能想要发表的是为许多不同的人所拥有的未发表材料,而如果他必须从每一个人那里获得许可,那么交易成本就会变得很高。而且——在这里,我们又回到了前一章在讨论有关图书评论的合理使用特权时所提出的一个问

---

[28] 我们并不考虑这些材料的发表可能减少了它们对于收藏者的价值,这是与它们的发表价值相区别的。发表也可能在相当程度上增加了它们对于收藏者的价值,因为这提高了公众对这些材料的兴趣。

题——如果读者知道传记作家必须获得传记人物的同意才能发表其信件,那么传记的可靠性就将因此受到削弱。因为这种同意,在很大程度上就可能限于选择那些从有利的方面表现传记人物的信件,或者以传记作家删除其传记作品中对传记人物进行批评的那部分内容作为条件。一个批评性传记将转换成一个获得授权的传记,这样就减少了它对于大多数读者的价值。

六、意图发表的未发表材料

显然,如果作者对其尚未发表的作品是打算发表的,那么在此情形中,对未发表作品给予较宽的著作权保护,就具有更强的说服力。但其究竟有多强,则取决于复制者对这些未发表作品的使用。我们先来考察对此类作品的复制性使用,比如在 Nation 案中。由于构成对原始作品的替代,复制性使用就减少了对该作品复制件的市场需求,并因此减少了作者承担该作品创作成本的激励。它可能降低了社会福利,为此目的,我们可将其定义为 $W = N(c+s) - E(N)$,其中 N 现在是指被打算最终发表但尚未发表的作品数量,而其余各项与前述定义相同。这些未发表作品直接列入社会福利函数,因为它们很快就为消费者所获得。设 $\phi = \phi(z)$ 是指一个未经授权的出版者将未发表作品进行复制性使用的概率,该发表是后来获得其著作权人授权所作之发表的一个替代品。这与对那些意图发表的未发表作品的著作权保护程度呈反比,后者我们仍然将之标为 z。在均衡状态下,N 将不断增多,直到预期的生产者剩余等于表达的边际成本,亦即,直到 $[1-\phi(z)]s = E_N$。

当 $c+s = E_N$ 时,W 就在与 z 相关的方面得到了最大化。不过,以 $[1-\phi(z)]s$ 替换 E_N,则得出 $\phi(z) = -c/s$——这是不可能的,因为复制性使用的概率显然不是一个负值。考虑到一个非负值的约束,W 将通过使 $\phi(z)$ 尽可能地小,从而得到最大化,它要求设定 $z^* = 1$。如果我们把著作权保护定义为一个作品不可能被复制的分数,并且假定如果不受法律所禁,则那些意图发表的作品就将得到复制(因为它们产生了生产者剩余),那么 $\phi(z) = 1-z$,并在 $z^* = 1$ 时等于零。

该模型意味着,对于意图发表的未发表作品,应当禁止进行复制性使用,因为它们没有产生抵销性收益。但这样做也有点言过其实。复制性使用将促使该作品较早地在市场上出现,尽管此项收益可能小于因以下两个方面所产生的成本之和,一是损害了有关尽早创作出该作品的激励,二是像其他的商业秘密所有人那样,原始作品创作者必须为阻止任何他人将之率先发表而采取保护措施。进一步的难题在于,复制性使用可能降低复制件的价格,从而为那些即使面临复制性使用而仍然被创作出来的作品,增加了消费者剩余。如果复制性使用只是涉及对原始作品的部分复制,从而并未对之构成完全的替代,那么情况更可能如此。*Nation* 案就是进行部分复制性使用的一个例子;《国家》杂志的文章所替代的是本应刊登在《时代》杂志上的文章,而不是出版社的图书本身。

最后一类,是对意图发表的未发表作品进行某种生产性使用。生产性使用对于原始作品作者的预期收入所带来的负面效果,小于由复制性使用所带来的负面效果。对预期收入的效果甚至可能是积极的,正如从即将发表的来源中仅作适度引用的一个传记或者历史作品的情形中那样。我们不明白的是,为什么在此情形下,应当比在由传记作家或者历史学家从已发表作品中引用简短段落的通常情形,而对合理使用原则作更为严格的解释。

七、案件重评

我们的分析已经表明,就并无发表意图的未发表材料而言,因未发表材料被发表所带来的预期损害通常是非常小的,而且无论如何不会对著作权保护的范围有很高的反应,因此,拒绝给予其著作权保护,并不会让未发表材料的流量哪怕在一个极小的范围内变得枯竭。[29] 而对于发表那些作者最终意图予以发表但尚未发表的作品而言,则因此得出相反的结论,一般来说也是正确的。这些结论就意味着,合理使用原则尤其应当被大量地适用于那些最终

---

[29] 尽管,回想一下我们也承认,未发表材料的质量可能由于缄默因素而在某种程度上会有所下降。

并不意图将之发表的未发表作品——从而与我们在本章一开始所列举案件中的假设相反,虽然很重要的是需要记住,这些案件是在国会修改著作权法的合理使用条款之前所判决的,而该项修订表明,是否发表本身不应决定合理使用原则的可适用性。

Nation 案涉及对意图最终发表(而且也很快就发表了)的未发表材料未经授权而发表的情形,因此,法院判决它不属于合理使用是正确的。但是,Salinger 案与 New Era 案就不是这样了。[30] 在这两起案件中,由于针对未发表材料的发表而发布禁制令,其效果必然是遏制了涉及公众利益相关事务的真实信息,亦即,它们分别涉及一位著名作家与一位杰出宗教领袖的性格。正如有关隐私的侵权法允许那些尽管丢脸或者令人难堪但具有不管是由于内在利益或者该个人名声而导致的新闻价值——亦即在思想或者舆论市场中有价值的"商品"——的事实被人公开那样[31],也应当给予同样的特许,允许他人将那些虽然享有著作权但并不打算最终发表的未发表作品公开。[32] 尽管著作权法并不禁止发表在未发表作品中的事实与思想,但基于前述理由,由该发表所引起的增量性知识的贡献意义重大。这也是塞林格与基督教科学教派竭尽全力阻止他人发表的原因。发表的社会收益无疑小于因传播信息性内容所带来的社会收益,但我们已经看到,发表的社会成本,无论是对于创作出具有可能价值的未发表材料所带来的影响,还是根据该材料作者所享有的合法利益计算,如加以正确分析,都可能是很小

---

[30] 当事人在 New Era 案中寻求禁制令遭拒,但法院的判决意见却暗示着,如果尽早地寻求禁制令,法院就将给予,而这正是使我们认为该判决有误的方面。

[31] 参见,例如 Haynes v. Alfred A. Knopf, Inc., 8 F. 3d 1222(7th Cir. 1993);Richard A. Posner, Overcoming Law,第 25 章(1995)。比较由宪法第一修正案有关言论自由条款的解释而则就侵犯名誉行为获得法律救济之权利所施加的各种限制,在这些限制背后的理论是,提高了公众对这些人物的兴趣,实际上就是因发表有关他们东西而对之提供的一个补贴。

[32] 并请回忆我们此前的观点,隐私利益由于以下事实而被减弱了,即作者已经通过向其所意料的收信人或者向其意料中的日记读者披露令人难堪或者丢脸的事实而就其隐私进行了妥协。

的。在 *Wright* 案与 *Sundeman* 案中[33],针对并不意图发表的未发表作品的合理使用抗辩就得到了法院支持,这对我们而言,更接近于预想的目标。

我们以一个离奇而疑难的案件结尾,即 *Lish v. Harper's Magazine Foundation* 案。[34]《哈泼斯》(*Harper's*)杂志有一个栏目叫做"读物",其中刊载它认为读者感兴趣的材料。该案起因是在"读物"栏中收录了一封尚未发表的信件,编辑将之缩减为原信长度的52%。原信作者是讲授创造性写作课的一位著名教师戈登·利希(Gordon Lish)。他将此信发给49位可能参加创造性写作课的学生。按法院的描述,信中"包含了大量不同的材料,从有关该课程逻辑的基本知识,关于学生被要求在班上如何活动的指示,到辞藻华丽地激励学生做出英雄事迹的篇章。此信无论就其事实内容还是风格特点而言,均颇有趣味"。[35]《哈泼斯》本来可以对这封信变换措辞以避免构成侵权,但这样一来就可能丧失了原信风格,用该杂志的其中一位证人的话来说,"这封信就会从言词夸张转向平庸,变得充满俚语。这种风格就是通过这些手段来表现各种不同的手法,这样才能在语言上产生效果"。[36]法院拒绝采信有关合理使用的抗辩。法院认为,《哈泼斯》通过一些简短的引用就能够达到说明利希风格的目的,而且,法院似乎对《哈泼斯》复制了该信的大部分而深表不满。

虽然法院认定,该信对于利希来说没有任何商业价值,但是仍然拒绝了该项抗辩;换言之,这是一个对并不意图发表的未发表材料加以复制的例子。或者,它真是这样的例子吗?它似乎更像是介乎我们假定穷竭了该领域的那两类未发表材料的中间形态。因为从事实上来说,它是涉及限量发表的一个例子。该信件发送给49位未来的学生。无疑,利希也向类似的其他组的学生发送了同样的信件。这些信件的目的是用于招揽学生,毫无疑问,它们是按

---

[33] 参见前揭[11]与前揭[20]。另参见 *Norse v. Henry Holt & Co.*, 847 F. Supp. 142 (N.D. Cal. 1994).
[34] 807 F. Supp. 1090 (S.D.N.Y. 1993).
[35] 同上揭,第1095页。
[36] 同上揭,第1099页。

此思路来花费时间起草的。未经利希许可而发表这些信件,就威胁到对其所偏好的发表模式的干涉。正如法院所认定的,这些信件本身可能并不适于销售,但它们通过刺激对其创造性写作课程的需求而间接地产生收入,因为该课程属于他的私人投资,并非大学课程的一部分。初看之下,这个案子也许与 Nation 案的差别并不算大。我们前面提到的分析虽然没有出现在法院的判决意见中,但它的某种直觉可能影响到了案件处理结果。

第 6 章
合理使用、滑稽模仿与嘲讽表演

滑稽模仿与嘲讽表演是古老的文学体裁——《蛙鼠大战》(*The Battle of Frogs and Mice*)就是古希腊人对《伊利亚特》的一个滑稽模仿——它们的效果取决于对原始作品中显著特征的复制,而如果没有这些特征,滑稽模仿与嘲讽表演就将意味尽失。以下是匿名诗《牙医的独白》(Dental Soliloquy)的开头:

> 拔还是不拔?那是一个问题;
> 让下巴遭受一颗痛牙的折磨,
> 还是用钢扦对准了这痛苦根,
> 哪一样更好;
> 还是,使劲拔,就没了痛?连拉——带拽!
> 不再存在;就这么一拽,
> 我们终结了牙痛,而下巴要接着承受
> 一千种自然病;就此而论,这就是
> 诚挚所愿的一个完美结局?[1]

还有,借"迈拉·巴特尔"(Myra Buttle)之名创作的"The Sweeniad"第二节就是对《荒原》(*The Waste Land*)开头一节*的一个滑稽模仿(脚注省略):

> 星期天是最乏味的日子,把笑声
> 当作不敬的声音,混合着
> 崇敬与绝望,再用那

---

〔1〕 引自 Beate Müller, "Hamlet at the Dentist's: Parodies of Shakespeare",载 *Parody: Dimensions and Perspectives* 127, 141 (Beate Müller 编,1997)。

*《荒原》第一节的中译以及原文在本章结尾的附录中,以供对照。——译注死的形式干掉新的思想。
工作日带给我们希望,用重新流行的
戏剧来缓解工作,就在此中
指望着将来的生活。
口干得让人受不了,想起百威啤酒
映在霓虹灯上:我们点着美钞
然后消失在夜晚的空气中,走进马龙尼酒吧,
喝着威士忌,再闲聊一个钟头
Das Herz its gestorben, Swell Dame, echt Bronx.
出来坐在栅栏上,旁边站着达赖喇嘛
我的叔叔,他让我骑上牦牛
而我一言不发。他说,玛米
玛米,抓紧它的耳朵。于是我们就离开
在小孩那边,我们就感到安全
一年里我多半在喝酒,然后我喝了一瓶维希矿泉水。

　　尽管有更多的用语被换掉了,但这几乎就是这种做法的一个翻版,即莎士比亚对克莉奥佩特拉的描写是诺思对普卢塔克翻译的一种复制(参见第 2 章)。既然艾略特的诗是仍然受著作权保护的,为什么进行滑稽模仿的人并不构成侵权呢?这是因为,滑稽模仿者对原始作品的使用可能属于合理使用。最高法院已经确认,滑稽模仿可能就是一种合理使用,但拒绝提供进一步的指导规则,而是作出如下裁决,某一特定的滑稽模仿是否属于合理使用应取决于个案的情况。[2] 以第 4 章对合理使用原则的讨论为基础,经济分析就能够为此提供实质性指导,但我们首先必须对滑稽模仿的本质与目的形成一个清楚的认识,对此我们可以借助于文学理

---

[2] *Campbell v. Acuff-Rose Music, Inc.*, 510 U. S. 569 (1994). 法院撤销了给予有利于原告的简易判决之决定,但并没有明确裁决被告的滑稽模仿是一种合理使用,而是泛泛地暗示它就是合理使用。该滑稽模仿是对歌曲"Pretty Woman"的一个说唱(Rap)版。它使用了其中的曲调(尽管有所改变)和一句歌词。参见 Anastasia P. Winslow, "Rapping on a Revolving Door: An Economic Analysis of Parody and *Campbell v. Acuff-Rose Music, Inc.*", 69 *Southern California Law Review* 767 (1996).

论家们。[3]

如果用它的一个同义词,滑稽模仿就能够很好地被人理解了:这就是模仿(takeoff)——即对另一作品或者作品体裁的模仿。它从被模仿的作品中提取人物、事件、对话或者其他方面的东西,然后将其拿走,创作出一个新的作品。通常,被借用的因素与新因素之间存在着一种不协调,而正是这样,滑稽模仿者开始"抓住某个[严肃]作者或者某一派作者风格的本质,然后就顺着编造一个海外奇谈式的事件片断(outlandish episode),并用该风格进行表达"。[4]"最高级的那种滑稽模仿可以被定义为,在散文或者诗歌领域的一种幽默而又符合美学要求的创作,通常该写作并无恶意,其中,通过一种被死板控制的扭曲手法,对象的最引人注目的特征以及某一文学作品、一位作者或者一种流派或者作品种类的风格,就以这样一种方法得到了夸张,以引导出对原始作品的一种默示性的价值判断。"[5]不过,并非所有的滑稽模仿都是幽默的,正如并非它们全都没有恶意。《风已飘逝》(*The Wind Done Gone*)是对《飘》(*Gone with the Wind*)的一种并不好笑但批评得非常尖锐的滑稽模仿,意在指出滑稽模仿者所认为的这部著名小说中存在的种族主义。[6]

一、著作权问题

所以说,滑稽模仿既涉及对一个既有作品的取用,也涉及或多

---

[3] 参见,例如 Simon Dentith, *Parody* (2000); Margaret A. Rose, *Parody: Ancient, Modern, and Post-Modern* (1993); Linda Hutcheon, *A Theory of Parody: The Teachings of Twentieth-Century Art Forms* (1985); Seymour Chatman, "Parody and Style", 22 *Poetics Today* 25 (2001); "Symposium on Parody", 13 *Southern Review* 2 (1980); G. D. Kiremidjian, "The Aesthetics of Parody", 28 *Journal of Aesthetics and Art Criticism* 231 (1969); J. G. Riewald, "Parody as Criticism", 50 *Neophilologus* 125 (1966).

[4] Kiremidjian,前揭[3],第 235 页。

[5] Riewald,前揭[3],第 128—129 页。

[6] 参见 *Sun Trust Bank v. Houghton Mifflin Co.*, 268 F.3d 1257 (11th Cir. 2001).

或少的创造性的注入。但通常,被滑稽模仿的作品中任何享有著作权的因素却并没有被取走。下面这种情况就更有可能如此,其中被滑稽模仿的对象并不是单独一个作品,就像我们一开始所提到的对于《哈姆雷特》以及《荒原》的滑稽模仿,而是针对某一作家(或者画家、作曲家)的全部作品——简言之,他的风格或者观点。而风格是不可以享有著作权的(尽管它可能受到商标保护[7],以作为防止剽窃的一种方法),思想或者观点,或者一种完整的体裁(例如,十四行诗、哥特派小说、音乐喜剧)也都是没有著作权的——并且,一种独特的风格、观点或者体裁的选择,是可以在未使用某一作家的实际词句、人物或者故事线索的情况下,如用魔法般地呈现出来的。一个标题并没有著作权,通常的人物角色(例如精明强悍的私人侦探、守财奴、拉丁情人)或者标准的故事情节(红颜薄命的情人等等)也是没有著作权的,因此,一个滑稽模仿者如果只是从某个享有著作权的作品中抽取这些东西,那么,他也不会因此构成侵权。迈拉·巴特尔即使不把诗歌韵律和故事线索粘得这么过于相似,也能够对 T. S. 艾略特进行一番有效的滑稽模仿,尽管并不能针对《荒原》本身。马克斯·比尔博姆(Max Beerbohm)对亨利·詹姆斯(Henry James)所作的那些著名的滑稽模仿,比如《中长距离的一粒尘埃》(*The Mote in the Middle Distance*)与《报酬》(*The Guerdon*),就不属于侵权案件之列,因为它们并不与詹姆斯的任何一个特定的故事或者小说有着实质性相似。

但是,如果滑稽模仿者确实从被滑稽模仿的作品中拿走了享有著作权的因素,则可以主张该行为应当被认定为一种侵权行为,而不管其所添加部分的创造性有多大。把享有著作权的因素与新加入的创造性因素相结合,这只是一个演绎作品,而我们知道,现代著作权法出于一些正当理由,把制作与出售演绎作品的专有权分配给原始作品的著作权所有人。法律并不管演绎作品究竟在多大程度上变得"更好"或者在商业上更有价值。当原始作品及其演绎作品的所有权利都集中于一人之手时,交易成本就得到了最小化。

---

[7] 参见 *Romm Art Creation*, Ltd. v. *Simcha International*, Inc., 786 F. Supp. 1126 (E.D.N.Y. 1992)。

不过,我们在第 4 章就有关图书评论而提出的一个观点指出,在许多滑稽模仿中存在着一种合理使用的抗辩。尽管图书评论有时导致对图书的需求减少,但是,若果真发生这样的事情,其原因也并非由于该评论供给了这种需求——极少有图书评论会构成对图书本身的一个相近替代品——而是由于它指出了书中的瑕疵,并因此提供了有用的信息,而没有对于创作富有价值的知识财产的回报造成破坏。由于暴露其成就的不足从而给一位作者所带来的损害——这是因为大家注意该作者所创造的知识财产在价值上的欠缺而产生的——并不属于著作权法应当关注并予以阻止的那种损害。显然,并非所有包含错误的书籍就都变得一文不值;事实上,由于其他的抵销性力量,图书尽管可能存在很大的不足而仍然具有社会价值。但是,这样的图书并不会被一篇强调其缺点的负面性书评所击垮。思想与意见的市场将产生一种对强调该图书优点的其他书评的需求与供给。换言之,批评性图书评论本身是一种很有价值的知识财产,而如果没有合理使用抗辩事由,则这种形式就会价值大失。

虽然滑稽模仿与图书评论不同,它并不兼为一种广告方式,但是,滑稽模仿通常就是批评的一种方式,即一种通过荒谬的方式进行的批评[8],无论是有趣的还是粗野的抑或两者兼而有之。一篇图书评论通常承担着向公众介绍某一本书的使命,而滑稽模仿的读者则必须对该被模仿作品已经具有某些或者相当程度的熟悉,才能达到这样的效果——事实上,那些并不是很有名的,并因此而不可能已经被大量的人,亦即该滑稽模仿的潜在观众所认识的作品,极少有被滑稽模仿的。所以,滑稽模仿并不符合那种"损害为负且由原始作品的作者默示同意复制"的合理使用类型。与评论不同,它们并不提供有关体验商品(experience good)的信息,并趋向于扩大那些商品的需求——被滑稽模仿的作品往往已经充分为人所知,它不再是一件体验商品。因此,如果在无知之幕背后来选择一种著作权体制,我们并不期望表达性作品的创作者会同意滑稽模仿应当像图书评论那样,有权获得合理使用的特权。对于滑

---

[8] 参见 Kiremidjian,前揭[3],第 234 页;Dentith,前揭[3],第 32—38 页。

稽模仿而言,其合理使用特权的基础在于它们的批评功能。如果一个滑稽模仿者不得不获得一个有关复制被滑稽模仿作品的著作权许可,那么,批评就将受阻。而且,即使给予许可,这也将破坏该滑稽模仿作为批评的可靠性,正如在有关被许可的图书评论这个相同的例子中所表明的那样。滑稽模仿的读者将因此怀疑滑稽模仿者是否为了以一个更低的费用获得许可而手下留情。

滑稽模仿因其焦点在于某些作者的特有风格,从而被称作一种有限的批评方式:

> 滑稽模仿自然地倾向于成为既有形式的监督者,对文学上的极端做法进行纠正……[它因此]趋向于把自己限定在"这样的一些作者,他们的风格与思维习惯由于更加引人注目与富有特色而更能够加以夸张与扭曲"。这种倾向就严重地限制了批评性滑稽模仿的范围,因为它显然忽视了这样的事实,即缺乏任何"引人注目与富有特色"的风格与思维习惯,是平庸而非才能的一个征兆。[9]

这就夸大其词了。有大量的滑稽模仿是针对平庸之作的,比如在乔伊斯的《都柏林人》(Dubliners)以及《尤利西斯》(Ulysses)中的Gerty MacDowell 片断[10],其他还有许多的例子;平庸之作往往是比较荒谬的。而许多大作家对风格的滑稽模仿,比如莎士比亚在《哈姆雷特》中对马洛(Marlowe)的滑稽模仿[11],比尔博姆对詹姆斯与莎士比亚的滑稽模仿[12],则都集中于被滑稽模仿作家的风格

---

[9] Riewald,前揭[3],第 132—133 页(脚注略)。

[10] 其风格"在相当程度上受惠于这样的风格",即玛丽亚·卡明斯(Maria Cummins)的小说《点灯人》(*Lamplighter*,1854),该小说的女主人公就名叫 Gerty。Don Gifford 与 Robert J. Seidman, *Ulysses Annotated: Note for James Joyce's Ulysses* 384,注 1(第 2 版,1988)。

[11] 在演员夸夸其谈的讲话中,叙述了皮洛斯(Pyrrhus)杀死普里阿摩斯(Priam)的故事(第 2 幕第 2 场 450—518),它模仿了克里斯托夫·马洛的戏剧《迦太基女王狄多的悲剧》(*The Tragedy of Dido, Queen of Carthage*)中埃涅阿斯(Aenea)对同一事件的叙述(第 2 幕第 1 场 518—558)。

[12] 后者是在"Savonarola's Brown"中,载 Max Beerbohm, *Seven Men and Two Others* 233, 246(1950)。

的可批评性(无论恰当与否)特征上——在这些例子中,就是指伊丽莎白时代的用语浮夸与詹姆斯时代的繁复晦涩。另一个例子是对史诗的形式、对话——与矫饰做作——进行滑稽模仿:例如,蒲柏(Pope)的《秀发劫》(*Rape of the Lock*)就是对《失乐园》(*Paradise Lost*)的滑稽模仿。而且,滑稽模仿也能够成为政治批评的一种方法,比如在《风已飘逝》中。

滑稽模仿与图书评论的另一不同点在于,它更可能构成对原始作品需求的部分供给。电影《两傻大战科学怪人》(*Abbott and Costello Meet Frankenstein*)是对早期电影《科学怪人》(*Frankenstein*)、《吸血鬼》(*Dracula*)与《狼人》(*Wolf Man*)的一种滑稽模仿,它在一个达到正片应有长度(feature-length)的模式中,复制了这些被模仿作品的主要角色与主题,以使观众可能偏好于观看(或者更可能的是再次或者第三次来看)所有这三部原始作品。[13]《新科学怪人》(*Young Frankenstein*)也是一个类似的滑稽模仿,尽管它只是针对《科学怪人》,而《一咬钟情》(*Love at First Bite*)*则是对《吸血鬼》的一个相似的滑稽模仿。大多数滑稽模仿是幽默的(比如在刚才所举的一些例子中),而许多人是偏好于一种幽默而甚于严肃的原始作品版本,尤其是当原始作品本身纯粹是意图供人娱乐,而非托以道德或者知识使命时。有些滑稽模仿是对一个本来并非色情的原始作品的色情版本,这样,它们就可能为原始作品的那些喜欢在其娱乐中加入性趣味的人们,供给其需求。我们把那种以自身作为被滑稽模仿作品的可能替代品(possible substitutes)的滑稽模仿,称作"嘲讽表演"(burlesques)[通常并不是完全替代品(perfect substitutes)]。不过请注意,就它们抓住了对原始

---

[13] 但正如 Don Harries,*Film Parody* 19(2000)所指出的,制作《两傻大战科学怪人》的环球电影公司(Universal Pictures),就是该片所模仿的早期三部恐怖电影的所有权人。这意味着,该滑稽模仿版并不希望从被滑稽模仿的电影那里抢占观众——更准确地说,不会抢走那么多的观众,以使该滑稽模仿成为损失大于票房所得的一个原因。有关电影的滑稽模仿,除 Harries 的书外,还可一般性参见 Wes D. Gehring,*Parody as Film Genre*:"*Never Give a Saga an Even Break*" (1999)。

* 此为港译,取"一见钟情"(love at first sight)之谐义。台湾译作《前世怨家今世欢》。——译注

第 6 章 合理使用、滑稽模仿与嘲讽表演　**183**

作品有利的吸引力这一点来说,嘲讽表演既涉及替代性因素也涉及互补性因素,从而为原始作品提供了免费广告。

滑稽模仿的另一个显著特征,使得合理使用分析更趋复杂。它并不总是对被滑稽模仿的作品本身加以嘲弄或者批评。相反,它可能利用该作品——将它当作优秀的标准——而来贬低其他的东西,就像 T. S. 艾略特在《荒原》中,从圣·奥古斯丁、但丁、莎士比亚、斯宾塞、马维尔(Marvell)以及其他为艾略特所竭力推崇的经典作家那里复制了一些段落,以期通过对比的手段,来显示艾略特所认为的现代生活中的卑鄙自私与精神空虚。换言之,在滑稽模仿中使用的被复制作品可能只是手段(weapon)而不是目标(target)——在此情况下,为什么原始作品的所有人会不愿意许可进行滑稽模仿,特别是当它可能在相当大程度上引起对被滑稽模仿作品的有利的注意时?以滑稽模仿为"手段"的形式,在案件中倾向于被称为"讽刺"(staire)。它可以通过一个诉讼案件加以说明,该案由瑟斯(Seuss)博士图书的著作权所有人针对一本图书的出版商所提起,因为后者——奇怪的是——以瑟斯博士的风格叙述了有关 O. J. 辛普森杀人案审判这样的事件。原告在该案中胜诉。[14] 有些作品兼属滑稽模仿与讽刺。其中一个例子是杰夫·孔斯(Jeff Koons)的小狗雕塑(参见第 9 章),也可能是马奈的"奥林匹亚"(*Olympia*)(参见第 2 章),在该画中,提香(Titian)的《乌尔比诺的维纳斯》(*Venus of Urbino*)被改换成了巴黎妓女。当然,著作权所有人很可能并不想与讽刺发生关联,也常常可能就是这样。但是,如果他因为嘲讽表演将对自己的社会观点进行错误描画从而拒绝对之给予许可,那么,这种拒绝就阻止了公众的混淆,从而是有效率的。我们在后来将举例说明。

就像讽刺那样,嘲讽表演也不倾向于成为对被滑稽模仿作品的批评,这可以用《两傻大战科学怪人》来说明;其他的例子还有,电影《无影无踪》(*Clueless*)是对简·奥斯汀的小说《爱玛》的模仿,而电影《紧张大师》(*High Anxiety*)则是对希区柯克《迷魂记》

---

[14] 参见 *Dr. Seuss Enterprises v. Penguin Books USA*, *Inc.*, 109 F. 3d 1394 (9th Cir. 1997)。

(*Vertigo*)的一种模仿。一部作品如果对某一早期作品提出过批评,它就不可能让自己成为为该早期作品的替代品,除非该批评属于温和地"开玩笑"的那种类型;《两傻大战科学怪人》就是对原始作品开玩笑,而大多数观众无论如何也从来没有对原始作品当真过。完整地说,某些杰出的滑稽模仿(区别于嘲讽表演以及作为"手段"的滑稽模仿),例如比尔博姆对詹姆斯的滑稽模仿,只是一种轻微的批评或者也许根本就不是批评,它们的主要目标或者唯一目的就是为了娱乐,而不是把它们自己提供为原始作品的替代品。

如果滑稽模仿既不是讽刺也不是嘲讽表演,那么有关合理使用的主张就更有说服力了,如果它是批评性而不仅仅是娱乐性的,同样更有说服力,而且,滑稽模仿从被模仿的作品中借用越少,它的合理使用主张就更有说服力。如果只是给原始作品的角色起一些好笑的名字或者让它们以滑稽可笑的腔调讲话,那么,未经著作权人的同意,就不应允许其对一个完整的享有著作权的作品加以复制。因为如果这样做,他就把原始作品的观众中那些愚笨或者粗俗之人都给吸引走了——而这些人可能在潜在观众中占有很可观的比例。从字面上看,它就等同于在一个等式的两边同时乘以-1,或者等同于把按某一个调所写成的音乐作品转换成另一个调。但是,这只是换一种表达来说明如下观点,即法律应当对"真正的"滑稽模仿与嘲讽表演相区别,并对于后者以及讽刺的合理使用抗辩予以拒绝。从此处开始,我们在使用"滑稽模仿"一语时,一般不包括嘲讽表演。

我们已经说过,滑稽模仿者从原始作品中所提取材料的数量具有相关性;但其相关性只是证据意义上的。它所提取的越多,所谓的滑稽模仿就越可能在实际上被意图用作并且被公众接受为原始作品的替代品。但是,正如在第4章所讨论的并非属于滑稽模仿的"豆豆娃"案件中那样,也存在这样的案例,其中,如果不对原始作品整体加以复制,那么滑稽模仿就无法达到预期的效果;还有另一个引起争议的例子,即属于滑稽模仿的杰夫·孔斯的雕像,对此将在第9章中加以讨论。一般而言,原始作品的篇幅越短,对它的复制就必须越多,以便引起观众对原始作品的回忆。例如,在

第 6 章 合理使用、滑稽模仿与嘲讽表演

Campbell v. Acuff-Rose Music, Inc. 一案中[15],被告如果不"引用"该曲调的实体性部分,就无法让观众想起歌曲"Pretty Woman"*。一个滑稽模仿者不必引用其中的 7%,就能让人想到《战争与和平》(*War and Peace*);但是,如果他引用了一首十四行诗的 7%(亦即单独一行),那么他就可能失去其意料中的读者,尽管这也将取决于该十四行诗,并取决于读者。同时应当记住,即使一个受到指控的滑稽模仿实际上就是一种讽刺或者嘲讽表演,从而通常就不符合合理使用特权的资格,但其作者仍具有对原始作品作最低限度(de minimis)引用的合理使用特权,因为此等有限度的引用,更可能是增加而非减少了对原始作品的需求;它是一个引题、一种招徕(come-on)——免费广告的一种形式。

我们借助第 2 章所介绍的经济学家对替代品与互补性产品之间的区分,就能使我们对于滑稽模仿的分析更加清晰深入。通常,那种对原始作品构成互补性的复制(在钉子与锤子构成互补的意义上而言)就是合理使用,但那种成为原始作品替代品的复制(在钉子是螺钉或者螺丝的替代品的意义上而言)就不是合理使用。[16] 如果钉子的价格下跌,则对锤子的需求就会上升,而对螺钉或者螺丝的需求则将减少。锤子的生产者就希望有一个对便宜钉子的充分供给,同样,出版者希望他们的图书能获得评论——这是免费的广告——而不想让这些评论由于这样一项规则受到贬抑,即如果评论者想要引用该图书的内容,就必须从出版者那里获得著作权许可。一个产品与该产品的广告是互补的[17],而一本图书与一个图书评论也是同样的关系。

---

[15] 参见前揭[2]。

* 同名电影插曲,而电影片名译作《漂亮女人》或《风月俏佳人》,港台译作《麻雀变凤凰》。指称歌曲时,仍用其英文名。——译注

[16] 参见 *Davis v. The Gap, Inc.*, 246 F.3d 152, 175—176 (2d Cir. 2001); *Sun Trust Bank v. Houghton Mifflin Co.*, 前揭[6], 268 F.3d, 第 1277 页(同意意见); Wendy J. Gordon, "Fair Use as Market Failure: A Structural and Economic Analysis of the Betamax Case and Its Predecessors", 82 *Columbia Law Review* 1600, 1643 注 237(1982)。

[17] 参见 Gary S. Becker 与 Kevin M. Murphy, "A Simple Theory of Advertising as a Good or Bad", 108 *Quarterly Journal of Economics* 941 (1993)。

互补性复制（complementary copying）与替代性复制（substitutional copying）之间［有时——尽管对我们来说这似乎是混淆性的——被称作"接替性"（superseding）与"转换性"（transformative）复制件之间］[18]的区别，也可以通过滑稽模仿与嘲讽表演之间的区别作为例子加以说明。滑稽模仿并不是原始作品的一个替代品。但是，它必须对该作品进行足够的复制，以使滑稽模仿能够被人认出来，而据此复制的量就决定了它属于合理使用。[19] 正如我们所列举的那几个例子那样，为让人想起原始作品所必需复制的量可能是非常小的。被滑稽模仿的作品越是不同寻常，就越容易让人想到它，而无需过多地实际引用，甚至可能不需作任何的实际引用。

一个敌意的滑稽模仿可能减少了对被滑稽模仿作品的需求。但是，正如在有关竞争性商品的通常情形中那样，这并不是由于它构成替代。一件商品之为另一件商品的消费性替代品，是因为它以一个可比性价格提供了与第一件商品同样的满足。在此意义上，敌意的滑稽模仿很明显并不是原始作品的一个替代品。从短期来看，它对原始作品的需求根本不可能产生任何消极影响，因为它主要是由那些已经购买了原始作品的人来购买的——此前并不知道该原始作品的人并不会意识到这就是被滑稽模仿的作品；他们也就不能理解该滑稽模仿的内容或者从中获得效用。从长远来看，随着该滑稽模仿的用语被传播开来，它可能减少了对原始作品的需求，因为它使得该作品成为人们嘲笑的对象，并因此而使消费者转向其他的竞争性作品。

相反，嘲讽表演通常只是对原始作品的一种幽默性替代品，从

---

[18] 参见，例如 *Campbell v. Acuff-Rose Music, Inc.*，前揭[2]，510 U.S. 579。我们在第4章中对这一词语学的效用提出了疑问。

[19] 参见 *Campbell v. Acuff-Rose Music, Inc.*，前揭[2]，510 U.S. 第579、580—581 页注 14，第 588 页；*Sun Trust Bank v. Houghton Mifflin Co.*，前揭[6]，268 F.3d，第 1271 页；*Leibovitz v. Paramount Pictures Corp.*，137 F.3d 109，114 (2d Cir. 1998)；*Dr. Seuss Enterprises L.P. v. Penguin Books USA, Inc.*，前揭[14]，109 F.3d 第 1400 页；Melville B. Nimmer 与 David Nimmer，*Nimmer on Copyright*，第 4 卷，§ 13.05[C]，pp. 13—203 至 13—218 (2002)。

而通过提供替代品,减少了对原始作品的需求。具有这一特征的嘲讽表演,因为迎合了原始作品市场中喜欢幽默的那部分人的需求,从而并不属于合理使用。[20] 这个区分默含于在所有滑稽模仿的案件所声称的假设当中,即滑稽模仿者从原始作品中所拿走的,不得多于为使原始作品呈现出来并因此而让读者明白其作品事实上系一个滑稽模仿之作所必需的量。这一"规则"不应从字面上理解;一个滑稽模仿者如果从原始作品中大量复制但又在每一阶段都加以嘲弄,那么,他就没有向那些喜欢该原始作品的观众或者读者提供该复制件而成为其替代品。毋宁说,该问题是一个证据性问题:滑稽模仿者从原始作品中所拿走的越多,他就越可能从被滑稽模仿作品那里吸引走更多的观众,而它的手段并不是通过说服他们该原始作品如何不好(因为那不是一种替代性效果),而是为之提供了一个替代品。

某一作品究竟是滑稽模仿还是嘲讽表演,其中一个检验标准就是,观众是否必须意识到原始作品之后才能欣赏新的作品。在嘲讽表演的情况下,观众无需如此;大多数观赏电影《无影无踪》的人,可能从来就没有阅读过或者甚至听说过简·奥斯汀的小说《爱玛》,而正如我们对该术语的定义,《无影无踪》就是一个嘲讽表演。只有当原始作品受到批评时[21],对原始作品的熟悉才是必需的,正如一个人如果不了解被批评的对象,就不可能感受到批评的力量。不过,与替代相关的问题并不会因为这样一番说明就得到平息。如果《爱玛》仍然享有著作权的,其著作权人就无法让好莱坞有兴

---

[20] 参见 *Benny v. Loew's Inc.*, 239 F.2d 532, 536—537 (9th Cir. 1956),因最高法院在此案中两派意见的人数相等而维持原判,*Columbia Broadcasting System, Inc. v. Loew's, Inc.*, 356 U.S. 43 (1958) (法庭全体同意);参见 Nimmer 与 Nimmer,前揭[19],第 4 卷,§ 13.05[B][1], pp. 13—194 至 13—195,13.05[C];比较 *Campbell v. Acuff-Rose Music, Inc.*,前揭[2],510 U.S. 第 580—581 页注 14,第 591 页。

[21] 批评当然也可能是赞赏性的,甚至用另一词语,比如评论,来表述可能效果更好。书评并不因其对图书有利而丧失其合理使用之特权! Chatman(前揭[3])主张,比尔博姆对亨利·詹姆斯所作的柔性滑稽模仿就能够帮助读者理解在詹姆斯后期小说中的繁复晦涩文体的文学功能。

趣将之拍摄成电影版本,因为这将使它"就像"《无影无踪》。[22] 但是,事实证明它并不是一个好例子,因为在 1996 年,也就是在《无影无踪》放映仅仅一年后,由格温妮丝·帕特洛(Gwyneth Paltrow)主演的《爱玛》的电影版就出现了。而我们也记得,环球电影公司就为它自己的恐怖电影制作了一个嘲讽表演版。而且,再次宣扬一下本书反复提及的一个主调,著作权保护可能已经过于宽泛了,而如果真是这样,那么,扩大合理使用原则以使之包含嘲讽表演,就可能通过削减该保护范围而提高整体的经济福利。即便如此,通过使嘲讽表演享有高于其他替代性复制形式的特权,从而产生一种进行嘲讽表演的人为激励,以削减著作权保护范围,这一点仍然存疑。

尽管嘲讽表演不同于滑稽模仿,它并不以原始作品已经为观众所知为前提条件,但是,可能受到嘲讽表演的,往往只是那些业已为公众所周知、并可能因此取得了商业成功的作品。正是原始作品中已经被证明了的成功,才形成了这样的预期,对该作品的嘲讽表演也会成功。由此可以提出这样的主张,认为著作权人已经收取了正当的回报,不应再坚持视嘲讽表演或者滑稽模仿为演绎作品而从中分享利润了。相反的主张则将注意力集中于对事前与事后的前景的区分上,并且指出:从事后角度看,一个成功的知识财产作品——比如一出流行一时的百老汇戏剧、一本畅销书或者一首当红的歌曲——显然给其创作者带来了意外之财;但从事前角度看,该创作者面临的是一条有关可能结果的分布曲线(distribution),而如果削去该分布曲线的上端部分,则其平均值将会减少,从而就降低了创作知识财产的激励。不过,该相反主张的说服力并不强,其原因同于我们在第 4 章就有关演绎作品的讨论。我们指出,对演绎作品的控制权只是为原始作品的创作者提供了增量性收入(incremental income),而如果考虑到任何为形成有关创作表达性作品的最优激励所必需的著作权保护是不确定的,那么,声称该增量是使激励最优化所必需的,就大可令人怀疑了。嘲讽

---

[22] 不过,这就意味着,如果《爱玛》仍有著作权,则《无影无踪》将侵犯其著作权——而这一点并不确定。

表演也是一种演绎作品;而且,正如我们所指出的,它通常是对一个业已取得商业成功的原始作品的演绎,这就减少了从激励的观点来认定该增量是必需的可能性。不过,也正是因为嘲讽表演是一个演绎作品,所以,我们主张演绎作品由其原始作品创作者享有控制权而提出的理由,也同样可用于支持这样的做法,即法律需要在滑稽模仿与嘲讽表演之间作出区分,并对后者的合理使用抗辩不予支持。

本书的作者之一曾经在大学时代参与了一出名为《丑陋娘儿们》(*My Ugly Broad*)的音乐剧的谱曲与表演,该剧是对《窈窕淑女》(*My Fair Lady*)的一个嘲讽表演,尽管它从未成为诉讼的对象,但它可以作为一个例子,以一种有趣的方式来说明本章的相关问题。勒纳(Lerner)与洛伊(Loewe)的音乐剧《窈窕淑女》(在当时刚上演不久),讲的是一个语言学家如何把一个操伦敦土话的姑娘包装之后假充匈牙利贵族的故事,但它本身就是萧伯纳(George Bernard Shaw)的舞台剧《卖花女》的一个音乐版,而后者反过来又是以奥维德(Ovid)的史诗故事"皮格马利翁与葛拉蒂亚"(*Pygmalion and Galatea*)为基础的(我们在第2章所举的例子之一,说明很多演绎作品在本质上具有相当高的文学创造性)。《丑陋娘儿们》把这个故事给颠倒了,变成了这样一个故事,即一个兄弟会成员如何发誓要把一个漂亮姑娘变得丑陋不堪,从而能够让她在兄弟会的"猪猪之夜"(pig night)中假充一头"猪"。该嘲讽表演在相应地修改歌词之后,运用了《窈窕淑女》中的曲调。这里没有任何对勒纳与洛伊的音乐剧进行批评的意图,甚至也没有对"猪猪之夜"这一习俗的批评;其唯一目的就是为了娱乐。这是一个纯粹的嘲讽表演,尽管它在诸多方面不同于我们在此前所讨论的嘲讽表演,比如《新科学怪人》与《无影无踪》。只是因为制作上的业余性,它并没有把自己向任何观众提供为被嘲讽表演的原始作品的替代品,尽管假若其寻求许可,则其可疑的品味很可能导致《窈窕淑女》的著作权所有人拒绝给予著作权许可。

请记住,《著作权法》第107条指示法院在认定某一复制行为是否属于合理使用时,所要考虑的第一个因素是"该使用是商业性的抑或出于非营利的教育目的"。如果把权衡的重点放在"商业性"这一术语上,那么,因素(1)就可能帮助法院确定这样的情形,其中,复制是被意图用来替代原始作品而非对之提出批评,因为相对而言,公众对于批评的兴趣会更小。当然,也存在着许多例外,并且在实际上,属于合理使用的复制大多是商业性的。但是我们在这里所说的只是关于滑稽模仿,而大部分人或者因为缺乏足够的文化背景,不能认出大多数包含在滑稽模仿中的原始作品,或者由于未持有一种批判立场,对他们所看到的表达性作品大多予以充分欣赏,并因此不会就针对它们的批评而产生好感。《丑陋娘儿们》并不是批评性的,但它也不是商业活动,而它并没有把自己提供为一个替代品的背后原因之一在于,它不够专业。

以《丑陋娘儿们》为典型的这种嘲讽表演,实际上正是一个演绎作品。没有任何理由可以解释,为什么仅仅因为它是幽默性的就应当与其他演绎作品区别对待。能够主张合理使用抗辩的,是因为真正的滑稽模仿所具有的批评性特征。但是,必须把批评与冒犯(offensive)区别开来。有一起案件[23],因为"被滑稽模仿的"材料是处于公共领域中的,故没有成为著作权案件,但它可以作为例子来说明这一问题。此案被滑稽模仿的是英国艺术家奥勃里·比亚兹莱(Aubrey Beardsley)的绘画作品,这些都是色情之作,但也具有卓越的艺术性。有一位受雇于某社区大学的美术教师利用染色玻璃将这些绘画进行了复制,然后在该大学的休息室展出。为了把复制件中的人物区分开来,他使用了不同颜色的玻璃,尽管他并没有中伤之意,但碰巧对画中的女人用了琥珀色而对男人用了白色,此举被该大学的黑人清洁工抨击为一桩种族冒犯性表示。该大学遂把这些画挪到校内一间较为偏僻的陈列室内,这就导致该教师提起了一场关于言论自由的诉讼,不过原告败诉。从我们的目的出发,该案的意义仅仅在于,既然该复制可能是冒犯性的,那么,它就无意作为对比亚兹莱的批评、讽刺或者其他评论。这是一个"纯粹的"演绎作品,因此,如果被复制的绘画作品享有著作权,那么复制者就不能以合理使用作为抗辩。

---

[23] 该案就是 *Piarowski v. Illinois Community College District* 515,759 F. 2d 625 (7th Cir. 1985)。

第 6 章 合理使用、滑稽模仿与嘲讽表演

因此,无论嘲讽表演是否将自己提供为被嘲讽表演的原始作品的替代品,它们对于合理使用抗辩的主张都不够有力。在滑稽模仿中被复制的享有著作权的作品,如果是被用作进行批评的手段,而不是作为滑稽模仿的批评目标,那么,无论该批评是关于社会的、政治的抑或美学上的,也都不能以合理使用作为抗辩。当然,如果任何滑稽模仿的创作都须负担交易成本以及向著作权人支付使用费,那么表达自由将因此遭到缩减。但这对于嘲讽表演而言,也是如此。正如不应以降低讽刺的成本为由而允许作者去偷窃笔墨纸张一般,也没有任何具有说服力的理由,可以支持通过允许作者使用他人享有著作权的材料而无需对其著作权人支付报酬,从而为作者的社会性批评给予补贴。回想一下,嘲讽表演可能对原始作品创作者的观点带来某种误导性印象。同时回想一下,根本无需复制任何享有著作权的材料,也可能对一位作家、一种体裁,甚至一部单独的作品进行滑稽模仿,尽管这样做难度更大;更何况根据合理使用特权,它在相当程度上允许以任何目的而复制简短的段落。

这并非表示,滑稽模仿将被复制作品作为手段而不是作为目标,它就缺乏社会价值,而从理论上来说,社会价值应当与任何由于滑稽模仿吸引走观众所导致的著作权人收入减少进行交换。问题毋宁在于,让市场促成该项交换,并不存在任何不可逾越的障碍,正如在许多其他演绎作品的情形中那样。不过,当被滑稽模仿的作品就是滑稽模仿所批评的目标时,市场解决方案很可能就面临一个不可逾越的障碍。因为,著作权人为遏制对其作品的批评或者为补偿被批评者就可能通过由其收取许可使用费的形式而给批评者增加负担,这样做很可能符合著作权所有人的私人利益,但极少会符合社会利益。

可以认为,科斯定理或许就暗示着,如果滑稽模仿的社会价值超过了它对被滑稽模仿作品的著作权人的私人损害,那么,滑稽模仿者就能够与著作权人通过谈判,达成一笔双方合意的许可使用费。但是,这也并非必然如此,因为批评所带来的收益在很大程度上是由第三人获得的。这在以下情形中看得最为清楚,即滑稽模仿将破坏原始作品作者的声誉,从而对其将来作品的市场构成破

坏;从该市场的消失中获益的人——那些本来将阅读该作者将来的作品并因此感到失望的人——大多数并不是该滑稽模仿者的顾客。这就使一项关于滑稽模仿许可的谈判变得交易成本很高,而对滑稽模仿给予合理使用特权,就避免了这样的谈判。

不过,如果滑稽模仿利用了被滑稽模仿的作品,把它当作对社会进行一般性评论的手段,那么,达成一项自愿交易将是可行的。某一特定的作者可能并不想把自己与社会批评连在一起。而滑稽模仿者为此目的就可以从大量的享有著作权的作品中进行选择,特别是,因为被选中的作品并不需要让观众能够认出来。因此,他也许就能够与某人谈判获得一个著作权许可。此外,处于公共领域的作品也可能适合于他的目的,这样他就无需任何许可了。但是,把批评限定在那些处于公共领域中的作品将显得迟钝可笑,因为越是近期的作品,对于批评来说才具有时效性,只不过它们当中的大多数往往仍然享有著作权。

二、商标的滑稽模仿和对著作权法的启示

对商标的滑稽模仿是很平常的,而且正如我们在本章后半部分所将看到的,与对享有著作权作品的滑稽模仿相比,它更加经常地在法庭上受到挑战。它所提出的问题与著作权法实践中所提出的问题是同样的,尽管并不完全相同。[24] 商标的滑稽模仿应当区分为三种类型。

---

[24] 滑稽模仿也被当作是对公开权(right of publicity)的侵犯而受到挑战。参见,例如 White v. Samsung Electronics America, Inc., 971 F.2d 1395 (9th Cir. 1992),其中,一则广告所使用的机器人与一位著名游戏节目主持人范娜·怀特(Vanna White)很相似。法院作出了支持怀特的判决,而这一结果受到了亚历克斯·科津斯基(Alex Kozinski)法官的强烈批评,他对于拒绝以全院庭审方式重审该案的投票结果,表达了他的反对意见。989 F.2d 1512 (9th Cir. 1993)。被告利用了怀特的名气,但也是在对她开玩笑。这份有关禁止在一种流动厕所的广告中使用约翰尼·卡森(Johnny Carson)签名用语"Here's Johnny!"的判决是有可靠依据的。Carson v. Here's Johnny's Portable Toilets, Inc., 698 F.2d 831 (6th Cir. 1983)。该案不涉及任何对卡森的批评,而只是为销售产品才冒犯性使用其身份。

第一类包括了对竞争者商标进行滑稽模仿的比较广告,可用来说明的例子是 Deere & Co. v. MTD Products 案。[25] 双方当事人都在销售草地牵引机。MTD 发布了一则广告,在其中,Deere 公司的标识是一头鹿,它惊恐地从 MTD 的"Yard-Man"牌牵引机和一只狂吠着的狗那里跑开了。一般而言,在比较广告中利用竞争对手的商标并不构成侵犯商标权,因为这不会就商品来源产生任何混淆。但是,MTD 从其产品与 Deere 产品的有利比较中,以及从损害消费者对 Deere 标识的认同性联系中获得了利益,而法院认定,后一种结果侵犯了 Deere 所享有的、防止其商标淡化的权利。[26] 法院称,尽管该广告是幽默的,但它并不属于一个滑稽模仿,因为它被用于销售产品而非用来提供社会评论或者供人消遣。我们对此表示怀疑。这就是一个滑稽模仿,并且,比较广告作为提供产品信息的一种有效率的方法,能够使消费者从中受益。

在第二类滑稽模仿中,滑稽模仿者也是一种竞争性产品的销售者,但与 Deere 案不同的是,这里存在着一种使商品来源发生混淆的危险。例如,当一家快餐连锁店打出了标识"McBagel"时,有些消费者就可能以为,它这样做是得到麦当劳(McDonald's)的许可的。不过,如果一个体恤衫的销售者在其商品上印有"I Like Cocaine",并且其书写风格就像可口可乐(Coca-Cola)的广告语[27],那么,即使有也只有极少数的消费者会认为可口可乐公司是该体恤衫的生产者或者许可人,即便可口可乐公司名称中的"Coca"出自于可以作为可卡因(Cocaine)原料的古柯叶;而事实上,直到 1903年,可口可乐中确实含有可卡因。这点儿历史并不为可口可乐的大多数饮用者所知,而"I Like Cocaine"就是第三类滑稽模仿,其中,商品来源的混淆并不是一个问题,而滑稽模仿者也并非竞争对手,对它的分析就类似于有关著作权的滑稽模仿了。它可能与"讽刺"最为相配——"I Like Cocaine"这个滑稽模仿是为了取笑那些

---

[25] 41 F.3d 39 (2d Cir. 1994).
[26] 法院所引用的商标淡化形式被称作"污损",对此将在下面以及第 7 章中详述。
[27] 比较 Coca-cola Co. v. Gemini Rising, Inc., 346 F. Supp. 1183, 1189 (E. D. N. Y. 1972)。

"不吸毒的古板派"(squares),也就是爱喝可乐但害怕可卡因的人。但是,两者也不是完全相配,而且商标法中有一项原则,即商标的污损(tarnishment)[28]就可以给可口可乐公司提供法律救济[29],但在著作权领域,则无任何直接的相应规定。

在商标污损概念背后的理念是,公司的"商誉"(goodwill)——大体而言,是指由于其产品质量与稳定性所具有的一种良好声望而获得的生产者剩余——可能由于将其商标与对许多消费者构成冒犯的行为,比如毒品的非法买卖相联系而受到损害。如果滑稽模仿者想以一种可能冒犯原始作品的观众的方式来使用该原始作品,那么,即使他并不对之提出批评,商标持有人可能也会害怕此举对其收入产生一种消极影响。当同性恋团体试图用一些流行的商标(比如"Pink Panther")来表示他们的身份时,就发生了这种情况。[30] 在此类案件中,适用合理使用抗辩就可能损害商标所有人的商誉,特别是当消费者认为这是经商标所有人许可而进行冒犯性使用时。更加令人感兴趣的情况,也是根据经济学上通常的关于理性行为的假设所愈加难以解释的问题是,为什么当消费者已经意识到同性恋团体是未经商标所有人授权而使用该"Pink Panther"商标时,仍然会把他们对于同性恋的负面看法转移到商标所有人身上——正如有些人所做的那样。

---

[28] 但是,随着著作人身权的思想已经渗入美国《著作权法》(参见第10章),现在著作权中也有了与商标污损相对应的概念。对此将在稍后详述。

[29] 参见 J. Thomas McCarthy, *McCarthy on Trademarks and Unfair Competition* §§ 24:104, 24:105 (第4版,2002)。比较 *Hormel Foods Corp. v. Jim Henson Productions, Inc.*, 73 F.3d 497 (2d Cir. 1996)。电影《布偶金银岛寻宝记》(*Muppet Treasure Island*)推出了一个野猪形状的角色,名叫Spa'am。斯帕姆午餐肉(spam)的生产商反对该布偶角色。假如该角色仅仅出现在银幕上,则该分析应当就是著作权的滑稽模仿。不过,电影制片者还准备出售与Spa'am角色相关的商品。但是,不仅午餐肉与布偶角色之间发生混淆的可能性为零;而且也不存在任何污损,因为Spa'am是一个充满生气的布偶,而不是一个毒犯、罪犯或者其他有问题的角色。

[30] 参见 Rosemary J. Coombe, "Author/izing the Celebrity: Publicity Rights, Postmodern Politics, and Unauthorized Genders", 载 *The Construction of Authorship: Textual Appropriation in Law and Literature* 101 (Martha Woodmansee 与 Peter Jaszi 编,1994)。

如果说人们因此而受到任意联系(arbitrary association)的影响是非理性的,那么,它也是一种深深植根于人类心理之中的非理性,从而需要提出一种为法律所承认的主张。它与心理学家对"便利性启发"(availability heuristic)所称的认知怪癖(cognitive quirk)有关,后者是指这样的事实,即人们倾向于把比例不相称的分量加在某一产品、事件或者行为的显著特征上。[31] 一个商标所寻求的,就是通过为产品或者服务提供一个简洁的、可记忆的和不会模棱两可的识别符号(identifier)而节约信息成本。如果由于商标具有了其他的联系[32],当一个人看到它就必须想一会儿才能认出它就是某产品或者服务的标识,那么,这种节约就减少了。语言净化专家(language purist)反对把"disinterested"用作"uninterested"的同义词,就是一个类比:它模糊了 disinterested 的原始意思(意指"公正无偏的")。

尽管在著作权法中缺乏任何这样的用语或者正式的定位,但是,难道一个相似的概念不正解释了将色情或者淫秽的滑稽模仿认定为侵犯著作权这种情形吗?这个概念就是联系(association),比如,将米老鼠与性相联系,就模糊了沃特·迪斯尼试图为其动画片卡通角色所创造的儿童般天真纯洁的形象。与之相对,有人可能提出,不应允许知识财产的创造者通过禁止他人想象其财产的各种不同形象而对其财产的公共形象加以控制。如果把淡化概念

---

[31] 参见,例如 Amos Tversky 与 Daniel Kahneman, "Judgement under Uncertainty: Heuristics and Biases", 载 *Heuristics and Biases: The Psychology of Intuitive Judgement* 3, 11—13(Thomas Gilovich 等编,2002); Paul H. Rubin, *Darwinian Politics: The Evolutionary Origin of Freedom* 169—171 (2002)。便利性启发并不必然是非理性的。"启发"是推理的捷径;它们可能非常符合理性,持此主张者如 Gerd Gigerenzer, Peter M. Todd 与 ABC(适应行为与认知中心[Center for Adaptive Behavior and Cognition])研究小组, *Simple Heuristics That Make Us Smart*,第 6 章(1999)。尤其是当一个人认识到想象重构比直接感觉而需要更大的"精力"(亦即成本)时,换言之,一旦思考被认为是一种成本高昂的行为,则便利性启发就可能是符合理性的。参见 Gray S. Becker, "Preference and Values",载 Becker, *Accounting for Tastes* 3, 11(1996)。

[32] 正如我们在下一章所将看到的,它们并不必须是冒犯性的,但仍可能损害了该商标的信息传递价值。此类情形就归属于"模糊"而非"污损"的名下。

适用于享有著作权的作品就将意味着,即使滑稽模仿者没有利用原始作品中任何可享有著作权的因素,著作权人仍有权提起诉讼,考虑到这一点,上述主张就变得很有说服力了:假设有人拍了一部电影叫做《班比》(Bambi),但其主人公是一个妓女,而不是一头小鹿。这是构成滑稽模仿但不属于演绎作品的一个例子。

上述讨论指出,根据合理使用原则,著作权与商标的滑稽模仿在相应待遇上是有差别的。这个差别并不存在于全部案件中,因为商标也可以像享有著作权的作品那样,成为滑稽模仿式批评的目标[33];而只存在于这样的案件中,比如某一企业以滑稽模仿的形式诽谤或者诋毁竞争对手或者其产品,或者一个本质上是好的滑稽模仿被用于侵占由竞争对手所建立起来的商誉。[34] 无论如何,随着欧洲法的著作人身权原则逐渐蔓延到美国法当中(参见第 10 章),对享有著作权作品的贬损性使用(degrading use)在法律上就变得成问题了,尽管由宪法第一修正案所暗示的批评者特权大概仍将继续存在。

可口可乐的例子表明,如果这样一种主张被人接受,那么尽管存在两难但也得承认,下流的和其他不体面的对著作权与商标的滑稽模仿,比那些正派得体的滑稽模仿而具有一种更为宽泛的合理使用抗辩。假设一件印有"I Like Cocaine"字样的 T 恤衫或者沃特·迪斯尼卡通的一个色情版本是原始商标或者著作权作品的一个演绎作品,那么,它就是原始作品的所有人自己不可能直接或者间接利用的演绎作品,因为这样做,就会从正派体面的社会成员那里对他造成不好的声誉。只有在禁止商标或者著作权的所有人控制这些不体面的演绎作品时,这样的作品才能被创作出来,而其社会收益(因为在经济分析中,对庸俗的偏好是与对优雅的偏好是一起被计入社会福利的)才能因此得到实现。

对该主张的反对理由包括,为此目的而在定义"不体面"(dis-

---

[33] 参见,例如 *Mattel, Inc. v. MCA Records, Inc.*, 296 F. 3d 894, 901, 906—907 (9th Cir. 2002)。

[34] 后一种情形可以用来解释,在下面这个案件中的被告何以选择以"Lardashe"来命名其大号女式牛仔裤的款式,*Jordache Enterprises, Inc. v. Hogg Wyld, Ltd.*, 828 F. 2d 1482 (10th Cir. 1987)。

reputable)时的困难,以及允许在不体面的滑稽模仿中自由使用享有著作权的作品将以他人为代价而为这些滑稽模仿提供补贴。但是,就其可与原始作品创作者生产出该类演绎作品的抑制作用相抵销而言,该补贴可能是恰当的。

针对允许在色情化滑稽模仿中适用合理使用原则的主张,其主要的反对意见亦有所不同。正如前面已经提到的,这是因为,色情化滑稽模仿填补了对被滑稽模仿作品的一部分需求,并因此减少了著作权人在原始作品销售方面的收入,而不仅仅是减少了在演绎作品方面的收入。但是,情况也并不总是这样。在色情杂志《上流社会》(High Society)上的文章被冠以这样的标题"L. L. Beam's Back-To-School-Sex-Catalog",但它并不构成 L. L. Bean 目录的替代品,因此,认定其属于对商标侵权的合理使用抗辩是正确的。[35] 但是,比如当《哈斯乐》(Hustler)利用该滑稽模仿来为其杂志做广告时,该案件就可能得出不同的结果。因为《哈斯乐》以该目录开玩笑(就像文章的作者那样)是受到免责的滑稽模仿。而如果《哈斯乐》只是利用该文章来促销其杂志,那么这将构成侵权,因为在此情况下,与著作权人进行许可使用谈判,将不存在任何障碍。

三、案件

现在让我们来看看,由经济分析所提出的区分是否被反映在案件中了。如果要作出一个完整的回答,就要求我们逐个案件地全部过一遍,这是一个单调乏味的过程,即使引人注目,也只有少量被报道的案件是涉及商标与著作权的滑稽模仿。在删除了重复(相同案件在不同的诉讼阶段,或者多起案件所禁止的其实是相同

---

[35] *L.L. Bean*, *Inc. v. Drake Publishers*, *Inc.*, 811 F.2d 26 (1th Cir. 1987).

的滑稽模仿)之后,我们只发现了自 1950 年以来的 77 个案件。[36] 我们以下将仅限于对这些案件,作几点一般性评论。

除前面已有提及并将在第 9 章中具体讨论的 *Koons* 诉讼案之外,在所有被报道的案件中,滑稽模仿与被滑稽模仿的作品都属于流行文化而非高雅文化,尽管也有许多体现出高智力创作水平的滑稽模仿。[37] 这样的滑稽模仿,甚至从表面证据看(亦即,无须考虑合理使用特权),也极少会对于被滑稽模仿作品的著作权构成侵权。被滑稽模仿的作品——无论是音乐作品、美术作品,还是更为常见的文学作品——通常富于可识别的风格特征,从而他人就能够在不构成侵权的情况下复制这些风格特征,以便向读者提示该原始作品,因为请记住,风格是没有著作权的。而且,高智力水平的滑稽模仿比低水平的滑稽模仿更可能对原始作品提出批评,因为高智力水平的观众比普通观众而言,更会对品味、标准这样的问题感兴趣,更加自命不凡,更具有批判性。[38] 一个高智力水平的滑

---

[36] 该案件名单备索。在这 77 起案件中,29 起是上诉法院判决(包括其中由最高法院所作的一个判决,即 *Campbell v. Acuff-Rose Music , Inc.*,前揭[2]),余者均系联邦地区法院的判决。我们把嘲讽表演、讽刺以及"纯粹的"滑稽模仿均计作"滑稽模仿"。有几个案件没有被计入或者包括在我们的讨论中,要么是得到了讨论但没有表现出来的滑稽模仿,参见,例如 *Ty, Inc. v. Publications International Ltd.*, 292 F. 3d 512 (7th Cir. 2002),要么有关被告的作品在任何意义上都是一个滑稽模仿(再说一遍,它指包括讽刺与嘲讽表演在内的广义的滑稽模仿)的争辩被正确地驳回了。参见,例如 *Castle Rock Entertainment, Inc. v. Carol Publishing Group, Inc.*, 150 F. 3d 132 (2d Cir. 1998)。我们还排除了以侵犯名誉权为由而起诉滑稽模仿者的案件。

[37] 参见,例如 *Parodies: An Anthology from Chaucer to Beerbohm—and After* (Dwight MacDonald 编,1960); Chatman,前揭[3]。

[38] 低智力水平的例外是 *Mad Comics* 对电视连续剧 *M. A. S. H.* 的滑稽模仿,其讨论见于 Ziva Ben-Porat, "Method in MADness: Notes on the Structure of Parody, Based on MAD TV Staires", 1 *Poetics Today* 245 (1979)。有关较为通常的那种滑稽模仿,是在一度流行的电视连续剧 *Monty Python's Flying Circus* 中对冰岛萨迦(Icelandic Sagas。萨迦是指中世纪冰岛和挪威历史事件、历史人物、轶事传闻等的北欧传说。——译注)的滑稽模仿。在电视观众中也许很少有人听说过冰岛萨迦,对它们有过任何阅读的人则更少。观众所看到的并非对一个文学作品的滑稽模仿,而是对斯堪的纳维亚种族特点的一种轻率的讽刺,比如过于执拗和缺乏热情。

稽模仿极少会替代对原始作品的需求。最明显的例子是小说的滑稽模仿。很少有滑稽模仿是长篇大论的,因为作为滑稽模仿本质性技巧的喜剧性夸张很快就会变得暗淡,因此,对一部小说的滑稽模仿,就通常由于其过于简短而不可能取代原始作品(还有对图书评论的一个类比)。《风已飘逝》是一个例外,它的篇幅有小说那么长——但它本身就不是一个对被滑稽模仿作品进行喜剧性夸张的作品。最后,当高智力水平的滑稽模仿把原始作品用作一种手段而非一个目标时,通常是利用处于公共领域中的原始作品,而且严格说来,滑稽模仿者的观点往往就是否定某个优雅的黄金时代以来的标准。即便其中引用的是非常近期的作品,在上面仍然保留着著作权,但这也不可能对 T. S. 艾略特在《荒原》中引用这些作品的目的提出起诉。

在全部案件中,商标案件以 53 比 33 超过著作权案件。[39] 在这两组案件中,被控侵权人在大致一半的案件中胜诉。[40] 在全部 77 起案件中,有 12 起案件是关于色情或者不体面的滑稽模仿(商标案件 7 起,著作权案件 6 起)[41],几乎占 16%。这个数字看起来可能比较高,但并不出人意料,因为此类滑稽模仿非常有可能就冒犯了著作权或者商标的所有人或者其观众/消费者。

我们特别需要关注的,是案件在不同种类之间的区分:一类以被滑稽模仿的作品为目标;另一类以被滑稽模仿的作品为手段,并以之攻击或者批评其他事物,或者也许只是为了创作出一个幽默

---

[39] 两者之和超过了 77 起,这是因为有 9 起案件既涉及侵犯著作权,也涉及对商标的侵权,从而在两组中均被列入。

[40] 著作权所有人在 33 起著作权案件中胜诉 17 起,而商标所有人则在 53 起案件中的 25 起案件胜诉,因此,总比分是 42 比 44。在私人之间的诉讼中(相对于以政府为一方当事人的案件),正如我们的样本所显示的,原告将在大致一半的案件中获得胜诉,对其预测的经济学依据,参见 George J. Priest 与 Benjamin Klein, "The Selection of Dispute for Litigation", 13 *Journal of Legal Studies* 1 (1984)。(但我们将在第 12 章中讨论一个反例——专利诉讼)。我们所用的"著作权所有人"或者"商标所有人"当然是指被滑稽模仿作品上的著作权或者商标。而所谓"胜诉",我们指原告获得了初步的或者最终的救济,或者至少撤销了一份对被告有利的判决。

[41] 这又超过了色情滑稽模仿的案件总数,因为其中有 1 起既是著作权案件,又是商标案件。

作品。无论在著作权案件还是商标案件中,占优势的都是作为目标的那一类。著作权案件中的数据是:目标类的 29 起,手段类的 5 起;而商标案件中的该数据则是 51 起与 6 起。因此,如以整体为样本,目标类案件在数量上以 80 比 11 领先。[42] 对此的解释也许是,正如前面所表明的,如果采用一个更为清晰的财产权,并因此而减少那些引起诉讼的不确定性,那么,市场交易在手段类案件中就是可行的,而在目标类案件中则否,尽管一个更好的解释可能只是由于这样的事实,即滑稽模仿的目标形式与它的手段形式相比,其对被滑稽模仿作品所有人的危害性更大。无论如何,合理使用抗辩作为对著作权或者商标所有人的财产权的限制,在手段类案件中并无任何适当的位置[43],因此,我们毫不意外地看到,在 11 起手段类案件中,著作权人胜诉 8 起(占 73%),而在全部 71 起目标类案件中,滑稽模仿者胜诉 39 起(占 55%)。[44]

译者附录:
《荒原》第一节中译、原文与"The Sweeniad"第二节原文

荒　原

T. S. 艾略特

四月是最残忍的月份,从死去的土地里

---

[42] 其总数达 91 起,而不是 77 起,这是因为有 9 起案件既涉及商标也涉及著作权,并且在 5 起案件中所涉及的被滑稽模仿作品既是一个目标也是一种手段。

[43] 但是,手段类的商标案件相比于手段类的著作权案件,前者认定表面侵权行为(prima facie infringement)的可能性较小,因为在商标案件中,该问题并不在于被复制的程度(除非以商标淡化而受到指控),而在于消费者是否可能对被告的滑稽模仿的出处造成混淆。参见 *Cliff Note, Inc. v. Bantam Doubleday Dell Publishing Group, Inc.*, 886 F. 2d 490 (2d Cir. 1989)。不过,基于同样的原因,如果滑稽模仿者未能明确说明他并不是或者从属于原始作品的作者,则在商标滑稽模仿的案件中比在著作权的滑稽模仿案件中而更可能认定表面侵权行为,参见 *People for the Ethical Treatment of Animals v. Doughney*, 263 F. 3d 359 (4th Cir. 2001); *Anheuser-Busch, Inc. v. Balducci Publications*, 28 F. 3d 769 (8th Cir. 1994)。

[44] 手段类案件和目标类案件的总数达 82 起,因为有 5 起案件是双重性的。

培育出丁香,把回忆和欲望
混合在一起,用春雨
搅动迟钝的根蒂。
冬天总使我们感到温暖,把大地
覆盖在健忘的雪里,用干燥的块茎
喂养一个短暂的生命。
夏天卷带着一场阵雨
掠过斯塔恩贝格湖,突然向我们袭来;
我们滞留在拱廊下,接着我们在太阳下继续前行,
走进霍夫加登,喝咖啡闲聊了一个钟头。
Bin gar Keine Russin, stamm'aus Litauen, echt deutsch.
那时我们还是孩子,待在大公的府邸,
我表哥的家里,他带我出去滑雪橇,
我吓坏啦。他说,玛丽,
玛丽,用劲抓住。于是我们就往下滑去。
在山里,在那儿你感到自由自在。
夜晚我多半是看书,到冬天我就上南方去。

The Waste Land

T. S. Eliot

APRIL is the cruellest month, breeding
Lilacs out of the dead land, mixing
Memory and desire, stirring
Dull roots with spring rain.
Winter kept us warm, covering
Earth in forgetful snow, feeding
A little life with dried tubers.
Summer surprised us, coming over the Starnbergersee
With a shower of rain; we stopped in the colonnade,
And went on in sunlight, into the Hofgarten,
And drank coffee, and talked for an hour.
Bin gar keine Russin, stamm' aus Litauen, echt

deutsch.
>   And when we were children, staying at the archduke's,
>   My cousin's, he took me out on a sled,
>   And I was frightened. He said, Marie,
>   Marie, hold on tight. And down we went.
>   In the mountains, there you feel free.
>   I read, much of the night, and go south in the winter.

The Sweeniad

Myra Buttle

>   Sunday is the dullest day, treating
>   Laughter as profane sound, mixing
>   Worship and despair, killing
>   New thought with dead forms.
>   Weekdays give us hope, tempering
>   Work with reviving play, promising
>   A future life within this one.
>   Thirst overtook us, conjured up by Budweisserbrau
>   On a neon sign: we counted our dollar bills.
>   Then out into the night air, into Maloney's Bar,
>   And drank whiskey, and yarned by the hour.
>   Das Herz ist gestorben, swell dame, echt Bronx.
>   And when we were out on bail, staying with the Dalai Lama,
>   My uncle, he gave me a ride on a yak,
>   And I was speechless. He said, Mamie,
>   Mamie, grasp his ears. And off we went
>   Beyond Yonkers, then I feel safe.
>   I drink most of the year and then I have a Vichy.

第7章
商标法的经济分析

商标是区别于专利和著作权的一种知识财产。在某些方面,商标法更接近于侵权法(事实上,从一个专业的法律视角看,商标法就是侵权法的分支即众所周知的"不正当竞争"的组成部分),而非财产法,尽管它与后者存在着相当的重合,并且基本的产权经济学仍然对它具有重大意义。不仅来说,商标法是很经得起经济分析的考验的,而且,相比于对发明和表达性作品的法律保护,对商标的法律保护具有一种更加确定无疑的效率根据。

从某种程度上简要地说,商标就是用以将某一企业所生产的商品或者服务,与其他企业的商品或者服务区别开来的一种文字、符号或者其他标记(signifier)。因此,"Sanka"*表示的是由通用食品公司所制造的一种脱去咖啡因的咖啡,"Windows"表示由微软公司所生产的一套电脑操作系统,而"Xerox"**则表明产自施乐公司的干式复印机。"Bib"***——"米其林轮胎人"(Michelin Man)——是由米其林公司所生产的轮胎的标志;一只程式化的企鹅形象是企鹅图书公司所出版的系列平装书的商标;一个具有显著造型的绿瓶子是巴黎水(Perrier)*瓶装水生产商的一个商

---

* 德国咖啡进口商罗泽柳斯(Ludwig Roselius)提出了去咖啡因技术,这是他不经意地把咖啡豆在盐水中泡过而发现的。他以"山咖"(SANKA,源自sans-caffeine,即无咖啡因)的牌子销售这种咖啡。——译注

** 中文商标为"施乐"。——译注

*** 中文译作"必比登",参见 http://www.michelin.com.cn/bib/bib_sty_cn.jsp。——译注

* 一种法国矿泉水的商标,其产品装于绿色玻璃瓶中。——译注

标[1];粉红色则是由欧文斯—康宁公司(Owens-Corning)所生产的家用绝缘材料的商标。

一、商标的经济功能

假设——诚然,在这个盛行精致咖啡的时代,这是一个相当过时的例子——你碰巧喜爱由通用食品公司所生产的脱咖啡因的咖啡。如果通用食品公司的品牌没有名字,之后你想在餐厅或者杂货店点用此咖啡时,你就不得不求询"由通用食品公司生产的脱去咖啡因的咖啡"。这种情形与你只需用"Sanka"一词来点用咖啡相比,不仅要花更长的时间来说,还需要你记的更多,而且也要求服务生或者店员读的更多和记的更多。如果通用食品公司生产超过一种以上品牌的脱咖啡因咖啡——事实也确实如此——问题恐怕就更为严重了。使用品牌名称的好处,就因此而类似于使用姓名而非对人的描述来指称某个人。

为实现商标的命名功能,商标或者品牌名称(两者大体上是同义词)必须不得被人仿制。允许另一家脱咖啡因咖啡的生产商以"Sanka"之名销售其咖啡,将破坏该名称用以确认产自通用食品公司的脱咖啡因咖啡品种的利益(是否可能存在抵销性利益[offsetting benefits],这个问题我们将在后面来考察)。但该利益的存在,是以品牌的确定性和连续性为条件的。我们可以做这样的类比,给人起名字,就是为了让他与不同人之间更容易区分开来。如果个人每天都有大量变动,以至于同样名叫"约翰·麦金纳尼(John McInerney)"的人,今天的这位与昨天的那位事实上并不相同,那就没有什么价值了。同样地,商标因减少消费者在区别一个产品的不同品牌时所承担的成本而获得收益,就要求某一带有商标的产品的生产商对其产品保持一种稳定而一致的质量,亦即,他要确保从消费者的角度看,无论在这件与那件之间还是此时与彼时之

---

[1] 在商标术语中,具有显著性的包装与标签也起着商标的作用——换言之,利用外观而非文字来识别商品来源——而被称作"商品装潢"(trade dress)。但为简化我们的探讨起见,将忽略这种在术语上的精细区别。

际,都实际上就是相同的产品。

接下来,假设有某一消费者对 X 品牌有着一种更加喜欢的经验,并且想要再次购买。或者假设他因为受到一个可靠消息来源的推荐,或者因为他对相同生产者的另一品牌有过一种美好的体验,从而想要购买 X 品牌。消费者不必借由阅读产品包装上的精细印刷的内容,来确定该描述是否与他对 X 品牌的理解相符,或者借由调查该产品所有不同形式(X 是其中一个品牌)的特征,来确定哪一种才是 X 品牌,相反,消费者将会发现,通过确认相关商标以及购买相应之品牌,就能够以低得多的成本找到该商品。不过,为了使这项策略奏效,不仅对于正确商标的搜寻成本必须低于对该商品的有利特征的搜寻成本,而且,过去的经验必须成为预测目前消费选择之可能结果的有效指针——亦即,品牌必须表现出持续不变的品质。一个商标传达了这样的信息,能够让消费者对自己说:"我不需要再去调查我即将购买的品牌的特征,因为它的商标就是一个简明的方式,告诉我这个商品的特征与我在先前所用过的品牌的特质相同"。[2]

一个商标对于用它来表示其品牌的企业而言,价值就在于,通过该商标所传达或者体现的有关该企业品牌品质的信息,可以节约消费者的搜寻成本。该品牌的品质声誉以及因此的商标价值,端赖于企业在产品质量、服务、广告等等方面的花费。一旦创立了这样的声誉,该企业将会获得较多的利润,因为重复购买以及口耳相传的推荐(word-of-mouth references)将提高销售量,并且因为消费者愿意为搜寻成本的节约和持续稳定品质的保证而承受一个较高的价格。

---

[2] 参见 John F. Coverdale, "Trademark and Generic Words: An Effect-on-Competition Test", 51 *University of Chicago Law Review* 868 (1984);在品牌确认上的消费者信息理论(consumer-information theory)是我们分析商标的基础,有关支持该理论的实证性证据,参见 I. P. L. Png 与 David Reitman, "Why Are Some Products Branded and Others Not?" 38 *Journal of Law and Economics* 207 (1995)。应当指出的是,一个商标对于消费者的好处并不必然取决于该商标确认的是一个特定的品牌还是该品牌的生产者。即使消费者不能确认其所意图购买的某一品牌的生产者——即使该产品出自某一个单一的匿名来源,消费者也能从中受益。

较为不明显的是,一个企业在开发与维持(比如通过广告)一个强势商标方面进行投资的激励,取决于其维持该商品的持续稳定品质的能力。换言之,商标具有一种自我强化(self-enforcing)的特性。商标之所以有价值,是因为它们象征着持续稳定的品质,并且只有在企业有能力维持持续稳定的品质时,企业才会有这样的激励,投入必需的资源以开发一个强势商标。当一个品牌的品质不能持续保持稳定时,消费者就知道该商标并不能使他们把过去和将来的消费经验连结起来;该商标并没有减少他们的搜寻成本;他们不愿意付出比无品牌商品更高的价格去购买该有品牌之商品;并且,企业将因此无法从其为推广商标所投入的花费中获得充分的回报,以此而证明该花费是合理的。一个类似的主张也表明,一个企业拥有一个较高价值商标的,就不愿意降低其品牌的品质,因为这将使其在该商标上的投资蒙受资本损失。[3]

商标在降低消费者搜寻成本上的收益,是以法律保护为前提的,因为,仿制他人商标的成本是很小的,在没有法律障碍的情况下,越是强势商标,他人投入该种成本进行仿制的激励就会越大。搭便车的竞争者只需用少量的成本,就可以攫取与强势商标相关联的利润,这是因为,某些消费者(至少在短期之内)会误以为,搭便车者的品牌与原始商标拥有者的品牌是相同的。如果法律对此不予禁止,则搭便车行为就可能损害在一个商标上所体现出来的信息资本,而且由于存在发生搭便车的可能性,将因此而消除企业尽早开发出一个有价值商标的激励。

二、关于语言经济学

商标保护的另一种完全不同的利益,不是来自该保护所产生的在保持品质方面进行投资的激励,而是来自该保护在发明新

---

[3] 参见 Benjamin Klein 与 Keith B. Leffler, "The Role of Market Forces in Assuring Contractual Performance," 89 *Journal of Political Economy* 615 (1981)。

词[4]、新标记或者用作商标的外设设计特征方面进行投资的激励,比如"巴黎水"瓶子的形状与颜色,或者法拉利汽车的外观;但当下我们所关注的仅限于文字。商标对语言的改进有三种方式。它们增加了物品名称的存量,因此而以我们刚刚论及的方式节约了交流和信息成本。它们创造了新的通用名称——该文字表示的是全部产品,而不仅仅是个别品牌。"阿司匹林"(aspirin)、"胸罩"(brassiere)、"玻璃纸"(cellophane)、"电梯"(escalator)、"热水瓶"(thermos)、"悠悠球"(yo-yo)、"干冰"(dry ice)以及其他许多曾经是商标而现已成为共同产品的名称,而无论法院怎么判的,但"Kleenex""Xerox""Velcro"和"Rollerblades"这些词已被广泛地用来同时表示全体产品名称和特定品牌了。[5] 通过创造出人们同时看重字词本身的愉悦感和其信息价值的字词,商标也进一步丰富了语言,比如"Pheremon"香水、"Swan's Down"蛋糕粉。1985年的一项研究发现,在美国畅销小说中,品牌名字的出现频率正变得越来越高[6],而通用名称的频率也令人印象深刻,每1万个词语中有160个通用名称(1.6%)。

但是,商标对于语言的重要性还只是适度的,因为它们对于语

---

[4] 有一项针对2000个品牌名称的研究得出结论,认为它们的形成与其他字词的形成正是基于相同的语言学原理。参见 Jean Praninskas, *Trade Name Creation: Processes and Patterns* 101 (1968)。另一项颇吸引人的早期研究,也得出了相似的结论,即 Louise Pound, "Word-Coinage and Modern Trade-Names", 4 *Dialect Notes* 29 (1913)。

[5] 参见 Adrian Akmajian, Richard A. Demers 与 Robert M. Harnish, *Linguistics: An Introduction to Language and Communication* 70 (1984),它以"Kleenex"、"Xerox"这两个词为例,说明品牌名称也可以成为一般语言的组成部分。

[6] 参见 Monroe Friedman, "The Changing Language of a Consumer Society: Brand Name Usage in Popular American Novels in the Postwar Era", 11 *Journal of Consumer Research* 927 (1985)。类似的看法还可分别见于戏剧和流行音乐中,参见 Monroe Friedman, "Commercial Influences in Popular Literature: An Empirical Study of Brand Name Usage in American and British Hit Plays in the Postwar Era", 4 *Empirical Studies of the Arts* 63 (1986),以及 Monroe Friedman, "Consumer Influences in the Lyrics of Popular American Music of the Postwar Era", 20 *Journal of Consumer Affairs* 193 (1986)。

言所作出的贡献,主要是它们所标示产品对物质世界所作贡献的一个副产品。"劳斯莱斯"(Rolls Royce)是一个商标,这一点毫无疑问,但是,除了用以表示商品来源之外,它还具有一种语言学上的价值,比如用在诸如"婴儿推车中的劳斯莱斯"之类的短语中——顺便一提,这是用以说明一个商标名称即使没有变成通用名称也可以被加入到语言队伍中的一个例子。但是,重要的并不是"Rolls Royce"这个词,而在于这样的事实,即这个汽车牌子表示着豪富形象。它总得叫个什么东西,但不管叫什么,都将占据由"Rolls Royce"所实际占据的语言空间。这一点将帮助我们解释商标法的重要特征,比如,当商标成为通用名称时终止对该商标的保护。照此看来如果商标所提供的是与专利和著作权所提供的相同种类的知识财产,那就反而令人费解了。但该解释需要从一个被人忽视的经济学领域,即从语言经济学那里迂回一下。

一个交流系统的目标在于,使避免误解的成本和进行交流的成本之和最小化。假设我们有一个单词代表"雪"(snow),另一个单词代表"下"(falling),而现在的问题是,是否应该创造出一个新的单词来表示"下雪(falling snow)"呢?支持创造新单词的理由是,除非该单词很长,否则它在说、读、写上都较为简短;反对者的理由则是,人们将因此不得不学习和记住另一个单词。一个短语越是普通,从拥有这个单词中所获得的利益超过其成本的可能性就越大,这不仅是因为缩短该短语所得之收益将会比较大,而且因为当该单词被普遍使用时,对它进行学习和记忆的成本就比较小。在给一个品牌命名时,人们使用一个单词而不采用迂回曲折的表达(periphrasis),也正说明了相同的观点。

这两个例子都与许多年前所作的一项统计观察具有密切的关系:单词的长度和它们的使用频率成反比。[7] 如此看来,与其让常用词比非常用词而更短,不如让所有的单词都变短,以节约交流成本。但是,单词的长短是单词变化的一个重要维度,并因此而使此单词与彼单词相互区别,如果所有的单词都变短了,那么这个维度

---

[7] 参见 George Kingsley Zipf, *Human Behavior and the Principle of Least Effort: An Introduction to Human Ecology* 24 (1949)。

就会消失。常用单词较长而非常用单词较短,这在经济学上是有道理的;这样就可以在无需牺牲单词的独特性并因此增加发生错误(误解)的数量的情况下,达到总长度的最小化。概括而言,简化语言的推动力,就是与避免因欠缺差异性而导致的模棱两可和混淆这一意图进行平衡。[8]

以下是其他一些例子,说明这些是有效率的语言规则:

1. 语法和拼法的不规则化,在常用词上比在非常用词中更为普遍。[9]一个单词被人使用的频率越高,它就越容易以背诵方式习得,因而,人们必须借由规则的运用才能建构该单词的重要性就越低。人人都知道"to be"动词的过去分词是"been";但是,对于"excogitate"的过去分词,如能利用规则进行建构就比单纯依赖记忆而更为便利。

2. 单词发音的变化快于拼法上的变化。因为发音的改变,不会降低代表着广泛和有价值的知识资本存量的现有阅读资料的可理解性。

3. 完全同义的单词是极为罕见的;它们只会增加学习成本,却无法增加语言的交流资源,除非由于这样的同义词,使得需押韵或者具有固定格律的诗变得更容易写作了。

4. 在我们所知道的全部语言中,代词都是简短的,它也是节省单词——亦即由代词所替换的名词——长度的一个巧妙设计。

关于语言规则效率的例子还有很多[10],但所述数例已足以让我们证实这个对于商标有着重大影响的观点——即语言的创造、

---

[8] 参见,例如 Jean Atichison, *Language Change: Progress or Decay?* 201, 226 (1981)。在逻辑上必然的是,在交流理论中,成本(通过较短的单词而使之最小化)与精确性(它要求差异性,从而要求较短与较长的单词)之间的交换,就类似于在有关程序的经济学中,错误成本(通过程序的形式化而使之最小化)与管理成本(通过省略形式化的程序而使之最小化)之间的交换。参见 Richard A. Posner, *Economic Analysis of Law*,第 21 章(第 6 版,2003)。

[9] 参见,例如 Theodora Bynon, *Historical Linguistics* 42—43 (1977)。

[10] 参见,例如 Aitchison,前揭[8],第 152—55 页与第 8 章。

维持以及创造性改动都是在未对单词、语法形式等等赋予财产权的制度下实现的(请记住,单词不可能享有著作权;语法形式也不可能享有著作权)。当然,实行一项在单词上的财产权制度的成本——例如,某一单词的创造者[比如杰利米·边沁,他杜撰了"法典化"(codification)、"最小化"(minimize)和其他现在仍被普遍使用的单词]根据这样一项制度取得财产权所需的成本——将是很庞大的。这也许就可以充分解释为什么不存在这样的制度。但不管究竟是什么原因,它的缺位显然并不是出于疏漏。毕竟,我们并没有看到有什么人在担心语言可能无法成为一种有效率的交流媒介。

与商标经济学特别相关的是,为新生事物造出新的单词,似乎并没有为造词者无法取得财产权这一事实所耽误。要么是因为想出新词的成本微不足道,要么是不依赖于任何直接补偿的造词激励仍然很大。前者的解释似乎对于适当的名字(例如为小孩起名)和对专门术语很重要,后者则对商标很重要;如果一个生产者希望有效地行销一个新品牌,他就需要一个具有显著性的名称——除非他试图要用自己的品牌去仿冒别人的。

因此,这是一个很好的猜测,即我们无需只是为了确保有足够的单词而去保护商标,尽管我们是为了能够确保有足够的发明才去保护专利,或是为了确保有足够的图书、电影和音乐创作才需要著作权的保护。电脑操作系统是一种语言形式,所以,虽然它是由电脑芯片和程序而非由自然人来"读"和"说"的,但它可以获得著作权;或许任何被发明出来的语言,比如世界语(Esperanto)就应当如此。但是,创造一套完整的新语言所需要的投资,远高于创造单独一个新词所需之投资,因此,就赋予财产权的理由而言,前例应当强于后例。

我们的分析也意味着,可以从中选作商标的范围是非常大的。可供替换那些已经被选作特定商标的文字、符号和诸如此类要素的可能性(availability),在本文的形式分析中将发挥重要作用。我们以"W"表示。结果是,对于一个有效降低消费者搜寻成本的商标制度而言,一个较大的 W 是其先决条件。

三、商标的社会成本

法律对诸如"爱克森"(Exxon)和"柯达"(Kodak)之类的"臆造"(fanciful)商标的定义是,它除了表示特定生产者或者品牌之外,没有任何信息内容,因此,把它占用为特定企业产品的指示,并没有拒绝社会对有用信息的接触。既然,正如我们所要解释的那样,一个商标必须和品牌一起出售而不可以单独出售,商标的转让其实是转让有关生产该品牌产品的权利,比如通过生产权或者资产的买卖、许可而自动产生的结果;这里就不存在任何额外的交易费用。与第1章所讨论的发现新大陆或者寻找沉入海底的宝藏不同,考虑到"储存"(banking)商标是不被允许的(本章稍后详论),通过寻租以保留一个商标的做法就不是一个太大的问题。通过字母组合而形成具有显著性并可以发音的单词,以作为一个合适的商标,这种单词的数量是相当大的[11],这就意味着一种高度的可替代性,以及因此而只具有一个极小的交换价值。尽管实行法律以保护商标的成本并非微不足道,但它们并不包括由于在价格和边际成本之间置入不必要的费用而导致的无效率资源配置的成本。商标并不是一个公共产品;它只有用来指示某一品牌时,才具有社会价值。如果甲为其品牌开发出一个强势商标,而与甲存在竞争关系的其他企业免费将之附着在它们自己的品牌上,那么,在甲的商标上所体现的信息资本就将很快受到损害。相反地,未经授权而复制某一享有著作权的作品(这是一个典型的公共产品)将不会损害该作品的价值(除非存在拥塞外部性,我们将在下一章接着讨论该命题),尽管这样一来,可能减少了创作将来作品的激励。

那么,至少在臆造商标的情形下,因对商标给予法律保护所产

---

[11] 应当注意在相反方向上起作用的两个限制条件。第一,并不是所有的生产者都希望其商标是可发音的——那些包含了首字母的商标就通常是不可发音的,比如"MS-DOS"。第二,一个生产者如果想要用同一个名称而将其品牌在全世界销售,就必须避免那些在世界各地语言中冒犯性和不恰当的字母组合;这样的字母组合很多。一个著名的例子是福特公司想要在墨西哥营销其"Nova"牌汽车;而在西班牙语中,"no va"的意思是"不会走动"。

生的社会成本是适度的[12],无论从绝对量上,还是相对于此前所讨论的利益而言。其他种类的商标所涉及的社会成本尽管较高,但仍然是在可控制范围之内,并且,商标所涉及的成本如果超过了它们的收益,则应拒绝给予法律保护。

因为促进产品差别(product differentiation),商标就会造成无谓成本,无论是垄断性的抑或是(过度)竞争性的,然而我们忽略了这一危险吗?我们已经假定,一个商标会诱使其所有人投资,以维护统一的产品品质;一种替代性解释是,商标也会诱使其权利人通过广告和宣传,花钱来创造一个疑似高品质的形象,使消费者从相同品质甚至更高品质但价格较低的替代品上转向他们的产品,从而得以获取垄断租(monopoly rent)。在以统一成分制造产品的情形中,比如阿司匹林或者家用漂白剂,有品牌名称的商品(Bayer 牌阿司匹林,Clorox 牌漂白剂)就有能力比通用名称(无品牌)的商品而主张更高的价格,这对于一些经济学家和更多的法学家而言,似乎就是一个例证,说明因品牌广告迷惑公众从而促进了垄断。[13]品牌广告是以商标为前提的——它们使得生产者易于向消费者确定其品牌。

这一问题在商标法上不具有任何的立足点。指导商标法的默认的经济模型,就是我们在本书中的模型,其中,商标通过向消费者提供关于品牌的有价值信息,就降低了他们的搜寻成本,并且商标还鼓励对品质的管制,而不是造成社会浪费和欺骗消费者。有

---

[12] 尽管这取决于保护的范围;但当下我们所考察的,正是针对竞争对手实际或者潜在误导性地挪用商标而给予的保护。

[13] 参见,例如 Borden, Inc. v. FTC, 674 F. 2d 498 (6th Cir. 1982)以案件争议系假设为由被撤销,461 U. S. 940 (1983); William S. Comanor 与 Thomas S. Wilson, Advertising and Market Power, 第 3 章 (1974); Richard Schmalensee, "On the Use of Economic Models in Antitrust: The ReaLemon Case", 127 University Pennsylvania Law Review 994 (1979); Warren G. Lavey, "Patents, Copyrights, and Trademarks as Sources of Market Power in Antitrust Cases", 27 Antitrust Bulletin, 433, 448—451 (1982)。有关该例子的更多介绍参见本章以下部分及第 11 章,我们在那里指出了这个令人印象深刻的例子,即有品牌名称的药品在专利保护期限届满之后并且面临着那些化学成分完全相同的通用名称药品的竞争时,继续以其享有专利时同样的高价销售。在该情形中,商标就容易被人认为是继续保持垄断的发动机。

关敌视品牌广告的观点,无论如何都是没有根据的。[14] 两种商品有着相同的化学配方,该事实并没有让哪怕是最冷静理性的消费者认为,两者的品质是相等的。消费者所感兴趣的并不是配方,而是他将要消费的实际制造的产品,并且他可能因此而愿意为更高地确保该产品确实是按配方说明书制造的,支付一笔额外加价。[15] 商标使消费者节省了实际的成本,因为他只花较少的时间去搜寻他想要的品质。被商标法驳斥的商标垄断理论,就因此反而是一个有利于说明该法律的经济合理性的一个标志。

四、商标经济学的一个形式模型

我们把一个商品 X 对于购买者的完整价格(π),限定为其金钱价格(P)加上购买者在了解 X 的相关特征时所承担的搜寻成本(H)。[16] 亦即,

$$\pi = P + H(T, Y, W)。 \qquad (1)$$

H 部分地取决于由企业通过商标 T 向购买者所提供的信息。企业投入于开发和宣传商标的资源越多,该商标就越强(亦即 T 将变得更大)而 H 值就会越小。

由 T 所产生的信息分为两类。第一类是使消费者得以确认商

---

[14] 参见 Klein 与 Leffler,前揭[3],以及该处所引材料;另参见 Steven N. Wiggins 与 David G. Raboy, "Price Premia to Name Brands: An Empirical Analysis", 44 *Journal of Industrial Economics* 377 (1996).

[15] 这可能就是前揭[13]药品例子中的一个因素。

[16] 我们的模型类似于在 Issac Ehrlich 与 Lawrence Fisher, "The Derived Demand for Advertising: A Theoretical and Empirical Investigation", 72 *American Economic Review* 366 (1982)中的模型,后者视广告为减少搜寻成本和商品完整价格的变量。反过来,他们的模型又是建立在 Gary S. Becker 与 George J. Stigler, "De Gustibus Non Est Disputandum", 67 *American Economic Review* 76 (1977)的广告方法上的。更近以来,贝克尔与凯文·墨菲联合提出了一种不同的广告理论,其中,广告是所广告的产品的补充。参见 Gary S. Becker 与 Kevin M. Marphy, "A Simple Theory of Advertising as a Good or Bad", 108 *Quarterly Journal of Economics* 941 (1993)。他们的文章并未讨论到商标,但我们仍然相信,它最适合通过消费者的搜寻成本来加以解释。

品来源的信息;例如,即使消费者不知道该牙膏产自宝洁公司(Procter and Gamble),但他还是能够知道"佳洁士"(Crest)牙膏是出自某一个单独来源的。有关商品来源的信息,就使得消费者可以根据过去的消费经验和其他消费者的推荐,降低商品选择上的成本,从而节约搜寻成本。第二类是关于产品本身的信息。例如,"描述性"(descriptive)商标(稍后详述)除了可以指明商品来源外,也可用以描述该品牌的某些特性;此等信息也降低了搜寻成本。

H 还取决于 T 之外的其他因素,比如广告支出额、可供企业展示信息的技术、竞争者的数量(因为竞争者越少,搜寻成本就越低,这样的结果就是,当只有一位或者几位生产者时,商标在提供有关商品来源的信息方面的收益就可能较低)以及购买者的时间成本等。我们用 Y 表示这些其他的因素,但由于我们的兴趣仅在于商标,所以我们将之略而不问。

更为重要的是,H 也取决于 W,即之前提到的、企业可以将其用作商标的文字与其他符号的可能性指数。[17] W 与提供给消费者产品相关特征的商标是互动的。在大多数情形下,W 将会很大,从而不会明显地影响到消费者的搜寻成本。但是,如果某一特定企业对用于确认某一完整产品的文字取得了专有的使用权,而不是该产品的某一个单独的品牌,那么,这就可能损害它与其他制造相同产品的企业的竞争。因此,如果某一特定的个人电脑生产商,因为另一企业已经享有对"personal computer"和"PC"等词汇的专有使用权,从而不能再在其广告或者标签中使用这些词汇,那么,它可能就不得不用诸如"一部运用中央处理器而具备处理文字和高速运算以及其他数据操作功能的机器"等等之类的用语,来描述其产品了。如果连"文字处理"(word processing)一语也已经被占用,那么,他无可避免就得采用一个甚至更为精致但迂回的陈述了。因为对较长短语的记忆难于较短者,而且,一段冗长的描述所传递的有关该企业产品的有用信息,反而少于一个单词或者一个精炼的短语,所以,搜寻成本将会提高。因此,W 越大(亦即,供给 X 的可能名称的范围越大),则一个商标在消费者搜寻成本最小化

---

[17] 为简化符号,我们写为 $H = H(T)$,虽然事实上,H 也取决于 Y 和 W。

上的潜在生产率就越高。

我们可以把某一有商标商品的生产者的利润函数写为：

$$I = P(T)X - C(X) - RT, \qquad (2)$$

其中，I 指企业的净收入（利润），$P(T)$ 是企业对其产品（X）所收取的价格，$C(X)$ 表示企业产生 X 的成本，而 R（假定为常数）是指企业生产一单位 T 的成本。因为从一个商标中所获得的收益，并没有在一个单一时期内耗尽，所以，商标是一种资本，从而在一个更为完整的模型中，我们将不得不考虑折旧、毛投资额与净投资额的区分等等。相反，为简化起见，我们假定了一个一次性耗尽的模型，但这种简化并不影响我们的分析。

我们假定在搜寻成本的下降中有一个正值且边际产量递减的 T（即 $H_t < 0$ 且 $H_{tt} > 0$），同时 X 的边际成本递增（$C_x > 0$ 且 $C_{xx} > 0$）。用 $\pi - H(T)$ 代替 P，得到

$$I = [\pi - H(T)]X - C(X) - RT。 \qquad (3)$$

假定这是一个竞争性行业（亦即，其中的每个企业所得都给定为 π），则针对 X 和 T，企业实现利润最大化的条件为

$$[\pi - H(T)] - C_x = 0, \qquad (4)$$

且

$$-H_t X - R = 0。 \qquad (5)$$

等式（4）表达了价格和边际成本之间的一般均衡，而等式（5）则使增加一个单位的 T 的边际收益和其成本等值。[18]

图 7.1 和图 7.2 有助于传达对这些均衡条件的直观理解。图 7.1 表明，虽然一个单位 X 的价格独立于 X 的数量（因为企业被假定是在一个竞争性市场上从事经营的），但是，当它越大时，企业的商标也就越强（$T^1 > T^* > T^0$），因为 T 在事实上替代了本来由消费

---

[18] 在垄断的情形中，等式（4）变成

$$P[1 - 1/(e \cdot s)] - C_x = 0。$$

其中，e 表示关于 π 的需求弹性，而 s 表示 π 中 P 的份额。因为产量（X）在垄断时较低，T 也是如此（从等式（5）可知）。这并不令人奇怪。如果只有一个生产者，则商标的主要利益——确认商品来源——就相对较小。在分析商标法时，垄断模型比竞争模型的用处更小，因为大量的商标规则都在处理对某一竞争者赋予专有权而对他人有效竞争的能力所带来的影响。

者所承担的搜寻成本,从而使 X 更有价值。图 7.1 的企业是在其平均成本曲线(包括商标成本)的最低点从事经营,并且因此获得零利润。图 7.2 表明,每增加一个单位的 T 的利润取决于两个方面,一是 $T(=-H_t$ 之值)在降低搜寻成本上的生产率,二是所售出 X 的数量。T 的增强可以使所有的 X 对消费者更有价值。在图 7.1 和图 7.2 中的 X 和 T 的利润最大化价值是 X^* 和 T^*,且所导出的均衡价格是 P^*。

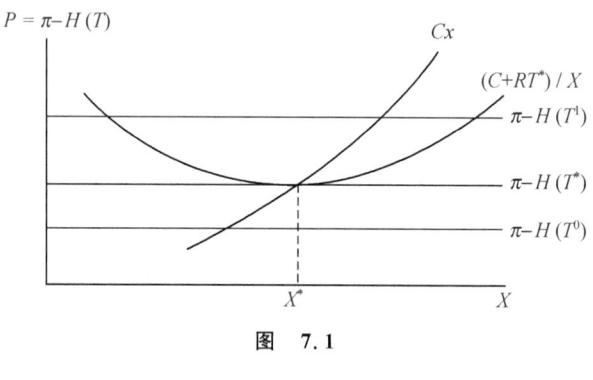

图 7.1

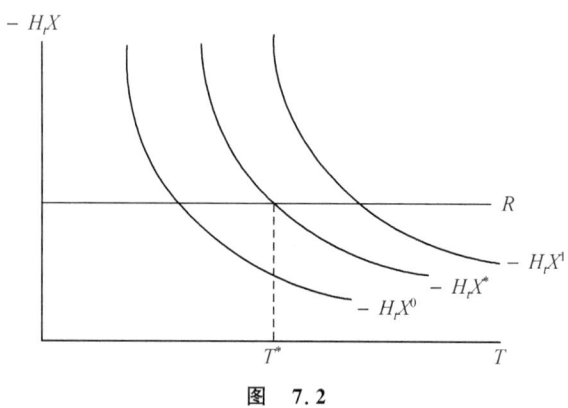

图 7.2

尽管在我们的模型中,每一企业在 π(其商品的完整价格)方面都是价格接受者(price taker),但 X——特定企业的商品品牌——的名义价格将因企业而异。拥有强势商标(较低的 H)的企业,其品牌之所以值更高的价钱,不是由于任何市场力量(market power),而是因为与其品牌相关的搜寻成本较低。例如,假定 X 的完全价格为 20 美元,一个企业的 $H=10$ 美元,则其将以 10 美元出售其 X 品牌,而另一个企业的 H＝5 美元,则将以 15 美元出售其品牌。一般而言,π 越大,H 越小,T 的边际产量越大,并且 X 与 T 的边际成本越低,则 X、T 和 P 的均衡值将越大。而且,文字和其他识别符号可以用作商标的可能性越大(W 越大),对于某一给定的 T 值,则 H 和 H_t 的数值就趋向于越低,因而 X、T 和 P 的均衡值就越大;而且,因为 X 变得较大,所以 π 的均衡值将是较低的。

我们在图 7.3 中建构了与 π 相关的 X 的一条产业供给曲线。对于每一个 π,我们从等式(4)和(5)计算出企业利润最大化的 X 和 T 值,并且把每个企业在每一 π 时的产量进行求和,从而得出产业供给曲线。它是向上倾斜的,因为一个较高的完整价格将会引诱每一企业扩大其 X 的产量,既透过在 P 上较高的 π 而产生直接影响,也通过在 X 上的初步增加而产生间接影响,后者导致一个更高的 T 并因此在 P 上的进一步提高。图 7.3 显示的是在产业需求与供给曲线(D 和 S)的交叉点上均衡的完整价格。

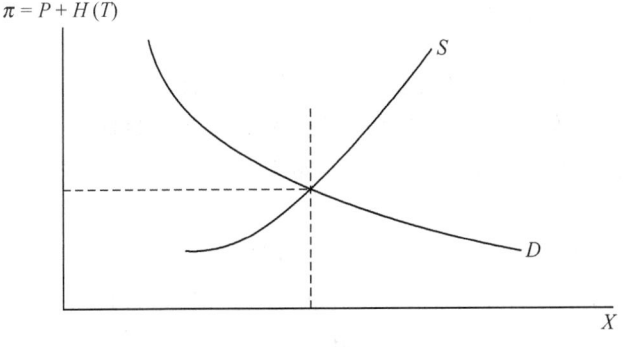

图　7.3

我们可以通过以每一单位的质量而非以每一单位的产量为依据,重新定义变量 π、P、H,从而把品牌之间的质量差异结合到该形式模型之中。以 Q 表示商品 X 的一个品质指数,而 C(Q, X) 表示该产品产量的总成本,我们假定它是随 Q 和 X 的递增率而上升的。企业将希望有关 X、Q 和 T 的

$$I = [\pi - H(T)]QX - C(Q, X) - RT \qquad (6)$$

最大化。一阶条件是

$$PQ - C_x = 0, \qquad (7)$$

$$[\pi-H(T)]X-CQ=0, \tag{8}$$
$$-H_tQX-R=0。 \tag{9}$$

等式(9)意味着,企业的商标越强,$H(T)$(搜寻成本是商标强度的一个函数)因此就越低,从而每一单位质量的价格就将越高,并且根据等式(8),该企业产品的质量也就越高。同样地,若品质越高,因增强商标所获的利益也就越大[等式(9)],因此,企业在其商标上的投资也越高。所以,对我们的基本模型进行简单的延伸,就产生了这样的直观结果,即商标的法律保护鼓励企业生产出更高质量的产品。

五、商标的取得、转让和存续期间

前述模型可帮助我们分析商标法的特定命题与原理。首先是关于如何获得商标的保护。

(一) 商标的取得

一项财产权制度的成本之一,是把因占有一项有价值的权利而形成的租,转化为抢先取得权利的成本。这在商标法中同样是一个问题,取决于商标保护是如何获得的。方法之一是注册制。它类似于取得专利权和著作权的方法,并且已在世界上除美国以外的大多数国家施行。第二个方法,也是普通法上的传统方法,是某种类型的"先占"规则(参见第1章)。第三种则是现行的美国制度,它是注册与先占的一种混合制。

根据普通法的方法,一个商标的所有权是通过其在商业上的使用,亦即向公众销售附有该商标之商品或者服务而获得的。一项先占规则——在这里是它的一种变体形式——具备若干经济学上的好处。第一点是使寻租行为最小化,这也是第1章所强调的。一个企业通过注册即可获得商标的专有权而无须使用该商标,这一规则就可能使得数量可观的资源投资于苦思冥想出那些似乎有价值的新品牌名称上。即使这些名称的供给弹性很高,但大量名称的所有权和这些所有权所带来的大量的许可使用费收入,都将成为一块磁铁,牢牢地把资源吸引到创造品牌名称的活动上,甚至会大大超过这项投资的最佳水平。而且,字母组合作为潜在的商标有着不同的价值[19],而最有价值的字母组合的供给却并非完全弹性的。此外,企业可能将驰名商标注册在原始商标权人已不再生产的那些产品上,目的是想在后来再回授给原始商标权人——这关于寻租行为的另一个例子。

很显然,像日本这样采取纯粹注册制的国家,商标"储存"(banking)行为确实发生了,而且使得在这些国家想要进入消费市场是一件成本更加高昂的事情。[20] 如果允许储存商标的国家,禁止在与其所标示的商品相分离的情况下单独出售商标,就像美国(正如我们在下文所讲到的)那样,那么,由此产生的成本就会特别地大。由于他们不能从商标库中购买商标,企业将被迫采用效率较低的商标(它们在我们的模型中会产生一个较高的 H)。当商标的"储存人"决定销售一种必需附以某个商标的产品时,即使其他企业可能对该商标库中的一个或者多个商标具有更急迫的需求,那些被储存起来的商标仍然只能归于"储存人"。尽管那些允许储存商标的国家同时也允许商标与其所标示的商品相分离而出售,但美国则拒绝商标储存的做法,这也就并不令人奇怪了。

与允许商标储存的效果相关的另外证据,来自于有关"网络抢注"(cybersquatters)的实践。每一个网站或者其他可接入互联网的电脑都有一个独一无二的互联网地址("域名"),它包括网站名称和一个域位名称(domain designation),后者对于商业网址而言就标示为.com。带有.com 的地址只能从"互联网域名与地址管理公司"(Internet Corporation for Assigned Names and Numbers,ICANN)处获得,它是根据先到先得的原则而授予域名的,并只收

---

[19] 参见,例如 Sharon Begley, "New ABCs of Branding", *Wall Street Journal*,2002 年 8 月 26 日,第 B1 版。

[20] 日本规定,商标若连续 3 年保持不用,则予以撤销——该规定在 1996 年被控制得更紧了,因为之前的一项调查表明,"所有在日本注册的商标(大约 130 万件),有 31.8%的商标从来就没有被使用过,而且在将来也不会被使用。……由于存在大量的未使用商标,申请人可以选择作为商标的范围就被缩小了"。Masaya Suzuki, "The Trademark Registration System in Japan: A Firsthand Review and Exposition", 5 *Marquette Intellectual Property Law Review* 133,148—149 (2001)。

取适当的费用。在 1999 年《反对网络抢注消费者保护法》(Anticybersequtting Consumer Protection Act)[21]实施之前,并没有任何法律禁止个人或者企业出于将来出售给其他商业企业以用于该企业之经营活动的目的而注册域名。此类域名有可能是其他企业的名称——有一位网络抢注者注册了 200 个以上的著名企业名称,包括"Delta Airlines"和"Neiman-Marcus"——或者是描述某一行业或者活动的术语,比如"stamps.com"或者"sex.com"。这是典型的寻租行为;竞相注册驰名商标而后把它回售给原始商标所有人或者对之提起诉讼,由此所涉及的成本并不产生任何社会产品。该法律禁止为了从与商标相联系的商誉中获取利润之,故意把他人具有显著性的商标(或者与之混淆性相似的名称)注册为域名。

先占规则不仅限制了寻租行为,而且与那种要求确定何人首先发明商标的规则相比,还减少了管理成本。既然商标常常包含的是通常的语言、形状和色彩,因此,想要搞清楚在商标争议案件中由哪一方当事人最先发明了该商标,将是一件成本昂贵的事情。一种成本较低的替代方法是,确定由谁最先进行使用。出于在一个商标上确立权利之目的而"在商业上使用",就意味着他向公众销售了附有该商标的商品,所以,潜在的后续使用者就会注意到不要再投资于一个与之相同或者相似的商标上。某种重复成本则仍然无法避免,因为在最初开发和完全利用该商标之间存在着一段时间差,在此期间内,另一企业("在后使用者",junior user)可能也着手开发与之相同的商标,却并未意识到已经有了第一家企业("在先使用者",senior user)。[22] 但是这种重复成本比专利情形中的成本要低,因为创造一个商标(区别于对该商标的促销与维护)的成本低于发明一个新产品或者新方法的成本。[23]

商标权以使用为条件,这也很符合商标旨在确认和区别商品

---

[21] 15 U.S.C. § 1125(d).

[22] 参见,例如 Blue Bell, Inc. v. Farah Manufacturing Co., 508 F. 2d 1260 (5th Cir. 1975).

[23] 专利制度通过警示相同产品或者方法的将来发明人而具有减少重复之功能,这一观点强调于 Edmund W. Kitch, "The Nature and Function of the Patent System", 20 Journal of Law and Economics 265 (1977)。参见第 11 章。

之社会功能。假如商品未能用于销售,则商标亦无法赋予任何利益。诚然,与其他以占有为取得所有权之条件的情形相似,比如在美国西部有关水权的占据制度(appropriation system of water rights)那样,对某一商标的法律保护以附有该商标之产品的销售作为条件,就可能导致企业仓促推出某一产品。如果一家企业渴望在一个绝妙的商标上确立权利,就可能决定提前开始销售附有该商标的产品,而目的只是为了对该商标提出权利主张。但是,很少有这样特定的商标,可以在与其所标示之商品相分离的情况下,还会有那么高的价值,从而使企业仅仅为了占据一个特定的名称而作出成本高昂的行销决策。

对于一项纯粹以使用作为确立商标权之条件的制度而言,其负面效果在于,从一个企业开始开发一个商标到其满足了该使用条件之间的间隔内,会导致不经意和浪费性重复的风险;在此间隔时间内,另一企业可能也开始使用该商标。设立商标注册簿虽然可以避免这种不幸事件,但正如我们在前面所说的,一个纯粹的注册制或者一个只要求最低使用条件的制度,都存在着使企业能够储存商标的不利之处。因此,相应地,美国现行的创设商标权的制度,是各州的普通法权利和由《拉纳姆法》(Lanham Act)[24]所创设的联邦自愿注册制度——它本身就是注册和先占原则的混合——相结合的综合体。该法并不因申请注册而授予权利,除非该商标进行了使用。在以往,该法所要求的使用低于普通法上的要求;事实上,一次象征性销售——即使只是出售给该企业的一名雇员——或者单独一次运送就可能已满足要求。但1989年的修订案又回复到了普通法上的理解。既然商标注册簿是公开的,并且可以供人检索,那么,发生无意间重复的风险就得到了最小化,而广泛使用作为一种用以防止重复的方法,就变得不那么重要了。

这里还是存在着这样的风险,即在进行商业性使用之前,另一企业可能已经开始销售相同商标的品牌了。不过,这种风险因该法的另一条文而得到了最小化,它规定,申请人只要具有"使用之

---

[24] 15 U.S.C. §§1051及以下。本法同时还规定了对侵害未注册(亦即普通法上的)商标和对虚假广告、虚假标签的救济。

意图"(intent to use)即可以注册商标:一个企业如果具有一种"善意之意图",在今后6个月内(还可以有若干次延长)将其商标使用在商业上,它就可以将之注册。如果在该时间底线之内并没有发生具有重大商业意义数量的销售,则该注册被撤销。使用意图与注册条文的结合,就极大地防止了两种潜在的浪费性后果:既然注册要求(最终的)使用,则与商标储存相联系的社会成本就得以消除;而有关使用意图的规定,又使得无意间重复的风险得到了最小化。

对于知识产权实行一种纯粹的先占原则的最大反对意见,以及对一种纸上权利制度(指商标注册制,对应于土地或者专利注册制度)的最有力主张是,被占有对象并没有任何明确的物理空间。假设生产者甲制造了X牌台灯,目前仅仅在纽约州销售,但他最终打算销往全国市场。乙是仅仅在加利福尼亚州从事经营的企业。那么,即使在甲进入加利福尼亚市场之后乙仍可以继续销售其X牌台灯吗?《拉纳姆法》解决了第一个问题,规定商标注册是证明注册者有在美国全境使用该商标之权利的推定证据(presumptive evidence)。[25] 因此,如果甲在台灯上注册了商标X,这就是对乙发出了通知,即一旦甲将台灯市场扩展至乙的区域,甲就对于在该地区专有性使用该商标享有优先权。

如果没有商标注册,法院在决定甲是否可以在乙的销售区域使用其商标时,将考虑甲的最初使用与扩张使用之间的近似程度、甲针对乙而主张执行其商标权时是否存在不合理的迟延[即所谓的甲的懈怠(laches)]、以及乙的善意或者恶意——即乙是明知甲的商标而有意复制,或者只是碰巧也开始使用了相同的商标。[26] 甲的最初使用和扩张使用之间越近似,那么,强迫甲在扩张使用时改而使用另一个不同的商标,无论对于甲和消费者来说,成本都将

---

[25] 参见 15 U.S.C. § 1057(b);*Coach House Restaurant, Inc. v. Coach & Six Restaurants Inc.*, 934 F.2d 1551, 1562 (11th Cir. 1991)。

[26] 参见,例如 *Polaroid Corp. v. Polarad Electronics Corp.*, 287 F.2d 492 (2d Cir. 1961)(弗兰德利法官);*Dwinell-Wright Co. v. White House Milk Co.*, 132 F.2d 822 (2d Cir. 1943)(L. 汉德法官)。

越高。考虑到消费者的流动性[27]，许多消费者可能由于这样的事实而受到混淆，即相同的品牌在一个州叫一个名字而在另一州却叫另一个名字。这就可以说明，新泽西标准石油公司(Standard Oil Company)何以会启用新的标识"Exxon"，来取代相同产品而在不同州所采用的 Esso，Humble，Standard 和 Enco 等标识。如果出自同一生产者的类似商品，比如铁锤和螺丝起子，却以不同的品牌名称进行销售，则消费者同样可能受到混淆。因此在我们所举的例子中，如果拒绝甲在其扩张了的地理或者产品市场上使用其商标，那么，甲就像新泽西标准石油公司那样，将被迫启用一个全新的商标，并因此牺牲其与原始商标相关联的声誉资本(reputation capital)。

懈怠(不合理地迟延提起对被告不利的诉讼)原则迫使甲对于乙在挪用时的重复成本(cost of duplication)内部化。如果甲有理由知道，乙在不知道甲在先使用的情况下，正在开发一个相似的商标，那么，除非他已经将其商标注册，否则他就必须警告乙不得使用，反之就可能令自己不得在扩张市场中使用该商标了。由甲来防止这两个商标发生撞车的成本，低于由乙来防止的成本。但是，如果乙并非在不知道甲在先使用的情形下(亦即善意地)进行开发，而是故意复制甲的商标，那么，这样的重复成本就是其自我施加的；由乙避免撞车的成本较低，并且，如果他针对甲的侵权诉讼而提起懈怠抗辩，也应予以拒绝。

《拉纳姆法》所规定的商标注册制度已经减轻了地理性重叠的问题，因为一旦进行联邦注册，就意味着该商标已经被用于标示相同产品的一个品牌，那么在事实上，它就排除了在产品侵权之诉中提出任何的善意抗辩。如果产品并不相同，则并不能因为注册而自动排除有关善意的推断，因为从本质上而言，扩张到即便相关但并不相同的产品的路径是不确定的。乙可能毫无理由，会想到甲准备扩张到乙的产品市场。这对于地理性扩张亦同样成立，区别只是在于消费者的流动性。消费者当然不是固定在某一地区的。

---

[27] 我们用以下这个案件为例，*Park' N Fly, Inc. v. Dollar Park & Fly, Inc.*, 782 F.2d 1508, 1509 (9th Cir. 1986)，虽然该案当事人在不同机场提供顾客服务，但顾客群是相同的。我们稍后会更详细地讨论混淆可能性的决定因素。

他们游历于全国或者从国家的一个区域移居到另一区域,但如果他们发现不同品牌的相同商品却以相同的名称销售,他们就可能受到混淆。消费者习惯于推定,每一盏以特定品牌名称而销售的台灯都是相同的品牌,亦即,都产自于相同的生产者。

(二) 商标的转让

美国法律通常禁止商标的买卖或者许可使用,除非与该商标所标示之商品的生产权一并买卖或者许可。[28] 这一规则——商标不得进行"总括性"(in gross)转让——似乎令人难以理解。为什么不允许可口可乐出售其商标而仍然保留其糖浆秘密配方的全部权利呢?答案与商标的经济功能相关,即商标提供了有关某一商品特征的信息,而这些信息如从其他地方取得,则将更加成本昂贵。如果甲出售给乙的只是其商标(一次"总括性"或者"纯粹"让与的买卖),并且消费者对此项交易知情,那么,至少按照初步的估计,乙把甲的商标附着于自己的商誉之上的行为,并不能使乙提高其商品的价格。但是,消费者可能并不知情,从而就可能在乙产品的品质上受到误导。反之,如果甲出卖了配方或者其他用以生产商品的设备,那么在本质而言,这只是所有权的转换,因此没有任何理由相信,该商品的品质将会变得较差;从而,让该商标继续附着在乙产品上是有意义的。

设 ϕ^b 表示消费者正确地相信甲的商标是用来识别乙具有较次质量的商品的概率。因此,$1-\phi^b$ 就表示消费者发生混淆与相信现在附着于乙商品上的甲商标仍然标示甲商品的概率;亦即,他们认为自己所购买的仍然是甲的商品。假定 $H(T^a)$ 小于 $H(T^b)$(否

---

[28] 参见,例如 *Pepsico, Inc. v. Grapette Co.*, 416 F. 2d 285 (8th Cir. 1969)。"促销性商品"(promotional goods)是一个主要的例外,该种商品尽管附有商标,但与商标所有人所主要生产的商品没有密切的关联。附有芝加哥熊橄榄球队商标或者标记的T恤衫,就是一个例子。这个商标有着一种与其所确认的商品无关的价值,因此,它本身就是一个商品。我们对商标的分析并不及于促销性商品。另一个例外是服务商标[例如,"假日酒店"(Holiday Inn)],它通常被用来标示一种特许经营,而非一种制造品。因为这里没有任何生产者,所以,商标的买卖并不能够与一种生产权的买卖相结合。

则,乙就不会在其商品上附着甲的商标了),则乙将为其(冒牌的甲)商品而获得一个比消费者没有发生混淆时更高的价格。该价格上的增量将等于$\{[\pi-H(T^a)]-[\pi-H(T^b)]\}(1-\phi^b)$,并且,若发生混淆的可能性越大,甲商标与乙商标的关联性越强,则该价格增量就越大。[29]

然而,从以下三个方面看,这项分析是不完全的。第一,它忽略了这样的事实,即如果甲被禁止总括性出卖其商标,他就可以藉降低自己品牌的品质,而从对消费者的欺骗中获得利润,其数额正与他若被允许为欺骗消费者之目的而将其商标卖与乙,亦即以之标示乙的质量较次的产品,所本来可以获得的利润相同。商标法中含有一项原则,被用来(或许并不非常有效地)填补这个漏洞。"既然一个商标不仅是商品来源的象征,而且是一定种类的商品和服务以及它们的品质水平的象征,因此,以该商标之名所出售商品的性质或者品质发生重大改变的,就可能改变事物的本质,标志着该商标变得具有欺诈性了,并且/或者表明原始权利已经被放弃了。"[30]

第二,我们的分析忽略了对于甲出卖其商标供乙欺诈之用,可能存在市场节制。一旦消费者明白了这样的事实,即甲的商标不再标示一个具有持续稳定品质的产品,他们就会拒绝支付如此高的价格给甲或乙。因此,甲在许可使用其商标时,就会具有一种对乙的商品品质进行监控的激励,以确保乙没有出售品质较次的商品而损害甲的声誉。即使没有就商标的总括性许可订立任何禁止性规定,甲在被许可人将该商标附着于一个明显质量较次的商品时,仍然可能收回其商标。因为正如我们刚刚指出的,这是当商标被合法许可,亦即与出卖方产品的生产权一并许可时的一项规则。

---

[29] 如果乙的品质更加低于甲的品质(设消费者发生混淆的概率保持不变),则价格增量甚或更大。它等于
$$(1-\phi^b)\{[\phi-H(T^a)]Q^a-[\phi-H(T^b)]Q^b\},$$
甲的品质相对于乙的品质越高(亦即,Q^a 相对于 Q^b 越大),则该价格增量也就越大。我们假定消费者是风险中立的。

[30] J. Thomas McCarthy, *McCarthy on Trademarks and Unfair Competition*, Vol. 2,§17.24,(第4版,2002)。(脚注略)

但对该规则的执行却往往成本昂贵,因为它需要由法院来评估品质究竟如何。

我们在上一段称商标的"许可"而非"买卖",是因为如果甲是将其商标卖给乙并且同时正在退出该商标商品的销售市场的话,那么甲对乙进行监督的激励就将消失,就像如果他将用于生产该商标商品的资产设备与商标一并出售时,他通常所做的那样。如果相反,正如有时在总括性转让商标时那样,出卖方打算继续保留在该市场内,但并不是与买方共同分享该商标(指前述所讨论的商标许可的情形),而是以另一个不同的品牌名称进行销售,那么,他仍然会具有某种对质量进行监督的激励,因为当消费者发现他的原始商标现在正被用来标示一个质量较次的商品,而该商品可能损害其新商标声誉时,就将给他带来不良效果。如果他离开了销售该商标商品的市场,或者完全退出经营了,那情况就完全不同了。在总括性出售一个商标的情形中,这两个结果中的任何一个都比他仍留在市场而更有可能,因为正如总括性出售所表明的,如果买方并不想要那些被卖方用来生产该商标商品的资产设备,就可能意味着那些资产设备在其他用途上更有价值;或者,买方不想要它们,也许是因为他准备降低该产品的品质,用更便宜的资产设备来进行生产即可。在这两种最后阶段(last-period)的总括性商标出售中——出卖方正在离开市场或者正在完全退出经营,出卖方就不会因出售给其他企业用以欺骗消费者的商标而遭遇到市场报复的风险。

这一分析表明,确实有必要实行一种法律控制,而有关反对总括性转让商标的规则,以及禁止债权人强索破产公司商标的推断性规则,就满足了这一需要。除非破产财产的买受人继续经营破产公司的业务,否则,破产人的商标应被视为抛弃。[31] 该规则防止债权人将商标附着于质量较次的商品上。这是一项预防性规则,因为正如我们已经指出的,商标附着于质量较次商品的事实一旦被发现,则该商标就将被没收——但是,那可能得花上几年时间才可能被人发现,而在此期间,许多消费者将因此蒙受欺骗。

---

[31] 参见前揭,第2卷,§18:28。

我们关于转让的形式分析之所以不完全,还在于其第三个方面:它没有解释乙有什么样的激励,企图欺骗消费者以使其认为正在购买一个高级品牌。如果消费者易于受骗,我们此前对产品差别的垄断理论所持的否定观点就难以维持。如果消费者不易被骗,乙将蒙受与甲相同的声誉资本的损失。不过,在某些情况下,这个预期阻止不了乙。乙可能处在其营业末期;它只有极少的或者根本没有任何声誉会受到损失;或者,他生产较次产品的成本很低,足以使其从欺诈中所得的短期预期利益,超过其声誉资本的长期损失。

(三) 商标的存续期间

以商标为一方,以著作权和专利为另一方,两方之间的一个突出差别在于,商标并无任何固定的存续期间。这种差别是具有经济学意义的。如果一个给定的名称作为商标不具有稀缺价值,从而用于推进和维持该名称的资源只能获得一种竞争性回报,那么,即使赋予永久性保护期间也不会产生寻租问题,即使折扣率非常的低(或者为零,或者就该情况而言是负值),或者使消费者转向品质较低的或成本更高的替代方案(这是传统的从垄断中产生的无谓损失)。对于永久性专利,追踪成本就会带来困扰,并且正如我们在下一章将看到的,在一个较小的范围内,追踪成本同样困扰着永久性著作权,但是在商标而言,它却不是一个严重的问题。商标依附于物质财产——它所命名的商品——从而通常易于发现谁是某一商品的生产者,并因此找到商标的所有人,尽管我们在后面也将考察一些例外的情形。而且,让商品生产者在其停售商品之前放弃商标名称,将给消费者造成额外的搜寻成本,因为体现在该商标上的信息会随之消失。而当他停止出售该商品时,商标也就自动失效了——这就成了商标抛弃的另一个例子。

六、显著性和通用名称

只有对那些可以识别所属商品或服务,并将其与其他生产者相区别的文字或者其他标志,才提供商标保护。如果缺乏显著性,就使得这个商标无从识别商品,从而无法使消费者想起可以降低其搜寻成本和使生产者得以收取较高价格的信息(由消费者自己或者其他消费者对该商品的经验所产生)。基于同样的原因,没有任何销售者会对一个不具有显著性的标记搭便车。搭便车的激励取决于由商标所产生的利润——可以推定,其在不具有显著性的情况下就接近于零——与重复成本(cost of duplication)之间的差额。但这并不意味着,对不具有显著性的标记即使给予法律保护也不会有什么害处。一个无法将某一产品的品牌与另一品牌相区别的商标,或许就是从该产品的其他生产者同样在使用的文字、符号、形状或者颜色中产生的,因此,对这种商标的法律保护,就可能阻碍他人使用其为有效竞争所必需的标志。

我们可以把 H 函数扩展至某一特定生产者,以便在形式上探讨这一问题,从而

$$H = H(T, Y, W, Z), \tag{10}$$

其中,Z 表示其他生产者通常使用的文字,比如"电脑""电子的"或者"大量",也就是说,它所标示的是产品而非品牌。事实上,等式(10)将 W 重新定义为除其他生产者所通用的文字(Z)以外,可以作为商标的文字的指数。因为 Z 的词汇通常是用以描述产品特征的,区别于每一生产者品牌所独有的特征,所以,它们在数量上趋于有限。变量 Z 与 T 相结合就产生了用于降低搜寻成本的信息。允许某一生产者占用一个不具有显著性的商标,就将使其能够迫使其竞争对手从他们的标签、包装或者产品设计中除去 Z。其结果就是,在图 7.2 中的 $-H_tX$ 曲线向下移动,并且使 T 下降和 H 上升,因为那些生产者不再被允许使用 Z 了。他们所生产的 X 的数量将会下降,X 的供给曲线将向左移动。这将是一种社会损失,因为消费者将会为较少数量的 X 而付出较高的价格。我们先前所举的关于允许某一企业使用"个人电脑"作为商标的例子,就说明了这一点。

对于因允许某一特定生产者享有某一特定商标的专有权所产生的经济效果,则交由法院进行个案审查,以此,法律就可以试图解决这个问题了。但是,这种做法又使得商标案件类似于受合理原则(Rule of Reason)支配的反托拉斯案件。这种案件在审判或

者甚至和解上的成本都非常高,而其唯一(无论在私人或者社会方面)值得承担这些成本之处在于,某些反托拉斯的违法行为以及某些对反托拉斯违法行为进行错误认定所产生的私人成本和社会成本更加巨大。既然个别商标滥用的分配效果,在相当程度上只限于在一个较小的产品种类上提高了消费者的搜寻成本,因此,其发生错误配置的程度小于大多数的反托拉斯案件,而私人的利益攸关程度,也同样较小。因此,在大部分商标案件中,运用一种反托拉斯式的分析方法,并不划算。相反,法律根据显著性要件而将潜在的商标划分为一些大类,而且用此分类来决定其合法性[32]——这就与受本身违法原则(per se rules)所调整的反托拉斯案件的情形非常相似。虽然这样处理的结果,有时被批评为过于粗糙,但在法律实施成本上可能带来的节约,足以与之抵销。

臆造商标(fanciful mark)——与任何文字均不相同的杜撰名称,比如"Exxon"(爱克森)或者"Kodak"(柯达)——是最具有显著性的,从而也最不成问题。在经济性质和法律待遇上与臆造商标极为相似的,是任意性(arbitrary)和暗示性(suggestive)商标。任意性商标是指从其文字意义看并非用来描述甚至暗示其所命名之商品的通用文字:"Apple Computer"(苹果电脑)和"Black & White Scotch"(黑白苏格兰威士忌)即为适例。这些词汇的供给弹性(我们形式模型中的 W)是非常高的。《韦氏新国际词典》第三版(*Webster's Third New International Dictionary*)共收录 45 万个单词,尽管这些单词在明确表达真意时,是不可以自由替换的,但是如果不管其意思的话,它们却是可以自由替换的。当然,其中的很多单词由于太长,未必适合作为大多数产品的商标,但是,大量的单词还是较短的,而且正如我们所举的这两个任意性商标的例子那样,采取词组形式的数量比这些单词的数量还要大。我们在此前就已经指出,有些潜在的标志会比其他标志更能够吸引消费者,但即使把那些不具有吸引力的标志排除出去,还仍然留有大量的标志可供销售者选择。

---

[32] 这些类别被简要归纳于 *Abercrombie & Fitch Co. v. Hunting World*, Inc., 537 F.2d 4, 9—11 (2d Cir. 1976)。

在某种程度上较成问题的是暗示性商标——这些文字暗示了它们被用来命名的商品的特征,但并不是对它们的直接描述。这样的例子包括"Qualcomm"(高通)、"Microsoft"(微软)和"*Business Week*"(《商业周刊》)。虽然暗示性商标的供给弹性较臆造商标和任意性商标的小,但如果考虑到商标种类之间的替换性,它其实比后者也小不了多少。"*Business Week*"与"*Forbes*"(《福布斯》)和"*Barron's*"(《巴伦周刊》,属任意性商标)是相互竞争的,并且也与"*Wall Street Journal*"(《华尔街日报》)竞争——最后这个也是暗示性商标的例子。

当我们转向描述性商标(descriptive mark),比如"All Bran"(全麦维)、"Holiday Inn"(假日酒店)、"Beanie Babies"(豆豆娃)和"American Girl"(美国少女)*,我们发现,只有当它们存在有关"第二含义"(secondary meaning)的证据——该证据表明,消费者大众对该单词或者词组的理解主要是将之作为品牌名称——时,才给予商标保护。一个特定的产品具有许多吸引购买人的特征。如果某一生产者被允许占用那个描述某个关键特征的单词,那他就将得到按其品牌产品中所获之较高价格而计算的租,因为他使得其竞争对手在不使用相同的描述性文字的条件下,必须付出更为高昂的成本才能向消费者传达其品牌特征的信息。不过,经过一段时间后,某一单词的描述性含义可能在很大程度上被人忘却了,而该单词对于大多数人而言,可能就开始变成用来标示某个特定品牌的名称。这是一个自然的过程。新产品可能需要一个描述性的名称,以便向消费大众进行介绍,一旦该产品变得流行之后,则该名称就可能贴上了最流行品牌,而一般用语则趋向于引出另一词语作为替换,来描述作为整体的该产品。"All Bran"已经不再用来表示任何全麸类谷物,而是全麸谷物生产者的一个特定品牌。一旦这种情形发生,允许这种单词或者表达被特定企业占用为一个商标,就可能通过减少搜寻成本而产生净的社会收益,其值大于竞争对手因不再被允许使用相同单词所增加的成本。

正如文字可以被划分为不同的商标种类,形状和其他标志也可作如是处理。与臆造的和任意性文字相类似的,是那些不常见

---

* 美泰公司(Mattel)旗下的玩具品牌名称。——译注

的符号和形状,或者对于众所周知的符号、形状和颜色的新颖组合。与描述性名称相似的,是普通的符号(圆形、正方形、心形)和单一的颜色(尤其是原色)。如果允许某个企业占用其中一个描述性标记作为自己的商标,就可能产生同样的危险,即当若干企业也如此行事之后,数量有限的这些吸引人的符号和颜色,就可能统统被人占用了,从而使得其他企业在竞争时,需实质性地承担更为高昂的成本。但是,与描述性文字相同,这里也可能出现这样一个时候——特别是当所争议的符号或者颜色已经由某一品牌的生产者独占性使用数年之后——即对于大多数消费者而言,该通常性标志变成了只用来表示特定生产者的品牌。[33] 它现在主要是提供有关商品来源的信息;它已经获得了第二含义。

我们接下来考察以处方药所销售药丸的通常形状和颜色作为商标的例子。专利权保护期限届满之后,其他企业就可以开始以不同的品牌名称或者其通用名称来销售"相同"的药品了,同时,它们还可以复制该原始生产者药丸的形状和颜色。尽管新加入的药品生产者所定的价格较低,但是,许多消费者仍可能偏好于坚持购买原始生产者的药品;或许是因为他们对该药品有过良好的体验,所以不愿意相信关于替代品与原药品在原料方面完全相同的声明。既然一个消费者不太可能阅读在盛装零售处方药的小瓶子上随附的、用来确认生产者的小号字体印刷品(它确实是用小号字体印刷),他就可能依赖于唯一可接触的标志——它的形状和颜色,以确认这就是他想要的药丸。因此,如果允许新加入的药品生产者在药丸上使用相同的尺寸、形状和颜色,就可能导致药剂师由于替代药品的生产者收取的价格较低或者由于原始生产者药品的临时缺货而故意替换药品[34],或者由于药剂师的粗心大意而无意间

---

[33] 有关颜色的确认,见于 *Qualitex Co. v. Jacobson Products Co.*, 514 U.S. 159 (1995)。*Qualitex* 案的法院意见是由布雷耶(Breyer)法官出具的,其中包含了一段有关商标保护的经济合理性的明确陈述,同时还有一段更为简短的关于功能性(实用性或者美观性)标记例外的阐述。

[34] 在某些州,药剂师根据法律授权,可以对等同的通用药品进行替换,除非开处方的医生禁止该种替换,目的是为了在一个由于盛行第三方付款(third-party payment)和其他情形而被认为竞争不足的市场上控制成本。处方药市场可能是一个通过商标保护就可以产生明显的市场控制力的市场,另一个原因在于该行业中,专利保护和商标保护的互动,对此我们将在第11章讨论。

替换药品。在此情形下,因为确认药品来源将产生可观的利益,而且利用尺寸、形状和颜色以外的方法来识别来源,又会成本很高,所以我们可以预期,并且我们也发现,法院对于处方药的通常的尺寸、形状和颜色是给予商标保护的。[35] 法院对其他产品就较少可能会如此对待,包括对于按其原始包装出售给消费者的非处方药。生产者可以将其品牌名称醒目地展示于包装上;也就无须利用产品的尺寸、形状和颜色来识别产品来源了。

通用名称是完全不能注册为商标的。而且,如果一个商标变成了通用名称,商标保护就随即终止了。从其定义看,通用名称或者通用术语就不属于一个品牌,而是整个商品的名称;"飞机"和"电脑"就是这样的例子。"Personal Computer"(个人电脑)则是以品牌名称开始但最终——事实上也很快地——变成产品名称的一个例子。[36] 这与由一个描述性名称到最终获得第二含义的过程相反。如果某一品牌的生产者可以占用该产品的名称,他将因竞争对手不得不迂回曲折地表达意思——例如把他们的产品表述为"比空气重的飞行机器"或者"一种用于储存、检索和操作数据而可由程序控制的电子设备"——所增加的成本而获得租值。换言之,他通过减少可为竞争对手所得的 Z 的数量,从而把产业供给曲线向左移动,造成一个等于图 7.4 中阴影部分的无谓损失。既然当供给曲线向左移动时,X 的完整价格 π 就增加,则占用了通用名称

---

[35] 参见 *Ciba-Geigy Corp. v. Bolar Pharmaceutical Co.*, 747 F2d. 844 (3d Cir. 1984)。尽管它在后来的案件中是得到承认的,参见,例如 *SmithKline Beecham Corp. v. Pennex Products Co.*, 605 F. Supp. 746 (E. D. Pa. 1985),但该原则自 *Ciba-Geigy* 案判决之后,即使曾经有过也极少被成功地引用过。参见,例如 *Bristo-Myers Squibb Co. v. McNeil-P. P. C., Inc.*, 973 F. 2d 1033 (2d Cir. 1992);*American Home Products Corp. v. Barr Laboratories, Inc.*, 834 F. 2d 368 (3d Cir. 1987)。有一些案件表明,在处方药案件中存在的混淆风险实际上低于在柜台药品案件中的混淆风险,因为对处方药的选择是由消费者的医生所作的,他与普通消费者相比,自然要经验丰富得多。参见 *Pharmacia Corp. v. Alcon Laboratories, Inc.*, 201 F. Supp. 2d 335, 374 (D. N. J. 2002),以及该处所引用之案例。

[36] 尽管说来奇怪,其含义至今仍然模棱两可:它可以指一种利用了由英特尔或者 AMD(但不是诸如 Apple 之类)所生产的微处理器的电脑,或者指任何小型电脑。当人们称之为"PC"时,则更可能是指前一种意义上的。

的企业就将获得经济租,其值等于因其品牌所增的价格(记住 $P = \pi - H$)乘以它所售出 X 单位的数量。

因占用一个通用名称而造成的垄断,被人称作一种产品垄断,但更准确地说,应该称作一种语言垄断。除非在整个产品产量的可能范围内,通用名称的所有人是一个最低成本的生产者,否则,他应该会许可其他竞争者使用其名称,以收取许可费的方式取得租值。许可将使无谓损失限定于图 7.4 的交叉影线区域内,这是因为,许可阻止了其他企业再将资源用于开发标示他们产品的新方法上(对他们而言,许可的成本更低)。许可就因此而将社会成本转化为向占据该通用名称的企业所支付的一笔转让费。但许可仍然无法消除全部的无谓损失。除该交叉影线区域外,这里还将产生谈判和强制执行商标许可合同的成本,以及一开始以通用名称取得商标的成本(包括由寻租行为所产生的成本)。即使在没有许可的情况下,尽管占据一个通用名称作为商标,就将提高竞争对手的成本,但它也没有高到足以使任何企业退出该产品市场的程度。不过,它仍可能减少该等企业的竞争效率。

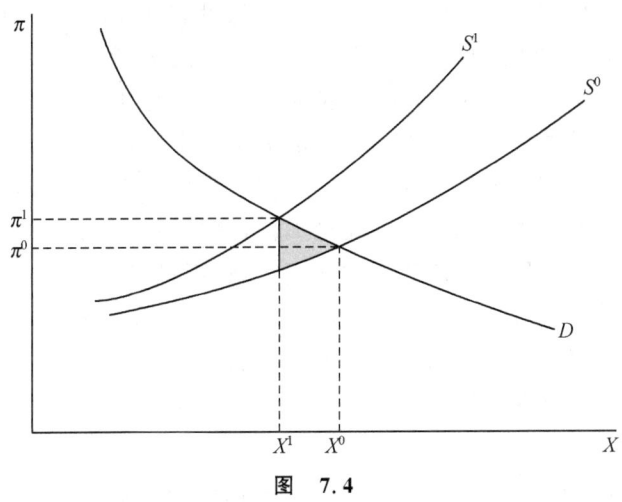

图 7.4

以通用名称而获得商标(如果它们被允许)的成本,常常被人与发明成本相合并,因为处于可占据某一通用名称的最佳地位的企业,往往就是该产品的最早研发和生产者。它们从发明中所得的经济租将会因此提高,因为其租值将包含从该产品名称中所得的经济租。如果目前对发明的法律保护是最优的(或者法院没有能力调查这个问题而只能认为如此),那么,任何对通用名称的法律保护都将产生获取租金的机会,而这样的经济租将导致社会性浪费。

以上这些都可以解释为什么通用名称不得成为商标,但为什么一个变成了通用名称的商标会丧失商标保护呢?[37] 如果一个生产者足够聪明,采用了一个将来某一天会被用作整个产品名称的文字来命名其品牌,难道不应该就其为词典增加了有价值的新词而让他有所回报吗?难道语言没有因为诸如"thermos"(热水瓶)、"brassiere"(胸罩)、"aspirin"(阿司匹林)、"cellophane"(玻璃纸)、"dry ice"(干冰)——这些都是由商标变成通用名称的著名例子——之类的单词,而变得更为丰富吗?之前关于语言经济学的讨论为我们暗示了一个答案。为新事物迅速创造出可用的新名词,财产权并不是一个必需的诱因。虽然数量上不算微不足道,但商标也只是通用名称的一个次要来源[38],而且,我们想不出有任何产品,会因为其生产者没有想出可用之名称而在介绍和传播过程中受阻。回顾最近半个世纪*以来,虽然没有商标的大力协助,但用以描述新事物的引人注目和令人难忘的大量词汇却迅速涌现——医学、武器、政治和社会运动、法律和科学术语、计算机以及诸如此类的领域。对新事物名称的需求非常大,但其供给成本却微乎其微,因此,无需向新名词的发明人提供特别的金钱性引诱,即可随时获得大量的供给。无论如何,只是因为一个品牌名称可能变成通用名称这一前景通常作用轻微,不足以为企业提供一个强有力的刺激,使它们投入于搜寻一个不可能在将来变成通用名称的品牌名称。之所以产生变成通用名称的可能性,更多地并不是由于名称本身(因此在具有变为通用名称可能性的商标上,不应

---

[37] 顺便一提,这是说明如下事实的另一个例子,即商标尽管并不受固定的保护期届满日的约束,但它通常也不是永久性的。

[38] 参见 Shawn M. Clankie, "Brand Name Use in Creative Writing: Genericide or Language Rights?"载 *Perspectives on Plagiarism and Intellectual Property in a Postmodern World* 253 (Lisa Buranen 与 Alice M. Roy 编,1999)。

* 指 20 世纪。——译注

存在任何稀缺),恰恰正是由于以该名称作为品牌的产品的成功以及该商标名称在随后的流行。

有些已经变为通用名称的商标是从臆造商标开始的(例如"aspirin""cellophane"和"frisbee"),而另一些则是由暗示性或者描述性商标而来(比如,暗示性的有"thermos"和"dry ice",描述性的有"all-bran")。后一种情形可能更多,因为一个臆造商标更明确地标示一个特定的生产者,而对于一个暗示性或者描述性商标而言,其更具有指示意义的则是针对一个类别。看起来似乎是,一个描述性商标从来就不应被选来标示一个新的产品,因为这样的商标,除非获得了第二含义,否则就不可能被占用为商标。[39] 但是,如果一个产品,它没有任何近似替代品,因而从这个意义上来说就是全新的,那么企业就不必对它的一个描述性商标被用作竞争性品牌而感到担忧——因为并不存在任何这样的品牌。

不过,既然相比于臆造商标或者任意性商标,一个暗示性或者描述性商标更可能变成一个通用名称,为什么还有生产者将之选择作为商标呢?原因在于,它可以向消费者传达更多的信息,不仅是关于商品的来源,还有关于其特征的信息[40],因此,它是广告的一种部分替代品。生产者就是以这种收益——这在一个新产品还未为公众所知的情形中,显得特别重要——与因其变成通用名称而不断增加的丧失该商标的风险,以及与一个臆造的或者任意性商标相比而较低的显著性和在识别产品来源上较少的价值,在进行交换。顺便一提,我们的分析预示着,商标的预期寿命越短,生产者使用暗示性商标的可能性越大;描述性商标则更可能被用于预期寿命较长的商标,因为这种商标获得商标保护的一个先决条件是必须取得第二含义,而这一过程是需要耗费时间的。

因拒绝为通用名称给予保护而对商标供给产生的消极影响,其实很小,并且几乎可以肯定,它一定小于把一个变成通用名称的

---

[39] 作为一个重要的细节,我们指出,与文字或者符号相区别,颜色和产品外观设计从来就不可能被占用为商标,除非表明存在着第二含义。参见 *Wal-Mart Stores, Inc. v. Samara Boss., Inc.*, 529 U.S. 205 (2000)。

[40] 参见 John M. Carroll, *What's in a Name? An Essay in the Psychology of Reference* 179 (1985).

商标投入公共领域所产生的收益。因为通过这种做法，(前)商标所有人的竞争对手得以较低的成本而向消费者告知，他们所销售的是相同的产品，这样就减少了交流成本。此非独以竞争对手为然。我们来考察在如下纠纷中适用商标法中的合理使用原则[41]，即利用"星球大战"(Star Wars)来描述里根总统的"战略防御计划"(Strategic Defense Initiative，SDI)。"星球大战"是一部电影的商标名称，但是，当商标所有人针对他人利用该名称来描述"战略防御计划"而主张禁止令时，却被法院拒绝了。[42] 根据传统商标法，商标所有人必须就至少存在消费者发生混淆的可能性而提出证据，因此，本案这样的使用无论如何都不能被禁止。但是，如果不是考虑到合理使用(特别是在 SDI 的例子中，允许商标被用于描述一个与使用该商标的产品全然无关的其他事物，它就具有一种社会价值)，它就可能根据反淡化法而受到禁止。就此法律，容后详述。

诚然，商标所有人可能会花费资源，用于防止其商标变成通用名称(这是又一个例子，说明在一项知识财产中，存在着与用以围占土地的一堵篱笆相对应的东西)。这样一项花费，并不是纯粹的无谓损失；它会带来有利的副作用，提醒消费者还存在着竞争性品牌。每当通用食品公司强调"Sanka 牌脱咖啡因咖啡"时，它就暗示还存在着其他的品牌。这种做法不仅阻止了"Sanka"成为通用名称，而且强化了"脱咖啡因咖啡"是一个通用名称。让"Sanka"变成一个成本较低的(它当然也是一个更简短的)通用名称时，虽然会产生某种社会成本，但是，该成本还是低于对已经成为通用名称的商标给予法律保护所产生的社会成本。不过，通用食品公司为防止"Sanka"成为通用名称而付出的坚持不懈的努力还是起作用了，而且并没有限制竞争。该类产品的通用名称现在变成了"decaf"，它与"sanka"相比，同样简短而活泼。

对于商标所有人而言，阻止通用名称化的方法之一，就是由其本人倡导一个有别于其商标的通用名称，以期让该通用名称被人

---

[41] 参见 15 U.S.C. §115(b)(4)。
[42] *Lucasfilm Ltd. v. High Frontier*，227 U.S.P.Q. 967 (D.D.C. 1985)。

接受,从而得以保留自己的商标。通用食品公司积极推广"脱咖啡因咖啡"(decaffeinated coffee)这个词语,施乐公司(Xerox)积极推广"photocopy"(复印)和"photocopier"(复印机)这样的词语,两家企业都是希望,为该产品的通用名称提供一个可代替其商标的富有吸引力的方案。[43] 一旦商标成为通用名称,其所有人就不得继续拥有该商标,这一规则实际上为商标所有人提供了一种激励,让其为丰富语言而出力。

不过,当一个商标变成通用名称时即终止其商标保护,这一规定存在着一个明显的缺点。在拜耳公司(Bayer)是市场唯一的生产者并且"aspirin"为其商标(它在加拿大至今仍是商标)期间,一个消费者购买了拜耳公司的阿司匹林,那么,当其他品牌进入市场并且也被允许叫做"aspirin"时,他就可能假定,它们与拜耳公司的阿司匹林是完全相同的,不仅在成分方面,而且在包括诸如质量控制等的每一方面。品牌与产品之间的实际关系——通用名称是品牌的一个非常相似的替代品——并非不证自明,而且在由垄断向竞争转型期间,甚至可能很难作出认定。将之前的品牌名称降为通用名称的地位,那么,对于那些相信老品牌与新品牌之间存在着质量差异的消费者来说,就可能增加了他们的搜寻成本。不过,就整体而言,如果新品牌的销售者不能使用通用名称,则消费者的搜寻成本将会更大。

当一个商标达到通用名称的地位时即终止其法律保护,这样做可能被批评为对一个连续性的问题提供了一种非此即彼的二分法的解决方案(dichotomous solution)。通用名称的地位是逐渐形成的。尽管有人已经认为它是某种产品的名称了,但仍有一些消费者认为,这个被用作商标的名称就是特定品牌的名称,而这样的情形还会经历一段时间。如果法律要一直等到所有的人都认为它是产品的名称时,那么商标所有人将获得可观的租金。但是,如果法律一俟少数几个消费者认为它是产品名称时,即停止对商标的

---

[43] 参见 Rochelle Cooper Dreyfuss, "Expressive Genericity: Trademarks as Language in the Pepsi Generation", 65 *Notre Dame Law Review* 397, 417 (1990)。

保护，则将会增加混淆，并且对消费者加诸可观的搜寻成本。当继续保护该商标的成本（由收取较高价格而产生的无谓损失，竞争对手因使用替代性文字而承担的较高成本，商标许可与防护而产生的成本）超过了它的收益（消费者混淆和搜寻成本的最小化，以及让企业保持产品一贯品质的激励的最大化）时，就应该终止对它的保护。1984年的《商标明确化法》（Trademark Clarification Act）把"注册商标对于相关公众的主要意义"确立为认定商标是否已经变成通用名称的标准。[44] 这个阐述虽然模糊，但确实为刚刚勾勒的那种成本—收益分析方法留有余地，并且我们脑中也没有想出任何更好的可供替代方案；出于此前所阐释的理由，为商标确定一个固定的保护期届满日期，确实完全不恰当。

确定一个商标是否已经成为通用名称，这一难题常常出现在商标所有人最初对某一产品享有垄断的情形中。这种情形是较为普遍的，倒不是因为垄断会经常发生，而是因为当市场上只有一个品牌时，该品牌名称就极可能变成一个通用名称。因为只有一个生产者，消费者就极少具有这样的激励，使用不同的词语来分别描述产品和品牌，或者等而言之，用以分别表示产品信息和产品来源的信息。用"Polaroid"（宝丽来）同时指一次成像的相机和它的生产商，这比分别用两个词语来表达更为经济——除非在宝丽来不再是唯一生产者的情况下。但是，即使到那时，也不会有其他的通用名称。或许，在垄断情形中的这个推论有利于通用名称的地位。如果对于甲的品牌，消费者从来就没有找到竞争性的替代品，那么，该品牌名称可能只是定义了产品，而较少能够用来传达有关甲的商品的具体特征的信息，因为没有透过竞争而加以比较，消费者就不会用甲的商标来降低其获得所想要品牌的搜寻成本。这是一个可能的因素，说明在品牌药品的专利失效后的最初阶段，即使通用名称药品要便宜得多，而且至少在化学成分上是与品牌药品完全相同的，但是，通用名称药品也似乎只是对后者形成有限的竞

---

[44] 15 U.S.C. §1064(g)。因此，"不应只是因为一个注册商标也被用作某个独一无二的产品或者服务的名称或者确认符号，而认定商标是产品或者服务的通用名称"。同揭。（着重号是后加的）

争。而另一个因素在于,正如我们在此前所指出的,那些化学成分完全相同的品牌药品,在其他对消费者来说很重要的其他方面,可能还是存在差异。我们在第 11 章中再接着讨论这个问题。

对于法院在确认商标何时变成通用名称方面做得如何,我们可以尝试进行评估,但前提至少是,我们可以把词典看作一份由相关公众所通用的精确的文字清单(或许是一个大大的疑问)。在麦卡锡(McCarthy)关于商标的论著中,列有 68 例被法院认为是通用名称的商标[45],其中有 29 例,要么未出现在当前的足本大词典中[46],要么虽然出现在词典中,但其被认为是通用名称的含义却未收入(例如,"matchbox"确实被收入词典中,但它并不是指被包于像火柴盒大小的盒子中出售的玩具车)。麦卡锡的书中还列有 24 例未被法院认定为通用名称的商标[47],但其中有 6 例却被收入在词典中,并带有被否认为通用名称的含义。因此,被法院判定为通用名称的商标,比那些未被判定为通用名称的商标,更可能出现在词典中,并带有其通用之定义,但是两者的词典收录比率也只是相差大约一半——57%对 25%*。

有关"通用名称—商标"问题的一个有趣的变换形式,是在 *Illinois High School Association v. GTE Vantage Inc.* 一案[48]中的"双重使用"(dual use)问题。法院对该案认定的事实摘要引用如下:

> 自从 20 世纪 40 年代早期以来,由伊利诺伊州高中篮球联赛——据我们所知,它是美国境内主要的高中篮球联赛——所发起成立的伊利诺伊州高中联盟(Illinois High School As-

---

[45] 参见 McCarthy,前揭[30],第 2 卷,§12:18。我们排除了那些包含多于一个单词的商标。

[46] *Merriam-Webster Unabridged*, http://www.m-w.com(2002 年 8 月访问)。

[47] 参见 McCarthy,前揭[30],第 2 卷,§12:19。这里同样受到前揭[45]相同的条件约束。

* 商标被判定为通用名称而且收录在词典的比率是(68−29)/68,约等于 57%;而商标未被判定为通用名称但收入在词典中的比率是 6/24,即 25%。——译注

[48] 99 F.3d 244,245 (7th Cir. 1996).

sociation，IHSA) 就已经使用了标示该联赛的商标"March Madness"，该比赛于每年 3 月份举行，有时进行全国性广播。IHSA 许可在与联赛相关的商品上使用该商标。另一个篮球联赛——NCAA 的"四强"锦标赛——也是在 3 月份举行，并会持续到 4 月初。1982 年，当 CBS 开始电视转播"四强"锦标赛时，播音员布伦特·马斯伯格(Brent Musburger)用"March Madness"这个词语来标示该比赛。这个词语就流行开来了，现在被媒体和公众广泛使用，用来说明这项篮球联赛和 IHSA 的篮球联赛。

在 1993 年或者 1994 年，NCAA 开始许可与其联赛相关的产品或者服务的生产商使用"March Madness"。[在 1996 年]其中一个被许可人 Vantage 公司开始用"March Madness"来推广其一款名为"NCAA 篮球冠军赛"的 CD-ROM 游戏。"March Madness"这个词语出现在所出售游戏的包装盒子上的一个圆圈中，也出现在该游戏的一些电脑图示中。

伊利诺伊州高中联盟(IHSA)对 Vantage 公司提起诉讼，但被判败诉。法院认为，当公众在媒体的影响下，已经采用"March Madness"作为 NCAA 联赛的名称时，尽管在伊利诺伊州也有一些居民继续用这个词语来标示 IHSA 联赛，但 IHSA 本身已经丧失对其商标的专有权了。这个词语在一般意义上而言并没有成为通用名称，因为它所标示的并不是一个完整的产品种类或者活动（例如篮球联赛），而只是其中的两个，即 NCAA 联赛和 IHSA 联赛。但是，不管出于什么原因，由于公众用同一个词语来称呼这两项活动，所以，两者的发起人均不得排除另一方使用该词语，而如果允许这种排除，其结果就是一种语言上的枯竭。

七、功能性

功能性(functionality)这个概念，主要是与作为商标(我们所举的"巴黎水"瓶子之例)或者作为外观设计专利(参见第 11 章)的基础的外观设计特征（design features）具有重要的相关性，它与通用名称的概念，以及第 4 章所讨论的关于功能性表达的著作权的概念,都具有相似之处。一个具有功能性的特征不得作为商标,而且,当一个享有商标权的外观特征变得具有功能性时,即丧失商标保护的地位。轮胎的制造人不能以其圆圈形状作为商标,却可以用一个不规则形状的毂盖作为商标。牛排餐刀的制造人不能以锯齿形刀刃作为商标,但可以用一种嵌入刀柄的阿拉伯式复杂纹饰作为商标。一个容器的特定形状可能在最初是可以成为商标的,但如果随着技术的发展,使得该形状的容器相比其他替代性形状的容器,在制造上更为便宜,它就将丧失其商标的保护。

功能性的概念可以被赋予一种精确的经济学意义。一个非功能性特征之所以能够成为商标,是因为具有完全(或者近乎完全)的替代品,因此,即使对它赋予财产权也不会产生任何的无谓损失(参见图 7.4)。但是,如果不具有好的替代品,无论是因为缺了它就使产品价值大减(圆形的轮胎),还是因为它使得产品生产更为便宜(容器形状的例子),则应当拒绝给予其商标保护。该特征当然也可能是对实用知识存量的一个有价值的增加,但果真如此,则其可能如同一项实用专利[utility patent,指通常的为期 20 年的专利,区别于为期 14 年的外观设计专利(design patent)]那样,具有可专利性。然而对一个功能性特征给予商标保护,就是在规避实用专利所必需的条件和在保护期上的限制。

关于功能性,最需要审慎处理的问题,涉及"美学"(aesthetic)功能性与"实用"(utilitarian)功能性的区别。"实用的"一词,在用于极端意义时,就带有在其日常生活中的意义,即"实际的"、"实在的"、"不加装饰的"。上一段所举的例子就是在此意义上的实用功能性。不过,纵使某个外观设计的特征只是让一个产品更为赏心悦目,它也可能被认定是功能性的("美学功能性"),从而也将被拒于商标保护之外。美学功能性这一概念是以承认经济学意义而非日常意义上的效用(utility)概念为前提的,包括了使某一商品对消费者更有价值的任何东西。但是,因为一件消费产品的生产者从来不会有意丑化它——我们也不希望他这么做——所以,他所寻求构成商标的任何外观设计特征,部分地就是为了让人对此产生愉悦。因此,法院就面临着一项艰难的任务,即区分一个成为商标的外观设计特征所具有的纯粹美学(正如在案件中有时所称的"纯粹装饰性")效果[49],与一个作为产品而非仅仅是品牌标志的外观设计特征。

在探讨实用功能性时,可以把在我们的形式模型中作为例证的企业的利润函数重写为

$$I=[\pi-H(T)]X-C(X,F)-RT, \quad (11)$$

其中,C 是生产成本,它已经得到了扩张,不仅成为 X 生产数量的函数,而且还是该产品上被主张构成商标的物理特征(F)的函数。假定,如果另一企业被拒绝使用 F,则其生产 X 的边际成本就会增加;亦即 $C_{xf}<0$。这将使得生产 X 的边际成本在图7.4中向左移动,产量下降,并产生一种无谓损失。对于一个产品的功能性特征和通用名称而主张专有权,在我们的经济模型中都会产生相同的效果。

对于一个商标,不能只是因为它使得产品更具吸引力而认定其具有功能性。[50] 一个更具吸引力的商标,从消费者的角度看,就使其所附着的商品具有较高的品质。设 $Q(A)$ 表示品质,而 A 表示商标的吸引力($Q_a>0$ 且 $Q_{aa}<0$),而且假定一个商标越具有吸引力,则其生产成本就愈加高昂。因此,产生每一单位的 T(我们就标注为 R)的成本就不再是不变的,而是取决于 A,即 $R=R(A)$,其中 $R_a>0$ 且 $R_{aa}\geqslant 0$。一个强势商标借由降低搜寻成本($H_t<0$)而提高消费者所愿意为该商品支付的价格,而一个具有吸引力的商标则是借由提高消费者一旦购买即可从该商品中所获得的效用而提高价格的。

重写等式(11),并假定该企业能够阻止他人复制其具有吸引力的商标,则得

$$I=[\pi-H(T)]Q(A)X-C(X,F)-R(A)T。 \quad (12)$$

欲使利润最大化,则需

$$[\pi-H(T)]Q(A)-C_x=0 \quad (13)$$

$$-H_tQ(A)X-R(A)=0 \quad (14)$$

---

[49] 参见 McCarthy,前揭[30],第1卷,§7:81。

[50] 参见,例如 LeSportsac, Inc. v. K Mart Corp., 754 F. 2d 71, 76—78 (2d Cir. 1985)。

$$[\pi - H(T)]Q_a X - R_a T = 0 \qquad (15)$$

因为一个商标越有吸引力,则其生产成本也就越高,所以,只有当企业可以从其所销售的每一个 X 中获得一个较高的价格——增加的价格就等于等式(15)中的 $[\pi - H(T)]Q_a$——从而获得回报,它才会投资这种商标。如果价格越高,企业就将生产更多单位的 X(等式(13))。不过,在美学功能性的情形中,$R(A)$ 只是取决于企业为使其商标具有吸引力而进行的投资,因此,其他企业并不需要如同它们在实用功能性的情形中那样,付出一种不利的代价。按照图7.4,允许一个企业阻止其他企业复制其具有吸引力的商标(从而 A 的水平提高),就既增加了产量(X),也提高了质量($Q(A)$),因此,供给曲线向右移动。[51]

只有当美学特征在消费者心目中变成产品的一个特征(F)时,问题才会出现,从而,就像在实用功能性的情形中那样,一个企业为了生产 X——而它在消费者心目中等同于具有该特征的 X——就不得不负担额外的成本。*Publications International, Ltd. v. Landoll, Inc.* 案[52]涉及指控被告在一本烹饪书上对 PIL 的商标构成侵权,法院在该案中评论道:

> 在产品或者包装上的金色,是美学功能性的一个最好的例子。这就是在 *Qualitex Co. v. Jacobson Products Co.* 案[53]中所提到的情形,其中,"颜色起着重要的作用(与识别产品来源无关),它使得一个产品更惹人喜爱"。金子代表着富足,因此是诸如巧克力之类的食用产品进行装潢设计的一个标准元素,而对这些产品的评价就在于其丰富的品味而不是它们的营养价值。金色被用于图书装帧也已经有很长的历史了;印有本案判决的这本书,其书脊就是镀金装饰的。金色是用在一本花里胡哨的烹饪书上的一种自然色。PIL 的页面下端有另一种颜色,如果被主张作为一个产品来源的标记才更

---

[51] 其横轴是 QX 而不是 X 了。
[52] 164 F.3d 337 (7th Cir. 1998).
[53] 参见前揭[33],514 U.S. 第165页。

为合适;试比较一个蓝色的与一个橙色的橙汁容器。[54]

事实上,允许这样一个特征归为商标所专有,其造成的结果是模棱两可的。可专有性(appropriability)通过给予企业一种激励,使其投入必要资金以生产一个更具吸引力的 T,从而扩大 A,但它也会降低可供竞争者使用的 F 的水平,并因此而提高他们生产 X 的成本。表面看来似乎是,法院在此等案件中,应当用 $Q(A)$ 与 C 进行交换,其中,$Q(A)$ 在商标保护被拒绝后将下降,因为拒绝商标保护将影响到企业生产出更具吸引力产品的激励,而 C 是生产成本,它将由于与之竞争的生产者不能复制这个具有吸引力的特征而随之上升。但法院并不试图采取这种平衡动作,而是只有当该具有吸引力的特征变得为产品营销所必需时,亦即,粗略地说,只有当商标所有人在排除他人复制该特征时就能获得一种产品垄断时,法院才拒绝对之给予商标保护。这一做法就允许对作为识别标记的吸引人的颜色给予法律保护,比如绝缘材料的粉红色,但并不针对网球的黄色,或者花生酱的棕色,或者麦淇淋的黄色。消费者会认为,黄油的一个非黄色的替代品是不具有吸引力的,这就是为什么乳制品行业(一开始成功地)进行游说,禁止麦淇淋的生产者将其产品做成黄色。

正如为了创造出产品的实用功能那样,为了引来投资以创造出一个令人愉悦的产品外观设计,让该种设计具有可专有性可能仍属必需,但它并非一定要采取商标保护的形式。更为法院意图所偏好的,可能是外观设计专利,即利用外观设计在销售者品牌吸引力上所产生的积极效果,来交换其对其他销售者与之进行竞争的能力产生的消极影响。

八、侵权与混淆

为了阻止其他销售者用你的商标来出售商品,你必须(除非你根据淡化理论来起诉)表明,消费者有可能认为他所销售的是你的品牌,或者你是支持、同意或者许可他使用你的商标的。与必须证

---

[54] 164 F.3d,第 342 页。

明存在实际混淆相比,这是一种较轻的举证责任。在"可能"标准与"实际"标准之间的选择,涉及对两个潜在错误成本的衡量。根据前一标准,一些并没有导致混淆的近似商标,也就将被认定构成侵权。

要求举出有关混淆的证据,无论是可能的或是实际的混淆,这在经济学上都是言之成理的。正如居住在不同区域或者从事不同职业的人,可以拥有完全相同的名字而不会导致混淆,因此,在互不相关的产品市场或者区域市场上的销售者,也能够把相同名称或者其他商标附着于其商品上,而不会对消费者造成混淆。设甲和乙生产不同品牌的 X 产品。甲有一个强势商标,只会导致较低的搜寻成本,我们将其表示为 H^a。乙采用了一个近似的商标,不过至少在一开始,由于它是一个新商标而较弱,但在这两个商标之间并不存在任何混淆的可能。嗣后,两商标均正确地传达了有关各自所属产品(或者生产者)的声誉的信息。甲的商品将比乙的商品收取一个更高的价格,因为 $H^a < H^b$(既然 $\pi = (P^a + H^a) = (P^b + H^b)$,若 $H^a < H^b$,则 $P^a > P^b$),但这与竞争相一致,也与 X 市场的消费者和生产者剩余之和的最大化相一致。这里就没有任何搭便车的行为。乙的收入完全取决于 H^b 值,而非 H^a 值,未发生混淆就意味着消费者正确地把特定的 H 与企业的产品相对应。

如果为阻止乙使用与甲的商标相近似的商标而进行法律干预,就可能施加很大的成本。甲销售者可能全然无辜地采用了一个商标,并不知道在该国的一个遥远的地方,某个销售不同产品的其他销售者,已经在之前采用了相同的商标;他可能投入大量资源,用于广告宣传附有该商标的商品——而且,如果这位最先使用者取得了一个涵盖所有产品的全国性财产权,那么,他的整个投资就可能泡汤了。为避免此种灾难发生,销售者将不得不斥以重资,调查其准备采用的商标是否已有人在先使用。如果最初的所有人必须表明后来使用人的使用存在着一种混淆的可能,则后者的这些成本就得以减免。

与此项分析相一致的是,正如我们在此前所指出的,注册商标的所有人相比于一个未注册商标的所有人,在证明存在混淆可能性上,承担着一个较轻的举证责任。注册比纯粹使用而言,更有效地对潜在侵权人提出了警告,而使用如果发生在一个有限的地理区域内,就可能无从被人观察到。

法院在判定是否存在混淆的可能时,其所考察的是以下这些方面:原始商标和被控侵权的商标之间在拼写上的相似性(例如,"Exxon"与"Exxene")、原始商标的强度、所涉及产品的相似性、该等产品的消费者是否存在重合、产品是否通过相同的经销店出售以及消费者对这些产品的内行程度。从经济学的角度看,最后一项特别引人兴趣,原因就在于,它默示地承认了在某一产品买卖中所输入的要素,包括了购买者和销售者双方所提供的信息。由购买者所产生的信息成本越低——或许是由于特定产品的购买者特别内行,比如专业购买者之于其业务的核心部件——则销售者所必须提供的信息,比如努力地将其商标与竞争者的商标相区别,也就越少。

从形式上而言,消费者在观察两个混淆性相似商标中的某一个商标时,并不确定与之相关联的搜寻成本究竟是 H^a 还是 H^b(亦即,究竟他得到的是甲品牌的 X 还是乙品牌的 X)。[55] 设 H^a 的预期价值(E)[亦即 $E(H^a)$]等于 $\phi^a H^a + (1-\phi^a) H^b$,这里的 ϕ^a 是指正确地将该商标和甲的商品相联系的概率,而 $1-\phi^a$ 则是误认乙的商品为甲的商品的概率。甲品牌(假定风险中立)的相应价格为 $P_o^a = \pi - E(H^a)$。在没有任何混淆的情况下,甲的品牌将以 $P_1^a = \pi - H^a$ 出售(其中,假定 $H^a < E(H^a) < H^b$,则 $P_1^a > P_o^a$)。由于乙采用了一个相似商标而导致甲在每一单位 X 上的价格减少,其为

$$P_1^a - P_o^a = (1-\phi^a)(H^b - H^a), \qquad (16)$$

甲的商标相对于乙的商标越强(亦即 $H^b - H^a$ 越大),且发生混淆的可能性($1-\phi^a$)越大,则甲的价格减少值亦越大。[56]

消费者会低估与乙的品牌相联系的搜寻成本,因为他们会以一个正概率而认为它实际上就是甲的品牌。这样将会提高乙产品

---

[55] 我们稍后会考虑非竞争性商品的情况。
[56] 请注意,当相对于甲,乙所生产的 X 数量越大,则 $1-\phi^a$ 也趋向于越大。例如,假设消费者不能区分甲和乙的商标,而乙生产了 $90X$,甲生产了 $10X$。消费者将会假定 $\phi^a = 0.1$,而 $1-\phi^a = 0.9$。

的价格,它等于

$$P_0^b - P_1^b = (1-\phi^b)(H^b - H^a), \qquad (17)$$

若发生混淆的可能性$(1-\phi^b)$愈大,而且甲的商标相对于乙的商标愈强,则乙的价格增加值就愈大。

最初,乙采用一个与甲的商标构成混淆性相似的商标,可能对于消费者整体没有任何影响。假如不能正确认定甲的商品和不能正确认定乙的商品的可能性是相同的$(1-\phi^a=1-\phi^b)$,则消费者为甲商品所支付的较低价格将与他们为乙商品所支付的较高价格相持平。但两个商标之间的混淆将很快降低甲的利润,而甲的反应就是减少其X的产量和在T上的支出。[57] 这将使其品牌变得价值更低。随着T变得更低,消费者的搜寻成本则将会更高,因为随着甲所生产的X的数量相对于乙所生产的数量下降,能够使消费者确定其所购买的品牌就是甲品牌的概率降低了。

法院在评估混淆时所考虑的这些因素,与我们的分析相当一致。两个商标在外形和发音上的相似性、购买者不够经验老到、所属产品的类似程度以及销售区域的重叠,这些都提高了发生混淆的概率$(1-\phi^a)$,而如果甲的商标越强(H^a越低),则在侵权行为未被阻止的情况下,甲的商品在价格上的降幅也就越大。

至目前为止,我们都假设这些企业所生产的是相同的物质产品(Xs),只是品牌不同,而且乙的品牌相比于甲的品牌声誉较差;而乙品牌声誉差的原因在于,比如其品质不定,变化幅度较大,要求消费者必需多方搜寻才能确保获得他们想要的品质等。把产品

---

[57] 产量的减少将降低ϕ^a,并进一步减少甲的产量和在商标上的投资。企业将会削减其在商标上的支出(参见等式(5)和图7.2),因为无论X的产量还是T的边际成本都将下降。(受到混淆的T的边际产品是$-\phi^a H_t$,它小于$-H_t$)。其他反应也是有可能的;尤其是,甲可能改变其商标,以求避免被乙的商标所混淆,但这样做也是需要成本的。

请注意,甲的损害之所以发生,是因为消费者的混淆降低了甲从每一单位X中所获得的价格。这反过来导致甲减少X和T。也有人预期,混淆对甲构成损害是因为它使得乙抢走了甲的买卖。但这在我们的形式模型中并没有发生,因为我们假定每个企业(包括甲)对其产量所面临的是一个完全弹性需求。如果我们考虑到一条向下倾斜的企业需求曲线,则即使X的价格保持不变,乙的侵权还是将导致甲生产更少的X。

之间在物质上的差异取消掉，固然简化了我们的经济模型，但却与现实不符。乙为使消费者混淆而采用一个与甲的商标相近似的商标，他就可能生产一种比甲的品质更低的产品[一个比在扩大的市场上更低的 Q，其模型见于等式(6)至等式(9)]。消费者把甲的商标和乙的商标混淆起来，就假定两者所属的物质产品具有相同的品质；因此，如果乙可以在消费者不知情的情况下，通过降低产品品质来减少成本，他甚至还能获得比在与甲保持相同品质时更高的利润。在调整了乙在制造与甲的产品看起来相同的物质产品所需的成本后，可以看到，商标所属产品的品质越高，乙对甲商标搭便车的激励就越大。因此，如果不能获得商标保护，甲就将很少具有激励去开发一个强势商标，或者去生产一种较高品质的产品。

允许所属产品(亦即 X)的品质在不同企业之间存在差异，这就使我们能够解释像 *Taylor Wine Co. v. Bully Hill Vineyards, Inc.* [58]那样的案件。被告把驰名商标"Taylor"的名字添加到自己的商标上，虽然它所生产的酒比原告的 Taylor 酒具有更高的品质。可以推定，它认为，因为获得消费者的承认而产生的收益，在抵销了消费者预期其产品质量较低之后，仍有盈余。

消费者根据其在搜寻商品时的注意程度及其购物技能而具有的在不同商标之间作出区别的能力，是因人而异的。[59] 假定有一位销售者采用的一个商标，与他人在所销售的类似产品上使用的商标相似，但并不完全相同。细致的消费者就不会上当受骗，按照我们的定义，他们就是以较低成本获取和处理产品信息的消费者。粗心大意的消费者则会受骗上当，他们就相当于在侵权法经济学中的潜在的事故受害者，需要付出高于平均值的注意成本。为粗心大意者而消除在一个广告声明中所有的模棱两可之处，就可能让细致之人对该广告发生混淆(或者他们也许是另一组粗心大意的消费者，却不会被原先的广告声明所骗)。这个问题在商标范围内较不严重。第二个销售者应当能够找到一个商标，得以粗心大

---

[58] 569 F.2d 731, 733—734 (2d Cir. 1978).

[59] 参见 Richard Craswell, "Interpreting Deceptive Advertising", 65 *Boston University Law Review* 657, 672—684 (1985).

意者的注意力而使其产品与甲的产品相区别,又不会使细致者感到混淆。我们因此预期法院在审理商标案件时,会比在审理虚假广告案件时更加保护那些粗心大意的消费者。

这里有一个案件,说明如果像我们到现在为止所假定的那样,第二个销售者采用该近似的商标就是意在进行欺骗,那么,哪怕是最粗心大意的消费者也应当受到保护,以免于其被相似的商标所混淆。[60] 在该案件中,防止混淆的成本是负值——第二个销售者没有在创设一个混淆性商标上投入资源,由此所带来的正是社会收益——因此,即使它对消费者的收益甚微,但是,为防止混淆而付出的成本仍然是合理的,除非该法律制度的实施成本非常之高。[61] 不过,如果侵权行为不是故意的——特别是当被侵权的是未注册商标时,更是一种普遍的情形——那么,除非采取某种形式的成本-收益分析,就没有任何更好的替代性方案了。乙的商标为那些未被混淆而且利用该商标来识别商品的消费者带来了收益,从而减少了 H^b,还提高了由乙所生产的 X 数量,但这也损害了另一些消费者,他们相信所购买的是由甲所生产的商品。只有当乙为减少混淆而增加的成本,小于让乙放弃该商标而预期使那组受到混淆的消费者减少的损害时,他才应当被认定构成侵权。

与上述建议相一致,法院在有关非故意侵权的案件中,也要求原告证明,有相当可观(亦即,虽然并不必然是巨大无边,但也是重大的)数量的一般审慎的消费者,可能因两个商标的相似性而受到误导。[62] 被误导的人越多,因混淆所生之成本超过因改变第二个商标所生之成本的可能性就越大。之所以要把注意力集中于一般审慎的消费者,是考虑到这样的可能性,即以最低成本而避免混淆

---

[60] 参见,例如 *American Chicle Co. v. Topps Chewing Gum, Inc.*, 208 F. 2d 560, 563 (2d Cir. 1953)(L. 汉德法官)。

[61] 这是对故意侵权行为的经济学定义,对此,不应存在任何与有过失(contributery regligence)的抗辩或者类似的抗辩(亦即,不得以受害人过错为由而提出任何抗辩)。参见 William M. Landes 与 Richard A. Posner, *An Economic Structure of Tort Law*,第 6 章节(1987)。

[62] 参见,例如 *McGregor-Doniger, Inc. v. Drizzle, Inc.*, 599 F. 2d 1126 (2d Cir. 1979)。

者可能就是消费大众本身,在此情况下,如果拒绝让第二个商标禁止使用,就是把避免混淆的责任落到了消费者的头上。

我们来比较由联邦贸易委员会针对同样的虚假广告问题所采取的传统方法。该委员会在这方面的努力,遭到人们的多方批评[63],而普通法有关侵犯商标权的规则却有幸逃脱这种局面。其中的部分原因可归结于这样的事实,联邦贸易委员会相信自己应当保护那些粗心的消费者,哪怕是无过错的不实陈述,也不应受其之害[64],而诚如我们所见,商标法对那些粗心的消费者所保护的,仅仅针对故意的不实陈述。另外部分原因则可能归结为如下事实,即向联邦贸易委员会提出控诉的企业,无需承担任何法律实施的成本(如果该委员会决定对控诉采取行动,这些成本是由纳税人负担的)。因此,相比于要它对此承担部分成本的情形,正如它在个人提起诉讼的情形中那样[65],它在当前情况下,就会较少激励具有,以避免提出浪费的和反竞争的控诉。同时具有相关性的,是普通法和行政法规这两者在作为促进资源有效利用的方法上,也存在差异。普通法——尽管制定了《拉纳姆法》,但商标法主要还是属于普通法,因为前者只是对有关反不正当竞争的普通法所进行的法典化和补充,并非将其替代,而关于商标的普通法,则是有关反不正当竞争普通法的组成部分——由于各种不同的制度性原因,相对于行政法规而更可能体现出一种对于有效配置资源的关心。[66]

---

[63] 参见,例如,Richard S. Higgins 与 Fred S. McChesney,"Truth and Consequences: The Federal Trade Commission's Ad Substantiation Program", 6 *International Review of Law and Economics* 151 (1986)。

[64] 参见 Craswell,前揭[59],第 697 页。该委员会于 1983 年抛弃了这一方法,改采"理性消费者"(reasonable consumer)标准。参见"FTC Policy Statement on Deception"(1983 年 10 月 14 日),http://www.ftc.gov/bcp/policystmt/ad-decept.htm,其摘要见于 Edmund W. Kitch 与 Harvey S. Perlman, *Intellectual Property and Unfair Competition* 160 (第 5 版,1998)。

[65] 而且,如果该诉讼被认为是轻率琐屑的话,原告将必须支付自己的和被告的律师费。参见,例如 *Blau Plumbing, Inc. v. S.O.S. Fix-It, Inc.*, 781 F. 2d 604, 612 (7th Cir. 1986)。

[66] 参见,例如 Posner,前揭[8],§12.9 以及第 19 章。其中的原因之一可能是,在私人之间的诉讼中,双方当事人都要承担诉讼费用,而在行政程序中,私人公司可以将成本转移给政府机构。

九、淡化、模糊与污损：商标的财产化

假设在波士顿的一家酒吧自称为"蒂梵尼"（Tiffany），或者在Bowery街*的一个花生贩子称自己是"劳斯莱斯公司"（Rolls Royce Ltd.）。如果消费者光顾这些店铺，他们并无风险，会认为自己正在与蒂梵尼或者劳斯莱斯进行交易，因此，这看起来似乎绝不应当认为他们对商标构成侵权。不过，有许多州承认，蒂梵尼和劳斯莱斯商标的所有人可以淡化诉因而提起诉讼。[67] 在《拉纳姆法》中，现在也存在一项关于反淡化的规定，尽管它只限于"驰名"商标（famous trademark）。[68] 一个相关的难题——不过，其作为诉因尚未得到承认——是关于廉价复制品。比如某个香水制造商为其非常便宜的香水做广告，声称它是香奈尔5号（Chanel No. 5）的复制品。[69] 对于这些结果上的差异，一个法律原则上的理由是，复制者使用该商标并不是为了标示其廉价的复制品，正如我们在本书中使用"香奈尔5号"这个短语，并不是为了标示我们的任何产品，而只是使用这个名称而已。在 Smith v. Chanel 一案中，复制者使用这个短语，只是为了告知消费者有关其香水的香味。但对于消费者来说，要在购买该复制者的香水之前获得此种信息是一件成本非常高昂的事情，因为该香水是通过邮寄销售的。

未经商标所有人同意而使用一个商标，即使该使用并未使消费者就其所购买产品或者服务的来源受到欺骗或者混淆，仍得提供一种法律救济，对此，存在着若干可能的理由。其中有三个理由自成一组：污损（tarnishment）、模糊（blurring）和纯粹的淡化（dilu-

---

* 原指纽约市的一条街名，后也指廉价酒吧和乞丐、酒徒充斥的街区。——译注

[67] 参见，例如 *Hyatt Corp. v. Hyatt Legal Services.*，736 F. 2d 1153，1157—1159 (7th Cir. 1984)。

[68] 参见 15 U.S.C. §1125(c)； *Ty, Inc. v. Perryman*，306 F. 3d 509 (7th Cir. 2002)； *Nabisco, Inc. v. PF Brands, Inc.*，191 F. 3d 208 (2d Cir. 1999)。

[69] 参见 *Smith v. Chanel, Inc.*，402 F. 2d 562 (9th Cir. 1968)。在发回重审时，地区法院认定，复制者违反了《拉纳姆法》第43(a)条（虚假广告宣传），因为该香水事实上并没有如其在广告中所宣称的与香奈尔5号完全相同的香味。

tion)。当消费者光顾过那家花生店之后再看到"劳斯莱斯"时,他就会同时想到汽车生产商和花生贩子。劳斯莱斯的品质优良、豪华尊贵的形象,就因此而被他在看到花生贩子时所产生的反面形象所遮盖或者玷污。正如我们在前一章讨论商标滑稽模仿的案件时所指出的,心理学家在"便利性启发"的名义下讨论这一现象。相反的例子,是发生了有益联系的例证,比如一些普通的物品,只是因为它们曾经被杰奎琳·肯尼迪·奥纳西斯(Jacqueline Kennedy Onassis)或者温莎公爵和公爵夫人之类的名人所拥有,就身价陡增;其中的溢价就是为这种关联性而支付的。该等溢价的存在,就使得这样的假定同样成立,即与反名人(anticelebrities,例如此例中的花生贩子)相联系,在事实上就会增加一种成本。污损最明显的情形,是那些负面溢价(negative premium)特别高的例子,因为在这些例子中,正如我们在前一章所讨论的滑稽模仿或者歪曲嘲弄的情形,它们形成的联系不仅像在劳斯莱斯的例子中那般荒唐,而且是有害的或者冒犯性的。同样可以看到的现象是,人们在相同名字的人变得臭名昭著时,会改换自己的名字。极少有人会再取名为"阿道夫"(Adolf),这不是因为起这样的名字会引导混淆,而是因为它产生的是负面联系。

即使该联系是完全中性的,但对于商标的所有人而言,还是存在着一种成本。假设像"蒂梵尼"和"劳斯莱斯"这样出类拔萃的品牌名称只是被那些生产同等优良产品的生产商所占用。但是,该商标作为蒂梵尼或劳斯莱斯公司所销售产品的识别标志,其显著性还是会被降低。人们为了把该名称与某一特定产品相联系,需要投入更多在脑力上的时间和精力——即我们在第 6 章中所提到的"想象成本"(imagination cost)。其结果就是增加了消费者的搜寻成本。这是商标淡化案件所说的"模糊"效应。

支持反淡化法的另一个明显的经济学理由是基于外部利益,尽管它还没有在判例法上获得稳固的基础。劳斯莱斯为创立一个驰名品牌,已经作出了可观的投资。这种投资所采取的形式不仅仅是对该品牌名称的广告宣传,而且更重要的是,它生产了这样的产品,其品质已经使得该名称成为全世界的一个品质标志。花生贩子占据了该种投资的某些收益,却没有对投资者进行补偿。这里确实不存在任何混淆；消费者并不会因为花生贩子将劳斯莱斯的名字作为自己的商业名称而认为他的花生质量更高。使用该名称是在开玩笑——但这个玩笑却意在招徕生意，而且它只是因为借用劳斯莱斯这个名字的声誉而成就其玩笑。假定这里既没有污损，也不存在模糊。如果法律禁止未经劳斯莱斯同意而占用该商标，则其为创立一个驰名品牌而作出的投资就将更加全面地被内部化，而投资于创立享有盛誉的品牌名称的资本数额也将得以提高。也可以援引在第 4 章中简要讨论的、普通法上的非法挪用（misappropriation）原则，从而在该等案件中给予商标所有人以法律保护，因为这就是一个地地道道的关于非法挪用的案件。[70] 虽然那些认为"产品差别化"（product differentiation）为市场准入设置了人为障碍，从而相信它并不是一件好事的人，并不会赞同这样的结果，但是，正如我们在本章开头所提出的，他们的这种信念是错误的。

不过，在纯粹商标淡化的案件——在该种案件中，由某一商标所产生的商誉被另一生产者所用，但没有任何模糊或者污损的成分——中给予商标所有人法律保护，确实存在两个在经济学上很好的反对理由。（在这样的情形中，"淡化"实际上是一个不当用语，而且，甚至"非法挪用"一语也具有误导性，因为这里不存在对商标所有人商誉的任何损害；它不仅没有被削弱，反而被传播更广）。第一，由于著名品牌为数众多，就不可能使这些品牌的全部所有人都能够获得高额的许可使用费。竞争将使该使用费趋于零，因为如果该名称被用于一个不相关的市场，那么事实上，每一个著名品牌的名称都是该市场中每一个其他品牌名称的替代品。第二，商标所有人已经在致力于防止其商标被附随到他们自己的品牌以外的任何品牌上。其部分是为了通过防止消费者发生混淆而保护该商标，但另一部分也是为了防止该商标变成通用名称。如果反淡化法被解释为支持商标所有人在虽无混淆但威胁到使其

---

[70] 参见 Rochelle Cooper Dreyfuss 与 Roberta Rosenthal Kwall，*Intellectual Property: Cases and Materials on Trademark，Copyright and Patent Law* 137—138 (1996)。

商标变成通用名称之时,禁止他人使用其商标,那么,通用名称化(genericness)在降低消费者的搜寻成本和提高竞争方面所产生的社会收益,就会受到减少或者延迟。

支持反淡化法的最后一个经济学理由,是与廉价复制有关的。"许多购买品牌商品的人是为了向他人表明,他们是特定商品的消费者"[71],换言之,是为了给人留下印象。就如同人们常常隐藏他们的不良特征,以创造或者保护声誉资本[72],所以,他们是在炫耀对之有利的特征。他们借由穿戴衣服、珠宝或者饰件,向外界表明他们有着优雅或者奢华品味或者丰厚的收入,以此宣传自己(这与售货的店家为自己的货物打广告颇为相似。其动机也类似于许多收藏家)。如果其他人能够买到并且穿戴廉价的复制品,原始产品的购买人所散发出来的信号就会变得模糊不清。[73] 你闻到的香水味可能出自香奈尔5号香水,其中透露出有关穿着者的某种信息,但也可能出自某种廉价的复制品。要分辨究竟属于何者,这可能非常困难甚或是不可能的。

这里的曲折之处在于,混淆并不发生于使用该商标商品的市场,或者在其他商品的市场,而是发生在"转售"市场(resale market),其中,产品的消费者与其他消费者为获得对其有利的个人交易而相互竞争。利用商标法而使廉价复制品的市场销售变得更为困难(例如,禁止香奈尔5号的廉价复制品的生产者在其广告中提及香奈尔5号),就促进了这个市场的竞争,纵使这样做会削弱甚

---

[71] 参见 Richard A. Higgins & Paul H. Rubin, "Counterfeit Goods", 29 *Journal of Law and Economics* 211 (1986)。

[72] 参见 Richard A. Posner, *The Economics of Justice*, 第9章(1981)。

[73] 这是中世纪欧洲为规范奢华穿着而作出零星努力的明显理由。在14世纪,"没有任何事情会比暴发户对他们的服饰和举止的模仿,更令世袭贵族反感的了……服饰的庄严华丽被认为是贵族的特权,他们应借由别人禁用的衣着风格以表明身份……厉行节约的法律一再被宣布,企图固定人们所应穿着的服装类型"。Barbara W. Tuchman, *A Distant Mirror: The Calamitous 14th century* 19 (1978). 另参见 Gary S. Becker, Edward Glaeser 与 Kevin M. Murphy, "Social Markets and the Escalation of Quality: The World of Veblen Revisited", 载 Gary S. Becker 与 Kevin M. Murphy, *Social Economics: Market Behavior in a Social Environment* 84 (2000)。

至是严重削弱产品市场的竞争。只有当我们确信,廉价复制品购买者的唯一动机在于冒充自己拥有丰厚的收入,这种交换才是简单的。接着,人们就可以把廉价复制品的销售者当作某种程度上的帮助侵权人,因为他使得消费者更易于欺骗与之在个人关系市场,有时也在就业市场中进行交易的人们。但是,如果这不是唯一的动机,那么,允许为商标淡化而给予损害赔偿,其效果就是阻止对于模仿的市场推广,从而因为减少竞争而导致更高的价格。假设有人确实能够复制出香奈尔 5 号的香味(而不构成破坏商业秘密或者侵犯专利权),那么他又如何在不提及香奈尔品牌的情况下准确地描述其产品呢?这样的商标保护,就会产生与一个描述性商标在没有关于第二含义的证据的情况下被允许独占所产生的相同效果。

第8章
著作权与商标的最佳保护期

在本章中,我们将批判性地检验这种被人们广泛接受的命题,即经济效率要求著作权的保护时间是有限制的[1],我们也将观察商标保护这个相反的情形,因为正如前一章所解释的,商标保护是没有时间限制的,尽管它可能由于抛弃、懈怠或者变成通用名称而丧失。我们一直强调的观点是,现有的知识产权保护范围能否在经济学上得到合理解释尚不确定,因此,读者看到我们在这里随随便便提出"永久性"著作权的想法,可能会感到奇怪。但是,我们在本章所关注的,并不是以有生之年加 70 年与永久进行交换,而是以有生之年加 70 年与可续展但较短的固定时间进行交换,后者的续展次数可随著作权所有人所愿,只要他愿意每次支付一笔(数额可能较为可观的)续展费。与现行制度相比,这样做的结果是可能形成一个更大的公共领域,特别是,对大多数新近创作作品的复制可以受到更少的限制。

我们在这里并没有考察将该方法适用于软件著作权的可能性。无限次续展的做法,可能使得软件生产者阻碍其竞争者软件的开发,而这种前景在其他种类的著作权作品来说是不可能发生的。无论如何,我们的实证分析排除了软件,并且(为了明确起见)有必要限定在 1976 年以前的著作权制度的经验,其时并无软件著作权。

---

[1] 参见,例如乔治·A. 阿克洛夫(George A. Akerlof)等人作为在以下案件中的法院之友(Amici Curiae)而出具的支持原告的意见书,*Eldred v. Ashcroft*, 123 S. Ct. 769 (2003),于 2002 年 5 月 20 日提交备案。

一、导言

第一部联邦《著作权法》于 1790 年制定,它具体规定,著作权的首次保护期为 14 年,如果作者在首次保护期届满之时仍生存于世的,则再加上一个同样长度的续展期限。1831 年,该首次保护期延长至 28 年,而续展期限则于 1909 年延至 28 年、1962 年延至 47 年、1998 年延至 67 年。1976 年《著作权法》将固定期限转换为可变期限,但仍将保护期限定为作者有生之年加死后 50 年,并于 1998 年通过《松尼波诺著作权保护期限延长法》(Sonny Bono Copyright Term Extension Act,简称《松尼波诺法》)提高到 70 年。1976 年《著作权法》对于雇佣作品(works of hire)[2]的保护期限确定为发表之后 75 年或者创作完成之后 100 年,两者以首先届满者为准;《松尼波诺法》则将此期限分别延长至 95 年和 120 年。1976 年《著作权法》还规定,1978 年 1 月 1 日以后创作的作品是不可续展的,但允许作者或其继承人在著作权转让(assignments)或者以其他方式转移(transfers)之后 35 年,终止该转让或者转移。

宪法授权国会立法,仅在"有限时间内"给予著作权与专利保护。[3]但是,"有限时间"(limited time)一语的法律含义并不明确,尽管其动机——深深植根于英美法之中的一种对政府行政部门授予垄断的敌意[4]——是相当明确的。任何短于无限的时间,比如说只要能固定年份的任何期限,从该词的语义上来说都属于"有限的";即使"有限的"指的是远比无限短,但这种限制也可以想到通过允许重复扩展著作权保护期限而加以规避。在 18 世纪的

---

[2] 这些作品由实际作者的雇主(employer),或者在极少情况下由其他雇用人(hirers)享有著作权,除非与作者的合同有相反规定。我们在第 9 章中分析雇佣作品原则。

[3] 关于"有限时间"这个用语的含义,参见 Edward C. Walterscheid, *The Nature of the Intellectual Property Clause*: *A Study in Historical Perspective* 271—307 (2002).

[4] 参见,例如 The Case of Monopolies,11 Co. Rep. 85b, 77 Eng. Rep. 1260 (K. B. 1602).

英格兰,虽然这是以个案而非以整体为基础的,但对于专利与著作权的续展以及延长期限却是很平常的,而正是英国的实践,为美国宪法的著作权条款和早期联邦著作权法提供了模式与灵感。[5] 既然普通法著作权是永久性的,那么,当联邦著作权法否认其具有任何优先于州法之意图时,各州在联邦著作权保护期限届满之后还是能够承认其享有著作权。[6] 并且,尽管国会不能根据宪法的著作权条款的授权而规定永久性著作权,但是,它也许能够根据授予国会的其他权力而这样做,比如管制州际与国际贸易的权力。当然这是不可能的;宪法设计者的明确意图就是,赋予国会以授予专利与著作权之权力,同时亦予以限制。无论如何,我们所关注的是无限续展制度的经济学,而不是其合宪性。[7]

虽然一个能够无限续展的著作权可能最后成为永久性的了,但这不可能对所有著作权都是如此,只是针对其中极小部分罢了。我们应当看到,在 1883 至 1964 年间,尽管当时进行续展的成本相当小,但也只有不到 11% 的已登记著作权,在其 28 年保护期结束时进行了续展。[8] 在那些曾经出版的图书中,只有一小部分还在印行;例如,1930 年在美国出版的有 10027 册图书,到 2001 年只有其中 174 册还在印行——只占 1.7%。[9] 这些数据表明,大多数

---

[5] 参见 Walterscheid,前揭[2],第 355—356、364 页。

[6] 参见 *Bonito Boars,Inc. v. Thunder Craft Boats,Inc.*,489 U. S. 141,166—167 (1989)。

[7] 针对有关《松尼波诺法》违反了"有限时间"之规定的主张,最高法院最近以大比例(7∶2)支持了该法的合宪性,参见 *Eldred v. Ashcroft*,123 S. Ct. 769 (2003)。根据该案判决,一个比《松尼波诺法》受到更多赞同的无限续展制度,是不太可能被判定违宪的。

[8] 1909 年至 1947 年的续展费是 1 美元,1948 至 1965 年 2 美元,1966 至 1977 年 4 美元,1978 至 1990 年 6 美元,1991 至 1992 年 12 美元,1993 至 1999 年 20 美元,而自 2000 年至今是 45 美元。在 1992 年之前,一个著作权人想要续展其著作权的,必须在首次著作权保护期的最后一年内提交一份续展申请。该年对《著作权法》的一项修订则使续展变成自动的了,尽管提交续展申请仍然具有某些好处。参见 Robert A. Gorman 与 Jane C. Ginsburg,*Copyright*:*Cases and Materials* 356—357 (第 6 版,2002)。

[9] 这些数据系根据如下来源计算所得,*American Library Annual and Book Trade Almanac for 1872—1957*;*The Bowker Annual*(新标题,同一出版物)1974 年;以及 *Books in Print*,见 Bowker.com。

著作权迅速贬值了,因此,即使收取的续展费非常低,也只有很少部分进行了续展;即使是单纯的续展申请这么小小的麻烦,都会成为阻止著作权人续展的重要原因。当然,使一本图书保持印行比续展一个著作权,需要付出更大的成本;一个享有著作权作品的演绎作品,在原始作品丧失著作权之后仍可能具有商业价值。但是很明显的是,即使存在不受限制的续展权,公共领域仍然会是充满丰富的知识"财产"(在法律上则已不属于财产)资源的区域,它们既可为消费者免费使用,也可以作为一种资源而被输入新知识财产的创造之中。

允许无限续展,就可能在事实上扩大落入公共领域的作品数量,这取决于首次保护期限的长短以及续展费用的结构。既然那些最能够持续流行的作品,其著作权将一而再、再而三地被续展,那么,处于公共领域的那些作品的平均价值就可能下降。但是,总价值将可能反而上升,而这不仅是因为只有更少的作品将保持与其在现行制度之下的同样长度的著作权。公共领域并不是一个数量固定的作品供给,从而任何对著作权保护的扩大都将使其数量减少。其规模大小是著作权保护范围的一个正函数。保护的范围越大,对创造知识财产的激励就越大,而这些知识财产的一部分将随着著作权保护期限届满,或者根据我们所提议的制度因未办理续展而落入公共领域。但是,事实上是有利也有弊,严苛的续展费将增加著作权的预期成本,从而可能阻碍某些表达性作品的创作。

二、著作权有限时间的收益

有两大命题为大多数经济学家所深信不疑;正是它们两者之间的紧张关系,使得限制著作权保护期与无限保护期之间的问题变得饶有趣味而又困难重重。第一个命题是,只要可行,任何有价值的资源,包括享有著作权的作品在内,都应当归人所有,以便为它们的有效使用与避免过度使用而形成激励。第二个命题是,著作权应当在保护时间上加以限制。用于支持第二个命题的那些理由,读者如果看过本书前面的章节,就应当对此很熟悉了:(1)追踪成本(tracing cost)随著作权保护时间的长度而增加;(2)如果新的知识财产的创造者对于任何其为寻求结合而使用的以往知识财产都必须获得许可,则交易成本将可能变得过高;(3)因为知识财产是一种公共产品,假定(但也是事实)著作权所有人未能完全进行价格歧视,则任何收取过高使用费的做法,将导致消费者以及后来的知识财产创造者寻求那些需要社会付出更大生产成本的或者质量较低的替代性投入;(4)因为需要对现值打折扣,即使经过许多年之后才终止其知识产权,也不会对于创造知识财产的激励带来实质性影响,正如在有限的著作权保护期内,突然出现了在作品创作当时未预见的、该著作权作品新的赢利性市场,并不会实质性地影响到作品创作的激励一样[10];(5)无论如何,不应该对著作权的扩张赋予追溯效力。一方面,它们不可能影响到创作新作品的激励,因为一种具有追溯力的扩张只是影响到已有作品的回报。[11]另一方面,扩张如果具有追溯力,就可能引发寻租行为,就像迪斯尼公司为《松诺波尼法》而展开院外游说活动那样,对此将在稍后详述。

确定著作权保护的最佳期限,就必须在更长期限的激励作用与管理成本、接触成本之间进行边际衡量,并且要记住,相关的接触者中,除了现有知识财产的消费者,还包括将来知识财产的创造者。既然考虑到折扣与贬值,作为更长保护期的一个函数,对于创作新作品的增量性激励,在该期限超过 25 年左右以后就可能变得非常小了[12],而管理成本与接触成本则趋于占据主导地位,这就意

---

[10] 不过,人们在断言"未预见的"机会将不对激励造成影响时,也必须要有所注意。某个特定的新市场可能是未预见或者未预料到的,但它可能是在一组市场中的一部分,并且在作品创作完成之时,该组市场的出现已经是一个可预见的、正概率事件了,因此可能影响到创作作品的激励。一般性参见 Jane C. Ginsburg, "Copyright and Control over New Technologies of Dissemination", 101 *Columbia Law Review* 1613 (2001).

[11] 这有点儿言过其实。知道将来有延长著作权保护期的可能性,也可能产生某种激励效果,尽管也许是很小的。

[12] 假设在某一特定作品上的著作权将每年产生 1 美元,永久享有权利,并且折扣率为 10%。根据一项永久性著作权制度,这个无限收入流的现值将等于 10 美元($=1/r$)。根据有限的著作权保护期($=t$),则其现值将是 $(1-e^{-rt})/r$。因此,当 $t=25$ 且 $r=0.1$,则每年 1 美元经过 25 年,其现值为 9.18 美元,这比永久性著作权的现值的 90% 还要多。如果著作权价值发生贬值,比如说以每年 5% 的贬值率,则一个永久性著作权的现值与 25 年著作权的现值将相差大约只有 2.5%(6.67 美元对 6.51 美元)。

味着,著作权的最佳保护期限在很大程度上应当短于现行的作者有生之年加 70 年的保护期限。[13] 这样,第二个命题就否定了第一个命题(有价值的资源都应当归人所有),并且主张,可享有著作权的知识财产都应当在经过不长于为创作新作品而形成社会性有效激励所必需的年份之后,就从私人所有权中抽取出来,而置于公共领域之中。但是,第二个命题就始终合理吗?也许是的,因为从一个社会性角度(有时也从一个私人角度)看,财产权总是成本大于其所值的。对于大多数研究著作权法的学者来说,这看起来就是如此。但这里还是要提出我们的怀疑。

因为有追踪成本从而主张有限的著作权保护期,这种看法是肤浅的,只能用来解释为什么在未发表作品上存在的普通法著作权(不过,它们在很大程度上已由于 1976 年《著作权法》而消亡了)是永久性的;这样的作品通常只有一件,因此,确定其著作权所有人的身份所需的成本极小,除非该件作品已经有过多次转让。[14] 即使是在已发表作品的情形,通过适度的制度改革,追踪该享有著作权作品的所有人而所需要的成本,也能够减少到一个很低的水平。固然,假如荷马的继承人能够强制执行在《伊利亚特》上的著作权,那么,任何想要出版该作品新译本的出版者都将承担巨大的追踪成本。但是,这只是因为没有任何人知道谁是继承人。同样地,如果土地所有权没有在公共登记机关进行登记,那么要确定一片土地的所有权,也需要付出很大的追踪成本。导致高昂的追踪

---

[13] 有关《松尼波诺法》延长 20 年的著作权保护期并没有提高可享有著作权作品之产量的实证性证据,参见 Kai-Lung Hui 与 I. P. L. Png, "On the Supply of Creative Work: Evidence from the Movies", 92 *American Economic Review Papers and Proceedings* 217 (2002 年 5 月)。另参见 Avishalom Tor 与 Dotan Oliar, "Incentives to Create under a 'Lifetime-Plus-Years' Copyright Duration: Lessons from Behavioral Economic Analysis for *Eldred v. Ashcroft*", 36 *Loyola of Los Angeles Law Review* 437 (2002)。

[14] 举一个例子,在哈佛大学图书馆发现了一份未发表的小说手稿,题为《遗产》(*Inheritance*),由路易莎·梅·奥尔科特(Lousia May Alcott)写于 1849 年。它在很多年里被人错误编目,而且已经无人知道它的存在。尽管奥尔科特并无子嗣,但其著作权人——奥尔科特之父的第四代后人——也并不难找。参见 Lawrence Van Gelder, "Uncovered at Harvard: Alcott's First Novel", *N. Y. Times*, 1996 年 5 月 1 日,第 C15 页。

成本的,并非由于永久性财产权,而是因为缺乏登记。

假如从现在开始,实行一种无限续展著作权的制度,法律要求著作权所有人每 10 年或者甚至每 25 年在某个中央登记机关以著作权所有人的名义进行登记,并且每当该著作权发生转让时即通知登记机关,那么,想要确认一个世纪以前的著作权所有人的身份,或者此后一千年的相关事务,都不会有什么大的困难(现有著作权的所有人将随着新制度的设立而必须进行登记)。权利所有人必须向登记机关提供其住址,并且在其住址发生任何变动时通知后者;受让人同样必须将其信息提供给登记机关。那么,无论以所有人的名字还是以享有著作权的作品的名称(作品本身可能并未披露其原始著作权所有人的名字)而在登记机关进行检索,都能显示当前著作权所有人的地址、代理人等,以便向其寻求许可,正如在不动产产权登记机关,或者在登记动产担保利益的《统一商法典》登记机关进行登记那样。对一项著作权登记进行续展的,需收取一定费用,以便弥补由续展导致的、登记机关本身所承担的成本以及检索人的成本。如果它想要劝阻那些不可能再有更多商业价值的作品进行续展,从而扩大公共领域的范围,它还可以在该成本之上收取费用。

在现行法中,何时开始计算著作权保护期,这个问题相对并不重要,因为其保护期限并不是由某一个起始点所确定的,而是从作者死亡后开始起算的(雇佣作品的情况除外)。在一种实行续展的制度下,起始点则至关重要。因此,我们所建议的制度将要求回到某种类似于 1976 年之前法律的状况,在那时,著作权保护期限通常是从发表或者登记时开始的。[15]

除了登记,可能并不需要像 1909 年《著作权法》那样,将著作权标记置于作品中,以显明著作权所有人的名字、最近一次著作权登记或者续展的日期。登记机关将提供充分的著作权标记事项。而且,对于某些作品来说,随时更新著作权标记(up-to-date notice)既不可行,与减少追踪成本所带来的收益相比,也显得成本过高。

---

[15] 这将要求美国退出其于 1989 年签字加入的《伯尔尼公约》,因为该公约规定,签字国必须提供最低保护期限,即作者有生之年加死后 50 年。

例如,某一出售了美术作品但仍保留其著作权的卖方,就不可能在这件已经脱离占有很多年的作品上,设置一个最新的著作权标记。而且还存在这样的风险,即重重叠叠的著作权标记,会让这个美术作品变得杂乱无章,从而减损该作品的艺术价值,除非规定只能将该标记置于画布的背面或者一件雕塑作品的基座背后。

著作权也可能共有,但我们无需担心由于所有人数量的增多而使追踪成本变得更大。既然一项著作权的任何共有人都可以许可他人使用该作品,只是他有义务与其他共有人分享利润,那么,对于一个存在共有著作权的作品来说,被许可人只需找到其中一位共有人并与之进行谈判协商即可。

对无限续展制持反对意见者提出了在交易成本上的论据,这比有关追踪成本的论据更具说服力,但同样也一定不要夸张其事。虽然每一个著作权在进行续展时都将发生交易成本,主要包括著作权所有人的时间成本以及续展制度的管理成本,但是,如果大多数著作权并没有被续展——而且首次保护期越长,续展收费越高,则进行续展的著作权就越少——那么这些成本的总量也是很低的。不过,在就一个或者多个已被多次续展著作权的少量作品进行许可谈判时,其所发生的成本将比根据现行制度所发生的成本更高,尽管当新作品只是对单独一个旧作品进行复制时,情况并非如此——例如,乔伊斯的《尤利西斯》之于荷马的《奥德赛》,电影《无影无踪》之于小说《爱玛》,《窈窕淑女》之于《卖花女》,《西区故事》之于《罗密欧与朱丽叶》,《爵士年代》(*Ragtime*)之于《米夏埃尔·科尔哈斯》(*Michael Kohlhaas*)。但有时被复制的是多个作品,比如在马奈的油画《草地上的午餐》(*Déjeuner sur l'herbe*)与艾略特的诗歌《荒原》中,所复制的那些名作都是根据一种无限续展制度而可能无限期保留著作权的。不过从多个作品中,进行借用的作品,不可能把自己提供为任何这些作品的替代品,特别是,如果它从每个作品中所借用的量很少,从而在任何情况下该作品都应当根据合理使用原则而免于承担责任,正如我们在本书中反复强调的——与这个话题最为相关的是第 9 章——对于合理使用原则应当作广义解释。[16] 而且,即使只针对单个作品的一个复制件,其构成侵权所应当达到的程度也取决于对"实质性相似"(substantial similarity)的解释,我们已经在第 4 章中指出了这项侵权认定标准。尽管《尤利西斯》受惠于《奥德赛》良多,以至于可以被认为是对以往作品的一种嘲讽,但对于并非饱识之士的其他读者来说,由于书中的借用之处被巧妙地隐藏起来了,从而可能认为这两个作品并不构成实质性相似。对实质性相似作狭义解释,并且对合理使用作广义解释,这就有助于在无限续展的制度之下,保持一个足够丰富的公共领域。

这样一项制度,对于那些明显的汇编作品,比如一部收录以往名著的文集,带来的交易成本将是最大的。根据现行法律,出版者想要出版一部世界最著名诗歌全编,只需取得一小部分——在 1923 年之前未被首次发表的——诗歌的著作权许可。[17] 但假如根据一项始于公元 1500 年的无限续展著作权制度,在一本流行诗

---

[16] 请考察如下这个假设的例子,它是为反对《松尼波诺法》而被提出来的:"某位电影制片人在为一部有关贫民区学校的纪录片而采访学生时,偶然抓拍到一部正在播放的电视作为背景,从中你可以辨别出有 3 秒钟的电视剧《小捣蛋》(the Little Rascals)的场景。他就不能将该采访包括在其影片之中,除非他从著作权人那里获得许可,同意其使用该电视片长的 3 秒钟。在给哈尔·罗奇电影制片厂(Hal Roach Studios)打了几十个电话之后,他才找到一位公司律师,后者告诉他可以将 Alfalfa〔指美国 20 世纪 30 年代电影巨星卡尔·斯威策(Carl Switzer),以其在电视剧中的角色 Alfalfa 闻名。——译注〕的瞬间镜头放在其非营利的影片中,但是他必须支付 25000 美元。他做不到,所以他就剪掉了整个镜头。"Jeffrey Rosen,"Mouse Trap: Disney's Copyright Conquest", New Republic, 2002 年 10 月 28 日,第 12 页(着重号是后加的)。我们加着重号的那句话,表明了对合理使用原则的一种过于狭窄的理解。在视觉性而非文字上的"3 秒钟"引用,就是合理使用原则允许在未经著作权所有人许可的情况下而对有著作权作品进行简短引用的那类例子,对此的经济学理由已在第 4 章中讨论。此类错误理解颇具广泛性。本书作者之一就曾经邂逅某位学术著作出版者,后者坚持认为,任何从有著作权的诗歌中引用两行或者两行以上,就必须获得一份重印许可。这样做在经济上和法律上都是不合理的。

[17] 在 1922 年首次发表的作品,其著作权将在 75 年(首次保护期 28 年加续展保护期 47 年)之后终止,因此是在 1997 年。《松尼波诺法》为那些在 1998 年仍然享有著作权的作品增加了额外的 20 年保护期。

文集当中的大部分诗歌就可能仍然享有著作权,从而对于汇编一部新的文集而言,将不得不取得更多的许可。

一个可无限续展著作权制度的总的交易成本,将不仅取决于所需许可的数量,可能还取决于许可的价值(假定追踪成本保持不变)、每一份许可的交易成本以及该续展制度运行的管理成本。既然许可的数量将部分地取决于被续展作品的数量,则无论与自动续展制度相比,还是与有生之年加 70 年的单一期限相比,其总的交易成本实际上都是在下降的。

现在来考察有关限制著作权保护期限的公共产品论据。著作权法允许作者、出版者或者表达性作品的其他生产者收取一个超过边际成本的价格,而该边际成本也可能是很低的。延长著作权保护期限,就是增加了对产量进行限制的时间,并提高了生产者的收入。并没有任何有力的根据认为,现有的著作权保护期限过短,以致不能使表达性作品的生产者收回其全部成本,同样地,也不存在任何以激励为基础的相当论据,来支持延长保护期。即使有人认为现有的著作权保护水平不够,但如果考虑到对现值的折扣,那么,延长保护期限与无限续展著作权制度一样,对于纠正这种平衡同样于事无补。因此,延长著作权保护期限的唯一效果,看起来就只是带来了接触成本,因为它减少了那些在任何给定时间均处于公共领域从而无需许可就能够被人使用的作品数量。

但这些成本不可能很大。第一,就像将来收入必须按现值进行折扣才能确定其价值一样,将来成本同样也必须对其现行成本进行折扣才能确定。如果某个遥远将来的收益的现行价值是极小的,那么,同样遥远将来的无谓损失也是极小的。固然,当价值不能被货币化时,如按某种方式计算,则使用一个社会折扣率(social discount rate)可能比使用一个私人折扣率(private discount rate)更可取。但是,无谓成本是易于被货币化的。若考虑到将来某个时期对它们美元成本的一个估计,政府就可以通过投入一笔与其现值等额的资金,从而将之抵销,而该现值则可以根据现行长期利率并借助金融工具计算获得。

如果问题在于是否延长现有的而非将来著作权的保护期限,至少是针对那些若不延长就将很快期限届满的著作权,那么,就无法保证对将来的无谓成本进行折扣了。假设有一个行将期限届满的著作权被延长了另一个 20 年的保护期,那么,无谓成本就将立即开始累计。它们仍然必须受到折扣,但与那种如果对无谓成本的折扣从现在起 75 年后才开始计算的情形相比,其现在的成本就会大得多。[18] 因此,如果仅限于在该制度开始之后获得的著作权,那么,实行一种无限续展制度的情形就可能更具说服力。不过,一种无限续展制度的一个潜在的抵销性收益——减少寻租行为——却并不仅限于将来的著作权,对此,我们在稍后即予评论。

第二,因为著作权保护的范围较为狭窄,所以,由著作权保护所导致的无谓损失通常也是较小的。财产权利的范围较窄,就暗示存在着相近的替代品,这就增加了著作权作品的需求弹性。在一个线性需求曲线并且边际成本不变的简单情形中,垄断的无谓损失就是垄断者超过其成本所获得收入的一半;需求弹性越高,该数量就越小。有人已经提出,如果专利保护范围得到相应收缩,则最优的专利保护期就可以是无限。[19] 可以想见,著作权的保护范围已是如此狭窄,因此,一个无限的著作权保护期将不会成为导致重大无谓损失的一个来源。但这只是一种推测(例如,难道在莎士比亚戏剧或者莫扎特钢琴协奏曲上存在着相当的替代品吗?),而且,保护范围较窄的一个原因,是由于公共领域为新的有著作权作品的创作提供了一种免费输入的资源。如果有价值的作品由于著作权保护期限的延长而被阻止进入公共领域,那么,能够任人取用的公共领域作品(以质量加权的数量)就会明显变少,从而将减少与现有的享有著作权作品的竞争。

第三,无限续展与延长著作权保护期,两者并不是同一回事。首次保护期以及续展期限的长度,为续展而收取的费用以及续展的范围(仅限于单个作品,还是可以包括一组作品?),这些都是变量,可以通过调整它们,产生出那种通常被认为符合社会需要的实际的著作权保护期限;而且,时间长度、续展费用或者范围等等,也

---

[18] 这个观点在经济学家们就 Eldred 案的法院之友意见书中得到了强调,前揭〔1〕,第 11 页。

[19] Richard Gilbert 与 Carl Shapiro, "Optimal Patent Length and Breadth", 21 *RAND Journal of Economics* 106 (1990).

无须在各类作品(图书、软件、音乐等等)上强求一律。首次保护期限越短(它可以短至 10 年),续展费用越高,则大多数作品(如果续展费用足够高——它可以随着续展次数而递增——则全部作品)的实际著作权保护期限就会越短,受到著作权保护的作品也就因此而越少。通过一种无限续展制度而最可能改变的,正是公共领域的组成成分,因为所有作品将更清晰地被分为两类:(1) 价值重大的作品,其财产权利的收益将大大超过成本;(2) 价值甚微的作品,其著作权保护的管理成本很可能超过其收益,而由于续展费用严苛,将打消其所有人寻求继续获得著作权保护的念头。尽管某些根据现行制度将永久性落入公共领域的价值重大的作品会因此被排除在外,但公共领域还是将得到扩大。

但是,伴随严苛的续展费用而来的,是这样的复杂情形。当该费用很低时,可享有著作权的作品之间即使在商业价值上相差巨大,这一事实相对来讲并不重要,也许摄影作品除外,因为每一帧照片都是一个可享有著作权的作品,而行事认真的摄影师们在每一次都会拍摄许多照片。但是,如果续展费用很高,那么对于许多享有著作权的作品——此时不仅限于摄影作品——而言,统一收取的续展费用就可能变得极其高昂。对于一部电影,10 年之后续展著作权时要被收取 1000 美元是一回事,而对于一部学术著作,因续展其著作权而被收取 1000 美元,则是另一回事了。但是,既然允许摄影作品进行集体续展(正如它们根据现行法律所做的那样),那么,因为严苛的收费而阻止那些只具有极少商业价值的作品续展其著作权,这一事实本身就未必是一件坏事。从其定义看,这些作品是不可能为其著作权所有人带来重大收入的,因而,最好将其置于公共领域之中,以使它们能够免费地被输入新知识财产的生产中去,当然,我们在后面也将对这一点作出限制。然而,对各类享有著作权的作品采取单一性收费的做法,不太可能是最优方案。有一种替代性做法,可以使立法与管制的自由裁量权并因而使寻租行为最小化,那就是,根据该享有著作权作品在第一年的销售或者出租收入(扣除通货膨胀因素)再按照一个固定的百分比来确定该项收费。

我们对下面的主张也作一番相关回应,该主张认为,根据续展制度,许多著作权将由于著作权所有人纯粹的疏漏或者粗心大意而丧失。有人支持1976年《著作权法》而反对续展制度,理由之一就是,许多著作权所有人并不知道他们享有一种续展权,或者在填写续展表格时会发生重大错误。(通过将之转换为一种有生之年加上若干年的制度,就解决了这一难题,因为谁也不会被死神遗忘)。但是,疏漏是内生的;注意和信息也都是成本很高的产品,假如由此获得的收益并不大,也就没有人去"买"它们了。正因为有如此众多的著作权只具有如此细微的价值,才有如此大量的著作权所有人未能勤勉地保护其著作权。[20]

因为转换为一种无限续展制度而牵涉到的寻租问题,首先应当注意的是,对年代久远但仍具有重大商业价值的作品享有著作权的所有人,他们就具有一种激励,花费资源精力用于游说国会议员,以延长这些作品的著作权保护期限。但是,追溯性延长期限并不能提高创作出表达性作品的激励,因此,如果著作权的唯一收益就是这种激励,那么,此类期限延长只是增加了交易成本与接触成本,而没有带来任何抵销性价值。迪斯尼公司成功地游说国会通过《松尼波诺法》,该法律追溯性地为著作权延长了20年,以保护其行将期限届满的在米老鼠以及其他卡通形象上的著作权[21],而该成功性努力所发生的成本,以及与之竞争的利益团体在反对延长保护期上所付出的不成功努力的成本(但这些努力看起来似乎微不足道),分别是为了获取和限制经济租。如果著作权保护期限

---

[20] 当然,1909年《著作权法》中的续展条款对于续展期限的可转让性前景以及受让人与制定法上之继承人(当作者在首次保护期满之前死亡时,该条款授权由作者的继承人进行续展)各自的权利是不明确的。参见 Pierre N. Leval 与 Lewis Liman,"Are Copyrights for Authors of Their Children?" 39 *Journal of the Copyright Society* 1 (1991)。这些不确定性也许应对续展制度的某些失败承担责任,但任何重新启用续展制度的法律都能够很容易地将之祛除。

[21] 参见 Janet Wasko, *Understanding Disney: The Manufacture of Fantasy* 85—86 (2001)。该法律于1998年10月27日生效,即原始的米老鼠著作权保护期限届满之前4年。不过,正如我们将要指出的,米老鼠角色已经过多次修改,而后续版本(当然是作为演绎作品)是有著作权的,因此,即使任由原始著作权的保护期限届满,迪斯尼公司仍然能够挡住那种想要销售其现行版本米老鼠的精确复制件的行为。

的追溯性延长并没有产生任何抵销性社会收益,那么,从一个社会性角度看,这些成本都是浪费的。

寻租行为是任何采取固定的著作权保护期限的一个自然而然的结果,因为国会既然立法规定了保护期限,就无法防止将来的国会不会追溯性地延长该期限。而总有这样的著作权所有人,他们因作品落入公共领域而断绝收入,因此,他们就会产生一种激励,在其著作权保护期行将届满时,花费资源用于寻求追溯性延长其保护期限。如果著作权是无限可续展的,这种寻租行为将得以减少,因为它消除了会那些年代久远但仍具重大价值的著作权可能丧失收入的前景,从而将大量地消除为延长著作权期限而进行游说的激励。之所以说"大量地"而不是"完全地",是因为某些资源仍将用于为更低的续展费用和更长的续展期限而进行游说。但通常,支付续展费比试图改变法律而所需成本较低。虽然一项无限续展的制度仅限于将来的著作权,它也不能抑制寻求追溯性延长现有著作权保护期限的激励,但是,随着年代久远的著作权丧失其价值之后,这一难题终将随之消失。

国会此次延长著作权保护期限,其特别令人遗憾之处在于,它们适用于所有的著作权作品,而不仅仅是其所有人为延长保护期限而进行游说的那些作品。迪斯尼公司本可以寻求一项私法案(private bill),从而只是延长它拥有的著作权,但是,它采取了一个在政治上更加有效的策略,让自己与其他著作权所有人联合起来,并且表明,寻求立法性救济将使全体知识财产的创造者受益,而不只是迪斯尼公司以及少数几个富有的继承人。但是,一揽子延长著作权保护期限的结果是,有大量的此类作品将因此而在增加的20年内被排除在公共领域之外,它们尽管没有或者很少具有任何商业价值,但是作为将来知识财产的一种公共领域输入资源,却具有潜在的价值。

还有人持反对意见的理由是,允许无限续展只是消除寻租行为的一种形式,因为著作权除了保护期限外,还有其他的价值维度,明显者如其保护范围。但是,无论根据现行制度存在着哪些为扩张其保护范围而进行游说的激励,在一种无限续展制度之下,同类的激励不会比现行制度下的更大。一个更严重的问题在于,著作权所有人可能出于策略性目的而续展其著作权,希望有一天能够向另一个想要复制其作品的作者"索要高价"(hold up)。这种做法就类似于我们在第11章所讨论的策略性申请专利,而这种危险尤其会来自软件著作权领域,这也是我们为什么没有就种无限续展制度是否可适用于软件而进行讨论的原因之一。至于其他种类的可享有著作权的作品,一种严苛的续展费加上对现值进行折扣的影响,就将使该难题最小化。

如果到此为止,我们的分析仍然正确的话,那么,根据一种无限续展制度而导致的著作权平均保护期限,就会比根据现行制度所导致的期限短。与现行制度相比,这种制度就因此减少了大多数作品的接触成本,当然并不是全部作品。(它可能并不会减少无谓成本,因为它们被推定主要来自于那些价值重大的著作权,而权利人倾向于对这些作品进行续展)。但是,无论关于成本的情形如何,即便只是针对一小部分价值重大的作品,对它们给予无限期的持续保护也是没有任何社会收益的。如此观点,是假定著作权保护的唯一正当性,就是产生创作出新作品的激励。然而,正如我们接下来所考察的,这一假设可能是错误的。

三、允许某些著作权在事实上无限期保留的社会收益

我们在此将注意力集中于相对少数的一些著作权上,而根据一种无限续展的制度,可以预期它们将在甚至比有生之年加70年更长的期限内,持续保持效力。因为要对现值进行折扣,所以,增加著作权保护期限并不能在提高有关创造表达性作品的激励方面获得正当性。但是,财产权经济学理论所强调的不仅是它们的激励效应,亦即它们所鼓励的投资,而且在于它们使财产现有用途最优化的效果。我们回忆一下第1章,由于一片天然草场并不是人为创造的,所以,财产权并不会在鼓励投资以创造该草场方面产生任何社会价值,而其价值在于,当缺乏财产权时,该草场就会被过度放牧;任何使用人不会考虑因其使用而给其他使用人所带来的成本,他们为了获取相同数量的食物就得让他们的牛更多地食草,因此反而减轻了牛的重量。而且,并不是所有在表达上的投资都

是在作品的复制件出售之前所作出的；有些我们所称的"维护性"（maintenance）投资，则是在之后作出的，但其所有人可能由于著作权的时间限制而打消此类投资的念头。因此，在本章的这一部分，我们将考察拥塞外部性（congestion externalities）与维护性激励（maintenance incentives），并把它们作为支持著作权无限续展制度的论据。

（一）拥塞外部性

在知识产权法两大领域内已经承认了与天然草场财产权的收益相类似的财产权收益。一是商标法，我们大家知道，在一个商标的保护时间上并没有设定任何固定的期限，这是因为，当相同的商标表示具有不同来源与品质的商品时，就会导致混淆，而且，它通过模糊（blurring）概念（淡化的下位范畴），保护商标所有人免于因为他人对其商标的非混淆性复制——过度使用的一种形式——而丧失价值。另一个领域是有关公开权（publicity rights）的法律，正如我们在第 2 章所简要评述的那样，它阻止其他人未经本人同意而将该人的姓名或者类似对象用于广告或者其他商业目的。进一步的趋向是使公开权具有可继承性。[22] 该规则的动机并不是引导人们作出更大投资而成为一个名人（毫无疑问，其增量性鼓励将是极小的）[23]，而是为了阻止该名人的姓名或者类似对象的商业价值被提早耗尽。[24] 这与过度放牧的例子很相近。过度放牧在短期内导致拥挤，其结果就是减少了牛的体重的增长，而从长远看也是相

---

[22] 参见 Huw Beverley-Smith, *The Commercial Appropriation of Personality* 184（2002）；Mark F. Grady, "A Positive Economic Theory of the Right of Publicity", 1 *UCLA Entertainment Law Review* 97, 124—126（1994）。另参见 Douglas G. Baird, "Does Bogart Get Scale? Rights of Publicity in the Digital Age", 4 *Green Bag*（2d ser.）357, 363—364（2001）。

[23] 相同的主张见于 Michael Madow, "Private Ownership of Public Image: Popular Culture and Publicity Rights", 81 *California Law Review* 125, 205—215（1993）。有关一种例外情形，参见 Zacchini v. Scripps-Howard Broadcasting Co., 433 U.S. 562（1977），其讨论见于上文，第 208 页，注 395。

[24] 参见 Grady，前揭[22]，第 103, 126 页；Richard A. Posner, *The Economics of Justice* 248（1981）。英国人称之为"脸面磨损"（face wearout）。Madow，前揭[23]，第 222 页。不过，Madow 对其实证性意义表示怀疑。参见同揭，第 221—225 页。

似的结果,只是可能程度上更剧烈些,会促进草场的资源耗尽。同样,一个名人的过度曝光,在短期来看就可能使人们对其失去兴趣,并缩短了其名字或者类似对象能够保持商业价值的时间。

承认在享有著作权的作品上也存在着"过度放牧"的问题,这已经不是什么新鲜事了。典型的是由许多知识产权法学教授们在附署反对《松尼波诺法》时的一番声明:

> 有体物与知识财产之间的根本差别就是,知识财产是一种永不耗尽的公共品,而有体物则必然因使用而损耗殆尽。"公地悲剧"是指,未能承认在有体物上的永久与可转让的财产权,则一旦某个财产对象进入人人均可免费取用的公共领域,就不可避免地导致"过度放牧"。承认永久的财产权就带来了经济上的效率,因为一个理性的所有人将使现在消费与将来消费之间达到最优化平衡。
>
> 不过,在知识财产上不可能存在任何的过度放牧,因为知识财产并不会由于消费而受到破坏甚至减缩。一个作品一旦被创作出来,其知识性内容就是可以无限倍增的。[25]

上述说法不仅忽略了商标与公开权的情形,而且,它也是言过其实的,因为这两种情形承认了知识财产能够由于消费而减少。但是,在对拥塞的福利效果进行评估时,需要将技术性的外部性与单纯金钱方面的外部性(转让付费)加以区别。在草场例子中的外部性是技术方面的,因为它负担了一种实际成本(牛的体重增长的减少),而不是纯粹改变财富的分配。拒绝承认公开权的可继承性,则既可能导致其中的一个外部性,也可能导致两个外部性。如果任何人都可以在广告中使用亨弗莱·鲍嘉(Humphrey Bogart)*

---

[25] Denis S. Karjala, "Statement of Copyright and Intellectual Property Law Professors in Opposition to H. R. 604, H. R. 2589, and S. 505, The Copyright Term Extension Act, Submitted to the Joint Committees of the Judiciary", 1998 年 1 月 28 日, http://www. public. asu. edu/~dkarjala/legmats/1998statement/html.

* (1899—1957),美国著名男演员,曾主演《卡萨布兰卡》《非洲女王号》等电影,三次荣获奥斯卡最佳男主角奖,1999 年被美国电影学会评选为"百年来最伟大的男演员第一名。"——译注的名字或者肖像,则该种广告性使用的总价值可能变得更大,尽管鲍嘉的遗产继承人将减少收入。事实上,如果对其形象的额外复制品的边际成本为零,则即使总的效用可能会很大,但边际效用也将为零。但是,如果缺乏排他性,并且随之而来的对鲍嘉形象的激增使用导致了混淆、形象受到污损或者令消费大众纯粹地感到厌恶,那么,总的效用还将不断下降。最后,该形象将变得一钱不值。

对于可享有著作权的表达而言,这也可能成为一个难题吗?有某种证据表明,这正是沃特·迪斯尼公司对其享有著作权的角色,比如米老鼠所考虑的问题。"为了避免过度使用导致的伤害,迪斯尼有意对其角色进行多元化投资管理。它的图书中创造过成百上千个角色,但其中的许多角色只是等着被命令隐退的。……迪斯尼对其角色管理得法,并且由于未对它们过分曝光而延长了其品牌的生命。……它们避免使流行期缩减。"[26]

图 8.1 是该问题的示例。D^0D^0 是某一表达性作品在时间 t 的需求计划。很明显,在时间 t 以及在所有将来时间的著作权保护,对于该作品是否在时间 $t=0$ 被创造出来将不产生任何影响,但是,它将产生一种无谓成本,以三角形 $P^0Q^2Q^0$ 表示,它是著作权所有人在其边际成本为零时收取 P^0 的结果。随着使用该作品的人数增加到 Q^2,亦即,增加到边际使用的价值等于零的那一点,则在 t 时终止著作权就将消除无谓成本。但是,与通常关于著作权的假设相反,现在我们假定额外的使用产生了技术外部性。那么,终止著作权保护将不仅导致一个沿着需求曲线的运动,而且导致在总需求中的一个向下移动(比如到 D^0D^1),破坏值(destroying value)就等于下述两者之间的差,一是从原始供给曲线 D^0D^0 直至 P^0 的区域,一是从 D^0D^1 直至一个零价格的区域。如果外部性很小,那么在两条需求曲线之间的差就将是一个负数,从而在时间 t 终止著作权将增加价值。但是,如果外部性很大,那么终止著作权将导致一个在价值上的净亏损。在一定范围内,超过 Q^0 而增加对该作品的使用,就可能抑制该需求曲线(它围绕与纵轴交于 D^0 的那一点

---

[26] Bill Britt,"International Marketing: Disney's Global Goals",*Marketing*,1990年5月17日,第22、26页。

而向下转动),直至其与纵轴相重合。在此情形中,终止著作权将破坏其在时间 t 的全部价值——从 D^0D^0 到其跟纵轴相交的那一点与 P^0 之间的区域——并且还可能破坏其在所有将来时间的价值。

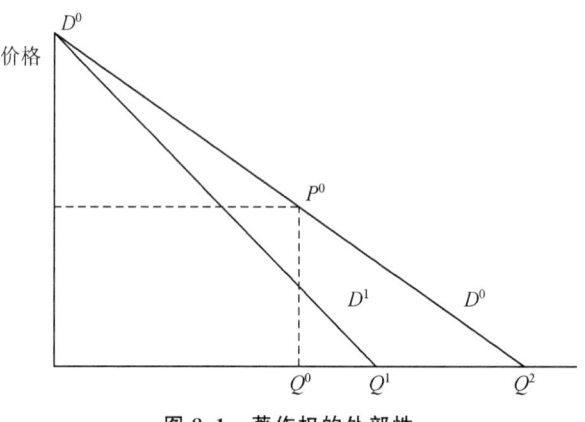

图 8.1 著作权的外部性

一本图书或者其他可享有著作权的财产,在传统上就被视为一种公共产品,因为与一片草地不同,在某种意义上,一个消费者对它的使用并不妨碍其他人的使用。不过,这种观点不可能是明确无疑的;在同样的意义上,一个名人的名字或者类似对象也是一种公共产品,但是,对该姓名或者类似对象的无限复制就可能过早地耗尽该名人的商业价值,正如从一个公共石油或者天然气井中无限制开采将使该井过早地枯竭一样。这对于一本小说、一部电影、一个喜剧角色、一首音乐或者一幅画而言,同样也是如此,尤其当它涉及完整作品的组成部分而不是该完整作品的著作权时。也正因如此,说一本图书或者其他享有著作权的作品具有公共产品的特征,这一表述就好于说它本身就是公共产品。

如果因为著作权期限届满从而任何人均得免费将米老鼠角色结合到一本书、一部电影、一首歌之中,那么,该角色的价值就会骤然下降。如果这只是作为原始供给曲线向下运动的一个结果,即作为产量增加的一个通常结果而产生的,那么,从需求曲线在 P^0 到一个数量为零的价格之间的区域看,总价值在实际上还是增加的。不过,公众也可能很快就对米老鼠感到厌倦;而且,随着某些作者将他描写成一个浪荡公子(Casanova)、另一些作者将之描写为猫食,另外的作者则将他写成一个动物权利倡导者,还有其他的作者将他写成米妮(Minnie)的"妻管严"丈夫,米老鼠的形象就可能遭到污损,或者甚至是玷污。因此在图 8.1 中,就会存在需求曲线的向前移动与向下变换,直至米老鼠的商业价值变为零。如果没有负的技术外部性,也会发生相同的情形,只是因为需求曲线既然保持不变,所以,总的价值将由于不存在任何的无谓损失而有所增加。

未经许可而对米老鼠进行复制可以被列为滑稽模仿的行为,就此而言,即使是在一种无限续展著作权的制度中,它们也将依据合理使用原则而免于承担责任。但是,并非所有的行为都是滑稽模仿。第 6 章中所提到的"Here's Johnny"公开权案件* 就是一个很好的例子,说明一个形象如何可能因为它从中向公众所呈现的语境而遭受贬低。在该案中的"角色"是一个真实的人,而不是虚构的,但从分析角度看,一个名人所面对的拥塞性难题与一个虚构角色所面临的并没有任何差别。正如对公开权的经济分析所表明的,如果在前者情形中确实存在着一个拥塞性难题,那么,在后者情形中也必然存在。

这个分析可从第 4 章关于演绎权的讨论中获得支持。给予著作权所有人以演绎作品的垄断权,是为了便于确定该享有著作权作品的使用范围与时间——在某种程度上,是为了避免一旦作品发表,则任何人均可以未经著作权所有人的许可而制作、出售该作品的翻译、节选、嘲讽表演、续集、根据原始作品而改编为其他媒介的版本(例如,由一本图书改编成一个电影版本)、或者其他变动形式,从而导致"拥塞"。否则,其结果可能就是市场的提前饱和、消费者的混淆(例如就演绎作品的来源而发生的混淆)以及由于某些未经许可之演绎作品的质量低劣而损及对原始作品的需求。

我们必须不要把有关拥塞性的论据[或者因联想而获罪(guilt-by-association)的同类物,其例示就是"Here's Johnny"案件以及在

---

* 参见边码第 159 页注释〔24〕,指约翰尼·卡森(Johnny Carson)的签名用语"Here's Johnny!"。——译注

第 6 章与第 7 章中所讨论的某些商标案件]推得过远。[27] 尽管可以举出这样的作品,甚至是精品文化的例子,它们由于被无限复制而受到损害(立即进入我们头脑中的是《蒙娜丽莎》、贝多芬《第五交响曲》的开头部分以及梵高的那些最流行的绘画),但也存在着相反的例子:莎士比亚的作品看来并没有因为表演或者演绎作品发生不受控制的激增而受到损害,这些演绎作品中的某一些甚至是庸俗之作,比如莎士比亚牌 T 恤衫以及电影《莎翁情史》(*Shakespeare in Love*)。再来看一下流行文化领域,只要想一下圣诞老人,这就是一个强有力的例子说明他作为一个图像角色却经受连续不断的使用而显然未遭损害——不过有所区别的是,他严格来说是一个节日角色;除了圣诞季,我们每年还有 11 个月是可以摆脱他的。迪斯尼公司的许多重大商业成功,建立在它对那些处于公共领域的虚构角色的利用上,比如匹诺曹、灰姑娘和卡西莫多。而且,有关公开权的例子表明,这里潜在地有一个法律应当关心的问题,也不应为经济分析所完全忽视。想一下那些著名的"文学遗孀"(literary widows),比如瓦莱利亚·艾略特(Valerie Eliot)与索尼亚·奥威尔(Sonia Orwell),她们在管理她们丈夫的著作权时所起的作用——如果奥威尔的著作权在其死亡之时或者不久即期限届满,那么,难道就不存在这样一种危险,即一场奥威尔的演绎作品的雪崩,从而导致整个世界都对他感到厌倦?

在后一章中,我们将对有关著作人身权的规定表示怀疑。其中,该规定对知识财产的创造者,尤其是艺术家们赋予了使其作品免于受到歪曲破坏的权利,即使在他们转让其著作权之后亦然。我们在此建议,著作权所有人应当有权阻止他人对其作品的过度使用,这看起来似乎与之不相一致。但两者其实并没有矛盾。艺术家们可能通过保留著作权的方式来控制对其作品的使用,因为正如我们所知,著作权所有人享有许可他人创作演绎作品的专有

---

[27] 支持不要如此行事的一个在法律上的专业论据,是《宪法》的专利和著作权条款,它授权国会可以"为促进科学和有用技术的进步"而授予专利和著作权,但消除拥塞外部性看起来可能与该目标相去甚远,尽管我们并不认为是这样的,因为该外部性阻碍了"科学"和"有用技术"市场,亦即知识财产市场有效率地发挥其功能。

权利:一只讲着脏话的米老鼠就属于那个享有著作权的米老鼠的演绎作品,因此,迪斯尼公司就可以阻止他人如此创作,除非创作者能够将其创作纳入滑稽模仿之合理使用的保护伞之下。不过,不能由此认为,迪斯尼公司如果转让其著作权,则仍将根据著作人身权的规定(假如该规定也适用于公司的话)享有权利,阻止他人创作出一个有辱其鼠格的米老鼠版本。而且,在我们有关拥塞外部性的讨论中所争议的话题,并不涉及艺术家的同一性保持权或者名誉,亦即他们在非商业方面的价值,而是一个纯粹的经济问题,亦即如何使那些在经济上有害的外部性最小化。

我们就拥塞外部性所表达的问题,看起来似乎就是赞同一个相当宽泛的商标淡化概念,即我们在前一章结尾处加以批判性讨论的一项规定。正如亨弗莱·鲍嘉的名字与类似对象在广告中被乱七八糟地使用,就会减少该广告性使用的总价值一样,把劳斯莱斯作为一个商标而乱七八糟地使用,就减少了该名称的总的广告价值,即使消费大众并未对使用者的身份产生混淆。但是,为防止发生此类问题,可能毋须用反淡化法。原因就在于,任何对该商标的广泛使用都将是混淆性的。假设一个酒店连锁企业采用了劳斯莱斯的名字。如果注意到现代企业通常是高度多元化经营的,并且汽车与酒店在经济上都属于旅行类行业,许多消费者就会推断汽车公司与酒店连锁企业之间存在着某种从属关系。在经济学的另一层面,如果基于对一个销售劳斯莱斯热狗的成功商人的深刻印象,一个出售炒栗子的商人也采用了劳斯莱斯这个名称,那么这也将产生一种导致消费者混淆的危险——倒不是与汽车生产者的混淆,而是与热狗商人的混淆;人们可能认为热狗商人与炒栗子商人之间具有从属关系。不过,如果消费者无论如何都不会对商品来源产生混淆,但一个有声望的名称被用得如此广泛,以至于产生了过度饱和的威胁并导致其价值减少,从而产生了一个真正的拥塞外部性,那么,这种情形就产生了一个支持适用反淡化原则的论据。

(二) 维持激励

对著作权保护期限长度的传统的经济学批评,是在创作与复制之间划了一道过于鲜明的界线。设想有一部很多年之前出版的小说，其著作权已经期限届满。但该小说家后来被重新发现，并引发了对其小说的需求狂潮。既然没有任何出版者能够确定在这些小说上的财产权，那么从一个社会性角度看，出版者出版和推销这些小说的激励就可能是相当不充分的。通常，在它们实际上成为市场流行产品之前，对享有知识产权的特定作品的需求，并不为人所知。[28] 假设一个具有进取心的出版者对于那些已落入公共领域的模糊的作者，只有 20％ 的成功机会。他出版了五位这样的作者的作品，目的是为了有一位能够成功。因为没有著作权保护，所以其他出版商就可以等着瞧，看看哪位作者的作品畅销，然后推出他们自己的关于该作者的作品。这些出版者等着回避失败成本（costs of failure），却在由第一个出版者所开发的市场信息上搭便车，这样就减少了任何出版者从公共领域作品中寻找那些具有潜在成功可能之作品的激励。[29] 其趋势就只能是有利于已经出名的作品及其作品已处于公共领域从而可以安全出版的作者。

　　这个问题的严重性也不应被夸大。已落入公共领域的作品中也有大量得到了出版；我们提醒读者注意第 2 章就那些知识产权法之外的出版激励的讨论。但是，一种无限续展的制度将或多或少地缓解这一问题。不过，它并不能解决该问题，因为那些不再流行的作品将趋向于不会被多次续展。事实上，即使著作权是永久性的，该问题仍将存在。享有永久性著作权的所有人，如果他们认为该著作权已经毫无价值，就不会采取哪怕只是适度的措施来确保持续的登记（例如，在其改变住址时通知登记机关），而这样的措

---

[28] 这在有关表现已去世名人的布偶和其他产品上表现明显。参见 Ronald Alsop, "Items Portraying Dead Stars Produce Profits Controversy", *Wall Street Journal*, 1984 年 5 月 10 日，第 A37 页。

[29] 换言之，"一件作品处于公共领域的状况，远非使用该作品的一个无限激励。……一些明显需要考虑的问题有，是否一个享有著作权的演绎作品必须与其他常常是预算更小、品质更低的复制件进行竞争，以及长远看来，对于某一公共领域作品的演绎作品享有著作权的生产者是否可能拥有任何独一无二的东西"。Arthur R. Miller, "Copyright Term Extension: Boon for American Creators and the American Economy", 45 *Journal of the Copyright Law Society* 319, 324 (1998)。

施,正如无限续展的制度那样,是证明一个永久性著作权所必需的。一个完整的解决方案是,对于年代久远、因未办理续展而著作权保护期已经届满的作品的挽救者(saviors),应当被允许像物权法中的拾得人(finders)那样,获得在这些作品上的著作权。我们将在后面考虑这种可能性。而现在只需说明的是,一个无限续展的制度在某种程度上促进了对那些已落入公共领域的作品进行投资的激励,但这取决于续展费用的多少、是否允许集体续展以及续展中所涉及的手续。

在现行制度下,一个出版者具有激励,对其重新起用的任何处于公共领域中的作品进行修改,因为他能够就修改部分享有著作权。但是,只是为了提出权利主张而对作品进行修改,就如同只是为了独占某一个他想要拥有的商标而提早推出某一新产品,本身并无效率。延长著作权保护期限就可能因此而减少对于社会来讲的过度性产品区分[这在某种程度上就是"过度维持"(overmaintenance)]。

相反地,如果由于其年代因素,一部新近复苏的小说需要加上一份精心准备的学术性参考资料、重新进行编辑或者作出其他成本高昂的增写补充,才能为现代读者所用,那么,出版商们可能就不愿意采取这些必需的措施,即使他们对学术性参考资料还是能够享有著作权的(但如果这些学术性资料被认为是思想而非表达,那么在此范围内他们就无法拥有著作权了)。他们会担心无法收回这些成本,因为他们要面对来自该小说的价格便宜的简明版(bare-bones editions)的竞争。评论者可以使用这些学术性参考资料,不需要支付任何费用(甚至无需支付书价,因为评论者一般能够免费得到该书,专供其评论)就可以向公众解释该小说,而公众则在此后购买该小说的简明版即可。

或者,我们来考察一部著作权保护期已满的老电影,有一家电影制片厂想要以彩色版加以发行,但需花费巨资进行准备。推广该彩色版就可能增加其相近的替代品,亦即黑白片的需求。既然任何人都能够复制与销售该黑白片,那么,这家电影制片厂在决定是否为它制作彩色版时,就不得不考虑在黑白片需求上的增加。由此导致的结果是,制作彩色版的预期收入将低于私人成本,从而,电影制片厂将决定反对这么干。无限续展制度就可能为此提供一个完整的解决方案,因为,考虑到公众对于老电影与对新电影同样抱有急切的心情,一部老电影就很可能仍保留足够的价值,以确保续展所需之费用。

为什么只有这么少的古典音乐家被录制或者表演?我们推测其原因在于,生产出一首音乐作品比诸如对一幅绘画进行照相复制,需要付出更高的成本。唱片公司发现并且恢复某一位被遗忘的或者本身默默无闻的作曲家的作品,就将在一种不确定的风险投资中面临付出一笔相当大额资金的风险,因为它一旦成功开发,就可能被人模仿。出版一本图书或者甚至对某一位被遗忘的或者本身默默无闻的画家的作品安排展览,其中所涉及的费用都要少得多。现在,在著名古典作曲家的音乐作品上已不存在财产权利,这也可以解释为什么许多不同的唱片公司都在录制处于公共领域的相同作品,比如贝多芬、莫扎特、巴赫以及其他著名作曲家的作品。[30] 各家唱片公司对其产品进行区别的手段,是推广那些与公司签订了排他性合同的演奏家或者艺术家。例如,一家唱片公司对于芝加哥交响乐团的马勒《第一交响曲》的录音可以享有著作权,它因此就具有一种推广该版本的激励;而对于另一不知名作曲家的已落入公共领域的作品,它却极少产生激励要加以推广,因为它不可能从其推广性努力中获得收益,而该收益不同于从录制一个流行演奏家对不知名作曲家作品的演奏所可能获得的收益。

还要考察的是,因某一作曲家的著作权保护期限届满而对于其默默无闻的作品的录音会产生什么影响。我们的分析就意味着,随着普契尼的著作权保护期限届满,相对于他的著名作品而言,对他的不知名作品进行录制的速度就会慢下来,因为,一旦该不知名作品不再享有著作权保护,则为这些作品扩大需求而作出的投资,就将更加难以收回。

与那些用来说明有关公开权的经济分析以及我们将之扩展于

---

[30] 在全部古典音乐唱片中,8位作曲家(莫扎特、贝多芬、巴赫、勃拉姆斯、柴可夫斯基、舒伯特、肖邦和海顿)的唱片就占47%。参见 F. M. Scherer, "The Innovation Lottery", 载 *Expanding the Boundaries of Intellectual Property: Innovation Policy for the Knowledge Society* 3, 14 (Rochelle Cooper Dreyfuss, Diane Leenheer Zimmerman 与 Harry First 编, 2001)。

有关著作权分析的例子不同,上述这些例子表明,可以传统的、以激励为基础的支持财产权的论据为根据,提出有关反对有限著作权保护期的主张,尽管这里使用了新的论证方法。新的方法在于承认,为使其价值最大化而对知识财产进行必需的投资,并不必然在创造该财产的初始阶段即已用尽。为了维持该财产的价值,并且,为了重新起用被抛弃的或者未使用的知识财产,投资可能仍然是必需的。[31] 不过,投资规模是关键性的,而且在没有这些投资的情况下,只能得出尝试性的结论。[32] 我们获知,迪斯尼公司已经花费成百上千万美元用于更新米老鼠这个角色,既有对该角色的细微修改,也包括努力地将其置于精挑细选的娱乐环境中,以增加米老鼠对于当前这一代少年儿童的吸引力。而一旦其著作权保护期限届满,即允许任何人使用该角色,那么,作出该等花费的激励必将受到损害,尽管复制者并不能复制任何由迪斯尼公司在原始角色上新添加的任何可享有著作权的特征。[33] 这将成为一个重要的

---

[31] "一个作品想要取得商业成功,就需要付出努力与投资,它们虽然不是'创造性的',但仍为产生价值所必需。例如,作者需雇用文学经纪人,出版者要进行广告宣传等等。对于音乐作品和摄影作品来说,作品的收集、整理和编目就增加了它们的价值。保存电影作品也需要持续的注意。甚至对一本图书进行印刷这样简单的行为,都需要承受投资风险。可能,对于公共领域的作品,并不会像对于拥有所有权的作品那样有力地从事这些行为。而从经济学的观点看,这些行为'创造'的是真正的价值"。Edward B. Rappaport, "Copyright Term Extension: Estimating the Economic Values" 4 (国会研究部门,1998 年 5 月 11 日)。

[32] Rappaport 称,他所描述的影响"可能在某些情形中是重要的,但我们相信,更多情况下只是边缘性的"。同上揭。他并没有解释使其得出该结论的推理或者证据。

[33] 对于诸如迪斯尼著作权之类的雇用作品给予 20 年额外的著作权保护期,《松尼波诺法》的公共立法历史记录中只保留了很少的讨论。对于个人延长保护期限(请记住,该法对于个人的著作权保护期是从有生之年加 50 年延长至有生之年加 70 年)的主要理由是:(1) 国际收支平衡(balance of payment);以及(2) 人的寿命正变得更长这一事实[欧文·柏林(Irving Berlin)就是一个相关的例子]。第二个理由非常牵强,人的寿命提高将自动增加著作权保护的时间长度,因为该时间是从作者去世起算的,除非所考虑的是其继承人的寿命。第一个理由是重商主义的,反映了美国是知识财产的净出口国这一事实。不过,其中一份委员会报告确实这样解释道,延长著作权保护期限"将带来重要

限制条件,证明只有该角色的最新版本才能保留其商业吸引力,但这看起来似乎不太可能做得到。

　　如果这一分析是正确的,那么,对于米老鼠著作权追溯性延长保护期限而提出的煽动性批评,就忽视了有效的、尽管就现有知识状况而言并不确定的经济学主张,即延长著作权保护期限,与该保护期限的延长是事前作出还是事后作出无关,虽然正如我们所见,事后延长保护期限会涉及更高的无谓成本,但寻租成本则更低。如果延长保护期限是通过定期续展的方式,那么,既然国会可以随时切断续展权,一部授权续展但又没有次数限制的法律,将比自始即授予永久性著作权的做法而更不容易受到宪法的挑战——后者的做法则与有关在"有限时间内"授予著作权的宪法规定绝对发生冲突。定期续展制还具有我们所强调的在经济方面的优越性。

　　但是,它并没有描述这样的情形,其中,由于被抛弃而已经落入公共领域的知识财产,现在有人在寻求其得到恢复。假设托拜厄斯·斯摩莱特(Tobias Smollett)对其图书享有著作权,但在经过几次续展之后,他的继承人认为这些图书已经没有任何价值,从而停止支付续展费。我们的分析表明,一个出版者想在今天出版斯摩莱特的书,就应当允许其从这些图书中获得著作权,就好比我们在第 1 章所讨论的规则,即允许拾得人从被抛弃的物质财产(与那种纯粹的遗失物相区别)中获得所有权。遗憾的是,在知识产权的情形中,要想有效率地实行这样一条规则,在很大程度上而言,却要复杂得多。允许将被抛弃的物质财产从公共领域中收回,这毫无疑问是在实行这样一项政策,即有价值的财产一般来说就应当为人所有,以便为财产的利用而产生出正确的激励。但是,设想有

的间接收益,即产生出(以数字化形式)保留现有作品之激励"。S. Rep. No. 315, 104th Cong., 2d Sess. 13 (1996)。这与我们所举的关于对黑白电影制作彩色版本的例子相似。

　　即使它对于外国人福利所施加的负担是零,重商主义也并不是一个好的主张。对外贸易只占美国经济的一小部分,而大多数在美国生产出来的知识财产就是在美国进行消费的。而且,美国生产者可能因著作权保护扩张而受到损害而不是从中受益,因为正如在第 2、3 章中一再强调的,这样做就提高了它们的输入成本。

一个知识财产的"拾得人",他声称发现了在大英图书馆内所有的著作权保护期限已经届满的图书,而且寻求获得它们的著作权并进行登记。如果允许这样来主张权利,那就类似于以下情形,即通过完全列举在字母表中各字母的可能组合而储存商标,这样就会导致我们在第 7 章关于储存商标行为所讨论的寻租作为与交易成本难题。

这个难题可能并非完全无法解决。对付它的方法之一是,把从已进入公共领域的作品中获得著作权的做法,限定在规定可以此种方式获得著作权的法律通过之后的作品上。另一个方法是,要求在其主张著作权之后的某一特定时间内,将该作品公之于众。其他的方法还包括,在登记由此获得的著作权时,收取一种严苛的费用。

还有一种意见,反对无限续展制度乃至反对对于那些"被拾得"的、处于公共领域的作品给予有限的著作权保护,我们有必要对其进行考察。这些措施所诱致投入的费用,是用于发现与传播那些默默无闻的作品,并且使消费者对于那些行将落入公共领域的作品保持兴趣,而不是用于创造出表达性作品;它们因而就是营销费用(marketing expenditures),本身并不属于传统的知识产权法领域。为什么这些费用的特定部分应当被单独挑出来,给予法律保护呢?企业推广酒吧与雪茄馆,开办结合了锻炼与社交活动的健身俱乐部,或者引入灯笼裤或蜡笔色衣服,但它们并不能阻止其他企业对其营销创新进行模仿。尽管商标法可能阻止致人混淆的相似性模仿,著作权法也可能保护特定的广告用语,但这些法律无法阻挡竞争对手在市场创新者所开发的信息上搭便车。

但是,在表达性作品与对这些作品的营销之间加以区别,就显得过分夸张了。假设有一家唱片公司制作、推广与发行了新的流行歌曲唱片。而哪些歌曲会走红哪些不会走红,事先无从知道。如果没有著作权保护——我们在这里所说的,是指仅仅针对录音制品本身的复制而给予的保护——那么,未经许可的复制行为就可能把那些取得市场成功的录音制品的价格,拉低至等于其制作与发行成本,从而无法收回那些为开发与推广新歌和新表演者的录音制品所付出的成本。著作权保护则能够使唱片公司在走红的歌曲上赚足够多的钱,以收回这些走红歌曲的成本以及许多未走红歌曲的生产与营销成本。借助于这种做法,著作权就间接地阻止了他人在营销费用——类似于那种为保护行将期限届满的作品利益而投入的费用——上的搭便车行为。[34] 换言之,为表达性作品开拓市场——在此类市场开拓中,将鼓励采取我们正在讨论的措施——也是知识财产创造过程中的一个阶段。

而且,与表达性作品相关联的营销费用,不同于那些与我们所举的其他新产品的例子相关联的营销费用,因为在大多数表达性作品的情形中,确定谁是创新者还是较为容易的。但许多人都会主张,是他最先想出关于灯笼裤或者蜡笔颜色衣服或者将身体锻炼与社交机会结合在同一屋顶下这样的主意。让法律制度试图搞清楚这些相互对抗的主张孰是孰非,这将涉及很高的成本。但是当有人寻求在一个默默无闻的处于公共领域的作品上恢复著作权时,这些成本通常还是能够避免的,况且,当他只是对一个已有的著作权寻求续展时,则这样的问题甚至都不会发生。

最后,许多新的商业想法现在可以通过商业方法专利而得到法律保护(参见第10章)。此类保护通常针对的是营销招数,比如Amazon.com 的"一次点击购物"(one-click shopping),它们因此就为企业提供了在营销与推广上进行投资的激励,而如果没有法律保护,则将成为搭便车的对象。

四、实证分析

以往一个多世纪有关著作权登记与续展的资料是相当丰富的[35],

---

[34] 这个问题在著作权制定法上很明显,它通过给予自发表起算的 45 年的额外保护,阻止了对于以往未发表并行将落入公共领域之作品的营销与推广费用搭便车。参见 17 U.S.C. §303(a)。因此,1978 年 1 月 1 日尚未发表的作品,其著作权持续至 2002 年 12 月 31 日,但如果它们在该日发表的,则其著作权保护还将持续至 2047 年 12 月 31 日。

[35] 参见《著作权登记年度报告》(Annual Report of the Register of Copyrights),按年由美国版权局出版。另参见 Barbara A. Ringer, "Renewal of Copyright",载 Studies on Copyright: Arthur Fisher Memorial Edition,第 1 卷,第 503 页(1963[1960])。

这就使得我们能够为我们的分析增加一个实证的维度。如果它证明，在1976年《著作权法》之前就享有著作权的作品所有或者大多数得到了续展，那么这就意味着，一个无限续展的制度可能接近于永久性著作权，尽管这还将取决于续展费用有多高。相反，如果即使续展费只是名义上的[36]，但进行续展的也很少，那么，当无限续展制度获准执行后，也可能只有一些相对价值较高的作品，才会在初次保护期之后仍被保留著作权。

作品登记的数量只是那些有著作权作品数量的一个代表，因为登记并不是著作权保护的前提条件。但是，1909年与1976年的《著作权法》产生了强大的激励，对著作权进行登记并且在作品完成后立即登记。著作权登记（或者根据1976年《著作权法》，指登记申请）不仅是针对侵权行为提起诉讼的一个前置条件[37]，而且，如果著作权人想要获得法定损害赔偿金与律师费赔偿，则登记必须在侵权行为之前（或者在作品首次发表后3周之内）完成。1909年《著作权法》将著作权保护期定为28年，自首次发表之日起算（或者，对于那些已经有著作权但没有发表的作品，自登记之日起算），而在该期限结束时，如果著作权人在首次保护期的最后一年内申请续展的，则可以被续展延长另外一个28年的保护期（该期限在1962年提高至47年，而在1998年10月则提高至67年）。从1992年开始，续展变成自动的了[38]，因此，在那之后，续展登记数量肯定就减少了，但并没有最终变为零，因为仍然存在着一个进行续展申请的激励：在其被延长的保护期内，续展登记就是表面证据（prima facie evidence）证明该著作权的有效性，以及在该续展登记证上所表述的事实。不过，在制定法上的另一个变化是，1976年《著作权法》把联邦保护从已发表作品扩大至所有被固定在一个有

---

[36] 参见前揭[8]。

[37] 根据1988年《伯尔尼公约实施法》（Berne Convention Implementation Act），有关登记要件仅适用于"美国作品"——首次在美国发表或者其作者为美国公民或者居住地在美国。其完整定义参见17 U.S.C. §101。

[38] 请记住，这些都是在1976年《著作权法》生效日之前的著作权的续展，而1976年法则给予著作权所有人一个不可续展的保护期，即生之年加50年（后来改成70年）。

形载体上的作品,由此可以预料,在享有著作权作品的产量没有任何增加的情况下,将增加著作权登记的数量。

我们的主要关注焦点是在续展,因为它们使我们能够估计出一个著作权的预期经济寿命。但是,我们同样需要有关著作权登记的资料,因为初次登记的数量决定了在 28 年之后潜在地可续展作品的数量。例如,1938 年续展的作品就是最初在 1910 年登记的那个作品。为了获得 1910 年著作权登记的数量,我们必须减去在 1910 年进行的续展登记(即在 1882 年首次享有著作权的作品),因为版权局在其著作权登记表格中也包括了续展登记。

图 8.2 至图 8.4 分别表示,过去一个世纪的著作权登记、续展以及续展/登记之比(在 t 年,即指在 t 年的续展数量除以在 $t-28$ 年的初次登记数量)。

在 20 世纪,著作权登记与续展的数量都有快速上升,但是正如所预料的那样,在 1992 年,当续展变成自动时,续展数量开始下降。[39] 整体的上升无疑反映了由于经济中总的表达性产量增长所带来的可享有著作权作品数量的增加,同时反映了在著作权法上的变化。然而,为什么著作权登记与续展的数量都在 1991 年达到顶峰,到 2000 年则几乎下降了 20%,而且其下降都集中于上一年?无论如何,其答案可能部分地在于,1991 年的登记费翻了一倍,从 10 美元变为 20 美元,并且在 2000 年又有增加,涨到 30 美元,同时,续展费在 1991 年翻倍至 12 美元,1993 年升到 20 美元,而在 2000 年更是涨了一倍多,达到 45 美元。虽然由与登记所带来的不便以及遵循登记的其他条件,比如需向版权局呈交作品一册等相

---

[39] 回忆一下,1909 年《著作权法》(1909 年 7 月 1 日生效)把续展期从 14 年延长至 28 年。那些在 1895 年至 1909 年间已经被续展了 14 年的作品,有权获得另一个 14 年的续展期,从而其总的续展期为 28 年。我们没有把 1910 年至 1923 年间所进行的 14 年续展包含在我们的计算范围中。我们关于续展数据的分析开始于 1910 年 6 月 30 日结束的财政年度,即 1909 年《著作权法》的第一个财政年度。

第 8 章 著作权与商标的最佳保护期　287

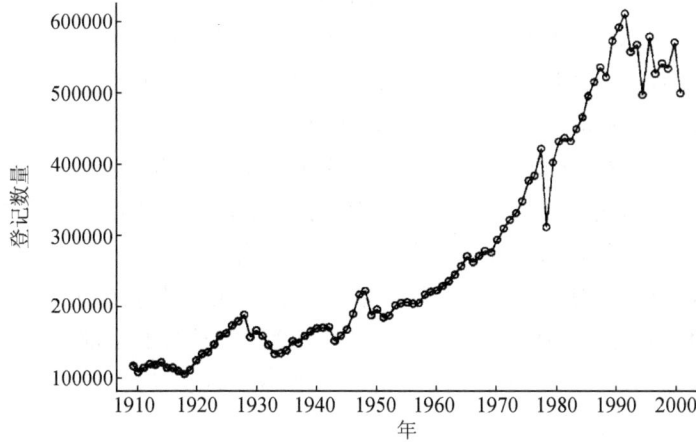

图 8.2　著作权登记(不包括续展),1910—2000 年

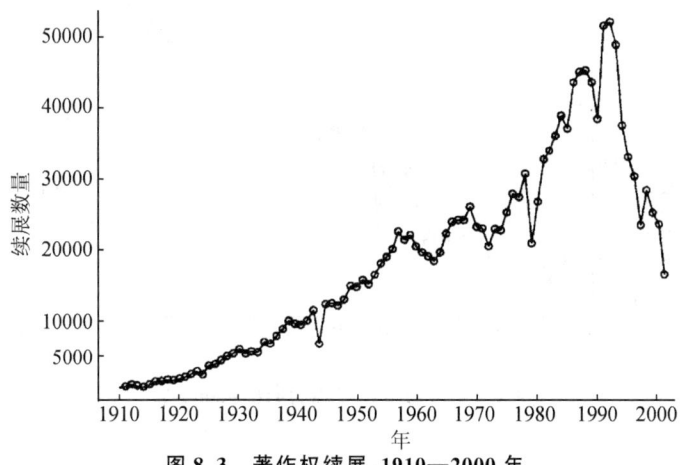

图 8.3　著作权续展,1910—2000 年

比而言,这些费用看起来只是一笔小数[40],但是,图 8.2 与图 8.3

---

[40] 著作权登记数量下降的另一个原因,可能是从 1989 年开始,对于受《伯尔尼公约》和世界贸易组织保护的外国作品,著作权登记不再是提起诉讼的一个条件,尽管它仍然是寻求法定损害赔偿金和律师费赔偿的前提条件。不过,从数量上看,该事实只具有很小的意义,因为正如我们将看到的那样,外国作品只占著作权登记的一小部分。而且,法定损害赔偿金与律师费赔偿是具有显著意义的法律救济,因此,这就为外国作品继续进行著作权登记提供了重大激励。

表明,由于初次登记费用和续展费用的提高还是导致了重大消极反应。尽管1992年修改为自动续展并未消除进行续展登记的全部激励,但由此使得在续展上的效果更加模棱两可;据此,作者能够在以往创作的演绎作品上重新获得权利。

正如图8.4所示,被续展作品的比率在1910年到1991年之间显著提高,然后骤然下降——毫无疑问,这主要是因为自动续展的缘故,虽然收费的提高也可能起到了某种作用。[41] 在1992年(采用自动续展制度的第一个财政年度)之前,续展率就在1914年最低的0.03到1991年最高的0.22之间变动。续展的全部成本包括两部分,其一是每一件作品需支付一笔小额的续展费(尽管也允许

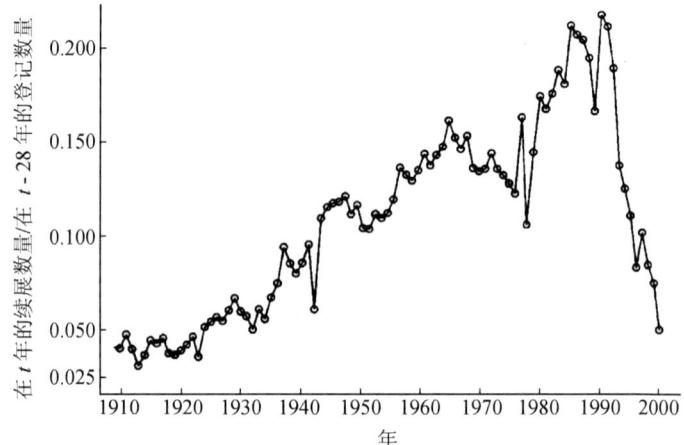

图8.4 著作权续展率,1910—2000年

---

[41] 我们在下面的回归分析中对于由收费变化所造成的影响进行分析,但在这里要指出的是,那种认为续展与登记之比不应被预期随着续展费与登记费的同时提高而发生变化的看法,将是错误的。续展与登记之比系根据在t年的续展数量和在$t-28$年的登记数量计算而得,并且显然,1991年的收费提高不可能对1963年的登记数量——即1991比率的分母——造成任何影响。收费提高而对该比率所造成的唯一影响,来自于一个较高的续展费对于当年续展数量的影响。同时请注意,在图8.4中的续展比率从1910年到1937年是下偏的,因为从1881年至1909年的著作权登记数据既有新的著作权登记也有14年续展登记(即1867年至1895年初次登记的作品)。我们在回归分析中说明了这种偏差。

某种程度的集合:摄影师可以对其著作权在同一天到期的 50 幅照片作为一组而只需支付一笔续展费),其二是与金钱等同的成本,即由此带来的不便以及与续展相关联的其他成本(可能也很小),但是,仅有一小部分作品得到了续展这一事实还是暗示着,大多数著作权在 28 年之后就极少具有经济价值了。关于是否续展某个著作权的一个理性决定,就取决于该著作权预期将来收入经过折扣后的价值与全部续展成本之间的一个对比。因此,80% 左右未被续展的有著作权的作品,可能其预期的经济价值比数额并不算大的续展成本还要低。如果为了使管理负担最小化,拥有多个著作权的所有人干脆一次性作出决定,将其全部著作权在保护期届满时均予以续展,那么,上述分析在本质上仍将保持不变。

我们并不能排除这样的可能性,即有一部分作品之所以未办理续展只是出于疏漏,或者由于粗心大意而未能遵循规定的形式要求。忽视了续展的形式要求,这是有可能的,即便该作品已进行了初次登记;它可能已经绝版(或者等同于已不存在该图书的情形),从而著作权重归于(reverted to)作者,但他又不知道续展事宜或者续展的日期。然而,正如我们在此前所言,权利人的忽视是内生性的;粗心大意就是证据,表明所争议作品的价值低于续展的全部成本,而后者就包括了通知自己有关续展著作权所需之程序的成本。公司或者雇佣作品的其他所有人可能是一个更好的观察指标,说明是基于作品缺乏商业价值而决定不对该作品进行续展,但我们并无此类数据。

从有关著作权登记与续展的数据中,可以计算出享有著作权的材料的折旧率。初次登记构成该享有著作权作品的一年的价值量;对这些作品的续展登记则构成同样作品在 28 年之后的一个不同的、更小的价值量(续展登记必须在初次保护期的最后一年内办理)。从前一个价值量缩减为后一个价值量的年度比率,就是前一个价值量的折旧率。该比率用公式表示就是,$REN_t = (REG_{t-28})e^{-\delta 28}$,其中,$REN_t$ 表示在 28 年前进行登记的作品($= REG_{t-28}$)而在 t 年的续展,δ_t 等于在 $t-28$ 年所登记著作权的年均折旧率。图 8.5 显示了在 28 年前登记的作品,按在 t 年的价值量计算所得的每年的折旧率;因此,在 1990 年的折旧率 0.054(5.4%)就是在

1962年所登记作品的年折旧率。续展比例越高,折旧率就越低,因为我们是从那些获得续展的享有著作权的作品中计算该比率的。

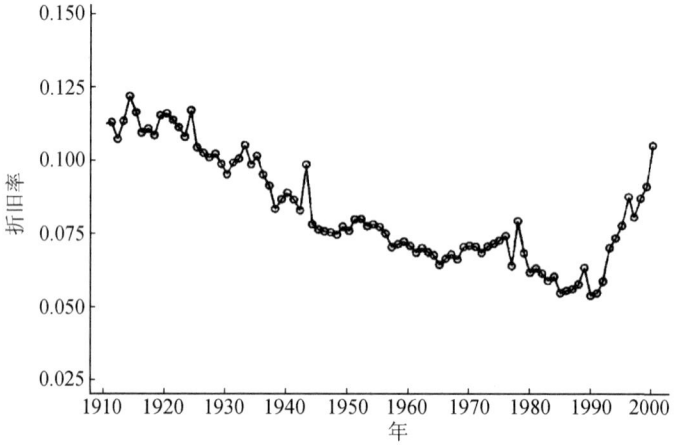

图 8.5 已登记著作权的折旧率,1910—2000 年

注意到享有著作权作品的平均年折旧率是在 1990 年最低的 5.4% 到 1914 年(于 1886 年初次登记的那些作品)最高的 12.2% 之间变动,就可以得出总的平均折旧率是 8.3%。[42] 从长远的趋势看(把自 1992 年开始的自动续展所带来的影响暂搁一边),是朝向更低的折旧率的,从而意味着,享有著作权的作品变得更有价值了。原因之一,可能是自 1962 年开始的将续展期限由 28 年增加到 47 年,从而通过延长它们的潜在保护期限而增加了著作权的现值。但是考虑到折扣,这种效果就不应当这么大了,因此,大多数折旧

---

[42] 正如此前所指出的,对 1910 年至 1937 年的折旧估计是下偏的,因为 1881 年至 1909 年的著作权登记数据包括了续展登记。另一个复杂性是出于这样的事实,即由于美国签字加入《伯尔尼公约》,导致大量在其原始国受到保护但本来已经在美国落入公共领域的作品——主要是因为未遵循有关著作权标记或者续展的要求——又恢复了著作权保护。这对于折旧的计算有两个潜在影响。第一,如果外国作品相比于美国作品,其进行续展的可能性较低,或者由于标记不当而落入公共领域的可能性较高,那么,后者的折旧将比图 8.5 所示的为低。第二,今天的公共领域规模将变得更小。这些影响对于我们的经验分析所造成的作用是可以忽略不计的,因为我们估计外国作品只占著作权登记的 1% 到 5%。不过,我们所能够获得的只是 1961 年至 1977 年间若干年份的外国作品登记。

率的下降发生在1962年之前也就不足为怪了。

折旧率到底为什么会有任何的下降,这一点并不清楚。即使对著作权作品的需求在不断增加,但是,新作品的供给仍将被预期按大致相同的速度增长,以使著作权的真实价值大致保持不变。有一种可能性是,新技术延长了著作权的经济寿命,比如可以长时间播放的唱片、立体声设备、收音机与电视机等。例如,对预先录制的音乐作品的需求,随着像收音机、电视广播、高品质家庭立体声音响系统之类的技术进步而得到增长,并且甚至连汽车(它增加了收听收音机的人数)也增加了对享有著作权的音乐作品的总需求。这种需求的一部分,将由那些虽然较老但仍享有著作权的音乐作品来满足,这就导致了较高的续展率以及因此带来的较低的折旧率。

与折旧互为对应的是一个享有著作权的作品的平均预期寿命。虽然在1881年至1972年间首次发表的作品,其著作权保护期限加上续展后的第二个期限,已经从56年增加到95年,但是,这些享有著作权作品的平均商业寿命($=1/\delta$)还是相当低的,在1886年至1962年间初次登记的作品,分别在8.2年到18.5年之间变动。在前一组中,3.3%的作品得到续展(1914年);在后一组中,22%的作品得到续展(1990年)。

这里还可能估计出在1934年登记而在今天仍旧保有商业价值的作品的数量。我们之所以选择这个年份,是因为该年初次登记的作品能够在1962年获得47年的续展,而在1998年又能继续接上另一个20年,从而,在1934年初次登记的作品,其著作权在2029年之前是不会落入公共领域的。而在1934年登记的作品,其折旧率被估计为0.07,这意味着,在该年登记的作品中,有50%在1944年就被完全贬值了,在1977年,则有90%的作品被完全贬值,而在2000年的这一数据是99%;到2030年,750部在1934年登记的作品中,将只有不足1部作品仍具有商业价值。假如允许每隔5年或者10年进行续展,那么,在初次保护期之后20年左右,那些在1934年登记的作品中大约有99%将在2000年落入公共领域之中,因为到那时,它们的商业价值将低于由续展所带来的成本与不便。当然,仍然保持著作权的1%,将主要是那些具有更大价值与持久魅力的作品。

版权局对于图书(而且包括小册子——这部分就占此类作品的80%)、图形艺术(招贴画、纯美术作品、标签、照片、技术图纸与地图)以及音乐作品,公布了单独的著作权登记与续展的数据。正如图8.6所示,这三类作品的时间趋势与总的著作权登记的时间趋势非常接近(相关度为0.99)。这一点并不令人奇怪,因为这些作品种类就占了全部著作权登记的70%。

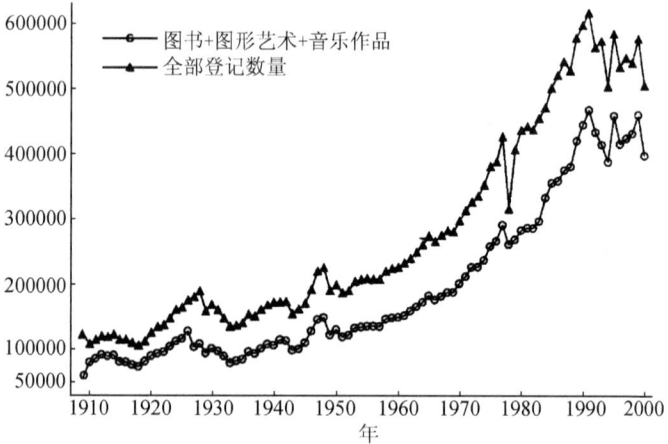

图8.6　图书、图形艺术和音乐作品的著作权登记与全部作品的著作权登记比较,1910—2000年

图8.7显示,音乐作品著作权的数量增长最快,图书著作权数量的增长次之,而图形艺术作品增长最慢。我们估计了 $\log y_t = a + rt + u$ 的简单回归,其中,y 代表图书、音乐作品或者图形艺术作品的著作权登记,t 代表时间,u 代表剩余。系数 r 测量出每年的增长率,图书等于0.021(24.5),音乐作品等于0.025(41.5),而图形艺术作品等于0.014(7.44)。t 统计(前述圆括号内数据)表明,这些增长率是具有相当显著水平的。[43] 这三类作品中,任意两类之间

---

[43] 不过,在1909—1926年间的图书是包括期刊的,这就人为地增加了在该时期的图书登记数量,并因此降低了所估计的增长率。如果我们估计的是从1927(而非1909)年至2000年的增长率,则图书的 r 系数(与 t 统计)是0.024(27.4),音乐作品等于0.026(33.3),而图形艺术作品等于0.022(12.8)。虽然图书与音乐作品的增长率相当接近,但全部差异仍保持在0.10的水平上,这还是具有统计上的显著性水平的。

在增长率上的差异也具有统计学上的显著性。

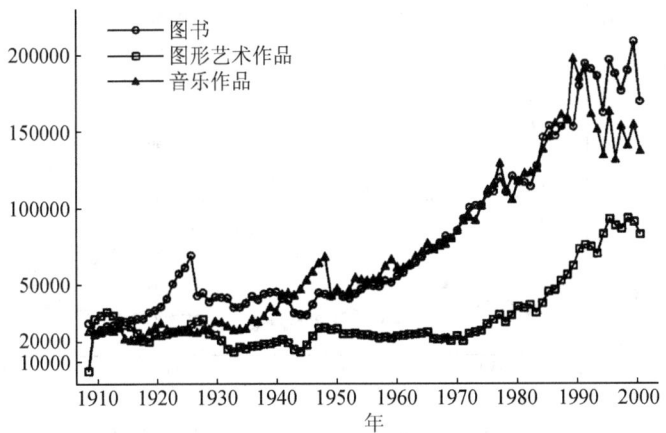

图 8.7　图书、图形艺术作品和音乐作品的著作权登记

尽管我们所掌握的按特定种类登记著作权的资料最早是 1909 年,而我们能够采用的续展的资料是从 1937 年才开始的,但我们仍然能够把这三类作品中每一类的续展与登记联系起来,以估计每一种类的具体折旧率。图 8.8 与图 8.9 显示的就是续展率与折旧率。

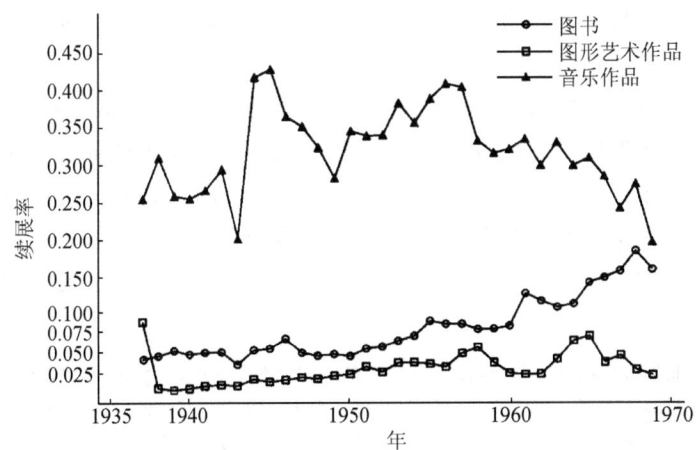

图 8.8　图书、图形艺术作品和音乐作品的续展率

请注意,只有大约 3% 的图形艺术作品在 28 年之后得到了续展,相比而言,图书为 8%,音乐作品为 32%(在 1944 至 1956 年间

294 知识产权法的经济结构

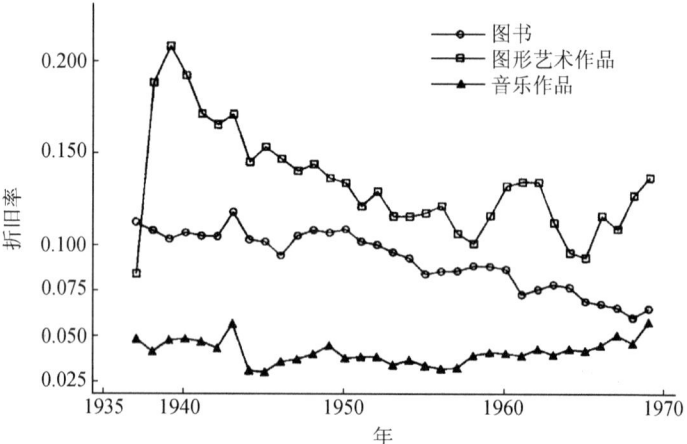

图 8.9 图书、图形艺术作品和音乐作品的折旧率

被续展的作品则超过了 40%)。从 1956 年以来,音乐作品的续展率急剧下降,而图书的续展率在此期间还在不断上升,因此到 1969 年,图书续展的比率超过了首次于 1942 年登记著作权的音乐作品的续展率。同样地,图形艺术作品的折旧率是最高的(年平均约为 14%),而音乐作品最低(大约 4%),介于两者之间的是图书(超过 9%)。[44] 无论是图书还是图形艺术作品,其折旧率都在下降,而音乐作品的折旧在 20 世纪 50 年代中期开始增加,并且到 1969 年,其值已只是稍稍低于图书的折旧。

如何解释这些差异?图形艺术类作品受商业艺术所主导,比如广告版面设计与时尚用品的编织设计,其有用性寿命就趋向于不会长于广告活动或者最新流行季节的时间。(米老鼠是一个引人注目的例外。)照片属于图形艺术类作品,这也可以部分地解释其较高的折旧率。正如我们在之前所指出的,虽然对于大多数表

---

[44] 我们在此前已经指出,1930 年出版的 10027 部图书中,于 2001 年仍在印行的只有 174 部。如按 5.7% 的年折旧率,则将导致 50 倍于此的减少。根据我们的数据,我们估计 1930 年登记的图书是 8.9% 的折旧率,但这是 1930 年至 1958 年(续展日)间的平均比率。全面地看,1909 年至 1941 年间登记的图书,其折旧率是 9.2%。该比率与 5.7% 的估计比率之间之所以存在分歧,可能的解释是后面所提到的这个事实,即在我们的数据中,图书类作品包括了小册子和传单,而它们是趋向于短时性的。

达性作品种类而言,其著作权续展费是非常低的,但它们对于照片来说仍然很高,因为行事认真的摄影师总是会拍出那么多的照片。

而在另一个极端,音乐作品趋于更容易适应口味与环境的改变。例如,一首为百老汇演出所写的歌曲,可以在很长一段时期内由许多不同的艺术家以不同的风格、节奏等等表演并录制下来,或者可以被用作一部电影或者一段电视节目的背景音乐。[45] 在某种意义上,音乐作品具有可变性,而文字作品则否;一段乐曲可以各种不同的方式表演,但如果说一部小说可以各种不同的方式进行"表演",那又将是什么意思呢?另一个相关点在于,音乐作品与纯粹的文字作品相比,较少与文化变迁相关联,而后者则往往非常关乎时下所关注的话题,因此会快速地折旧。图书相比于大多数实用艺术品而言,更具有持久性,只要储存它们的成本相对较低(如果将之数字化,则实际上该成本为零),并且存在某种机会,可以将一本书拍摄成一部电影或者重新激发读者对于作者的兴趣。

各类表达性作品之间在折旧率上的差异,支持了无限续展的那种情形。现行著作权法并未在不同的作品种类之间加以区别。所有可享有著作权的作品,从计算机软件到小说再到安装艺术(它主要因场地而异并且只存在于展览期间),尽管它们在商业预期寿命上存在巨大差别,但它们在著作权保护期限上都是相同的。一项无限续展制度就将自动地把持久性作品与短时性作品区分开来。即使初次的著作权保护期仅为 5 年,大多数图形艺术作品仍将不会得到续展。而图书与音乐作品则可能具有更为持久的价值,所以它们的续展率将会更高。

复回归分析(multiple regression analysis)可以被用来评估由于收费数额的变化、著作权法规定的修改,以及在表达性作品基本需求上的变化而对著作权登记与续展所产生的影响。[46] 表 8.1 中

---

[45] Rappaport,前揭[31],第 3 页注 5,其中评论道:"在音乐作品的情形中……其'永不过时'(timeless)的品性允许其主题无休止地得到反复利用。"不过请注意,音乐作品折旧率在 1956 年至 1969 年的上升,表明有更多的近期流行音乐,就不如 20 世纪 20 年代以及更早时期所创作的作品具有持久性。

[46] 我们提出 OLS(ordinary least squares,最小二乘)估计与 CORC(Cochrane-Orcutt)估计,后者用于纠正重大的自相关。

的应变量(dependent variable),是在1910年至2000年期间每年著作权登记数量的对数。在式(1.1)与(1.2)中的自变量(independent variables)包括:一个时间趋势($Year$);扣除消费物价指数(CPI)后的著作权登记费或者续展费($LogFee$);根据我们的折旧估计而计算出来的预期著作权期限$[LogE(Life)]$;以及每年的娱乐开支($LogRecExp$),它包括了在音乐、电影、图书以及期刊等表达性(并因此常常是享有著作权的)作品上所支付的[47]、扣除CPI后的支出。著作权登记、收费、期限以及娱乐开支这些变量都采用了对数形式;它们的回归系数就因此是弹性的。式(1.3)与式(1.4)加入了若干名义变量(dummy variables),表示著作权法的重大修改可能影响到著作权登记的数量。它们包括:1962年的修订把续展期限延长到47年($1962RenExt$);1972年把著作权保护扩展到录音制品($1972Sound$);1976年制定并于1978年生效的《著作权法》($1976Act$);1988年批准加入并于1989年生效的《伯尔尼公约》($1988Berne$)[48];以及1998年《松尼波诺法》($1998BonoExt$),它在著作权保护期限上又增加了20年。这些变量对于其产生了给定变化的所有年份取其值为1,否则为0。

全部四个方程式都显示出一个在统计学上具有显著性水平的著作权登记增长率,即每年大约1%到2%。时间趋势变量($Year$)提高了在人口、收入、财富与教育上的增加,在我们的数据所涵盖的90年中,它们与时间是正相关的,并且还可能增加了对表达行为的需求。在图8.2中就可以看到一个正的时间趋势,但回归分析使我们能够得出这样的结论,即该趋势与对表达行为需求的基本增长的提高之间是存在着一种正相关的关系的,而不是与收费、法律或者其他政策变量的变化存在正相关性。虽然娱乐开支的回归系数在表8.1的所有方程式中都是正值,但只有OLS(最小二乘)估计[式(1.1)与式(1.3)]具有统计学上的显著性水平。

---

[47] 我们估计,在表达性作品上的开销约占娱乐开支的50%。

[48] 美国《著作权法》于1988年修订(1989年3月生效),以遵循《伯尔尼公约》的实体性规定,各签字国必须将其著作权法与它所设定的最低要求相一致。最明显的修订是,著作权标记变成任意性的了。

表 8.1 著作权登记的回归分析（圆括号内是 t 统计），1910—2000 年

自变量	著作权登记数量的对数			
	OLS (1.1)	CORC (1.2)	OLS (1.3)	CORC (1.4)
Year	0.013	0.018	0.005	0.018
	(3.71)	(5.44)	(1.88)	(4.78)
LogFee	−0.31	−0.24	−0.19	−0.20
	(9.06)	(5.57)	(5.93)	(4.67)
LogE(Life)	0.07	0.35	0.37	0.35
	(0.79)	(3.79)	(4.01)	(3.57)
LogRecExp	0.20	0.03	0.18	0.02
	(2.49)	(0.50)	(2.56)	(0.26)
1962RenExt	—	—	0.08	0.02
			(2.28)	(0.39)
1972Sound	—	—	0.16	0.03
			(3.80)	(0.48)
1976Act	—	—	0.07	−0.14
			(1.77)	(2.19)
1988Berne	—	—	0.12	0.11
			(2.86)	(1.86)
1998BonoExt	—	—	0.02	0.06
			(0.27)	(1.06)
Constant	−13.8	−24.1	−0.92	−24.3
	(2.43)	(5.11)	(0.19)	(3.47)
Durbin-Watson	0.50	2.25	0.87	2.11
rho	—	0.84	—	0.88
R^2	0.97	0.72	0.98	0.66
观察数据的量	90	89	90	89

注：OLS 表示最小二乘估计，CORC 表示对一阶自相关的 Cochrane-Orcutt 纠正。

在表 8.1 中最令人感兴趣的结果是，登记费对于著作权登记所产生的具有相当显著性水平的负作用（t 统计是在 4.6 与 9.1 之间）。有关收费的系数产生了一个 0.20 上下的负弹性，这就意味着，在收费上增加 25％将导致著作权登记减少 5％以上，即使该项收费仍然很低（例如在 2000 年的著作权登记费仅为 30 美元，而它如按 1910 年至 2000 年间的美元加以平均，则其值仅为 20.48 美

元)。这就表明,大多数著作权只具有微不足道的预期价值,因为在一个已经很低的费用上哪怕增加很小一点,就阻止了许多的知识财产所有人对之寻求登记。虽然在当前登记已变成任意性的,不再是获得著作权的前提条件,但它在法律救济上所赋予的好处,仍将刺激任何认为其作品仍然保持重大商业价值的著作权人,一有机会即尽早登记其著作权。

著作权登记的数量也与一个作品的预期商业寿命[$LogE(Life)$]高度相关,虽非全部但也有一些作品的商业寿命是短于法律规定的著作权保护期的。例如,在其他各方面保持不变的情况下,在该预期寿命上每增加 10%,就导致在式(1.4)上的著作权登记增加 3.5%~3.7%,而这个影响在统计上是很显著的。[49]

关于其余变量,只有 1976 年《著作权法》与 1988 年批准加入《伯尔尼公约》这两个名义变量,在我们与自相关(autocorrelation)进行调整后,对于著作权登记具有统计上的显著影响。1962 年对续展期限的延长,1972 年将录音制品加入到《著作权法》之中,这些对于著作权登记具有重要的正面作用,但那是体现在 OLS 估计而不是 Cochrane-Orcutt 估计上。毫不令人奇怪的是,有关保护期限延长的变量(在 1962 年与 1998 年)并不具有显著性;一个享有著作权作品的预期商业寿命远远短于著作权保护期,从而,保护期的延长与大多数潜在的著作权登记人无关。著作权登记数量中大约 10%的增长,是与美国批准加入《伯尔尼公约》后对《著作权法》的修订相关联的。这些修订(例如,著作权标记、某些转让的登记要件以及许可都变成任意性的了)有效地降低了著作权登记的全部成本(包括不便成本),它转而应当增加了著作权登记的数量。[50]

其中一个令人困惑的结果是,在纠正了其他因素之后,1976 年《著作权法》似乎减少了约 14%的著作权登记数量。既然该《著作权法》消除了普通法著作权,并将未发表作品亦纳入联邦制定法之中,人们本来可以预期著作权登记的数量将会随之增加。在 1976

---

[49] 有关 $LogE(life)$ 重大影响的唯一例外是方程(1.1)。但该方程对于我们的分析并不重要,因为它并未对自相关进行调整,并且排除了 5 个重要的制定法变量。

[50] 根据这里所解释的原因,前揭[40]所提到的抵销则是次要的。

年《著作权法》上的负系数是 1978 年（该法律生效之年）著作权登记数量急速下滑的结果——从 1977 年的超过 42 万件到 1978 年的 310742 件，不过，紧接着在下一年则又增长到超过 40 万件。如果对方程式(1.4)重新评估，把 1979 财政年度而非 1978 财年当作 1976 年法的第一个完整年度，则 1976Act 变量上的系数就变成了正值，并且具有高度显著性(0.16，t 统计为 3.08)，它表明在著作权登记上 16％的增长是该法律作用的一个结果。如果我们把 1979 财政年度作为 1976 年《著作权法》的第一年，那么在其他变量的效果上就没有发生任何变化。

在表 8.2 中，应变量是每年续展数量的对数。既然续展是部分地依赖于那些在 28 年前所登记的作品数量的，我们就包含了两个著作权登记变量——其中一个是 1882—1910 年间每年的登记量，另一个是 1911—1972 年间每年的登记量——用以解释这样的事实，即有关著作权登记的数据既包括了新的著作权登记，也包括了自 1910 年以来（大多数财政年度）的续展登记。我们没有包括 1972、1976、1988 以及 1998 年制定法修改的变量，因为如果著作权登记保持不变，我们并不期望它们对续展会产生影响。例如，1998 年对于续展期限增加了 20 年，这就增加了续展的预期价值（尽管只是细微的），但并没有对续展的激励产生影响，因为从 1992 年开始，续展已经变成自动的了。

表 8.2　著作权续展的回归分析（圆括号内是 t 统计），1910—2000 年

自变量	著作权续展数量的对数	
	OLS (2.1)	CORC (2.2)
Year	0.018	0.023
	(2.56)	(2.61)
LogFee	−0.09	−0.22
	(1.08)	(2.13)
$LogReg_{t-28}$ 1882—1910	0.95	0.86
	(10.34)	(5.18)
$LogReg_{t-28}$ 1911—1972	0.99	0.89
	(10.64)	(5.38)

(续表)

自变量	著作权续展数量的对数	
	OLS (2.1)	CORC (2.2)
LogRecExp	−0.02	−0.12
	(0.14)	(0.67)
1962RenExt	−0.07	−0.06
	(0.69)	(0.48)
1992AutoRen	−0.64	−0.47
	(6.37)	(3.82)
Constant	−36.4	−44.0
	(3.10)	(2.99)
Durbin-Watson	1.08	2.12
rho	—	0.55
R^2	0.98	−0.90
观察数据的量	90	89

表 8.2 显示,续展是与 28 年前的著作权登记高度相关的。不仅两者的回归系数都具有高度的显著性水平,而且我们并不能否定这样的假设,即这些系数是合二为一的——亦即,在 28 年前的著作权登记中每增加 1%,则续展也增加 1%。正如所意料的,1992 年法律修改为自动续展是具有统计上的显著性水平的,并且显示,在该项修改之后,续展数量大约下降了 50%。从 1962 年开始把续展期限由 28 年延长至 47 年,这对于续展没有产生任何重大影响,但这一点并不令人奇怪。我们来看这样的著作权人,他必须决定是否在首次保护期 28 年届满之后对其著作权进行续展。既然该作品预期增加的商业寿命可能短于 28 年,那么,在续展期间上多增加 19 年,对于他决定是否续展而言,应当并无显著性影响。

再转到时间趋势变量(Year),我们发现在续展上存在着一个具有统计上显著性水平的每年 2% 的增长(设符合续展条件的著作权登记保持不变)。这与在表达活动的需求及其价值上的长期增长相一致,因为,为了响应这种增长,著作权所有人就具有一种更为强烈的续展其著作权的激励。在调整了这种向上的趋势之后,我们并没有发现娱乐开支对续展产生了任何显著性影响。[51]

就像初次登记那样,著作权的续展也容易受收费变化的影响。尽管有关收费的系数在式(2.1)中并无统计上的显著性,但在OLS估计的自相关产生了并非无偏的标准误差。式(2.2)纠正了这种有偏,并且揭示出收费对于续展所产生的一个具有统计上显著性水平的影响:在按通货膨胀调整后的续展费中每增加10%,就导致在续展数量上减少2.2%。[52]

哪怕是最适度的收费改变,都易于对著作权登记与续展造成影响,这就意味着:(1)与现行的著作权制度相比,一项无限续展制度将扩大公共领域的规模;(2)公共领域中的作品的平均价值将下降;(3)大多数享有著作权作品的预期经济寿命是很短的[53];并且(4)至少当其限定于在该制度设立之后才享有著作权的作品时,一项无限续展制度将把那些价值重大从而其持续的著作权保护将具有社会效率的作品,与那些若给以持续保护则其所需成本超出管理成本与接触(包括交易)成本的作品区别开来。

五、商标的续展率

通过考察商标的续展率,我们可以更全面地阐明有关知识产权最佳保护期限的问题。[54]商标并无任何固定的届满日期。但是,要维持一个联邦注册的商标(正如第6章所指出的,它就如同著作权登记那样也是有利于权利人的),就需要其所有人在注册后6年内提交一份保证书(affidavit),而且今后每10年也是如此,以

---

[51] 这一结果是可预料的,因为在娱乐开支与年份的对数之间只有0.87的相关性。

[52] 式(2.1)与(2.2)中未把享有著作权作品的预期寿命包括为自变量,其原因在于,续展是被用来评估折旧以及因此的预期保护期限的,从而,在回归方程的右边加上预期保护期限的对数,将在该方程的两边都加上同年续展的对数。

[53] 有一部分此类作品的实际寿命是比较长的;但是,作者有可能错误地估计其作品的需求,从而未续展其著作权,尽管该作品具有持久的价值。

[54] 尽管专利是不可续展的,但它们具有一种事实上的续展成分。我们将在第11章提出专利的"续展"率。

表明该商标仍在被使用;他还必须每10年提交一份续展申请。[55] 在1988年《商标法修订法》(Trademark Law Revision Act,1989年11月16日生效)之前,如果商标所有人每10年提交一份有关持续使用该商标的保证书,则商标注册与续展在20年内保持有效。因此,《商标法修订法》将商标注册与续展的时间都减少为10年。既然对于一个商标的续展次数没有任何限制,那么,商标法就为我们提供了一个模型,借以说明一项无限续展著作权的制度是如何运作的。

在时间 t 的商标续展产生于:(1)商标的初次注册是在 $t-20$;以及(2)商标的初次注册是在 $t-40$、$t-60$ 等等,但连续进行续展(最近的一次是 $t-20$),从而在时间 t 时仍然有效。[56] 假设在 $t-20$ 至 t 的这段时间内,商标的折旧率是一个常数,我们就得出如下结论:$REN_t=(REG_{t-20}+REN_{t-20})e^{-\delta 20}$,其中,REN 与 REG 分别代表商标续展与商标注册,t 代表时间,δ 代表折旧率。

图8.10与图8.11所描绘的,是1934年至1999年——我们

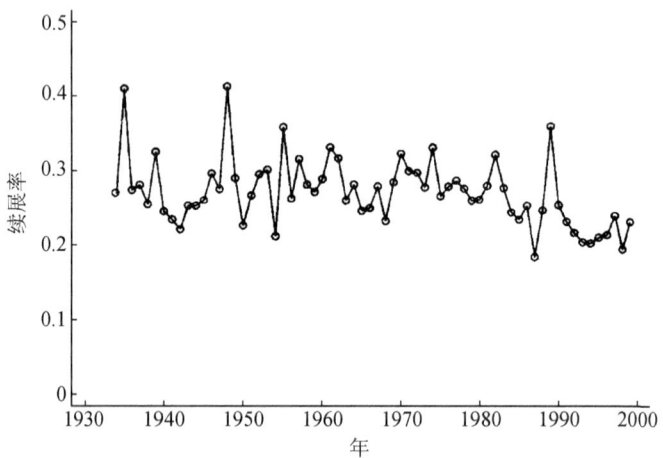

图8.10 商标续展率,1934—1999年

---

[55] 15 U.S.C. § 1058.
[56] 既然我们的续展数据经过1999财政年度的年底(1999年9月30日),即《商标法修订法》生效近10年之际,因此,所有在我们样本中的续展商标,都出自至少已有效20年的商标。

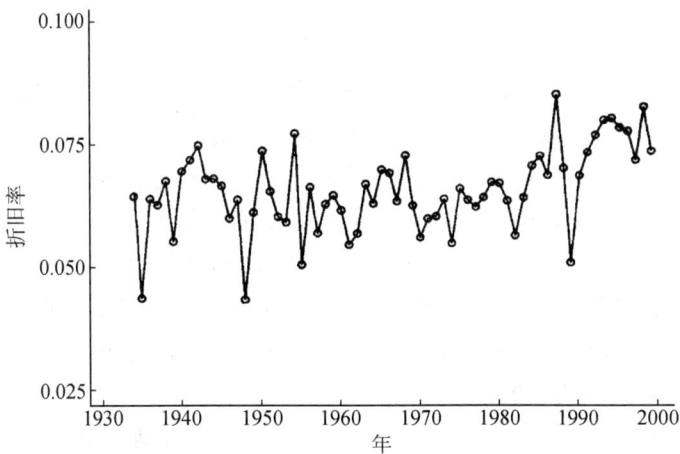

图 8.11 商标折旧率，1934—1999 年

掌握数据的时期——的商标续展率与折旧率。商标续展率平均为 27%，折旧率为 6.6%，而预期寿命（等于折旧率的倒数）是 15.4 年。商标续展的比率以及一个商标的平均有效寿命均大于著作权的相应数据，而折旧率则低于该相应数据（参见图 8.4 与图 8.5）。在 1934 年至 1991 年间[57]，商标续展率平均为 28%，折旧率是 6.4%，预期寿命是 15.7 年，而著作权续展的相应数据则分别为 14%、7.3% 与 14 年。尽管商标续展率是著作权续展率的两倍，但在折旧率与预期寿命上的差别则小于 15%。在该时期（1934—1991 年），商标是在 20 年之后进行续展的，而著作权则是在 28 年之后，因此人们可以预料，即使折旧率相同，商标也比著作权有着更高的续展率。

我们也把在 t（对数形式）的商标续展与在 $t-20$ 的商标注册和续展、一个时间趋势（Year）、根据 CPI 调整的续展费以及 1935 至 1999 年期间以对数形式表示的 GNP（LGNP）进行回归分析。在 $t-20$ 的商标注册和续展都对在 t 的续展产生具有高度显著性的正效应；续展费则产生一种负效应，尽管只是边际意义上的（$t=$

---

[57] 我们之所以采用这些数据，是因为 1934 年是我们能够计算商标续展率（它要求我们从 1914 年就进行续展）的最早年份，而 1991 年是准确评估著作权续展率的最后一年，因为从 1992 年开始变成自动续展了。

1.74);而时间与GNP则均无显著性。[58] 不足为奇的是,所估计的续展弹性与续展费的相关性是相对较小的(-0.06),而且只具有边际意义,因为在过去的50年中,(名义上的)注册费只是发生了很小的变动。从1935至1945年,续展费是15美元,从1946至1981年是25美元,但在接下来的两年中则发生急速提高(1982年增至150美元,1983年则为300美元),并且在此之后一直保持在300美元。有证据表明,由于1982年与1983年续展费的实质性提高,商标续展率随之下降了。在1977—1981年的5年间,平均续展率为0.27,与之相比的1984—1988年的5年间,由于续展费要高出许多,其平均续展率降为0.23。

商标比著作权的折旧率低,其原因就类似于为什么享有著作权的音乐作品的折旧率要低于图书和图形艺术作品。如同音乐作品那样,与某一特定产品或者服务相联系的一件商标,可以被扩展用于新的产品或者服务上。一件成功的商标是生产者声誉[商誉(goodwill)]的标志。企业具有一种激励,通过把新产品和改进产品引入相同的品牌而对它们的商誉进行注资。福特汽车公司于1909年在机动车和配件上首次注册了"福特"(Ford)商标。[59] 自此以后,福特公司已经在"福特"这一品牌之下推出了成百上千种新汽车。同样,拜耳公司(Bayer)第一次注册商标是1908年,用于合成煤焦油疗法,但后来它将该商标用于在1908年尚未存在的各种各样的化学药品上。

上述分析表明,商标的折旧率可能低于图书或者图形艺术作

---

[58] 该回归方程是

$$\text{LRen}_t = -4.30 + 0.72\text{LReg}_{t-20} + 0.14\text{LRen}_{t-20} - 0.005\text{Year}$$
$$(0.66) \quad (11.89) \quad (6.05) \quad (1.02)$$
$$+ 0.06\text{LFee}_t - 0.40\text{LGNP} + u$$
$$(1.74) \quad (1.45)$$

$R^2 = 0.91$ Durbin-Watson 统计 $= 1.80$ $n = 65$

该分析也支持这样的假设,即在 $t-20$ 的商标注册和续展的折旧率是相等的。既然在1915—1979年间(1935至1999年应变量的相应时期)的续展与注册之比平均约为0.21,那么,相同的折旧率就意味着在上述回归方程中的续展弹性应当是商标注册弹性的大约20%。

[59] 福特商标的注册是在其首次商业性使用(1895年)之后的第14年。

品的折旧率,但未必低于音乐作品著作权的折旧率,因为后者如同商标那样,除了其第一次的用途之外还有潜在的用途,比如用于新的录音制品(当然有些图书也是如此——例如小说《飘》后来被拍摄成一部成功的电影*)。有数据可以支持这种推测。在 1934 至 1991 年间,图形艺术作品的著作权折旧率是 13.4%,图书著作权是 9.2,商标是 6.5,而音乐作品著作权则是 4.1。[60]

尽管商标能够被无限续展,但它们的平均经济寿命只比著作权的平均寿命长大约 15%。商标需付出更高的续展费,这在很大程度上可以解释这个差异。在 2000 年,续展一件商标的成本是 300 美元,相比而言,续展一个著作权则只需花 45 美元。不过,另一个因素在于,商标如未被使用就会丧失,而商标的使用是成本高昂的,但对于一部已经绝版的图书,只要著作权人希望在它上面还有某种将来利益,就能够对它的著作权进行续展。商标的无限续展与著作权的无限续展相比,所产生的问题更少,因为除了作为通用名称,处于公共领域的商标并没有任何社会收益——而正如我们所知,当商标变成通用名称时,它们就落入了公共领域。

---

* 该电影与小说同名,但电影的中文名译作《乱世佳人》。——译注
[60] 这些差别都具有统计上高度的显著性水平。

第 9 章
后现代艺术的法律保护

一件艺术作品是可以享有著作权的,这看起来是著作权法律与经济学中的一个无可争辩的命题。但是,有几种现代(事实上,从它们根本上背离了如毕加索、马蒂斯、蒙德里安与康定斯基这样经典的现代派画家,并且其方向是与"后现代主义"思想相联系上来说,是"后现代"的)艺术运动却对这个命题提出了怀疑。我们主要关注的是"挪用艺术"(Appropriation Art)运动,但在本章的第一部分,我们先讨论其他三种运动,不过,其中之一的"波普艺术"(Pop Art),却是与挪用艺术重叠的。本章分析的焦点也集中在这不同的两部分。在第一部分,我们强调的重点落在可著作权性(copyrightability);我们要问的是,主要是观念性的艺术品能否被认为可以享有著作权,而又不突破表达(可享有著作权)与思想(不可享有著作权)的区分界线。在第二部分,我们假定挪用艺术是可以享有著作权的,即使它更多地是观念性的,并且提出在何种程度上,挪用艺术家们应当被允许复制他人享有著作权的材料,而无需从该著作权所有人那里获得一个许可。

但是,还有一个入门级问题需要事先考虑,即在针对一个独一无二的作品,比如一幅画的情形中,著作权究竟在多大程度上起作用。艺术家的收入以及诸如画商之类的中间人的收入,其主要来源一般是该作品本身的销售,而不是复制件的销售。不过,对于大多数可享有著作权的作品而言,情况则刚好相反,比如图书、电影、软件、音乐作品,以及在视觉艺术领域的平面造型艺术作品诸如版画与木刻,还包括某些雕塑作品——例如豆豆娃,即用著作权行话所称的"软雕塑"(soft sculptures)。当然,未经授权而复制独一无二的艺术品,也会减少艺术家从招贴画、记事卡、测验游戏、咖啡

第 9 章　后现代艺术的法律保护　　**307**

杯、鼠标垫、T 恤衫以及其他结合了原始作品形象的演绎作品中获得收入。当它们成为大众文化而非精英文化的演绎作品时,这一类作品的演绎作品更加有利可图[1],美术馆与画廊也将之作为重要的收入来源。[2] 此类收入中有一些是直接流向艺术家,而另一些则通过增加美术馆与画廊为获得艺术品所需的资源,从而间接地流向艺术家,而如果没有这样的收入,就会减少艺术家创作出独一无二的作品的激励。

那么,减少激励会到什么程度呢? 也许并不是那么多。因为只有已经非常成功并且因此得到很高报酬的艺术家,才可能拥有演绎作品的市场;这也是我们在第 4 章讨论演绎作品的所有权赋予原始作品著作权人时并不强调其激励效应的原因之一。由于承认其为原始作品的艺术家,就将产生可观的金钱性与非金钱性收益。而且,有关将来获得附带收入的前景,不管这个将来有多远,也可能对于创作新作品的激励产生一种小小的积极影响。

不过,值得特别强调的一点是,艺术作品的复制件通常——或者,就复制行为的经济影响而言,它们就被认为——在质量上远逊于原始作品(当复制件成为原始作品的适当替代品时,艺术家仍能够对原始作品收取一个较高的价钱,以部分地获取从该作品后来的使用中所产生的收益,但这是不受著作权保护的)。当一幅标称

---

[1] 参见,例如 *Hoepker v. Kruger*, 200 F. Supp. 2d 340 (S. D. N. Y. 2002);"The Spider's Bite", *Economist* (美国版),2002 年 5 月 11 日,第 57 页;Jon Creamer, "Kids TV Tells Toy Story", *Televisual*, 2002 年 5 月 3 日,第 27 页;David A. Kaplan, "The Selling of Star Wars", *Newsweek*, 1999 年 5 月 17 日,第 61 页。

[2] 参见,例如 Jill I. Prater, "When Museums Act Like Gift Shops: The Discordant Derivative Works Exception to the Termination Clause", 17 *Loyola of Los Angles Entertainment Law Journal* 97 (1996); Colin Gleadell, "See the Show, Buy the T-Shirt", *Daily Telegraph*, 2002 年 3 月 2 日,第 7 页; Laurie J. Flynn, "Licensing Famous Art, Digitally," *New York Times* (late ed.),2001 年 8 月 20 日,第 C4 页;Alessandra Stanley, "Modern Marketing Booms at the Vatican Library", *New York Times* (late ed.), 2001 年 1 月 8 日,第 A6 页;David D'Arcy, "Souvenirs Cashing In on Culture", *Financial Times*, 1997 年 12 月 30 日,艺术专栏,第 8 页;Carol Emert, "SFMOMA Cashes In on Store", *San Francisco Chronicle*, 1997 年 11 月 22 日,第 B1 页。

为弗美尔(Vermeer)或者梵高的画作被发现是一件赝品时,无论它多么富于技巧,其价格都会一落千丈。原因之一可能在于,与根据音乐曲谱所写的一首音乐作品,或者像图书那样的一个纯粹的文字作品不同,绘画是不可能通过复制方式而被完全重复生产出来的[3];而且,由于在确定艺术品质量上并没有"客观"的方法,所以,未完全相同的复制件的质量总是令人置疑的。[4] 这也不是全部原因,因为原始照片(vintage photographs,即在拍摄后首次冲洗出来的照片)虽然与后来根据同一底片冲洗出来的照片是完全相同的复制件,但前者可以值一个更大的价钱。[5] 原始作品与复制件之间价格悬殊的另一个可能的原因是,后者由于可以在实质上不限数量地生产出来,就以一个等于其(较低的)生产成本的价格进行销售,而原始作品的供给则被限定在较低水平上,因此,如果原始作品是因其稀缺而值钱,那么复制件即使收取的价格极低,也只是

---

[3] 一本图书或者音乐曲谱是一套能够产生出完全相同之复制件的算法;一幅绘画则否。参见 Nelson Goodman, *Language of Art: An Approach to a Theory of Symbols* 112—122 (1976)。在视觉艺术品中,与图书或者音乐曲谱相当的是浇铸一尊雕像的模子或者快速印制图画的图版,尽管这样印出来的图画在质量上也趋于不同,最早印出来的更为线条分明。有关人们较之于复制品而对原始作品具有神秘偏好的综合讨论,参见 Oswald Hanfling, "The Ontology of Art", 载 *Philosophical Aesthetics: An Introduction* 76 (Oswald Hanfling 编,1992)。

[4] 参见 Holger Bonus 与 Dieter Ronte, "Credibility and Economic Value in the Visual Arts", 76 *Journal of Culture Economics* 103 (1997)。

[5] 因此,多萝西娅·兰格(Dorothea Lange)的受到广泛复制的在 20 世纪 30 年代以"移民母亲"(Migrant Mother)而知名的原始照片,在 1998 年 10 月 7 日的一次苏富比摄影作品拍卖会上以 244500 美元成交,参见 Peter Lennon, "Whatever Happened to All These Heroes?" *Guardian*, 1998 年 12 月 30 日,第 2 页,尽管一张达到展览质量的"移民母亲"照片只需花费不到 50 美元就可以从国会图书馆照相复印服务机构那里获得,参见 http://lcweb.loc.gov/preserve/pds/photo.html。爱德华·韦斯顿(Edward Weston)1929 年的摄影作品"辣椒"的原始照片在 1997 年的一次佳士得摄影作品拍卖会上以 74000 美元成交,而由摄影家的儿子以同一底片所冲洗的照片,则在 18 个月之前在另一画廊的一次拍卖会上仅以 1840 美元成交。

第 9 章 后现代艺术的法律保护

不适合的替代品。[6]但无论原因为何,对我们来说,其重点在于,复制行为对于艺术家收回其固定的表达成本的能力所造成的威胁,相比于对作家与作曲家的情况而言,都要小得多。

即使在商品上出现了对某个绘画或者雕塑作品的未授权复制,但这也将引起人们对原始作品的注意,而这种免费公开也可能提高该艺术家的声誉,增加其作品的价值。当然,也可能发生相反的情况。经验老到的收藏家可能抛开这样的艺术家,因为他们的形象已经变得过于商业化与平常了。由于一位艺术家的原始作品的供给是趋向于非弹性的(inelastic)(当该艺术家去世之后则变成完全的非弹性),对这些作品减少需求,就可能导致其价格的实质性下降。这是我们在上一章所讨论的拥塞外部性难题的一个例子,而它对于承认艺术品(包括由此所产生的演绎作品)的著作权,也提供了一种与激励无关的论据。有关将演绎作品的控制权赋予原始作品创作者的交易成本论据,在此同样可以适用。例如,结合了安迪·沃霍尔(Andy Warhol)所创作作品之形象的附属产品可能有几百件。[7]在法律上,把著作权集中于沃霍尔基金会,而不是让每一个演绎作品的创作者享有单独的著作权,就可以借此而避免由多个原告来提起侵权诉讼,否则为在这样的诉讼中,法院将不得不决定,被告所复制的到底是这许许多多相似的和可广泛接触的作品当中的哪一个。而且,潜在的被许可人也可能获得建议,为了避免被这些人当中的某一个人提起诉讼的风险,最好是在向原始作品著作权人寻求许可的同时,也向其所有的演绎作品的著作权人寻求许可,这就大大提高了许可成本。沃霍尔的原始作品图片的著作权就足以防止他人对其各种不同演绎作品的非法复制了,因为,对一个演绎作品的复制也将侵犯原始作品的著作权。

当然,还有一个解决方案,就是对美术作品及其演绎作品拒绝

---

[6] 参见 Gary S. Becker, William M. Landes 与 Kevin M. Murphy,"The Social Market for the Great Masters and Other Collectibles",载 Becker 与 Murphy, *Social Economics: Market Behavior in a Social Environment* 74,82—83 (2000)。

[7] 参见安迪·沃霍尔纪念馆网站上的"沃霍尔商店",http://www.warhol-store.com。

给予著作权保护。法律对美术作品的著作权保护，以总体形势看，是弱于对大多数表达性作品的著作权保护的。因此，在决定法律应当如何解决与艺术品著作权相关的类似问题时，应当将这一点记在心上。

一、后现代艺术的三大流派

(一) 抽象表现主义(Abstract Expressionism)

20世纪50年代后期与60年代早期，莫里斯·路易斯(Morris Louis)、肯尼思·诺兰(Kenneth Noland)、弗兰克·斯特拉(Frank Stella)与朱利斯·奥利茨基(Jules Olitski)等艺术家所创作的就是抽象表现主义绘画作品，其中，有关绘画就是描绘，甚至是对抽象形状的描绘这样的观念消失了。绘画不再是具象的，而且甚至不再是象征(亦即，象征与根据之间的区分消失了)。代之而起的，它变成了"关于"诸如"在油彩与基底(support)之间的冲突"[8]或者绘画作品本身与画框边缘(画布的四边)之间的关系之类的东西。这些绘画是表达性的，但很难说它们表达的是一个思想。设想一下，就像在斯特拉的一组绘画作品中，观众所看到的是一系列的条纹，其宽度正好等于基底的厚度。这是绘画中的基本设计元素。其他画家是否可以对它自由进行复制？如果是，他们就将产生出在实质上与斯特拉的画作无法区别的绘画。或者考察一下杰克逊·波洛克(Jackson Pollock)与阿德·莱因哈特(Ad Reinhardt)稍早期的抽象表现主义绘画作品。任何一个画家，只要他采用了波洛克的技巧，即把油彩朝平铺于地板上的大幅油画布进行泼洒，或者复制了莱因哈特关于将表面完全涂成黑色的绘画思想，那么，他由此产生的绘画，就会分别与波洛克的画作以及莱因哈特的作品看起来非常相似。

---

[8] Michael Fried, "Jules Olitski", 载 Fried, *Art and Objecthood: Essays and Reviews* 132, 145 (1998)(着重号系原文所加)。"基底"是绘画所用的紧绷在画架上的长方形画布或者其他载体。

(二) 波普艺术(Pop Art)

哲学家阿瑟·丹托(Arthur Danto)曾经提出,在波普艺术中,艺术变成了哲学。[9] 假如安迪·沃霍尔有一个想法,把一只普通的布瑞洛(Brillo)洗衣粉盒子当成一件艺术品摆在美术博物馆里,并以此为例说明这样的哲学命题,即艺术没有任何本质——任何东西都能够成为艺术,因为艺术的唯一标准就是它是否被相关共同体承认为艺术[10]——那么,任何人如果复制了关于把一件普通物件放入一家美术博物馆的思想,都就将产生与沃霍尔的作品无法区分的艺术作品。[11]

这些运动——(后来的)抽象表现主义与(沃霍尔的)波普艺术——是典型的现代艺术,而非个人的独特癖性。经济学家大卫·盖伦森(David Galenson)在一项研究中发现,"主流的现代艺术家对他们事业的普遍态度发生了一个世代性的转换"。[12] 在以前,重要的艺术家"高度重视其技巧和手艺的发展,这将使得他们

---

[9] 参见 Arthur C. Danto, *The Transfiguration of the Commonplace* (1981).
[10] "从形式主义的根据看,一个像布瑞洛洗衣粉盒这样的作品显然不可能和与之相似的普通物品相区别"。Arthur C. Danto, "Introduction", 载 Danto, *Philosophizing Art: Selected Essays* 1, 8 (1999)。另参见 Morton White, *A Philosophy of Culture: The Scope of Holistic Pragmatism* 120 (2002), 同样区分了功能性艺术概念与本质主义的艺术概念。更早之前,马塞尔·杜尚(Marcel Duchamp)把一个普通的小便器进行展览,起名为《泉》(*Fountain*)。观念艺术并不仅限于视觉艺术作品。让我们想一下约翰·凯奇(John Cage)的名曲"无声钢琴"——"4分33秒"——其中,钢琴师走上舞台,在一架钢琴前落座,然后在该曲名所示的时间内不作任何演奏。当一位英国的通俗音乐作曲家和音乐家在为巴特(Butt)命名一个品牌时,称"在其首张唱片中包含有一段完全空白、时长1分钟样式的沉默,而被认为是巴特—凯奇",但又无意支付许可使用费,凯奇的纽约出版商就对此提出了抗议。"Listen Hard: Silence Is Golden", *Economist*, 2002年8月31日,第67页。
[11] 我们先不考虑如果布瑞洛洗衣粉盒的外观设计碰巧有著作权而带来的复杂性。很明显,品牌名称与外观设计都是被注册了商标的,但沃霍尔的使用不可能导致消费者的混淆,而消费者混淆又是证明一个商标受到侵犯所必需的,假如不根据淡化理论的话。
[12] David W. Galenson, *Painting outside the Lines: Patterns of Creativity in Modern Art* 162 (2001).

能够描绘出视觉性感受,而他们的继承者却强调,用以表达思想或者情感的观念性方法(conceptual approach)才具有本质上的重要性"[13]。但著作权法并不保护思想。

(三) 超现实主义(Superrealism)

这一流派的成员努力想要的,并且有时成功产生出来的是这样的绘画,它们乍看起来会被错认为是照片。如果另一位艺术家画了一幅与超现实主义绘画中的风景完全相同的画,那么这两幅画就将在实质上是不可区别的。超现实主义与我们前面所讨论的那两个运动并不相同,因为它强调的是技巧,而不是对思想的排斥。但是,把这三个运动连在一起看,就会发现这三者在著作权上都是有问题的。前两者所面临的问题是,如果给予其著作权,就可能被认为破坏了关于思想不能获得著作权这一原则,而所有这三者都存在的问题是,如果给予著作权,则法院在针对某一侵权行为的诉讼主张而作出裁判时,将面临严重的证据难题。此时的一个"复制件",在事实上与原始作品不可区别,也将与其他东西,亦即不可享有著作权的其他东西在事实上不可区别,并且也许是它们的演绎作品,而不论这些东西是抽象表现主义或者波普艺术例子中的思想,还是超现实主义例子中的一个自然场景。

正如我们在第4章所看到的,以证据方面对著作权提出反对意见,在有关限制著作权保护范围的原理中是一个虽不显眼但很有意义的主题。它们反对为弗兰克·斯特拉[14]所代表的极简的(minimalist)抽象表现主义和以沃霍尔的《布瑞洛洗衣粉盒》(*Brillo Box*)为例的波普艺术给予著作权,尽管对于超现实主义中的著作权,它们反对的力度要小得多,因为对它给予著作权并不见得比由摄影作品著作权所产生的问题更多。

拒绝给予像弗兰克·斯特拉以及安迪·沃霍尔这样的著名艺术家以著作权——这可真是一个令人吃惊的建议!但是,支持该

---

[13] 同上揭。
[14] 他在20世纪60年代早期的作品以及奥利茨基、路易斯、诺兰在大致相同时期的作品,事实上通常被称作"极简主义"(Minimalism),尽管该术语有时专指稍后出现的像唐纳德·贾德(Donald Judd)之类抽象派艺术家团体。

建议的事实是,著作权并不构成艺术家激励中的非常重要的因素。设想有人在一家美术馆出示其所携带的一只布瑞洛牌洗衣粉盒子,并提出用它替代《布瑞洛洗衣粉盒》。美术馆当然不会对此提议感兴趣;任何的私人收藏者也不会感兴趣;从而,这样的复制并不会让沃霍尔的遗产减少一分钱。《布瑞洛洗衣粉盒》生来所存在的价值,并不在其物质对象,而是在于艺术家本人的身份,因此,它不会由于复制行为而受到损害。艺术家的身份则是受到商标保护的。考虑到市场对于一件斯特拉作品和与之相像者、一件沃霍尔作品和与之相像者是分得很清楚的,所以,第 7 章关于商标法的经济分析就意味着,原始作品的混淆性相似的复制件,除非它们带有一个明显的声明,否定其为真迹,否则,就是利用一种快速被人认出的该艺术家风格,从而损害了原始作品艺术家的商标。

诚然,艺术家从演绎作品(招贴画、装饰性瓷盘、印花布等等)中越来越多地获取可观的收入,对于诸如安迪·沃霍尔以及萨尔瓦多·达利(Salvador Dali)这样的著名艺术家来说,由此获得的收入则更多,但是,如果没有著作权,这些作品就可能未经艺术家许可而被生产出来,艺术家也因此不能从中获得任何收入回报。不过,这些演绎作品著作权的主要受益人,还是那些已经非常成功的艺术家,因此,由这些作品所带来的额外收入的激励效应,对他们来说可能真是很小的。当然,在一定程度上,由美术馆商店拥有著作权并且从中获取收入,就使一些不够有名的艺术家也可能间接受益,因为美术馆的收入越多,它收购新作品的财力就可能越强。

提到沃霍尔与达利就表明,支持对艺术作品给予著作权的最有说服力的论据,是发生拥塞外部性的潜在可能。如果对这些艺术家的演绎作品可以进行无限制的增殖扩展(proliferation),就可能随着市场变得饱和并最终消亡而减少了这些作品的总价值。这种危险是实质性的,因为艺术家流行程度中趋附时尚的因素存在于一般公众之中,而他们的艺术品味不会通过训练或者出于经验而变得稳定。

二、挪用艺术

后现代艺术的第四种流派是"挪用艺术",它与我们前面所讨论的三种运动极为不同,并且已经引发了具有重要意义的著作权诉讼。[15] 挪用艺术是从流行文化、广告、大众传媒以及其他艺术家那里借用其形象,再将它们结合到新的艺术作品中。通常,这样的艺术家,其专业技巧的重要性不如其构思能力,即把形象置于不同的背景并借此改变其意义。挪用艺术被描绘成"将手从艺术品中拿走而把脑袋放入其中"。如果它复制的是处于公共领域的作品,那么这在法律上就没有问题。例如,挪用艺术与波普艺术的重要先驱者之一马塞尔·杜尚,就把现成的物件,比如一个小便器、一只自行车辐轳和一把雪锹当作艺术品进行展览。但是,如果被复制的形象是享有著作权的,那就显然存在引发一场侵犯著作权诉讼的风险。

对于法律应当如何对待挪用艺术,艺术家与法官倾向于持不同观点。艺术家把法律对借用的限制看作是对艺术自由的一种威胁:

> 每当人们回应"你怎么敢这样!",我就把它当成一句高度恭维的话。首先,在艺术领域中,从其他艺术家那里借用并非是不合法的,正如在音乐行当里那样,而其次,这是对于我们如何进行绘画创作的一个直接承认。你所做的一切都是以前面已经发生的与当下正在发生的东西为基础的。我并不认为历史是浑然一体的(monolithic)。我感觉非常自由,可以随心所欲地进行借用与改变,还包括从与我同时代的艺术家那里进行借用。如果有些人因为我的作品与他们所做的相似而感

---

[15] 参见 Niels B. Schaumann, "An Artist's Privilege", 15 *Cardozo Arts and Entertainment Law Journal* 249 (1997); E. Kenly Ames, 评论, "Beyond Rogers v. Koons: A Fair Use Standard for Appropriation", 93 *Columbia Law Review* 1473 (1993); Lynne A. Greenberg, "The Art of Appropriation: Puppies, Piracy, and Post-Modernism", 11 *Cardozo Arts and Entertainment Law Journal* 1 (1992).

到不舒服的话,那是他们的问题。如果他们从我这里来借用,那就太棒了!我并不看重这些由艺术家与围绕艺术家的人们人为树立的藩篱,从而把你划到某一特定的类别当中。[16]

但是,从著作权法的角度看,正是"挪用艺术"这个术语构成了一个挑衅;对受保护的作品进行"挪用"就意味着偷窃。所以,Rogers v. Koons 案就拒绝了有关合理使用的抗辩,而是判定杰夫·孔斯(Jeff Koons)那个众所周知的小狗雕塑侵犯了原告享有著作权的黑白照片,孔斯把该照片转换成一个大型的、上彩的雕塑,而该雕塑可能并没有什么新的表达,因为雕塑的黑白照片与原告的照片几乎是一模一样的。[17] 法院认为,"罗杰斯照片的实质部分几乎完全(in toto)被复制,即使该雕塑是对原告作品的一个滑稽模仿,也大大超出了它所必需的范围。简言之,[孔斯]事实上所打出的并不是滑稽模仿的旗号,而是海盗的旗号。"[18]

我们通过涉及图片借用的两类争议,来探讨由挪用艺术所提出的著作权问题。第一类涉及由非艺术家进行的借用,而第二类则由艺术家进行。第一类的例子包括:(1)乙对一幅已进入公共领域的绘画作品制作了一份复制件,甲对此加以复制;(2)甲制作并销售了一张 CD-ROM,其中包含乙对已进入公共领域的前辈大师绘画作品的数字化复制;(3)一家博物馆将其收藏品,无论是有著作权的还是已进入公共领域的,都以数字化格式进行复制,并将复制图片上传到自己的网站,其他个人可以下载并通过互联网传输;(4)甲购买了乙享有著作权的记事卡,把它们粘贴到瓷砖上,并以

---

[16] Raphael Rubinstein,"Abstraction in a Changing Environment",*Art in America*,1994 年 10 月,第 102、103 页,引用艺术家里士满·伯顿(Richmond Burton)语。

[17] 960 F. 2d 301 (2d Cir. 1992).

[18] 同上揭,第 310 页。孔斯的雕塑是为 1988 年一个名为"平庸秀"(The Banality Show)的展览而准备的。孔斯在该展览会上的另两件雕塑,也被人以侵犯著作权为由而成功地提起了诉讼。参见 *Campbell v. Koons*,No. 91 CIV. 6055,1993 WL 97381,at *1 (S.D.N.Y. Apr. 1, 1993)(涉及一幅有著作权的关于两个男孩与一头猪的照片);*United Feature Syndicate v. Koons*,817 F. Supp. 370 (S.D.N.Y. 1993)[涉及《加菲猫》(Garfield)连环漫画中的角色"欧弟"(Odie)]。

此作为装饰性物件出售。[19]

第二类的例子有:(1)甲创作了一幅独一无二的拼贴画(collage),其中包含了乙所拍摄的享有著作权的照片;(2)甲创作了一组进行有限编辑的印刷品系列,其中结合了乙享有著作权的照片——而且,甲的复制还出现在招贴画、日历以及其他批量生产的商品上;(3)甲创作了一件作品,其中复制了乙的照片中的一个裸体轮廓、丙的单色画中的独特颜色以及丁的绘画中的一个黄色小正方形;(4)甲根据乙享有著作权的照片或者连环漫画中的角色,制作了几个与之一模一样的雕塑作品;(5)甲创作了一件作品,其中包含了与他以往作品中实质性相似的因素,而这些作品已为乙所有,乙恰巧又是它们的著作权所有人。[20] 我们先来看第一组中

---

[19] 例1的来源是,某一公司未经授权就一位雕刻师对古老名画的复制件进行了复制,而后被提起诉讼。*Alfred Bell & Co. v. Catalda Fine Arts, Inc.*, 191 F. 2d 99 (2d Cir. 1951)。例2的根据是一起对博物馆所收藏作品的数字化图片拒绝承认其著作权的案件。*Bridgeman Art Library v. Corel Corp.*, 25 F. Supp. 2d 421 (1998), amended, 36 F. Supp. 2d 191 (S. D. N. Y. 1999)。例3是基于最近有关数字化图片的教学性合理使用的提议。Conference on Fair Use, *Final Report to the Commissioner on the Conclusion of the Conference of Fair Use* 33—40 (1998)。例4所依据的是下面这起著作权诉讼案件,一公司将其合法取得的他人享有著作权的图片粘贴到瓷砖上,再将它们出售。*Lee v. A. R. T. Co.*, 125 F. 3d 580 (7th Cir. 1997);*Mirage Editions, Inc. v. Albuquerque A. R. T. Co.*, 856 F. 2d 1341 (9th Cir. 1988).

[20] 前两个例子是依据这样的诉讼案件,摄影师针对罗伯特·劳申伯格(Robert Rauschenberg)与安迪·沃霍尔等人提出起诉,因为后者在其作品中使用了他们享有著作权的照片。沃霍尔和劳申伯格都取得了庭外和解。沃霍尔向摄影师帕特里夏·考尔菲尔德(Patricia Caulfield)支付了6000美元现金和《花》(*Flowers*)的印制版的使用费,后者就沃霍尔有关花的绘画作品而威胁对之起诉。劳申伯格则给予摄影师理查德·毕比(Richard Beebe)3000美元外加一件被指控构成侵权的作品,价值约为1万美元。对这些案件以及其他涉案艺术家谢里·莱文(Sherri Levine)、戴维·萨利(David Salle)以及苏珊·皮特(Susan Pitt)的讨论,参见 Ames,前揭[15],第1484—1485页。例3是以德国的一起诉讼案件为根据,该案由著名摄影师赫尔穆特·牛顿(Helmut Newton)向艺术家乔治·普申科夫(George Pusenkoff)提起,而后者则声称其绘画是对其他艺术家的"引用"而非借用。参见 Geraldine Norman, "The Power of Borrowed Images", *Art and Antiques*, 1996年3月, 第123页。例4依据孔斯的诉讼, 前揭[17]、[18]。例5是一位艺术家借用自己的作品, 它的根据是 *Franklin Mint Corp. v. National Wildlife Art Exchange, Inc.*, 575 F. 2d 62 (3d Cir. 1978).

的例子:

1. 对一个已进入公共领域的作品的复制件进行复制

在 *Alfred Bell & Co. v. Catalda Fine Arts* 一案中[21],被告复制并销售了对原告的网线铜版雕刻版画(mezzotint engraving)的复制件,而原告版画所针对的,则是已进入公共领域的18、19世纪的绘画作品。原告的版画是写实性重制,需要制作者发挥大量的技巧与判断。被告声称,既然它们只是已处于公共领域的作品的复制件,它们就不符合独创性条件,从而他所做的不过是对一张处于公共领域的图片的复制,尽管是从一个复制件中加以复制的。但一如所料,被告败诉了。在复制技术中是存在独创性的,它需要花费大量的时间、精力与技巧。被告的搭便车行为将破坏对已进入公共领域的作品制作高质量复制件的激励。既然著作权法并不禁止被告聘用雕刻家就相同的绘画作品进行复制,那么,该判决既没有阻断被告为制作其自己的复制件而对该原始绘画作品的接触,又保护了原告在复制公共领域作品方面的投资。因为原告著作权所阻止的是搭便车行为,而未阻止新企业的进入,所以,这并不能使他获得超出由任何著作权所赋予的之外的垄断利润。新企业就会一直进入该领域,直到边际企业的回报正好等于它的全部复制成本(在不存在搭便车情形时)加上其投资的一个正常回报。

2. 对一件公共领域作品的数字化复制件进行复制

在 *Bridgeman Art Library v. Corel Corp.* 案中[22],原告从博物馆所收藏的已进入公共领域的著名艺术作品中制作并销售彩色幻灯片和数码图片,它在起诉状中称,被告所销售的 CD-ROM 中包含了被告从原告的幻灯片中所复制的图片。法院把这些幻灯片比作由一台照相复印机所制作的复制件,并认为,既然照相复印件明显地缺乏著作权法所规定的独创性要件,那么从相应程度上看,幻灯片也同样如此。但法院未予以考虑的事实是,与 *Alfred Bell* 案非常相似,为艺术作品制作高质量的幻灯片是一个费时费

---

[21] 191 F. 2d 99 (2d Cir. 1951).

[22] 25 F. Supp. 2d 421 (1998), amended, 36 F. Supp. 2d 191 (S. D. N. Y. 1999).

力的过程,需要照相师或者复制者具备高度的技巧。

法院在 Bridgeman 案中坚持认为,认定独创性就必须在原始作品与复制件之间存在着一个"可区别的变化"(distinguishable variation),而这个条件不可能因为载体的简单变换就得到满足[23],但法院的这一看法会产生一个有悖于常理的激励,即制作出二流的或者质量低劣的复制件。不过,从另一方面来说,这就是我们在第 4 章讨论演绎作品时所强调的因素:如果演绎作品与原始作品是不可区别的,那么,法院在确定后来的作品究竟是原始作品的复制件抑或是演绎作品的复制件时,在时间上就会大成问题,而这个问题在原始作品已经落入公共领域而演绎作品仍享有著作权的情形中,更是显得至关重要。如果认定二流复制件并非一种独创性的形式,那么,通过制作一个二流复制件以获得著作权保护的激励,就能够加以控制了(假定存在着这样的风险,即法官并不擅长于认定独创性)。因此,法院的判决最终仍可能是正确的。

3. 既对公共领域的作品也对享有著作权的作品进行复制

假设有一家博物馆或者教育机构,想要对其收藏的作品制作和发行数字图片。对于在 1978 年 1 月 1 日——即 1976 年《著作权法》生效日——之后所创作的作品,博物馆将不得不从著作权所有人那里获得许可,才能进行复制,除非艺术家已经将著作权转让给了博物馆。不过,对于 1978 年之前所创作的作品,博物馆能否制作复制件,这个问题就不那么容易回答了,因为我们只要回忆一下,在 1976 年《著作权法》之前,普通法著作权对于未发表作品的保护是永久性的。尽管《著作权法》规定,从作品被固定于某一有体形式之时起即获得制定法上的著作权保护,但它进一步规定,在该法律通过时尚未发表的作品,其普通法著作权至 2002 年届满,或者,如果作品在该法律通过之后发表的,则于 2047 年届满。[24] 因此,一件 19 世纪的绘画作品,如果它从来没有发表过,那么就可能获得长达一个半世纪的著作权保护。但什么是一件艺术作品的

---

[23] 同上揭,第 196 页,引用 L. Batlin & Son, Inc. v. Snyder, 536 F. 2d 486, 490 (2d Cir. 1976) (全院庭审)。

[24] 17 U.S.C. §303.

"发表"(publication)呢?《著作权法》对"发表"的定义是指将复制件(包括体现该著作权的原件)向公众发行,并且专门规定,公开展示(public display)并不是发表。[25] 对复制件的发行,既可能被当作原始作品复制件的发行,也可能被当作演绎作品的发行,但演绎作品的发行并不构成对原始作品的发行。[26] 更为复杂的是,在某些州,根据 Pushman 案的推定,转让一个独一无二的作品也就是转让其著作权[27],从而,博物馆就可能对该馆所拥有的绘画作品或者其他艺术品享有著作权。

由于上述这些不确定性,加上为确定某一作品是否仍然享有著作权以及如果有著作权则著作权归何人所有等问题,就会导致很高的成本,因而有人提出主张,扩大合理使用原则(请记住,其主要目的之一就是为了减少交易成本),把博物馆对年代较久的作品的复制纳入其中。假如有人正如我们所倾向的那样,怀疑复制权对于创作艺术作品的激励会产生什么巨大的影响,那么,限制教育机构以数字化格式制作和发行复制件的能力,就会产生接触成本,而没有相应的收益可以与之抵销。但是,对此问题作出立法反应可能并无必要,因为市场已经以一种巧妙设计而使交易成本最小化的方式作出了回应。现在已经有一些组织——主要有视觉艺术家和美术馆协会(Visual Artists and Galleries Association)、艺术家权利学会(Artists Rights Society)——在帮助那些想要复制艺术作品的人们从著作权人那里获得许可。每个组织都出版有一份它所代表的艺术家名录,保存有一份其成员作品的幻灯目录,并且担任这些艺术家的代理人,与使用人谈判,许可其将艺术作品在专著、贺卡、明信片、商品、广告、电影以及诸如此类的东西上进

---

[25] 参见 17 U.S.C. §101.
[26] 参见 *Academy of Motion Picture Arts and Sciences v. Creative House Promotions, Inc.*, 944 F.2d 1446 (9th Cir. 1991).
[27] 参见 *Forward v. Thorogood*, 985 F.2d 604 (1st Cir. 1993); *Pushman v. New York Graphic Society*, 39 N.E.2d 249 (N.Y. 1942). 我们在第 5 章指出,Pushman 案的推定已经被 1976 年《著作权法》所取代;但在该日期之前作品所有权已经被转让的,则在那些承认该推定之州,也已经转让了著作权。

行复制。[28]

博物馆或者教育机构还面临着如何保护其合法制作的复制件的问题。这是在 *Alfred Bell* 案与 *Bridgeman* 案中所提出问题的一种变换形式:复制件满足了独创性条件吗？但是,它的答案在这里可能已经无关宏旨。如果制作一张数字图片并不比从复印机中制作一个复制件成本更高的话,那么对一个复制件的复制与对原始作品的复制就几乎是成本相同的了。因此,从一个复制件进行复制的人就没有任何成本优势,也就不会对博物馆的复制件搭便车了。在此情况下,对复制件的无限复制将使交易成本最小化,且不会对以数字化格式制作复制件的激励构成损害。

4. 对享有著作权的作品进行修改并重新出售

在 *Lee v. A. R. T. Co.* 一案[29]中,被告从原告那里购买记事卡,将之贴到瓷砖上,并把瓷砖零售出卖。既然不涉及复制行为,原告就主张 A. R. T. 侵犯了他制作演绎作品的权利。我们回想一下第 4 章即可知,著作权法对演绎作品的定义是广泛的,包括了"一个作品可能被改写、转换与改编的任何其他形式"。但是,该法律同时规定,合法取得作品复制件的所有人,有权出售或者以其他方式处分该复制件,而无需取得著作权所有人的同意。[30] 法院运用这项"首次销售"(first sale)规则,认定 A. R. T. 只是在所购买的作品上放置了一个等同于护垫或者画框之类的东西,然后再将之出售。[31] 该判决在经济学上言之成理。被告的行为使原告受益。被告对于贴在瓷砖上的卡片销售越多,他必须向原告购买的卡片也就越多。而原告的主张若能得到支持,就将带给艺术家这样的

---

[28] 视觉艺术家和美术馆协会(VAGA)就出版了一本名叫《VAGA 2000》的书,其中就有一份按字母排序的、在美国由 VAGA 和艺术家权利学会所代表的艺术家名录。该书在 VAGA 备索,地址:350 Fifth Avenue, Suite 6305, New York, New York 10118.

[29] 125 F. 3d 580 (7th Cir. 1997).

[30] 17 U.S.C. §109 (a)。未经著作权所有人授权而出租、出借录音制品(CD、磁带)和计算机软件是例外的。17 U.S.C. §109 (b)(1)(A)。

[31] 有一起更早的案件也涉及相同的争议和被告,但得出了另一种不同的结果,*Mirage Editions, Inc. v. Albuquerque A. R. T. Co.*, 856 F. 2d 1341 (9th Cir. 1988).

权利,即禁止他人在其作品上做任何其所不同意的微小改动。这从长远来看,将对艺术家构成损害。假如美术馆、博物馆和收藏家们为避免承担著作权责任,如需对所购买的艺术作品添加护垫或者画框,就要从著作权所有人那里寻求许可,这将提高艺术作品交易的缔约成本。

那么,为什么原告会诉请停止一个本来可使其受益的行为呢?也许是因为该行为并没有让他受益;也许是他的声誉将因为对其作品的修改而受损。这是著作人身权方面的依据,对此将在下一章讨论。但是,把记事卡贴于瓷砖之上就会使作者李(Lee)的名誉受到污损,这也不可能啊。而且,这也不属于一个面临拥塞外部性的情形。一种比较可能的解释是价格歧视(price discrimination)。李可能是想对那些将记事卡贴到瓷砖上而后向消费者再出售的企业,收取更高的记事卡价格,因为那些企业相比于普通消费者,可能对记事卡具有一种更小的需求弹性。套利行为就将使得这种价格歧视策略不可行,除非法律禁止他人未经原告同意而将记事卡贴到瓷砖上或者出售该瓷砖。另有观点认为,让艺术家有权从事这种价格歧视活动是为了给艺术家们以充分激励所必需的,但是,这种说法同样令人怀疑。没有任何证据表明,李曾经考虑生产或者许可他人生产专门用来贴瓷砖的记事卡。

现在,我们再转而讨论第二类涉及艺术家借用的例子,而在此时,我们就正好处于就挪用艺术而发生著作权争议的中心。

1. 创作一件独一无二的作品

设想有一位艺术家,把一本流行杂志上的一幅有著作权的照片结合到了一张拼贴画中。他先将照片从杂志上剪下来,将它粘贴到一块纸板上,然后再加上其他的东西、色彩与独创性的图片。这里没有对照片做任何的复制,而照片本身可能只是构成该拼贴画的一小部分。这应当是一个较为容易地反对认定侵犯著作权的例子。既然出版者已经为该照片印到杂志上而向摄影师付过费,并且通过出售该杂志的复制件而向消费者收过钱了,那么,允许他人将该照片用于拼贴画中,并不会对创作新的商业性照片或者出版杂志的激励构成任何重大影响,而只会减少接触成本和交易成本。

2. 创作多个复制件

亨利·道曼（Henri Dauman）是一位法国摄影师，他对安迪·沃霍尔的遗产继承人提起诉讼，因为沃霍尔的"Jackie"丝网印刷品系列中结合了一张杰奎琳·肯尼迪（Jacqueline Kennedy）的照片，该照片出现在1963年的《生活》（*Life*）杂志上，著作权归道曼所有。[32] 道曼同时起诉的行为还有，该遗产继承人将这个丝网印刷的图片在日历、招贴画以及其他广泛发行的商品上进行复制。对于这里所主张的著作权，我们更表赞同。对一张合法取得的图片作一次性使用与将同样合法取得的图片复制成多份，在这两者之间要划一条分明的界线，看起来似乎是武断的，但这个区分恰恰触及到著作权全部经济学理由的核心。商业摄影师是以将复制权许可给各种未曾预料的用途为业的。若没有著作权保护，复制件的价格就会一直下降到逼近复制成本，这样创作者就无从收回该作品的创作成本了。允许一位艺术家未经授权而制作多个复制件，这就为创作新作品的激励带来了一个实质性威胁，尤甚于我们在前一个例子中所提到的未经授权而一次性复制的情形。

沃霍尔对该原始图片增添了实质性的独创性表达，而且他的丝网印刷品中，有一幅曾在1992年的苏富比拍卖会上以超过40万美元的价格被售出，但这并不会减少该照片的市场。不过请记住，把该丝网印刷品复制在招贴画、日历以及其他商品上，就有可能减少道曼照片的市场了。

3. 从多个来源进行挪用

俄罗斯画家乔治·普申科夫（George Pusenkoff）在他的一幅绘画作品中，包括了赫尔穆特·牛顿（Helmut Newton）一张照片中的一个裸体轮廓，伊夫·克莱因（Yves Klein）一张单色画中的一个独特而明亮的蓝色背景，以及最近的俄罗斯艺术家卡齐米尔·马列维奇（Casimir Malevich）一幅画中的一个黄色小正方形。[33] 克莱因和马列维奇的遗产继承人都没有反对普申科夫的借用，但

---

[32] 参见 Sarah King, "Warhol Estate Sued over Jackie Photo", *Art in America*, 1997年2月, 第27页。该案已经达成了和解。

[33] 参见 Norman, 前揭[20], 第123页。

牛顿提出反对,并要求将该画销毁。普申科夫的抗辩理由是,他所创作的是一件独一无二的作品,而非多个复制件,他所借用的只是一张照片的轮廓,而不是整张照片,并且,他已经通过添加公共领域的材料以及改变载体的方式,将照片进行了转换。但是,他显然复制了牛顿的那张著名的图片而没有为此付费,而且在事实上,根据他自己的陈述,目的就是为了从其他艺术家那里复制可以被人认出来的因素——"让画布充满了从其他艺术家那里'引用'的文化联系,这是绘画创作上一种十分重要的后现代主义方法"。[34]

受理牛顿案件的德国法院判决,普申科夫的绘画作品是"自由改编"(free adaptation)而不是一种重作(reworking),因此不构成对牛顿著作权的侵犯。[35] 通常,改编就是一个演绎作品,因此,如未经原始作品著作权所有人的授权而实施该行为的,即构成侵权,而以下事实则与侵权认定不具有相关性,即普申科夫的改编是一种生产性或者转换性使用,并不构成对原始照片的替代。普申科夫的挪用对牛顿收入的影响肯定很小,并且还可能是积极的,因为普申科夫跟沃霍尔不同,他并没有制作招贴画和其他商品,而只是创作出一个独一无二的作品;但是同样地,这并不是那种可以未经原始作品著作权所有人授权而创作演绎作品的考虑因素。无论如何,通过与专利法中"反等同原则"(参见第 11 章)进行类比,人们可以为该法院的判决提出辩护性主张,即在普申科夫的改编中,创造性表达是如此突出,从而该"演绎"作品应当被认为是一个原始作品,并且,对牛顿图片的借用属于一种合理使用。

这个主张还可以得到如下事实的支持,即普申科夫的作品是从不止一件的以往作品中进行借用(或者"引用")的。如果法律要求艺术家从多个来源进行挪用时都必须获得许可,那么交易成本将可能变得很高,而从多重来源进行复制的作品,恰恰更少可能成为任何这些来源的一个替代品。因此,法律应当对于从多个有著作权的来源进行借用的艺术家,比对于只从单个来源进行借用的

---

[34] 同前揭。
[35] 同前揭。牛顿对德国法院的判决并不满意,并且评论道,"可怜的人,他没有自己的思想,所以他只好用别人的思想"。同揭,第 125 页。但著作权法并不保护思想。

艺术家而给予更大的认同。我们甚至可以认为,普申科夫的改编就是 T. S. 艾略特的诗歌《荒原》在视觉艺术领域的一个大致相当的对应物,而《荒原》正是从许多不同作者那里进行了一系列的引用,却被许多人认为是 20 世纪最伟大的诗歌。

4. 根据单独一个享有著作权的来源而创作雕塑作品

这就是 *Rogers v. Koons* 案。[36] 孔斯购买了一张记事卡,上面展示有一幅照片,内容是一群幼犬和它们的主人在一起,孔斯撕掉卡片上的著作权标记,然后聘请一家意大利公司根据该照片制作 4 个大型雕塑,并起名为《一群小狗》(*A String of Puppies*)。严格说来,孔斯所起的作用是观念上的。尽管是他选择了主题、载体、尺寸、材料以及色彩,但他自己并没有制作该雕塑。至少从通常意义上来说,他也没有设计该雕塑,因为他指示该制作室,要他们"必须与照片相同——必须捕捉到照片的特征"。[37] 如果孔斯为避免著作权诉讼而改变图片,就达不到他的目的了,因为他想表明的就是:意义是取决于语境的(这是一个例子,用以说明阿瑟·丹托关于艺术变成了哲学的观点)。

法院也拒绝了有关合理使用的抗辩,为此强调了该复制行为的商业性特征;孔斯从这些雕塑中获得了数量可观的收入(4 个雕塑中被售出 3 个,总价款接近 40 万美元)的事实(实际上,双方对此事实观点相同);他忠实地复制了原始图片;并且,雕塑可能损害了该享有著作权照片的市场。尽管复制件与原始作品是在不同的市场上销售,但法院还是相信,孔斯的这类挪用,可能潜在地消除了摄影师获得许可收入的一个重要来源。

孔斯的主要论据是,他的作品应当被作为一个讽刺性评论或者滑稽模仿而享有免责特权。他声称,通过将小狗和其主人的图片置于一个与原始照片不同的语境,就是对一种政治经济制度发表批评性评论,即根据他的观点(以及许多其他社会批评家和评论家的观点),该制度在批量生产的商品和媒体图片上赋予了过度的价值。但是,我们在第 6 章中已经指出,一个享有免责特权的滑稽

---

[36] 参见前揭[17]及其所随附之正文。
[37] 960 F. 2d 第 350 页,引用孔斯语。

模仿必须以原始作品为其目标。当滑稽模仿的目标就是原告的作品时,当事人之间不可能就被告取笑原告,让原告有所尴尬甚至感到卑鄙的对价而达成合意(当然,摄影师可能本来并没有意识到孔斯对其照片所制作的雕塑是在滑稽模仿)。如果滑稽模仿者想要把被滑稽模仿的作品当作一种手段,来对社会而不是该作品进行抨击,那么他为获得一个许可而遇到的麻烦就应当小得多。但是,孔斯既想对现代美国文化的空虚愚蠢发表评论,又想——法院对此未有提及——通过提供该被复制的作品作为一个例子来说明这种愚蠢。这就使我们怀疑该案件判决的正确性了。这里并没有任何这样的机会,让孔斯的这些价格昂贵的雕塑在原告的记事卡市场中成为替代品。孔斯也没有打算进行沃霍尔式复制——这将与其滑稽模仿复制件的批评性要旨不符。

5. 从自己以往的作品中进行借用

艺术家们通常会回归到他们在其事业早期所使用过的主题,甚至复制他们的早期作品。据报道,吉尔伯特·斯图尔特(Gilbert Stuart)就曾画过 75 幅实质性相似的乔治·华盛顿画像。[38] 乔治·德·基里柯(Giorgio de Chirico)也对他早期多个最出名的超现实主义作品,制作了大量的复制件。[39] 这样的例子也不仅仅限于美术领域。叶芝(Yeats)和奥登(Auden)在其最初的诗歌发表许多年之后,又对之作出修改,并将修订版收入其作品集出版。最近一个关于柯勒律治(Coleridge)诗歌集注版的评论,指出了他的"修订强迫症"(revisionary obsession),由此导致的结果是,比如他有 18 个以不同版本发表的《古舟子咏》(*The Ancient Mariner*)。[40] 只有当艺术家不再是其早期作品的著作权所有人时,才会发生非法挪用的问题。这是一个提醒,说明了在一个并非独一无二(non-unique)的作品上,著作权所有权与该作品本身的所有权相互分离

---

[38] 参见 William D. Grampp, *Pricing the Priceless: Art, Artists, and Economics* 6 (1989).

[39] 参见 Kim Levin, *Beyond Modernism: Essays on Art from the '70s and '80s* 251—253 (1988).

[40] Nigel Leask, "Poems Being Various", *Times Literary Supplement*, 2002 年 7 月 5 日,第 11 页。

是有其经济学理由的。[41] 不过,我们现在讨论的对象是独一无二的作品,而艺术家常常与其著作权相互分开。我们必须考虑,法律是否应当允许该艺术家以合理使用之名而创作出演绎作品。

如果有这样一项规则,法院将因此解脱,从而无须决定艺术家所创作的一件新作品究竟是其已经转让了著作权的早期作品的一个复制件,还是一件独立创作的作品,只是因为出自同一人之手而与他早期作品存在实质性相似。"如果塞尚(Cézanne)画了两幅《圣维克多山》(Mont St. Victoire)的图画,我们就将期望它们之间看起来比假若由马蒂斯(Matisse)来画第二幅而更像,即便塞尚是根据实物而不是根据第一幅画来创作的第二幅画。"[42]

但是,对于这种从证据上来说有利于扩大合理使用免责特权的观点,反对者的理由就在于,它可能因为艺术家保留了创作演绎作品的权利而给自己造成损害。如果转让人保留了创作演绎作品的权利,就它可能对被转让作品的市场构成损害,那么,对受让人而言,这样一项著作权转让就无甚价值了。

---

[41] 如果是一个独一无二的作品,正如我们所看到的,通常就存在这样的推定,即其著作权随着该作品而一并转让。

[42] *Schiller & Schmidt, Inc. v. Nordisco Corp.*, 969 F. 2d 410, 414 (7th Cir. 1992).

第10章
著作人身权与《视觉艺术家权利法》

1990年,国会通过了《视觉艺术家权利法》(Visual Artists Rights Act,简称VARA),这是对《著作权法》的修订,也为视觉艺术作品的作者赋予了作者身份表示权与同一性保持权,而它们通常被称为著作人身权(moral rights)。[1] 作者身份表示权(attribution rights)是指艺术家可以对其所创作的作品主张作者身份,并且当其作品以一种"有损其名誉或者声望"的方式而被修改时,或者当他人的作品被错误地收入他的名下时,得否认其作者身份。同一性保持权(integrity rights)则禁止对艺术家的作品进行故意歪曲、篡改或者其他方式的修改,从而损害其名誉或者声望,并且对于以故意或者重大过失破坏一件达到被人认可高度的作品的行为,可以提起诉讼。

与美国相反,西欧大多数国家在承认著作人身权上有着悠久的历史。法国在19世纪即承认它们,并且自1928年始,它们被写入了《伯尔尼公约》,而美国直到1989年才成为该公约的成员国。在此之前,以加利福尼亚州在1979年为始,已经有若干州通过了有关著作人身权的法律,而《著作权法》本身,也偶尔被解释为是赋予了类似保护的。[2]

---

[1] 参见 17 U.S.C. §106A.

[2] 参见 Roberta Rosenthal Kwall, "How Fine Art Fares Post VARA", 1 Marquette Intellectual Property Law Review 1 (1997). 这些州是加利福尼亚州(1979年)、康涅狄格州(1988年)、路易斯安那州(1986年)、缅因州(1985年)、马萨诸塞州(1984年)、宾夕法尼亚州(1986年)、新泽西州(1986年)、纽约州(1984年)和罗德岛(1987年)。所有9个州均保护作者身份表示权和同一性保持权。这些州之间的主要差异在于,路易斯安那州、缅因州、新泽西

在本章中,我们将摘要介绍 VARA,解释著作人身权的经济学问题,并把我们的经济分析应用于有关解释该制定法的案例中,最后尝试解释,为什么一些州要通过法律来赋予此等权利以及结果如何。

一、制定法;此中的雇佣作品

VARA 所保护的"视觉艺术"作品,被严格限定为一件独一无二的作品或者一批制造不超过 200 件有签名并连续编号的复制件的绘画作品、雕塑作品或者摄影作品。与《著作权法》所赋予的其他权利不同(请记住,VARA 是对《著作权法》的修订),由 VARA 所赋予的权利仅于该艺术家有生之年才具有强制执行力。它们还存在着其他的限制。艺术家不能转让或者让与其权利,尽管他可以通过一纸签名文件,指定将弃权声明(wavier)适用于具体作品与用途,从而放弃这些权利。在没有这样的弃权声明的情况下,即使他转让著作权,艺术家仍保留其身份表示权与同一性保持权。

如果修改、篡改或者破坏一件作品是出于过失、由于时间流逝、因为作品所用材料的特点或者未能尽到保护努力所至,则其不构成违反 VARA,所以,一件艺术品的所有人并没有任何义务花费资源而使一个作品保持良好的状态。同时,对于因展示、展览或者复制其作品而导致艺术家名誉受到损害的,VARA 并不提供任何法律救济;他不能抱怨其作品的展览灯光黯淡,或者其作品在一本小册子或者网站上的复制做得质量低劣,破坏了他的同一性保持

州、纽约州和罗德岛是将对艺术作品的破坏排除在同一性保持权之外的。我们没有把新墨西哥州列入这些保护著作人身权的州中,因为其制定法(1995 年通过)仅对与公共建筑相结合的艺术品提供了同一性保持权。由于《著作权法》的优先适用条款(preemption provision),VARA 就取代了州的有关著作人身权的制定法,例如一项禁止在艺术家有生之年故意篡改作品的规定,但并不针对这样的一项规定,即保护艺术家免于受到因展览或者复制被修改之作品而给其造成的损失。

权或者作者身份表示权。[3]

VARA 也没有为雇佣作品——由雇员在其工作范围内所完成的作品——创设任何权利。[4] 为了解释这项除外规定的理由,我们将不得不离开本章主题,对雇佣作品条款的范围与经济目的进行一番考察——不过,这是一个具有独立旨趣的主题。

把一个作品根据其特征而归为雇佣作品,其意义在于,除非当事人达成相反协议,否则,由雇主拥有该作品的著作权。根据一个正式的雇佣关系(比如迪斯尼雇请一位动画艺术家,后者得到一份正规工资,获得员工附加福利,并且可以被指派在不同项目中以及工作)所创作的作品,就是一个毫无争议的雇佣作品的例子。但是,由一位独立艺术家所完成的一件委托作品(commissioned work)也可能是雇佣作品,只要比如说委托方对该艺术家需按月支付薪金,在其为该项目工作期间支付医疗与其他附加福利,支付材料费,并且行使虽非每日必需但全面的监督权。之所以不能把雇佣作品的概念仅限于正式的雇佣关系,原因在于,当事人通过精巧起草的合同就能够创设出一个与雇佣关系相同的关系,但目的是把(事实上的)雇员视为一个独立承包人(independent contractor)。

雇佣关系和其他类似关系之间在经济上存在差异是一个方面,委托人和真正的独立承包人之间的关系则是另一个方面,而这两方面的关系在于,在前一情形中,委托人(雇主)指示工人从事工作,而不只是对工作结果提出具体要求。[5] 这种指示就意味着,工人在某一知识财产创作过程中所用的大部分知识与技术秘诀(know-how)是来自于雇主的,这就使得雇主在事实上成为共同创作者(co-creator),而且通常是主要的共同创作者——想一下杰夫·孔斯在小狗雕塑作品创作过程中的作用。通常,雇主对若干个或者许多雇员的表达性生产活动进行协调,就如同在一个电影

---

[3] 参见 *Pavia v. 1120 Avenue of the Americas Associates*, 901 F. Supp. 620 (S. D. N. Y. 1995).

[4] 17 U.S.C. §101.

[5] 参见 Ronald H. Coase, "The Nature of the Firm", 4 *Economica* (n. s.) 386 (1937); Richard A. Posner, *Economic Analysis of Law* 407—408 (第6版, 2003).

制片厂(因为迪斯尼公司通过铁腕手段来控制其创造性产品,所以一些雇员将该公司称为"莫奥斯威辛"Mauschwitz*),或者像安迪·沃霍尔以及在他之前的伦勃朗(Rembrandt)和鲁本斯(Rubens)之类成功艺术家经营画室的情形那样。假设若干艺术家对于某一不可分割的表达性作品均有贡献,有效率的做法是把著作权授予一个人,但谁又能比该项目的发起人和协调人更合适当著作权人呢?[6] 而且,雇主决定给工人支付工资而不是就其工作成果订立承包合同,这就是一种将风险从工人那里转移到自己头上的方式,因为雇主往往就是较少回避风险的人。如果雇主减少工资,但允许雇员对其所参与创作的知识财产保留一种经济利益,并且该利益又是非常不确定的,那么,这种风险转移就很不完全。基于这些理由,人们可以预期,假如著作权从一开始就赋予雇员,那么当事人就得缔结合同,将该著作权转让给雇主。反之,如果一开始将著作权赋予雇主,就节约了交易成本。

但这是就一般情况而言的,并非针对每一种情形。通常,学术研究人员尽管是大学雇员,在大学担任教学任务和从事研究工作,但是,他们的学术论文和著作却是著作权归自己所有的,我们也认为这样理解是正确的。[7] 关于写什么和怎么写的决定是由他们自己作出的,并非出于大学的决定;他们更能获得有关发表作品途径的信息;而且因为研究人员是四处流动的,如果他工作过的每一所大学都对其在受聘于该大学期间创作的讲课笔记、著作和论文,包

---

* 取"奥斯威辛"(Auschwitz)之谐音,后者以在二战时期曾建有纳粹迫害犹太人之集中营而闻名于世。——译注

[6] 对雇佣作品原则中的这种"更合适开发者"(better exploiter)理由的探讨,见于 I. T. Hardy, "An Economic Understanding of Copyright Law's Work-Made-for-Hire Doctrine", 12 *Columbia-VLA Journal of Law and the Arts* 181 (1988).

[7] 参见 *Hays v. Sony Corp. of America*, 847 F. 2d 412, 416—417 (7th Cir. 1988); *Weinstein v. University of Illinois*, 811 F. 2d 1091 (7th Cir. 1987); Chanani Sandler, "Copyright Ownership: A Fundamental of 'Academic Freedom'," 12 *Albany Law Journal of Science and Technology* 231, 240—244 (2001); Robert A. Gorman, "Copyright Conflicts on the University Campus", 47 *Journal of the Copyright Society* 297, 302—305 (2000).

括未发表的手稿可以享有所有权,那么这将是一件很尴尬的事情。当研究人员想要在另一所大学讲授相同课程时,或者想要对他所写的著作出版第二版时,或者想要将一份可能已经在受雇于若干所不同大学期间为之准备了若干年的手稿写完并发表时,他都将不得不与若干所大学进行谈判以获得许可。[8]

一个中间的例子是智库(think tank)。与大学相比,大多数智库更加以任务为导向(mission-oriented),而且与大学教授相比,其研究队伍的成员流动较少。因此,这一点就不会让我们感到奇怪了,亦即,虽非全部但大多数的智库对其研究人员的作品是保留著作权的;例如,布鲁金斯研究所(Brookings Institution)就是这样做的,然而美国企业研究院(American Enterprise Institute)却通常并不如此。

有一项规则看起来似乎与有关雇佣作品的规定存在紧张关系,即在诸如杂志之类的集合作品(collective work)的情况下,著作权法将每一篇个人稿件的著作权从一开始就赋予投稿的作者。不过,集合作品的所有人可以对该作品本身享有著作权[请与第4章所讨论汇编作品(compilation)的可享有著作权性进行比较],而且,如果他出版一个修订版本,就可以将这些由个人享有著作权的稿件包括其中,而无需从它们的作者那里重新获得许可。[9] 这种情形与雇佣作品之情形的区别在于,稿件的作者一般是该知识财产的唯一创作者,也知道如何最好地通过后续的出版、修订等等行为使之达到价值最大化,而这些行为又不会减少对集合作品的需求。

著作权法中有关集合作品的条款,其用语相当清楚,这就导致最高法院在 Tasini 一案[10]中作出判决,判定《纽约时报》侵犯了向该报投稿的自由撰稿人的著作权,因为它把这些文章收入了诸如 Lexis/Nexis 之类的电脑数据库中。法院认为,这些数据库并不是最初发表这些文章的报纸版本的一个"修订版"(revision);相反,它们是从印刷纸媒介向电子媒介的一种转化(translation)。但是从

---

[8] 参见 Rochelle Cooper Dreyfuss, "The Creative Employee and the Copyright Act of 1976", 54 *University of Chicago Law Review* 590 (1987).

[9] 17 U.S.C. §201(c).

[10] *New York Times Co. v. Tasini*, 533 U.S. 483 (2001).

一个经济学的角度看,这个判决并不恰当。它必定导致收录完整的电子数据库变得更少;出版者由于未能找到作者或者其继承人,将不得不把许多较老的但仍然享有或者可能享有著作权的文章排除出去。该判决也增加了交易成本,但未明显提高作者生产出更多或者更好文章的激励。它为已发表文章的作者提供了一笔意外之财,但意外之财并不会产生激励。

将来的许可合同可能包含这样一项条款,授权《纽约时报》将作者的文章收入电子数据库中——正如它在该案判决之际已经达成的最近的一些许可合同那样——因为这样的条款使得交易成本最小化;但是,科斯定理表明,这样的条款对于作者的收入而言没有任何意义。如果《纽约时报》对于还没有创作出来的作品拥有其电子出版权,那么作者将为新文章而获得更高的预付款(upfront),因为该文章对于《纽约时报》来说价值更大了,而如果由作者拥有这些权利,他们也会通过该条款,将这些权利回售给出版者。无论采用两者之中的哪一种方式,作者都因为电子数据库是对其文章市场的一种增加而受到补偿。而且,在任一种方式之下,这些补偿都可能是微不足道的。大多数的报纸文章只具有极小的再版价值;它们是一种短时性(ephemeral)表达形式。那些具有再版价值的文章,通常是借助于作者的名声,从而更可能在作者本人或者他人的印刷纸介质的选集中,发现一个有利可图的出版市场,而不是在电子化格式中。如有必要,许多报纸文章的自由撰稿作家甚至会自己掏钱而让他们的文章收录到电子数据库中,因为这将是对他们作品的一种广告宣传。可以用来支持这种推测的事实是,发行量越大的报纸对其专栏作家通常并不会支付更高的稿酬。

在我们开始检验雇佣作品原理时所举的迪斯尼的例子中,假如每个受迪斯尼雇佣的艺术家都对其作品享有著作权,从而可以阻止或者延迟发表诸如电影或者漫画书之类涉及许多雇员的创造性工作的项目,那么,交易成本将会高到负担不起。意识到有些雇员拒不合作的问题,迪斯尼就会在该项目开始之前即获得独立的著作权;从而,法律一开始即把这些著作权让与迪斯尼,就减少了交易成本。这就把我们的讨论再拉回到VARA。如果作为个人雇员的创造性贡献是受到VARA保护的,而且既然迪斯尼对该雇员所贡献部分的使用可能对之构成修改、篡改甚至破坏，那么，迪斯尼将在事先就坚持要求艺术家放弃这些权利。或者，假设一个开发商委托艺术家完成一件大型雕塑作品，把它作为某一建筑项目的组成部分，而在该作品完成并安装之后，开发商要用圣诞节饰物来装饰该作品，但艺术家对此则认为是对作品的贬低。如果预见到会有这样的可能性，开发商当初委托艺术家创作该雕塑作品时，就会要求其签署一份有关放弃 VARA 权利的声明。把雇佣作品排除在 VARA 之外，就因而是一种节约交易成本的方法。

　　对 VARA 调整范围的另一项重要限制，涉及安装在建筑物中的作品，它们一旦被移动，就可能受到篡改或者破坏。VARA 规定，在该法律生效日（即 1991 年 7 月 1 日）之后被安装的作品，只要艺术家对于该项安装以及如果移动将导致作品篡改或者破坏的可能性均予书面同意，则该作品上就不存在任何的同一性保持权；或者，在该作品于法律生效日之前被安装的情形中，只要艺术家同意该项安装，作品即没有任何的同一性保持权。如果一个安装好了的作品能够被移动而不会受到篡改或者破坏，那么，艺术家将一直保留其同一性保持权，直到建筑物所有人通知他打算移动该作品，并且给予该艺术家合理的机会，由其自行承担费用将该作品移去。

　　假设有一建筑物所有人聘请一位艺术家，在建筑的入口广场创作一件位置特定的雕塑作品。尽管若作某种移动将破坏雕塑作品，但他们在合同中未就该雕塑被移动时艺术家享有哪些权利作出规定。后来有新的业主取得该建筑物，并且打算将其拆掉后，在原址重建一幢现代化写字楼。因为该雕塑家从来没有就其作品可能的破坏表示过同意，他就可能持这样的立场，即考虑到 VARA，要求新业主向其支付一笔数量可观的钱，以换取其同意该项目继续进行。而建筑物所有人可能主张该雕塑是一件雇佣作品，但我们已经看到，委托创作的作品并不必然构成雇佣作品。因此，对于我们上述所讨论的作品，建筑物所有人在委托创作时，就会要求艺术家出具一份放弃 VARA 权利的书面声明。如果这样的弃权声明被证明难以获得，那么，建筑物所有人就可能宁愿放弃将该艺术品安装在建筑物上，以避免将来引起法律问题。

　　VARA 保护艺术家的同一性保持权，所反对的只是那些有损其"名誉或者声望"的修改,并且只有当作品达到"被人认可的高度"时才反对将之破坏。这里的术语"名誉"(honor)与"声望"(reputation),是从欧洲的著作人身权法律中借用来的,虽然法律并无意图对之进行定义,但其预期含义还是相当清楚的。声望是关于他人如何评价某一个人的问题,而一位艺术家的声望,主要是关于艺术爱好者如何看待该艺术家的作品的问题。对艺术家声望的损害,就可能影响到其艺术品的价格,并且,当其仍然在从事艺术活动或者仍然拥有其部分作品的著作权或者所有权时,就会因此而影响其收入。名誉这个概念是与前者相关的,但还包括了自尊(self-esteem),并且并不必然具有金钱性含义。有人可能故意毁损一个不知名的艺术家的作品,这虽然没有对其造成任何财产性损害,因为该作品还没有任何市场价值,但却可能损害了该艺术家的自尊。[11] 最后,制定法中的术语"达到被人认可高度的作品"(work of recognized stature),被解释为只要某一作品的质量或者意义得到了最低程度的公众承认即可。[12]

二、著作人身权的经济学

著作人身权法的支持者们认为,这些法律创造了一种尊重艺术和艺术家的气氛,鼓励艺术家进行创作。其暗含之义是,这样的法律增加了受质量调整的艺术作品的数量。但这种推测没有任何证据。过去半个世纪中,在美国的艺术创新是大于在欧洲的,尽管欧洲在此时期存在著作人身权法律,而美国在很大程度上并没有这样的法律。[13] 经济学研究表明,虽然作者身份表示权并不如此,

---

[11] 关于一个较为怪诞的例子,参见 Taliferro v. Augle, 757 F. 2d 157 (7th Cir. 1985).

[12] 参见 Martin v. City of Indianapolis, 192 F. 3d 608 (7th Cir. 1999); Carter v. Hemsley-Spear, Inc., 861 F. Supp. 303 (S. D. N. Y. 1994),以其他理由而被撤销, 71 F. 3d 77 (2d Cir. 1995).

[13] David W. Galenson 与 Bruce Weinberg, "Age and the Quality of Work: The Case of Modern American Painters", 108 *Journal of Political Economy* 761 (2000),列出数据,说明自 20 世纪 40 年代晚期开始在美国艺术中掀起的创新浪潮。

但是把同一性保持权所带来的损害与收益相比,可能前者还要更大一些,并且从总体上讲,它在实践中可能阻碍了艺术的创作。[14]

作者身份表示权与反欺诈法、侵犯商标权的行为(以及反剽窃的规范)之间具有非常相近的关系,因此,该权利所寻求禁止的行为,大部分已经被法律所禁止[15],常常是通过民法以及刑法。例如,反欺诈法禁止贾斯珀·约翰斯(Jasper Johns)以外的人以约翰斯的风格创作一幅绘画,署上"贾斯珀·约翰斯"的名字,并企图将之冒充约翰斯的作品在市场中销售。而且,从一幅贾斯珀·约翰斯的原创绘画作品上去除约翰斯的签名,并以自己的名义将之销售,也将违反商标与反不正当竞争法,尽管这样的造假是不可能发生的,因为这将减少该幅画作的市场价值。在这些情形中,VARA即便对于艺术家已有之权利有所增加的话,那么这种增加也是极小的;而且,那些已有的权利不同于由 VARA 所创设的权利,前者并不随着艺术家的死亡而期满终止。

不过,作者身份表示权还是可以被用来阻止以下这一类"欺诈行为",它游离于传统反欺诈法的调整范围之外。假设他人以贾斯珀·约翰斯的风格画了一幅画,并署上"贾斯珀·约翰斯"的名字,但他的目的仅仅是为了在自己家中展示。这勉强算是在实施欺诈行为,因为他想欺骗亲戚朋友以及其他人相信他比实际情况更加富有、更有文化,从而博得声望与地位。他的行为就如同一个手头拮据的女人抹上与香奈尔 5 号相同香味的香水,以让人认为其生活富裕。但他也可能侵犯了著作权,这取决于他为了使其造假难以被人识破而复制了多少的约翰斯作品的艺术特征。但是,无论是约翰斯还是整个社会,都不会有太大的兴趣来阻止这种行为。

基于这些原因,我们毫不奇怪地发现,至今尚未发生过任何由

---

[14] 对著作人身权最全面的经济分析是在 Henry Hansmann 与 Marina Santilli, "Authors' and Artists' Moral Rights: A Comparative Legal and Economic Analysis", 26 *Journal of Legal Studies* 95 (1997);关于他们支持该等权利的论据,我们将在后面讨论。

[15] 参见 *Waldman Publishing Corp. v. Landoll Inc.*, 43 F. 3d 775 (2d Cir. 1994); *Robinson v. Random House, Inc.*, 877 F. Supp. 830 (S. D. N. Y. 1995)。

原告寻求实施作者身份表示权的案件。但当我们转到同一性保持权时,情况就大不相同了。诚然,正如我们就作者身份表示权所述,即使没有任何著作人身权法,仍然有其他的替代性方法来保护艺术家的同一性保持权——最为明显的是合同法(尽管还有我们在稍后马上要提到的著作权法)。一位艺术家如果担心其作品将来可能的修改,他就可以在最初的买卖合同中增加一个条款,赋予其对该作品将来的修改有权表示同意或者否定。但是,这样做存在两大不利条件。大多数艺术品的买卖合同是口头而不是书面的。[16] 为了保护同一性保持权,当事人将不得不承担额外的成本去订立书面合同。而且,一项关于著作人身权的条款对于该作品后来的买方来说,并无法律约束力,除非最初的买方将之又订入了与后来买方的合同之中,并且当后者再次出售时,亦同样处理。

无论如何,没有任何证据表明,在 VARA 或者作为其前身的州法之前,艺术品买卖合同中一般包含有著作人身权条款。有一些人是这样做的;埃罗·萨里南(Eero Saarinen)是设计芝加哥大学法学院大楼的建筑师,他在与该大学的合同中就加入了这样的条款,未经其同意不得对建筑外形进行改动。我们可以预期,这样的条款在建筑设计合同中比在其他艺术作品的合同中更为常见,因为完整的建筑物是建筑师做广告的一种实质形式;诚然,建筑物的所有人并不愿意达成这样的条款,因为建筑在完成之后再进行改动而带来的收益是相当可观的,出于同样的原因,建筑师将从这样的条款中获得比其他视觉艺术家们更大的收益,就是因为,一幅画或者一件雕塑的所有人想要对之进行修改的概率是非常低的。[17] 因此,VARA 没有涵盖建筑作品,看起来是令人奇怪的。但是,也许是因为只有极少数像萨里南这样的建筑师才称得上艺

---

[16] 在美国版权局举行的一次调查中,61%的调查对象称,在艺术品领域,口头合同比书面合同更为常见。*Waiver of Moral Rights in Visual Artworks: Final Report of the Register of Copyrights* (美国版权局,1996 年 3 月 1 日)(表 3.2)。

[17] 尽管并非为零。那些为修复一幅图画所付出的努力,就可能涉及被艺术家或者其他人视为有害的修改;而且曾经有一段时期,绘画和雕塑作品的所有人常常通过在其上添加无花果叶片的方式来修改这些作品。

术家,也许是房地产行业(开发商与建筑物所有人是 VARA 类案件中主要的被告)具备足够的政治影响力,来阻止将建筑设计纳入该新法之中。

在前 VARA 时期,就 VARA 所涵盖的视觉艺术作品而订立的买卖合同中通常是没有著作人身权条款的,这意味着,这样一项条款对艺术家而言的预期收益,低于以下各项成本之和,即起草该条款的成本,监督执行该条款的成本,以及买方为放弃在将来无须艺术家同意即可修改甚至破坏该作品之选择权而要求的降价;而且,此种合同条款无论如何都是作用有限的,因为它难以约束后续的购买者。但是,因为对 VARA 的合同性替代方案是不完全的,所以,在艺术作品买卖中没有著作人身权条款,并不必然成为证据,证明该等条款对艺术家而言无甚价值。

对该问题的部分解释,是在美国版权局于 1994 年就 VARA 的弃权条款的实施情况所作的调查。[18] 如果著作人身权所带来的成本大于它们的收益,我们将预期艺术家们会随着 VARA 的通过而放弃这些权利。该项调查表明,73%的被调查者是意识到 VARA 的,但这种意识与以下因素无关:该艺术家是由一位经纪人代表还是由一家画廊代表,他从艺术品中所获年收入大于还是小于 2.5 万美元,他是否曾经受委托创作过艺术作品,以及他是否生活在一个本身存在著作人身权法律的州。[19] 只有 17%的被调查者看到过弃权条款,尽管 23%的被调查者表示认识这样的艺术家,他们曾经被要求放弃著作人身权。[20] 在那些看到过弃权条款的人当中,13%的人相信这样的条款是例行公事般被包含在艺术家们的合同中的——不过请记住,大多数此类合同是口头的,而对著作人身权

---

[18] 美国版权局在全国范围内邮寄了 6800 份左右的调查问卷,被调查者包括视觉艺术家、艺术方面的律师、经纪人和其他视觉艺术领域的工作者;有 1061 位个人回答了问卷,其中的 955 人把自己归入《著作权法》意义上的视觉艺术家。*Waiver of Moral Rights in Visual Artworks: Final Report of the Register of Copyrights*,前揭[16],第 126、131 页。其中的某些问题被指示仅仅由视觉艺术家作答,而其他被调查者不答。

[19] 同上揭,第 133 页(表 2)。

[20] 同上揭,第 134 页(表 3.1)。

的放弃必须采取书面形式方为有效。只有 8% 的被调查者实际放弃过著作人身权,虽然有 39% 的被调查者相信这样的条款是被包括在委托作品的合同之中的。[21] 13% 的人称,他们因为合同中包含这样的条款而拒绝订立合同,而在那些在以往放弃过著作人身权的人当中,只有 25% 表示今后还将这么做。[22]

因为对该调查的响应度非常地低[23],这就让我们对于能否从中得出有力的推论而犹豫再三;但它确实提供了某种证据,说明许多艺术家是珍视他们根据 VARA 而可享有的权利的。但这是令人费解的,如果考虑到在该制定法通过之前著作人身权条款的阙如,并且考虑到一位艺术家如果保留其作品中的著作权,则只需实施其著作权,即能够保留大多数由著作人身权法的同一性保持权所赋予的相同的权利。因为著作权包括了制作和授权他人制作演绎作品的排他性权利,所以,未经艺术家同意而对一个表达性作品进行重大歪曲、篡改或者修改,均属于对其著作权的侵犯,因为这就属于未经许可而创作演绎作品的行为。[24] 我们在第 4 章中已经解释过,把制作和销售演绎作品的控制权交给原始作品的著作权所有人,这在经济学上是很有道理的;而在第 8 章中,我们在讨论有关拥塞外部性难题时亦指出,由于这种控制权,著作权人就能够防止该作品的非授权版本,后者可能因其质量低下而减少了对原始作品的需求——这是一个与有关著作人身权的问题相重叠的观点。与 VARA 权利不同,著作权中的排他性复制并不随着著作权人死亡而期限届满;事实上,根据现行法律,有著作权的作品是在其作者死亡时,才开始起算一个长达 70 年的著作权保护延长期。

但是,在艺术作品的著作权随作品本身一并转让的情形中,

---

[21] 同上揭。
[22] 同上揭,第 136 页(表 4.1)。
[23] 大约为 16%。参见前揭[18]。
[24] 参见 *Ty, Inc. v. GMA Accessories, Inc.*, 132 F. 3d 1167, 1173 (7th Cir. 1997); *WGN Continental Broadcasting Co. v. United Video, Inc.*, 693 F. 2d 622, 626 (7th Cir. 1982); 比较 *Gilliam v. American Broadcasting Cos.*, 538 F. 2d 14 (2d Cir. 1976). 但请参见 Brian T. McCartney, "'Creepings' and 'Glimmers' of the Moral Rights of Artists in American Copyright Law", 6 *UCLA Law Review* 35, 43—52 (1998), 对此持怀疑态度。

VARA 还是有意义的。《著作权法》关于演绎作品的规定并不能阻止对某一视觉艺术作品的故意破坏,而 VARA 将阻止对那些达到被人认可高度的作品的故意破坏——虽然要判断这究竟起着多大的作用,仍有一定难度。对于一件达到"被人认可高度的"作品,其所有人就极少会想着去破坏它,尽管这取决于"被人认可高度的"门槛设置得有多低,而且我们很快将看到,法院的倾向是将之设置得非常低。

亨利·汉斯曼(Henry Hansmann)与玛丽娜·圣蒂利(Marina Santilli)曾经提出如下的经济学论据,来支持那些不能为传统著作权法所包括的著作人身权。[25] 他们指出,一件艺术作品的价值部分地取决于艺术家的声望,而声望是由他的全部作品来加以体现的,其中每一件作品在事实上都是其他作品的一个广告。[26] 对它们当中某一件作品的篡改,就会因此而对该艺术家施加一种成本,而这对于篡改者来说却是一个外部成本(假定他已经合法取得该作品,因此不可能以盗窃或者恶意损坏之名义而惩罚他)。著作人身权法就将导致这种成本的内部化。但是,用另一种方式来看,破坏或者篡改某一件单一作品将减少该艺术家作品的有效供给,而这样做与其说减少了他现有的其余作品加上今后所创作作品的价值,毋宁说是增加了它们的价值。并且,只要人们知道并不是作为艺术家的他实施的,或者宽宥了这种篡改,那么,该篡改行为所表明的无非就是,至少有一个人极度不喜欢该艺术家的作品或者想要使之受到嘲弄——而阻止这一篡改行为就好比是禁止滑稽模仿。固然,滑稽模仿并没有改变被滑稽模仿的作品,而对作品的篡改则改变了作品本身。但是,如果对于那些想通过焚烧美国国旗

---

[25] 参见前揭[14]。

[26] 关于作者身份的情形有一个类比,即作者与出版者之间的典型合同,其中,只要出版者继续销售该图书,作者就有获取版税的权利。这种合同形式就给作者一个额外的激励,要让他后来的图书写得更好,而出版者通常将为获得这些图书的优先出版权而与作者进行谈判,以便提高其流行度,从而增加以前所出版图书的销量,因为他在这些图书上仍然可获取版税。参见 Ruth Towse, "Copyright and Economic Incentives: An Application to Performers' Rights in the Music Industry", 52 *Kyklos* 369 (1999)。

来批评合众国政府的人,认为他们享有宪法权利,可以这么做,那为什么艺术家们就应当被免于受到这种形式的批评呢?[27] 要说有什么区别的话,采取改变其外形的形式,看起来正是一种对视觉艺术作品特别适合的批评。文字作品引来文字性的滑稽模仿,而一个视觉作品则招致视觉性的滑稽模仿。

一个可能的回答是,艺术作品通常是独一无二的,而美国国旗却有成百上千万的复制件。假设有一位富有的收藏家购买了一幅名画,但在购买时并没有显示其篡改之意图。掩盖其意图就可能使他以某一个价格购买此作品,而其支付的该价格不及那些珍视该作品并将之保存为非篡改状态的人的支付总意愿。其结果就将减少总福利。但是,这样的情形太罕见了,不足以说明为了防止此类情形发生而创设并保持一个复杂法律体系(带有不良的副作用)的正当性。而且,在刚刚所述的问题与VARA之间存在着一种不匹配,因为后者对于在该艺术家死亡之后才发生的篡改行为,并没有提供任何法律救济。我们还是坚持在此前提过的一个观点,即使没有VARA修订案,著作权法本身就为著作人身权提供了某种保护;认为由VARA所增加的盈余能够与成本相适应的看法,令人怀疑。毫不奇怪的是,汉斯曼和圣蒂利最初认为著作人身权总的说来还是有效率的,但最后还是审慎地收回了他们的主张。

三、案件

我们对著作人身权法律的社会价值所持的怀疑态度,因VARA名下的判例法而得到了强化。值得注意的是,目前为止只有6个判决涉及被告是否违反VARA,尽管还有其他少数几个案件作出了判决,但未就该问题作出裁判。诉讼案件的偏少就是一个证据,说明著作人身权对于大多数艺术家来说很少有什么价值。如果要说这个证据不是决定性的,那么唯一的理由就在于,大多数案件是以和解结案的。但是,在一个新的法律领域,由于还没有任何

---

[27] 当然,这里假定该人拥有他所烧的那面旗子;同样的但书,亦适用于破坏或者篡改某一件艺术作品的情形。

司法先例可以指导当事人预测如果不进行和解会是什么诉讼结果，所以，案件的和解率不太可能会有如此之高。我们也就能够找到5个有新闻价值的涉及著作人身权的纠纷（除了那些被判决的案件），而它们中的大多数又发生于美国的著作人身权法律实施之前。[28] 此类纠纷发生不多，这一点并不令人奇怪，因为自利动机就为艺术品所有人提供了一个强大的激励，不要对之加以篡改或者破坏。

除一起案件外，所有已经得到判决的案件都涉及财产所有人与雕塑家之间的纠纷。而且，只有在一起案件中，艺术家是胜诉的，尽管在本书写作时，另一起案件尚未最终解决。所有案件均涉及相对不知名的艺术家（有两起案件是例外），他们创作了大型的雕塑作品或者特定位置的作品，但这些作品由于新的建设或者修复而可能或者实际受到了损害甚至破坏。艺术家越是有名，他的作品就可能越值钱，从而就越不可能吸引作品的所有人作出将之破坏或者篡改的选择。而对于绘画和其他尺寸较小的作品，当有任何行为可能危及它们时，将它们从这些危险中移开所带来的价

---

[28] 主要的争议有：(1) 一个黑白两色的巨型考尔德（Calder）活动雕塑，于1958至1978年间被安装在匹兹堡国际机场圆形大厅内，后被重新画上绿色和金色——阿勒格尼县（Allegheny Country）的颜色——并且被装上发动机，使之按固定的时间间隔转动。(2) 戴维·史密斯（David Smith）的遗产受托人，也是著名的艺术批评家克莱门特·格林伯格（Clement Greenberg），在史密斯死后将史密斯的6件雕塑作品刮去颜料，因为他相信这将提高它们的美学价值和市场价值。(3) 陈列在纽约的东京信托银行大堂内的一件野口勇（Isamu Noguchi）的雕塑作品，于1980年被移走、切成小块后遭到破坏。(4) 迭戈·里维拉（Diego Rivera）于1933年在洛克菲勒中心创作了一幅大型壁画，包括在中央附近的一个列宁肖像以及人们手执红旗列队经过列宁墓——这些元素并非里维拉的原始构想的组成部分。里维拉拒绝将列宁的头部换成亚伯拉罕·林肯的(!)。业主将此壁画暂时覆盖起来，后将之毁坏。(5) 里查德·塞拉（Ricard Serra）的放在特定位置的雕塑"倾斜的弧"（Tilted Arc）被人从下曼哈顿的联邦广场那里迁走，因为人们抱怨该雕塑对安全构成威胁，并且阻碍了对该空间的娱乐使用。例1至例3引自 *Waiver of Moral Rights in Visual Artworks*，前揭［16］，第2章。例4采自 Walter Robinson, "Art and the Law: 'Moral Rights' Comes to New York", *Art in America*, 1983年10月，第9页。例5就是如下案件，*Serra v. U. S. General Services Administration*, 847 F. 2d 1045 (2d Cir. 1988).

值都可能大于由此产生的成本。

Carter v. Helmsley-Spear, Inc. 案[29]是这些案件中最有名的。以"3J"(Three-Js)而闻名的艺术家们创作了一尊巨大的大厅雕塑,放置在纽约市皇后区(Queens,又译昆斯区)的一座商业建筑内,它使用了包括一辆学校巴士在内的超过 50 吨的回收材料。尽管艺术家们已经为此工作了 3 年以上,但该作品从来就没有完成过。由于该建筑原始业主的违约,导致管理层发生变动,而新的管理层把这些艺术家驱赶出建筑,后者则担心管理层破坏该雕塑,遂根据 VARA 寻求一项禁制令。地区法院作出了对艺术家有利的判决,但上诉法院又撤销了一审判决,并认定该雕塑属于雇佣作品。尽管艺术家们在诸如设计、色彩与风格等事项上拥有完全的权限,但该建筑的管理层却在作品的摆放位置与安装方面保留了权限;艺术家们按每周 40 小时计算领取周薪,已经拿了 3 年,并且还接受失业与健康保险金(其中有两位艺术家在新管理层将其解雇后起诉,要求获得失业保险金);而薪资税与社会保障税已从他们的周薪支票中扣缴。但是,这样的判决结果还是有疑问的。3J 与该建筑原始业主所签订的合同中明确规定,由前者保留该作品的著作权,这就意味着双方当事人都没有把该雕塑当作一件雇佣作品。

English v. CFC & R 11th Street LLC 案[30]涉及一组彼此相关的艺术品,包括雕塑和壁画,它们被安装在纽约市东 11 大街的一个社区公园内。一项经由规划的开发项目涉及对雕塑的移动,但壁画原地不动,尽管这样一来就会阻挡壁画的景观。艺术家们声称,他们的作品是联合一体的,这项规划开发项目对其作品构成篡改。在决定该作品究竟是一个单一的作品还是一个达到被人认可高度的作品之前,法院就判决,VARA 不可适用于本案,理由是,该艺术品是被非法放置在他人财产之上的。以往的所有人(纽约市)从来就没有授权艺术家们把他们的作品放于该地点,尽管它被

---

[29] 71 F.3d 77 (2d Cir. 1995).

[30] 1997 WL 746444 (S.D.N.Y. 1997),维持原判,1999 WL 822525 (2d Cir. 1999)(法庭全体同意)。

放在那里已有许多年头了,而该市亦没有将之搬走的意图。法院担心,如果作出对原告有利的裁决,就使得艺术家们有权通过在建设场地粘上涂鸦之作[31]的方式来冻结房地产的开发。原告则主张,这是一个敌意占有(参见第1章)的变换形式——由于未对他们的安装表示反对,纽约市已经丧失其要求移去该艺术品的权利。一旦接受这样的主张,就将迫使纽约市要么承担高昂的成本,在它的许多空地上不间断进行巡查,要么承认一种"占地者权"(squatters' rights)的形式,而这将损害其财产权利。更有效率的做法是,由艺术家们承担责任,从该市获得明示同意,允许其使用该财产。

在 *Pavia v. 1120 Avenue of the Americas Associates* 案中[32],原告的大型青铜雕塑作品由4座立姿造型组成,1963至1988年被展示于纽约的希尔顿酒店大堂中。原告保留该作品的所有权和著作权。1988年,该酒店所有人将此雕塑作品移走,并将其中两座放入储藏室,而保留的其余两座,展示于停车库中。既然艺术家保留了该作品的所有权,法院就判定他根据VARA而享有权利,即使这些作品是在该法律生效日之前所创作的。但法院最终还是驳回原告的诉讼请求,因为该篡改行为也是在该法生效日之前发生的。还存在进一步考虑余地的是,在原告起诉状中关于其被篡改作品的展示问题。VARA并不包括展示权,但纽约州的著作人身权法包括了此项权利,因此法院认定,原告是根据该法律而提出的一项有效的诉讼请求,而该法并未被联邦制定法所取代。

在 *Martin v. City of Indianapolis* 案中[33],作为城市改造项目的一部分,被告破坏了原告的一尊高达40英尺的室外雕塑。当该雕塑于1986年安装时,就被设计成一种可拆卸和可移动的方式。请记住VARA的规定,一个作品如果是在该法律生效日之前所创作,则除非向该艺术家发出一个关于马上就要进行破坏的通知并且给予其自费移走该作品的机会,否则不得将之破坏。尽管

---

[31] 在此情况下,至少涂鸦之作不能纯粹是文字的,因为我们稍后将看到,如果是文字性的,就可能并不属于视觉性作品,从而将被排除在VARA的调整范围之外。

[32] 901 F. Supp. 620 (S.D.N.Y. 1995).

[33] 192 F. 3d 608 (7th Cir. 1999).

存在着某种官僚主义的混乱,艺术家还是得到了通知,但并没有给予其足够的时间来移走作品。法律责任还取决于该作品是否达到被人认可的高度,但对于这一点,法院认为,原告通过提交当地报纸和杂志中关于该作品描述的文章,就已经完成了举证责任。在本案中,既没有任何专家证言提出证明,也没有关于该作品或者雕塑家的任何批评性文章。反对意见则提出,关于"达到被人认可的高度"还必须提供更多的证据,因为否则的话,艺术作品的购买人实际上将在所有情形中,均必须从一开始或者在将来面临违反该制定法的风险时,即获得有关 VARA 的弃权声明,因为该作品尽管在被委托创作时尚默默无闻,但在后来还是能够达到必需的被人认可的程度。[34]

Flack v. Friends of Queen Catherine Inc. 一案[35]还是涉及纽约市的另一尊雕塑。雕塑家奥德丽·弗莱克(Audrey Flack)受一群当地拥护者即"凯瑟琳王后之友会"(Friends of Queen Catherine,在判决意见中被简称为FQC)之托,设计一尊柏干察的凯瑟琳(Catherine of Breganza,17 世纪的一位葡萄牙公主与英格兰王后)的纪念雕像,以安装于纽约市的皇后区,因为凯瑟琳王后对于该区具有某种莫名的意义。后来当人们发现凯瑟琳及其家族曾经从奴隶贩运中牟利时,该项目就被取消了。但此时弗莱克已经完成了该雕像的一个 35 英寸高的泥模型,而在有关取消该项目的吵闹中,该泥模型的头部被置于室外并且受到了损坏。FQC 是该雕像的所有人,并且还想继续把它铸造成青铜像,所以就聘请了另一位雕塑家对面部重新雕塑。弗莱克指控该雕塑家构成重大过失,而且制造了"'一个被歪曲、篡改的模型',其中……鼻子、鼻孔、眼睛以及嘴唇不对等,而且大小也不对"。[36] 法院否定了对 FQC 有利

---

[34] 比较 Carter 案,前揭[29],其中,著名艺术批评家希尔顿·克雷默(Hilton Kramer)提出了对被告有利的证明,并称该作品没有任何价值,也未达到任何被人认可的高度。他的论据所由建立的事实是,没有任何文献提及该艺术家或者该雕塑作品。但法官拒绝了克雷默的证言,理由是克雷默对所有的现代艺术均抱有敌意!

[35] 139 F. Supp. 2d 526 (S.D.N.Y. 2001).

[36] 同上揭,第 530 页。

的简易判决,而是裁定,如果弗莱克能够证明接替她的雕塑家构成重大过失,则其有权阻止FQC将修改后的头像用青铜进行铸造。作为该项裁定的一个预备程序,法院认定这个泥模型是一件具有其自身权利的艺术作品,即使它只是被打算作为铸造青铜像的模子。正如法院所指出的,这个由知名雕塑家所制作的泥模型作为一件艺术作品而被艺术界所接受。而一个更为直截了当的观点是,尽管该青铜铸像将并非由弗莱克亲自做成,但是,从指定给VARA的最合情合理的意义上,毫无疑问它将属于"她的"创作。她将拥有其上的著作权,从而,篡改行为就侵犯了她的同一性保持权。

最后,*Pollara v. Seymour* 案[37]涉及一幅大型的"抗议"壁画(实际上是一幅画——因为它并不是画在墙上的),用法院的话来说,它"描绘了各种不同种族与社会经济地位的程式化人物,呈一条直线站在法律事务所关闭的门外。该壁画还包含如下短语,'行政预算威胁律师权利'与'保护律师权利'"[38]。该壁画未经许可而被安装于奥尔巴尼(Albany)的一幢州政府大楼中,但当天晚上即被政府雇员给移走了;在移动过程中,壁画受到了严重损坏。法院认为,由于该作品"只被打算用作一次性事件中的一块展板",并且"该艺术家从来就没有任何保留其作品以备将来展出的意图",所以该作品缺乏法律所要求的"高度"。[39] 更简单地说,既然艺术家本人并不打算将其作品持久保存,那么,对它的损坏并没有给她造成损害。被告似乎并不打算将该已经损坏的壁画继续进行展览。在移出大楼后,它就交还给了艺术家。

在被指控违反了VARA但没有根据该法进行裁判的案件中,有一起案件成了 *Pollara* 案的一个有趣的书挡(bookend)。* 一位名叫蒙卡达(Moncada)的艺术家声称,当一个叫林恩·鲁宾(Lynn Rubin)的画廊老板把该艺术家所画的壁画《我是最好的艺术家,勒内》从位于该画廊对面索霍区(Soho)的一座建筑上移走时,艺术家

---

[37] 206 F. Supp. 2d 333 (N.D.N.Y. 2002).
[38] 同上揭,第335页。
[39] 同上揭,第336页。

* 喻两案存在相同之处,因为书挡一般是成对的。——译注

试图对此录像,但鲁宾企图殴打他。[40] 法庭上唯一的问题是,被告的责任险保单中是否包括了故意侵权,但是,该案件的事实却提出了可能在将来的 VARA 纠纷中产生的有趣的问题。第一,该壁画是否属于视觉艺术作品;与 *Pollara* 案的壁画不同,它全部所包括的就是原告的签名以及宣扬其艺术技巧的单独一句话。如果这是一件视觉艺术作品,那么其他显然不受 VARA 保护的书写文字,比如一份学生家庭作业或者一首诗,又如何与之相区别呢?不可否认,文字可以成为一个完整的并因而受到保护的视觉作品的组成部分。其中一个有名的例子,就是普桑(Poussin)的同名绘画作品中的那个短语"Et in Arcadia Ego"*;这些文字是被画在该图所描绘的一块墓碑上的。在某些抽象艺术(non-representational art)〔以及甚至在某些现代的具象艺术(representational art),比如超现实主义艺术〕中,即若标题,尽管它并没有包括在该绘画本身"之中",仍可能是一个完整的部分,因为它设定了一个观看该绘画的基调。这样的例子有,皮特·蒙德里安(Piet Mondrian)的"百老汇爵士乐"(Broadway Boogie Woogie)以及弗兰克·斯特拉的"马拉喀什"(Marrakesh)、"高举旗帜"(Die Fahne Hoch)。虽然并不必然得出,所有的涂鸦都是视觉艺术作品;但是,回到阿瑟·丹托以及我们在第 9 章中关于后现代艺术的讨论,我们也许将不得不承认,检验什么是艺术的唯一标准,就是那些被承认为是艺术的东西,而蒙卡达的壁画可能就通过了这种检验而被认为是视觉艺术作品。

  第二,尽管有承租人可能授权蒙卡达绘制该幅壁画,但没有任何证据显示,该建筑的所有人曾经这样授权过。如果承租人的授权就足以使 VARA 权利成立(当然不应当是这样的),那么 VARA 可能就保护了数量无限的、对其公寓外墙进行装饰的涂鸦艺术家和信手乱画者;因此,对全纽约市进行清洗与重新粉刷就将面临着

---

〔40〕 *Moncada v. Rubin-Spangle Gallery, Inc.*, 835 F. Supp. 747 (S. D. N. Y. 1993).

  * 指 17 世纪法国著名画家尼古拉·普桑(Nicolas Poussin)的代表作《阿尔卡迪的牧人》。在这幅画中,三男一女四个牧人正在辨认墓碑上的拉丁文:"Et in Arcadia ego"。——译注

违反 VARA 的风险(尽管如果清洗与重新粉刷构成对涂鸦的破坏,而不仅仅是修改的话,那么该"艺术家"要表明这是一件达到被人认可高度的作品,也将面临困难)。这与 Pollara 案中的问题也不同,因为正如法院在该案一个较早期的判决意见中所指出的,原告起诉的不是壁画被从政府大楼里移走了,而是在移动过程中对它造成了损坏,并且它本来是可以不受损坏地被移走的,因为它尽管被称为"壁画",但毕竟还没有被固定在墙上。[41]

第三,即使原告能够表明,该壁画是一件获得了法律认可的视觉艺术作品,他仍然必须表明,该作品达到了被人认可的高度,但考虑到它的纯粹文字性的特征,这又将是困难的——不过,考虑到我们此前有关艺术作品认定标准的观点,谁知道结果又会如何呢?

尽管我们的样本[更准确地说,是我们的论域(universe)]比较小,但我们还是能够从中得出一些东西。这些案件表明,VARA 纠纷可能只限于那些不予毁损或者破坏就不可能移动的视觉艺术作品;这些作品不可能是著名艺术家的具有较高价值的作品;法官并不情愿以阻碍发展为代价来保护艺术。我们也可以想象到,为从艺术家那里获得弃权声明而付出的成本,也将妨碍博物馆与画廊展出那些不予破坏就不可能移动的安装艺术品,并可能妨碍财产业主委托创作那些将安装在室外场所、厅堂以及建筑物中的作品。而且,这类案件在数量上如此缺乏,表明 VARA 并没有填补在法律责任空间中的某个裂开的大口子。这似乎并不是因为该制定法如此明确,或者对违法行为的惩罚如此严厉,以致于可以马上做到让人们完全遵守该法律,从而避免诉讼。

按照州的著作人身权法所发生的诉讼案件也是极端缺乏的,这就加强了从 VARA 案件的数量缺乏所得出的推论。固然,这些州法中的许多条款因 VARA 的优先效力而被废除了,但即便在此之前,这类案件也是相当罕见的。我们在此提及两个案件。在 *Wojnarowicz v. American Family Association* 案中[42],原告创作

---

[41] *Moncada v. Rubin-Spangle Gallery, Inc.*, 835 F. Supp. 747 (S. D. N. Y. 1993).

[42] 745 F. Supp. 130 (S. D. N. Y. 1990).

了一系列的绘画和其他艺术品,目的是"为了让人们注意艾滋病给同性恋群体所造成的破坏"[43]。被告是著名的反同性恋活动家唐纳德·怀尔德曼(Donald Wildmon)以及他所加入的一个协会,他们复制了原告作品中最明显的性表示和招人反感的部分(比如关于耶稣基督把皮下注射器针头插入手臂的一幅图像),将之制成小册子广为散发,并谴责展览原告作品的联邦基金。法院正确地把该小册子称为演绎作品,但认定它受到合理使用抗辩权的保护,却又进而判决被告违反了纽约州的著作人身权法。这样一份判决就在宪法第一修正案的价值与滑稽模仿案件的原则之间制造了紧张。篡改可以成为批评的一种潜在形式,正如马塞尔·杜尚在《蒙娜丽莎》的一张照相上画一撇小胡子,从而对那种庄重严肃地看待经典艺术作品的态度开了一个玩笑。另一个案件是 Botello v. Shell Oil Co. 案[44],它涉及在建筑物被拆毁时破坏了其中所附着的原告的壁画,尽管有证据表明,该壁画本来是可以不加损坏地被移走的。法院判决的唯一争点是,这幅壁画是否事实上就是一件"原始绘画"。

在宪法第一修正案的价值与知识产权法律之间的紧张,并不仅限于著作人身权领域。那些支持滑稽模仿、图书评论和其他批评性作品的广义上的合理使用抗辩的情形,又因了这些价值而得到强化。我们在本书中并不讨论宪法第一修正案,尽管在第 4 章中我们引用了杰德·鲁宾菲尔德(Jed Bubenfeld)的一篇文章,该文主张第一修正案导致那种由著作权所有人控制演绎作品的规则归于无效。但是,应当注意的是,即使在表达自由上没有任何的宪法性保护,言论的社会价值仍将影响到知识产权法的制度安排,正如它在大家都认为宪法第一修正案对该法律设定了限制之前很早所做的那样。

---

[43] 同上揭,第 133 页。
[44] 229 Cal. App. 3d 1130 (1991).

四、对州著作人身权法的一个实证分析

如果按前面的讨论所表明的,著作人身权法并没有让它所意图保护的那个团体即艺术家们受益,那么,这样的法律为什么能够获得通过呢?我们对 VARA 通过之前由 9 个州所制定的著作人身权法进行实证分析,借此而试图来回答这个问题。[45] 我们运用 1980 年至 1990 年的横截面数据(cross-sectional data),探究可能对这些法律的通过产生影响的因素,并且检验这些法律对于艺术家收入、艺术家决定居住地以及各州艺术机构拨款的影响。该分析还将为 VARA 的可能效果提供进一步的观察,尤其是引导我们修正在之前得出的结论,即著作人身权法并不符合艺术家的利益。

表 10.1 对我们在实证分析中的变量进行定义,并且提供了这些变量在通过了著作人身权法的 9 个州和那些没有通过该等法律的其他州(加上哥伦比亚特区)的平均值。"艺术家"这个范畴包括了画家、雕塑家、手工艺人、版画制作人以及摄影师。有关艺术家的数据采自美国人口普查局,只有在该人以此为主业时才将其标称为艺术家。它排除了设计师(他们是艺术家的 3 倍之多,但不可能制造出受著作人身权法调整的作品)和从事高等教育的艺术类教师(包括美术、戏剧和音乐教师)。摄影师在"艺术家"的范畴中约占 40%。

表 10.1 表明,那些制定了著作人身权法的州,人口较多,生活在都市区的居民的比例较大,人均收入较高,大学毕业生的人口比例也较高,州与地方政府的人均开支较高,对州艺术机构的人均拨款较高,而且艺术家相对较多和收入较高。对这些平均值进行比较就表明,那些更大、更富并且具有更多受过高等教育人口的州,就拥有相对较多的艺术家,并且更可能制定著作人身权法。

---

[45] 参见前揭[1]。

表 10.1　各变量的定义及其在 1990 年的平均值

变量名称	变量的定义	无该法的州	有该法的州
POP	州人口(百万)	3.92	9.24
INCOME	州的人均收入(1000 美元)	$22.49	$26.90
METRO	州人口中生活在都市区的百分比	60.7	83.7
COLLEGE	州人口中大学毕业生的百分比	12.8	13.9
ARTEXP	州艺术机构的人均拨款	$1.33	$1.87
GOVEXP	州与地方政府的人均开支(1000 美元)	$2816	$2946
APC90	1990 年每 1000 人中的艺术家	1.34	1.60
AEARN	艺术家(全职与兼职)的平均年收入(1000 美元)	$21.21	$25.77
MR	若一州有著作人身权法,则为 1,否则为 0	42 州	9 州
MREDST	若一州有著作人身权法,禁止故意或者有意破坏一个作品,则为 1	47 州	4 州

数据来源:(以下角注是指 1980 年和 1990 年。)$POP_{80\&90}$、$METRO_{80\&90}$、$ARTEXP_{90}$ 与 $GOVEXP_{90}$ 引自《美国统计概览》(*Statistical Abstract of the United States*)(以下简称《统计概览》,1992 年)的表 27、33、402 和 462;$ARTEXP_{80}$、$GOVEXP_{80}$ 引自《统计概览》(1981 年)表 488 和 40;$COLLEGE_{80\&90}$ 引自《统计概览》(1995 年)的表 242;$INCOME_{80\&90}$ 引自《统计概览》(1997 年)表 706;$APC_{80\&90}$ 引自 Diane C. Ellis 与 John C. Beresford, *Trends in Artist Occupations: 1970—1990*(1994),表 A-14、15;$ARTINC_{90}$ 引自 http://govinfo.library.orst.edu/cgi-bin/sstf22-list?rjob=B29&radi=&table=5&rloc=X001。

注:平均值是指 1990 年的。

收入、拨款和开支数据是按 1999 年美元计算的。

艺术家包括了画家、雕塑家、版画制作者和摄影师。艺术教师和设计师是另外单独的人口统计类别,并不包含于艺术家种类。

艺术家收入的数据中不包括摄影师的。

有著作人身权法的 9 个州是加利福尼亚州(1979 年)、康涅狄格州(1988 年)、路易斯安那州(1986 年)、缅因州(1985 年)、马萨诸塞州(1984 年)、宾夕法尼亚州(1986 年)、新泽西州(1986 年)、纽约州(1984 年)和罗德岛(1987 年)。

我们利用多重回归分析(multiple regression analysis),检验这些差别是否具有统计上的显著性,能否推断出在这些变量之间存在着任何偶然联系。在表 10.2 的式(2.1)与(2.2)中,应变量是 1990 年艺术家的平均年收入(AEARN)。如果该州在 1979 至

1987 年间制定了著作人身权法（MR），则其名义变量取值为 1，否则取值为 0。若其他方面保持不变，我们预期著作人身权法的通过就减少了需求，并因此减少了艺术家的收入。式(2.2)包括了第二个著作

表 10.2 州著作人身权法的回归分析

（圆括号内是回归方程编号与 t 统计）

自变量	$AEARN_{90}$ (2.1)	$AEARN_{90}$ (2.2)	APC_{90} (2.3)	$ARTEXP_{90}$ (2.4)	MR (2.5)
INC_{90}（1000 美元）	0.601	0.679	−0.014	0.060	−0.001
	(2.87)	(3.19)	(1.48)	(0.67)	(0.03)
$METRO_{90}$	3.387	3.350	−0.122	1.581	0.006
	(1.17)	(1.18)	(0.87)	(1.20)	(1.55)
$COLLEGE_{90}$	−23.404	−23.508	4.626	−14.02	1.703
	(1.05)	(1.07)	(3.76)	(1.16)	(0.27)
POP_{90}（百万）	0.139	0.165	−0.003	−0.052	0.000
	(1.52)	(1.79)	(0.59)	(1.22)	(0.96)
$GOVEXP_{90}$ （1000 美元）	—	—	—	0.051 (0.15)	—
$ARTEXP_{90}$	−0.078	−0.140	0.002	—	—
	(0.28)	(0.51)	(0.11)		
MR	0.510	1.458	0.118	−0.170	
	(0.44)	(1.11)	(1.94)	(0.32)	
MRDEST	—	−2.856	—	—	—
		(1.47)			
APC_{90}	—	—	—	1.537	—
				(2.35)	
APC_{80}	—	—	0.977	—	−0.174
			(11.14)		(0.51)
$AEARN_{80}$	0.055	0.020	—	—	−0.0005
	(0.47)	(0.17)			(0.05)
$ARTEXP_{80}$	—	—	—	0.469	0.024
				(1.94)	(0.46)
Constant	6.615	5.892	0.167	−1.530	—
	(2.24)	(1.99)	(1.10)	(1.15)	
R^2	0.57	0.59	0.90	0.40	0.24
n	51	51	51	51	51

注：方程式(2.5)对 INC、METRO、COLLEGE 与 POP 变量取 1980 年的值，尽管在变量定义栏所显示的是 1990 年的值。

人身权的名义变量（MRDEST），当某一州的法律同时还禁止故意

破坏艺术作品时,则其值为1,否则为0。MRDEST 被预期也有一个负号,因为在法律中增加这样一项条款,就会使人们更多地运用弃权声明,从而在艺术品市场中导致更高的交易成本。另外的自变量是州的人均收入(INC),生活在都市区的居民比例(METRO),大学毕业生的比例(COLLEGE),人口规模(POP),以及对州艺术机构的人均拨款(ARTEXP)。我们预期这些变量与艺术家的收入是正相关的,因为对艺术品的需求大概就是收入、教育、城市化(因为城市吸引了更多有修养的人)和对艺术的公共支持的一个正函数。

式(2.1)与(2.2)也把艺术家收入的滞后(1980年)值作为一个自变量包括在内,目的是使这些收入上的(州际间的)差额保持不变,而这些收入与1980年至1990年间著作人身权法的通过无关。因为如果某一州的艺术家收入越高,就越可能制定这样的法律,那么,从 MR 变量上的一个正的回归系数中,推导出这些法律增加了艺术家的相对收入就是错误的。因果关系将更可能是倒过来的——即由于较高的收入而导致著作人身权法获得通过。通过使在州著作人身权法制定之前的艺术家收入(以及对州艺术机构的拨款,对此我们也包括了一个滞后的变量 $ARTEXP_{80}$)保持不变,回归分析就消除了这种发生错误的可能性。

在任一方程式中,著作人身权变量上的系数没有一个达到在统计上的显著水平,尽管第二个变量确实为以下命题提供了微弱的支持,即把著作人身权法扩展至禁止破坏艺术作品,就减少了艺术家的收入。[46] 在其余变量中,INC、METRO 与 POP 都是带正号的,但只有 INC 具有统计上的显著水平。令人奇怪的是,COLLEGE 与 ARTEXP 虽然对于艺术家的收入来说,在统计学上并不具有显著性,但它们是负的。同样让人费解的是,在1980年与1990年的艺术家收入之间缺乏一种具有显著性的关系。但是,对这一问题的解释也许存在于这样的事实中,即1980年的艺术家范

---

[46] 不过,MR 与 MRDEST 在式(2.2)中是共同无显著性的;F 检验(F-test)要求我们接受这样的无效假设,即著作人身权法中包括了一项禁止破坏达到被人认可高度的艺术作品的条款,但对于艺术家的收入没有任何显著影响。

畴远大于 1990 年的——它既有艺术家也包括表演者。

那么,为什么艺术家们支持著作人身权法,并且毫无疑问他们就是这样做的呢?[47] 难道是出于疏忽,这可不是一个可能的答案。艺术家相对而言受过很好的教育,并且也不难认清如下事实,即如果他们保留著作人身权,而其价值即使有的话,也要到将来某一天才会实现,那么,他们将只能从他们的艺术作品中获得一个较低的价格。一个更有可能的解释是,围绕这些法律的豪言壮语和支持它们的那些人的声望,就是向社会普通大众表明,艺术是一件多么具有高度社会价值的事业。不管他们的收入增长与否,这种表述可能导致人们更大的兴趣,为艺术家们营造一个更加有利的社会环境;例如,艺术家的收入可能并没有增长,但因为这个更有利的环境吸引了更多的艺术家,从而就增加了竞争。如果著作人身权法的"环境"收益在抵销了它们对收入——式(2.1)与(2.2)表明这并不具有显著性水平——的直接负效应之后尚有多余,那么,艺术家就会希望到制定了这些法律的州去工作与生活。

我们可以通过以下假设来检验这种表述,即如果著作人身权法改善了艺术家的环境,那么,一州艺术家的数量从 1980 年至 1990 年的相对增量,在那些于 20 世纪 80 年代通过了著作人身权法的州,就要比那些没有通过该法的州更大。[48] 表 10.2 中的式(2.3)检验了这种假设。应变量是 1990 年该州人均艺术家数量(APC_{90})。滞后的自变量被证明既具有很高的统计上的显著性,又与 1 没有显著差异。其含义就是,假若一州在 1980 年至 1990 年间其他(非滞后的)自变量保持不变,则该州的艺术家数量也将保持不变。

---

[47] 我们在此前所讨论的美国版权局的调查强化了这个结论。

[48] 所有这些制定了著作人身权法的州都是在 1980 年之后通过该法的,但加利福尼亚州除外。加利福尼亚州是 1979 年通过其法律的,而滞后的艺术家变量则取其 1980 年的值。可想而知,在式(2.3)的 MR 变量上的回归系数少说了著作人身权的影响,因为该具体说明已经暗示性假定,1980 年的艺术家数量值并没有对著作人身权法的通过作出反应。为了对此进行检验,我们在排除了加利福尼亚州之后,重新估计该方程式。该回归系数(与 t 统计)实际上与表 10.2 中所列者完全相同。

在其他的自变量中,大学毕业生的百分比(COLLEGE)与一州是否存在著作人身权法(MR)都具有重要的系数。COLLEGE 是正值,而且具有很高的显著性水平,这表明,一州的大学毕业生比例越高,该州的艺术家就越多。因为受过教育的人越多,对艺术品和文化产品的需求就越大,所以,这一发现并不令人奇怪。在著作人身权法变量上的系数也是正的,尽管只具有边际显著性。[49] 这也是某种证据,证明艺术家们确实偏好到制定了这些法律的州去工作与生活。从数量上看,一部著作人身权法的通过,就与该州艺术家人口增长的 7.3% 具有关联性。[50]

州对艺术机构的人均拨款(表 10.1 中的 ARTEXP 变量)是平均 1.43 美元。各州之间的差距比较明显——从夏威夷的 10.07 美元至密西西比州的仅为 25 美分。在那些存在著作人身权法的州,它们之间的差距在一定程度上显得比较小——从纽约州的 4.21 美元到路易斯安那州的 27 美分。州对艺术机构的拨款,部分地取决于那些支持艺术的团体的影响,比如艺术家们自身(APC_{90})。受教育程度更高并且更有修养的选举人,他们以大学毕业生的人口比例与生活在大都市地区的人口比例为代表,则更可能成为艺术品的消费者,从而更可能支持在艺术上的公共开支。此外,州与地方政府的一般性支出的偏好越强烈(GOVEXP),州对艺术机构的拨款就应当越大。我们还包括了对艺术机构拨款的滞后值($ARTEXP_{80}$)与著作人身权变量(MR)。假定州对艺术机构的拨款对于该州艺术家的相对数量是正响应的,那么我们就期望 MR 在该拨款上产生一种积极的作用。

与这些预测相一致,式(2.4)所揭示的是,一州艺术家的相对数量(APC_{90})越多,其过去在艺术机构上的支出($ARTEXP_{80}$)越大,那么,该州在 1990 年对艺术机构的拨款也就越多。不过,在其余的变量上,没有一个具有显著性水平。我们以 APC_{80} 替换

---

[49] 我们也检验了式(2.3)中的 MRDEST 变量。其系数是 0.00005,并且其 t 值小于 0.005。在 MR 上的系数是不变的,尽管其显著性较小(t 统计由 1.94 降至 1.66)。

[50] 该百分比的增加,等于在式(2.3)的 MR 上的回归系数值除以在具有该法之州的应变量的平均值(亦即,0.118/1.599)。

APC_{90},重新估计式(2.4),因为该因果关系的运行方向可能部分地是指,由于对艺术机构更多的拨款而导致艺术家数量的增加,而不是相反;但是,这种替换的效果却是微不足道的。我们的结论是,通过一部著作人身权法,对于州在艺术机构上的支出没有任何显著性影响。[51]

假如正像我们有理由如此假定的那样,这些法律促进了一个对艺术活动更为有利的环境,人们就可能期望那些有着更多艺术家、在艺术上支出更大并且拥有更多受教育人口与更高城市化人口的州,将偏爱有关著作人身权的立法。式(2.5)借助概率回归(probit regression)检验了这一假设,因为在式(2.5)中的应变量是二分的(dichotomous)(如果一州通过了著作人身权法,记为1,而未通过的则为0),其意图在于,根据1980年的自变量值来预测1979年至1987年期间著作人身权法在各州的通过。但没有一个变量被证明具有统计上的显著性水平。甚至人均的艺术家数量(APC_{80})对于一州是否通过著作人身权法,也没有任何显著影响。[52]

---

[51] 我们也用MR变量与MRDEST变量来重新估计式(2.4)。在这两个著作人身权变量上的系数都具有很高的显著性,而其他变量的结果则在实质上保持不变。

[52] 我们也评估了式(2.5)的几个变化形式,包括以1990年的自变量值取代1980年的,以及用MRDEST替代MR。但在任何情形中,这些变量都没有统计上的显著性。

ID# 第 11 章
专利法经济学

专利法的标准解释在于,它是一种有效的方法,使得研究与开发的收益内部化,从而促进创新和技术进步。我们在本章中所要表明的是,以一种更具有启发意义的方式来思考专利制度,把它作为一个针对商业秘密与市场结构所固有的经济难题的回应。

一、专利与专利法的经济逻辑

(一) 专利与著作权

因为我们在前几章中强调了太多的著作权法,这里就从评论专利与著作权之间的相同之处——当然也有两者之间在法律和经济方面的重要区别——开始。为什么对于发明要像对表达性作品那样予以法律保护呢?传统的解释是,当一项新发明中所体现的产品或者方法易于被复制时,它们的生产者想要收回其研究和开发的固定成本,就可能面临困难。例如,一个新产品在其能够达到任何商业性应用之前,可能需要开发者花费大量成本,因此,如果一个竞争者无需承担这些成本即可复制该产品,那么他就会获得一种成本优势,并可能导致该产品的市场价格下跌到某一点,而在这一价位上,开发者是无法收回其固定成本的。

在著作权领域(存在若干例外,容后详述)没有呈现出这样一种扭曲,即如果对于一项发明没有给予法律保护,发明人就会试图对该发明予以保密,从而减少了可为社会整体所获得的知识存量(stock of knowledge)。为了克服这种诱因,专利法就规定,授予专利的条件之一就是要求专利申请文件(它在专利被授予之后,并且就像我们在第 13 章中所表述的,无论如何在提出申请 18 个月之后,就成为一种公共资料)充分公开该发明的各个组成步骤,其充分的程度,要达到使该申请文件的阅读者,如果具备相关技术领域的专门知识,就能够自己制造出该专利产品。当然,他们如果没有获得专利权人的许可,是不能将该信息用于制造、销售或者使用该专利产品或者专利方法的。但是他们可以为其他任何目的而使用该信息,包括试图对这项已获专利的发明进行"周边发明"(invent around)——亦即,在没有重复该专利的组成步骤并因此不构成侵权的情况下,获得该专利的技术收益。因为发明必须公开才能被授予专利,这就为周边发明提供了便利,而这也成为对由专利权所赋予之垄断权力的一种限制。专利法通常产生比商业秘密更宽的保护,这些方面在第 13 章中表述得更为明确,而且它也节约了发明人为其发明保守秘密的成本。但是,作为交换条件,它要求公开发明,以利于周边发明。这种交换并非对所有发明人都是有利的,这也是为什么即使在可以获得专利保护的发明活动领域,商业秘密仍然大量存在的原因之一。另一个原因则在于,专利必须将发明公开,这是在教导他人如何作出该发明,也就等于在教导潜在的侵权人如何实施侵权,但这样一来,就产生了一个风险,专利权人将不得不采取费用昂贵的诉讼,以维护其专利的有效性。

专利权的取得比著作权的取得要困难得多,这既是因为它必须经过专利商标局对于专利申请的一个漫长(尽管正如我们在下一章所指出的,并不非常严苛)的审查程序,也是因为,撰写专利的权利要求书(claims)需要具备相当的法律技巧,而该权利要求书如果写得不好,就会很快在法院面临其有效性的挑战,但如果范围写得很窄,就只能针对竞争者而提供极小的保护。但同时,相比于一项著作权,专利可以为其所有人带来更大的价值,即使专利权的保护期限较短(其保护期限为什么较短的原因之一是保护的宽度够大),而且专利保护并不扩张至与演绎作品相当的专利——改进专利(improvement patent)。专利保护之所以比著作权保护具有更大的价值,其中一个原因在于,一项专利所保护的是反对就该专利发明进行任何重复(duplication),而不仅仅是禁止对该专利发明的复制(copying)。正如我们在第 4 章所述,在专利登记机关检索以往的发明,这种做法通常是可行的,而要到国会图书馆检索享有著作权的已有作品,从而确定新作品是否可能对之构成重复,这种做法并不可行,尤以当前为然,因为现在采用自愿登记著作权的制度,权利人并非必须向国会图书馆交存其享有著作权的作品。此外,两者之间还存在着另一个重大差别。在专利保护其免于受到重复的思想领域(更准确地说,只是它的一部分),相比于著作权法所保护的表达领域,同时或者几乎同时作出发现或者发明的现象要普遍得多。也正因如此,就存在着所谓的专利竞赛(patent races),但并没有著作权竞赛(copyright races)。如果专利保护并不针对他人的独立重复(independent duplication),那么,最早发现某种有用的新思想而为此付出巨额费用的发明人就会发现,自己无法收回该成本,因为在其完成发明之后的几个星期或者几个月之内,其他针对同一目标而独立从事发明的人,也重复作出了该发明。专利法阻止了这种令人失望的情况,与此同时,当然也就助长了专利竞赛,以及由该竞赛所导致的寻租成本。

相比于著作权保护赋予著作权人的价值,专利保护趋向于给专利人带来更大的价值,其中的另一个原因在于,正如我们刚刚提到的,专利保护的是潜在地具有巨大商业应用性的思想,而非仅仅是对属于公共领域的思想所作的某种特定文字、听觉或者视觉形式——请记住,著作权法并不禁止对享有著作权作品中的思想进行复制。

由于对专利权人的法律保护高于对著作权所有人的保护,这就带来一个更大的危险,使得发明人能够在其为收回该发明的固定成本所需之外收取更高的价格,从而在超过必需范围之外,限制了公众对该发明的接触。这种担心也许就可以解释,为什么专利的保护期限总是比著作权的保护期限短,现在则更短了。尽管对两者作适当的比较还需要对现值进行折扣。若以 10% 的折扣率计算,在20年内[1]可获得的不变收入流(constant stream of income),是永久性可获得收入流的85%,因此,专利法事实上允许专利权人实现的最大值,就是其发明的全部市场价值的85%。若以相同的折扣率计算,则110年(假设作者在40岁时创作完成一部享有著作权的作品,并在80岁死亡,以此计算其著作权保护期限)内所获得的不变收入流的现值,是在永久保护时的99.997%。

上述计算方式对于折扣率的选择是敏感的[2],并且以收入流永远保持不变为假设条件。但是,如果我们假设收入流将随时间而下降,这也是更加符合现实的——换言之,假设专利权或者著作权将发生贬值,正如我们在第8章对著作权与商标所作的假设那样——那么,上述计算所得的百分比甚至还会更高。在本章的后半部分,我们估计专利的平均折旧率为6%。如果将该数值插入现值的计算公式,并按10%的折扣率计算,则20年专利保护期将产生永久性专利价值的近乎95%。当然,因为20年的期限是从专利的申请日而不是授权日起算的,所以,95%的估计有点过高。一些专利将获得19年的保护,而另一些专利可能只有大约15年的保护期限;平均保护期限可能是18年(参见注释1)。如果我们以18年来替代20年,则95%的估值就要下降——但也就是降到93%。

(二) 一个形式性经济模型

法律在保护发明人免于受到竞争,这应当到何种程度? 以及

---

[1] 从1995年开始,专利保护期已经变成自专利申请日起算的20年。在此之前,一直追溯到1790年的第一部联邦专利制定法,该期限都是自专利授权之日起的17年。既然专利申请将在专利商标局被搁置1至5年不等的期限(尽管极为罕见,有时甚至是更长时间),因此并不能确定这个在保护期限上的立法变化是否实际扩大了专利权人的权利。不过,一项针对旧法所授予专利的研究认为,如果它们实际上按新法来计算的话,将在专利保护上平均净增加253天。参见Mark A. Lemley, "An Empirical Study of the Twenty-Year Patent Term", 22 *American Intellectual Property Law Association Quarterly Journal* 369, 385 (1994). 另参见同揭第392页。

[2] 如按5%的折扣率计算,则正文中的数据分别下降为62.3%与99.5%。但考虑到知识财产与收入之间关系的不确定性,采用较高的折扣率看来更为合适。

与之相关的问题是,专利如何对发明发挥激励作用?这些都可以借助于一个简单的模型来加以说明。我们用以描述该模型的,是一项降低了某一现有产品(X)制造成本的方法专利,而不是一项新产品的专利。不过,该模型可以很容易地扩展至一项新产品的专利,因为新产品可以被分析为是一项发明的特殊情形,它使得新产品的成本从一个过分高昂的水平(亦即在该水平上,供给曲线在任何地方都在需求曲线之上)下降到可将产品生产出来且有利可图的一个水平。

在图 11.1 中,DD 是 X 的需求曲线,MR 是边际收入曲线,MC_1 是在开发出降低成本的创新之前的行业边际成本或者供给曲线,而 MC_0 则是开发出该降低成本之发明的企业的边际成本曲线(假定在可能的产量范围内保持不变)。这两条边际成本曲线的区别在于,通过使用新技术而在每一单位产量上的成本节约。为简化起见,我们假定有许多现有企业都能够以 MC_1 生产 X(这就意味着一条完全弹性的行业供给曲线就等于 MC_1),由此产生的在发明前的均衡结果就是价格为 P_1,产量为 X_0。对专利的传统分析就意味着(存在一个如下所述的有限例外),作为方法专利的结果,并没有在行业的产量或者价格上发生任何显著的变化。(相反,一项产品发明总会导致产量的增加,因为在该发明之前的产量为零)。毋宁说,方法专利是使专利所有人在其每一时期[3]的利润最大化了(图中交叉排线的区域),无论是通过以一个略低于 P_1 的价格来生产整个行业产量 X_0,还是通过以一个正好低于 $P_1 - P_0$ 的使用费率而向现有企业发放专利许可。[4]尽管产量和价格在本质上并没有变化,但该发明还是产生了一个净社会收益,它等于成本节约(交叉排线的区域)减去该发明的开发成本。但是,如果竞争性产量的需求弹性足够大,那么,边际收入将高于在 X_0 的 P_0,而这将导致专利所有人将价格削减到 P_1 之下,并在 X_0 之外扩大产量。

---

[3] 本图只是对某一时期的描述。发明的全部利润(也是社会获利,正如以下正文所述)等于当前和将来时期的成本节约的现值减去发明成本。

[4] 专利权人让边际成本等于边际收入,它与 X_0 之前的 P_1 以及在大于 X_0 的产量上的 MR 相一致。在 X_0 上的边际收入是不连续的,因为它等于正好在 X_0 之前的 P_0 和正好在 X_0 之后的 MR。

一般而言,在 X_0 时的需求越有弹性,并且因发明所导致的成本降低得越多,则越可能的结果是价格低于 P_1 而产量超过 X_0。

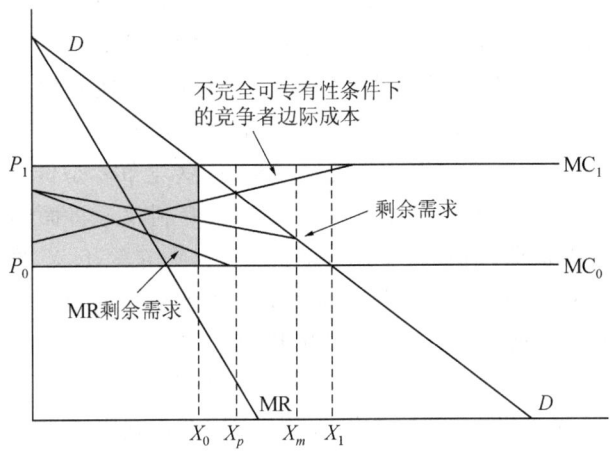

图 11.1 专利保护对复制的影响

我们刚才简要介绍的是传统分析,不过,因为该分析假定,被授予专利的发明对于该行业其他企业的成本结构没有产生任何影响,从而忽略了专利法的一个关键特征。正如我们在此前所指出的,法律规定,专利申请必须充分完整地公开其创新内容,以使相关技术领域的普通技术人员能够实施该项发明(当然,在专利有效期内,他们未经专利权人同意是不能实施该发明的)。一旦专利被授予,并且通常在比这个时间还要早的时候,该专利申请就可以为公众所知,其中所包含的信息将帮助竞争企业对该专利从事周边发明,并因此而使它们在不侵犯专利权的情况下,降低其生产成本(大概来说,一个企业从该专利申请中所利用的信息越多,它的成本就越低,但被起诉构成侵权的风险也越大)。除了便利于进行周边发明外,专利申请中的信息还将帮助竞争者确定,在无须为获取该信息而承担实验费用的情况下,是否有作出某一改进方法的可行性。这甚至还可能让他在某些侵权行为中得逞。专利所有人可能不愿意对侵权行为提起诉讼,因为一旦起诉就面临一个风险,法院可能在侵权诉讼中判决该专利无效。专利权人因此就可能容忍适度的侵权行为。

将发明向公众公开,这一必要条件就产生了专利所有人不完全专有(incomplete appropriability)的情形,它在图 11.1 中将导致专利权人的竞争者的边际成本曲线下移至 MC_1 之下。当然,它无论如何也不可能低于专利权人的边际成本 MC_0。此外,它可能是上斜的,而不是在它下移时呈现为完全的弹性,因为这些企业彼此之间在诸如周边发明的成本、不受起诉而对专利实施侵权行为等等之类的问题上各有不同(回想一下在第 3 章所述的一个类似例子,即复制者的上斜的供给曲线)。如果这些竞争者是价格的被动接受者,而且专利权人是主导企业,那么,专利权人将面临一条下斜的剩余需求曲线(residual demand curve),它等于 X 的总需求 DD 减去 X 在每个不同价格上将由竞争者所供给的数量而得到的差。专利权人通过使 MC_0 等于从其剩余需求曲线中派生出来的边际收入,在总产量 X_m——它由专利权人的产量 X_p 与竞争者的产量 $X_m - X_p$ 所组成——上形成均衡,从而达到利润最大化。市场价格将处于 P_1(发明之前的价格)与 P_0(专利权人的边际成本)之间。简而言之,产量将比在该专利之前的产量 X_0 要大,而价格将低于 P_1。这种观点就与传统分析相反了,因为后者认为,产量与价格在发明前后(在前述的限制条件之下)是保持不变的。

专利保护越强,竞争者从该授权专利包含的信息中所获得的利益就越少,因为他们能够从中利用的可能性减少了。他们在对该专利进行周边发明时将面临更大的困难与更高的成本,在侵犯专利权的诉讼中面临败诉的概率更大,以及一旦败诉后面临的制裁更严厉。他们的边际成本曲线将更为陡直,或者与之等同的是,供给弹性将更低,由此,剩余供给曲线也弹性更少,从而使得专利权人可以收取更高的价格,在该发明之后的市场中获得更大的份额。[5]

判断某种给定的专利保护程度是否符合社会需要,取决于专利权人的固定成本,对该专利从事周边发明的内在难度(亦即,假

---

[5] 剩余需求曲线的弹性可以写为 $\varepsilon_r = \varepsilon_d/s + \varepsilon_s(1-s)/s$,其中,$\varepsilon_d$ 是需求曲线的弹性,ε_s 是竞争者的供给曲线弹性,而 s 与 $1-s$ 分别表示专利权人与竞争者的产量份额。ε_d 与 ε_s 越高,s 越小,则 ε_p 越大。专利权人在 P/MC_0 上的利润最大化比率是 $[\varepsilon_d/s + \varepsilon_s(1-s)/s]/[\varepsilon_d/s + \varepsilon_s(1-s)/s - s]$,因此当 ε_d 与 ε_s 越低时,它就越高。

定专利的保护程度不变),以及专利权人能够从更高的保护程度中所期待获得的额外收益。用于研究与开发的固定成本越大,并且在该专利上从事周边发明越容易,则专利保护的程度就必须越高,才能产生充分的激励,使人们为尽早完成发明而进行投资。不过,专利制度并没有作出任何努力,以使专利保护程度与这些变量相适应。专利权人垄断的标高尺度(markup)当然受到专利保护程度的影响,但它与创造该项专利发明而实际发生的固定成本却没有任何直接关系。如果竞争者要进行周边发明非常困难,或者在新产品的情形中,由于该产品为消费者所提供的利益是不可能从其他产品中获得的,从而需求弹性较低,那么,专利权人就能够收取一个相对于边际成本的较高价格,并且,因此所获得的收入,可能大大地超过其适度的总成本。不仅说来,这对于专利发明的接触将受到更大程度的限制,超出了为激励最优发明所必需的程度,而且,这种意外之财(windfalls)的前景将诱致寻租行为,由此导致像以下所讨论的专利竞赛那样的资源浪费。著作权中虽然没有任何直接类似于专利竞赛的东西,但那里也有一个间接的例子:第 2 章所讨论的"空井"(dry hole)现象,它可能导致图书和其他表达性作品的过度生产。

一项专利的时间长短,说明了在实际的和理想的专利保护之间有着潜在的分离。如果按照我们在此前所示,即使没有任何贬值,一项专利也能够让专利权人保留 85% 的由该专利所产生的利润,那么,当一项永久性专利被预期高于 17.6%(0.15÷0.85)对专利权人给予过度补偿(overcompensation)时,则 20 年的专利保护期也是过度的。[6] 如果我们代入折旧率 6%,那么当一项永久性专利被预期高于 5.3%(0.05÷0.95)而对专利权人给予过度补偿时,则 20 年的专利保护期就是过度的。但是,没有任何理论的或

---

[6] 参见 George J. Stigler, "A Note on Patents", 载 Stigler, *The Organization of Industry* 123 (1968)。(例如,如果专利在永久性时的市场价值是 100 万美元,而专利权人将只获得 85 万美元,则其余 15 万美元表示过度的补偿,它就是其本来应获得的 85 万美元的 17.6%)。如果不考虑专利申请日与专利授权日之间的差别,那么按照在 1995 年之前有效的 17 年保护期,文中的百分比就提高至 25%。

者实证性依据可以用来假设,任何这些数字接近于一般专利权人正好收回其发明成本而不超出的程度。

(三) 专利竞赛

所谓专利竞赛,是指相互竞争的企业为了最先发现某个具有商业潜力的新思想并就其获得专利,从而在彼此之间进行的一场竞赛。这种竞赛可以导致发明成本超过其社会收益[7],因为第一位到达终点的竞争者将获得专利,并因此获得该发明的全部价值[减去因受专利保护期的限制而被外部化(externalized)的部分,但我们已经看到,在可能的假定条件下,这部分是很小的],即便他只比其他竞争者早了一天。假设该专利在经过折扣后的现值是1000万美元,有三个企业参与竞赛,而且,每个企业如果花费200万美元,就都有33%的机会最先完成发明。进一步假设,如果每个企业为完成发明正好花费了200万美元,则社会剩余(social surplus)得到最大化。从一个私人的角度讲,任何一个竞争者都可能会想,如果他在研究与开发上增加费用至500万美元,他就能够成为第一个完成发明的人,哪怕就比别人早一天,这就可能产生一种激励,促使他投入该笔费用。我们说"可能"(may)而不是"一定"(will),是因为该决定将取决于竞争者就其他企业的可能反应而作出的预判。他可能担心,他们会把他所投入的500万美元花费与他们自己的花费相抵销,这反而使其花费成为一项失败的投资。另一方面,他也可能认为,他可以向其竞争对手隐瞒自己的投入。当然还有其他的可能性,比如,每一个竞争者都有可能在竞赛过程中投入较小的数额,或者一位竞争者可能退出竞赛而其他竞争者每人花费500万美元。无论在何种情况下,很可能的结果是,在研究与开发(R&D)上的投入将超过最优的总投入600万美元(3×200万美元)。这就假定了,发明人在力图比竞争对手早一天到达专利终点线从而取得胜利的过程中所承担的额外成本,除非微不足道,否则

---

[7] 参见,例如 Dennis W. Carlton 与 Jeffrey M. Perloff, *Modern Industrial Organization* 522—526,536—540(第3版,2000),对一份内容广泛的文献所作的概括,见 Partha Dasgupta 与 Joseph Stiglitz, "Uncertainty, Industrial Structure, and the Speed of R&D", 11 *Bell Journal of Economics* 1(1980)。

将超过因该发明早一天完成所带来的社会收益,但是,这样假定是有可能的——特别是考虑到,最早完成发明的人并不必然是能够最快制造出体现该发明的产品或者方法的人。他可能擅长于发明而不是其生产。如果是这样,那么在赢得竞赛胜利之后,他就可能决定将专利许可给最快捷或者最有效率的生产者,在此情况下,在许可过程中所产生的交易成本,也将成为该竞赛的另一项成本。

对专利竞赛的经济学批评,有两个限定条件值得注意。第一,即使竞赛并没有把竞赛进程哪怕加快了一天,但由竞赛的失败者所付出的研究费用仍可能并不是白白浪费的,因为该费用所产生的信息,将能够为这些失败者在其他项目中所用。第二,在某些情况下,专利竞赛最终并不必然产生任何社会浪费,这在制药行业中尤其普遍,因为在那里,可以说有多种不同的奖牌,从而就有不止一位获胜者。例如,在 SSRIs(选择性血清素再吸收抑制剂)*上,诸如 Prozac、Zoloft 与 Paxil** 等等都是彼此构成竞争的抗抑郁药物,但它们是以不同的化学品为基础的,因此各自都可以获得专利。

(四)减少因专利保护所产生之社会成本的规则

除了前面所讨论的以公开发明作为授予专利的条件外,专利法还运用其他许多手段,以使社会成本最小化。当然,专利的保护期限制也是手段之一。不过正如我们所指出的那样,这种限制在很大程度上是虚幻的,因为要对现值打折扣,并且还受到贬值的相互影响。但也并不完全如此。专利竞赛的一个副产品就是,专利常常是在商业开发完成之前就已经先行取得(有名的例子如喷气发动机、无线电收音机与电视,以及荧光灯),这就缩减了在不长于 20 年的专利保护期内具有经济意义的时间长度。与著作权和商标不同,专利是在作出专利产品或者专利方法的有效模型之前就能够获得——就好比一个人根据一份写作提纲就能够获得整本书的

---

* 英文名称 selective serotonin reuptake inhibitors,一种抗抑郁药物。——译注
** 药物名称,其中文名分别是氟西丁(礼莱公司)、舍曲林(辉瑞公司)、帕罗西汀(葛兰素史克公司)。——译注

著作权,或者还没有一件用于销售的产品就可以获得其商标。先行授予专利权,不仅缩短了发明人可收取垄断价格的期间,因为专利保护期是从申请日或者(在 1995 年之前)是从专利授权日起算的,但无论如何都不是从其开始生产和销售之日起算的;而且,这可能使得与之竞争的发明人所付出的浪费性重复努力变得最小化。[8] 先行授权就发挥了与公共草地私有化相同的宗旨,或者与实际搜寻人原则(committed-searcher doctrine)相同的宗旨,后者允许第一个声称将由其搜寻某一抛弃物的人,阻止他人获得该物的所有权,只要他的搜寻工作是自觉进行的(参见第 1 章)。但是,当我们说"而且可能使得浪费性重复变得最小化了"时,仍然要强调我们对这种说法的怀疑;正如其他许多有关专利法的命题那样,这个命题也可能受到质疑——并且稍后就将进行。

发明除非是有用的(useful)、新颖的(novel)并且是非显而易见的(nonobvious),否则,不可对此享有专利。让我们试图对这三个术语赋予其经济学意义。实用性(utility)条件可以被理解为具有三个方面的经济目的。其中一个目的是,把专利从基础研究中排除出去,另一个目的是,在一个新产品或者一种新方法的开发过程中,延迟可能获得专利的时间;对这两个问题,我们将回头再来讨论。第三个目的是,减少专利检索的成本。实现该目的的手段是,筛选出非实用的发明,它们或者是由一些怪人或业余爱好者所作,或者是由那些想通过专利来覆盖(blanket)某一研究领域的发明人所作出的,意图迫使那些在该领域作出有用发明的研究者向他们寻求许可。换言之,实用性条件起到了限制那些策略性专利行为(strategic patenting)的作用——正如我们将要指出的,这是专利制度中的一个严重问题。不过,关于要求发明人提供有关实用性的证据,也存在另一个替代性方案,那就是提高专利费。

新颖性(novelty)条件阻止了对那些已经被人知道作出的发明授予专利。与许多外国的专利制度不同,美国专利制度是把专利权授予最先发明人(后面将指出其中的一个限定条件),而不是授

---

[8] 这是专利法的"勘探理论"(Prospect Theory),提出该理论的是 Edmund W. Kitch, "The Nature and Function of the Patent System", 20 *Journal of Law and Economics* 265 (1977).

予最先提出专利申请的人。* 先发明制的作用是为了节约广义上的搜寻成本。人们在搜寻可能对之主张专利的某一想法时,有两种方法。方法之一是检索现有技术(prior art),包括享有专利的和没有专利的发明,以确定该发明是否已经被人作出来了。它要求对技术性文献以及专利登记都进行检索。另一种方法是只对专利登记进行检索,如果在该发明上未发现有专利,就可以进行必要的研究和开发(R&D)。如果一项发明是现有技术的一部分,但在这项现有技术上并没有专利,那么,采用第二种方法的成本就会更高;因为在此情况下存在着浪费性重复。美国规则鼓励采用第一种检索方法,因此,如果该发明从属于现有技术,那么,即使这项现有技术并无专利,该发明申请也将由于缺乏新颖性而不能授予专利。[9]

新颖性概念存在着某种模棱两可之处,它与我们在第1章所讨论的抛弃(abandonment)相关。我们对形而上学的问题并无兴趣,即是否思想因为确实缺乏空间或者时间界限(spatial or temporal bounds),从而可以说它们在被发现之前就已经存在,并因此缺乏新颖性:总归是存在这样一种情形,即按某个步骤的排列组合就能够让一个比空气重的构造物飞起来。我们所关心的是一个实际问题,即对于已经被抛弃的可专利的发明,是否应当承认其财产权。专利法在此起不了什么大的作用。如果在其寻求获得专利之日以前,一项发明"已经为他人所知或者使用"[10],则新颖性条件就阻碍了对其授予专利。从字面上解读,这对于一项被放弃的发明也是阻碍授予专利的。但最高法院在很早以前就曾经判决,如果

---

* 2011年通过的《美国发明法》(America Invents Act,简称AIA)已将先发明制(first-to-invent rule)改为发明人先申请制(first-inventor-to-file rule),相关修订于2013年3月16日生效。但本书原版于2003年出版,故其中所述仍依旧法。——译注

[9] 参见 Robert Patrick Merges 与 John Fitzgerald Duffy, *Patent Law and Policy: Cases and Materials* 419—422(第3版,2002)。

[10] 35 U.S.C. §102(a). 我们在第13章中检验该条件对于这样一项发明的可专利性的意义,该发明已由他人在更早时作出或者使用,但被保守为商业秘密。根据美国的先发明制度,发明人并不因为其没有在作出发明之后立刻提出专利申请而放弃对其发明主张专利的权利,尽管当其公开该发明时,他就必须在1年内对此提出专利申请。

有关一项发明的知识已经完全被人遗忘,那么,再发明人可对之获得专利。[11] 此外,抛弃可以作为证据,证明第一个发明人未能将其想法付诸实践(reduce his idea to practice),因此,从专利法相关的意义上来说,他并不是真正的最先发明人;他并不符合实用性条件。

如果对"非显而易见性"(nonobviousness)进行文义解释,那么,它对于实用性和新颖性条件就几乎没增加什么内容,因为如果一项发明既实用又显而易见,那为什么之前就没有人发现它呢?也许是因为在需求与供给上存在着某个出乎意料的转换,它突然使之具有实用性,并且必然会有某个人成为第一个抓住该事实的人;但那只是极特殊的例子。一种更有说服力的解释方法是,把非显而易见性与不确定性(uncertainty)以及成本相联系。[12] 发明就是这样一种东西,它增加了有用知识的存量,并因此减少了不确定性。那些已经为人所知的东西,就不是有待被人发明的对象。但有时,一个想法之所以不为人知,并非因为它的发现成本很高,而是因为它没有任何价值。如果由于某个外来刺激(exogenous shock)使它变得有价值了,那么,它将多多少少会同时被许多想利用它的人所发现;这就没有必要对最先发现人赋予独占性权利。但是,如果消除不确定性是一件成本高昂的事情,那么,既然这些成本是在体现该发明的产品上市之前发生的,所以,除非受到专利的阻隔,否则就会诱使竞争者在一旁闲待着(sit back and wait)直到有人把该发明作出来,然后销售其复制品,以此而就在发明人的发明成本上搭便车。换言之,正如我们在第2章针对表达性作品所指出的,不确定性与成本是相互影响的。不确定性就暗示着通

---

[11] *Gayler v. Wilder*, 51 U.S. (10 How.) 477 (1850). 另参见 *Corona Cord Tire Co. v. Dovan Chemical Corp.*, 276 U.S. 358 (1928); *Allen v. W. H. Brady Co.*, 508 F.2d 64 (7th Cir. 1974).

[12] 关于成本因素,参见 Edmund W. Kitch, "*Graham v. John Deere Co.*: New Standards for Patents", 1966 *Supreme Court Review* 293; *Robert v. Sears, Roebuck & Co.*, 723 F.2d 1324, 1344 (7th Cir. 1983)(全院庭审)(单独意见). 关于不确定性因素,参见 Robert P. Merges, "Uncertainty and the Standard of Patentability", 7 *High Technology Law Journal* 1 (1992).

向成功之路上发生失败的可能性。这些失败的代价高昂,而且因为这些成本是在这项成功完成的发明能够被授予专利并被商品化之前发生的,所以,它们是额外的固定成本,发明人必须从其专利所产生的收入中将它们收回。

不确定性还有更深一层的意义。在一篇关于发明经济学的经典论文中,肯尼思·阿罗(Kenneth Arrow)提出,从一个社会性角度看,在诸如发明这样的风险性事业中,风险逃避将导致投入不足。[13] 这种看法就抵销了阿诺德·普兰特(Arnold Plant)的主张,后者认为,可专利性从那些可能具有更多社会价值但不提供垄断性回报的生产活动中抽走资源。遗憾的是,这两个抵销性因素如何权衡,尚不为人所知。

非显而易见性条件成功地阻止了对那些无需太大成本即可发现并且加以完善的发明授予专利,就此范围而言,它限制了专利竞赛,而在后者情形中,如果从竞赛获胜中预期所得的净收入越高,则其成本也就越加高昂。支持非显而易见性条件的还有一个证据方面的论据。显而易见的发明很可能只是在现有技术之上作出很小的进步。这样,当一项专利期限届满之后,就将难以判断某个看起来使用了该项过期专利的人,是否实际侵犯了此后的一项期限未满的专利,而后者只是在由过期专利所覆盖的发明上作出了一个极小的改进。在这里,证明某人的发明并非显而易见,这个条件与我们在第4章中所确定的条件起着相同的证据功能,后者认为,一个享有著作权作品的演绎作品本身要有著作权,其条件就是必须具有重大独创性(significant originality)。

现在有一种越来越大的趋势,把商业成功当成非显而易见性的一个代表(proxy),这种趋势是由联邦巡回法院(该法院对专利上诉案件享有专属管辖权——参见第12章)助长起来的。它的理论在于,假如一项发明既显而易见又能够赚钱,那它为什么没有更早就被人想到呢?该趋势已经受到了批评,因为它未能在发明本

---

[13] 参见 Kenneth J. Arrow, "Economic Welfare and the Allocation of Resources for Invention", 载 *The Rate and Direction of Inventive Activity: Economic and Social Factors* 609, 610—614 (1962)。

身与发明的市场化之间作出区分,后者涉及发明以外的投入,而这些投入并非由知识产权法加以保护。[14] 法院不可能那么容易地在伴随发明市场化而来的商业成功中将该发明的贡献清理出来。将商业成功当作非显而易见性的一个代表,这居然受到联邦巡回法院的鼓励,真令人奇怪,因为有关商业成功的证据是让没有专门知识的法院用起来比较顺手的一种证据,而联邦巡回法院却是有这些专门知识,或者至少比美国的其他法院更多地具有这种专门知识的呀。正如我们在下一章所看到的,这是一个进一步的指标,说明联邦巡回法院存在着一种倾向于支持可专利性的偏见。

专利法的一项重大限制是,诸如物理学规律之类的基础思想不能获得专利。这一规定的范围不同于著作权法中与之类似的限制。在一个表达性作品中所发现的"思想"是没有资格获得著作权保护的,比如标准的故事情节、通常的人物角色、诗体形式、文学或者音乐体裁、绘画流派、戏剧程式、传统形象等等。专利法所排除的思想则是基础性的科学(包括数学)和技术原理。不过,这两类[本书称之为"表达性"(expressive)与"发明性"(inventive)]思想是相关的,一方面,如果可以根据它们而获得财产权,则都将产生巨大的寻租的潜在可能,另一方面,它们都会对将来可能的使用人施加巨大的交易成本。[15] 之所以说交易成本巨大,是因为无论哪一类思想,无论表达性的抑或发明性的思想,要确定其范围通常都是极为困难的,而这将使得那些新来者(newcomers)难以知道,何时他们有必要去征得一种许可。除了这种不确定性,一个新的表达性作品或者一项新发明能够从中使用的因素越多,而这些因素是为他人所有的(换言之,公共领域的范围缩得越小),并且新来者因此必须获得许可,那么,他要承担的交易成本将会越大。

专利的保护期限越短,允许基础原理获得专利的这种做法所带来的社会成本就越低。基础研究与应用研究的区别,主要在于

---

[14] 参见 Robert P. Merges, "Commercial Success and Patent Standards: Economic Perspectives on Innovation", 76 *California Law Review* 805 (1988).
[15] 在与著作权相关的思想和与专利相关的思想之间存在着一个相当大的重叠区域,那是因为在表达载体上的许多重要的技术创新,包括新的绘画方法、彩色摄影和电影特效。

前者缺乏直接的商业应用性。因此，如果专利保护期限非常短，即使允许对基础研究所发现的结果授予专利，由此所产生的社会成本也会变得极小——尽管这样做将会减少由可专利性为此类研究提供的激励。目前的专利保护期限并不短，而基础研究与商业应用之间的差距却在不断缩小[16]；这就使得基础研究的可专利性将可能造成沉重的社会成本。不过，两者差距越小，要否定在基础研究上的专利就越加困难。如果对某项基础研究的成果进行商业应用是直接可预见的，那么，在该研究上申请一项专利就能够通过实用性条件的检验。

随着商业方法专利的兴起，基础思想与可专利的发明之间的区别变得愈加模糊。假如它们是在新的专利种类得到承认之后被发明出来的话，那么，像 Black-Scholes 定价模型这样的基础性算法也能成为可专利的对象了。

在美国和其他先进国家，每年都产生出大量的基础研究成果，然而这些成果都不享有可专利的利益。但是，以此来反对将专利保护扩展至基础研究，其本身倒不是一个令人信服的理由，因为不要忽略了，此类研究有政府提供资金的作用。1999 年，美国全部基础研究中的一半是由联邦政府资助，而 29% 则由大学与其他非营利性研究机构从其自有资金中提供资助的。[17] 实际上，基础研究受到一套奖励制度的激励，它涉及因学术声望而获得职位、演讲费、允许减少教学工作量，以及获得诺贝尔奖和其他奖项的希望等等，而应用性研究（还包括在基础研究中所使用的仪器和其他工具）则是通过知识产权加以激励的。假如专利保护扩展至基础研究，那么，政府就可以减少其资助，让税收变得更低，而由税收所造成的配置性扭曲（allocative distortions）也会变得更小。不过，许多

---

[16] 参见 Robert P. Merges, "Property Rights Theory and the Commons: The Case of Scientific Research", *Social Philosophy and Policy*, 1996 年夏季卷，第 145 页（1996）。

[17] 根据以下数据计算而得，NSF/SRS, *National Patterns of R&D Resources: 2000 Data Update*，表 2: National Expenditures for Basic Research from Funding Sectors to Performing Sectors—1993—2000, http://www.nsf.gov/sbe/srs/nsf01309/start.htm.

的此类研究并没有近期可见的商业应用性,从而不可能通过获得专利而得到资金支持。此外——并与前面所提出的观点形成紧张关系,即在基础研究上的专利将产生不成比例的回报——因为基础研究只有作为对进一步的(应用性)研究活动的一种投入才具有商业价值,这就很难计算出在基础研究上所获得专利的许可使用费,在此情况下,专利可能并不是引导此类研究的一种有效方法。

而且,大学有强烈激励的来支持基础研究——处于领先地位的大学被称作"研究型大学"(research universities),并以进行基础研究为其主要使命——因为基础研究被政治化的可能性较小,从而,一项对基础研究提供政府资助用以补充大学资源的制度,将比它用在商业领域而可发挥更好的作用。在大学里,严格用于科学研究的资金,将更可能根据客观的科学标准进行配置。而一项对商业创新发明提供财政支持的计划,毫无疑问将招致利益集团施加的强大压力,他们力图说服政府对其研究和开发(R&D)给予资金支持,从而对这个或者那个行业提供帮助。严格意义上的基础研究由于不具有直接的商业应用性,因此对商业集团较少具有吸引力,从而可以预料,那些对此类研究给予资助的政府机关将较少受到压力。但较少并不等于没有;而且大学本身也在为获取政府资助而从事游说活动,这也是寻租的一种形式。

提到基础研究,这就带来了与非金钱性(nonpecuniary)激励在表达性作品的创作与发明创造上所产生作用的一种对比。对于文学艺术成就,主要奖励是带给表达性作品的作者(作曲家、画家等等)本人,而不是带给在作品中所反映出来的"思想"的创造者。这看起来可能有些奇怪,名人作为透视画法、赋格曲、十四行诗、愚钝叙述、押韵对句、歌剧以及诸如此类的发明人或者发现人的,没有多少,而他们作为其中某种形式的实现人的,则正好情况相反。有多少人知道是蒙特威尔地(Monteverdi)发明了歌剧呢?即使有人知道,他也远不如莫扎特、瓦格纳和威尔第那样的歌剧作曲家出名。这种情况在科学技术领域又正好相反。在那里,名誉作为一种强烈的激励因素,加之还常常具有一种金钱价值,却是带给基础思想的发现者的,而不是将该思想实现应用的人。[18] 有一种主张就认为,在与文化领域相对的科学技术领域,法律对于应用者就应当比对发现者提供更大的保护以使其获得更大的经济奖励,而这大概就是专利法所要划定的界线。不过,这条界线正在逐渐销蚀。我们已经提到,除了别的因素以外,由于科学发现与技术应用之间的时间间隔在缩短,就使得越来越多的基础研究成果也能够获得专利。

基础思想的不可专利性,与专利法在发现与发明之间所作的区分相关,而发现针对的是已经存在的东西,法律拒绝对之提供专利保护。[19] 从表面看,两者的关系是指,在发现与发明这两个概念中,前者用于指称基础思想更为合适;人们提出,$E=mc^2$ 是关于事物结构的一项发现,而不是爱因斯坦的发明,尽管有些科学哲学家有不同看法。但是,真正的问题是,当某一东西被人知道是确实存在的并且正等着人们去发现它时,因为此时成功的概率以及由此带来的收益都变得更大了,所以,为发现它而展开一场浪费性竞赛的危险就增加了,这将把我们带回到第 1 章所举的发现新大陆的例子。

专利法对于获得专利权而施加的限制,既有实体性也有程序性的规定。尤其是,人们不能像在著作权或者商标上那样,只需声称其有一项专利即可。他还必须向专利商标局(PTO)提交一份专利申请,以确定其发明是否符合可授予专利的全部条件。替代性方案是,允许发明人声称其有一项专利权,并由法院就该专利是否有效作出裁判。事实上,既然由 PTO 授予一项专利只是产生了一个关于该专利有效性的可反驳的推定(rebuttable presumption),所以,法院确实是在作出这样的判决。因此,专利制度与著作权制度的区别就在于,前者有两层审查,而后者只有一层。即使专利法进行修订,取消了 PTO 的初步审查(preliminary review)功能,仍须有一个专利登记机关并由它进行专利检索,以使发明人不至于在那些一旦受到异议即无法在法院站得住脚的发明上浪费时间。

---

[18] 关于科学家的动机,参见 Paula E. Stephan, "The Economics of Science", 34 *Journal of Economic Literature* 1199, 1201—1203 (1996).

[19] 参见 Robert P. Merges 等, *Intellectual Property in the New Technological Age* 146—149 (第 2 版, 2000)。

这也是为什么即便商标注册申请无须接受深度审查,但 PTO 仍然保留商标注册簿的原因所在。

支持对专利申请进行行政审查的论据在于,如果没有这一程序,则专利登记机关就会被那些有效性非常含糊不清的专利所阻塞,而这些专利常常是出于反竞争之目的被提出来的。1793 年至 1836 年间曾受到了阻塞,在那时无需任何的专利审查——这是一项部分地遭到失败的试验,因为专利登记看起来就是想从那些认真的发明人身上抽取租金。[20] 但对于著作权而言,这并不构成一个一般性难题,尽管其限制条件也很重要。著作权的范围比较狭窄,因此,以下这种做法对于出版商来说是不可行的,比如,通过对一大批没有任何商业价值但可能占据其竞争者今后可能运作的全部领域的书籍进行著作权登记,企图以此而使竞争者利用该领域之努力因著作权而受到阻碍;它同样也粉碎了竞争者之间就著作权进行交叉许可的幻想。这里也存在着例外情形:从一系列短音调中只能组合成数量有限的悦耳曲子[21],并且,简短的计算机代码序列也是数量的有限。在这两种情形中,获得并且仅以相当小的成本获得大量的著作权,则都是可行的,从而就可以用来封锁今后的作曲者和软件编写者。针对计算机软件环境下的问题,法律已经有所警觉。[22] 回想一下第 4 章关于 *Sega* 案的判决,它认定,

---

[20] 与有关恢复专利审查的法案随附的参议院报告对此有过一个生动的描述,整个国家被"淹没在专利垄断之中,而使善意的专利权人困扰不堪,他们的权利因此而全面受到侵犯。……大量的诉讼因这种在专利与特权之间的抵触与冲突而起。……人们在模具车间里仿制他人享有专利的发明,这已经习以为常;而且,对之作出某个无关紧要的细微修改后,他们就到另一个房间去申请专利了。"S. Rep. No. 338, 24th Cong., 1st Sess. 3 (1836).

[21] 一个仅限于大音阶中四个音调的序列在被重复 4 次之后,其中进行组合的总数量就超过了 4000 个,但这些组合并非全都可以产生出足够悦耳动听的从而具有商业价值的曲子。

[22] 针对音乐著作权的"翻唱"(cover)规则与"自动点唱机"(jukebox)规则所表述的是另一个不同的难题,参见 17 U.S.C. §§115—116。翻唱规则允许表演者未经著作权所有人同意而录制他人享有著作权的作品,只要该著作权人已经授权以录音制品的形式传播其作品。自动点唱机规则允许未经著作权人同意而将任何他们所想要的录音制品放入其自动点唱机内。这些都是强制许可的例子,在这两种情形中,著作权所有人都有权获得使用费。

合理使用原则允许未经著作权所有人同意而复制该软件,只要这种复制行为是对该软件进行反向工程所必需的,以便通过不同的代码序列产生出相同的功能(功能是不受著作权法保护的)。在音乐作品著作权案件中,原告必须表明被告已经接触过原告的作品,并且这两个作品存在实质性相似。但即使情况如此,被告通过表明他是独立创作该作品的,仍然能够反驳有关复制行为之推定。作曲者可供选择的东西越少,要作这样的反驳表明就越容易,因此,除非该作曲者被指控其所侵权的某个音乐作品业已受到广泛的传播表演,否则,他就可能提出一个强有力的独立创作的抗辩。

专利商标局的行政审理程序并不严格(参见第12章)。结果就可能产生了"专利灌木丛"(patent thickets),而正如我们接下来所要指出的,这将对创新构成阻碍。

二、专利法的社会成本合理吗?

专利制度最重要的经济学问题是,随着我们所提到的各种迂回曲折的分析,它总的说来究竟是增加还是减少了经济福利呢?对发明给予财产权,这尽管存在强有力的经济学理由,但也会带来相当大的社会成本,并且,其中的收益究竟是否超过了成本,依据现有的知识,尚无法自信地回答这个问题。专利的相对质量是能够加以估计的,因为专利申请必须引证已有专利,申请人据此才能知道其当前申请的根据所在,而这样一来,某一给定专利的引证次数和特征,就可以被用作其质量的一个代表,如同某一份法官判决意见或者某一篇学术论文的引证次数和特征那样。[23] 这些引证数据还可以被用来评估某些与发明过程相关的政策性问题。例如,多年以来至今,联邦政府一直在鼓励其研究实验室更多地集中于

---

[23] 参见 Bronwyn H. Hall, Adam B. Jaffe 与 Manuel Trajtenberg, "The NBER Patent Citation Data File: Lessons, Insights and Methodological Tools"(国家经济研究局工作论文第8498号,2001年10月)。

那些具有商业应用性的研究上。[24] 人们可能想知道,这项新政策是否已经产生效果——有一项研究发现,政府资助的研究在事实上更经常地在私人专利中被引证,这表明对该问题的答案为"是"。[25]

但是,对专利的引证并未揭示出,一项发明若无获得专利的前景,是否原本也能被创造出来。甚至,以引证为依据而对专利相对价值所作的评估,其可靠性也是有限的,特别是当我们所考虑的是社会价值而非私人价值时。通常的评估方法认为,一项专利越是被引证于不同的技术领域,就越有价值。但是,一项专利的范围越广,就越可能使后来增加的一项新发明对这一已有专利构成侵权,从而阻碍了发明活动(我们在第 2 章就有关范围较广的著作权保

---

[24] 这是一个更大项目的组成部分,它鼓励对政府所从事或者资助的研究进行商业开发利用。该项目的另一部分,即 1980 年的《贝赫—多尔法》(Bayh-Dole Act),则授权大学和其他研究机构将由联邦资金所支持的研究成果申请专利。参见 Rebecca S. Eisenberg, "Public Research and Private Development: Patents and Technology Transfer in Government-Sponsored Research", 82 *Virginia Law Review* 1663 (1996)。在以往,这样的成果是属于公共领域的。该政策转变的一个可预见的并且看起来实际发生的效果,就是为大学提供了意外之财,其形式就是在那些大部分由联邦纳税人提供资金而作出的发明上的许可使用费,并且还发生了将大学的研究重点从基础研究转向应用研究的效果。参见,同揭,第 1708—1714 页;Peter S. Arno 与 Michael H. Davis, "Why Don't We Enforce Existing Drug Price Controls? The Unrecognized and Unenforced Reasonable Pricing Requirements Imposed upon Patents Deriving in Whole or in Part from Federally Funded Research", 75 *Tulane Law Review* 631, 668 (2001),以及该文所引用材料。不过,这种研究重点的转向表明,可专利性确实影响着研究动机。这种效果是复杂的。通过增加大学的收入,应用性研究成果专利化所产生的资金,就可以被用来支持基础研究,而且,大学的研究者们能够从中获得额外收入,也许就可以避免他们流失到产业界去。

[25] 参见 Adam B. Jaffe, Michael S. Fogarty 与 Bruce A. Banks, "Evidence from Patents and Patent Citations on the Impact of NASA and Other Federal Labs on Commercial Innovation", 46 *Journal of Industrial Economics* 183 (1998)。该文作者引用了以前若干项关于专利引证的研究。同揭,第 185 页。这些作者试图证实该引证的准确性,并发现,75% 的专利引证是有意义的,其余的则实质上就是噪音。同揭,第 202 页。Laura M. Baird 与 Charles Oppenheim, "Do Citations Matter?" 20 *Journal of Information Science* 2, 7 (1994),其估计至少 20% 的专利引证是错误的。

护，表达了相同的看法），并且这一专利越可能将基础研究包括其中。

专利"续展"率（renewal rate）是另一组具有潜在说服力但最终并不能令人信服的数据。[26] 我们用了这个吓人的引号，是因为一项美国专利不可能在其 20 年的法定保护期届满之后还可以续展。不过，为了在该 20 年内完全保持效力，专利权人还必须缴纳专利维持费（maintenance fee），其数额是：在专利授权之后的 3.5 年缴纳 880 美元、7.5 年缴纳 2020 美元、11.5 年缴纳 3100 美元。事实上，专利权所有人只有 3 次"续展"专利，才能在全部 20 年的期限内享有权利。一项研究发现，82.6％的专利在被授权 4 年后仍然有效（亦即得到了"续展"），8 年后的该比例是 57.4％，而在 12 年之后则只有 37％了。[27] 我们利用在第 8 章中所用的相同方法，就能够根据这些数据估算出折旧率，在专利授予后的头 4 年是 4.8％，从第 5 年至第 8 年是 6.9％，而此后是 8.3％。在整个 20 年期限内的折旧率，则大约为 6％。换言之，我们估计的一项专利的平均经济寿命（假如缴纳了专利维持费）大约是 16.6 年，其中所授予的专利，有大约 30％是具有完整的 20 年期限的。

既然"续展"费用相当高昂（当然是与著作权和商标的同类费用相比较而言），那么，当我们把有关专利折旧的估算与有关著作权折旧的数据相结合时，它就为我们提供了某种依据，说明专利创造了可观的私人价值；但是，这也同样标志着，它们可能比著作权而赋予更大的垄断权力，若考虑到这两类权利的本质，这与我们所预料的一致。在第 8 章中，我们对于 1934 年至 1991 年期间著作权与商标所估算的折旧率是：图形类艺术作品的著作权是 13.4％，图书的著作权是 9.2％，商标是 6.5％，而音乐作品著作权是 4.1％，

---

[26] 有许多外国所授予的专利是可续展的。有关此类可续展专利研究的一个概要，参见 Jean O. Lanjouw, Ariel Pakes 与 Jonathan Putnam, "How to Count Patents and Value Intellectual Property: The Uses of Patent Renewal and Application Data", 46 *Journal of Industrial Economics* 405 (1998); 关于一个例证性研究，参见 Mark Schankerman 与 Ariel Pakes, "Estimates of the Value of Patent Rights in European Countries during the Post-1950 Period", 96 *Economic Journal* 1052 (1986).

[27] Mark A. Lemley, "Rational Ignorance at the Patent Office", 95 *Northwestern University Law Review* 1495, 1503—1504 (2001)(1998 年的数据).

而与之形成对比的是,我们在本章所估算的专利折旧率6%。令人感兴趣的是在以下两组之间的对比:一组是专利、商标与音乐作品的著作权;另一组则是图书与图形类艺术作品的著作权。在由前三者所形成的这一组中,即使专利和商标的续展费比著作权的续展费要高许多,但其折旧率还是相当低。我们推测,商标的折旧率比大多数种类的著作权的折旧率要低,因为一个商标可以很容易地转移到其他的产品或者服务上;商标权就因此而具有"广延性"(breadth)。音乐作品著作权的折旧率也很低,而我们所暗示的原因是,音乐作品通常没有文字(即使有文字,也常常只是该作品的一个次要因素),并且可能形成数量无穷的各种不同组合,从而比图书更能适应于不同时期和不同的品味。图形类艺术作品,除了少数的例外(比如米老鼠),则被认为具有很强的时间性,因为它们通常是与特定的广告活动或者产品周期相联系的。专利的折旧率低,但其续展费用高昂,故尤显突出。在第8章中,较低的费用与续展的高弹性相结合的情况就让我们相信,大多数著作权只具有极少的商业价值。显然,从平均值看,专利比著作权具有更大的价值,而从专利与商标以及音乐作品著作权的比较中已经表明,这部分地是由于它们在事实上比著作权——音乐作品著作权除外——包含了更大的范围。

它们之所以包含了更大的范围,是因为否则的话,发明人就无法收回其固定成本吗?这个问题是实证性的,并且其证据并不确定。许多高度先进的研究密集型行业,其中有名的就包括计算机软件行业,并不是主要倚靠专利作为阻止他人在发明活动上搭便车的一种方法。[28] 要阻止他人在有价值的发明上搭便车,还存在

---

[28] 参见,例如 Richard C. Levin 等, "Appropriating the Returns from Industrial Research and Development", *Brookings Papers on Economic Activity* 783 (1978); Mark Schankerman, "How Valuable Is Patent Protection? Estimates by Technology Field", 29 *RAND Journal of Economics* 77 (1998); Robert Mazzoleni 与 Richard R. Nelson, "The Benefits and Costs of Strong Patent Protection: A Contribution to the Current Debate", 27 *Research Policy* 273, 275—276 (1998); Wesley M. Cohen, Richard R. Nelson 与 John P. Walsh, "Protecting Their Intellectual Assets: Appropriability Conditions and Why U. S. Manufacturing Firms Patent (or Not)"(国家经济研究局工作论文第7552号,2000)。

着其他替代性方法。回想一下我们在第 2 章对著作权的初步讨论,复制行为是否可能实际阻止知识财产的创造者收回其固定成本,取决于复制的成本。在创新行业的情形中,该成本将由于学习曲线(learning curve)而通常显得比较高。如果使用某一方法或者制造某一产品的成本,随着使用人在使用该方法或者制造该产品的过程中变得越来越熟练和富有经验而不断下降(直至某一点),那么,仿造者(imitator)将会发现,自己在生产阶段的竞争中处于一种成本劣势。这种劣势可能抵销该仿造者因为无需承担该发明本身的任何成本而具有的优势。

情况可能是这样,但也可能并非如此。在有关新药的情形中,其生产者急欲寻求专利保护[29],这部分地由于存在着严苛的药品监管要求,所以新药的研究与开发的固定成本相当高,但其边际成本,包括仿造者的边际成本则很低(计算机软件行业也是如此,不过商业秘密与著作权为软件生产者提供了不同于专利的知识产权保护方式)。以税后现值为计算基础,一种新药的总成本中,有 30% 是花在 R&D 上的[30],尽管已经有人对该 R&D 的多数方面的社会生产率提出了疑问。[31] 同样,某些药品专利通常是难以进行周边发明的[32],这就可能给它们带来过高的利润。回想一下,正如图 11.1 所示,假如竞争者对一项专利进行周边发明的困难越大,则专利权人剩余需求曲线的弹性就越小,从而,其超过边际成本所标的价格就越高,该专利所产生的总利润也就越高。

---

[29] "只有在一个行业,即制药行业中,产品专利才被大多数被告认为是比任何其他专有化方法更为切实有效的"。Levin 等,前揭[28],第 796 页。

[30] Patricia M. Danzon, *Pharmaceutical Price Regulation: National Policies versus Global Interests* 5 (1997).

[31] 大约三分之二的药品 R&D 是由学术机构或者联邦机构而非由行业来承担的,Darren E. Zinner, "Medical R&D at the Turn of the Millennium", *Health Affairs*, 2001 年 9、10 月合刊,第 202、205 页(exh. 4),而有人主张,大多数在药品开发上的突破应归功于学术性和联邦政府的研究,而非行业的研究。参见,例如 Public Citizen Congress Watch, "Rx R&D Myths: The Case against the Drug Industry's R&D 'Scare Card'" 8—10 (华盛顿,哥伦比亚特区,2001 年 7 月)。

[32] 参见 Eric von Hippel, *The Sources of Innovation* 53 (1988); Levin 等,前揭[28],第 798 页。

对药品专利进行周边发明的难度,不仅体现在技术上。有证据表明,当品牌药品(brand drugs)在其专利期限届满,从而必须与更为便宜的通有名称药品(generic drugs)(其价格之所以更加便宜,是因为它们在品牌药品先行者的 R&D 上搭便车)进行竞争时,品牌药品的价格并没有趋于下降。[33] 正如我们在第 7 章所指出的,专利垄断使得医生和病人习惯于选择带有品牌名称的产品(商标强化了专利),即使当专利保护期届满,能够以低得多的成本购买一种替代性的通用名称药品时,他们仍然不愿意用一个不知名(或者没有)牌子的药品来替代他们所熟悉的品牌,尽管两者被证明在化学上是完全一样的,只是可能在某些微妙之处存在差别,或许涉及质量控制手段不同。随着生产者在事实上把低价位市场让给了通用名称药品,品牌药品的销量将会下降,但每一单位的利润仍将保持高位,从而,总的利润虽然与以前相比有所减少,但仍然相当可观。一项研究发现,因专利保护期届满而在市场份额上所带来的只是一个缓慢的下降[34],尽管对福利效果的分析要复杂得

---

[33] 参见,例如 Roger D. Blair 与 Thomas F. Cotter,"Are Settlements of Patent Disputes Illegal Per Se?" 47 *Antitrust Bulletin* 491, 496—501 (2002); Dong-Churl Suh 等,"Effect of Multiple-Source Entry on Price Competition after Patent Expiration in the Pharmaceutical Industry", 35 *Health Service Research* 529 (2000); F. M. Scherer, "Pricing, Profits and Technological Progress in the Pharmaceutical Industry", *Journal of Economic Perspectives*, 1993 年夏季卷,第 97、101—102 页。而且,如果专利权人在专利保护期内获得了一个从属专利(follow-on patent),并主张通用名称药品将对之构成侵权,那么,FDA 将自动给予一个迭次的批准通用名称药品的 30 个月延缓期,直到该专利争议得到解决。参见,例如 Robert Langreth 与 Vicoria Murphy, "Perennial Patents", *Forbes*, 2001 年 4 月 2 日,第 52 页。这一做法遭到了抨击,或可在不久由行政条例或者立法规定予以修改。

[34] 参见 Meir Statman, "The Effect of Patent Expiration on the Market Position of Drugs", 2 *Managerial and Decision Economics* 61 (1981)。甚至有证据显示,品牌药品的价格在专利保护停止后反而上升了,因为其生产者放弃了该市场的高弹性部分,转而增加了在低弹性部分的营销投入。参见 Ernst R. Berndt, "Pharmaceuticals in U. S. Health Care: Determinants of Quantity and Price", *Journal of Economic Perspectives*, 2002 年秋季卷,第 45、63 页; Steven J. Davis, Kevin M. Murphy 与 Robert H. Topel, "Entry, Pricing and Product Design in an Initially Monopolized Market"(国家经济研究局工作论文第 8547 号,2001 年 10 月)。

多,因为存在着这样的可能,即专利权人为了保持其永久的垄断地位,就会在专利保护期行将届满之际通过降低该专利产品的价格,从而培育其品牌的忠诚度(brand loyalty)。[35]

不过,大量与药品专利相关的证据还是提早催生了1984年通过的《哈奇—韦克斯曼法》(Hatch-Waxman Act)。该法允许通用名称药品的生产者在有品牌的等同药品的专利保护期届满之前,就开始对专利药品进行FDA规定必须要做的检测程序,而不会受到指控侵犯专利权。很明显,该法律与其他为控制卫生保健成本的不断急剧上升而提出的私人或者公共的立法提案(initiatives)一起,已经导致了通用名称药品的市场份额大增。[36] 不过,该法律也在时间上扩张了化学药品专利的保护期限(最高可延长达5年),以弥补药品为向消费大众进行销售而必须获得食品药品管理局(Food and Drug Administration/FDA)批准所需的时间。

尽管只是在制药领域,《哈奇—韦克斯曼法》通过规定检测行为(testing)属于侵权行为之例外,还是扩张了专利法中长期存在但以往仅作狭义解释的"实验使用"(experimental use)原则,该原则就对应于著作权法中的合理使用原则。一直就有人在强烈要求,将实验使用原则扩张为允许科学家无需获得许可,即可使用他人享有专利的研究工具[比如基因片断,以及正如其名所示的在癌症研究中使用的肿瘤鼠(tumor-prone oncomouse)*]。他们的主要观点是,在实验中必须使用的具有专利的研究工具,其数量通常相当之多,从而,对它们全部获得许可所需的交易成本将变得过分

---

[35] 参见 Gideon Parchomovsky 与 Peter Siegelman, "Towards an Integrated Theory of Intellectual Property", 88 *Virginia Law Review* 1455 (2002)。

[36] 参见 Berndt,前揭[34],第62—63页;Henry Grabowski, "Patents and New Product Development in the Pharmaceutical and Biotechnology Industries" 6—8 (杜克大学经济学系,2002年7月)。另参见 Jay P. Bae, "Drug Patent Expirations and the Speed of Generic Entry", 32 *Health Services Research* 87 (1997)。

* 也称哈佛肿瘤鼠(Harvard oncomouse)。——译注

高昂。[37] 我们就专利保护现有水平的社会收益也提出过怀疑,这就支持在专利法中就像在著作权法中那样,对合理使用原则作宽泛解释。

新药的专利保护期限可能太长,这一点并未由于下面这个证据而被驳倒,即与通行的观念相反,美国制药行业的利润并没有显著超过行业的资本成本(cost of capital)。[38] 该证据与政府为限制制药商对某部分公众收取垄断性价格的能力而进行的监管相一致。也有人认为,不同种类药品的生产者之间也在相互竞争——这就是垄断性竞争(monopolistic competition)的一个例子,其中,市场上的每一个卖方(它可能如同只是享有一种轻微的地区性垄断的理发店一般毫不起眼)都面临着一条下斜的需求曲线,但是因为市场进入是没有障碍的,所以该市场上企业的垄断利润为零,价格也就等于平均成本了。[39] 我们知道,为追求垄断租(monopoly rents)而进行的竞争,将趋向于把它们转化为一种未必产生与之相称的社会收益的成本。在第1章所举的例子中,为了第一个发现一块新大陆并且占为己有,人们展开一场竞赛,如果只有10个竞争者,他们作为一个整体所拥有的利润为零,但因为他们为获得垄断租而展开竞争,因此,他们的成本将会更高,并且超出因为提早一年发现该大陆而产生的收益。同理,由于大量的药品研究最终未能生产出可以收回其研究成本的产品,这一事实亦与寻租相符。通过专利保护而可能获得巨大利润,这样的前景就提供了一种投资于此类研究的诱惑,尽管可以想见,投入此类研究的资源,如果被投入到另一个不以垄断作为发明回报的行业,就会形成更大的社会生产力。

不过,有人认为,以它们目前这种形式而受到专利保护的最具

---

[37] 参见 Janice M. Mueller, "No 'Dilletante Affair': Rethinking the Experimental Use Exception to Patent Infringement for Biomedical Research Tools", 76 *Washington Law Review* 1 (2001)。

[38] 参见 Henry G. Grabowski 与 John M. Vernon, "Returns to R&D on New Drug Introductions in the 1980s", 13 *Journal of Health Economics* 383 (1994)。另参见 Scherer,前揭[33],第103—106页。

[39] 参见 Carlton 与 Perloff,前揭[7],第454—457页。

说服力的情形,可以在药品行业中找到:"当然,美国生物技术行业的中小型企业是一个有说服力的例子,如果没有获得一项专利的前景,这样的企业就不可能存在,它们就是靠专利保护来为它们创造利润与吸引投资的。"[40]但是也存在这样的问题,比如把生物学研究工具纳入专利保护范围,就可能阻碍生物技术的进步。例如,在互为补充的基因片断上存在着各项不同的专利,这就可能在为研究目的而把基因材料进行组合时,使交易成本变得很高。更一般地说,研究工具的许可是一件既复杂且成本高昂的事情,其原因正与基础研究的专利许可为什么既复杂又价贵相同。[41]同时,该行业中还有一个行之有效的规则,即对于那些由行业所开发并获得专利的研究工具,存在着"合理使用"(或者被扩大解释为包括实验使用)的例外,这将使得学术研究者可以使用这些工具——并因而可以对该产业的R&D搭便车——以创制出新的药品,并以此获得他们自己的专利。

有关专利效果的一个自然实验,就是联邦政府鼓励大学从事应用研究,这已经导致了大学拥有的专利数量大增。但这对于产业的意义如何,尚不明朗。大学通常从事于研究工作,而不事生产。它们的注意力自然也就集中在基础研究上,而对它们来说,假如其研究成果不能获得专利,那么,要想让它们从应用研究中获利将是很困难的,因为它们不可能通过把该研究体现在产品或者方法中来获得利润,该产品或者方法能够使它们借助于商业秘密或者先行者优势而避免竞争,它们只可能通过将其发明许可给他人的方式而获利。从表面看来,因为可以从专利许可中获得实质性

---

[40] Mazzoleni 与 Nelson,前揭[28],第 276 页。纳尔逊(Nelson)是一位对专利持怀疑态度的顶尖级经济学家,因此,引号内的这段话就特别有分量了。

[41] 参见 *Report of the National Institutes of Health (NIH) Working Group on Research Tools*,1998 年 6 月 4 日,www.nih.gov/news/researchtools/index.htm; Michael A. Heller 与 Rebecca S. Eisenberg, "Can Patents Deter Innovaion? The Anticommons in Biomedical Research", 280 *Science* 698 (1998)。但请参见反映了行业意见的相反主张,Richard A. Epstein, "Steady the Course: Property Rights in Genetic Material" (芝加哥大学法学院,John M. Olin 法和经济学工作论文第 152 号[第 2 系列],2002 年 6 月)。

收益,这已经诱使大学从基础研究转向其他的替代方面[42],而这样做的结果,可能就是一个净的社会亏损。

对专利制度的社会收益进行评估是有困难的,但这可以借助于专利与著作权在另一项法律限制上的比较而加以说明。发明人可以因其在他人专利之上作出一项改进而获得专利——假定该专利满足了可获得专利的一般条件,包括实用性、新颖性和非显而易见性——而无需事先得到原始专利权人的许可。这就好比演绎作品的所有人可以对之获得著作权而无需其原始作品著作权所有人的许可。改进发明的专利权人也许不能在不对原始专利构成侵权的情况下使用其专利,但同样地,原始专利权人也不可能使用该改进发明而不侵犯改进发明人的专利。这就是所谓封锁专利(blocking patents)的情形;如果想要让最有效率的技术得到应用,它就迫使专利权人之间进行一次谈判。[43] 由此增加的谈判费用是否抵销了因鼓励独立企业开发出改进专利而产生的潜在的激励收益,这一点并不清楚。若对此作完整的分析还应当考虑到,它可能减少了原始专利权人进行开发以获得改进专利的潜在激励,以及,如果专利权人以这些权利作为开始并且挑选出其他企业来改进其专利,就可以节约许可和搜寻成本。

意识到专利环境中的双方垄断问题,以及更为广泛的交易成本问题,这就解释了"反等同原则"(reverse doctrine of equivalents)。[44] 根据该原则,如果改进发明所作出的贡献大大超过了原始专利发明所作出的贡献,那就应当允许改进发明人实施其发明而不认为其构成侵权,即使他在未获专利权人许可的情况下使用了该在先作出的发明。根据以下将要讨论的"等同原则"(doctrine

---

[42] 参见前揭[24]。

[43] 参见 *Wetinghouse v. Boyden Power Brake Co.*, 170 U. S. 537 (1989); Robert P. Merges 与 Richard R. Nelson, "On the Complex Economics of Patent Scope", 90 *Columbia Law Review* 839 (1990); Howard F. Chang, "Patent Scope, Antitrust Policy, and Cumulative Innovation", 26 *RAND Journal of Economics* 34 (1995)。

[44] 参见,例如 Merges 与 Nelson,前揭[43]。该原则在联邦巡回法院受到了冷遇,不过这种情况可能正在变化。参见 *Amgen Inc. v. Hoechst Marion Roussel, Inc.*, 314 F. 3d 1313, 1351 (Fed. Cir. 2003)。

of equivalents)——专利法的一个固有组成部分——如果在一项专利发明与一项被指控侵权的发明之间只是存在很小的差别,那就不能构成对侵权指控的一项抗辩事由。这个反等同原则的合理性在于,假如要求改进发明人与原始发明人谈判以获得许可,就会阻碍一项具有潜在价值的改进发明;这是一种交易成本的解释。它反映了有关合理使用的见解从著作权法移用到了专利法上:若改进发明人只是无关紧要地使用了该专利发明时,交易成本就远远大于因允许专利权人收取许可使用费所产生的社会收益。

这反过来也提出这样的问题,著作权法是否应当模仿专利法对于改进发明的做法。该问题的答案有一条线索,就在有关共同所有权的规则之中。专利法允许一项专利的共有人使用该专利,而无需其他共有人的同意。这与著作权法的规则相同,即某一合作作品的合作作者都能够行使其作为著作权所有人的全部权利(使用作品、许可他人使用作品等等),只是应当与其他合作作者分享从许可或者其他使用中所获得的收益(如果没有协议约定当事人各自的分配比例,则平均分配)。这样的规则,都是为了使双方垄断最小化。但是,专利法的规则又不同于著作权法的规则,它并不要求专利共有人一方向其他共有人就收益进行报账(除非他们约定了收益分配)。其原因也许在于,技术进步是一个持续的改进过程,如果一个专利权人能够在其享有专利的发明上下功夫或者许可他人这么做,而不必与其他共有人分享就此获得的收益,那么,交易成本就得到了最小化。在表达性作品上,持续改进的情形则并不常见,当然也并非没有——音乐编排、卡通人物,当然还有计算机软件就是这样的例子,它们是享有著作权的作品,但常常处于一个持续开发的过程之中。

即使当改进发明的专利得到了与著作权法对演绎作品相似的待遇,从而在某种意义上将使得交易成本最小化,但是,假如人们不能总是指望原始专利权人及其被许可人(如果有的话)承认他们有对该发明作出改进的机会,那么,从另一种意义上来说,又将增加交易成本。许多研究创新问题的学者相信,创新最好被理解为是一个准达尔文主义(quasi-Darwinian)的过程——几乎就是试错(trial and error)的一个过程,市场在其中从各种不同的方法中进行选择,而这些方法的相对前景是无法事先作出评估的。[45] 这样做就意味着,发明活动独立来源的多样性,优于一个受专利权人指令的集中化的过程。尽管专利权人具有许可改进发明人使用其专利的激励,但其本身作出该许可行为的能力,却可能受到诸如企业文化、管理风格、大企业的等级体制和官僚主义结构、特定雇员的古怪举动,以及其他可能难以控制或者企业之间各不相同的因素的阻碍。[46] 一个组织所能容忍的多样性就只有这么多,我们能够从经常发生的公司合并失败事例中看到这一点,因为进行合并的企业最终被证明无法把它们互不相同的文化加以融合。企业内部(intrafirm)在发明或者发明许可上存在的多样性,就因此而成为企业之间(interfirm)多样性的一个不完全替代。发明上的达尔文主义理论就为改进发明专利提供了经济学支持[47],它鼓励企业在由其他企业拥有专利从而占据主导地位的技术领域进行研究和开发。

同样的方法也可适用于著作权,以此,演绎作品无需原始作品著作权所有人的许可而可享有著作权。[48] 我们在本章中已经承认,某些享有著作权的作品是处于持续改进之中的,而且我们在第4章中承认,若允许对未经授权的演绎作品享有著作权,可以导致增量性创作。但是,在这一方法中,也存在着很大的造成混淆的潜在可能,因为其一,生产出大量的演绎作品所需的成本很低,而且它们并不事先受到独创性的审查,或者,当其在法院面临异议时,并不像专利那样需要拥有一个高标准的独创性;其二,因为在一个可享有著作权的作品上是自动产生著作权的,所以从字面上理解,

---

[45] 参见,例如 Richard R. Nelson 与 Sidney G. Winter, *An Evolutionary Theory of Economic Change* (1982); Nelson 与 Winter, "Evolutionary Theorizing in Economics", *Journal of Economic Perspectives*, 2002 年春季卷,第 23、33—39 页; Merges 与 Nelson,前揭[43],第 837—879 页。

[46] "企业面临相同的市场信号却作出不同的反应,而且当信号是相对较新时,则更加如此"。Nelson 与 Winter, *An Evolutionary Theory of Economic Change*,前揭[45],第 276 页。

[47] 参见 Merges 与 Nelson,前揭[43],第 837—879 页;Mark A. Lemley, "The Economics of Improvement in Intellectual Property Law", 75 *Texas Law Review* 989 (1997)。

[48] 莱姆利(Lemley)教授在上揭所引之文章中即如此主张。

获得著作权是不需要任何成本的,"封锁"著作权(blocking copyright)的潜在危害因此就会很大。相反,获得一项专利的成本相当高昂(除了主要成本即 R&D 以外,它还需花费大约 1 万美元至 3 万美元的申请费、代理费以及其他为准备专利申请文件并且让专利商标局批准所需支出的费用)[49],包括在一项改进发明上的专利也是成本很高的。需要支出大量金钱费用是一个方面,但另一方面是,由于那些微不足道的改进将无法通过可专利性标准,所以,这就可以使这种危险最小化,即一项专利发明的最佳改进发明将受到那些微不足道的改进(在封锁性专利的意义上)的封锁,并导致较高的交易成本,无法与提高发明所带来的收益相抵销。

发明创新上的达尔文主义理论对于专利制度的分析,还有更进一步的意义。它对埃德蒙·基奇(Edmund Kitch)的勘探理论(prospect theory)提出了怀疑[50],后者的建议是,专利制度应当把发明活动集中于最初的"勘探者"(prospector)。最初的勘探者对于最优的开发路径所持有的观念可能是有缺陷的。如果像基奇所相信的那样,专利制度的主要价值在于减少了重复进行发明的数量,那么,当其作用于某些经济体时,这种制度恐怕在实际上将起到阻碍技术进步的作用。对基奇理论的另一种反对意见认为,如果其目标是通过增加作为最初勘探者的利益而减少寻租,特别是在专利竞赛中的寻租,那么,该理论一旦实施,将可能导致竞争者为了成为这样的勘探者而展开浪费性的竞赛。专利被授予越早,其可能扩张的保护范围就越大(因为在该专利申请过程中,需要通过收缩权利要求以避开现有技术的情况会比较少一些)——从而使之更有价值,并且激发人们为了第一个获得该专利而投入更大的费用。

而且,申请人寻求专利的目的,通常并不是因为他认为,在收回其发明创新的固定成本上,专利是相比于商业秘密或者时间领先(他领先于其他竞争者的优势以及由此导致的学习曲线优势,即

---

[49] 参见 Lemley,前揭[27],第 1498 页。如果这是一项很有价值的专利,从而其所有人想要使它最大可能地经受住法院的异议,那么,他在代理费上的成本还可能更高。

[50] 参见 Merges 与 Nelson,前揭[43],第 872—875 页。

便在竞争者模仿他之后仍将继续保持)而更有效的方法,而是因为他想阻止他人通过获得专利而来禁止他在不向对方支付许可使用费的情况使用自己的发明。[51] 越容易被授予专利且能得到法院的支持,并且专利所给予的法律保护越宽,那么发明人寻求前述防御性专利(defensive patenting)的激励就越大,其取得专利的动机,并不是因为无法利用其他方法来收回发明的固定成本。

防御性专利必须与专利遏制(patent suppression)相区别。[52]

---

[51] 参见 Adam. B. Jaffe, "The U. S. Patent System in Transition: Policy Innovation and the Innovation Process", 29 *Research Policy* 531, 539—540 (2000); John R. Allison 与 Mark A. Lemley, "Who's Patenting What? An Empirical Exploration of Patent Prosecution", 53 *Vanderbilt Law Review* 2099, 2014 注 17 (2000); Nancy T. Gallini, "The Economics of Patents: Lessons from Recent U. S. Patent Reform", *Journal of Economic Perspectives*, 2002 年春季卷,第 131、140、149 页;Levin 等,前揭[28],第 798 页注 29。一个替代性方案就是仅仅将自己的发明公开,意在使 PTO 确信可以缺乏新颖性为由而拒绝任何就该发明所提出的专利申请。参见 Douglas Lichtman, Scott Baker 与 Kate Kraus, "Strategic Disclosure in the Patent System", 53 *Vanderbilt Law Review* 2175 (2000)。

[52] 惠普公司一位专利代理人最近所作的一番陈述,尽管其中所用的是遏制字样,但从其所指来看,毋宁说就是防御性专利,"'我们取得专利并不是为了保护我们自己的产品,而是因为它给予我们在其他人也想加入的领域中享有排他权',他在最近就是这样告诉聚集在公司总部附近的 12 位惠普研究人员和科学家的。'我们假定我们的竞争者正在所有的不同领域中申请专利。我们可不想成为最后一名而遭到封锁'。"Pui-Wing Tam, "More Patents, Please! Tech Companies Urge Staffers to Submit Innovative Ideas; Cash Awards, Plaques at H-P", *Wall Street Journal*, 2002 年 10 月 3 日,第 B1 页。一个更为明确的关于防御性战略的描述,参见 Russell L. Parr, "IP Leverage: Facilitating Corporate Value Creation", 载 *From Ideas to Assets: Investing Wisely in Intellectual Property* 271, 282 (Bruce Berman 编,2002): "一项防御性战略是比较简单的。对任何眼前的东西都申请专利,并且在竞争者靠得过近,可能以相同方法来制造产品或者从事经营时,以提起侵权诉讼相威胁。许可使用费收入不是作为该战略组成部分的目标"。防御性专利的重要性可从下面这种估计中看出来(不可能找到比这些话更有说服力的词句了),"在任何给定时间,超过大约 95% 的专利未被许可,而没有产生任何许可使用费的专利则超过大约 97%", Samson Vermont, "The Economics of Patent Litigatian",同揭,第 327、332 页。比较 Bronwyn H. Hall 与 Rosemarie Ham Ziedonis, "The Patent Paradox Revisited: An Empirical Study of Patenting in the U. S. Semiconductor Industry, 1979—1995", 32 *RAND Journal of Economics* 101, 125 (2001)。专利在促进卡特尔方面的作用是一个老话题了,但它是真实的;我们将在第 14 章讨论之。

防御性专利权人并非试图阻止一项新技术的出现。但是,也有许多证据充分的(well-documented)例子说明,企业在取得或者开发出一项新的技术并获得专利之后,即使它具有商业前景,也会决定不制造或者许可他人制造该专利产品。[53] 这种专利遏制可能是在经济上合理的行为。[54] 假设甲与乙是竞争对手,甲相信存在着一项新技术,并且它将与乙的生产方法而不是他自己的生产方法相兼容,而该技术一旦被乙采用,则将给乙带来一种决定性的竞争优势。在此情况下,甲可能就会产生一种合理的激励,通过最先对之取得专利的方式,花费一些资源来阻止乙采用该项新技术。另一个替代性方案是,许可乙使用该专利,但把许可使用费率定得足够高,以攫取该项技术对于乙的绝大部分收益。但是,甲仍可能不愿意这样做,因为他担心乙在使用该项新技术的过程中,可能开发出更好的技术,从而出其不意地抢在甲的前头。要计算出用以保护甲免受此等可能情形之损害的许可使用费,或者在不披露甲对乙所关心之问题的前提下就许可费进行谈判,这都将是一件成本高昂的事情。

不过,专利遏制的最常见的原因,可能并不是出于有意:专利权人在取得专利之后,可能变得胆怯起来,怀疑实际制造新产品或者采用新方法所付出的费用与预期回报不相称。将专利许可给他人使用,这当然也是一种选择,但正如此前所示,它涉及较高的交易成本。

我们在这里无需对专利遏制问题再做任何更深入的探索。[55]

---

[53] 参见该文中的详尽描述,Kurt M. Saunders, "Patent Nonuse and the Role of Public Interest as a Deterrent to Technology Suppression", 15 *Harvard Journal of Law and Technology* 389 (2002)。

[54] 参见 Carlton 与 Perloff,前揭[7],第 538 页;Paul Stoneman, *The Economic Analysis of Technology Policy* 113—114 (1987)。

[55] 因此,我们就不必考虑在该文中的有趣的建议,Julie S. Turner,评论,"The Nonmanufacturing Patent Owner: Toward a Theory of Efficient Infringement", 86 *California Law Review* 179 (1998),即一个专利所有人如果并无意图使用其专利,则不应有权禁止侵权人使用,而只是应当收取向其汇寄的损害赔偿金救济——这在大多数情况下都是数量很小的,至少由专利遏制所产生的垄断利润并不被认为是专利法所应当授予的损害赔偿金时。

我们的观点只是说,专利有时确实受到遏制了,这就是一个例子,说明专利可能实际阻碍技术的进步。

防御性专利与遏制性专利可能合在一起,被当作有关"策略性"专利(strategic patenting)的主要例子,后者是大量商业文献中的一个主题,它使人们对于专利制度作为一个使发明活动的进度与方向最优化的方法,提出了更多的怀疑。在这些文献中,我们经常会碰到诸如此类的评论,"大多数价值很高的专利并不在于发明本身。相反地,许多专利的取得是出于适当的商业目的,即把竞争对手排除在新产品或者新服务的市场之外"。[56] "与在你的产品周围建起一堵专利墙(a patent wall)——或者,它有时也被称作专利集群(clustering)——相反的做法是,把你竞争对手的专利也纳入其中"。[57] "这些公司被认为利用了一项'淹没'(flooding)或者'覆盖'(blanketing)某个技术领域的专利技术。……典型的情形是,一项新技术被第一个公司获得了专利,但第二个公司……如果标的额足够高,就会调动充分的资源,通过对改进发明申请专利的方式而将该发明的所有潜在改进统统收入其囊中。而如果想让其业务不断发展,第一个公司就被迫与之订立某种交叉许可协议"。[58] 这里说可能有些夸大;但这些进攻性说辞很容易鼓动那些商业管理者和商业顾问,尽管它们通常并无任何经济意义。这些"纳入者"(bracketers)或者"覆盖者"(blanketers)就改进发明所取得的专利也是毫无价值的——假如它们并不是对原始发明作出的真正改进,原始发明人也就不会产生任何寻求许可其使用的激励。如果把这些改进留待原始发明人来完成,虽然完成的速度可能慢些,但它的成本会更低,因此可能是更有效率的。

提到改进发明专利,就引入了对有关侵权行为构成要素问题的考察,这个问题深化了人们对专利制度整体经济效果的评估,并使之更为复杂了。我们在第 4 章中指出,从一个经济学角度看,判

---

[56] Stephen C. Glazier, *Patent Strategies for Business* 11(第 3 版,2000).

[57] Kevin J. Rivette 与 David Kline, *Rembrandts in the Attic: Unlocking the Hidden Value of Patents* 110(2000).

[58] H. Jackson Knight, *Patent Strategy for Researchers and Research Managers* 42—43(1996).

定一件新的表达性作品是否侵犯另一件享有著作权的作品,应当取决于该新作品对旧作品进行复制的程度,是否足以使新作品成为旧作品在市场上的一个相近替代品(close substitute)。这个观点对于专利而言,同样成立。但是,替代是有程度之别的,而且,对于专利授权,应当通过对"[专利]等同原则"的扩张性解释[59]而采取广义解释还是狭义解释,这一点也不明确。等同原则与著作权领域的实质性相似(substantial similarity)概念相一致,后者被用来确定对某一表达性作品的复制是否足以构成侵犯该作品的著作权。在 *International Nickel Co. v. Ford Motor Co.* 一案[60]中很好地说明了等同原则。原告国际镍业公司在"球墨铸铁"(nodular iron)上有一项专利,它涉及在熔铁中加入 0.04％的镁。被告福特公司也开始制造自己的球墨铸铁,它与国际镍业公司的唯一区别是,它的产品只包含 0.02％的镁。法院判决福特公司侵犯了国际镍业公司的专利权;福特公司对产品所作的改变是与专利产品"等同的"。假如福特公司作出了一项实质性改进,并且符合可授予专利的各项条件,那么,它还是能够获得一项改进发明专利的。

等同性的实践检验标准需要假设,专利权人的专利申请中包含某一发明的一项权利要求,而该发明现在被他声称与他已获得的专利等同,从而可以提出这样的问题,是否该项权利要求本来就应当被已有专利或者其他现有技术所阻挡。[61] 这与著作权案件中提出的问题相似,即著作权人所寻求保护的究竟是表达还是思想。如果是后者——例如,如果他所寻求的是为了阻止别人使用某一个标准的故事情节,理由(用专利的行话来说)就是如果被告使用该故事情节,则使得被告的作品"等同"于他的作品了,尽管两者并不完全相同——司法上的反应将是,他本来就不能在他声称被告作品与他的作品构成等同的那些要素上享有著作权。

---

[59] 最近被再次强调于 *Festo Corp. v. Shoketsu Kinzoku Kogyo Kabushiki Co.*, 535 U.S. 722 (2002)。

[60] 166 F. Supp. 551 (S.D.N.Y. 1958),对其讨论见于 Merges 与 Nelson,前揭[43],第 853—854 页。

[61] 参见 *Wilson Sporting Goods Co. v. David Geoffrey & Associates*, 904 F.2d 677 (Fed. Cir. 1990)。

等同原则使得专利申请人能够节约在描述上的成本。这就引出了与合同法原则的比较,后者通过适用标准格式条款,节约了合同起草方面的成本。假如没有等同原则,专利申请人就必须对其所寻求的专利保护范围作出更为具体的说明。不过,等同原则也容易受到滥用:发明人会申请一个范围尽可能大的专利,亦即,该专利要尽可能地抽象(还是在第 4 章中,回忆一下广度与抽象度之间的相互关系)。假如被授予了一个范围广泛的专利,你就可能使自己获得一种非常大的垄断权。电报的发明人塞缪尔·莫尔斯(Samuel Morse)曾经申请这样一项专利:"利用电磁的动力,以在任何距离内产生或者打印出清晰易懂的符号,而无论该种电磁力以何种方式产生"。这样一项范围如此广泛的专利,就可能让莫尔斯获得的回报大大超过其发明的固定成本,特别是,如果他能够通过在专利保护期内所作出的改进上继续获得专利,从而在事实上延长了 17 年的专利保护期。[62] 如果专利商标局(PTO)阻止申请人寻求如此宽泛的专利保护范围,则申请人可以修改其申请以缩小范围,并在专利申请获得批准之后,再行根据等同原则主张其所放弃的权利要求(亦即主张,任何包含了这些权利要求的专利均与其专利构成等同)。这种策略被"申请过程禁止反悔"(prosecution history estoppel)原则所阻,根据最高法院最近所作的解释,该原则推定,在申请人坚持一个较窄范围之申请的过程中,专利商标局以不符合一个或者多个可专利性条件为由而拒绝的任何权利要求,禁止专利权人对之适用等同原则。[63] 另一个阻止对一项专利提出过度主张的方法是,确立这样的制定法规则,如果专利的某一项权利要求含糊不确定,则属于无效;一项含糊不确定的权利要求,就是对竞争者施加了法律风险,即当他们因专利权利要求不清而对其边界范围发生误判时将招致侵权诉讼,从而,它就趋向于扩大该专利的实际范围,超出其合法的边界。如果能够像在著作权法中那样存在一种独立创作的抗辩,那么,权利要求确定性条件的重要

---

[62] 参见 *O'Reilly v. Morse*, 56 U. S. (15 How.) 62 (1853),其讨论见于 Merges 与 Nelson,前揭[43],第 850—851 页。

[63] 参见 *Festo* 案,前揭[59]。

性将会有所降低；但既然没有这样的抗辩，那么，可能的侵权人就有权要求获得一个关于专利权人权利范围的明确警示，以使其不致一不小心而构成侵权。

对一项专利的范围作广义解释，增加了专利权人排除竞争的权力。但同时，它"迫使其他企业致力于创造出可能与已有专利产品非常不同的其他替代性方案，如果他们想要在范围广阔的产品领域从事竞争的话"。[64] 它也可能（如基奇所说）减少了专利竞赛[65]，尽管反过来说，它也可能只是把专利竞赛的时间提前了（为追求范围广泛的专利而展开竞赛）。采取狭义解释则可能增加交易成本：后来的发明人将不得不从更多的专利权人那里获得许可[66]——虽然硬币的另一面是，已有专利的范围越窄，一项新发明对任何这些专利构成侵权的可能性就越小。此外，已经有人提出，采取狭义解释可能实际增加了由于专利权人垄断性定价所产生的无谓损失，因为它使得创造相近替代品变得更为容易，但其制造成本在很大程度上又高于专利权人的产品。[67] 假设该产品的边际成本是1美元，定价是3美元，但如果对所授予之专利作狭义解释，竞争者就能够造出一个相近替代品，其成本是2美元。消费者就会转向该竞争者。专利权人的反应可能就是削减其价格，以图赢回这些消费者。这一过程是否提高了社会福利，并不确定。一方面，由产量限制所导致的无谓损失减少了；另一方面，当原始专利权人与竞争者（们）生产两个产品时，就比只有专利权人单独生产一个产品时所形成的生产成本高多了。另一个考虑因素是，由于竞争

---

[64] Mazzoleni 与 Nelson，前揭[28]，第 275 页。

[65] 参见，在一个大型文献中的例证性说明，Vincenzo Denicolò, "Patent Races and Optimal Patent Breadth and Length", 44 *Journal of Industrial Economics* 249 (1996). 我们并没有讨论在专利的广泛度与保护期之间的交换；事实上，我们把现有的保护期（一般是 20 年）作为我们分析当中的外生性因素。

[66] 参见 Robert P. Merges, "Institutions for Intellectual Property Transactions: The Case of Patent Pools", 载 *Expanding the Boundaries of Intellectual Property: Innovation Policy for the Knowledge Society* 123 (Rochelle Cooper Dreyfuss, Diane Leenheer Zimmerman 与 Harry First 编, 2001).

[67] 参见 Paul Klemperer, "How Broad Should the Scope of Patent Protection Be?" 21 *RAND Journal of Economics* 113 (1990).

者取得成功，专利的回报就相应减少了，从而专利权人可能无法收回其发明的固定成本。如果相反，对一项专利作广义解释，由此导致的结果是替代品被认为构成侵权，那么就只有较少的消费者会替换该专利产品了，因为他们将被拒绝接触使用最相近的替代品。[68]

但是，这个分析并不全面。一项范围较广的专利，由于大量地限制了替代行为，将使得专利权人能够收取一个比假设该专利保护范围较窄时可收取的更高的价格。[69] 因为一个利润最大化的垄断者，总是会将价格提高至其需求曲线弹性范围内的某一个点，而过高的价格将使一部分消费者转向虽在质量上有所不如的替代品，从而抵销了（但其程度不可能先验地加以确定）一个范围较广的专利因为压缩可得替代品的范围而产生的影响。

这里还有另外一个因广义解释而产生的含糊不清的收益：在提高防御性专利发生数量的过程中，它也增加了专利的数量，从而有更多的专利被公布，使得技术性思想获得更大的公开，可能为其他发明人所用。[70] 但是，如果防御性专利是过去20年中专利数量增加（参见第12章的统计数据）的主要因素，并因此而作为在此期间加强专利保护的间接后果，而加强专利保护又可能成为专利数量增加的基础，那么，我们可以提出进一步的怀疑，即更多的专利是否意味着更多更好的发明创新。

范围较广的专利保护还有另一个效果，也是根本性的双刃剑效果（double-edged effect）：它增加了对最先发明人的回报，从而鼓励了发明，但它也增加了后来者的发明成本，从而抑制了发明。这与我们在第2章和第3章关于著作权的讨论形成了很明显的类比，

---

[68] 有人提出了一个与著作权相关的类似主张，Ian E. Novos 与 Michael Waldman，"The Effects of Increased Copyright Protection: An Analytic Approach", 92 *Journal of Political Economy* 236, 244—245 (1984). 回忆一下，我们自己对于范围较广的著作权保护的怀疑，并不是基于其利用不足（underutilization，亦即减少了消费者的接触）而是因为交易成本与输入成本，而这一点在 Novos 与 Waldman 的文章中未予讨论。

[69] 我们忽略了由价格歧视所带来的复杂性；但它们也不会从根本上改变这一分析。

[70] 参见 Gallini，前揭[51]，第140页。

我们在那两章中指出,著作权保护范围越宽,后来的表达性作品的创作成本就变得越高,原因在于,后来的作品的内容需要输入早期作品。与此相关的一个问题是,新颖性要求越严苛,就越难取得专利,而后来的发明人想要获得专利就越容易(尽管这些专利也将是范围较窄的),但是,因为专利本身数量减少了,所以那些在专利申请中公开的、对他们有用的信息也将变得更少。[71]

把专利与著作权进行类比,就引出了这样的问题,即在图 11.1 及其所附之讨论以外,再将第 3 章中的形式模型适用于专利。事实上,从形式层面看,两者的类似之处是如此接近,以至于我们可以使用完全一样的模型,导出完全相同的结果,而只需重新标注一下变量:p 是专利产品每一单位产量的价格,$q(p)$ 是对该产量的市场需求,x 与 $y(p, z)$ 是由专利权人以及复制者所生产的单位数(y 取决于 p 与 z,z 是针对复制而由专利法所给予的保护程度),c 是专利权人的边际成本,e 是首次作出该专利发明的创新成本,等等。这对于专利法以及发明的含义,与在第 3 章最后对于著作权法以及表达性作品所列之含义相似,仅需作一些小小的调整。

但是,既然通过强制专利公开发明所包含的步骤,就为后来的专利权人带来了好处,难道不应当作出一个重大调整来反映它吗?这看起来也许可以缓解我们在著作权背景下所强调的早期创新者与后来创新者之间的紧张。但是,这个表面现象是引人误解的。因为,如果我们现在把未发表作品以及某些计算机软件[72]暂时搁置一边,著作权法也是像专利法那样,具有公开的效果。除了上述例外情形,享有著作权的作品也是完全公开的,并且此后的作者们能够使用在这些作品中所包含的任何信息(亦即思想),以有助于他们完成自己的作品。对此用法,甚至还存在这样一个术语——

---

[71] 参见 Suzanne Scotchmer & Jerry Green, "Novelty and Disclosure in Patent Law", 21 *RAND Journal of Economics* 131 (1990). 下一章将提出进一步的论据,支持对专利作狭义解释。

[72] 目标代码(机器代码)区别于源代码,它是不可为人所阅读的,或者,除非他接触了源代码,否则也不可为其所用。因此,如果一个软件生产者只对目标代码主张著作权,而将源代码保守为商业秘密,那么公众对该有著作权代码的接触,将不会产生可为其他软件编写者所用的信息。

"经营性复制"(managed copying)。专利法与著作权法之间,以及表达与发明之间确实存在很大的区别,但在我们的形式模型所确定的抽象层面上,两者区别并不大。

三、专利法:作为对商业秘密法以及垄断的一种回应

前面的分析为对如下观点的怀疑表明了理由,即现有的专利保护水平本质上是为了使发明人能够收回其固定成本。这些理由又因一组越来越多的实证性研究而得到了强化,该研究以日本专利法为例,运用专利引证以及其他用于评估不同专利对于技术进步的相对贡献的代表,发现日本在1988年对专利权的扩张,并没有对发明创新或者R&D产生任何作用。[73] 也有证据表明,对计算机软件授予专利,实际上是阻碍了创新,因为大多数软件创新既是建立在现有软件基础上的,也是对现有软件的补充。假如果不存在因专利所导致的阻碍,也不需要因此而为许可进行谈判,那么,软件生产者就能够更快地作出创新,并且每个人都能从他人的创新中受益,而因为该行业中创新的连续性与互补性特征,这也将提高现有产品的价值。[74]

我们对于以下诸点并无任何疑问,即技术进步之于经济福利的重要意义,R&D费用与该进步的关系,或者R&D的社会回报由于正的外部性(positive externalities)而超过了私人回报。[75] 问题

---

[73] 参见 Mariko Sakakibara 与 Lee Branstetter,"Do Stronger Patents Induce More Innovation? Evidence from the 1988 Japanese Patent Law Reforms",32 *RAND Journal of Economics* 77 (2001). 其他的研究亦有引证与概述,同揭,第98—99页。Mazzoleni 与 Nelson,前揭[28],概述了对如下观点表达怀疑的主张,即在最近几十年来对专利保护的扩张促进了在经济福利上的一个净增长。以及 Jaffe,前揭[51],第555页,他在对涉及该扩张的经济学文献进行一番细致调查后,得出结论认为:"这里存在着一种广泛的忧虑,认为由更强的专利保护所导致的成本可能超过了其收益。无论是理论研究,还是从一个更低程度上而言的实证研究,都表明了这种可能性"。

[74] 参见 James Bessen 与 Eric Maskin,"Sequential Innovation, Patents, and Imitation",(麻省理工学院 Sloan 管理学院与普林斯顿大学,2002年7月)。

[75] 参见 Charles I. Jones 与 John C. Williams,"Measuring the Social Return to R&D",113 *Quarterly Journal of Economics* 1119 (1998)。

在于,我们所拥有的实际专利制度以及可以被我们想象出来的该制度的可能的变换形式,在以质量而对 R&D 的数量进行加权后,究竟会对 R&D 产生什么影响。一国知识产权法的强度与该国经济发展、资本—劳动力比率、人均收入以及政府对 R&D 的资金投入之间存在正相关关系(positive correlation)[76],但这同样无法确立它们之间的必然因果关系。

一项研究发现,"虽然专利权的总价值看起来相当高,但估计起来也只能达到国家在 R&D 所投入全部费用的 10%~15%。因此,不可能把它作为确定该费用投入总体水平的主要考虑因素。"[77]如果这种说法是正确的,那么,进一步加大专利保护并不可能对发明活动产生显著影响,而对专利保护的进一步减少,倒可能实际提高经济福利。在这一点上请注意,专利保护的任何加大,就其成功地诱致额外的发明活动而言,也都产生了额外的竞争,因为专利产品常常可以被其他专利产品所替代。额外的竞争将减少发明活动的赢利性,并因而减少投入到发明活动中的资源,因为它减弱了由于提高专利保护水平而在阻止该专利产品之相近替代品生产方面的效果,以及因此而由较高的专利保护所产生的激励效果。[78]该命题在下一章中将得到证实,其中我们发现,联邦巡回法院所持的亲专利政策(pro-patent policies),尽管对于研究与开发的费用投入产生了积极作用,但看起来最多只是一种很小的作用。

支持专利制度(或者至少是某种专利制度,并不必然是我们现

---

[76] 参见 Dennis W. Carlton, "A Critical Assessment of the Role of Imperfect Competition in Macroeconomics", 载 *Market Behavior and Macroeconomic Modelling* 73, 84—86 (Steven Brakman, Hans von Ees 与 Simon K. Kuipers 编,1998)。

[77] Zvi Griliches, Ariel Pakes 与 Bronwyn H. Hall, "The Value of Patents as Indicators of Inventive Activity", 载 *Economic Policy and Technical Performance* 97, 120 (Partha Dasgupta 与 Paul Stoneman 编,1987)。

[78] 参见 Thomas Philipson 与 Frank R. Lichtenberg, "The Dual Effects of Intellectual Property Regulations: Within-and Between-Patent Competition in the US Pharmaceuticals Industry"(芝加哥大学,George J. Stigler 经济与国家研究中心,工作论文第 178 号,2002 年 10 月 12 日)。这就是我们在第 4 章就有关提高著作权保护水平问题而提出的观点。

在所拥有的这种,而可能是对发明给予较少保护的那种专利制度)的最有力的经济学论据有四,但没有一个与传统的关于发明财产权的成本内部化(cost-internalization)观点直接相关。其中的三个论据与商业秘密所产生的经济难题相关,而第四个论据则涉及(经济上的而非专利)垄断的难题。[79]

1. 若无专利可供选择,发明人就将投入更多的资源用于保护其商业秘密(而竞争对手则将资源用于揭开这些秘密),而发明活动将无效率地偏向于那些能够得到保密的发明。[80] 这其实是一个问题,而不是两个,因为发明活动的偏向,就是发明人力图使其保密成本最小化。

我们对此稍加展开,对于发明活动发生偏向的担心,就涉及在经济学上主张的对商业方法给予专利[81],比如 Amazon.com 的订购图书和其他产品的"一次点击"(one-click)方法。如果对这样的创新允许获得专利,就是以一定方式纠正在发明活动资源配置上的潜在扭曲,而这种扭曲的产生,是由于专利法将专利保护局限于

---

[79] 专利在标志某一企业技术知识质量方面可能具有一种额外的价值,但还是与发明成本的内部化无关(或者只是间接相关)。参见 Clarisa Long, "Patent Signals", 69 *University of Chicago Law Review* 625 (2002)。文中提到的在"经济垄断"与"专利垄断"之间的区别,将在第 14 章中继续讨论,在该章中,我们将探讨由知识产权所提出的反垄断问题。

[80] 参见 Steven N. S. Cheung, "Property Rights in Trade Secrets", 20 *Economic Inquiry* 40 (1982)。

[81] 参见,例如 Robert P. Merges, "As Many as Six Impossible Patents before Breakfast: Property Rights for Business Concepts and Patent System Reform", 14 *Berkeley Technology Law Journal* 577, 579—588 (1999). 商业方法专利的有效性被联邦巡回法院在 *State Street Bank & Trust Co. v. Signature Financial Group, Inc.*, 149 F.3d 1368 (Fed. Cir. 1998)案中加以确认。本案所争议的方法,用法院的话来说,就包括了"一个数据处理系统,(该系统)用于执行 Signature 作为共同基金的管理人与会计代理人业务所开发的一项投资结构。该系统被确定为一个专用名称 Hub and Spoke®,在本质上,它使该结构更加便利,借此而使共同基金(Spokes)将其资产与一个以合伙形式构建的投资组合(Hub)进行联营。这种投资布局就为共同基金的管理人提供了投资管理上的规模经济与合伙形式的税收优惠这两者相结合的组合优势"。同揭,第 370 页。换言之,这是一种算法,就像 Black-Scholes 选择定价公式,只是它的更长。

科学技术产品而不是市场营销创新(marketing ingenuity)上。不过,反对商业方法专利有效性(这仍有待于最高法院确定)的一方可以主张,对市场营销新方法的研究与开发并不是那种成本高昂的活动,从而需由法律加以保护。直到最近以前,尽管商业方法并不能获得专利,但仍然不乏市场营销方面的创新。回想一下本章前面部分对于显而易见性的分析,并将之适用于"一次点击"专利。该专利所涉及的全部内容就在于,当一位客户输入其订单时,Amazon.com 计算机就把订单信息与已储存的客户信息(住址、信用卡号等等)进行合成,以此,只需一次点击,该客户就向计算机发出了相应的购买与支付指令。[82]

2. 若有专利可供选择,就促进了生产效率。拥有一项关于制造某一产品的秘密方法的人,可能并不是最有效率生产出该产品的人。从理论上说,他可以将该商业秘密许可给一个更有效率的生产者。但是,对商业秘密的许可甚至比对专利的许可还要成本高得多,因为把商业秘密许可他人,而发生非故意泄露或者无法证实但窃取该秘密的风险,就比把它保密在某个组织内部要大得多。因此,如果没有专利保护,就将导致产品生产的无效率。[83]

3. 假设某个企业发明了一种方法,既对其自身产品的生产有价值,而且对于其他行业的产品生产也有价值。如果该方法向世人保密,则该企业可能从来就不知道它还有其他的潜在用途。并且,即使该企业对此知情,它又将如何行动呢?[84] 一种可能是,该企业涉足可以使用该方法并从中获利的其他行业,而且开始生产其产品。但是,这样一个行动过程,除了会造成延宕以外,该企业

---

[82] 参见 Walter G. Hanchuk, "How to 'Read' a Patent: Understanding the Language of Proprietary Rights", 载 *From Ideas to Assets*, 前揭[52],第 27 页,其中载有 Amazon.com 的专利申请文本。

[83] 参见 Gallini, 前揭[51],第 141—144 页,以及该文所引用的研究。一个更广泛的观点是,专利法可能克服了与商业秘密相关联的高交易成本的问题。参见 F. Scott Kieff, "Property Rights and Property Rules for Commercializing Inventions", 85 *Minnesota Law Review* 697 (2001); Paul J. Heald, "A Non-Incentive Theory of Patent Law" (佐治亚大学法学院,2002年)。

[84] 比较 Dennis W. Carlton, "The Law and Economics of Rights in Valuable Information: A Comment", 9 *Journal of Legal Studies* 725 (1980)。

还可能缺乏必要的技能、知识或者为在该等行业中有效运作所需的其他资源,即使它在其自身行业中属于高效率的生产者。因此,它要么最终未能涉足其中,要么当其投身于这些行业时,将承担不必要的过高的生产成本。替代性方案是,把该方法许可给其他已经处在该行业中的企业,但是正如我们已经指出的,商业秘密的许可是成本高昂的,因为当更多的人涉足于此,该秘密就更可能被人泄露。也正是基于相同的原因,因此,兼并一家已经在目标行业中的企业,是否就是单方进入该行业的一种可行的替代性方法,也是一个存疑的问题。

上述讨论表明,专利法可能是有利于小企业的。它们最少可能具备资源,以根据其发明来生产出产品。

这种以商业秘密的局限性而赞同专利法的主张,可能会被认为它暗示着,商业秘密法作为专利法的一种替代方案,应当予以废除。[85] 然而,无论去掉商业秘密法或者专利制度中的任何一个,都会加大人们对于发明激励是否充分的担忧。正如我们在第13章所看到的那样,也许当人们对商业秘密法稍作调整后,商业秘密的核心还是当然可以得到法律保护的,亦即保护商业秘密免于受到他人通过强迫或者欺诈手段(盗窃、侵入、威胁、虚假欺骗、电话窃听、贿赂等等)而实施的侵占挪用行为,因为如果取消此种保护将招致寻租行为。无论如何,即便商业秘密应当被废除,它在将来也不可能真正做到,因此,专利法作为解决由商业秘密法所造成之难题的一种次优方案而仍然可以获得维持。

4. 如果没有专利,那么,在市场上实行垄断路线而非竞争路线的组织将可能大幅增加。假设由于效率优势或者规模经济的缘故,一企业成为某产品的唯一生产者。如果在一个没有专利的世界中,该企业发明了一种能够降低其生产成本的方法,或者发明了一种能够产生额外盈利的改进型产品,那么它就能够在第一种情况下通过降低价格而增加利润,而在第二种情况下通过提高价格

---

[85] 从对商业隐私的不合理侵入来看,这似乎是不可能的;但是,以诸如驳回 E. I. du Pont deNemours & Co. v. Christopher 案、撤销半导体法、拒绝强制执行有关雇员竞业禁止的合同以及禁止加密等方式而向着废除商业秘密法的目标迈出实质性步骤,则还是有可能的。上述诸项将于第13章中讨论。

而增加利润。无论哪一种情况,其效果都是使进入该产品市场变得更具吸引力(在第二种情况下,尽管价格更高了,但更高的价格反映的是该产品更高的质量;从性价比上看,该价格可能并不高)。如果发明的是一种方法,它常常能够被隐藏起来,即使是一项体现在新产品中的发明,也可能并不那么容易通过反向工程的方式而被人发现。况且,正如我们已经强调指出的,一个发明人具有时间领先和干中学(learning-by-doing)的优势(在消费性产品的情况下,前者又通过商标而可强化其优势),而它们却不需要依赖于法律保护。从所有这些方面看,一个垄断型创新者,可能并不是为了使其创新收益内部化才需要专利保护。不过,竞争型企业就没有这样的优势了,所以它们比垄断型企业更加依赖于专利,以充分利用那些可以减少成本或者改进产品的技术性机会。

可惜的是,我们所提出的支持专利法的主张,尽管它们作为整体能够让我们信服,但它无法让我们确定,专利保护是否应当比目前的情况更宽抑或更窄,以及尺度为何。一项专利权的保护范围,可能因不同的方法而变。虽然保护的宽度与期限常常是相反相成的,但它们也是相互替代的;专利的保护期限越长,则除非经由专利权人许可,否则,排除他人从事发明活动的范围也就越大。保护的宽度或者范围可以通过以下方式而得到收缩或者扩张,比如修补等同原则或者其对立面——反等同原则(称之为对立面,是因为如果原始专利只是改进专利的一种无关紧要的变化形式,则该原则实际上就拒绝了原始专利的可强制执行性);要求在专利申请中包含更多或者更少的具体细节;提高或者降低显而易见性的门槛;以及更多地或者更少地允许在专利申请的权利要求书中包括"功能性"语言(functional language)。如果通过"它做什么"(what it does)而不是"它是什么"(what it is)(其结构或者材料)的方式来定义一项发明,这就是一项功能性的权利要求。功能性的权利要求倾向于更大的保护范围,因为一旦它被批准,则将涵盖所有能够达到此项功能的不同方法,即使它们所涉及的结构或者材料可能与专利申请人自身发明的完全不同。在扩张还是限缩专利保护范围的方法上所作的选择,倒并不是由我们为了对商业秘密施加限制而需要专利法这样的评论所决定的。

我们最后要考察的是,那种意在使之与商业秘密相辅相成而支持专利法的主张,是否同样可以适用于著作权法。普通法著作权是与商业秘密相对应的,正如软件生产商可以对直接购买软件的消费者施加合同性限制,以防止进一步公开其软件。小说家通常对其日记精心保密,因为其中记载了他们脑子里涌现出来的思想、人物素描、对话片断、描写以及其他在后来被写入小说中的表达性材料。他们无一例外地想要让日记隐匿于世。原因之一就是,如果日记被公开,即使它只是对其最终出版的小说的一个不起眼的替代品,但也会损及小说的需求;读者可能认为他已经得到了小说的主旨,或者更可能的是,他会怀疑小说是否对日记这个不起眼的原型有了重大的改进。所以,这与商业秘密极为相似,尽管存在着两方面的重大差别。如果日记最终并未容纳到完整的、已出版的小说形式中,小说家通常不能从其日记的秘密内容中获得利益。而且,日记中可能包含了这样的材料,一旦公之于众,则将使其面临尴尬,甚至会因为公开了诽谤性材料而面临诉讼。有鉴于此,作者可能从一开始就决定不要保留日记。

著作权法如何能够诱使作者公开那些本来可以根据无限期隐藏工业性商业秘密的方法而被无限期藏匿起来的东西,这一点的原因并不明显,但尽管如此,我们在第 2 章中还是给出了若干例子。以下三种可能的情形,具有潜在的重要意义。一种情形涉及戏剧作品。如果没有著作权,剧作家就会不愿意发表其剧本,至少在袖珍型磁带录音机之前的时代,因为对于那些只观看了一场演出的人来说,想要充分地复原文本,以便在其自己的表演中表现该剧本,将是一件很困难的事情。这也许就是莎士比亚之所以没有发表其任何剧本的一个原因。另一个相关的例子是建筑规划,因为想要根据其外形而重新建造一个建筑也是很困难的(参见第 4 章)。第三种情形涉及软件生产者,他可以利用合同而限制将其软件进一步公开,但不管有无著作权,他都可能这样做,因为许多软件是易于被人进行周边发明的。综上,在表达性作品领域也存在着某种形式的商业秘密,但这并不能像它对于专利法所提供的论据那样,为支持制定法上的著作权而提供一个有力的论据。

四、关于外观设计专利的一个评论

到此为止,我们的讨论都限定在"实用性"专利,亦即,那些在有用的发明上的专利。它们当然是最为常见的专利种类,但并非唯一的种类。专利商标局每年所授予的专利中,大约10%是"外观设计"专利,它对于制造品的新颖、非显而易见、非功能的或者装饰性特征给予14年不可续展期限的保护。[86] 例如,一个装饰性的电线插板罩子,一件照明灯具的与众不同的形状,以及一部老虎形状的电话。外观设计专利与著作权以及商标发生重叠的可能性很大,因为在一个品牌产品上的独特设计,本身就是一件表达性作品,而且因为它也是生产者向消费者标识其品牌的一种通常方式;这种识别性特征被称作"商品装潢"(trade dress),正如我们在第7章所指出的,它是受商标法保护的。在那里我们还指出,一个外观设计特征,既因其本身而具有价值,也由于其作为商品来源的一个识别标记而产生价值,而外观设计专利所要保护的则是前者,即其本身所固有之价值。支持外观设计专利的最佳经济学论据,就类似于支持实用性专利的最佳经济学论据:避免由另一套知识产权法体系所产生的扭曲。

如果没有外观设计专利,则生产商仍然能够将之作为商品装潢而阻止他人复制其外观设计的特征[87],或者,从一个更小的范围上来说,可以让它们获得著作权。但是,这些也许并不是保护外观设计的最有效率的方法。我们先来考察商品装潢的途径。劳斯莱斯汽车的发动机罩上有一个与众不同装饰——即一个"欢悦女神"(Spirit of Ecstasy)的雕像。劳斯莱斯可能并不想在其广告中使用

---

[86] 参见 17 U.S.C. §171; Steven A. Church, "The Weakening of the Presumption of Validity for Design Patents: Continued Confusion under the Functionality and Matter of Concern Doctrines", 30 *Indiana Law Review* 499 (1997)。我们未予讨论的其他专利种类,还包括植物专利。

[87] 考虑到商标保护的反淡化理由,即使竞争对手为了防止消费者对商品来源发生混淆而作出的区分商标的声明很明显,也不能破坏原始商标人对该商标主张的权利。

该装饰来识别其汽车的来源,但同时又不想让该装饰被人复制,即使是被一个无人会将其汽车看作劳斯莱斯汽车复制该装饰的生产者。

围绕着我们在商标那一章中所讨论的审美功能性(aesthetic functionality)原则,外观设计专利也是一种途径。外观设计专利所保护的,就是由该外观设计特征所赋予的竞争优势。外观设计专利以新颖性与非显而易见性为条件,这就把它们限定在创造成本很高的那些设计,从而可以解释为什么要对之赋予一种暂时的垄断权,以使创造者能够收回其成本。外观设计专利较短的保护期限(14年,与20年相对),反映出与产品的功能性部件相比,装饰性设计只具有较低的成本,从而为收回成本所必需的垄断就受到更多的限制。

若对一项外观设计给予著作权,则与给予其专利权相比,是一种成本较低的法律保护方法,而且保护期限还更长。但问题是,一项外观设计"只有当其结合了那些能够从该产品的实用性方面(utilitarian aspects)区别开来并且能够独立存在的图片、图形或者雕像特征,并且只是在此范围之内"才可获得著作权。[88] 根据这个标准,"欢悦女神"将可能获得著作权,因为它容易被当作一个与汽车发动机罩相分离的独立雕像;但是,一件容器或者一只灯箱的独特外形就不能获得著作权了,因为它不容易被当作一个独立的雕像。

---

[88] 17 U.S.C. §101.

第 12 章
专利法院：一个统计性评价

1982 年 10 月 1 日，美国联邦巡回上诉法院（U. S. Court of Appeals for the Federal Circuit）成立，它由美国索赔法院（U. S. Court of Claims，该法院的管辖权仅限于以联邦政府为被告的案件）的上诉庭跟关税与专利上诉法院（Court of Customs and Patent Appeals）合并而成。有人就认为，"不管有意无意，[新法院]的设立无疑会被将来研究专利制度的历史学家们视为一起分水岭事件"[1]。

这家新法院继承了关税与专利上诉法院的上诉案件管辖权，不过，就专利案件而言，后者仅限定于对专利商标局所作裁决不服而提出的上诉。但除此之外，它还被授予了就联邦地区法院对侵犯专利权案件所作一审判决提起上诉案件的专属管辖权。在此之前，这类上诉案件是归作出一审判决的地区法院所在的区域性上诉法院受理。当时的这种体制受到人们的批评，因为它导致判决结果的不一致。区域性上诉法院之间在对专利有效性的态度上，存在相当大的差异，这种差异反映了以下两派之间的斗争较量（对此将在第 14 章中讨论），一派认为专利是技术进步的核心，而另一派则主要是把专利看作是抑制竞争的一种工具。主导性态度看来还是消极的，因为那些在法院受到有效性异议的专利中，只有大约 35% 的专利经受住挑战而继续存在。[2] 不同巡回区之间的差异激

---

[1] Robert P. Merges, Peter S. Menell 与 Mark A. Lemley, *Intellectual Property in the New Technological Age* 130（第 2 版，2000）。

[2] 参见 Gloria K. Koenig, *Patent Invalidity：A Statistical Substantive Analysis* 4—18 to 4—19, 4—22 to 4—23（修订版，1980）；P. J. Federico, "Adjudicated Patents：1948—54", 38 *Journal of the Patent Office Society* 233, 236（1956）。

起了当事人选择管辖法院(forum shopping)之争,因为在这些案件中,通常有着多个受到指控的侵权人,从而使这种选择成为可能。甚至还存在着不同法院就同一专利作出不同裁决的风险,因为即使有一份判决认定某项专利有效,但只要被指控侵权人并非该判决所涉诉讼的当事人,则该判决对其并无拘束力。

在新法院设立不久,我们当中就有人著书,对专业性联邦法院作一般性讨论[3],其中特别是专利法院(既然联邦巡回法院所管辖的不限于专利案件,因此它只是一家半专业性法院,而事实上,与作为它的前身那两家法院相比,它的专业性程度更低)。[4] 专利法"与在反托拉斯法中的分裂相似,也在两派之间被撕开了一道深深的裂缝,一派相信应当对专利保护作广义解释,以对技术进步提供更大的激励,另一派则相信应当对专利保护作狭义解释,以符合反托拉斯法的支持竞争的政策"[5]。由于受到我们在前一章所强调的关于专利经济效果的知识局限,在支持与反对专利的两大阵营之间的观点分歧,只能通过它们对"价值问题"的答案的不同反应而加以解释了,但该问题是"无法通过求询于一名中立运用其不受价值评判的知识(value-free knowledge)的专家观察员而加以回答的"。[6]

一家专业性法院或者甚至半专业性法院,与普通法院相比,更倾向于在赞同还是反对专利这样的基本问题上偏袒其中一方,尤其是因为在此类法院的法官任命上,利益集团所起的作用,必然远远大于他们对于普通的联邦法院法官任命的作用。如果一位上诉法官每年只审理那么两三起专利上诉案件,那么对他的任命,往往很难让专利律师们感到激动,但是,如果该法官将成为审理全部专

---

[3] 参见 Richard A. Posner, *The Federal Courts: Crisis and Reform* 147—160 (1985)。

[4] 近年来,该法院只有大约30%的法官具有专利知识背景,参见 John R. Allison 与 Mark A. Lemley, "How Federal Circuit Judges Vote in Patent Validity Cases", 27 *Florida State University Law Review* 745, 751 (2000),但他们却写出了63%的专利案件判决意见,参见同揭,第752—753页,这表明,他们对该法院的专利案件判决有着主导性影响。

[5] Posner, 前揭[3], 第152—153页。

[6] 同上揭。

利上诉案件的法院中的一员,则专利律师们及其当事人将竭尽全力,对该法官的遴选施加影响。专利法院因而更可能在基本争议中偏袒一方,并将站在支持专利的这一方,简单地说,就是因为一家法院如果像某个行政机关那样(它们无一例外是专业性的),集中于某个特定的政府安排,就会比一家普通法院而更可能认同其负责实施的那套法律制度。顺便说一句,正如我们在本章后面部分所指出的,这也是专利商标局(PTO)自身的倾向。

事实已经证明,与它在专利领域所取代的那些区域性法院平均起来相比,联邦巡回法院是一家倾向于支持专利的法院。在对新法院成立以来头6年的专利判决进行一番仔细梳理之后,博尔琴利·德赖弗斯(Bochelle Dreyfuss)得出结论,认为该法院"明显地呈现出支持专利的偏向"。[7] 她并不认为该法院像它的批评者们所声称的那般偏向,而是正确地指出,它在专业性特征上所反映出来的偏向,可能要低于因20世纪80年代在经济的"时代精神"(Zeitgeist)上所发生变化而反映出来的偏向。这些变化包括由美国司法部和法院对反托拉斯法的明显紧缩,以及对美国产业的国际竞争力的强烈关注(我们将在第15章接着讨论这些意识形态与政治上的发展变化)。专利上诉的统一化,产生了减少冲突以及法院管辖之争的预期效果;她认为,就总体而言,该法院具有一种很好的理念,并且正在取得丰硕的成绩。

尽管由该法院所精心安排的变化都发生在20世纪80年代,但自从德赖弗斯的文章于1989年发表以来,联邦巡回法院继续朝着支持专利权利的方向倾斜,最著名的要数它对商业方法专利的承

---

[7] Rochelle Cooper Dreyfuss, "The Federal Circuit: A Case Study in Specialized Courts", 64 *New York University Law Review* 1, 26 (1989). 从德赖弗斯的研究所涉时期中抽出一起案件,即法院对 *Roche Rroducts. Inc. v Bolan Pharmacentical Co.* 案的判决,733 F. 2d 858 (Fed. Cir. 1984),它用最狭义的可能术语来定义作为专利侵权行为之例外的实际使用,而这也促成了在第11章所讨论的《哈奇—韦克斯曼法》的通过。有关与德赖弗斯相类似的分析与结论,参见 Gerald Sobel, "The Court of Appeals for the Feberal Circuit: A Fifth Anniversary Look at Its Impact on Patent Law and Litigation," 37 *American University Law Review* 1087 (1988).

认。该法院尽力避免其专利判决引起大量的公众争议[8],其部分原因也许是,它体现了一种向着扩张知识产权保护的一般性转换。事实上,考虑到支持该种扩张的政治压力,法院避免引起大量争议就成为另一个证据,表明它确实在向着支持专利有效性的方向倾斜。不过,对法院专利案件判决的学术批评还在继续,而构成本章大部分内容的实证研究,也支持了某种这样的批评。

一、专利申请与专利授权

首先,我们的实证研究是就联邦巡回法院对于专利申请数量、授予专利的数量以及一项专利申请获得授权的概率等方面的作用进行评估。通过评估该法院对于研究与开发(R&D)费用支出的作用,我们也检验联邦巡回法院是否刺激了技术进步。与检验专利数量是否增加相比,这是一种更好的检验技术进步的方法,因为专利数量上的增加可能反映为对商业秘密保护的手段替换,而并没有在技术进步上产生一个净增量,或者说只是在防御性以及其他策略性专利数量上的一个增量,也同样没有在技术进步上产生任何净收益效果。"在此之外"(out there)还存在着许多专利,这一事实提高了发明的成本。正如谢勒(F. M. Scherer)所指出的,联邦巡回法院"所作出的判决,极大地加强了在异议案件中对专利有效性和更大权利范围的推定,并且增加了在侵权行为得到证实时判决损害赔偿额高达10亿美元大关的可能性。一方面,这些变化提高了对发明人的激励。但是,它们也使创新变得更加危险——事实上,更像是在穿越一个雷区——因为在技术上充满了复杂而重叠的、范围不确定的各种专利。至于在激励方面的净效果究竟如何,则既不明显也无从为人所知"[9]。

联邦巡回法院通过其公布的司法先例,将影响到专利申请数量和被授权的专利数量。当该法院设立之际,许多案件,当然甚至

---

[8] 参见 Richard A. Posner, *The Federal Courts: Challenge and Reform* 253 (1996)。

[9] F. M. Scherer, *New Perspectives on Economic Growth and Technological Innovation* 87 (1999)。

有更多的专利与专利申请案件都正在处理过程中,当事人就专利取得、侵权以及提起一项诉讼与抗辩等事项所采取的行动,本来应该不会受到由新法院在专利法方向上所带来任何变化的重大影响。因此,假如被认定有效的专利的百分比迅速上升,这就可以推定是由于这样的事实,即该法院采取了和它所取代的区域性法院不同的政策。不过,这些反映在法院判决中的政策,最终将影响到专利申请、专利授权与专利诉讼,并且,与前联邦巡回法院时代进行直接对比,将变得不再有意义。例如,假设该法院持一种反对专利有效性的强硬路线,则寻求或者授权的弱专利就变得更少,从而被法院认定有效的专利的百分比将不会低于以往的该项百分比。但是,如果我们把自己的注意力限于联邦巡回法院设立的头 5 年左右的时间,那么我们就可以有非常可靠的依据,把任何在结果上的变化归因于新法院的政策,而不是发明人和 PTO 对这些政策的适应。

从一项针对联邦巡回法院判决(包括已发表与未发表)的综合研究中[10],我们挑出如下关于该法院认定专利有效的判决的统计数据。我们在表 12.1 中报告了自该法院成立以来 10 年而非 5 年的这些统计数据,以检验有关适应行为(adaptive behavior)的证据。

---

[10] 参见 Donald R. Dunner, J. Michael Jakes 与 Jeffrey D. Jarceski, "A Statistical Look at the Federal Circuit's Patent Decisions: 1982—1994", 5 *Federal Circuit Bar Journal* 151 (1995). 我们计算的统计数据来自该文图表 1D-3D,同揭,第 162、167、172 页,它所处理的专利有效性判决,是根据 35 U. S. C. § § 102(新颖性)、103(非显而易见性)与 112[可实施性(enablement)——亦即,要求专利申请中对发明的描述应当充分,以使得具有相关技术知识的他人能够实际地作出该发明]。我们排除了由专利商标局驳回而有待进一步程序和上诉的案件,而此类案件在联邦巡回法院设立之前原本是不会上诉到地区性上诉法院的。表 12.1 中的案件数量与实际案件数量并不相一致,因为报道这些数据的作者是以每一项专利为依据的。有关他们所采用方法的进一步描述,参见 Dunner, Jakes 与 Jarceski,同揭,第 153—154 页。

表 12.1　联邦巡回法院支持专利有效的案件及其百分比，1982—1992 年

年	案件数量	支持专利有效的百分比
1982—83	22	45
1983—84	99	67
1984—85	62	58
1985—86	122	76
1986—87	70	70
1987—88	79	70
1988—89	73	63
1989—90	100	69
1990—91	40	65
1991—92	17	67

请注意，在新法院成立的头 5 年中，专利有效性受到异议但得到法院支持的案件的百分比，相比于前联邦巡回法院时代而得到了极大的增长，正如我们在此前所指出的，在当时只有 35% 的专利被认定为有效，与之形成对比的是，联邦巡回法院在头 10 年的加权平均值为 67%。[11] 这些统计数据为该法院支持专利的倾向提供了引人注目的证明，但它们作为证据却不算完全充分。人们广泛相信，虽然该法院在事实上倾向于支持专利有效，但它还是不情愿认定侵权行为。[12] 对于这种信念，也存在可支持的事实，比如该法院对于等同原则作狭义解释[13]，以及它对于专利申请过程禁止

---

[11] 另一项研究采用了不同的方法，并且不限于联邦巡回法院的早期，结果发现，该法院同期认定专利有效的仅为 54%。参见 John R. Allison 与 Mark A. Lemley，"Empirical Evidence on the Validity of Litigated Patents"，26 *American Intellectual Property Law Association Quarterly Journal* 185，205—206 (1998)。这些作者的数据相比于表 12.1 的数据，可能与有关前联邦巡回法院时期的研究中的数据更具有可比性，但它们还是显示，随着联邦巡回法院的设立，在被认定有效的专利的百分比上存在着一个相当大的增长。从另一个带有类似数据库的研究中，我们计算出该法院在 53% 的案件中认定专利有效。参见 Robert L. Harmon，*Patents and the Federal Circuit* 160（第 5 版，2002 补编）。

[12] 参见 Dunner，Jakes 与 Jarceski，前揭[10]，第 152 页。

[13] 参见，例如 *Johnson & Johnson Associates，Inc. v. R. E. Service Co.*，285 F. 3d 1046 (Fed. Cir. 2002)（全院庭审）（法庭全体同意）。

反悔原则(prosecution-history estoppel)作广义解释,后者已由最高法院在本书前一章所讨论的 Festo 案判决中进行了修改。我们从该章中已知,对专利作狭义解释而带来的效果是非常复杂的。但是这样一来,由该法院对发明人提供的净保护,可能并不比区域性上诉法院在其享有专利上诉案件管辖权时对发明人所提供的保护增加多少,也许根本就没有任何增加(尽管这看起来并不可能)[14],其部分原因在于联邦巡回法院对有关专利权人损害赔偿全方面新理论的接受度。[15]

但是,除了讨论联邦巡回法院在保护发明人方面的净效果,该法院在支持专利有效时的极为情愿与在认定侵犯专利时的不情愿这两者之间的结合,仍有其他许多值得探讨的地方。这是专利法的奇特之处,它对于一个不当授权的专利的制裁,缺乏层次上的变化:无效,或者就是,一无所有。有人可能会认为,如果一个专利的权利要求过宽,从而重复了现有技术,那就把该权利要求进行缩减即可;但事实正相反,它们会被宣告无效;如果该权利要求没有得到充分描述,则也会招致相同的结果。因为专利无效是如此严厉的一项制裁,以致人们都不太愿意使用它,而另一种具有吸引力的替代性做法就是,对专利作狭义解释,以使该专利得以存续,但并不阻碍其他发明人的合法竞争。

表 12.1 中的数据没有显示存在任何有关适应行为的证据。比较 1982—1987 年(在此期间,我们有非常可靠的依据这样假定,在结果中发生的任何变化就是由于新法院的政策,而非发明人与 PTO 对这些政策的适应行为所致)与 1987—1992 年,我们发现在这两个时期,被认定有效的专利的百分比几乎完全相同——前者

---

[14] 参见 Merges, Menell 与 Lemley, 前揭[1], 第 130 页。
[15] 参见同上揭, 第 330—333 页。有关联邦巡回法院支持专利倾向的其他证据, 参见 Allison 与 Lemley, 前揭[11], 第 252 页; Robert P. Merges, "Commercial Success and Patent Standards: Economic Perspectives on Innovation", 76 *California Law Review* 805 (1988)。

是68%而后者是67%。*

图12.1所示,是从1960年以来提出专利申请的数量与授予专利的数量。[16] 如果联邦巡回法院支持专利的取向对于专利活动产生了影响的话,那么我们期望它将首先表现在专利申请上,而后则表现在授予专利的数量上,因为专利商标局需要花时间来处理专利申请。我们可以预期,对专利申请的影响是在创设新法院后的2到3年内,而对授予专利的影响则是4到5年内。[17]

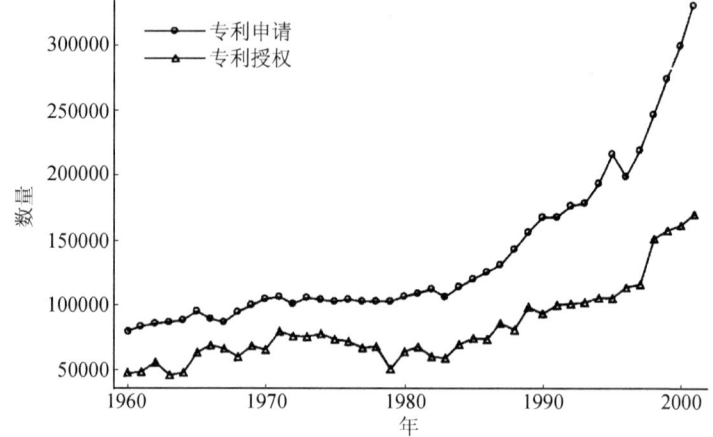

图12.1 专利申请与专利授权,1960—2001年

---

* 这是按前5年与后5年的加权平均值计算的结果。根据表12.1反推,1982—1983年度,支持专利有效的案件数为22×0.45=9.9(计为10件),其余年份依次计算加总,则1982—1987年间,支持专利有效的案件为254件,而同时期的专利案件总量为375件,故法院认定专利有效的比率为0.677,取百分比为68%;同理,1987—1992年间,支持专利有效的案件为207件,同时期专利案件总量为309件,故两者的比率为0.67,取百分比为67%。——译注

[16] 图12.1的数据来源是U. S. Patent and Trademark Office,"U. S. Patent Activity 1790-Present",http://www.uspto.gov/web/offices/ac/ido/oeip/taf/reports.htm. 另参见专利商标局局长1979年、1992年、2000年与2001年的年度报告(工作量表格)。

[17] 专利申请的提出与专利授权之间的平均间隔期是864天。参见Mark A. Lemley,"An Empirical Study of the Twenty-Year Patent Term",22 *American Intellectual Property Law Association Quarterly Journal* 369,385 (1994)(表格1)。

图12.1显示,在联邦巡回法院设立之前,专利申请增长很少,而在此后则迅速增长。从1960年至1982年,专利申请的年增长率仅为1.5%,而1982至2001年的年增长率则升至5.7%。如果我们假定联邦巡回法院是在其成立之后两年才开始对专利申请产生影响的,那么,从1982年至2001年的5.7%的年增长率将变为自1984年至2001年的6.3%的年增长率。专利授权数量的情形也与之相似。考虑到联邦巡回法院的设立对该组数字的影响有一个4年的滞后期(因为从提出专利申请到对该专利申请的授权,其平均间隔为2年),我们可知,自1960年至1986年的年增长率为1.6%,而自1986年至2001年的年增长率则为5.7%。这些统计数据表明,联邦巡回法院无论在专利申请数量还是在专利授权数量方面,都产生了一种很重要的积极影响。

与人们可能的设想相反,这些增长并不是由商业方法专利的出现所带来的结果。尽管这类专利名声远扬,而且事实是,如果不是托联邦巡回法院之福,它们也就不可能如此盛行,但是,直到2000年,此类专利的申请与授权数量还是相当适度的,因而无法用它来解释自20世纪80年代初期和中期开始的在专利申请与授权方面的全面增长。[18] 迟至1995年,提出商业方法专利申请只有330件,而授予专利的仅有126件。其原因无疑就是 *State Street* 案,联邦巡回法院在该等判决中承认了商业方法专利(参见第11章),但它的专利直到1998年才被授予。到1999年,此类专利的申请与授权数量分别跃升至2821件与585件,而翌年则分别高达7800件与899件。

我们可以用回归分析(regression analysis),更好地确定联邦巡回法院对于专利申请与授权数量的影响。表12.2检验了有关在联邦巡回法院设立后的专利申请与授权的增长率假设。我们来估计以下形式的截断式回归(spline regression):

$$\text{LApp}_t = b_0 + b_1 Y_1 + b_2 Y_2 + b_3 \text{LGDP}_{t-1} + b_4 \text{LRD}_{t-1} + u_t$$

---

[18] 参见 U. S. Patent and Trademark Office, "Class 705 Application Filing and Patents Issued Data for FY 95—01", http://www.uspto.gov/web/menu/pbmethod/applicationfiling.htm.

$$\mathrm{LGrant}_t = b_0 + b_1 Y_1 + b_2 Y_2 + b_3 \mathrm{LApp}_{t-2} + b_4 \mathrm{LRD}_{t-3} + w_t$$

LApp_t 与 LGrant_t 表示在 t 年提出的专利申请与被授权专利数量的对数。Y_1 表示在联邦巡回法院最早能够影响到专利申请与授权数量的日期(我们称之为"有效日期"[effective date])以前的年份,其在此后则保持为一个不变值。Y_2 表示在此日期之后的年份,因此,如果 1984 年被假定为联邦巡回法院最早能够对专利申请数量发生影响的第一年,则在 1984 年就是 $Y_2=1$,在 1985 年是 2,依次类推。LGDP 表示扣除 GDP 通货膨胀因素的实际国内生产总值的对数。LRD 表示以 2000 年美元计算的实际 R&D 支出的对数,在表 12.2 的式(1)是指 1 年前的该数据,而式(3)则是 3 年前的,以反映出在研究支出、专利申请与专利授权之间的时间差;u_t 是剩余的条件。[19] 回归系数 b_1 与 b_2 分别表示在联邦巡回法院的有效日期之前与之后的 Y 中的专利申请和专利授权的增长率,而 b_3 与 b_4 则分别表示 Y 关于 GDP 与 R&D 支出方面的弹性。如果联邦巡回法院在专利申请数量与专利授权数量上产生一个正的作用,则我们将预期 $b_2 > b_1$。

在表 12.2 的式(1)中,我们预期 b_3 与 b_4 都是正的,因为专利活动与 GDP 以及 R&D 支出都是正相关的,只是前者要滞后一个时期,以反映在 GDP 与 R&D 支出影响到专利申请之前所经过的时间。式(2)包括了作为一个自变量的滞后两个时期的专利申请,但删除了 GDP,它一旦在我们控制了专利申请数量后,将不对专利授权数量产生任何独立的影响。式(2)还滞后于 R&D 两个额外的时期,以解释使一项专利申请得到批准平均所需花费的时间。[20]

---

[19] 有关 R&D 支出,参见 U. S. Census Bureau, *Statistical Abstract of the United States* 603 (2000)(表格 978)。有关 2000 年美元的转换,参见 U. S. Department of Labor, *CPI Inflation Calculator*, http://data.bls.gov/cgi-bin/cpicalc.pl.

[20] 我们也用不同时期的滞后进行试验,但没有对我们的结果产生显著性影响。虽然联邦巡回法院是在 1982 年成立的,但我们的实验采用了不同的有效日期(定义如上),其中,对于专利申请是在 1983 年至 1986 年之间变动,对于所授予的专利则在 1984 年至 1987 年之间变动;我们的结果对于不同的有效日期并不敏感。

表 12.2 专利申请与专利授权的截断式回归分析,1960—2001 年
(圆括号内是 t 统计数据)

自变量	专利申请		专利授权	
	OLS(1)	OLS(2)	OLS(3)	OLS(4)
$Year_1$	−0.01	−0.01	−0.02	−0.02
	(1.17)	(1.04)	(2.96)	(3.63)
$Year_2$	0.04	0.04	−0.004	−0.04
	(6.62)	(5.59)	(0.20)	(1.56)
$Year_3$	—	0.04	—	0.02
		(5.34)		(0.77)
$LGDP_{t-1}$	0.53	0.51	—	—
	(2.42)	(2.15)		
LRD_{t-1}	0.04	0.05	0.80	1.15
	(0.38)	(0.50)	(3.55)	(4.69)
$LApp_{t-2}$	—	—	0.64	0.48
			(1.59)	(1.29)
Constant	22.9	21.7	33.4	36.8
	(1.88)	(1.69)	(3.49)	(4.13)
Durbin-Watson	1.31	1.31	1.47	1.72
R^2	0.99	0.99	0.89	0.91
观察数据的量	40	40	39	39

注:OLS 表示最小二乘估计。式(1)与式(2)假定联邦巡回法院的有效开始日($Year_2$ 变量)是 1984 年底或者 1985 年初,而式(3)与式(4)则假定该开始日期是 1985 年末或 1986 年初。式(2)与式(4)把联邦巡回法院有效日期之后的时期再划分为两个时期:$Year_2$ 在式(2)是从 1985 年之初至 1991 年,在式(4)是从 1986 年之初至 1991 年,而 $Year_3$ 在式(2)与式(4)中均是从 1992 年之初至 2001 年。R&D 在式(3)与式(4)中滞后 3 个时期。

该回归分析表明,1960 至 1984 年,在专利申请上并没有任何显著增长,但从 1985 年开始,则以一种正的而且具有很高的统计上的显著性水平,即每年以 4% 增长。在没有增长与 4% 的增长率之间,差异是非常显著的。当我们将联邦巡回法院成立后的时期分为两段,即 1985—1991 年与 1992—2001 年(在式(2)中分别指 $Year_2$ 与 $Year_3$),我们发现,专利申请量在这两段时间内都是以每年 4% 增长的;而且,自 1992 年以来,该增长就没有发生任何值得注意的下降。商业方法专利的出现,对于后一段时期的专利申请量增长也有贡献,尽管其作用有限,而更为重要的因素可能就是那

些支持专利的司法先例的积累,它们让发明人以及律师们相信,专利申请在事实上比前联邦巡回法院时代而受到更加热烈的欢迎。关于回归方程式(1)和(2)中的另两个变量,只有 GDP(滞后 1 个时期)对于专利申请产生了一种积极而具有统计上的显著性水平的作用。R&D 支出变量(滞后 1 个时期)的作用尽管也是积极的,但不具有统计上的显著性水平。

初看起来,对专利授权的回归分析产生了与专利申请的回归分析截然不同的结果。在式(3)与式(4)的年份变量中,5 个当中有 4 个是负值,尽管只有那些在联邦巡回法院设立以前时期的系数才具有统计上的显著性水平。这解释了,与后来时期不具有统计上显著性水平的下降相比,1962 年至 1985 年时期所授予的专利,是在以一种具有统计上显著性水平的大概年均 2% 的比率下降。它反过来也表明,联邦巡回法院阻止了在新法院有效日期之前大约 20 年间,在每年所授予专利数量上的一种下降势头。诚然,正如我们在图 12.2 中所示,在前联邦巡回法院时期所授予专利的原始数量上还是有一种轻微的增长,但是,我们的回归分析表明,这要归因于专利申请数量与 R&D 支出的增长,它们大大地抵消了可能由于某些上诉法院(在其对专利案件的管辖权被联邦巡回法院取代之前)对专利的敌意所产生的一种负作用。换言之,对专利授权的

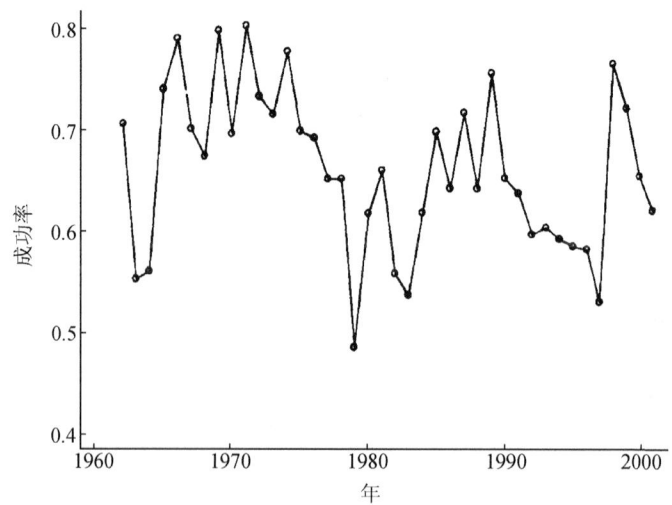

图 12.2 专利成功率,1962—2001 年

回归分析暗示着,假如这些法院如同所证实的联邦巡回法院那般善待专利权人,那么,在 1960 年至 1985 年年底的这段时期,每年所授予专利数量的增长率将再提高 2%。

R&D 变量的系数具有很高的显著性,它表明 R&D 支出的增加改进了专利申请的平均质量,而这反过来导致了一个更高的成功率。专利授权与 R&D 的弹性并没有明显不同于 1,这意味着,当专利申请数量保持不变时,在 R&D 上每增加 10%,则专利授权数量也相应增长 10%。

从 1962 年至 2001 年期间,每年的专利成功率(在 t 年所授予专利与在 $t-2$ 年所申请专利之比)平均是 0.65(在 0.48 与 0.79 之间变动)。图 12.2 显示了该成功率,它看起来有一种轻微的下斜倾向。

**表 12.3　专利成功率对数的截断式回归分析,
1962—2001 年(圆括号内是 t 统计数据)**

LRD_{t-3}	$LApp_{t-2}$	$Year_1$	$Year_2$	Constant	R^2
0.80	−0.36	−0.02	−0.004	33.4	0.26
(3.55)	(0.89)	(2.96)	(0.20)	(3.49)	

注:Durbin-Watson 统计数据为 1.91,显示不存在一阶自相关(first-order autocorrelation)。$Year_1$ 是从 1962 年至 1985 年年底,而 $Year_2$ 是从 1985 年至 2001 年。这里有 39 个观察数据。

在表 12.3 中,我们把专利的成功向 R&D(滞后 3 年)、专利申请(滞后 2 年)以及 $Year_1$ 与 $Year_2$ 回归,后两者是为了区分联邦巡回法院成立之前与之后的不同时期。不出所料,我们发现 R&D 支出在专利成功中发挥了一种显著的正效应。我们还发现,在联邦巡回法院成立之前的时期,专利成功率每年以大约 2% 显著下降,而且与表 12.2 中对专利授权的回归分析相一致,同时我们发现,联邦巡回法院阻止了这种下降势头。但我们没有发现任何证据,表明专利申请数量的增加与专利成功率是负相关的,而专利申请数量的增加可能表明在专利申请的平均质量上有所下降。[21]

二、研究与开发支出

一家支持专利的联邦巡回法院,它最初通过强化在发明上的财产权利,可能刺激研究与开发(R&D)的支出,但是从长远角度看,这种作用将完全消散。加强对专利的保护,就可能由于减少了可以从中借用的专利成果的数量,从而增加了R&D的成本,当然它同时可能导致企业倾向于对发明提出专利申请而不是将之保守为商业秘密,从而增加了获取科学知识的可能性,提高了从研究中所获得的回报,并因此最终诱致更多的R&D开支。

图12.3揭示了过去40年在实际(亦即按通货膨胀调整后的)R&D支出上的一种上斜趋势。将R&D支出在时间上的对数进行简单回归,就产生了一个具有很高显著性水平的每年2.5%的增长率。难道这是联邦巡回法院对专利采取友好态度的一个结果吗?这个问题是在表12.4的回归分析中所要探讨的,但该结果并不确定,它取决于对回归模型的特定描述。我们来估计在式(1)与(2)中的截断式回归,它们当中包括了作为自变量的 $Year_1$ 与 $Year_2$ 以及实际 GDP 的对数(LGDP),其中,$Year_1$ 自1960年起算至1982年年底,$Year_2$ 则自1983年初起算至1999年(即我们掌握R&D数据的最后一年)。在式(2)中,我们把R&D的滞后值添加为一个单

---

[21] 我们在表12.3中加入 $LGDP_{t-3}$ 作为一个自变量而重新估计对专利成功率的回归分析;它对专利成功率具有一种非常显著的正效应,并且把调整后的 R^2 由0.26增加到0.39。LRD继续具有一种非常显著而且同等规模的作用,尽管 $Year_1$ 与 $Year_2$ 都呈现为一个很大的负值:$Year_1$ 是 -0.07(3.82)而 $Year_2$ 是 -0.05(1.99)(圆括号内是 t 统计数据)。我们还发现,在联邦巡回法院设立之前,在专利授权数量上大略存在着一个大于2%的下降。对于联邦巡回法院的出现是否提高了获得专利的比率,以往的两个分析就得出了相互冲突的结论。比较以下两者,Bronwyn H. Hall 与 Rosemarie Ham Ziedonis,"The Patent Paradox Revisited: An Empirical Study of Patenting in the U.S. Semiconductor Industry, 1979—1995", 32 *RAND Journal of Economics* 101, 125 (2001),它发现是提高的;Samuel Kortum 与 Josh Lerner,"Stronger Protection or Technological Revolution: What Is Behind the Recent Surge in Patenting?" 48 *Carnegie-Rochester Conference Series on Public Policy* 247 (1998),它发现并没有提高。

第 12 章 专利法院:一个统计性评价　419

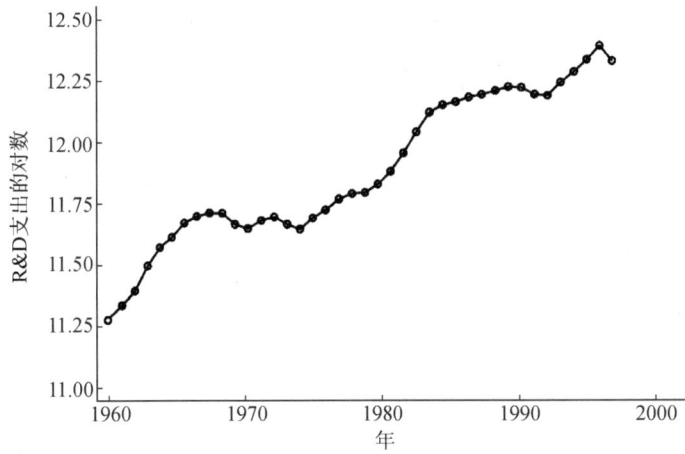

图 12.3　R&D 支出的对数,1960—2000 年(以 2000 年美元计算)

独的自变量,而在式(3)与(4)中,我们用一个时间趋势变量(Year)和一个联邦巡回法院名义变量(它在 1983 年的开始值取为 1,而此前的年份则为 0)来替换两个年份变量。式(1)与(2)所要问的是,R&D 支出在联邦巡回法院成立之后是否比在此之前增长得更快,而式(3)与(4)则要估计整个时期内的一种单一的时间趋势,并且要提问,R&D 支出是否在联邦巡回法院设立之后增加了。[22]

表 12.4　R&D 支出的对数的回归分析,1960—1999 年
(圆括号内是 t 统计数据)

自变量	R&D 支出			
	CORC(1)	CORC(2)	CORC(3)	CORC(4)
$Year_1$	−0.01	−0.003	—	—
	(0.78)	(0.41)		

---

[22] 所有的回归分析都根据在剩余项中明显的一阶自相关而进行了纠正,尽管该纠正在式(1)与(2)中只取得了部分成功。所有的方程式均假定,联邦巡回法院对于 R&D 如果有任何作用的话,都是在该法院设立之后的那一年开始的。这似乎看起来时间过短,以致不能期望联邦巡回法院的判决将影响到企业的行为。但考虑到 R&D 支出与专利申请和专利授权之间存在着滞后,企业如果预期该法院将作出支持专利的判决,它们就将具有一种调整其 R&D 的激励。不过,正如所证实的那样,我们的结果对于将联邦巡回法院的开始日期 1984 年或者 1985 年来替换 1983 年并不敏感。

(续表)

自变量	R&D 支出			
	CORC(1)	CORC(2)	CORC(3)	CORC(4)
$Year_2$	0.003	−0.004	—	—
	(0.38)	(0.40)		
$Year_3$	—	—	−0.001	0.001
			(0.14)	(0.14)
Fed. Circuit	—	—	0.06	0.09
			(1.71)	(2.95)
LGDP	0.64	0.43	0.66	0.12
	(2.31)	(1.59)	(2.49)	(0.51)
LRD_{t-1}	—	0.55	—	0.64
		(3.38)		(5.59)
Constant	24.8	8.65	0.67	1.32
	(1.10)	(15.2)	(0.59)	(0.11)
Durbin-Watson	0.92	1.31	1.13	1.61
rho	0.89	0.82	0.87	0.45
R^2	0.38	0.73	0.54	0.97
观察数据的量	39	38	39	38

注:CORC 表示对一阶自相关的 Cochrane-Orcutt 纠正。

在回归方程(1)和(2)中,未揭示出 R&D 支出的趋势在联邦巡回法院设立前后发生了任何的显著性差异。当 GDP 与 R&D 保持不变时,在 R&D 上就最终没有发生任何时间趋势[式(2)]。R&D 与 GDP 是正相关的,尽管该系数在式(2)中只具有边际性显著水平。[23] 在式(3)与(4)中 R&D 也没有任何时间趋势,但在这些回归分析中,联邦巡回法院的设立与下述比率是有关的,即在 R&D 支出上的一个正的、并且具有显著性水平的[式(4)]或者边际显著性水平[式(3)]的增长 6%~9%。换言之,虽然联邦巡回法院的设立看起来并没有提高 R&D 支出的增长率,但它可能提高了这些支出的总体水平。[24]

---

[23] 在滞后的 R&D 上的回归系数是正的——在最后时期的 R&D 上每增加 10%,导致在当前时期增加 5%~6%——而且非常显著。这一发现并不令人奇怪,因为研究计划通常在某一单独时期外还有延长,所以,在今天所作的一个承担某一研究项目的决定,可能涉及若干时期的支出。

[24] 表 12.4 中的这些回归方程指定 1983 年作为联邦巡回法院的有效日期。我们用其他有效日期(例如 1984 年、1985 年)进行试验,但并没有改变该表中的结果。

三、专利诉讼的数量

在其他各方面相同的情况下,法律的确定性越大,则发生诉讼的可能性越小。在专利法的确定性方面,联邦巡回法院所起的作用可能是比较复杂的。在该法院最初,不确定性还可能有所增加,因为既然联邦巡回法院尚未就许多问题作出裁判,所以还只有较少的司法先例可以作为预测的依据。不过,随着这家新法院对更多的案件和问题作出判决,这种效果就将随时间而趋于减少,并且,此时在上诉阶段审理专利争议的只有1家法院而不是12家法院,这种效果最终由于法院之间差异的减少而被克服了。

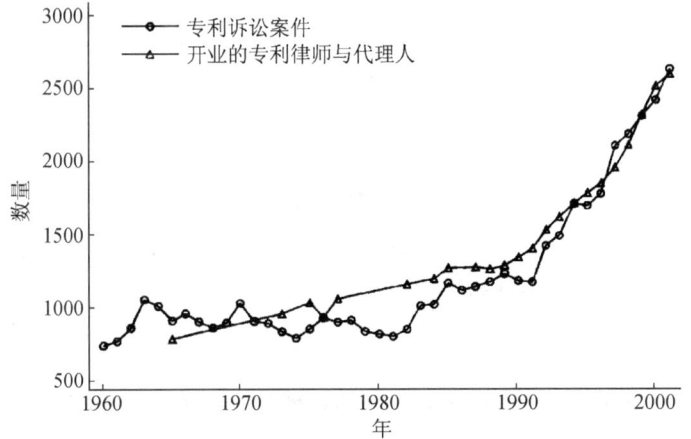

图 12.4 在联邦地区法院起诉的专利案件/注册的专利律师与代理人,1960—2001

图 12.4 提供了从 1960 年至 2001 年以来每年在联邦地区法院起诉的专利案件数量,以及每年在专利商标局注册从业的专利律师与代理人数量。[25] 这两个变量(对数形式)之间的相关度为 0.97,

---

[25] 我们的专利代理人和律师数据只是 1965 至 2001 年间有选择的若干年月。我们取一年中有数据的最后一月作为该年的数值——例如,假如 1985 年 8 月是我们所掌握 1985 年数据的最后一个月,则我们把该月数字用作 1985 年的数据。为了便于和提起诉讼的专利案件数量进行比较,我们把专利代理人

而在我们所能获得有关专利律师与代理人统计数据的 23 个时期内,将专利律师与代理人数量对于专利诉讼案件进行一种回归分析,可以得出其系数为 0.86,t 比率(t-ratio)为 17.6,这体现了一种很高程度的在统计上的显著性水平。换言之,专利律师与专利案件之比,似乎并没有随着联邦巡回法院的出现而在结果上有所增加。而假如该法院成功地简化法律,人们可能会期望该比率将会下降;但是,任何这些效果都可能由于专利案件平均标的额的提高与复杂性的增大而很容易变得完全不起作用。也许这两种效果都在起作用,并且相互抵销了,但这只是一种推测。

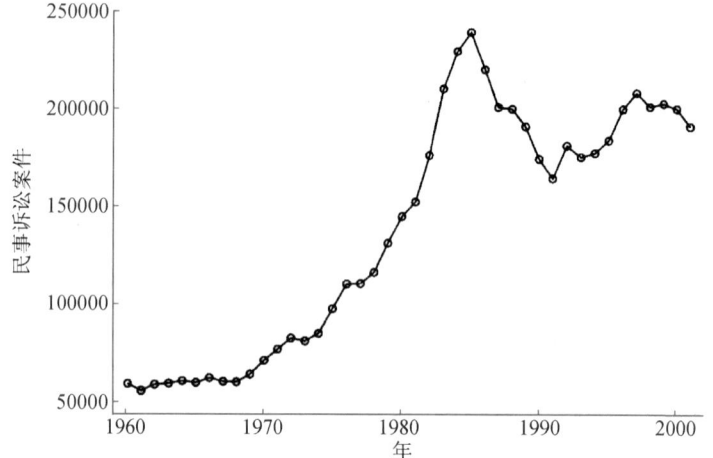

图 12.5　在联邦地区法院起诉的民事案件,1960—2001 年

图 12.5 包含的是自 1960 年至 2001 年期间每年在联邦地区法院起诉的民事案件数量的数据。[26] 对这两张图进行一番对比就可以揭示出,专利诉讼案件的增长并非简单地就是民事诉讼案件总

和律师的数字除以 10。该数据包括 PTO 的已公布和未公布的统计;我们感谢萨姆森·弗蒙特(Samson Vermont),因为他为我们获取这些数据提供了很有价值的帮助。注意:在 PTO 注册的专利代理人和律师数量只是在法院的专利诉讼的律师数量的一个大约数,但我们未能发现关于后者数量的数据。

[26] 这些数据的来源是位于哥伦比亚特区华盛顿的美国法院行政事务局(Administrative Office of the U. S. Court)在 1982 年和 2000 年的年度报告(附录表格 C-2)。

体增长的一个结果。直到 20 世纪 80 年代早期,专利诉讼数量还保持着大致持平的状态,而在此后的 20 年中,则几乎增长了 300%,反观民事诉讼数量,它在 1960 至 1985 年之间是稳定增长的,但在此后的 15 年间却下降了 20%。

在表 12.5 中,我们检验了关于联邦巡回法院对专利诉讼的增加所应承担责任(或者部分责任)的假设。我们再次使用一种截断式回归,其中,$Year_1$ 与 $Year_2$ 分别表示 1983 年(联邦巡回法院的第一个整年)开始之前与之后的年份,并且将 $Year_2$ 再分成两个时期,即 1983 至 1991 年和 1992 至 2001 年,以使我们能够检验这样一个假设,即 10 年之后,联邦巡回法院将形成足够大量的司法先例,从而消除与新法院创设相关联的不确定性。在该回归分析中的其他自变量包括:在联邦地区法院所发生的民事案件数量(以把握民事诉讼的总体趋势)、实际 GDP(以检验诉讼是否趋向于随着收入而增长)以及在以往 3 年中所授予专利的总数量。最后这个变量将是可能最终导致一方当事人提起诉讼的潜在专利争议存量的一个粗略代表;在其他方面相同的情况下,该存量越大,提起诉讼的案件数量就越多。

表 12.5 联邦地区法院所发生的专利诉讼的对数的回归分析,1962—2001 年(圆括号内是 t 统计数据)

自变量	在联邦地区法院所发生的专利诉讼			
	OLS(1)	OLS(2)	OLS(3)	CORC(4)
LPatents	0.37	0.20	0.24	0.26
	(2.94)	(1.64)	(0.83)	(1.07)
LCivil suits	0.64	0.53	−0.24	0.44
	(5.62)	(4.89)	(1.14)	(2.09)
LGDP	−0.07	−0.15	−0.32	0.15
	(0.21)	(0.46)	(0.37)	(0.29)
$Year_1$	−0.05	−0.04	—	—
	(3.55)	(2.81)		
$Year_2$	0.04	0.04	—	—
	(3.69)	(4.05)		
$Year_3$	—	0.06	—	0.001
		(5.14)		(0.14)

(续表)

自变量	在联邦地区法院所发生的专利诉讼			
	OLS(1)	OLS(2)	OLS(3)	CORC(4)
Year	—	—	0.02	0.05
			(0.59)	(2.14)
FC_1	—	—	0.29	0.07
			(3.53)	(0.93)
FC_2			0.34	0.11
			(3.26)	(1.53)
Constant	96.1	74.5	−26.7	−103.5
	(3.88)	(3.21)	(0.50)	(2.43)
Durbin-Watson	1.31	1.64	0.54	2.21
rho	—	—	—	0.94
R^2	0.98	0.98	0.88	0.47
观察数据的量	39	39	39	38

各变量的定义：LPatents＝在 $t-1$、$t-2$ 和 $t-3$ 年所授予专利数量总和的对数；LCivil suits＝在 t 年发生在联邦地区法院的民事案件数量的对数；LGDP＝在 t 年的实际 GDP 的对数；$Year_1$ 取等于 1982 年以及 1982 年之后的年份值；$Year_2$ 对于 1982 年取值为 0，并在式(1)中从 1983 年初至 2001 年底分别取值为 1 到 19，在式(2)中取值为 1 直到 1991 年底的 9，在此后则均取值为 9；$Year_3$ 在 1991 年取值为 0，并从 1992 年初至 2001 年底取值为 1 到 10；Year 即取当年的值；FC_1 是一个名义变量，它在 1983 年至 1991 年等于 1，余者则为 0；而 FC_2 则在 1992 年至 2001 年等于 1，余者则为 0。

我们也展示了根据对联邦巡回法院变量的不同描述所形成的结果。这里我们包含了一个总的时间趋势变量（Year）与两个用于表示联邦巡回法院的名义变量：FC_1 在 1983—1991 年期间取值为 1，余者则为 0，而 FC_2 在 1992—2001 年期间取值为 1，余者则为 0。后一变量的目的是为了检验，一旦联邦巡回法院形成了司法先例的存量之后，诉讼是否就开始逐渐减少；如果是这样，那么我们就将在 FC_2 上观察到一个负的系数。

在式(1)与式(2)中，正如所预料的，从 1983 年开始，在专利诉讼增长率上就产生了一个非常具有统计上显著性水平的增长，即每年 4％。但出乎意料的是，式(2)显示，该增长率在 1992 年以后反而变得更显著了（6%，相比于以往的 4%）[27]，尽管在这一时期联邦巡回法院已经有了司法先例的积累。难道这一问题能成为一个被忽略的变量吗？但是，我们已经掌握了若干个可能决定专利诉讼的重要变量。LPatents 与 LCivil suits 在式（1）与式（2）的回归分析中都与专利案件的数量形成了具有显著（或者边际显著）性水平的正的相关性。民事诉讼变量的系数表明，民事诉讼中每 10% 的增长就与专利诉讼中 5%—6% 的增长相联系。我们也掌握了经济活动的总体水平（GDP 变量），但它对于专利诉讼的影响无足轻重。[28]

在式（3）与式（4）的回归分析中［它们是完全相同的，除了式（4）对明显的一阶自相关进行了纠正］，我们用一个单一的时间趋势变量替代 1962 至 2001 年期间（Year 变量），并且通过加入两个名义变量——1983 年至 1991 年期间的 FC_1 与 1992 年至 2001 年期间的 FC_2——来评估联邦巡回法院的作用。名义变量的方法假设每年在专利诉讼上存在着一个恒定的百分比变化。不过，这种假设在两个回归分析中均遭否定，它们揭示出，在专利诉讼上存在着一个具有显著性水平的正增长率。尽管两个名义变量的系数都是正的，但它们只有在 OLS 回归中才具有统计上的显著性水平。因为这两个名义变量的系数在回归分析（3）中是大体相同的，所以我们就不可能否定这样的假设，即在这两个时期，联邦巡回法院对于专利诉讼的作用是相同的。一旦我们纠正了自相关性，这两个名义变量上的系数就都无关紧要了。在剩余变量上的系数通常是正的，但只有民事诉讼变量与时间趋势变量具有统计上的显著性水平。

---

[27] F 检验否定了在 0.1 水平上的这样一个无效假设，即式（2）中 $Year_2$ 与 $Year_3$ 的回归系数是相等的。

[28] 这一点并不令人奇怪：LGDP 与专利存量和民事诉讼变量之间存在着高度相关性（与 LPatents 是 0.86，与 LCivil suits 是 0.89）。比较一下，LPtents 与 LCivil suits 的相关度是 0.56。GDP 对于民事诉讼的总体可以产生一种显著的作用，即便它对于专利诉讼只具有一种微不足道的影响。我们通过对 LCivil suits 在 Year 和 LGDP 上的回归分析，来检验这种假设。在 LGDP 上的回归系数是负的，而且不具有在统计上的显著性水平（t 统计数据也只有 0.39）。

简言之，针对有关联邦巡回法院的设立提高了专利诉讼的增长率这一假设，该回归分析提供了某种支持，尽管不是那么有力。[29]

概括我们的实证研究可以发现，联邦巡回法院的设立看来对于专利申请数量、授权专利的数量、专利申请的成功率、专利诉讼数量，并且可能对于R&D的支出水平，都具有一种显著的正效应——尽管要记住，这方面的增加并不能等同于在技术进步速度上的提高。甚至更明确地说，由于在第11章中所解释的原因，在专利申请与专利授权数量上的增加并不能被当作技术进步的一个可靠代表。

美国专利商标局倾向于对专利申请予以授权，这一制度性偏见（institutional bias）也是一个加重因素。专利申请程序通常是单方面的（ex parte），它因为不存在任何对手，从而就产生了一种有利于对所申请专利申请予以授权的偏向，而除了这个明显的事实以外，专利审查员还是"部分地根据他们最终所处理专利的累积数量而获得报酬的。因为在确保最终处理结果时，同意一项专利申请比否定一项专利申请要显得更容易和更快捷，所以就产生了一种同意专利申请的激励"。[30] 而且，专利审查员否定一项专利申请的，必须具体写明其理由，但如果同意该申请的，则无需理由；此外，专利商标商完全是由专利申请费而非通过国会拨款支持的，这一事实很自然就使专利商标商预先倾向于专利申请人。[31] 这些内在的偏向趋势，又由于联邦巡回法院自身倾向于支持专利有效的偏向而得到了加强。不过应当指出，专利商标商复审程序的结果，通常是使被授予的专利小于该专利申请所寻求的范围。这种保护

---

[29] 一项针对1971至1991年专利诉讼的较早期的研究发现，新法院的设立对于专利诉讼的数量并没有任何净效果。参见 Jon F. Merz 与 Nicholas M. Pace, "Trends in Patent Litigation: The Apparent Influence of Strengthened Patents Attributable to the Court of Appeals for the Federal Circuit", 76 *Journal of the Patent and Trademark Office Society* 579 (1994)。

[30] Arti K. Rai, "Facts, Law and Policy: An Allocation-of-Power Approach to Patent System Reform" 21（芝加哥大学法学院，2002年）。

[31] 同上揭。

范围上的收缩,就减少了发生专利侵权诉讼的可能性。

人们至少可能认为,由于专利上诉案件的集中管辖,在经过最初的一段过渡期之后,随着案件结果变得更具有可预测性,就会降低专利诉讼案件的增长率。但是,事实反倒呈现出相反的一面。

我们并不希望以一个批评性评论为本章作结。本章所报告的此项研究还只是初步性的,因为我们并不企图按行业来对我们有关专利的数据作进一步解析,因此,我们不能排除这样的可能性,即我们分析的结果本来可能受到在行业相对规模上的外部变化的影响,而它们则因各行业对专利保护的依赖程度而有所不同。不过,在后来的一项研究中[32],我们纠正了可能影响我们分析结果的若干个额外因素,比如:专利申请费的变化;《哈奇—韦克斯曼法》(参见第 11 章),它不仅影响着制药行业的专利实践,而且还影响着我们所假定的联邦巡回法院最早对专利申请产生影响的日期;以及最近以来软件生产商以专利保护替代著作权保护的趋向。此外,我们还就美国专利申请而在美国与外国(特别是日本)申请人之间进行分解,并且还跟踪美国人在外国(加拿大和日本)的专利申请,所有这些都是为了确定,我国的专利法院变量在实际上是否对与专利法院同时出现的美国公司发明创新浪潮起到了一种推动作用。经过这些不同方面调整而得出的结果是,我们的基本结论仍保持不变。

我们并不企图拿它与前联邦巡回法院时期的区域性上诉法院进行比较,从而评估联邦巡回法院在专利案件判决上的准确性,或者考察联邦巡回法院是否还可以做得更好,以使专利法规定随着不同行业的不同条件而各具特色,但这些都是可供将来研究的挑战性问题。

---

[32] 参见 William M. Landes 与 Richard A. Posner, "An Empirical Analysis of the Patent Court", 71 *University of Chicago Law Review* 111(2004)。

第 13 章
商业秘密法的经济学

尽管商业秘密对于商业社会具有重要意义,但相对而言,商业秘密法却很少吸引经济学家或者具有经济学意识的法学家们的注意。[1] 在本章中[2],我们勾勒出一个有关商业秘密法的经济学方法,它既与知识产权的其他领域相关,也涉及在普通法实证经济学理论中的一些范围更广的问题。[3] 我们的分析进一步解释了第 11 章中的主张,即有关专利法合理性的最好的经济学解释就是,它解决了商业秘密法中的某些难题;换言之,它约束了由商业秘密法所不可避免导致的某些无效率。

---

[1] 例外的有 Edmund W. Kitch,"The Law and Economics of Rights in Valuable Information",9 *Journal of Legal Studies* 683 (1980),和 Steven N. S. Cheung,"Property Rights in Trade Secrets",20 *Economic Inquiry* 40 (1982)。另参见后揭。

[2] 本章是以我们与戴维·D.弗里德曼(David D. Friedman)合作的一篇文章为基础的(参见本书导论)。弗里德曼教授当然无需为我们的修订负责。在我们的文章于 1991 年发表以来的有关重要文稿,参见 Robert G. Bone,"A New Look at Trade Secret Law: Doctrine in Search of Justification",86 *California Law Review* 241,260—283 (1998);Pamela Samuelson 与 Suzanne Scotchmer,"The Law and Economics of Reverse Engineering",111 *Yale Law Journal* 1575 (2002)。博恩(Bone)汇集了有关反对商业秘密法的主张和证据,批评了我们最初所作的关于低估商业秘密的社会成本的分析。他的批评影响了我们就此问题的进一步思考。塞缪尔森(Samuelson)和斯科奇默(Scotchmer)的文稿将在后面讨论。

[3] 正如本书导论中所解释的,我们用"普通法"一词是指主要由法院所创制的法律。尽管既有联邦的普通法,也有各州的普通法,但商业秘密法是后者而非前者的组成部分。它已不再是一个纯粹的普通法领域,因为许多州已经采纳了《统一商业秘密法》(Uniform Trade Secret Act)。但像许多其他的统一法那样,该法的大部分只是对普通法的法典化,而不是对它的否定。

一个商业秘密就是一条信息——通常如客户名单、商业计划、菜单或者制造方法等——它具有商业价值，并且拥有该信息的企业试图对其竞争对手进行掩藏，以防止被他们复制。最高法院在一份判决中把它描述为一种"财产"是值得怀疑的，该判决根据制定法（联邦反信件欺诈法）而对一项认定欺诈行为的裁决予以支持，在当时，若构成欺诈行为，则必须是剥夺受害人的某种有体物——像财产那样的某种东西，但不能是获得诚实服务之权利。[4] 从动产和不动产，甚至从著作权和专利权的意义上来说，商业秘密并不是财产，因为它不是那种由占有人对其使用或者受益享有（或多或少的）排他性权利的东西。[5] 如果该秘密被意外泄露了，或者如果其竞争对手通过反向工程的方式揭开了该秘密，那么，法律并不对此提供任何救济。如果是由于违约行为——比如通过某位前雇员，而他已经允诺不将其在工作中所得知的内容向外公开——或者某种诸如侵入（trespass）之类的侵权行为而丧失该秘密的，法律才给予某种救济。但是，由此所违反的并不是该秘密的财产权，而是普通法上的权利，后者的定义并不因商业秘密抑或普通信息而有所不同。

因此，在某种意义上，并不存在任何的商业秘密法，尽管我们可以看到，在那个著名的但又被奇怪地孤立起来的案件 *E. I. du Pont de Nemours & Co. v. Christopher* 案中[6]，曾试图出现这样

---

[4] *Carpenter v. United States*, 484 U.S. 19 (1987)。该法业已修订，取消了这样的条件。

[5] 条件是承认法律在不受约束地享受财产权上所施加的明确限制。回想一下，例如对一项著作权的保护并不反对同样的重复（duplication），即使该重复可能完全破坏了原始作品的价值，而只是反对复制（copying）。

[6] 431 F.2d 1012 (5th Cir. 1970)。该案判决被最高法院引用于 *Kewanee Oil Co. v. Bicron Corp.*, 416 U.S. 470, 476 注 5 (1974)，因为该案主张（不过与 *Kewanee* 案本身不相干，因为在 *Kewanee* 案中，当事人是通过违约行为而获得商业秘密的），以不正当手段获得商业秘密的，则可以根据商业秘密法而起诉，其中的不正当手段包括了"空中侦察"（aerial reconnaissance）。第五巡回法院后来的案件也对此案表示支持并予以引用，有名的如 *Philips v. Frey*, 20 F.3d 623, 630 (5th Cir. 1994) 和 *Alcatel USA, Inc. v. DGI Technologies, Inc.*, 166 F.3d 772, 784—785 (5th Cir. 1999)，但这两个案件中的商业秘密都是通过虚假陈述而获得的。第五巡回法院的另一个案件，

的法律。杜邦公司(Du Pont)的一个竞争对手雇请一名飞行员,去拍摄杜邦公司正在建造的一座工厂。其目的是为了发现杜邦公司的制造方法。虽然法院在判决中认定,航空器的飞越不构成侵入行为,但它还是判定,该竞争对手侵犯了杜邦公司的普通法权利。既然没有任何侵入行为,那么,被侵犯的"权利"就只能是该商业秘密本身的权利,而不是阻止侵入、侵占(conversion)、违约或者其他传统普通法侵权行为的权利。不过,另一种替代性解释是,法官的意见在事实上扩大了侵入行为的概念,正像在涉及美国宪法第四修正案[搜查与逮捕(search and seizure)]的案件中,把搭线窃听(wiretapping)行为归为搜查的一种形式,尽管从技术上来讲,它并没有侵入住宅,因为它是在嫌疑人住宅外的电话线上进行搭线窃听的。

但是由于其他两个方面,使得我们关于不存在任何商业秘密法的论断,显得过于冒失了。第一个方面其实不那么令人关注。一般来说,只有通过实施某个独立的普通法侵权行为而实现对商业秘密的挪用时,才属于不合法,但是,当它涉及对损失的评估或者给予其他的法律救济时,法院总归要考虑到该商业秘密的商业价值。不过,从理论上说,这与在侵占之诉中对动产的估价没有任何区别。第二个方面,早就有人提出这样的主张——也没有任何东西可以阻止法院接受该主张,因为普通法原则就是由法院创制的,并且可以由法院根据情况的变化或者新的理解而将之修改——反向工程作为揭开商业秘密的一种方法,如果这样做成本很低的话,也应当予以禁止。[7]而目前的情况是,当实施反向工程的成本高昂时,商业秘密的拥有者就享受着一种事实上的保护,使其在创造该秘密时所作的投资免于被他人挪用;而当这样做成本

Hurst v. Hughes Tool Co., 634 F. 2d 895 (5th Cir. 1981),包含了对 *Christopher* 案的明确支持,但该法院认定,被告在获得原告的商业秘密时没有采用任何不正当的手段。虽然既无违约行为亦没有违反普通法侵权行为法,但仍被认定为非法挪用(misappropriation),从这个意义上讲,我们还没有发现任何像 *Christopher* 案这样的案件。

[7] 参见 Samuelson 与 Scotchmer,前揭[2]。

很低时,该秘密也就不符合受保护的条件了。不过我们将会看到,针对这种主张,存在着诸多反对意见。

我们对商业秘密法的分析,围绕三个问题。第一,为什么总会有人选择商业秘密而不采取专利保护。第二,也是与前一个问题紧密相关的,当商业秘密属于那种可专利的对象时,为什么法律允许该秘密的拥有者在专利保护与商业秘密保护之间进行选择。第三个问题被证明不仅与第二个问题相关,而且与之具有不可分离的关系,即为什么法律不愿意像专利那样来保护商业秘密,或者可以提出这样一个几乎同质的问题,为什么法律对于因为意外或者通过反向工程而造成商业秘密丧失的情形,不提供救济。

一、商业秘密的激励

法官与律师有时会这样推理,既然商业秘密法对发明人所提供的保护不如专利法所能提供的那么多,所以,当理性人在完成了一项可获专利的发明时,就不会不去寻求获得专利;因此,商业秘密法所保护的,必然只是一些水平较低的发明,以及诸如客户名单之类根本就不属于发明的那些东西。但如此推导并不合理,我们通过对三种情况的考察,就能够发现这一点。第一种情况,专利法要求必须公开发明内容,这将使发明变得没有价值;客户名单(从其创造有价值的新信息这一层面上来说,也是一个"发明",尽管从通常意义上来说,并不属于发明)就是一个例子。第二种情况,发明人拥有一项可专利的发明,但他相信其他任何人都不可能在20年(专利的保护期限)之内作出该发明。第三种情况,他拥有一项不可专利的发明,但他相信,其竞争者要想自己作出该发明将需要大量的时间,足以让他通过对该发明保密的方式而获得一种可观的回报。

看起来,发明人在专利与商业秘密之间的选择,不仅在第一种与第三种情况中是显而易见的,因为在此情况下注定只能选择商业秘密,而且,在第二种情况中也是如此。这是因为一项专利并不能给予比商业秘密更大的保护吗?未必。专利法所要求的将发明公开,可能使竞争者得以根据该专利而从事周边发明,由此计算的时间将短于其为发现该发明人的秘密(假如采取商业秘密保护)所需之时间。此外，专利所必需的公开，也教会了竞争者如何侵犯专利权。专利诉讼不仅成本高昂[8]，而且可能因为起诉侵权人，专利权人也就自己将专利置于被判定无效的风险之中。而且，我们从上一章中已经知道，即使在目前体制之下，联邦巡回法院对专利态度友好，但在所有受到挑战的专利中，仍有较高比例的专利最终被判决无效。因侵犯专利权而得到的预期净收益肯定时常是正值，否则就很少或者根本就不会发生专利侵权诉讼了。因此，避免侵权行为发生的方法之一，就是干脆不要去获得专利。

而且，一项发明可能只具有适量的价值，而要获得专利保护，则涉及数量不菲的固定成本，以用于准备专利申请以及支付我们在第11章所讨论的数目可观的专利维持费。而商业秘密的保护则避免了这些成本。但它也需要支出费用，以防止该秘密被公开，但这些支出应当与该秘密对于将来挪用者所具有的价值在大体上成比例(之所以说在大体上，是因为还有其他因素也在影响着一项发明的保密成本，比如在公司内有多少人必须对之保密，才能达到有效使用该发明之目的)。该项秘密越是被认为有价值，则投入其中以试图发现该商业秘密的资源就越多。当该秘密只具有适度价值时，其维护成本就因此而可能较低，那么，商业秘密保护通常就比专利保护的成本低，两者的差额可能超过因专利的保护程度较高以及在假定的情形中专利的持续时间较长这一事实所带来的在收益上的差额。此外，在每一个获得了专利的情形中，获得一项专利的成本都是必然发生的，不管该专利的商业价值如何，而取得商业秘密保护的成本，则只在该商业秘密被证明具有充分的价值，足以诱使其他人试图窃取时才会发生。再说了，"持续时间较长"(lasting longer)并不总是能够带来显著附加值的一个来源，因为要考虑对现值的折扣、技术变化或者消费者偏好的转换，而且，即使

---

[8] 只有大约2%的专利在诉讼中受到异议，但是，如果发生专利诉讼，而争议又不能很快和解，那么成本是相当高的。每一当事人的平均成本估计为，从诉讼开始到审前披露程序结束是79.9万美元，再经过一审和上诉则高达150万美元。参见 Mark A. Lemley, "Rational Ignorance at the Patent Office", 95 *Northwestern University Law Review* 1495, 1502 以及注28(2001)。

先发明人缺乏法律保护以反对他人重复,但是,时间领先(head start)、学习曲线和商标效应等也能给他带来一种持久的竞争优势。

如果我们把获得一项专利与保持商业秘密这两者之间在成本上的任何差别暂放一边,那么,发明人需要作出的选择就是,要么为了获得更强的保护而对其发明申请专利,要么希望得到更长时间的保护而将之保持为商业秘密。发明既已存在,这通常将降低其他人重新发明(reinventing)的预期成本,因为他们知道了重新发明是可行的,并且因此不必在他们的预算中计入那么多可能的失败。所以,如果重新发明失败了,这将成为某种证据,证明他人其实并不能独立作出发明,从而该发明就是非显而易见的,值得受到某种形式的法律保护。商业秘密法就促成了这样的证明,因为它提高了让人通过重新发明而不是通过窃取来重复该发明的可能性。

不过,也有一种可能性在朝相反方向拖,该发明的存在将减少重新发明的回报——从理论上说,任何重复发明者都将面临与最先发明人的竞争——并因此减少了他人试图重新发明的激励。但这是不可能的,因为我们所说的是可专利的发明,重复发明者将可能获得一项专利,并因此(正如我们将要指出的)迫使最先的发明人放弃使用其发明。重复发明者的专利申请并不会在新颖性要件的检验中过不了关,因为正如第11章所指出的,一项发明,如果其在先的被人所知道或者使用是非公开的,则在法律上并不认为它"已经被他人知道或者使用"(known or used by others)。可以导致重复发明延宕的是,发明人阻碍竞争对手获得从该发明公开所包含的步骤而带来的收益,因为这个公开可能使竞争者们进行周边发明,亦即实现某种形式的重复发明。

对于不可专利的发明,情况也是相同的,只有在其能够被保持为商业秘密时,发明人才能预期获得实质性回报。该发明之所以不可专利,可能是由于专利法的规定,或者由于该发明所属的发明类别缺乏实用性、新颖性或者非显而易见性。发明人如果将其不可专利的发明保守为秘密,他就是提出证据,证明专利法错了。但反过来他也可能是错误的,如果该发明被证明没有任何商业应用性,或者他人在第二年就发明出了相同的东西(其原因或是由于其发明是显而易见的,或是由于它不具有新颖性——它始终就是现有技术的一部分),这就证明了政府是正确的;所以,这就如同发明人被拒绝授予专利,而专利法取代了商业秘密法。但是,如果发明人是正确的,而且该发明没有发生任何重复,那么,他就获得了当该发明可专利时他本来可能得到的大概回报(approximate reward)——他也应当得到这样的回报,至少考虑到专利法这个前提条件(一个重要的限制条件),因为他表明了政府认为该发明不值得专利保护是错误的。[9]

这种情况并不必然反映了发明人和专利机关之间的意见相左,尽管我们是这样假设的。它可能只是反映了这样的事实,即专利法无法精巧细致地作出具体规定,来涵盖任何一种情况。大家可能都会同意,某项发明将在6年之内被他人重复作出,但是,因为专利法没有包含任何条文规定专利在6年后期限届满,所以,该项专利对于发明人的回报将实质性地构成对他的过度回报。专利商标局拒绝给予其专利是正确的——而发明人转而采用商业秘密保护也是正确的。

二、允许发明人在专利保护之外选择商业秘密所产生的福利效果

把前述讨论归纳一下,如果理性的发明人认为专利保护相对于发明的价值而显得成本高昂,或者,专利保护给他们带来的利益大大低于该发明的价值(这部分地可由他人重复作出该发明所需的时间长度反映出来),其原因或者由于该发明的不可专利性,或者由于专利保护的长度或者宽度不够充分,那么,他们就会选择商业秘密保护。发明人将之保持为商业秘密,就表明了他的信念是正确的。这样,在事实上,普通法就堵住了在专利法中的几个经济

---

[9] 这就是最高法院在 Kewanee 案(前揭[6])中所给出的一个原因,以拒绝这样的主张,即专利法优先于各州关于商业秘密的普通法。参见 416 U.S. 第 487、491 页。

上的漏洞。这些漏洞都比较大,因为从调查结果来判断,它们表明,作为保护一项发明以免被他人重复的一种方法,保密从总体上来说要优于专利。[10]

以上我们所讨论的只是商业秘密对私人的激励,而现在我们必须考察的是它的社会收益与成本。如果重复作出一项发明所需的时间越久,则其社会价值就可能越大;这种时间上滞后就意味着,该发明人对于技术进步确实起到了作用,而非仅仅是比其他本来也能够发现的人早一天发现了某样东西。不过,这并不能因此得出结论,认为他应当获得一个更长期限的法律保护。即使值得付出发明性努力,以作出那些确实对社会产生影响的发明,但要把保护扩展到超过 20 年的专利期限,也是不可能产生显著的激励效果的,因为还要对现值进行折扣。

商业秘密法给予发明人的法律保护期限有时要比该发明人如果采取专利途径的更长,但是,过于重视它在这方面的效果可能是错误。一个更为重要的考虑因素在于,由于采取专利途径需要付出成本以及必须公开其发明,所以,对于作出了一项可专利发明的发明人来说,它常常并不那么具有吸引力,而取消或者缩减商业秘密则将对创新发明的激励构成破坏。

看起来,用于支持商业秘密的最明确的例子,是那种虽然不可专利但如果不接触该秘密就不可能很快将之重复做出来的发明。不过,在此情况下,商业秘密在鼓励发明方面的效果,必须与它所造成的成本相抵。该成本是指,由专利法的发明公开要求所引起的或者通过其他披露方式而带来的信息丧失——或者,如果既没有专利法也没有商业秘密法,而且如果保守秘密的成本,例如雇佣安保人员以及强制执行雇员竞业禁止协议(covenants not to compete)的成本都高得让人承担不起,则也将通过其他方式的披露信息息。顺便一提,竞业禁止协议是保护商业秘密的一种惯常手段,因为确定一个前雇员是否在与其前雇主进行竞争,要比确定他是否

---

[10] 参见 Wesley M. Cohen, Richard R. Nelson 与 John P. Walsh, "Protecting Their Intellectual Assets: Appropriability Conditions and Why U. S. Manufacturing Firms Patent (or Not)"(国家经济研究局工作论文第 7552 号,2000)。

借助于前雇主的商业秘密而与之展开竞争更为容易。我们在本章后面部分将进一步讨论这些协议。

埃德蒙·基奇的勘探理论(prospect theory)把一项专利设想为一种用来在部分未被勘查的地区确立财产权的手段(参见第 11 章)。根据这一观点,把公开发明作为获得一项专利的条件,从本质上来说,就是一种边界标记(boundary marker),目的是警告竞争者,这是已经存在着一个享有特权的开发者,从而防止为浪费性重复发明所付出的努力。当然,对于一项商业秘密而言是不存在任何公开的;因此,如果专利法的目标是为了在保持对发明活动提供激励的同时,带来早期、完全的公开,那么,商业秘密的拥有者看来就得在两者之间作出选择,要么对发明申请专利,要么丧失所有的法律保护。这可以通过一项规定联邦专利法优先于各州的商业秘密法的规则而实现,或者更准确地说,禁止商业秘密的拥有人适用各州的普通法救济。但这种方法在 Kewanee 案中遭到了法院的拒绝。[11] 这种拒绝符合勘探理论吗?

在他人已经作出一项发明并将之保密的情况下,另一个发明人不会仅仅因此而丧失获得专利的资格,所以,第二个发明人的努力并不是徒劳无功的,这与下述情况不同。其中,发明人将因为其竞争者早一天已经将之办理专利而不准再使用其发明。事实上,最先发明人如果将其发明进行保密,那么在所谓的发明人可以使用其发明而不申请专利的 1 年宽限期届满之后,他也不能再获得专利了。[12] 因此,商业秘密法并没有让发明人能够做到占着茅坑不拉屎(play dog in the manger)。如果他对发明采取商业秘密的途径,并因此而(在 1 年之后)被剥夺了寻求专利的权利,则其不能阻止后来的一个发明人对该发明获得专利,并将他逐出市场。[13]

与勘探理论关系更为紧张的是,如果最先发明人被迫公开其发明,则第二个发明人将得以节约资源。从这个程度上来说,商业

---

[11] 参见前揭[6]。

[12] 参见 35 U.S.C. §102(b);*Metallizing Engineering Co. v. Kenyon Bearing & Auto Parts Co.*, 153 F.2d 516 (2d Cir. 1946) (L. 汉德法官)。

[13] 参见 *W. L. Gore & Associates v. Garlock, Inc.*, 721 F.2d 1540, 1550 (Fed. Cir. 1983)。

秘密法是在鼓励的那种重复发明的努力,而这正是专利法所不鼓励的。不过,更进一步的深入分析表明,商业秘密法对于重复发明努力的鼓励程度,可能还不如专利法的高。正如我们所知道的,寻求专利保护的人之所以会导致的过度投资,主要原因之一就是,最先发明人将获得该发明的全部利润(除非在此范围内,由于专利保护期限而缩减了该利润)。即使他只是比第二个发明人早一天胜出,他也将获得全部利润,在此情况下,他对于社会福利的增量贡献(incremental contribution)将远远小于该发明的价值。当作出发明的成本随时间而不断下降时,由这种私人收益与社会收益之间的差异所导致的过度投资,就成为最浪费的事情了。从一个社会性角度而不是从一个私人角度看,在那种情况下就应当迟延作出该发明,尽管这取决于该发明的收益大小以及折旧率。与专利保护不同,商业秘密保护在这种情况下就能推出适当的社会结果,因为随着作出一项发明的成本递减得越快,而随着成本递减,他人很快做出重复发明的可能性就会增加,从而该发明作为一个商业秘密就将变得价值更少。

我们应当更细致地考察此前提及的一项规则,它使得一个努力想重复作出一项只受商业秘密保护的发明的发明人,能够对其作出的重复发明获得专利,并借此阻止最先发明人继续使用其发明。[14] 联邦巡回法院在 Gore 案[15](这是证明联邦巡回法院偏向于专利的又一个例子)中宣布了这项规则,该规则与其他大多数国家盛行的规则存在着分歧,它们的规则是,允许第二个发明人获得专利,但第一个发明人可以继续使用该发明,无需从专利权人那里获得许可。国外规则的结果是造成了一种双头垄断(duopoly)。

从经济学根据上来说,国外规则看起来比 Gore 案中所宣布的

---

[14] 对此的一个有趣的讨论和引证,参见 Vincenzo Denicolò 与 Luigi Alberto Franzoni,"Patents, Secrets, and the First Inventor Defense"(意大利博洛尼亚大学经济系,2002 年 9 月)。

[15] 参见前揭[13]。在《先发明人抗辩法》(the First Inventor Defense Act, 35 U. S. C. § 273),即《美国发明人保护法》(the American Inventors Protection Act, 1999)的组成部分中,国会采纳了我们所称的国外规则,但仅针对商业方法专利。

"美国"规则更可取。一方面,美国规则减少了在商业秘密中的预期回报,从而会打消发明人采取商业秘密途径的念头,即便该途径对于许多种类的发明,无论在私人还是在社会方面而言,都比专利更具有优势。另一方面,它对第二个发明人给予了过度回报,而他毕竟没有增加知识存量,只是重复作出了一个已有的发明——人们将不得不设定,专利法所要求的公开必须具有多么高的价值,才能想到给予一个纯粹的重复发明人以垄断权是物有所值的。而且,美国规则导致了畸形,即拉长了垄断的期间,而对发明的激励却在实际上受到了减弱。假设最先发明人想要将其发明保密10年,而在该时间结束时,第二个发明人获得了专利。那么在此情况下,该项垄断的期间将从20年(专利保护期)扩张为30年,而最先发明人的发明激励却被美国规则所减弱,正如我们所看到的,第二个发明人只是一名后来者(Johnny-come-lately),而非真正的创新者。不过,美国规则减少了后来发明人对于最先的发明进行反向工程的激励;而反向工程可能是成本高昂的。国外规则减少了第二个发明人的回报,并且(以第二个发明人获得一项专利为条件)提高了市场中的竞争,因为商业秘密与专利都在市场中得到了应用。反过来,这降低了价格,增加了消费者剩余,从而提高了社会福利。

  影响到专利与商业秘密之间选择的另一项新规则,涉及专利申请的公开。除美国以外的其他很多国家长期以来即规定,无论最终是否授予专利,专利申请都必须在提出申请18个月之后公开。这就产生了一种趋向于采取商业秘密途径的强烈的激励,因为,假如一项商业秘密的拥有者被拒绝授予专利,他就不能再转而依靠保密方式来保护其发明了。1999年,国会向着吸收国外规则的方向前进了一步,规定美国专利申请在18个月后公开,除非申请人证明他将不在那些存在这项18个月规则的国家寻求专利保护。[16] 这只是一小步而已,因为一个申请了外国专利的发明人,已经据此而承受风险,如果被拒绝授予专利,则其将丧失商业秘密;

---

[16] 参见35 U.S.C. §122(b);Robert Patrick Merges 与 John Fitzgerald Duffy, *Patent Law and Policy: Cases and Materials* 62—63 (3d ed. 2002)。

而且,迈出这一步的是国会,而不是偏向于专利的联邦巡回法院。

三、限制商业秘密法的经济学解释

在我们试图对商业秘密法作出全面评估之前,我们必须考虑,为什么保护发明创新人的主要部分被限定为反对那些具有独立过错的(independently wrongful)行为——亦即违反了与发明活动无关的某些法律原则的行为。我们由第1章已知,物质财产的所有人如果丢失了财物,并没有因此丧失其财产权利;也不存在任何"谁捡归谁"(finders keepers)的法律原则,尽管发现者可能享有某些权利,并且财产亦得由抛弃而丧失。一项专利的所有人却不会因为其他人足够聪明,能够作出重复发明而使其丧失财产权利,无论该人是通过完全的独立发现,还是在未参考专利权人在专利商标局的申请文件——其中记载了有关该发明的描述,所有想要的人均得阅读之——的情况下,通过直接对产品进行反向工程而作出的发明。但是对于某个商业秘密的合法拥有者,为什么法律却又拒绝给予这样的权利呢?并且,法律应当这样做吗?

这里有两个可能的答案,或者说有两组答案。第一个(组)集中于商业秘密作为信息的经济特征,而第二个(组)集中于挪用他人商业秘密的不同方法所产生的经济效果。

(一) 商业秘密的经济特征

我们考虑采用类比的方法,考察国际法上对于合法与非法间谍行为的区别,反过来就能发现,在信息生产的合作性特征上也有这样一个区别。通过耐心地参阅他国公布的统计数据以及报刊文章,或者借由间谍卫星拍照,或者经其驻在国首都的武官(military attachés)的辛勤工作而搜集该国的机密,这些都表明是合法的间谍行为。非法间谍行为则包括了通过贿赂政府雇员、勒索、绑架与盗窃——换言之,通过普通法上侵权行为的方式而实施的获取机密的行为。这种在法律上的区别,部分原因是在于,想要防止前一类间谍行为往往所需成本甚巨,而在商业秘密"法"作出选择,决定哪些刺探方法应当被禁止时,也有几乎完全相同的情况。但是,这并没有解释为什么国际法对于武官的四处打探行为应当予以容忍。对此的解释只能是基于互惠对等性。我们允许其他国家在我们国家派驻武官,条件是他们也允许我们在他们国家派驻武官。这种对等性产生了净收益,因为一国想要阻挡其对手,必须有能力表达一种虽不准确但具有可信度的关于其实力的观念。打开自己的部分通道,让其对手派出经过训练的专业人士来做第一手的观察,就可以做到这一点。这种显示其实力的方式比吹牛更具有可信度。一个国家如果拒绝允许驻留外国武官,就表明其要么软弱不堪,要么它正在筹划一次突然袭击,因而希望自己暂时貌似软弱不堪,以此来掩盖其预备性措施。

这里应当强调"部分通道"这个限制条件。没有一个国家想要披露其全部机密,因为担心这会让潜在的敌国采取对抗措施。全部都披露出来,固然可能显示实力,但也暴露了弱点。武官体制是允许驻在国保守某些秘密的。

引导各国同意向其对手提供某些而非全部信息,是出于互惠对等的考虑,与此相对应的,是发明过程中的互惠对等性因素,它产生于这样的事实,即每一个信息生产者同时也是信息的消费者。正如我们贯穿全书所强调的,信息生产中的一个基本输入,就是其他的信息。从事前角度看(ex ante),每一个信息生产者都想接触其竞争对手的信息,而同时又保护自己的信息。[17] 法律只对于揭示秘密所需成本最高的方法予以禁止,以此而在商业秘密领域内为这些相互矛盾的想法找到了折中方案。这些方法的大部分是成本高昂的,从而刺激了防御性策略。[18] 例如,假如法律拒绝强制执

---

[17] 该观点被用到了专利问题上,Suzanne Scotchmer, "Standing on the Shoulders of Giants: Cumulative Research and the Patent Law", *Journal of Economic Perspectives*, 1991 年冬季卷,第 29 页。

[18] 参见 *Kewanee Oil Co. v. Bicron Corp.*,前揭〔6〕,416 U. S. 第 485—487 页。Kewanee 案以及较早时由第二巡回法院法官亨利·弗兰德利(Henry Friendly)在 *Painton & Co. v. Bourns, Inc.*, 442 F. 2d 216 (2d Cir. 1971)一案中所写的法院意见,都对商业秘密法的经济学予以恰当对待。有关这些防御措施的一份清单,参见 Randy Kay, "A Distance Runner's Guide to Trade Secret Protection——Maintaining Secrecy", *San Diego Business Journal*, 2000 年 6 月 5 日,第 31 页。

行有关雇员承诺不泄露其雇主商业秘密(或者不与其雇主竞争)的合同,就有可能导致雇主以一种可能在总体上属于无效率的方式来重组其业务,而若非出于保密之必需,它们可能并不会采取此等方式。他们可能将其业务转移至对商业秘密保护给予更高的司法管辖区域、支付更高的工资以便让雇员不会辞职(随身带走雇主的商业秘密)、把工作任务在多个雇员之间分配以使每个人所知变得更少,或者起用家庭成员,即使他们可能在胜任工作上差强人意,但可以倚靠他们出于无私的忠诚,或者因为家庭背景常常使得对于背离忠诚的行为可以实施有效的、非正式的报复,所以家庭成员就处于一种持续关系之中,而不是像雇主与一个不相干的前雇员那样的关系。如果一个商业秘密的拥有者未能通过许可方式来加以保护,即便这种保护也并不完善,那么,没有任何方法可以将其发明用于其他行业中了——或者事实上除了他自己,也不可能被任何人所使用[19],哪怕如我们在第 11 章中所指出的,他自己是一个无效率的生产者;因此,这将导致专业化不足(underspecialization)的问题。对于这些成本高昂的防御性策略来说,商业秘密的法律保护是一个富有吸引力的替代方案。

但是,并非需要所有可能的法律保护都是必需的。假设法律对于反向工程这种解开商业秘密的通常方法也予以禁止。这样一项禁止性规定就将消除由以下事实所产生的社会收益,即当允许生产者们就彼此的产品进行反向工程时,他们就能够将所习得的东西用于自己的新产品设计之中。禁止反向工程,就会抑制某些产品的开发,而这些产品甚至并不与反向工程的产品发生竞争。不过,这不可能是最后定论,因为反向工程的成本越小,商业秘密法对新发明所给予保护上的限制就越多。商业秘密允许那些具有社会价值但不可获得专利的发明受到保护,免于被人直接重复,就此范围而言,反向工程从社会和私人的立场看,就具有一种混合的好处。我们现在不得不再回到这个主题。

雇员与其前雇主订立关于在若干年期限内竞业禁止的协议,

---

[19] 他可以出售其秘密,但当不存在任何对商业秘密的法律保护时,又该如何在不向可能的买主披露该秘密的情况下进行交易呢?

这是保护商业秘密的一种重要方法,因为发现并且证明某种违反该等协议的行为,要比发现和证明某个竞争对手获知其商业秘密系非法挪用而非独立研究的结果,要更容易些。有一项著名的研究,对位于波士顿市外 128 号公路沿线的企业与位于硅谷的类似企业进行了比较。[20] 马萨诸塞州对于竞业禁止协议是给予强制执行效力的;而加利福尼亚州则否。该项研究发现,不出人们的意料,在硅谷有更多的雇员在企业之间流动,毫无疑问他们通常就随身带走了前雇主的某些商业秘密。不过,相比于由一个更有效保护商业秘密的机制所导致的、新技术思想更大的内部化(the greater internalization)而言,如果硅谷的雇主们不用其他成本更高的商业秘密保护方法来取代不具强制执行力的竞业禁止协议,那么,由此导致的知识联合(pooling of knowledge)对技术进步的贡献反而可能更大;但我们还未曾听到过这样的分析。从理论上来说,那些拥有"封锁性"(blocking)商业秘密的竞争者们,可能通过交叉许可来分享这些商业秘密,但是,就有价值的保密信息的许可使用而进行谈判和执行,却是成本很高的;正如我们在此前所指出的,就某一秘密的披露而进行谈判,但谈判本身又不得对该秘密加以揭示,这是一项相当微妙的技巧。[21] 由雇员竞业禁止协议的不可强制执行性而产生的非正式联合,从总体上来说,可能是更有效率的。这一观点与第 11 章所表明的观点具有很接近的相关性,即当一个行业中的发明具有连续性与互补性时,专利在其中就可能起着反生产力的作用——事实上,我们在前面所引用的这项研究,就是涉及硅谷的主要高技术产业即软件业。

(二) 挪用商业秘密以及防止挪用的不同方法的经济特征

我们已经开始考虑这些问题了,但要由此而推导出一个结论,创立一个形式模型可能会有所帮助。假定使一个企业丧失其商业秘密的就是通过以下两种方式,要么由于盗窃或者其他普通法侵

---

[20] AnnaLee Saxenian, *Regional Advantage: Culture and Competition in Silicon Valley and Route* 128 (1994).

[21] 这样的许可似乎极少。参见 Cheung,前揭[1],第 45 页;另参见 Bone,前揭[2],第 280 页。

权行为,要么由于意外泄漏或者反向工程。我们把由这两种情况所造成的损失表示为 L,而由于普通法侵权行为所导致损失的概率用 p 表示,若法律保护的范围越大,为防止该损失而由企业自己支出的费用(x)越高,则 p 越低。由于意外泄漏或者反向工程所导致损失的概率,我们用 q 表示,而企业为防止此类损失所付出的费用则表示为 y。

我们把企业因丧失商业秘密而产生的预期损失以及为防止该损失发生所付出的成本加总,用 L^* 表示两者之和,而企业就是想让该项总和最小化。为简化起见,假定企业销售了唯一单位的产品,产品成本与保护该企业商业秘密的成本无关,并且其价格是给定的,我们就可以将 L^* 记为:

$$L^* = [p(x)(1-q(y)) + q(y)(1-p(x)) + q(y)p(x)]L + x + y。 \tag{1}$$

为使 L^* 最小化(假定 x 与 y 的边际效应递减),则企业将选择如下的一个 x 与 y

$$p_x(1-q)L + 1 = 0 \quad \text{与} \quad q_y(1-p)L + 1 = 0。 \tag{2}$$

因此,若商业秘密的价值越大(亦即 L 越大),则无论该商业秘密的丧失是由于盗窃或者其他普通法侵权行为,抑或由于意外泄漏或者反向工程,为防止其丧失所付费用的生产率也就越高,并且,企业为保护该商业秘密所投入的资源也将越多。

如果法律禁止盗窃或者其他普通法侵权行为(以下简称为盗窃),但对于通过意外事件或者反向工程而丧失商业秘密的情形则不予禁止,那么我们就来考察其效果。这事实上就是美国的商业秘密法,而它如果得到实施,则与那种对商业秘密不给予任何法律保护的情况相比,x 应当减少了。既然法律制裁的威胁将至少对某些潜在的盗窃行为产生了阻吓作用,那么因普通法侵权行为而丧失商业秘密的概率将随着该法律的生效而变得较低。假定边际效应递减,反过来就表示 p 越低,x 的单位生产率就会越低。在理论上,为防止盗窃所需的私人支出和社会支出是互补的,并非相互替代。但在实际中这是不可能的。即使没有一部法律反对公然盗窃商业秘密(例如入室盗窃),但作为企业,仍然可以为减少这种盗窃发生的概率而大有作为,比如对雇员作更细致的筛选甄别,安装更为有效的监控系统。相反,如果法律制裁的威胁阻吓了对其商业秘密的盗窃行为,则企业的作为就将减少。

一个更让人感兴趣的问题是,如果商业秘密法对于由意外泄露或者反向工程所造成的损失不予提供法律救济,则 x 将可能比提供了该法律救济的更小。如果对此不提供法律救济,则以此方式而丧失商业秘密的概率将会较高,而既然不管为防止盗窃所付出的费用有多少,商业秘密都将可能丧失,那么这些费用的生产率将会降低。对于 y(为降低因意外泄露或者反向工程所导致损失的概率而付出的费用)而言,其相对于如果法律保护既针对盗窃,也针对因意外或者反向工程所致之损失这种情况,将会变得更高。盗窃是非法的,故其发生频率较低,从而为防止因意外或者反向工程所致损失而获得的收益将会更大,因为商业秘密无论如何都不可能——通过盗窃方式——而被丧失,就减少了以其他方法阻止其损失所作支出的生产率。

在此模型中,商业秘密法的福利效应是比较复杂的,但它们并不意味着对商业秘密的保护应当比现有法律所提供的还要大。L^* 的一个组成部分是 L,即商业秘密拥有者一旦秘密被公开而给其造成的利润损失,它是一项私人成本,但并不必然是一项社会成本。竞争对手们可以对该商业秘密所体现的信息进行富有成效的使用;社会将从这种使用中获益;而该收益将抵销发明人所遭受的部分损失,并可能是全部损失。因此,盗窃一项商业秘密,与一项普通盗窃行为相比并不具有完全相同的经济学意义。通过诉讼方式来确定某种表面上挪用信息的行为在事实上是一种盗窃而非独立作出的再发现,存在着比较大的难度,而在有体财产盗窃案件中,要证明这一点则几乎不成问题;此外还有这样一个事实,商业秘密的"窃贼"带来了在有体财产盗窃中所没有(除了一些无足轻重的例外)的一种社会收益。这种社会收益是根据由于竞争扩大所带来的成本减少或者质量提高而被约略估计出来的,而竞争的扩大则是由于消除了商业秘密拥有者的信息垄断所致。但是,这种收益也可能被盗窃行为所带来的社会成本之和(这在两类案件中都是类似的)抵销,而该社会成本之和则是根据企图和反对一项财产的非自愿转让*所投入的资源,以及对发明激励的减少而计算出来的。

L^* 的另一个组成部分是保密成本 $(x+y)$,而我们已经看到,如果商业秘密所保护的只是反对盗窃,那么与法律对商业秘密提供更大保护的情形相比,第一个组成部分 (x) 就可能变得更小,尽管第二个组成部分 (y) 可能变得更大。

综上,那种要求对商业秘密扩大保护的观点,并没有任何令人信服的理由;而要求不扩大保护的理由之一是,在保护商业秘密并反对以该种方式加以挪用的一种体制中,竞争对手为避免构成侵权所必须承担的成本将可能超过 y,即商业秘密拥有者为防止其秘密被公开而付出的成本。由于意外泄露而丧失商业秘密的情形,比反向工程的情形更为明确,所以就让我们从它开始说起。

企业将会发现,要从他们所接收的全部信息中进行筛选并确定其中的一些信息是否系某一商业秘密的拥有者意外"错放"这么做是成本非常高昂的。与第 1 章所讨论的拾得者(finder)不同,在这种情形中,潜在受害人(商业秘密的拥有者)的注意成本远远低于潜在侵害人(竞争对手),因此,设立一项规定不承担任何责任的规则要比一项责任规则更有效率。承认了这一点,就意味着同意这样一项规则,即商业秘密的拥有者除非已经采取了有意义的保密措施,否则,即使对于蓄意盗窃行为也不得提出指控。[22] 这是如下这原则的一个例外,即故意侵权行为不得以任何与有过失(contributory negligence)为抗辩理由。假如甲窃取了乙的钱包,他就实施了侵占财物的侵权行为,他不能以乙自己不小心把钱包放在易于被盗的地方而提出抗辩。这个例外就承认了,商业秘密并不是视觉可感知的有体财产(就像钱包,或者围有篱笆的一片土地,或者在土地登记机关的地契上具体标明四至界线的一片土地),只不过是其拥有者想要保密的信息而已。人们或者企业对于其所拥有的绝大部分信息,其实并不关心要将其保密,所以,他人未经其

---

* 即指盗窃。——译注

[22] 参见,例如 *Pioneer Hi-Bred International v. Holden Foundation Seeds, Inc.*, 35 F.3d 1226, 1235—1236 (8th Cir. 1994); *Rockwell Graphic Systems, Inc. v. DEV Industries, Inc.*, 925 F.2d 174 (7th Cir. 1991).

同意而使用这些信息,并不属于非法。但是,除非该拥有者清楚地表明,他已经采取措施以防止他人未经授权而获知该信息,否则,其他人无从知道哪些信息是被他当作商业秘密的。这就是为什么意外挪用一个商业秘密是实际可能发生的,而且避免此类行为发生的责任应当由该秘密的拥有者而非潜在的挪用者来承担。

相反地,在通过盗窃手段挪用商业秘密的情况下,不仅潜在受害人的自我保护将涉及大量开支,而且,对于实施故意侵权行为的潜在侵害人而言,其成本——亦即不投入那些意在影响财富转让的资源而产生的机会成本——也将是负值,因为真正的资源被消耗在用来完成盗窃行为的那些措施上了。[23] 不过,这一点必须与上一段所讨论的问题相平衡,即商业秘密的拥有者必须预先采取某些防止其秘密被人发现的措施,因为否则的话,没有人知道它是一个秘密信息而非公开信息。我们要求他采取某些预防措施,但并不需要太多。Christopher 案就达到了这种平衡。杜邦公司未在其建设场地上方加盖顶棚,这一事实并不能被合理地解释为透露了这样一个信号,即在该场地上所进行的任何事情都是公开信息。法院若作出一份有利于被告克里斯托弗(Christopher)的判决,就将诱致处于杜邦公司同样立场的企业投入大量的资金,今后需要在其建设场地上方加盖顶棚。此外,克里斯托弗为了挪用杜邦公司的商业秘密,还得花费资源租用一架飞机和飞行员。但如果判决克里斯托弗为此承担责任,则将阻吓其在将来不再支出这样的费用,并将消除杜邦公司在建造顶棚上花费资源的激励,因为这项花费的唯一目的就是为了打消竞争对手采取寻租行为的念头。

法律对反向工程的处理是否具有经济学上的正确性,我们对于这一点,无法像前述关于意外泄露丧失行业秘密的情形那样的确信。一个竞争对手在进行反向工程时,一般是明知的,因此,他应当能够很容易地遵守一项禁止实施此类行为的规定,正如其确信对一项商业秘密的意外挪用毋须承担责任一般。如果反向工程为法律所允许,则商业秘密的拥有者必将在设计或者生产上投入

---

[23] 参见 William M. Landes 与 Richard A. Posner, *The Economic Structure of Tort Law*,第 6 章 (1987)。

成本,以使其产品更难于被反向工程。帕梅拉·塞缪尔森(Pamela Samuelson)和苏姗·斯科奇默(Suzanne Scotchmer)主张,当反向工程的成本很低时,商业秘密就不再是一种可行的方法,以使发明人能够借以收回其发明的固定成本。[24]

不过,对于反向工程承担法律责任而持反对意见者,还有两方面的论据。第一,如果一个竞争者重复了他人的商业秘密,那么要证明或者否认他究竟系通过反向工程抑或通过独立研究而做到的,将常常较为困难;而诉讼过程中的错误成本(error costs)是确定最优法律责任范围的一个重要约束条件。第二,正如我们在此前所指出的,反向工程通常将生产出有关被反向工程的产品的知识,这种知识将可能改进该产品或者开发、改进其他产品。把它与我们所举的关于间谍行为的例子、著作权中的关于增量性创造(incremental creativity)的例子以及改进发明的可专利性进行类比,可见它们都是很接近的。从事前角度看,同一行业内的成员可能都会同意,对彼此的产品可以进行反向工程,因为他们知道,既然反向工程通常会导致产品的改进,则所有人都将获得一个净的预期收益。人们在半导体行业中就承认了这一点,1984年《半导体芯片保护法》(Semiconductor Chip Protection Act)将盗版与可接受的反向工程这两者之间的区别纳入法律之中[25],而后者涉及实质性的投资与创新。[26]

而且,反向工程的成本通常十分高昂,这一事实就自动地缩减了那些想要对最先发明人搭便车者的数量。当然,这也是支持如下观点的根据,即如果反向工程的成本很低就应当加以禁止,以提高对于发明活动的激励。事实上,从一个经济学的观点看,以真正低成本的反向工程为一方,以盗版为另一方,这两者之间几乎不存在区别。可观察到的反向工程通常是成本高昂的,其唯一理由可

---

[24] 参见前揭[2]。
[25] 17 U.S.C. §§901及以下等等。另参见同揭,§906。
[26] 参见Leo J. Raskind, "Reverse Engineering, Unfair Competition, and Fair Use", 70 *Minnesota Law Review* 385 (1985)。比较《数字千年著作权法》,后者如我们在第2章所指出的,禁止为便于对有著作权的录音作品进行电子复制而对加密措施采取反向工程。

能就是,当其成本很低时,那些能够被反向工程的发明要么一开始就不会被开发出来,要么它们会去申请获得专利。

法律如果禁止通过盗窃或者反向工程而故意挪用商业秘密,它就可以与著作权法形成一种很接近的类比,而后者是对复制行为予以惩罚的。它对于知识财产所提供的保护低于专利法的保护,因为它还是允许独立发明的,而专利法则否;但它又比著作权法要进一步,因为后者允许对思想的自由复制,所禁止的只是对表达的复制。一项法律如果禁止复制具有生产性的思想(productive ideas),且无保护时间之限制,则其所带来的接触成本将比著作权法的更大;至于是否存在着与之相当的利益,则并不为人所知。这样一项法律,甚至比专利法而给予发明人的保护更大,因为它所授予的权利是没有时间限制的,并且不需要公开,尽管它并不禁止他人的独立发现。利用作为州法体系组成部分的商业秘密法而来创设这样一类超级专利(superpatents),就将造成严重的与专利法相冲突的问题,并因此而提出了一个所谓联邦法优先适用于州法的问题。

请注意,无论是在著作权还是在商业秘密的情形中,允许广泛复制的一种替代方法是借助于自由交易。一个作者如果想要使用其他作者小说中的一个主要情节,就可以与之谈判并从中获得一份许可,而企业如果想要就彼此的产品进行反向工程,也可以订立允许这么做的交叉许可协议(cross-licensing agreement);这些都类似于R&D合作企业。不过,交易成本也许会很高,从而与当前的法律相比,这些成本就将使得以盗窃商业秘密来替代合同反倒成为一种更具吸引力的做法。

解决这些不确定性的可能方法之一,就是禁止反向工程,但在反向工程涉及显著投资并将生产出重要的新信息的情形中,法律也承认有一种范围广泛的合理使用抗辩;但这样一种方法在适用过程中将涉及更大程度的不确定性,并因此而产生大量的司法管理成本。考虑到上述种种情况,有关商业秘密法规定的挪用范围很明显地就在于,以暴力或者欺诈手段(这些我们都称之为"盗窃")而获得商业秘密的,就应当具有可惩罚性,其原因,一是假如承认它们是合法的,则在以私力救济而抵制此类侵犯行为时将带来巨大的成本;二是将损害对发明的激励。我们还不清楚的是,反向工程应当被完全禁止呢,还是应有所限制。同样不明确的是,对雇员的竞业禁止协议予以强制执行所产生的社会收益是否超过了它的社会成本。不过,我们的确支持由 Christopher 案所代表的对商业秘密法的轻度扩张(slight extension),尽管如果考虑到在飞机时代,可能应当重新定义有关侵入行为的概念,那么,它也可以在事实上被视为是对侵权法的一种轻度扩张。人们还可以想象出类似的扩张,例如限制以非侵入措施(nontrespassory means)而对某个竞争对手的秘密方法进行电子监视。

一旦就此达成共识,至少对于以暴力或者欺诈手段挪用商业秘密的行为应当给予法律救济,那么,即使由于第11章所讨论的原因,专利在对发明创新的外部性进行内部化时所产生的社会收益将被大打折扣,但还是在很大程度上强化了支持某种形式的专利法论据。正如我们在该章最后所指出的,如果商业秘密是防止某些具有重大商业价值的信息被挪用的唯一方法——假如它们不可能通过获得专利作为替代手段——那么,在采取措施维护和揭开该商业秘密之间都将产生巨大的成本,而发明活动将过度地偏向那些可以被隐藏起来的项目,并且行业之间的技术转让将受到抑制。本章所要强调的观点是,专利法与商业秘密法在各自方向上的运行具有互补性。不仅专利法解决了商业秘密法中的难题,而且,商业秘密法也起着填补专利法漏洞和软化专利法刚性的作用。

第 14 章
反托拉斯与知识产权

许多重要的反托拉斯案件涉及知识产权,而且,知识财产所有人的权利在相当大程度上是由反托拉斯法所决定的(大多数情况下是受其限制)。进而,人们也广泛地相信,知识产权法与反托拉斯法势不两立:知识产权授予专利与著作权(也可能包括商标和商业秘密)以垄断,而这就触犯了反托拉斯的原则。如果对于知识产权法与反托拉斯法之间的交叉区域不作某种讨论,那么,知识产权的经济学考察将是非常不完整的。[1]

一、专利搭售以及其他被禁止的"扩张"专利垄断之意图

尽管存在着诸多例外,但一般而言,较早将托拉斯规则适用于知识产权的案件所涉及的就是专利,而较新近的案件所涉及的则是著作权。从技术角度讲,最早的案件根本并不是反托拉斯案件,而是专利滥用的案件。专利滥用是由法官创立的规则,如果专利所有人以不适当的方式使用其专利的,则丧失其专利保护(或者在丧失专利保护不可行的情况下,提供另外的救济,正如我们稍后将在 Brulotte 案中所讨论的那样)。那些在专利滥用案件中提出了反托拉斯政策问题的主要是这样的案件,其中,专利所有人以被许可人向其购买额外的非专利产品为条件而许可使用其专利方法或者专利产品,例如,一个蜡纸油印机的专利权人要求被许可人同意

---

[1] 我们只是触及这个在其自身权利上已构成的庞大领域的表面。参见 Herbert Hoverkamp,Mark D. Janis 与 Mark A. Lemley,*IP and Antitrust: An Analysis of Antitrust Principle Applied to Intellectual Property Law*(2002)(两卷本)。

向其购买用于该机器的油墨。[2] 随着1914年《克莱顿法》(Clayton Act)第3条的制定[3],对专利产品搭售非专利产品而提出异议的案件,一般就被归为联邦反托拉斯诉讼,而不再依据专利滥用规则。[4] 这些案件的原理在于,如果卖方要求买方除非同意从卖方那里同时购买另一个独立的产品,否则拒绝买方使用搭售的产品(专利产品或者专利方法),那么,卖方就意图以此方式将其专利垄断"融通"(leverage)或者"扩张"至该独立产品的市场——它只是在产品空间而非时间上的扩张。但是,这种推理在经济学上说不通。如果卖方试图为其独立产品收取一种垄断价格,买方就可能不愿为搭售产品而支付在他所必须购买的独立产品定价较低时所愿意支付的同样高的价格。这两种产品是互补的;提高一种产品的价格,就减少了另一种产品的需求。因此,在被搭售产品的市场中取得垄断力量,是以在搭售产品的市场中丧失利润为代价的。

搭售(tie-ins)是一个事实,但它们之所以得到采用(在法律允许时),并不是因为它使得卖方能够利用其现有的垄断来获得另一个垄断,而是出于其他原因,比如,有利于实行价格歧视。在 *Dick* (即蜡纸油印机)案中[5],蜡纸油印机的被许可人自愿为使用该机器而支付的价格,可能就或多或少地与他们所设想的使用程度进而与所消耗的油墨数量成比例。若要求他们向 Dick 公司购买油墨,就使得 Dick 公司能够根据他们的需求弹性而调整由他们为该机器所应当支付的有效价格,这可以他们所消耗的油墨数量为代表而加以观察;他们使用该机器越多,他们能够从中获得的价值就越大,在不存在价格具有竞争性的相近替代品的情况下,他们愿意为此支付的价格也就越高。既然法律允许价格歧视(虽存在一些例外,但无关紧要),就没有任何理由认为应当禁止搭售,并因此强迫卖方另行寻求效率更低的歧视方法——当然如果它们具有更高

---

[2] *Henry v. A. B. Dick Co.*, 224 U.S. 1 (1912).
[3] 15 U.S.C. §14.
[4] 参见,例如 *International Business Machines Corp. v. United States*, 298 U.S. 131 (1936); *Morton Salt Co. v. G. S. Suppiger Co.*, 314 U.S. 488 (1942); *International Salt Co. v. United States*, 332 U.S. 392 (1947).
[5] 参见前揭[2]。

的效率,如此禁止也就毫无必要了[6]——除非搭售本身带有险恶用心;我们将会看到,有时候确有可能是这样的。

以其他的诸如价格歧视之类为理由而承认搭售,并不会激起反托拉斯调查。假如搭售产品不是一项专利或者著作权而是一件商标或者体现了一项商业秘密的产品时,这样的理由就很容易被人理解了。正如我们在第7章中所知,一件商标的所有人,除非他能够持续保证质量,否则他并不能保留其使用该商标的权利。如由其自己提供互补产品,就比许可他人生产这些产品而更容易做到这一点。一项商业秘密的所有人可能不愿意许可他人生产互补的产品,因为担心在具体说明条件时会泄露其秘密,或者至少让他人更易于进行反向工程。[7] 而且,被搭售产品本身可能就体现了商业秘密(假设Dick的蜡纸油印机的有效性就取决于Dick生产油墨的秘密方法,这样的油墨才能在该机器中发挥最佳效果),而且正如前几章所指出的,许可使用商业秘密成本高昂。

大多数著作权、商标与商业秘密在垄断力量方面所予甚少。但在专利方面,则情况不那么明确了(尽管我们在第11章指出,在所有专利中,估计只有不足3%的专利产生了许可使用费,而不到5%的专利进行了许可),因此并不奇怪,在早期的专利搭售案件中,法院趋向于将专利"垄断"与那些具有严重经济后果以至于需要确保适用反托拉斯禁止条款的垄断混淆起来了。这种混淆导致法院假设,在知识产权法与反托拉斯法之间存在着某种内在的紧张,因为前者授予"垄断",而后者的目的则是要推翻垄断。这种假设是错误的。从某种层面上说,这是财产权与垄断之间的一个混淆。人们不会因为一块土地的所有人有权排除他人使用该土地,而说该人享有一种垄断。但是在相同意义上,却说一项专利或者著作权是一种垄断。它排除他人未经其同意而使用某个知识财

---

[6] Benjamin Klein 与 John Shepard Wiley, Jr., "Competitive Price Discrimination as an Antitrust Justification for Refusal to Deal" (UCLA 经济系和法学院,2002),其中解释了通过搭售或者其他看似间接的方式而实行价格歧视的方法,可能比那种纯粹对不同购买人团体收取不同价格的做法更有效率。

[7] 参见 Philip E. Areeda, *Antitrust Law: An Analysis of Antitrust Principles and Their Application*,第9卷,1716f,第207—211页(1991)。

产。但从其本身而言，这并不具有任何反托拉斯的意义。阿诺德·普兰特(Arnold Plant)错误地认为，物质财产上的权利缓解了稀缺，而知识财产上的权利则制造了稀缺(参见本书导论)。正像土地一样，信息也是一种稀缺产品。它们也都被商品化了——亦即成了具有排他性的财产——目的是为了产生激励，以缓解其稀缺。把专利与著作权说成是"垄断"，这是传统观点；我们自己在本书中也使用了这个术语。只要能理解此"垄断"与在反托拉斯分析中所使用的相同语词是存在差别的，这样使用倒也无妨。

固然，正如普兰特所正确评论的，对于知识财产授予某种排他权就可能限制了对该财产的使用，而且这种限制超出了为保证财产权利的社会性好处所必需的程度。如果真是这样，那么，从一种会招致人们不满的意义上来说，排他性权利确实是垄断性的。不过，从一种富有意味的经济学意义上来说，一般专利对于专利权人所授予的垄断力量实在是太小了，不至于引起一个理性的反托拉斯执法者的兴趣，而且，有时它就根本没有授予任何垄断力量——想一下防御性专利，以及许多从未被许可或者虽被许可但从未为许可人带来任何使用费的专利。当然，如果一个专利权人面对的是一条完全弹性的需求曲线，他就不可能实行歧视，也因此就不会采用搭售方式。但是，只要需求曲线不是完全弹性的，价格歧视就将是可行的，当然也取决于其成本(包括为防止套利而付出的成本)，因为一条需求曲线并非完全弹性，就意味着不同的消费者愿意支付不同的价格，或者相同的消费者愿意为不同的品质而支付不同的价格，或者两种情况兼而有之。在那种尽管具有竞争性但所销售产品并不具有完全统一性和相互可替换性的行业中，价格歧视是普遍存在的——并且在知识产权市场上也极为普遍，即使这些市场通常是竞争性的——但是，人们并未发现这样做会对效率产生如此重要的负面效果，以至于有必要投入费用来追究其反托拉斯责任并承受由此带来的不确定性。让我们设想一下有关知识产权"垄断"的这个微不足道的例子，假设有一家学术性出版社出版了一部关于罗马帝国最初10年间黑海谷物贸易的书。该出版社可以在以下两者之间作出选择：要么每册定价30美元而预期销售600册；要么每册定价50美元而预期销售300册。这就表明，它所面临的是一条下斜的需求曲线。

埃德蒙·基奇拒绝用这种方式来分析有关知识产权"垄断"问题。他引用了我们文章中的一段陈述,"某一给定图书复制件的需求曲线是……向下倾斜的,因为对于某一给定图书而言,存在着虽非完全但足够良好的替代品",他主张道,"一本图书并不就是另一本图书的完全复制件,这显然是正确的……但这并不意味着两本或者两本以上的图书不能彼此成为经济替代品";他指责我们是自相矛盾的,因为既承认某一享有著作权图书的需求并不是完全弹性的,又认为著作权极少被授予垄断。[8] 他否认搭售是价格歧视的一种形式,并认为那种以为它们属于价格歧视的信念是关于如何描述该产品的一种人为的假象(artifact);如果对产品的描述不是按照所售出机器的台数,而是按照"所使用的小时数、生产量的数额或者机器循环转动周数"来描述,那么价格就是统一的。[9]

基奇把垄断与竞争视同为二分法关系(dichotomous),就犯了一个错误。他认为(或者至少从他所选用的语词中反映出来),如果一个产品有"经济替代品",它就像小麦一样是一种完全竞争性产品,从而其生产者不可能实行价格歧视。但是,垄断与完全竞争并不能穷竭全部的经济世界。只要把关注的焦点从有关垄断与竞争的问题转向某一给定商品的需求是如何弹性的问题,这就变得很明确了。[10] 如果需求是高度弹性的,这就表示存在着非常相近的替代品,其结果就是,只存在极少的垄断力量,从而,也就无须担忧了,而完全竞争(无限弹性)则只是极端情形。需求弹性越小,替代品就越差,从而,与垄断力量相关的问题就越多,亦即,卖方减少其产量而引起价格与边际成本之间的差异,目的是为了制造一种人为的稀缺,以提高其产品的市场价格。

价格的可能变动幅度是比较宽的。垄断者为利润最大化而在竞争性价格之上标高价格(假定在从垄断产量到竞争性产量之间

---

[8] Edmund W. Kitch, "Elementary and Persistent Errors in the Economic Analysis of Intellectual Property", 53 *Vanderbilt Law Review* 1727, 1734—1735 (2000).

[9] 同上揭,第 1738 页。

[10] 我们所说的当然是指与价格相关的需求弹性。

的全部产量变动范围内,边际成本不变),其公式是

$$P_m/P_c = \varepsilon/(\varepsilon-1) \tag{1}$$

因此,如果对该企业产品的需求弹性(ε)是100(从技术上讲是－100,因为价格与需求是反向的),则垄断价格将超过竞争性价格大约1%,而假如需求弹性是2,则垄断价格将是竞争性价格的2倍。

如果对于知识财产的需求弹性很高,那么,特别是从短期来看,此种财产就不会在自由市场体系中被创造出来。知识财产的生产者不可能按一个等于边际成本的价格出售产品而来收回其固定成本,但是,知识财产如果没有固定成本,亦即在开始销售之前所发生的创造成本,是不可能被创造出来的。[11] 我们强调短期的弹性,是因为如果该弹性在短期内较低而从长远看则较高的话,生产者还是能够在其享有"垄断"的较短时期内收回其固定成本的,或者利用该时期获得一种学习曲线优势(learn-curve advantage),从而使其能够在竞争者们开始模仿他的时候就处于竞争领先地位。由于存在诸如此类的可能性,人们就难以这样确信地声称,无论著作权法还是专利法,对于形成激励以生产出最优数量的知识财产而言,它们在事实上都是必需的。但是,我们的观点只是在于,既然对某件给定的知识财产的需求将总是下斜的,而且,既然在能够以合理成本而限制套利的情况下,价格歧视通常能使利润最大化,那么,即使知识财产的大多数有其"经济替代品",它们也通常仍将采用歧视性定价。

---

[11] 有一个限制条件应当被指出来:使价格等于边际成本时无利可图的,是固定成本与可变成本(并因此而为边际成本)之比,而不是固定成本本身的存在。一个在完全竞争市场上的企业也可能需要承担大量的固定成本。例如,一个生产小麦的农民可能拥有土地和房屋等形式的固定成本,但只要他面临边际成本递增,他收回固定成本就没有任何困难,即使竞争约束他把小麦价格定在等于其边际成本的水平上。假设其第一单位产量的生产成本是1美元,第二单位产量是2美元,第三单位是3美元,以此类推;他的固定成本是10美元;而市场价格是5美元。那么他生产5单位,所付出的总的可变成本是15美元(\$1+\$2+\$3+\$4+\$5),但获得的总收入是25美元(\$5×5),从而足以收回其固定成本10美元。不过,假如前4单位的可变成本是每单位4美元,从而其总的可变成本是21美元(4×\$4+\$5),则他只能收回4美元的固定成本(\$25－\$21)。这是知识财产所有人面对的典型情况,而极端情形是,其中的边际成本在所有的产量水平上均为零。

基奇将搭售行为重新描述为是对某个没有被适当地重新说明的产品收取一种统一的价格,这也是错误的。它把价格与效用混淆起来了。确实有一些人对其蜡纸油印机使用得更多,因而从中获得了更大的价值,但是从任何与经济分析相关的意义上来讲,这并不意味着他们购买的是与使用较少者不同的产品。因为不同的使用者从相同产品中获得了不同的效用,假如生产者能够以合理成本防止套利或者其他替代行为,那么,即便相同的产品就表示他对不同使用者的服务成本是完全相同的,他也能够通过对不同使用者收取不同价格的方法来增加其利润。当然也存在这样的情况,其中,相同产品的销售成本因地点、信用度、数量或者其他因素而在消费者之间有所不同;但是,一个以成本为基础的价格差异,不同于以不同消费者的不同需求弹性为基础的价格差异,它并不是价格歧视,至少在经济学意义上如此。假如甲每年驾驶汽车行程达10万英里,乙每年驾驶与他同样的汽车行程1万英里,然后如果汽车生产者分别向甲、乙收取5万美元和0.5万美元,就不存在任何价格歧视了,因为每一个购买者为其所驾驶的每公里支付了相同的价格。但这样的说法在经济学上是没有任何道理的。

本杰明·克莱因(Benjamin Klein)和约翰·威利(John Wiley)对我们的观点提出了一种相关而又更为深奥的批评。[12] 他们承认搭售是一种价格歧视的方法,而能够进行价格歧视的预设前提是,该企业面临着一条下斜的需求曲线。但是,他们竭力主张在企业控制其自身价格的权力与企业能够影响到市场价格的力量之间作出区分,而他们认为,"市场力量"(market power)(或者垄断力量)这一术语属于后一种情形。不过,企业就是市场的一部分,因此,企业的定价以及因此而作出的产量决定将影响到市场价格与产量。假设通过价格歧视,企业减少了它的产量(正如我们在第2章所指出的,这是价格歧视的一个可能发生但并非必然发生的结果,在该章中我们还指出,价格歧视在产量上的效果是不确定的,除非是实行完全的价格歧视,但这又是不可能的)。如果其他企业在市场上面对的是上斜的边际成本曲线,从而扩大产量将要求它们提

---

[12] 参见前揭[6]。

高价格,那么,整个市场的产量就会减少,而平均价格将会上涨。如果供给弹性为零,这就变得很明显了,而这一点只要该弹性并非无穷大时就能成立。

我们并不认为价格歧视应当被禁止。在一个竞争性市场中,卖方如果能够挑选出一些不愿意支付其最初的统一定价但愿意支付一个在其边际成本之上所定的较低价格的人,就可以有效地扩大产量;而且,竞争可以防止卖方对较低弹性的需求者显著提高价格。这将用于说明克莱因和威利的理论。不过,实行价格歧视的企业占有的市场份额越大,价格歧视通过分割市场而使该企业收取更高以及更低价格的可能性就越大,而对其总产量的作用则不确定。克莱因和威利提出,正是因为该作用是不确定的,知识财产的价格歧视策略就在不减少(平均)使用的情况下,增加了知识产权保护的激励效果。但是,这并不构成一个用来支持价格歧视的令人信服的论据,因为正如我们贯穿全书所强调的,没有任何人知道当前的知识产权保护水平是否就是最优的。请记住,超过为诱致社会性最优化生产这些产品所必需的水平而增加有关创造知识财产的激励,将导致给社会带来高昂成本的寻租行为。一般而言,从一种规范经济学的观点看,最好把价格歧视看作是一个中立现象,而不是某种值得鼓励或者应当抑制的东西。

在任何情况下,市场力量都是普遍存在的。回忆一下第 11 章对垄断性竞争(monopolistic competition)的讨论。一家理发店就具有一种地区性垄断,因此,每一家店都能够收取一种高于其边际成本的价格,并能够因此而实行价格歧视,例如无论为一个秃头男子还是为一个头发浓密的男子理发,都收取同样的费用。[13] 如果由于交通条件的改进,消除了这些地区性垄断,那么理发店价格就会降下来并且更加统一;价格歧视就将停止。显然,在没有作出这些改进的情况下,并没有人会为理发店服务的收费而感到担忧,尽管它仍然高于在没有市场力量的情况下所收取的价格。不过,"没

---

[13] 从一个经济学的角度看,对于两个具有不同边际成本的商品收取相同的价格,与对两个具有相同边际成本的商品收取不同的价格这两种做法是一样的。

有担忧"这一点,对于分析知识产权的反托拉斯含义具有根本性意义,因为绝大部分著作权、专利以及其他知识产权对于其权利人所授予的垄断力量,都不如在半径5个街区的范围内只有一家理发店的情况下所产生的垄断力量。因此,我们对联邦巡回法院最近的一份判决表示欢迎,该判决被人批评为是对著作权搭售行为宣告了一个言论行动自由期(open season)。[14]

还有另一种意见,反对随意地将专利、著作权与"垄断"混为一谈;把两者混起来,就是默示地将竞争视同为许多企业就销售相同的产品而展开竞争的一种状态,而不是尽可能有效率地利用社会稀缺资源的一种状态。后者更直接地与经济福利相关,从这一角度看,排除他人使用财产,无论其为物质财产还是知识财产,可能都是支持竞争的(procompetitive),即便其结果是竞争者的减少或者偏离了完全竞争(亦即定价等于边际成本)。假如使知识财产具有排他性是在创造价值,那么,即使产生了一种经济上的而不仅仅是法律上的垄断,也能够促进资源的有效配置。约瑟夫·熊彼特(Joseph Schumpeter)颇具影响力的创新理论(theory of innovation)就是以这种见解为基础的。[15] 假设一个市场有10位竞争者,每一位都以一个等于边际成本的价格(也等于每一企业的最低平均成本)5美元销售其产品。但随后有一位创新者,他发现了一种方法,只需2美元就能生产该产品。他就把价格正好降到5美元以下,其结果就是夺取了全部的市场份额,因为他所收取的价格低于现有企业的成本,而且由于担心原竞争者重新进入市场或者其

---

[14] 参见 In re Independent Service Organization Antitrust Litigation, 203 F. 3d 1322 (Fed. Cir. 2000)。实际上,该案并没有涉及搭售这样的行为,而是施乐公司拒绝供应其享有专利的替换零件和诊断软件给企业,而这些企业将用它们来阻止施乐公司防止套利的努力,并将因此破坏施乐公司在价格上的歧视做法。但从逻辑上分析,这样一种拒绝交易就与搭售是一回事,在本章后面进行的讨论将使之更为明确。

[15] 对熊彼特理论的更新、改进和扩张,见于 Richard R. Nelson 与 Sidney G. Winter, *An Evolutionary Theory of Economic Change*, 第 5 编 (1982)。另参见 Albert N. Link, "Firm Size and Efficient Entrepreneurial Activity: A Reformulation of the Schumpeter Hypothesis", 88 *Journal of Political Economy* 771 (1980)。

他创新者进入市场的威胁,他就不可能将价格提高到 5 美元以上。虽然垄断替代了竞争,而且价格在边际成本之上有大幅增加,但是,即使价格可能只是稍稍下降或者根本就没有下降,这些资源就可以被解放出来用于其他经济生产。简言之,经济福利——竞争经济的目标——较之于创新之前的状态已经得到了提高。有关垄断定价的问题放在这样一种情形中,就是被错置的。那种认为假如让所有企业都可以零成本而使用该创新发明,经济福利就将变得更高的观点,忽视了这样的事实,即如果创新者不能从该创新发明中获得一种财产权,该创新发明也许根本就不可能被开发出来。

假如创新发明导致的不是减少成本而是增加了需求,上述观点也同样成立。假设凭借在产品改进上的投资,一个创新者成功地使自己的产品与竞争者的产品构成了差别。结果就是增加对其产品的需求,并因此而提高其价格。如果需求的增长小于该创新成本上的增加,则无论是消费者剩余还是生产者剩余都将提高。一个行为,如果在增加某个企业的市场力量的同时,也创造了新的消费者剩余和生产者剩余,那就没什么道理要让它成为反托拉斯法所谴责的对象。

在运用早期专利搭售案件所表达的思想方面,最有问题的是最高法院在很久以后所作的 *Brulotte v. Thys Co.* 一案[16]的判决。该判决认定,专利所有人在专利保护期届满之后,不得再强制执行一份有关支付专利使用费的合同。[17] 最高法院的推理是,通过索取一项允诺,在专利保护期届满之后由被许可人继续支付专利使用费,专利权人就在法定保护期之外延长了专利,从而违反了

---

[16] 379 U.S. 29 (1964).

[17] 该判决招来了人们的激烈批评,首先提出批评的是哈伦大法官(Justice Harlan)的反对意见。同上揭,第 34 页。另参见 *USM Corp. v. SPS Technologies, Inc.*, 694 F. 2d 505, 510—511 (7th Cir. 1982); *Scheiber v. Dolby Laboratories, Inc.*, 293 F. 3d 1014 (7th Cir. 2002); Phillip E. Areeda et al., *Antitrust Law*, vol. 10, §§ 1782c2—1782c3, pp. 506—511 (1996); Harold See 与 Frank M. Caprio, "The Trouble with *Brulotte*: The Patent Royalty Term and Patent Monopoly Extension", 1990 *Utah Law Review* 813, 814, 851; Rochelle Cooper Dreyfuss, "Dethroning *Lear*: Licensee Estoppel and the Incentive to Innovate", 72 *Virginia Law Review* 677, 709—712 (1986).

法律。但这个推理是错误的。专利保护期限届满,任何人均得使用该专利方法或者生产该专利产品而不构成侵犯专利权。当专利不再能够被用来排除任何人从事该种生产时,期限届满就完成了其当初所设定的任务。如果被许可人同意在专利保护期限届满之后继续支付专利使用费,则该使用费率在保护期届满之前的期间内就会定得比较低。专利的保护期就限制了专利权人索取专利使用费的权力;至于他是在一个较短时期内以一种较高的费率来收取使用费,还是在一个较长时期内以一种较低的费率来收取使用费,这是一个细节问题。在专利保护期之外收取专利使用费,这只是改变了使用费支付的时间。这在下述情形中可以看得很明显,假如有一份专利许可合同,要求被许可人在以后的100年中支付专利使用费,而该合同正好在该专利保护期届满之前1天生效。该使用费率将会定得非常非常的低,因为该专利的保护期限届满已经近在眼前。而且再重复一下,只要专利保护期限届满,则不管该支付条款如何,竞争者均可以免费使用该专利方法或者专利产品了。

自从1988年修订专利法以来,*Brulotte*案的规则就变得愈加不恰当了。该法规定,"任何有权得到侵权救济的专利所有人……不应由于其以获得对另一专利权利的许可或者购买某一独立产品为条件,许可该专利的任何权利或出售该专利产品……而被认定为专利滥用或者非法扩张该专利权利",除非专利权人在该设定条件的产品的市场上拥有了市场力量。[18] 这一立法规定的效果就是要把有关专利搭售案件的规则限制在专利权人具备了真正市场力量的情形中,而不仅仅是每一专利所赋予的技术性垄断(排他权)上。这是一个受人欢迎的对该规则的限制,但遗憾的是,它还不足以推翻*Brulotte*案的判决。它所限制的只是在专利侵权案件的抗辩事由上,从而,一个专利权人如果就一份支付过期专利的使用费的协议而寻求强制执行,就不能起诉使用人侵犯其专利权;其专利权已经超过了保护期。虽然*Brulotte*案的理由与遭到怀疑的搭售案件是相同的——最高法院甚至在*Brulotte*案中称,"利用〔由垄

---

[18] 35 U.S.C. §271(d)(5).

断所赋予的权力]融通作用而在专利有效期之外获得这些使用费的支付,就类似于一种扩大专利垄断的努力"[19]——而一点都不比它更有说服力(可能甚至要更弱一些,因为这里只涉及一种产品),但是,正如其用语所明确表示的,新制定法上的抗辩事由仅限于搭售。

反映在早期搭售案件与 *Brulotte* 案中的此类思想,也成为在有关专利滥用法律中的"修理与重造"(repair versus reconstruction)规则的基础。通常,一项专利是一组要素的组合,其中的某些要素(有时是全部要素)并不单独享有专利。举一个早期的例子,其中,托住一个卫生纸卷轴的固定附着物是有专利的,该固定附着物与卷轴的组合也是有专利的,但卷轴本身并没有专利。[20] 最高法院认为,该组合产品的购买人在用完卫生纸之后更换卷轴的行为并不构成侵权。购买人有权维持该产品的使用(在该词的扩展含义上,即"修理"权)。这就不同于下面这种情况,如果在该固定附着物按正常的使用寿命用坏之后,购买人利用不享有专利的组件重新进行组装;后者属于"重造",并将构成一种侵权行为。

正如联邦巡回法院所承认的,专利权人可以在专利许可合同中规定,被许可人只能一次性(或者在限定的次数内)使用该产品,[21]"修理与重造"之间的区别也就与专利政策无关了。它只涉及对许可合同进行解释的问题。假如专利权人禁止被许可人修理该专利产品,他就不可能收取较高的许可使用费,因为该产品将只有一个较短的使用寿命;因此,禁止"扩张"专利就不具有任何在经济学上有意义的含义了。把专利权人为防止被许可人更换专利产品的组件而付出的努力视为搭售(该专利的组件)的一种形式,此

---

[19] *Brulotte v. Thys Co.*,前揭[16],379 U.S. 第33页。

[20] 参见 *Morgan Envelope Co. v. Albany Perforated Wrapping Paper Co.*,152 U.S. 425 (1894)。

[21] *Mallinckrodt, Inc. v. Medipart, Inc.*,976 F. 2d 700 (Fed. Cir. 1992)。事实上,该法院只是回到了对修理原则的最初理解。参见 *Wilson v. Simpson*,50 U.S. (9 How.) 109 (1850),它已经被由于把专利当作垄断力量的来源而不断增加的敌意所湮没了。

类案件[22]大概都与搭售案件本身一样,已经被人遗忘了。

二、其他专利案件

所有这些论述表明,专利和其他知识产权能够成为真正反托拉斯问题的起源,只是由于在经济学意义上的专利垄断与在对立意义上的竞争能够相互共存而使这种可能性变得模糊了。但是,最高法院在汽油裂解(gasoline cracking)案[23]中并未这样理解。被告被指控通过对它们在汽油制造"裂解"方法上的专利采取联合手段,限制了在汽油行业的竞争。因为在全部汽油中只有大约四分之一是按照该方法制造的,最高法院就认为,该专利联合(pooling)不可能产生反竞争的后果。如果正像本案中那样,通过裂解方法生产汽油的数量不具有规模经济效应,那么,被告就不可能以一个比其竞争对手更低的成本而供应全部市场。但是,假如他们是通过对他们的专利进行联合或者交叉许可来展开相互竞争,而不是消除他们自身之间的竞争,那么,他们就将以更低的成本来供应更大的市场份额,从而在不降低汽油价格的基础上,节约了社会成本。[24]

这并不表示专利联合与交叉许可总是,或者典型情况下是,或者甚至常常是反竞争的,至少是在反竞争这个术语就意味着经济福利减少这一含义上而言。它们是减少交易成本的方法,并且由此减少的成本将远远超过任何反竞争效果。一般说来,在一种专利联合中,相关专利的所有人将他们的专利转让给一个核心机构,然后他们就可以自由使用该联合组织的任何专利,并且支付或者不必支付专利使用费(由联合组织评估确定),与之相对应的制度是音乐行业中表演权组织的一揽子著作权许可(blanket copyright

---

[22] 比如 *Aro Manufacturing Co. v. Convertible Top Replacement Co.*,365 U. S. 336(1961),其讨论见于"The Supreme Court,1962 Term",75 *Harvard Law Review* 40,242(1961)。

[23] *Standard Oil Co. (Indiana) v. United States*,283 U. S. 163(1931)。

[24] 参见 Richard A. Posner 与 Frank H. Easterbrook,*Antitrust: Cases, Economic Notes, and Other Materials* 274—276(第2版,1981)。

licenses)。回想一下专利竞赛中含糊不清的福利效果:如果参赛者把他们的 R&D 进行合并或者联合,其效果将可能消除浪费性的寻租行为——当然它也可能消除了在发明方法上的有益的多样性。如果在 R&D 上存在着规模经济,则前一种效果很可能是主要的,而如果不是规模经济的,则后一种效果很可能占据主导地位。

在理论上,竞争性企业对它们的专利进行联合、许可或者交叉许可而达成的协议,应当受到仔细的反托拉斯审查。不过,如果这些交易的结果不可能通过诉讼的方法,以合理的精确度与迅捷度以及合理的成本而加以确定,那么,上述看法只可能是一种相当空洞的建议。尽管如此,这里既有较难的案件,也有简单的。假设在一个市场上有 4 个企业,每个企业拥有一项制造该市场的产品的专利方法。如果每个企业都将其专利许可给其他企业使用,以换取其他企业支付的专利使用费,那么,这样做的效果就类似于决定以相同幅度提高市场价格的一种卡特尔。较难的案件是,当这些专利属于封锁性专利的情形:每一项专利都覆盖了该制造方法的一部分,从而只有当一个制造商对它们全部拥有权利之后,才能有效率地制造出该市场的产品。如果它们是真正封锁性的,那么,禁止将它们联合使用就是无效率的。联合使用的实现方式,既可以将全部专利出售给某一个企业(无论是这些专利权人中的一员,抑或共同组建另一个不同的企业),也可以通过一份交叉许可协议,从而允许每一个企业使用全部这些专利。前一种方式可能是解决封锁问题的更有效率的方法,因为它使该制造方法的进一步研究和开发得以集中化;如果这样,交叉许可协议就有卡特尔工具之嫌了,因为它涉及的这些专利可能在事实上并非封锁性的。[25] 这就是 R&D 规模经济的一个例子。但是,正如我们在第 11 章中所知,创新发明的达尔文主义理论意味着,封锁性专利的交叉许可比专利联合可能更有效率,因为它产生了彼此竞争的多个研究中心。这是非规模经济的一个例子。由此可见,在专利竞赛参赛者之间的合并上,提出了一个同样不确定的评估问题。

从一个反托拉斯的立场看,专利联合和交叉许可的最麻烦之

---

[25] 参见同上揭,第 288 页。

处在于,它抑制了竞争对手对特定专利的有效性提出异议。请记住,授予一项专利,这只是表明该专利有效的表面证据。竞争对手往往处于确定某一专利是否有效的最佳位置,但如果他们被那些条款内容慷慨大方的许可协议所收买,则其结果就可能是,一个卡特尔被掩盖为一种合法的专利垄断。通用电气(General Electric, GE)的灯泡案件[26]就是一个例子可用来说明这个问题。通用电气许可其主要竞争对手威斯汀豪斯(Westinghouse)可以利用 GE 专利制造灯泡。GE 占有 69% 的市场,威斯汀豪斯占有 16%,GE 的其他被许可人占有 8%,加起来总数就是 93%,因此,该许可协议的结果就是巩固了 GE 专利所赋予的垄断。该许可证还确定了威斯汀豪斯可以销售灯泡的最低价格。专利使用费率仅为 2%,但如果威斯汀豪斯在灯泡市场上的份额达到 15%,则该比率上涨至 15%,正如上述数据所示,等到该案件审理时,这种情形就已经发生了。这个专利使用费的起始比率很低,这就表明,该专利的使用权对于威斯汀豪斯来说价值并不高,而且,费率的提高与威斯汀豪斯的市场份额拴在一起,表明当事人正试图使竞争最小化。

在由某个被许可人所销售的体现了该专利发明的产品上确定一个最低价格,这也不能直接明显地表明,它就是利用一项有效专利的一种有效方法,尽管它是阻止价格竞争的一种有效方法。如果被许可人与专利权人相比,是一个效率较低的生产者,则专利权人就将自己来生产体现该发明的产品,而不是许可他人来生产。反之,如果被许可人是一个更有效率的生产者,则专利权人就能够对他收取一种使用费,其数量超过由专利权人自己生产该产品而可得的利润。这就是与搭售情形相对应的方面。因为该体现了专利发明的产品和专利是互补的,所以,由于生产者的效率而造成的产品价格降低,就将增加该专利的需求,并因此提高专利权人的收入——这种提高是大幅度的,因为专利权人在许可其专利时所承担的唯一成本,就是许可协议的谈判成本。

正如在汽油裂解案件中,一直在到达某一点之前,专利权人都将是更有效率的生产者。即便如此,就像在汽油裂解案件本身(或

---

[26] *United States v. General Electric Co.*, 272 U.S. 476 (1926).

者至少在我们对之的解释)当中那样,在被许可人价格之下划定一个底线,这样做的结果反而增加了生产者的总成本,损害了专利权人本身的利益。这是另一个理由,可以认为威斯汀豪斯许可协议是当事人通过划分他们之间的市场份额来提高灯泡价格的一种手段;因为请记住,威斯汀豪斯销售得越多,其支付的专利使用费也就越高,这将限制其在价格(已在许可协议中被固定)以外的方面胜过 GE 的能力。

但是也有一个因素在往另一个方向拉,从而破坏了前述的分析。当专利权人与一个被许可人(或者多个被许可人)同时都在销售专利产品时,想要在许可协议中具体规定这样的条款,保护专利权人免于受到将来不确定性的影响将是很困难的。被许可人可能被证明比预期的更有效率,从而即使让他承担一种苛刻的使用费,他仍能够以低于专利权人的价格进行销售。专利权人虽然由于被许可人更大的产量而获得更多的专利使用费,但他也可能丧失更多,比如说,他未能以一个包含其成本的价格而出售任何由自己所生产的产品。正如我们在第 11 章所指出的,这就是为什么说专利许可的谈判成本高昂的原因之一。

这一点可能成为解释以下问题的关键。虽然在通用电气案件中的企业是竞争对手,而竞争对手之间固定价格的协议(price-fixing agreement)通常被认为本身(per se)即构成违法,但最高法院还是支持通用电气享有对威斯汀豪斯固定价格的权利。最高法院的推理是,如果被许可人有权以低于专利权人的价格进行销售,并且这样做可能将专利权人挤出该行业,则专利权人对专利的有效利用就可能受挫。虽然理性的专利权人想让最有效率的生产者来制造其专利产品,但这里存在着一个危险,即当许可协议规定了某个特定的使用费,而在此期间,被许可人的成本在事实上发生出乎意料的下降,这样就为被许可人销售专利产品提供了一种价格优势,从而将阻止专利权人收回其生产的固定成本。专利权人通过收取一种随被许可人销售额(而非市场份额)变动的专利使用费,也能够达到相同的保护目的,因此,任何预期销售损失可以被更高的专利使用费所抵销。但要达成这样一份许可协议将更为复杂并且成本更高。

根据现代反托拉斯法,合并政策的关注焦点,在于一项受异议的合并对于被合并企业的市场集中程度所带来的效果。如果该项合并相当可观地提高了这种集中程度,它就可能被认定为构成违法,其理论根据是,市场上有影响企业的数量减少,就为明示或默示的共谋(collusion)提供了便利条件,而共谋行为导致了无谓损失和寻租损失,因为它使得共谋企业能够提高价格和减少产量。反托拉斯机构与法院也应当考虑此类合并对创新所带来的效果吗?比如,假如创新与集中是一种正相关关系,其理论根据也许就在于,限制在价格上的竞争就会把竞争引向另外的途径,其中之一便是在产品或者方法上投入创新,那么,一项提高了集中程度的合并所产生的社会收益,就可能超过传统上与便利于共谋的集中相关联的社会成本。不过,虽经多年研究,无论理论性还是实证性分析都不能完全肯定,集中究竟是促进还是减少了创新,抑或对创新没有任何影响。[27] 因此,合并对创新所带来的效果,很可能是应当为合并监管法所忽略的。

三、著作权案件与最终产品使用费协议

在早期有关著作权反托拉斯的案件中,最有意思的一个就是 *Broadcast Music, Inc. v. Columbia Broadcasting System, Inc.* 案[28]。在该案中,最高法院支持由音乐表演权组织所颁发的一揽子许可证,而反对关于该许可证因其消除价格竞争而本身触犯了反托拉斯法的指控。一揽子许可证授权被许可人只需支付一笔固定的费用,就可以在许可证期限内不限次数地播放在该组织所提供目录上的任何歌曲。该组织将其收入大致根据其成员歌曲被播放的相对频率而在他们之间进行分配。实际上,该组织就是一组竞争者的独家销售代理,并且通过为作曲家同行们的表演权设定价格,消除他们之间的价格竞争。但是,由于消除了由著作权人直

---

[27] 参见,例如 Dennis W. Carlton 与 Robert H. Gertner,"Intellectual Property, Antitrust and Strategic Behavior" 14 (国家经济研究局工作论文第 W8976 号,2002 年 6 月)。

[28] 441 U.S. 1 (1979).

接许可使用音乐作品所涉及的巨额交易成本,一揽子许可证就为用户提供了更有吸引力的产品,因为其价格低于在竞争性的许可的情况下所将给予的价格。这是另一个例子,说明限制竞争如何能够实际提高经济福利。该结论又因一揽子许可证是非独占性的这一事实而得到强化;作曲家与使用其音乐的潜在用户之间还是可以自由谈判,订立个别的许可合同。

假设在表演权组织成立之前,著作权人之间由于相互竞争,把个人的许可证价格压低至 1000 美元,但被许可人需另行承担许可交易成本 500 美元。进一步假设,被许可人本来愿意为一份许可证最高支付 2000 美元。因此,被许可人获得了 500 美元的消费者剩余($2000-$1000-$500)。如果一个表演权组织从其成员那里获得独占性许可权利,它就能够为一揽子许可证而向用户收取全部的 2000 美元,因为它将拥有一种垄断(假定没有任何其他表演权组织提供有效的竞争)。不过,如果该组织只是获得了非独占性许可权利,而既然用户享有在获得一揽子许可证与直接从著作权人那里获得许可证的选择权,那么,它最多只能向用户收取 1500 美元,即 1000 美元的竞争性价格加上节约的交易成本 500 美元。因此,用户并没有因此变得更糟,而作曲家们的情况却得到了改善,所以就产生了一种福利收益,该收益若是禁止以一揽子许可证作为固定价格的一种方式,就不可能取得。一揽子许可证没有被列入通常的本身即构成价格固定的违法行为,也就不足为怪了。

BMI 案对于专利—反托拉斯的相互结合部分同样具有意义,尤其是对于这样的问题,即是否应当允许专利权人依据被许可人从结合了该专利投入的最终产品所获之收入中收取专利使用费。[29] 一揽子许可证除了节约交易成本之外,另一个经济上的优点在于避免资源的错误配置,而如果让某些独一无二并且通过著作权来保护其免于受到竞争的音乐作品的定价远远高于边际成本,就会发生这种错误配置;因为这种定价方法会对潜在用户产生一种激励,用那些可能就生产或者传播的每一质量单位而言具有

---

[29] 参见 Louis Kaplow, "The Patent-Antitrust Intersection: A Reappraisal", 97 *Harvard Law Review* 1813, 1881—1885 (1984)。

更高社会成本的音乐作品来作为替代。以最终产品计算使用费（end-product royalty）也具有同样的优点；被许可人就享有专利部分相对于其他投入而使用多大的量所作出的决定，不会因该部分在其边际成本之上定价而受到扭曲，因为该使用费的数额相对于被使用的投入数量是不变的。法律上的反对理由在于，以最终产品计算使用费是用来搭售大棒的胡萝卜，对此我们将在稍后论及捆绑销售（bundling）时再行讨论。因为被许可人在生产最终产品时以专利投入替代其他投入，并不需要承担任何成本，所以，一旦他决定购买该专利投入的某些部分（称之为"搭售部分"[tying quantity]），就会受到不可抑制的激励，同时向专利权人购买该投入的其余部分（"被搭售部分"[tied quantity]）。不过，搭售通常是没有危害的，这对于以最终产品计算使用费来说，可能也同样成立。

试想一下微软公司以往的做法，即根据个人电脑生产商的全部电脑销售额而向其收取有关安装操作系统的费用。这就意味着，如果一个生产商想要至少在其部分电脑中安装微软系统，则在其余电脑中安装的边际成本就是零。假如微软要求电脑生产商在其销售的全部电脑中均安装它的操作系统，这可以被认为是一个搭售安排（tying arrangement），其中，搭售产品是由电脑生产商想要安装的微软操作系统复制件数量所组成，被搭售产品（即必须随搭售产品一并取走的产品）是由他们本来偏向于不安装该操作系统的复制件数量所组成，那么，其所带来的结果也几乎是相同的。在反托拉斯法上反对微软公司做法（该公司因此受到司法部的压力而达成放弃该行为之双方和解协议）的理由，与网络外部性（network externalities）的特殊问题具有密切关系，对此我们稍后详述。

另一个非常有意思的早期著作权反托拉斯案件是 *United States v. Loew's, Inc.* 案[30]，它被证明既与一揽子许可证相关，也与搭售相关，而在该案中，最高法院认定，电影行业中的"批量预订"（blockbooking）是一种非法搭售的形式，因而无效。批量预订

---

[30] 371 U.S. 38 (1962).

是电影制片厂的一种做法,即就一组电影向发行人收取一个价格,而不是分别定价。换言之,购买该组电影中的任何一部都是以购买同组的其他电影为条件的;因此,它非常类似于搭售。正如下例所示,它与搭售的动机也是相似的。假设一家电影制片厂出售两部电影 X 与 Y,它们对于不同的电影观众并因此对于不同的发行人来说具有不同的价值。假定该电影制片厂有两个发行人甲和乙,他们都对该电影感兴趣。甲愿意为 X 花费 8000 美元而为 Y 花费 2500 美元,乙愿意为 X 花费 7000 美元而为 Y 花费 3000 美元。如果电影制片厂对 X 与 Y 是分别定价的,则 X 的最优价格将是 7000 美元,Y 的最优价格是 2500 美元,因此其总收入将是 19000 美元。但如果它把 X 与 Y 作为一个组合进行销售,则其可就每一组合收取 10000 美元,因此可获得总收入 20000 美元。[31] 当对产品分别定价时,其价格受到那个相比于其他买方而估价较低的买方所抑制;捆绑销售则消除了这种影响。可以被捆绑的产品越多,捆绑销售的赢利能力就越大。[32] 这是因为,该组合中很可能包含着消费者具有相反价值评估的产品,就像在我们刚才用数值表示的例子中,甲对 X 的价值评估比乙的高,而乙对 Y 的价值评估又比甲的高。

如同在这个例子中,捆绑销售就像搭售一样,通常,也许在典型情况下,它就是价格歧视的一种方法,除非该捆绑销售若非以大量成本为代价则不可分开——想象一下,假如要将一辆汽车的各个部件,汽化器、刹车器、散热器、车轴等分别售卖给消费者。但正如音乐行业中的一揽子许可证那样,它减少了交易成本,并且就像此类许可证以及按最终产品计算使用费的专利许可协议那样,它

---

[31] 参见 George J. Stigler, "A Note on Block Booking",载 Stigler, *The Organization of Industry* 165 (1968)。对批量预订提出的另一种替代性解释,见于 Roy W. Kenney 与 Benjamin Klein, "The Economics of Block Booking", 26 *Journal of Law and Economics* 497 (1983)。他们的解释无关于垄断或者价格歧视,而是强调了交易成本的节约和边际激励的最优化,非常类似于在 BMI 案的解释。

[32] 参见 Yannis Bakos 与 Eric Brynjolfsson, "Bundling and Competition on the Internet", 19 *Marketing Science* 63 (2000)。

消除了由于垄断因素所导致的在该组合内商品选择的扭曲。正如我们稍后就要指出的,就像搭售、按最终产品计算使用费的协议以及包括了独占交易和完全条件合同在内的相关合同方法一样,捆绑销售在特定情况下具有反竞争的效果。但在一般情况下并不如此;因此,搭售与捆绑销售规则的主要效果就只是提高了价格歧视的成本。请记住,价格歧视通常并非不合法,这就意味着,当搭售或者捆绑销售是成本最低或者最有效的价格歧视方法时,企业即可从事之。禁止此类做法所导致的,并不是价格歧视的减少,而只是提高了价格歧视的成本,就此范围而言,该禁止性规定产生的是一个净社会成本。

诚然,在某些情形中,最明显的是在没有任何可行的价格歧视方法来替代时,对搭售或者捆绑销售加以禁止,就可能减少或者消除价格歧视,从而减少寻租行为以及由价格歧视所造成的其他成本。这可能是一件好事。众所周知,价格歧视一般不产生任何的净社会收益。实行价格歧视的动机和结果是为了增加利润,其所造成的成本不仅包括上述已经提到的这些,而且包括实行价格歧视的卖方在有利与不利的买方之间的竞争扭曲,该成本一般是一个净的社会成本,因为一般来说,价格歧视并没有改进资源的配置(若其在单一价格垄断的产量之上提高了产量,则属于改进)。但是,正如我们将会看到的那样,在卖方就某一产品上的平均总成本高于其边际成本的情况下,有关价格歧视效率的这些异议就无足轻重了,而这在知识产权领域恰恰就是一种通常的,事实上也是典型的情况。

因为专利或者著作权预先假定存在着不同的产品(并因此而存在一条下斜的需求曲线)以及固定成本与可变成本之间的高比例,所以,如果定价等于边际成本,就很可能无法涵盖卖方的全部成本,替代方法之一就是实行价格歧视。与垄断性定价的任何其他形式一样,价格歧视通过在定价与边际成本之间打入一个楔子,从而与收取一个等于边际成本的单一价格相比,减少了配置性效率,除非其在单一定价垄断的产量之上提高了产量;这里还存在着管理成本以及我们刚刚提到的第二次扭曲。但是,定价等于边际成本的"第一优先"(first best)选择并不是向这样的卖方开放,他即使凭借平均总成本的递减,仍不能通过设定一个等于边际成本的价格而收回其总成本。如果他设定一个等于其平均总成本的(单一)价格,那么,他将使那些本来可以支付一个较低价格(但该价格仍然等于或者大于边际成本)的消费者,转向更低级的或者成本更高的替代品。而如果他实行价格歧视,则可能留住这部分消费者。

但或许也不可能;问题并不在于,当一个企业在平均总成本递减的情况下,实行歧视性定价是否比按平均成本定价更有效率。它可能是,也可能不是,这取决于卖方为实现其利润最大化所选择的特定的价格计划。如果卖方以一种组合价格来替换单一价格,则该组合中那些低于以往价格的部分就会吸引某些新的客户,并引诱老客户买得更多,但是,那些高于以往价格的部分则会排斥某些老客户,并导致其他人买得更少。不过,究竟何种效果占据主导地位,却不可能先验地加以说明。有时,价格歧视的理由在于,在成本与需求的某些组合状况中,可能并不存在任何一种能使企业收回其总成本的单一价格。但是,在该等情形中,企业的产量对于消费者剩余方面可能就产生不了什么,而在此情况下,用于生产该产量的资源如果用于其他用途,却可能生产出价值更高的社会产品。

问题只是在于,当一个企业在平均成本递减的条件下从事经营时,一般就没有任何理由作出这样的假设,认为歧视性定价比按照等于平均总成本来定价而更没有效率,此时后者——并不按边际成本定价——是唯一可行的替代方法。因此,以防止价格歧视为目标而进行反托拉斯干预,这是没有任何正当理由的,而且这与价格歧视的确切方式无关——不论是在搭售与捆绑销售中的明示抑或暗示的方式——除非该暗示方式还具有一种额外的排他性效果。接下来我们就来讨论这种可能性。

四、新经济中的反托拉斯与知识产权

近年来,有关知识产权的反托拉斯问题的关注焦点是在"新经济"中的企业,主要包括诸如英特尔公司之类的电脑芯片制造商,诸如微软公司之类的软件生产商,以及诸如 AOL、Amazon.com 之类的互联网经营者(互联网接入提供者、互联网服务提供者与互联网内容提供者)。与从事传统业务从而有利于反托拉斯事业的那类企业相比,它们有着显著的不同,但它们的不同之处迄今应当已为读者所完全熟悉。传统行业的特征是多个工厂和多个企业生产(表示规模经济在工厂层面以及企业层面都受到了限制,或者换言之,除了在相对适度的产量水平上,平均总成本是递增的)、稳定的市场、巨大的资本投入、适度的创新速度、缓慢和不经常发生的市场进入与退出。相反,新经济的行业则趋向于这样的特征:在一个变化范围广泛的产量上不断下降的平均成本(它以产品而不是企业为计算基础)、与最近以来新企业在全球资本市场上可获得资本相比的适度的资本要求、极高的创新速度、快速和经常发生的市场进入与退出、"快速扩充性"(instant scalability,一个企业不提高边际成本而可以很快地倍增某一产品产量的能力)以及消费上的规模经济(它们更经常被称为"网络外部性"),最后这个特征的实现可能要求垄断,或者企业之间在标准设定上的合作。

  理解这些行业的关键在于,它们主要的产品其实就是知识财产,亦即计算机代码,而不是物质产品,尽管知识财产也可能需要被装载在磁盘或者其他物质产品上进行运输(不过也未必:越来越多的软件是通过互联网传输的)。这显然是在说计算机软件的情形,但对于大量的计算机芯片来说也是成立的,后者从技术上来说,具有很高的先进性,并且还带有它们自己的软件来连接操作系统软件与以网络为基础的服务。提供该等服务的任何企业,其接收与完成订单以及从事其他必需的经营活动(比如市场营销、开具账单、管理收入、追查丢失的运送货物、回答客户的提问与投诉、以及消除客户在隐私与安全方面的疑虑),以使顾客获得其提供的产品或服务,这在很大程度上,是该企业计算机软件的先进性及其商标和著作权在发挥作用。回想一下我们在第 11 章中关于 Amazon.com"一次点击购物"专利的讨论;它就是一种计算机应用。

  商业秘密在软件行业的某些部门很重要,有名的如电脑操作系统的生产商。即使假定一个操作系统满足了专利法和著作权法所规定的条件(比如在专利情形中的实用性、新颖性与非显而易见性,在著作权情形中的最低创造性与独立创作),从而能够被授予专利或者获得著作权,但是,一位借助于其源代码而研究该系统的计算机科学家仍然能够获得关于如何写出一个程序的线索,而该程序将既与该享有著作权的系统具有相同的功能,又不构成侵权,因为它将使用一种不同的代码编排。微软的Windows98操作系统与它的Windows2000专业操作系统具有几乎无法区别的功能,但在这两个系统中产生该功能的代码却是根本不同的。因此,直到其最近惹上反托拉斯的麻烦之前,微软一直致力于按照商业秘密来保护其操作系统源代码(即人工可读代码,它构成产生操作系统机读代码的指令),而不单独依赖于专利或者著作权保护。

但软件生产商确实也在寻求著作权保护,尽管将软件纳入著作权保护存有争议(专利保护也是同样,但我们不对它们分开讨论)。其之所以有争议,并非由于软件是由电脑而不是由人来"阅读"的,因为程序本身具备了作为一个表达性作品的通用特征;而在于它是产生出功能的一种独一无二的符号组合,而功能本身并不能获得著作权,正如在一个传统的表达性作品上,作者不能对该作品所表达的思想享有著作权。毋宁说,其中的反托拉斯问题在于,著作权可能在软件上形成过度保护,由此导致的垄断价格,远甚于为收回该软件创作成本所必需的金额,其结果就是难以对该已经成为行业标准的代码进行周边发明。我们在第4章讨论用户界面(user interfaces)时,对此问题已略有论及(它与下述论据无意间存在着某种紧张,即该等周边发明是如此容易,从而导致了软件生产商为防止竞争对手而常常依赖于商业秘密保护,而不是著作权或者专利保护)。现代电脑典型的桌面显示,以及它的图标、回收站、下拉菜单等,在很大程度上就是一幅图画的外形,这些东西一般被认为是可享有著作权的。但是,这个"图画"也是电脑用户据此而跟它的程序相互沟通的方法,一旦用户已经彻底习惯了这种方法,对他来说再转换到其他方法就将变得成本高昂,正如开车时要他从靠右行驶转换为靠左行驶将造成巨大的困扰,即便靠右行驶也没有任何内在的优越性。

用户界面的著作权问题可以很好地被用来思考这样一种情形,其中,某一思想("思想"就是电脑所实现的各种不同的功能)的某种表达方法的优越性很大——但并不必然具有固有的优越性;

其之所以具有优越性,可能只是因为存在很高的转换成本(switching cost)——对它的控制就带来了对思想的控制,并因此而应当根据第 4 章所讨论的功能性表达原则(doctrine of functional expression),拒绝对之予以著作权保护。但是,正如我们由该章所知,这个垄断问题可以并且正是由著作权法所解决的,无需适用反托拉斯法;回忆一下 *Sega Enterprises Ltd. v. Accolade, Inc.* 案。与此案相似的是 *Lotus Development Corp. v. Borland International, Inc.* 案,布丹(Boudin)法官在该案的同意意见(concurring opinion)中颇有教益地指出,当某一代码已经成为一种标准时,同意其著作权所有人阻止其竞争对手使用该代码就具有反竞争的含义。[33]

就应用程序(比如文字处理)与某一电脑操作系统之间的界面,或者由某一网络内电信线路所连接的服务器与个人电脑之间的界面(这种界面被称作"协议"[protocols])而言,上述观点也同样成立。假定有一个新的电脑应用程序,它满足了可获得著作权的其他条件,那么,界面或者协议就是允许程序员复制的,否则的话,该程序无论多么具有创造性,也可能并没有销路,因为它不能方便地被电脑操作者所接触使用。复言之,这个结果是根据著作权法所得到的[34],但反托拉斯的考虑因素在其中也很突出[35];如果存在网络外部性,那么当一个产品提供者被拒绝进入该网络时,就会处于一种极为不利的竞争地位。

政府对微软提起反托拉斯诉讼的主要问题是基于以下主张,即微软公司意图阻止网景公司(Netscape)的网络浏览器装入由微软 Windows 操作系统所运行的个人电脑中。微软所关心的问题是,浏览器,连同该应用软件的计算机语言,比如众所周知的 Java 语言,会成为那些原本直接在 Windows 运行的应用软件的平

---

[33] 49 F. 3d 897, 820 (1st Cir. 1995),在最高法院因一半对一半而维持原判,516 U.S. 233 (1996)。

[34] 参见,例如 *Computer Associates International v. Altai, Inc.*, 982 F. 2d 693 (2d Cir. 1992)。

[35] 参见 Peter S. Menell, "An Epitaph for Traditional Copyright Protection of Network Features of Computer Software", 43 *Antitrust Bulletin* 651 (1998)。

台——而且,这是一个可与任何操作系统兼容的平台。如果这样,Windows 就可能丧失其相对于其他操作系统的主要竞争优势,即大部分应用软件首先(有时仅仅)是为 Windows 而写的,因为后者拥有操作系统市场的绝对份额。而且,随着浏览器提供了操作系统的许多功能,各种操作系统就可能成为商品——便宜、简单并且易于生产——其结果就是 Windows 将不再成为垄断利润的来源。不过,应用软件的作者并不会为 Java-Netscape 写软件,除非 Java-Netscape 已在大多数个人电脑上安装,而这正是微软所要竭力阻止,并且也因此受到反垄断指控。[36] 我们将看到,这种排他性行为能够符合一个垄断者的理性的自利动机。

网络外部性从侧面说明了我们在第 2 章简要讨论过的软件盗版问题。假设某一潜在的盗版者面临一个选择,要么盗用某一个正在成为标准的软件,要么购买某个竞争性生产商的软件。如果他决定盗用,他就既减少了竞争者的收入,也增加了该主导性生产商的网络外部性。在此情况下,被盗版的生产商不仅没有受到盗版之害(正如我们在第 2 章中所示,这将成为通常情形),还由此获得好处。[37]

关于软件知识产权的一个更深层的反托拉斯问题在于,发行软件的方法常常使得软件作者能够通过合同而获得比著作权法所给予的更多的保护。著作权给予其所有人的是一种在知识财产上的财产权利,即使该财产在与他没有合同关系的他人手中,比如从图书销售商那里购买某一享有著作权的图书的人,亦适用之。软件生产商则是直接与最终购买人订立合同的,例如通过网络进行销售,就此范围而言,他就可以通过合同而施加比著作权法在没有合同的情况下所允许其施加的更为严格的限制[38]。例如,他能够

---

[36] 参见 United States v. Microsoft Corp., 253 F. 3d 34, 66—67 (D. C. Cir. 2001)(全院庭审)(法庭全体同意)。

[37] 参见 Lisa N. Takeyama, "The Welfare Implications of Unauthorized Reproduction of Intellectual Property in the Presence of Demand Network Externalities", 42 Journal of Industrial Economics 155 (1994)。

[38] 参见 Mark A. Lemley, "Beyond Preemption: The Law and Policy of Intellectual Property Licensing", 87 California Law Review 111, 124—134 (1999)。

476 知识产权法的经济结构

394 禁止购买人为其自己使用而制作一份额外的复制件,而这在著作权法是允许的,或者(正如我们在第 2 章所强调的观点)禁止为合理使用而进行的复制。诚然,一份合同不可能与著作权保护具有同样长的期限。但是,在软件情形中,保护时间的长度只具有理论意义,因为软件在其著作权保护期限届满之前,可能老早就已经变得过时了。不过,同样成立的是,软件生产商将不得不因为限制了软件购买人的使用而对其有所补偿。

著作权与合同相结合的可能性,就为软件生产商赋予了过多的在经济意义上的市场力量,亦即,它所导致的是受质量调整的软件产量的减少而不是提高,并且产生了一个采取进一步行动以增加某个生产商的价格控制力的问题。正是在这一点上,新经济的另一个特征即消费的规模经济,如果从一个反托拉斯的观点来看就变得有麻烦了,对此我们已在有关微软案的讨论中略有涉及。生产的规模经济是人们所熟悉的;在到达某一点之前,生产运行时间越长,平均总成本随着固定成本被分散在越来越多的产量上从而变得越低。消费的规模经济则描述了这样的情形,其中,企业的产量越大,在到达某一点之前,该产量对于企业的客户的价值就越大。电话就是最容易被人们理解的例子。如果只有一位用户,则电话服务一钱不值;因为他没有任何可以通话的对象。电话用户越多,该服务对于每个人就越有价值,或者至少对他们中的大多数人而言如此。交互式服务,例如电子信件和网上拍卖也是相似的。计算机程序的分享也是如此,比如两个或者两个以上的学者需要借助于文字处理与电子制表软件来合作写一篇学术文章时。文字上的网络或者分享只是一个方面,如果有更多的人使用电脑软件,则其价值趋于更大,因为由信息技术从业人员所支持的培训、设备以及程序的标准化都得到了促进。也正是基于同样的原因,打字机的键盘都是标准化的。

消费的规模经济是以统一性而不是公共资源为前提条件的。国际电话系统是一个单一网络,但其各个成分归大量的独立企业或者个人所有。这些成分都得到了标准化,以确保可由多方共同使用,这在很大程度上与铁轨轨距标准化的方法是相同的。一家企业生产了某一网络的一个核心成分,则其将偏好于成为该成分的独占性来源,而不是被要求披露其信息,以使竞争对手们能够重复作出来。如果该成分受到专利、著作权、合同或者商业秘密法的保护,从而免于受到竞争对手的非法挪用,那么,统一性这个条件更可能通过垄断性规定而不是通过标准化所达致。

我们所描述的新经济的特征将其拉向垄断,不过奇怪的是,它也将之拉向竞争。一家企业成功达到垄断的,就将享受更大的保护而免于竞争,但是,为成为这样的垄断者所进行的竞争也会更多;并且,假定获得垄断的这个唯一可行或者受到允许的方法是具有社会生产率的,那么,这种竞争可能在整体上是可取的,而不是一种浪费性寻租的形式。一家企业,如果因其最先完成某一个新经济产品或者服务的核心成分,从而既受到知识产权法的保护,也受到消费的规模经济的保护,则其将获得一种有利的垄断地位,而这一前景又将加快创新的速度,正如在其他方面保持不变的情况下,地下埋藏的宝物越有价值,就会越早被人发现。

而且,成功的垄断者很可能是这样的企业,它最初对其所创造的新产品只收取一个极低的价格。回想一下有关电话的例子。既然每一个新用户提高了对已有用户服务的价值,那么,电话公司就有一种为新用户降低价格的激励,因为它在他们那儿损失的钱财,将从已有用户为接入一个更大网络而支付的更高价格中得到更大的弥补。在下述情形中可能尤其如此,即如果该网络是一种自然垄断,从这个意义上来说,没有任何竞争对手会发现它有重复的可行性——那么,该网络达到成熟的速度越快,垄断者受到保护从而使其垄断地位免于受到挑战的时间就越长。获得一种网络垄断的前景就将因此而不仅诱致较高的创新速度,而且诱致一种低价策略,即它诱使人们尽早加入,并对早期加入者给予补偿,因为该网络企业最终也许能够收取一种垄断价格。

诸如电话系统与铁路系统之类的传统网络需要巨大的资本投入,并因此而难以被人重复。这样一种网络或者其重要组成部分的所有人,就享有一种相当安全的垄断。反之,创造一个替代性网络所涉及的资本投入越小,网络垄断者的垄断地位就越不安全。由于新经济异乎寻常的创新速度,以及主要由电子构成的新网络能够被快速地投入服务,新经济的网络可能就不那么安全而免于受到竞争。一批又一批的新经济的垄断者,比如王安公司(Wang)与 IBM 公司,都只能从痛苦中吸取教训了。在此情形中,熊彼特(Schumpter)所描述的创造性破坏之风(gale of creative destruction)就可能是一种现实,其中,实行一系列暂时的垄断以使创新最大化,它所带来的社会收益远远超过因该过程所必需的短期垄断价格而造成的社会成本。这种情况在软件行业中尤其可能,因为在该行业中,质量竞争趋向于主导价格竞争。与质量相应的软件价格已经得到了稳步下降,这只是因为质量的提高已经大大超过了价格的增加。而且,由于意图通过用户数量的最大化而提高网络的价值,所以该价格被保持在较低的水平。

我们必须注意别把这幅蓝图描画得太好,而忘记了还存在着诸如创新速度过快这样的事情,这是由在创新上投入过多资源所造成的。创新有时是一种社会性浪费的寻租方式;这也就是本书前面对专利竞赛的批评。那些在经济生活的其他方面未来具有更高社会生产率的 R&D 资源,可能仅仅因为在这里能够得到更高的经济租而被吸引到新经济中来了。

挑战已有的网络垄断者的可行性,是作为熊彼特式美好蓝图中的关键性问题而出现的。市场进入的威胁和偶然发生的现实将限制预期的垄断利润,并因此而控制寻租行为。我们注意到,新经济中的网络垄断可能并不安全。但是,尽管有着较高的创新速度,以及创造一个纯粹电子化的垄断仅须适度的资本投入,然而它们也可能还是太过安全了。即使在新经济中成为一个网络垄断者的唯一方法,是最先完成一项使用户受益的新技术,但是,垄断的存在还是可能抑制其他企业在此后进行技术创新。如果网络外部性很大,它们就可能给垄断者带来一种自然垄断的成本优势,甚至超过因一项更优的新技术所带来的收益。这就是所谓的"路径依赖"(path dependence)问题:一个行业可能因为已有网络的成本优势而坚持采用一项落后的技术。[39]

但是,该问题的严重性也不应被夸大。似乎并不存在什么证据充分的案件。[40] 有关网络外部性的反托拉斯问题,核心不在于技术落后性,而是在于对市场进入的阻碍。假设一个网络垄断者与市场中的一位潜在的新加入者具有完全相同的成本,但是由于该网络对于消费者的利益,他们就愿意为该垄断者的服务而较之于对该新加入者较小网络的服务所支付的金额,多支付 X 美元。那么,垄断者就能够在不减少市场进入的情况下,按照其成本再加 X 美元来收取价格;X 美元就是垄断价格的增值。

进入网络行业所存在的困难就产生了一种合法的反托拉斯关系,据此,一个企业如果在以网络外部性为特征的某一行业中拥有垄断性市场份额,它在某种程度上就会意图调动这些外部性来反对新加入者。该问题其实在"新经济"这个术语进入词典之前很早就已出现,即在 20 世纪 20 年代由最高法院判决的 *Standard Fashion* 案[41]中。该案出人意料地很适合作为一个模型,用来说明新经济的反托拉斯政策。

被告生产了一系列非常流行的女士服装款式,它们被零售商

---

[39] 参见,例如 Stanley M. Besen 与 Joseph Farrell, "Choosing How to Compete: Strategies and Tactics in Standardization", *Journal of Economic Perspectives*, 1994 年春季卷,第 117 页;Joseph Farrell 与 Garth Saloner, "Installed Base and Compatibility: Innovation, Product Preannouncements, and Predation", 76 *American Economic Review* 940 (1986); Michael L. Katz 与 Carl Shapiro, "Technology Adoption in the Presence of Network Externalities", 94 *Journal of Political Economy* 822 (1986). 路径依赖的一个非常相关的来源是"转换成本":一个消费者已经学会如何使用一种电脑后,就可能不愿意转而去使用另一种电脑,即便后者在性能上更优,因为学习如何操作另一种不同的电脑是需要成本的。参见 Paul Klemperer, "Competition When Consumers Have Switching Costs: An Overview with Applications to Industrial Organization, Macroeconomics, and International Trade", 62 *Review of Economic Studies* 515, 517—523 (1990). 一般性参见 Jean Tirole, *The Theory of Industrial Organization* 404—409 (1994).

[40] 参见有关打字机键盘之争的讨论,Richard A. Posner, *Public Intellectuals: A Study of Decline* 96—97 (2001).

[41] *Standard Fashion Co. v. Magrane-Houston Co.*, 258 U.S. 346 (1922).

认为是其能够承销的核心部分。被告要求零售商们同意,对其竞争者的款式不予承销。从理论上说,与之竞争的生产者可以创设他们自己的零售店,但是,如果消费者不能从中找到最流行品牌的服装,又有谁会到那里购物呢?他们将不得不设计出与 Standard Fashion 公司的同样悠久、同样流行的款式,而这将是一项充满风险与成本高昂的任务。

　　Standard Fashion 案与平常的独家销售的情形有区别,就在于它在发行销售层面上存在着规模经济。消费者并不想一家商店接着另一家商店地逛。他们想要每家商店都是款式全面的,因此,任何一家进入服装行业的企业,如果被那些销售主导性企业款式的商店所排除,那它自己就必须提供全面的款式。限制其零售商,无疑让 Standard Fashion 公司承担了某些成本;这些零售商将要求以一个较低批发价格的形式来获得补偿,以换取其同意减少它们的销售选择。但是,Standard Fashion 公司所增加的成本将小于其在预期垄断利润上的提高,因为它强迫将来的新加入者必须以全面款式为基础,从而预先阻止了新的市场进入。既然资本并不处于供应短缺,所以,问题并不在于新加入者将不得不投入更多的资本,而在于它不得不从事一件风险更大的任务,亦即,它所创造的并不是某个单一的成功产品或者合适的产品,而是该产品的全部款式。这就好比让一家企业如果不制造军用飞机,就不能同时制造商业飞机。

　　这对于新经济的网络外部性的类比,应当是平白易懂的。网络与 *Standard Fashion* 案中的完全款式的零售店是相对应的。一家企业可能想要通过生产该网络的一个部件或者一种增值服务而进入市场,但是,如果一个竞争对手通过拥有网络的所有权或者与之订立一份独家销售的合同,拒绝与该企业合作,那么,该企业将不得不重复建立整个网络,以发行销售自己的产品。

　　在大多数行业中,逐渐进入市场是一种准则。一家百货商店经销的是许多生产商的产品,其中的绝大部分并不提供产品的完全款式。人们可以设想有一组女装设计师,他们每个人都专长于某种式样,而百货商店就把不同的式样排列成完全的款式,以与 Standard Fashion 公司的完全款式进行竞争。这样,每个设计师进入市场的风险就得到了最小化。不过,Standard Fashion 案是在 1922 年判决的,而当时许多城市可能都还没有百货商店呢。我们现在可能也处于新经济发展的一个同样的阶段:发行手段可能受到足够的限制,以造成这样的瓶颈,而垄断者借此得以永久保持其垄断。不过,互联网正在通过扩大发行销售市场的地理范围而消除许多的此类瓶颈;人们现在无须开设一家接近消费者的实体零售店,就可以进入此类市场。

注意到以下这一点很重要,一个垄断者将没有任何激励来从事于排他性行为,因为这样做的成本高昂,除非他的垄断是脆弱的,亦即容易受到新的市场进入者攻击的。罗伯特·博克(Robert Bork)在批评 Standard Fashion 案的判决时漏掉了这一点。[42] 他主张,Standard Fashion 公司不可能从其销售商那里两次收取垄断价格,第一次是向他们收取市场所应当承担的价格,而后则是强迫他们订立一份独家销售合同。这种看法是正确的,但是,Standard Fashion 公司所能做的,就是延长其垄断期限,否则,它本来可能早就被瓦解了。[43] 正如我们稍后将指出的,这种期限延长是可以获得巨大利润的。

假定 Standard Fashion 公司的独家销售合同尽管不能阻止市场进入,但它至少在某种程度上延缓了市场进入,那么我们就面临着一种极度困难的情形,其涉及的做法既是排他性的,但又是有效率的。独家销售行为在效率方面的合理性,还是比较容易解释的。[44] 除了因鼓励销售商致力于该生产商的品牌而产生的收益,独家销售还限制了对样式的盗版。这些被证明是非常相关的利

---

[42] Robert H. Bork, *The Antitrust Paradox: A Policy at War with Itself* 305—307 (第 2 版,1993).

[43] 博克对该判决更有力的批评是,Standard Fashion 公司并不具有垄断地位;它对该服装款式市场的份额仅占 40%。千真万确,这是它全国性的市场份额,而最高法院指出,在许多小城镇,它是该款式服装的唯一供货者。尽管如此,全国还有 60% 是向一个零碎的竞争对手开放的,可以来争取发行。

[44] 参见 Benjamin Klein 与 Kevin M. Murphy, "Vertical Restraints as Contract Enforcement Mechanisms", 31 *Journal of Law and Economics* 265, 287—288 (1988); Howard P. Marvel, "Exclusive Dealing", 25 *Journal of Law and Economics* 1, 11—18 (1982).

益。除非受到一份独家销售合同的约束,否则,一个销售商就可能利用 Standard Fashion 公司的款式而将消费者吸引到其商店来,然后引导他们去看那些相似样式(也许就是前者的复制件)的品牌,而销售商这样做的动机是因为那些品牌的批发价格非常低。这些价格之所以低,是因为一个便宜品牌的生产商,通过复制 Standard Fashion 公司创作的流行服装样式,对 Standard Fashion 公司为此所作的投资搭便车,从而其成本就比 Standard Fashion 的低。

对某一排他性做法进行成本和收益权衡,从而认定其也具备效率方面的特征,这可能超出了法院的能力。但是,这里有一个可行的方法。如果这样的做法在行业内被广泛地采用,它模仿垄断但具有竞争性,那么就存在这样一个推定,即垄断者也有权采用之。因为该做法被广泛采用,就意味着它具有显著的节约性特点,这反过来又意味着,如果禁止垄断者采用该做法,将提高其成本,并因此(如果其属于边际成本的话)提高使其利润最大化的垄断价格。但是,举证责任就应当转移给原告,由其来表明,禁止采用该做法将通过提高新加入市场的速率而抵销对垄断者价格的抑制效果。或者,如果这对于法院来说注定是一个难以解决的问题,那么,有关该被异议的做法在竞争性行业中广泛存在的证据,就应当认定为一项完全抗辩。

在延续期间(即我们所称的通过排他性做法而使垄断得以延续的该段时间)所获得的垄断利润将超过该排他性做法给垄断者带来的成本,这种可能性在该垄断涉及知识财产时就变得更高了,无论在 Standard Fashion 案还是在新经济的类似案件中,都是如此(请记住,Standard Fashion 公司所销售的是服装的款式,而不是服装本身;这也是它为什么面临盗版——即未经授权之复制的贬义词——危险的原因)。正是由于这一点,从反托拉斯的角度看,采取措施而延缓竞争对手进入一个垄断性新经济市场的做法受到了适度的怀疑。知识财产的边际成本通常比市场价格低得多。在极端情况下,大概就在某些软件市场中,边际成本是接近于零的,这就意味着,由一家垄断该市场的企业所获得的全部收入(正如我们所知,因为垄断者的价格是由需求弹性以及边际成本所决定的,所以其数量可能很大)几乎都直接触到了底线。这就使得下述情况变得很有可能,即通过将该垄断另行延长一年或者两年所获得的利润,将超过为获得垄断延期所必须实施的排他性做法而付出的成本。

假设开发一个新的软件产品所需成本为 1000 万美元,并且在 t 年内全部支出。边际成本是 1 美元,使利润最大化的价格是 15 美元,而按此价格的每年产量是 100 万套。如果没有预先阻止市场进入,则预期垄断期限是 1 年,而如果采取预先措施,则为 2 年。假如该垄断时间为 1 年,则垄断者的利润将是 400 万美元[1500 万美元－1000 万美元－(100 万套×1 美元)]。假如垄断时间为 2 年,则其利润将增加至 1800 美元[3000 万美元－1000 万美元－(200 万套×1 美元)]。第 2 年的利润因此就是 1400 万美元(实际上要稍低一些,因为对将来利润需要按其现值进行折扣),垄断者将愿意为市场进入延缓 1 年而付出成本,直到成本达到该数额为止。[45] 虽然这些数字是任意编造的,但是,价格与边际成本的高比例关系在知识产权市场,比如在计算机软件上却是很常见的,因此,不可能存在任何依据,可以确称在这样的市场上,排他性做法的成本将总是超过因实施该做法所获得的额外的垄断利润。

在 *Standard Fashion* 案中的特定行为是独家销售,它与搭售有着逻辑上必然的相似性,因此,我们就该种情形所述之内容,大部分也同样适用于搭售。独家销售是将发行与生产进行搭配;与之等同的是,搭售是对被搭售产品的独家销售。因此,我们只需有关于独家销售的合情合理的法律,我们就能够合情合理地处理有关搭售的案件了。我们假设,与发行上的规模经济相对应——这是理解 *Standard Fashion* 案作为一个可能涉及真正排他性行为的关键——在被搭售产品的生产或者销售上也存在着规模经济。那么,一家企业若想进入搭售产品(tying product)市场,它的成本就将高于垄断者的成本,因为搭售协议使得它无法接触被搭售产品(tied product)的现有生产者(它们归属于搭售产品的垄断生产者或者根据合同由其控制),从而不得不同样也要生产被搭售产品。

---

[45] 他实际将花费多少,取决于为阻止市场进入而付出的边际成本曲线的斜率。如果它非常陡直,那么他的花费可能就会远远低于 1400 万美元。

这将减少其进入该搭售产品市场的预期收益。而且,正如在通常的情形中那样,如果搭售产品与被搭售产品是互补的,那么对销售者而言,搭售协议的成本可能并不是很大,而这就可能为垄断者与新加入者带来了不对称的成本(asymmetric costs),在此情况下,垄断者采用排他性做法,较之于企业在相同成本的条件下采用该做法,而更有可能成为一种理性策略。

这种不对称之所以可能发生,其原因在于,因成本下降而减少一个产品的价格,就增加了其互补产品的需求——这正是互补性的定义。这一点在搭售的变相形式即捆绑销售中看得最清楚,对此已在本章前面结合批量预订之情形讨论过,而其中,垄断者并不要求购买者购买某互补产品,而是免费赠送。锤子的垄断者如果想要阻止其他人进入锤子市场,就可能决定对其锤子的购买人免费提供他们所需的全部钉子。由于钉子价格的减少,将增加对锤子的需求,因此,垄断者就可以用更大的锤子销量弥补他在钉子上的部分损失。现代的计算机操作系统就将各个本来能够(事实上也曾经)单独定价与销售的程序进行捆绑销售。这就使得这些程序中的某个程序的生产商,难以引发用户的兴趣。例如,微软公司将其浏览器捆绑到操作系统上;这就使得网景公司难以对它自己浏览器的用户收费了,它不得不寻求其他的收入来源,比如利用该浏览器把用户引向网景公司的主页并在该主页上销售广告。捆绑销售的效果就类似于拒绝将操作系统中的每一个程序单独向用户出售(搭售)。微软公司并没有提高该操作系统的价格从而直接收回其在浏览器上的开发成本,但是,因为该浏览器使得操作系统更有价值了,所以,毫无疑问它是在用某种间接的方式回收成本。我们提出这一些,当然并不否定存在着许多实践性的反对意见,反对将有关计划安排的决定——比如是作为整套出售某一产品还是按单独定价各个部分加以出售——接受反托拉斯审查。

Standard Fashion 案是原告胜诉的,而该案判决至今仍属有效的法律。其原则(无论其是否被合理地适用于案件事实)并不限于独家销售,而是扩张至任何被认为排除了另一具有相同效率或者更有效率的竞争对手的商业方法。幸亏掠夺性定价(predatory pricing)的不合法性也同样被确立为反托拉斯原则,因为掠夺性定

价在新经济的行业中比在旧经济的行业中更具危害性。[46] 其原因在于,高产量的生产者的成本很低,而且通过诉讼方式很难将掠夺性定价与网络建设的定价相区别,在此情形中,向早期客户所收取的价格,若反映为网络对他们所赋予的价值,则实际上是负的。以这样的价格出售给他们,只是看起来在一种招人不满的意义上把价格降到了成本之下;与其说它们是掠夺性定价,不如说是为了招徕顾客而亏本运作的销售方式。在此当中的首要观点是,一个企业的产量如果是由计算机代码所组成的,则其无需担心若供应全部的市场就得在生产能力上获得大量的资本投入;因此,这样就提高了采用掠夺性定价的可能性,而这样做不仅是为了防御,也是为了达到一种垄断地位。

我们的结论是,反托拉斯原则具有足够的柔性,并且充分贯穿着经济学理论,能够有效地处理由新经济——最引人注目的例子是,知识财产上升到了美国经济制度的顶峰——所提出的那些貌似独特的反托拉斯问题。比较棘手的,但也超出了我们在本书范围内所能充分讨论的问题是,反托拉斯执法的制度性结构。在迅速而稳妥地处理专业性复杂行为上,它并不是很适用。实际生活正在飞速变化,像计算机软件这样高度专业性的产业,就为反托拉斯制度造成了巨大的压力。

---

[46] 当然,被证实的掠夺性定价事件是很稀少的,那就没有任何坚实的理论依据,来否认它有时是——或者至少在法律认为其合法时将成为——一项理性的商业战略。参见 Richard A. Posner, *Antitrust Law* 207—233 (2001)。

第 15 章
知识产权法的政治经济学

到此为止,应当很明显地看到,知识产权经受了一次显著的扩张,粗略地讲,该扩张始于 1976 年的《著作权法》。[1] 如何来解释这种扩张呢？在"公共选择"(public choice)这个大标题之下,经济学家们试图通过建立模型,把政府的行为当作需求与供给相互作用的结果,从而解释立法以及更为一般性的政治和政府的过程。[2] 在第 10 章中,我们尽管没有取得明显的成功,但还是试图用这些术语来解释各州关于著作人身权的法律。有关公共选择的文献特别强调了利益集团的作用,因为立法和政策的主要部分属于非排他性的公共产品[3],而利益集团就克服了其中内在的搭便车问题。一个人能够享受我们所讨论的制定法、法规或者其他政策的全部利益,却无需为使它们获得通过所必须付出的集体努力(collective efforts)贡献一个子儿。这个搭便车问题,就类似于困扰卡特尔主义者(cartelists)的难题(假如搭便车行为没有破坏卡特尔,则一个保持在卡特尔之外的卖方,通过稍稍降低该卡特尔价格,就能够增加其净利润),如果使立法得以通过所必须付出集体努力的收益很大,而成本较小,或者即使成本较大,但要么是广泛分散的,要么是由那些在政治上无能为力的团体来承担的,那么,该问题就能够被

---

[1] 这只是估计的,因为在此之前也有过显著的扩张,比如 1962 年把著作权续展期间延长到 47 年,以及 1972 年把著作权保护扩展至录音制品。

[2] 有关对公共选择理论的一些有益概述,参见 Robert D. Cooter, *The Strategic Constitution* (2000); Daniel A. Farber 与 Philip P. Frickey, *Law and Public Choice: A Critical Introduction* (1991); Jonathan R. Macey, "Public Choice and the Law", 载 *The New Palgrave Dictionary of Economics and the Law*, 第 3 卷,第 171 页(Peter Newman 编,1998)。

[3] 相反地,知识财产是一种具有排他性的公共产品。

克服了。如果该立法是由一个将从中获得许多收益的紧密的利益集团所支持（而不是反对）的，那么，这些条件就很可能得到满足。[4]

公共选择理论在解释政治行为和政府行动时，只是获得了有限的成功。虽然有限，但并不等于没有；该理论对于理解公用事业单位和公共运输的管制，包括营业执照的颁发和其他劳动力市场（包括安全与卫生）管制在内的其他某些管制形式以及关税，都作出了显著贡献。但是，例如，它解释导致作为资本主义经济基础的财产权制度之由发生的那些力量时，却没有取得任何成功。可以用它来说明该制度扩张至包括知识财产，以及自1976年著作权制定法以来在知识产权保护上的急剧扩张吗？[5] 我们发现，先来考虑另一个几乎与此同时发生的趋势——放松管制运动（deregulation movement），对于探讨该问题大有裨益。

自20世纪70年代后期开始并几乎持续到今天，在交通运输、电信（包括广播）、能源以及金融服务（包括银行）部门的许多重要行业——这些主要是公用事业单位或者公共运输类行业，直到那时都长期受到综合性公共管制的约束——整体或者全部被放松了管制。而包括法律服务业在内的其他行业，则发生了明显的部分放松管制。公共选择理论的最大成功，也许就在于它解释了在放松管制发生之前所存在的管制类型。公共选择理论表明，此类管制的首要效果是支持生产商卡特尔或者使之成为可能，并且该理

---

[4] 关于利益集团对公共政策的作用，参见，比如 George J. Stigler, *The Citizen and the State: Essays on Regulation* (1975); Stephen P. Magee, William A. Brock 与 Leslie Young, *Black Hole Tariffs and Endogenous Policy Theory: Political Economy in General Equilibrium* (1989); Richard A. Posner, "Theories of Economic Regulation", 5 *Bell Journal of Economics and Management Science* 335 (1974).

[5] 这些并不是可由公共选择理论所解释的有关知识产权法的唯一问题。Josh Lerner, "150 Years of Patent Protection", 92 *American Economic Review Papers and Proceedings* 221 (2002年5月)，它发现，那些富裕国家和更加民主的国家对于专利的保护大于穷国和民主化程度较低的国家所给予的保护。富国更可能成为知识财产的生产者和消费者，从而产生了一种对知识产权保护的需求；民主国家相比民主化程度较低的国家，则更愿意接受创新思想。

论确定了那些需求与供给因素,以解释某些生产商在获得该种管制方面所取得的成功以及另一些生产商为什么失败。正如我们所表明的,这些因素被证明在很大程度上与那些促进纯粹私人卡特尔的因素是相同的。实行卡特尔这一方的市场越集中,并且市场上购买人这一方越分散,那么对于实行卡特尔的一方来说,就越容易克服那些困扰卡特尔的搭便车问题——如果他们能够在私人市场上克服这些问题,他们就可能在政治市场上克服同样的问题,在后一市场上,立法是"被买来的"。私人卡特尔与管制性卡特尔的区别在于,能够有效地进行合谋而不受反托拉斯机构干涉的企业(如果它们的合谋是暗中进行的,就属于这样的情形),与那些在实行私人卡特尔时面临更大障碍的企业相比,较少需要管制性支持。这就是为什么,比如说与水泥生产商可能寻求水泥行业的管制相比,农民更可能去寻求限制农业竞争的立法。

公共选择理论在解释管制时比在解释放松管制时提出了更好的证明。[6] 尽管它不能提供我们所需要的全部帮助,但是,它能够帮助我们确定那些因素,而如果把它们集中起来,就可能解释后一现象了。[7] 其中一个因素就是20世纪70年代的经济不景气——经济低增长与高通货膨胀率相结合的一个时期,它产生了一种经济改革的需求。而且,这种不景气还导致了罗纳德·里根当选为美国总统,他是19世纪意义上的经济自由主义者,亦即一个自由市场的信仰者,他也是对其他同类信仰者具有吸引力的人物,他们当中的许多人得到了他的行政或者司法任命。即使在此之前,随着1968年理查德·尼克松当选为总统,自由市场思想就已经在政府中开始固定下来了。尽管尼克松自己并不是一个经济自由主义者,但无论如何,他所任命的一些人,包括他所任命的4位最高法院大法官中的3位[伯格(Burger)、伦奎斯特(Rehnquist)与鲍威尔(Powell)]在某种程度上却都信奉经济自由主义。另一个因素,也

---

[6] 该主张见于 Steven K. Vogel, *Freer Markets, More Rules: Regulatory Reform in Advanced Industrial Countries*, 第1章(1996)。

[7] 有关一个出色的讨论,参见经济合作与发展组织(Organisation for Economic Co-Operation and Development, OECD), *Regulatory Reform in the United States* 18—20 (1999)。

是与70年代经济低迷［滞胀（stagflation）］相关的因素，是奉行经济分析的芝加哥学派的兴起。芝加哥学派中最有影响力的人物是米尔顿·弗里德曼（Milton Friedman），其声誉和影响是随着凯恩斯经济学的明显失败而产生的，因为他是其主要批评者。

  这些政治与知识分子的潮流，尽管几乎可以肯定是放松管制的一个因素[8]，但它们自身并不可能带来广泛的放松管制。此外，许多受到管制的企业开始变得难以用管制来驾驭了。原因之一就是20世纪70年代的高通货膨胀率，它与利率的管制性控制，特别是在提高利率方面的管制性滞后相互作用，阻碍了必需的定价灵活性。另一个更重要的原因，则坚定地植根于公共选择理论和卡特尔理论之中，那就是卡特尔化趋势，包括通过管制而实行卡特尔的趋势，以使卡特尔利润转化为成本。一个卡特尔化的市场是不均衡的。因为价格超过了边际成本，所以就有未被开发的利润机会。如果通过协议或者管制阻止价格竞争，那么，卡特尔的成员就可以通过提高其产品质量而争取额外的销量，直到该产品的边际成本等于其价格。在这一点上，管制就变得全部都是成本而没有任何收益了，至少对于那些最有效率的企业而言如此，但是，这些企业的扩张受到了管制者保护主义哲学的约束。[9]

  以此为背景，现在让我们来考察同步发生的对知识财产扩大法律保护的趋势。知识产权法应当被看作一种管制方式吗？如果是的话，其他经济部门放松管制的趋势，在某种程度上就与这种等量但相反的管制趋势发生了对抗。这并非一个独一无二的现象，因为在这个放松管制的年代里，对卫生、安全和就业的管制反而加强了；但是，这些管制形式是在放松管制运动之前早就开始了的。

---

[8] 参见 Martha Derthick 与 Paul J. Quirk, *The Politics of Deregulation* 238—245（1985）。

[9] 参见同上揭，第19—20页；Joseph D. Kearney 与 Thomas W. Merrill, "The Great Transformation of Regulated Industries Law", 98 *Columbia Law Review* 1323，1394—1397（1998）。不过，"都是成本而没有任何收益"这一说法有点夸张，因为如果非价格竞争的边际成本曲线是陡直向上倾斜的，则在该竞争上所支出的总成本就可能没那么大了。参见 George J. Stigler, "Price and Nonprice Competition", 载 Stigler, *The Organization of Industry* 23（1968）。

只有对知识财产扩大保护的运动,实际上是与放松管制运动同步发生的。我们现在就来试图解释这种同步性。

对于知识财产的保护存在着一种扩大化趋势,这一点毋庸置疑。我们说,这种趋势始于1976年的《著作权法》,因为它显著地拉长了著作权的保护期限。接下来的,是1982年创设美国联邦上诉法院,成为全国独此一家的专利上诉法院,期望(正如我们在第12章所见,这已经成为现实)它以加强发明人权利的方法来解释和适用有关专利的制定法。这种趋势在20世纪90年代得到加快,出现了《视觉艺术家权利法》《建筑作品保护法》《松尼波诺法》《数字千年著作权法》以及其他制定法,有些未曾在本书中提及。不过,让我们的分析进一步变得复杂的还在于,知识财产的扩张并不是线性的。回忆一下1992年对《著作权法》有关合理使用条文的修订,它规定,对于未发表材料可以适用合理使用抗辩,并采用与已发表材料相同的一般性标准;1989年《拉纳姆法》重新采用普通法的条件,即以具有商业意义的而不仅仅是象征性的销售行为加以证明,才可获得商标保护[10];1984年的《商标明确化法》,对于确定一个商标何时成为通用名称,确立了一种默示性的成本—收益分析;有关反对网络域名抢注的制定法,阻止了一种特别无效率的储存商标的形式;法律对于专利搭售行为,规定了一种有限的反托拉斯豁免;而《哈奇—韦克斯曼法》将实验使用扩张为对侵犯专利权的一种抗辩。所有这些看起来都是对现有知识产权法体系所作的具有经济效率的立法干预。

现在把这些干预暂搁一边,让我们来考察,是否可能有一种公共选择的解释,来支持知识产权的扩张。有一种可能性是,在以下两者之间存在着一种固有的不对称:一是知识财产创造者对于拥有财产权利所设定的价值,二是将来的复制者对于无需向原始作品的作者或者出版者以及专利的发明人取得许可的情况下进行自由复制所设定的价值。实施知识财产的独占性权利,就可能对该权利人倾注经济租,而复制者可能只是希望获得一个竞争性的回

---

[10] 不过,1989年的修订同时授权,可根据"使用的意图"而获得商标注册。参见本书第7章。

报。这将使得把著作权和专利的所有人组织起来为扩张知识产权付出集体努力,比组织起一个复制者的利益团体以反对此类扩张更容易。在本书中已经数度提及的音乐作品表演权组织,就表明了知识财产的所有人能够组织成为联合体,来保护他们的所有权。值得注意的是,1976年《著作权法》的"大部分法律用语","并不是由国会议员或者他们的工作人员所起草。相反,这些用语是通过在作者、出版者以及其他与该法律定义范围内的财产权利具有经济关系的当事人之间的一个谈判过程所逐步形成的"[11]。

正如在每一项著作权法律中都是如此,当有关著作权保护期限的延长既适用于在作出延长之后所创作的那些作品,也可适用于现有作品时,就尤其应当看到,在知识财产创造者与复制者之间的标的是不对称的。既然现有作品的创作成本是在过去已经被人承担了的,那么,由于其著作权的期限延长而产生的额外收入,就几乎全部都是利润,亦即经济租。相反,那些反对延长的人们之所以这么做,则是为了他们尚未创造出来的知识财产,它们被预期只是给他们带来一种正常的、竞争性回报。因此,与支持延长期限的人们相比,他们从该斗争的胜利果实中所获之收益较少。

根据这种理论,有人可能期望,这些所有人将施加持续和不可阻挡的压力来加强其权利。但是,下面这个事实又在往另一个方向拉动,即大多数的知识财产创造者,也都会使用他人所创造的知识财产,并将之输入到自己的知识财产创造中——这是我们贯穿全书强调的一点。任何法律在加强此类财产权利时,如果超出了为确保充分供给所必需的水平,就可能增加这些输入成本。这样的前景就可能阻止知识财产的生产者为扩张该等财产的法律保护而付出施压的努力;可以想象,它甚至可能使他们的利益与社会整体利益相一致。

让我们来考察这样的问题,即那些重视专利保护的企业究竟是偏好于专利商标局对它们的专利申请作严格审查还是宽松审查。显然,答案是宽松审查,但它可能并不正确。如果人们知道专

---

[11] Jessica D. Litman,"Copyright, Compromise, and Legislative History", 72 *Cornell Law Review* 857, 860—861 (1987).

利商标局的审查是宽松的,法院就会比较不重视有关专利有效性之推定;而且,那些作出具有重大价值之发明的人将发现自己在获得专利时受阻,因为在他们的研究领域中已经存在大量被授权的专利。重申一遍,在对专利审查授权过程进行有效管制上,公共利益和私人利益可能是一致的。

但是,这不太可能是知识产权法的一般特征,因为从对知识产权的承认与否定中所产生的私人收益,存在着一种持续的不对称。从以下几个方面,我们就可以获得关于存在该种不对称之线索:后来成为《松尼波诺著作权保护期限延长法》的法案没有遭到严重反对;劳伦斯·莱西格(Lawrence Lessig)在寻找一名能够对该法律的合宪性提出挑战的原告时所面临的困难[12];迪斯尼公司是该法律最坚实的支持者这个事实,尽管该公司最成功的角色与电影,比如《灰姑娘》(Cinderella)和《钟楼怪人》(The Hunchback of Notre Dame),许多都是以公共领域的作品为基础的。一个可能的解释是,除了迪斯尼公司的经验,公共领域实际上值不了多少——我们夸大了作者和发明人(尤其是前者)对于前人所创造作品的依赖。但是,这种解释把私人价值与社会价值混淆起来了。处于公共领域的作品比享有著作权的作品具有较小的私人价值,因为前者不能够被人专有。但它们当中的某些作品却具有巨大的社会价值。诚然,大多数的表达性作品创作者并不想独占公共领域中的任何部分;他们只是想要把其中的某些方面结合到自己的作品中,而不需要为获得一个许可证进行谈判。但是,《松尼波诺法》的直接效果并不是要从公共领域中除去任何东西。它只是延迟将作品加入到公共领域,而如果不是因为这个法律,这些作品的著作权将提早期限届满了。实际上,就它对将来的知识财产创造者增加了成本这一点而论,该法律所做的,无非是减缓了公共领域的扩张速度。该种扩张的预期私人收益,可能小于因保留某些诸如米老鼠角色

---

[12] 参见 Steven Levy,"The Great Liberator",*Wired*,2002 年 10 月,第 140、155 页。劳伦斯·莱西格是 *Eldred v. Ashcroft* 案原告的首席律师。参见本书第 8 章。

之类的价值较高财产的著作权而带来的预期私人收益[13];这也许解释了为什么迪斯尼公司要支持《松尼波诺法》,而显示它对于从中获取这些利益的公共领域的轻视。

在某种意义上,《松尼波诺法》是一个很好的例子,说明在知识产权的私人价值与知识公共领域的私人价值之间的不对称。假如该法律被限定适用于那些在该法通过之日以后所创作的表达性作品,那么,诸如迪斯尼之类的知识财产生产者,就将在由于公共领域潜在缩减所导致的较高输入成本,与由一个更长的著作权保护期限所提高的收入流之间进行权衡,而且,考虑到对现值的折扣,这样的交换也许并不对主张延长期限的一方有利。但是,因为该法律也适用于现有的全部知识财产,所以,它就让现有知识财产的所有权人发了一笔意外之财,而这就扭曲了成本收入的平衡。我们可将此例与破产法改革进行比较。从事前视角看,无论债权人还是债务人,它们对于一部最佳水平的破产法都具有相同的利益。如果债权人对于违约的债务人只享有未臻最佳的救济手段,那么,债务利率将会提高,从而债务人作为整体将因此受害。如果债权人针对违约的债务人而享有过分严苛的救济,人们就会害怕借债,从而贷款的数量和利率都将下降,最终使债权人受损。但是,从事后角度看,债务人也许将从一个更大的破产免责范围或者其他的天平倾向有利于债务人一边的法律中受益,而当天平向另一个方向倾斜时,则债权人可能因此受益,因为在任一种情况下,该利率都是确定了的,只需考虑当前尚未付清的欠款即可。追溯性立法(retroactive legislation)的可能性,是寻租之飞蛾的一根蜡烛而已。这是一个有说服力的论据,支持法律改革仅仅面向将来,它既可适用于破产法,也同样可适用于知识产权法。

索尼公司的 Betamax 系统(参见第 4 章)是一个相对罕见的例子,该产品只有当知识产权保护变得宽松时,才具有很大的商业价值,否则,索尼将因为构成帮助侵权而欠下巨额的损害赔偿金。不

---

[13] 参见 Robert P. Merges, "One Hundred Years of Solicitude: Intellectual Property Law, 1900—2000", 88 *California Law Review* 2187, 2236—2237 (2000)。

过，在该案件胜诉之后，索尼公司以及在一个相当大范围内由知识产权的侵权人购买其产品的其他生产商，却不再具有强烈的激励，要去寻求立法保护。在这些情形中，集中起来的经济利益将因为知识产权的权利扩张而受到不利的影响，所以，这种扩张就可能被有效地抵制。[14] 举一个重要的例子，即《著作权法》中"消极传输者"（passive carrier）免责的条款，以便当电信公司传输侵权材料，比如由侵权人通过互联网传输他人享有著作权的音乐作品时，保护其免于受到帮助侵权之诉。[15] 享有著作权的音乐作品以及其他材料被互联网用户大肆盗版，这已经引发了一场限制该免责条款的运动，而且，这个争议也使得分列该争议两边的利益集团都把目标瞄准了知识产权的保护范围。商标所有人与网络抢注者之间的冲突也是类似的例子，该冲突最后的解决有利于前者；另一个例子是著作权所有人与互联网服务提供者（Internet Service Providers）之间在"高速缓存"（caching）上的冲突，该冲突在《数字千年著作权法》中的解决方案是有利于后者的。[16]

一个甚至更好的、与《松尼波诺法》直接相关的例子是，ASCAP与BMI向饭店以及其他零售商店收费，从而为它们播放由这些组织所控制的享有著作权的音乐作品而提供一份一揽子的许可证。该法律在通过时遭到了阻碍，直到添加了一项条款，即饭店、酒吧和其他在特定平方英尺营业面积以内的零售商店，免于在其营业场所内为已录制的音乐广播而承担支付许可使用费的责任。

对公共选择特点的一个深层考虑因素，也是在《松尼波诺法》的立法过程中所强调的因素（参见第8章），就是重商主义因素。正如本书导论所指出的，美国在知识财产上存在相当巨大的贸易顺差。这就意味着，每当执行知识产权时，由此所导致的接触成本部分地转移给了外国人，而他们在美国大选中既不参与投票，也不允许对选战有所贡献。出口行业通常从政府那里得到特别的保护

---

[14] 参见同上揭，第2237—2238页。
[15] 参见17 U.S.C. §111(a)(3)。
[16] "高速缓存"是指互联网服务提供者把已传送的材料临时复制在当地服务器上，以便其用户在看过该材料之后，只需在其浏览器上点击"后退"就可再看到它，而不是再从原始发送者那里长距离地将该材料传送给他。

或者帮助。重商主义是一方面，而在知识财产的生产方面具有相对优势的国家，就比没有这种相对优势的国家而更可能倾向于保护知识产权，我们在第 11 章中已经提出证据，表明专利权一般与经济发展措施相关，并且特别与 R&D 支出有关。[17]

通过检查最高法院在知识产权案件中收到的法庭之友意见书（amicus curiae briefs），我们将力图从另一个角度探讨利益集团在知识产权法律形成过程中的作用。尽管一份法庭之友意见书可能由个人提出，但大多数情况下是由某个组织出具的，而且个人提出意见书者，也大多在事实上就是某个组织的代表。因此，法庭之友意见书就为利益集团的活动提供了一条粗略的线索。从 1980 年以来，最高法院已经审判了 32 起知识产权案件，它们都提出了知识产权法的实体问题，其中就出具有法庭之友意见书；在本书写作过程中，还有另一起案件尚待判决。在这 32 起案件中，总共出具了 287 份法庭之友意见书，支持或者反对知识产权保护的都有[18]——而正如我们所预料的，其中的大多数，即 162 份意见书是支持知识产权的。不过，这个大多数主要归因于该样本中的 11 起专利案件，为这些案件所出具的意见书中，有 82 份支持专利保护，仅有 48 份是表示反对的。在其余 21 起案件中，支持知识产权的意见书是 80 份，而反对者是 77 份。我们提出，在专利法这个领域中，考虑到本书第 11 章中所引证的方法，其中，专利既能够帮助公司获利，同样也能够损害公司利益，因此，反对扩张知识产权保护的压力应当与支持的压力同样大。但我们的数据并不支持这种假设。法庭之友意见书中支持与反对知识产权的比例，在专利案件中是 1.71∶1，而在著作权案件中仅为 1.03∶1，但是，在每一起专利案件中所出具法庭之友意见书的平均数量是 11.8 份，而著作权案件中的该数量则仅为 7.5 份。

---

[17] 参见 Juan C. Ginarte 与 Walter G. Park, "Determinants of Patent Rights: A Cross-National Study", 26 *Research Policy* 283 (1997). 该文章反驳了这样的替代性假设，即在那些实行扩张性专利权的国家，专利保护要对较高的经济发展水平和较高的 R&D 支出负责。这个反驳与我们在第 11 章就扩大专利权所带来经济影响的不确定性而提出的论据相一致。

[18] 这些案件名单可从作者处获得。

经过对比，在最高法院自 1980 年以来所审判的案件中，有 34 起涉及反托拉斯法的实体问题，并且提出了法庭之友意见书，其中，89 份法庭之友意见书支持法院有关违反反托拉斯法之认定，而 96 份则反对作出这样的认定。经与知识产权案件中法庭之友意见书的统计数据比较，表明在法庭之友意见书的出具者中，对反托拉斯"权"的支持要少于对知识财产"权"的支持。这一结果并不出乎意料，因为自 1980 年以来就已经世易时移，其中，反托拉斯责任的范围在不断收缩，而不是像知识产权领域那样不断扩张。

我们不能忽略这样的可能性，即在知识产权法中一般都存在一种重要的公共利益因素，并且也许甚至存在于该法律在最近几十年的扩张之中。即便是最根深蒂固的公共选择理论家，也不可能否认，许多法律是服务于公共利益的，或者更准确地说，是服务于一种公共服务的理念（可能是非常错误的），而不是某个小范围的利益集团的利益。这些理论家中的许多人将进一步承认，为了使有效率的法律得以通过或者由法官来形成有效率的普通法规则，利益集团的压力并不总是必需的。例如，人们不会认为，对于制定保护财产权的法律或者惩罚犯罪行为的法律来说，利益集团会是必需的。如果收益—成本的比例足够高，那么，即使没有利益集团，集体行动（collective action）也是可行的。

回顾一下我们在第 1 章中关于财产权的讨论。作为一位明显不赞同有关立法的公共利益解释的经济学家，哈罗德·德姆塞茨提出，财产权的兴起并不是因为利益集团的阴谋诡计，而是由于不断加大的稀缺性，这样就提高了财产权相对于成本而言的价值。他虽然没有提出一个具有因果关系的机制来连接这两个方面，一是财产权制度在社会收益上的明显提高，一是经由政治过程而采纳该制度，但这样的理论是存在的。比如，在约瑟夫·熊彼特的民主理论中[19]，政客们通过向选民提出具有吸引力的政策而相互竞

---

[19] 参见 Joseph A. Schumpeter, *Capitalism, Socialism, and Democracy*，第 22—23 章(1942)。有关他的理论的一个概述，参见 John Medearis, *Joseph Schumpeter's Two Theories of Democracy* (2001)；有关该理论的详细介绍，参见 Richard A. Posner, *Law, Pragmatism, and Democracy*，第 4—6 章 (2003)。

争,这在很大程度上就等同于普通商品的卖家通过花言巧语而向顾客竞相兜售。如果他们未能提供这些东西,就可能在竞选中失利,就像1980年在吉米·卡特与1992年在乔治·布什身上所发生的那样。民主党政客们在遏制犯罪方面明显的徒劳无果,成为1968年以及20世纪80年代民主党总统候选人竞选失败的一个因素。如果财产权和遏制犯罪对于相当多的选民来说都很重要,那么,成功的政治家就会提供这些产品,而无需利益集团的推进或者施压。提及卡特是特别恰当的,因为他在1980年谋求再次当选总统时的失败,在很大程度上归因于20世纪70年代的"滞胀"。扩张知识产权的拥护者们由此提出,通过加快发明创新的速度,这样的扩张就将有助于国家摆脱经济不景气的状况。

如果我们回顾自中世纪以来的知识产权法历史,我们可能很容易地讲出一套"辉格党人的"(Whiggish)(他们认为历史是进步的)故事,其中,知识产权的成长过程是通过引用物质方面的改变和社会变迁以及由此增加了该等权利的社会价值而获得解释的,就像德姆塞茨关于在物质财产上突现财产权的理论那样。正如我们在第2章中所指出的,当复制相对于表达成本来说还很昂贵时——在这里还要补充,若把发明也带入这个问题中,则是指当重复一项发明相对于作出该发明的成本来说很昂贵时——知识产权的价值就将是有限的;作者与发明人无须用这些权利来保护其免于被复制。但现在的复制却是如此快捷和便宜,以至于阻碍了他们收回其在表达或者发明上的固定成本。商标权在过去一个多世纪中的扩张,也可以被解释为是对市场力量的一种反应。随着交易成本的降低和市场专门化程度的提高,购买者越来越少地接触到销售者或者有关销售者的信息。在这样的市场上,商标就为消费者提供了一种经济的方法,借此可以获取有关销售者声誉和所出售产品质量的信息。正如我们贯穿全书所强调的,对知识产权整体扩张过程进一步强化的一个因素是,知识产权的界定和执行成本趋于高昂。在一个简单的法律制度中,这些成本则可能变得特别地高。

随着知识产权制度变得越来越复杂,它就更有能力来解决那些涉及疑难问题(比如两个表达性作品是否构成实质性相似,或者某一新发明是否重复了另一项旧发明)的争议;随着技术发展而导致的复制成本不断降低与复制速度不断提高;随着技术进步获得了更高的评价,以及独创性一般都能够得到更高的奖励,知识产权的成本在下降而其收益则在提高,这就使得我们预期,即便在一种以促进公共利益为导向的政治体制中,知识产权也将得到扩张。在1787年《美国宪法》起草之时,13个州当中有12个已通过了著作权法,而普通法专利更是得到广泛承认。宪法授权国会制定全国性的专利法与著作权法,这一点并无争议,并且专利法和著作权法在第一届国会即获得通过。[20] 与物质财产上的权利兴起相伴随的是公共财产的衰落,尤其以我们在第1章所讨论的圈地运动(enclosure movement)为显著标志,这是很明显的。在这种关系中指出这一点很有意思,即发展中国家对于世界贸易组织《与贸易有关的知识产权协定》(即人们所知的 TRIPs 协定)表示了它们(勉强)的同意,该协定大大地加强了知识产权在国际范围内的执行,而这些国家之所以同意,部分原因是它们期望得到诸如此类的好处,比如发达国家将更愿意将技术转让给它们,比如会对它们自己的企业形成更大的生产知识财产的激励。[21]

我们叙述这段历史,不仅可以解释 TRIPs 协定,而且能够把《数字千年著作权法》的制定解释成对技术进步的回应,这些技术使得对数字文档的完全复制在实质上是无需成本与瞬间完成的,但是,它并未解释为什么应当以 1976 年为一个拐点(inflection point),大体上标志着在知识财产法律保护上发生一种突如其来和

---

[20] 参见 Bruce W. Bugbee, *Genesis of American Patent and Copyright Law* (1967); Frank D. Prager, "Historic Background and Foundation of American Patent Law", 5 *American Journal of Legal History* 309 (1961); Irah Donner, "The Copyright Clause of the U. S. Constitution: Why Did the Framers Include It with Unanimous Approval?" 36 *American Journal of Legal History* 361 (1992).

[21] 参见 Duncan Matthews, *Globalising Intellectual Property Rights: The TRIPs Agreement*, 第5章(2002)。关于知识产权保护带给发展中国家的上述这些和其他好处,其相关证据的概要介绍参见 Keith E. Maskus, "Intellectual Property Rights and Economic Development", 32 *Case Western Reserve Journal of International Law* 447, 478—488 (2000).

前所未有的增长的开端。[22] 不过,如果我们仔细考察那些促成放松管制运动的政治和意识形态力量,我们将会发现某些线索,以找到一个可能的答案。自由市场的意识形态是赞同财产权利的。在该意识形态的极端形式中,经济自由主义的目标是完全的商品化——任何具有经济价值的东西应当都归人所有。尽管达不到这一点,但放松管制运动的一个重要而有价值的目标就是,只要有可能,对于经济问题就要采取以市场为基础的解决方法来替代以直接管制为基础的解决方法。例如,"自由市场式环保主义"(free market environmentalism)就提出,对于稀缺的自然资源,无论是海洋鱼类还是电磁频谱,都能够通过更广泛地承认财产权的方式从而最有效率地达到保护目的;同样,污染也能够通过这种以市场为导向、以权利为基础的方法而得到最恰当的控制,比如对于像二氧化硫之类的污染物排放发放可交易的许可证。[23] 市场与财产权携手并进。财产权为私人经济活动提供了基本激励,同时也是交易的起点;资源则借助交易而转移到它们最有价值的用途上。

考虑到市场与财产权之间在历史和功能上的紧密关系,以自由市场为意识形态者自然就支持对知识产权的扩张。假如知识产权与物质财产权具有完全相同的经济属性,而我们从本书中已经看到,它们并非如此;或者,假如一种对表达性或者发明性活动的直接管制处于适当的位置,并且已经提议用一种以财产权为基础的制度取代之,那么它就不仅是自然的,而且本来就很明显是正确的。假如在1976年并没有任何专利制度,取而代之的是一种对成

---

[22] 之所以选这个点,主要不是因为1976年《著作权法》在著作权法领域带来了一个根本性变化,尽管它在相当程度上延长了个人的著作权保护期限,也在本质上把州的普通法著作权纳入了联邦法律,而是因为自此以后的那些年中,产生了在数量上前所未有的新的知识产权制定法和司法原则。

[23] 参见,例如 Terry J. Anderson 与 Donald R. Leal, *Free Market Environmentalism* (1991);研讨会,"The Law and Economics of Property Rights to Radio Spectrum", 41 *Journal of Law and Economics* 521 (1998); Elisabeth Krecké, "Environmental Policies and Competitiveness", 16 *Homo Oeconomicus* 177 (1999)。关于其他参考材料,参见 Elinor Ostrom, *Governing the Commons: The Evolution of Institutions for Collective Action* 12—13 (1990)。

功发明人直接给予政府奖励的制度,或者对私人公司的 R&D 直接给予政府资助;假如知识产权许可使用费是由政府确定而不是通过合同约定的;假如图书出版成了一种政府垄断;假如体现了知识财产的图书、药品以及其他商品的价格是由一个管制机构来确定的;假如为了使接触成本最小化,知识财产被免费分发,而其成本则由政府提供补贴——假如这些事情都是真实的,那么从经济效率的角度看,用专利法、著作权法、商业秘密法和商标法,简言之,用知识产权来替换它们,就将是在正确方向上迈出的一大步,这也是放松管制运动纲领上的一项主要观点。然而,这些事情中没有一个是真实的。知识财产已经朝着有利于财产权制度的方面而"被放松管制了",而该制度在超过最优点之外进行扩张所带来的危险,与该制度随着复制成本(特别是与质量相应的成本)的持续下降而面临被毁灭的危险,一样大。

我们在第 1 章结尾时提出的一个观点,与这里是相关的:将知识产权与物质财产权等同起来,就忽视了在前者的领域中比在后者的领域中包含着更大的政府因素,至少是在一个成熟社会中,几乎所有的物质财产均归私人所有,从而几乎所有涉及此类财产的交易都属私人性质。而政府则通过授予专利、著作权和商标,持续地牵涉到知识产权的创设中。把效率推定扩展至一个由政府授权来排除他人与权利人竞争的过程,政府怀疑论者(skeptics of government)对此应当有所踌躇。无法想象还有比弗里德里希·哈耶克(Friedrich Hayek)更坚强的财产权捍卫者了,难道他没有提出这样的警告:"[对知识财产]盲从地适用那个为有体物而发展起来的财产权概念,这已经极大地助长了垄断的增加,而且……如果要让竞争发挥作用,这里可能还必须进行激烈的改革。特别是在产业上的专利领域,我们应当认真地检查一下,授予一种垄断性特权,对于这种涉及对科学研究进行投资的风险承担来说,是否真正是最恰当和最有效的奖励形式。"[24]

在我们从 1976 年起算的知识产权保护范围快速增加的过程中,另一个政治或者意识形态因素是这样一种信念,它认为 20 世

---

[24] Friedrich A. Hayek, *Individualism and Economic Order* 114 (1948).

纪 70 年代经济不景气的原因或者结果之一,就是美国产业竞争力的下降,而这又可以归因于它在技术动力上输给了与之竞争的国家,最明显的如日本。这就成了一个理由,要求通过创立一家对专利上诉案件享有专属管辖权的法院,增强对专利的保护,当然了,日本人和其他国家的发明人也可以自由地寻求获得美国专利。在第 12 章我们看到,排除其他因素,在联邦巡回法院设立之前的专利上诉体系确实导致了在专利授予数量上的减少;考虑到技术进步的速度,这方面的某些迹象可能在该法院的创立上起到了某种作用。同样毫无疑问的是,知识产权的扩张也受到这种愿望的激励,即通过提高著作权和其他知识产权所有人(这些所有权人大多数是美国人)的收入,减少我们长期以来的贸易赤字。

我们在此前已经提到了尼克松总统对最高法院大法官的任命。这些被任命的大法官发现,对传统的反托拉斯政策的经济学批评是有说服力的。因此,在 20 世纪 70 年代与 80 年代,最高法院与里根时代的司法部以及联邦贸易委员会联合起来,逐步放弃了以往几十年的反托拉斯的鹰派做法。请回想一下,这种鹰派做法的内容之一,就是对知识产权的敌视,因为它们被看作是垄断力量的来源(它们确实具有垄断力,但在某种程度上很少具有任何反托拉斯意义)。因此,在反托拉斯政策上的转变以及提高对财产权的支持,就营造了一种不断增加的对知识产权的友好氛围。

自 1976 年开始的加强知识产权法律保护,是否已经给美国经济带来了净收益,这一点尚不明确。但是,我们所阐述的政治力量与意识形态倾向,受到那些支持知识财产创造者并反对复制者的利益集团压力的煽动,这是可以用来解释这种增强趋势的。另外一个因素是知识财产市场规模的扩大,我们在本书导论中通过统计数据已经暗示了这一点。这种扩大不能从 1976 年起算;但无可置疑的是,随着发达国家的经济由"工业"经济转向"信息"经济,该市场在最近几十年间已经发生了显著的扩大。这种扩大就提高了可从知识产权中获得的潜在的经济租,并因此而可能提高了我们所强调的在知识产权扩张的支持者与反对者之间的激励的不对称。

不过,这种分析由于以下事实而变得更为复杂,即对知识产权的法律政策既由立法活动所形成,也由司法行为而产生。公共选择分析的焦点集中于立法活动,因为利益集团在立法过程中的作用是得到广泛承认的,从而可以合理地将立法视为有影响力的利益集团所需求的并向它们供给的一个产品,以换取它们的包括在选举上的贡献在内的政治支持。相反地,司法过程的结构安排就是为了使利益集团的作用最小化;利益集团固然可以提交法庭之友意见书,但法官很少会有激励对此类意见书给予高度重视。由于这些以及其他方面的原因,对于法律制度的经济分析倾向于区分普通法和立法性政策的制定,并且出于包括司法激励与约束在内的各种原因,从而主张,前者比后者而更可能具有经济效率。[25] 虽非全部但在相当的范围内,我们在知识产权法中同样发现了这种模式。知识产权法中最有效率的部分,看起来主要就是商标法、商业秘密法以及公开权法的普通法领域[26],加上普通法著作权以及著作权法中很重要的合理使用原则——尽管它被规定于1976年《著作权法》中,但主要还是普通法。同样,虽然专利法的非显而易见性条件在1952年《专利法》之前并未被法律所规定,但法官长期以来即以显而易见性为由宣告专利无效。所以,总体而言,知识产权法中的法官造法部分,看来还是相当有效率的;而确定著作权

---

[25] 这就是我们在《侵权法的经济结构》(*The Economic Structure of Tort Law*,1987)一书中的一个首要主题。另参见 Richard A. Posner, *Economic Analysis of Law*(第6版,2003),特别是第2章。不过,对"普通法"(common law)一词需作界定。在其最窄的意义上,它指的是在18世纪由英格兰普通法法院所实施的法律体系,从而排除了海商法、家事关系法和衡平法。在一种较广的意义上,它指任何由法官所创制的法律体系。而在其最广泛意义上,它不仅指法官所创制的法律体系,而且指法官所创立的原则,它们用来填补制定法和宪法中的漏洞或者解决其中的模棱两可之处。本书正是在此意义上使用该词的。从这个意义出发,则在反托拉斯法、宪法以及专利法和著作权法中的许多部分就属于普通法。正如文中所提到的,当制定法没有相应规定,或者只是对普通法原则的法典化的地方,知识产权法的一些领域也属于第二层意义上的普通法。

[26] 商标法的主要制定法是联邦的《拉纳姆法》,它规定得相当具体,但它最重要的那些条文,许多都只是对法官所创设的原则的法典化,比如功能性,15 U. S. C. §1053(e)(5),或者一个商标"在总体上"具有不可转让性,也就是说,除非把它用于制造该商标产品的资产一并转让。同揭§1060。

与专利的保护期限、废除著作权的续展制度以有利于确定一个单一制的更长时间的保护期限、将著作人身权规则引入著作权法或者让建筑物和建筑图纸都可以享有著作权,这些都不应归咎于法官。在以往就法官造法所作的经济分析中,我们已经指出了许多的例子,说明在法官创设的规则或者司法判决中所表现出来的经济学精妙之处。

但是,1992 年对著作权法合理使用条款的修订,其目标就是我们所批评的那些案件(*Salinger* 案和 *New Era* 案),而且在前面几章中,我们也对其他案件加以了批驳,比如 *Rogers v. Koons* 案(尽管其错误可能是在于,被告孔斯的律师未能将小狗雕像归为一种"目标"式滑稽模仿,而不仅仅是一种作为"手段"的滑稽模仿);*Tasini* 案(即《纽约时报》电子数据库案——但此案的错误可能是由于著作权制定法中有关集合作品条款的用语过于精确所致);联邦巡回法院有关商业方法专利的判决;以及 *Brulotte v. Thys* 案(该案禁止以被许可人在专利保护期届满后继续支付使用费为条件而许可一项专利),它是历年来在经济学上很愚笨的最高法院判决之一,而不只是几十年来关于专利和著作权的搭售与捆绑销售的那些愚蠢判决的顶峰。

由于联邦巡回法院在扩张专利保护上所起的作用,因此,如果想要就知识产权法律保护为什么在最近几十年中不断得到扩张这个问题获得一个令人满意的解释,就必须考虑与普通法官相区别的专门法官的特殊政治经济学。联邦巡回法院并不完全是专门法院;除专利案件外,它的司法管辖范围相当广泛。但是,专利案件是其管辖范围中最重要的部分,而且,正如我们在第 12 章所解释的,一家专门法院比一家普通法院更可能具有一种"使命"导向。这已经成为联邦巡回法院的经历;它将自己的使命确定为通过扩大专利的权利而促进技术进步。

有一个疑难问题是,假如考虑到我们在第 11 章所指出的,专利相比于著作权提供了更大的潜在经济租,但为什么在著作权领域反而比在专利领域中存在着更多的立法活动。大致准确的回答是,著作权法和专利法各具不同的结构。著作权法倾向于对所保护的作品按其本质分门别类(例如图书),而专利法则在更广阔的范围内保护发明。因此,当新的表达性作品种类出现时(比如录音)或者当旧的种类被认为有必要给予著作权保护时(比如建筑物,区别于建筑图纸),就可能必须借助新的立法而将它们纳入著作权的保护伞之下。那么,如何来解释它们在结构上的差别呢?其中一个解释可能是,因为一项专利是通过申请而获得的,并非通过声称就可以获得,所以专利法被划得更为广泛;通过一个过滤机制,即在专利商标局进行的程序,就可以阻止将那些最有疑问的专利申请授予专利。著作权的产生则是声称性的。因此,如果著作权法把可享有著作权的材料简单地定义为"表达性作品",而(由于第4章所讨论的对以往享有著作权的材料进行检索存在困难)无须由版权局审查某一著作权申请的新颖性、非显而易见性以及诸如此类的条件,那么就将在这些问题上发生大量的可导致诉讼的混淆,比如哪些是被著作权有效覆盖的,而哪些属于公共领域。

关于为什么在专利领域的立法活动较少,一个替代性的但也具有相关性的解释是,因为专利法的结构是把更多的自由裁量权留给了法院,在今天主要就是指联邦巡回法院,而我们知道,它对专利权是很开通的,所以专利权人就较少需要立法支援。这也将有助于解释我们对法庭之友意见书的统计,它显示,通过司法过程而获得专利保护比获得著作权保护付出了更大的努力。还有另一种可能的解释,尽管该解释的说服力较弱并且与我们关于法庭之友意见书的统计之间存在紧张,即虽然从理论上而言,专利比著作权提供了更强的保护,并且有着更大的寻租机会,但两者的差额也由于法律采取了控制该种可能性的措施而被转移了,比如缩短专利的保护期限(相对于著作权的标准),设定条件以要求在专利申请文件中必须披露使该发明得以被重复所必需的步骤,收取较高的专利维持费,以及专利申请人必须承受PTO程序的重重折磨;此外,还有商业秘密可以作为替代手段,这样就减少了对专利保护的需求。作为上述所有这些的结果,考虑到著作权期限非常的长以及享有著作权的很多作品种类只需非常低的复制成本,今天在著作权的许多领域中,可能获得反而比从更强的专利保护中所获得的更大的潜在租值。不过,这并不是一个令人信服的解释,因为它没有解释为什么专利权人没有让专利法得到修订,而使他们的权利更接近于著作权人现在所享有的权利。

　　总而言之,最近几十年来的知识产权法体系及其扩张,看来只能通过政治过程中的公共利益与公共选择理论相结合才能得到解释。而且,看来有必要把政治和意识形态因素加入其中,并且有必要把以往某些文献中就立法机关与法院在效率导向上所作的清晰区分变得模糊一些。

结　语

我们并不意图对本书进行总结，而是想以结语的形式，强调在我们的分析中所出现的八个观点。

1. 经济学使法律得到很大的简化。知识产权法包含了各种不同的领域——著作权法、专利法、商标法、商业秘密法、对公开权的侵权以及有关非法挪用的普通法——它们涉及不同的制定法、由法官所创制的规则和原则的不同积累，以及不同的法律词汇。而且，知识产权法的对象涵盖各种不同的行业与行为。但是，经济分析揭示了在法律与实践多样性之下的大量共同之处。它们在法律上的区别有些远算不上真正有意义的差别。经济分析让人们得以整体把握知识产权法，存在于不同领域和案件中的许多共同点，就与它们之间的重大差别一起而为人们清晰所见。

例如，经济学让我们能够解释专利法与商业秘密法之间的相互关系，它们各自克服了对方的难题，如果没有对方，则任何一方绝少能够令人满意。它让我们认识到拥塞外部性的重要性，而在此之前，我们只用于解释公开权时才予以明确承认，现在则可用以解释给予某种程度的著作权保护是正当的（尽管其外部性可能比现有法律所规定的要低），并且让我们把这些外部性与以下诸多问题联系起来：著作权所有人对演绎作品的控制；著作人身权的概念；对独一无二的艺术作品给予著作权，尽管该作品的复制件并不构成合适的替代品；以及观念艺术的可著作权性，尽管从原则上说，著作权法并不保护思想。经济分析也使我们能够确认音乐作品著作权与商标或专利之间的关系；能够描绘遍布整个知识产权法的合理使用原则；能够将著作权的续展与策略性专利行为相联系；能够解释专利共有人和著作权的共有人在权利上的差异，以及专利法对于改进专利与著作权法对于演绎作品的不同处理方式；并且能够提出一种新的确定著作权保护期限的制度。

2. 经济分析不仅统一了知识产权法的不同领域,而且将知识产权法与普通财产法连接起来了。在第 1 章中,我们交互讨论了财产法和知识产权法的经济学,并且在全书中我们不时提到这两种财产在法律上的类似待遇。而且不止于类比。基本的产权经济学平等地适用于知识财产和物质财产。这两种法律体系之间的差别,在很大程度上借助于一个统一的经济模型中相关变量的不同值,就可以简单地予以解释了。例如,与知识产权相关的交易成本通常远远大于物质财产的交易成本。这一差别对于特定的法律解决方式具有重要意义,但不会影响到分析模型。因为该模型的一个基本假设就是,交易成本越高,法律就越不可能通过含义宽泛的财产权来寻求规制交易,因为财产权作为一种对世权——亦即任何想要该权利者均须与其所有人进行谈判——只有通过自愿交易,才能从估值较低的使用人向估值较高的使用人进行再配置。如果该种交易由于交易成本过高而不可行,则法律就将缩小其财产权。

这就说明为什么我们预期(并且发现)在知识产权法中的合理使用原则(它实际上就是允许一种无需补偿的财产征用)远比在有关物质财产的法律中要广泛得多。[1] 它也说明为什么我们预期拾得者的权利应当更大,并且某一财产权随时间经过而消灭的情形应当变得更为平常。它是为什么要求商业秘密的拥有者比土地所有人构筑更高"篱笆"的原因。诸如此类的例子还可以随意增加。我们期待出现这样的时刻,财产法教授视知识产权为其兴趣的自然延伸,而知识产权教授则有机会讲授基础的财产法课程。就我们所知,此种交替方式目前尚属罕见。[2]

---

[1] 尽管在普通的财产法中并不使用该术语,但其观念是存在的,并且以"紧急避险的侵入"(trespass of necessity)原则为例加以阐明。如果你为了避免撞上一个小孩而把汽车急转到了某人的一块空地上,那你并不构成侵入行为,即使你并没有得到财产所有人的允许。用知识产权的行话来说,我们将把你对其财产的使用称为合理使用,并因此而享有免责特权。虽然我们强调的是著作权法中的合理使用,但在商标法中也存在着合理使用原则,并且专利法也包含了合理使用的因素,即对改进专利的处理上。

[2] 关于一个有趣的例子,参见 Richard A. Epstein, "*International News Service v. Associated Press*: Custom and Law as Sources of Property Rights in News", 78 *Virginia Law Review* 85 (1992)。

3. 经济分析并不能提供充分的理论或者实证根据,来评估知识产权法对经济福利所产生的整体效果。最少受到怀疑的是商标法的价值,我们在第 7 章中将其作为一种使消费者搜寻成本最小化而被合理设计出来的制度[3],同样,商业秘密法(参见第 13 章)的核心内容的价值也极少受到怀疑。同样也是基于一种合理的推测,某种核心的专利与著作权保护是增进福利的。但是,并没有任何依据可以确称,现有的专利或者著作权保护范围和期限就是最优的。人们所怀疑的,并不这种保护是否太小,而是在于它是否太大了,从而使由此造成的接触成本和交易成本与由于提高了生产出具有社会价值的知识产品的激励而可能带来的收益不成比例。这种怀疑又由于我们不断提到的这个观点——知识产权的扩张实际上可能减少了新知识财产的数量,因为新知识财产的一项重要输入就是现有的这些财产,而这样一来就在新知识财产的创造中提高了创造者的输入成本[4]——而愈加深重。这在专利和著作权领域都是成立的,从而使我们对在这些领域中扩大知识产权的提议表示疑虑。任何进一步的扩张就将提高接触和交易的成本,同时可能减弱而不是增加了对于创造新知识财产的激励。

4. 有人可能认为,如果经济学不能回答对知识财产的法律保护范围应当有多大这个基本问题,那么特定的规则、原则、制定法条文或者判例的效率也无法得到确定。这种看法并不正确。不管对基本问题的回答如何,某些经济学观点还是非常明确的;它也可能是"现实的",并且假定知识产权保护的近似现行水平是给定的(说其近似,是因为在接头处肯定存有某种间隙),那么基于此种假设就可以调查哪些规则、原则或诸如此类的东西是正确的。例如,著作权法对作者是否保护过度了,这看来似乎是明确的,所以,合理使用原则在适用于其作者无意发表的未发表作品之时,应当作

---

[3] 尽管我们对于"纯粹的"反淡化法的社会收益也确实表示了怀疑。
[4] 当我们在我们这篇文章中初次提出这一点时,它还是一个新颖的观点,"An Economic Analysis of Copyright Law", 18 *Journal of Legal Studies* 325 (1989)。这对于专利研究者们是早就熟悉的,因为很显然,技术进步是一个累积的过程。文学和艺术就常常很少被人这样理解,而是倾向于(错误地)把那些想象性作品的创作者看作是孤独的天才,而非以往作品的改进者。

扩张解释;但正如我们在第 5 章中所解释的,拒绝由后来的作者使用此类作品,并不能明显地阻止该种材料被创造出来。同样地,即使我们并不知道现行的著作权保护期限是否过长(尽管我们怀疑如此),但我们在第 8 章中还是表明,实行一种著作权保护期限续展制度,从效率根据上看,可能要优于由 1976 年《著作权法》所规定的为期很长的单一保护期限,以及由《松尼波诺著作权期限延长法》所规定的更长的保护期限。而且,无论视觉艺术作品最终是否应当享有著作权——考虑到其主要效果可能就是为了让最成功的艺术家们可以从演绎作品中获得某些额外的收入——但是,在《视觉艺术家权利法》中所体现的著作人身权规则,看来还是明显不具有效率的。

我们赞成商业秘密和专利法,但这与专利保护期限是否过长或者专利保护范围是否过宽这样的问题无关。我们对于商标在减少消费者搜寻成本(否则,正如我们迂回到语言经济学上所表明的,将使语言逐渐枯竭)上的利益分析,并不涉及知识产权保护是否过度这样的不确定问题;因为,由专利法和著作权法所造成的接触与交易成本,在商标法中并不是一个重要的考虑因素,即便该法律亦由于反淡化法而变得"产权化"了。正如上述诸点所示,事实上也是我们在全书中一再强调的,在知识产权法的经济分析上,除了为创造此类财产而提供激励这个问题外,还有许多其他问题需要考虑。

5. 在我们的分析中值得强调的另一个因素,是那些所谓"连锁"(interlock)的主题。假设从财产权所赋予的静态和动态收益上讲,对知识财产给予某种程度的法律保护是必需的,但是,在知识产权法中出现的特定原则却经常反映出,必须检查由那些创设、界定和执行知识产权的努力所不可避免引起的扭曲。专利法和著作权法关于保护期限的规定是明显的例子;无所不在的合理使用原则又是一个例子。我们提出,专利法与商业秘密法存在着互为补偿的关系;我们也指出,外观设计专利可以被理解为是为了解决由商标法保护商品装潢所带来的问题。

6. 很显然,知识财产是多种多样的。知识产权法包括四个主要领域(专利、著作权、商标和商业秘密),它们是在经济上截然不同的知识财产形式,但远不止这四种。看起来分得很清楚,但下面这些东西,每一组居然适用的是相同的一套基本法律规则:流行歌曲与计算机软件、客户名单与工业方法、电子数据库与豆豆娃、新的药品与用于装饰的头巾饰物、肿瘤鼠与网上一次点击订货。特别是,科学技术进步已经让在本质上属于18世纪的财产权制度与管制规则处于日益加大的重负之下。可能早该对知识产权法进行某种重构了,它比本书所考虑的更为激进,它能更好地传达了对科学与技术的理解,并且更多地关注当前的与将来可能的科学技术进步(特别是在计算机、通信与生物技术上)。

7. 正如我们贯穿全书,尤其是在最后一章中所指出的,[20世纪]最后四分之一世纪见证了在知识产权范围上的一种扩张,尽管并不统一却是规模相当之大。我们探讨了这种扩张趋势的可能原因,但是没有得到结论性的答案。虽然我们确认,对现有知识产权法体系进行某些立法和司法上的干预是具有经济效率的,但是仍无法对该时期知识产权法的演变获得任何在公共利益方面的解释。公共选择理论强调利益集团在决定公共政策时的作用,但它也无法对这种演变作出令人信服的解释。这样一种解释既在理论上也在实践中具有重要意义,因为如果没有它,就无法认清可行的改革之道,也不能循此道路向前迈进。我们需要有一项多大范围的知识产权制度,才能为表达性活动或者发明活动的形成提供充分的激励?对这个基本问题的回答,与对知识产权法演变的解释,连在一起就成了知识产权经济分析当中最重要的未竟事业。

8. 另一个尚未解决的问题是,法官造法与制定法的相对效率。从整体上看,知识产权法中的法官造法部分看起来是相当有效率的,我们也举出许多例子,说明在法官创设的规则或者司法判决中所表现出来的经济学精妙之处,但是,也有许多立法性活动干预其间,意在纠正那些在经济上不合理的判决,比如专利与著作权中的搭售和捆绑销售的判决。为什么知识产权保护在最近几十年来不断扩张,对此难题的回答,除了考虑其他疑难方面之外,还应考虑到法官与立法者在视角、约束与激励方面的差异以及这两个决策体系是如何相互作用的,以形成我们在本书中所讨论的令人着迷、丰富多彩、疑难重重、错综复杂但又极其要紧和具有典范经济性的法律体系。

志　谢

本书利用了我们以往所写的关于知识产权的文章，其中既有合作完成者，也有个人的专门著述，但我们对之进行了广泛的修订，包括更新数据、重新编排、扩写和反思。第11、12章对专利法的讨论则是全新的，导论、结语和第15章也是如此。第1章和第14章在相当大程度上也是新的，而其余章节则是我们以往作品的修订、扩充和更新版；特别是，第2、4、9章加入了大量的新材料。在我们所利用的以往作品中，以我们为合作作者的有：《商标法：一个经济学的视角》("Trademark Law: An Economics Perspective", 30 *Journal of Law and Economics* 265 [1987])；《商标法经济学》("The Economics of Trademark Law", 78 *Trademark Reporter* 267 [1988])；《著作权法的一个经济分析》("An Economic Analysis of Copyright Law", 18 *Journal of Legal Studies* 325 [1989])；《商业秘密法的一些经济学问题》("Some Economics of Trade Secret Law", *Journal of Economic Perspectives*，1991年冬季卷，第61页，戴维·弗里德曼[David Friedman]也为合作作者之一)；以及《无限可续展的著作权》("Indefinitely Renewable Copyright", 70 *University of Chicago Law Review* 471 [2003])。以兰德斯一人为作者的有：《书信、日记和其他未发表作品的著作权保护：一种经济学方法》("Copyright Protection of Letters, Diaries, and Other Unpublished Works: An Economic Approach", 21 *Journal of Legal Studies* 79 [1992])；《著作权、借用形象和挪用艺术：一种经济学方法》("Copyright, Borrowed Images, and Appropriation Art: An Economic Approach", 9 *George Mason University Law Review* 1 [2000])；以及《〈1990年视觉艺术家权利法〉有何建树？》("What Has the Visual Artists Rights Act of 1990 Accomplished?" 25 *Journal of Cultural Economics* 283 [2001])。

由波斯纳个人担任作者的是:《滑稽模仿何时属于合理使用?》("When Is Parody Fair Use?" 21 *Journal of Legal Studies* 67 [1992]);《法律与文学》(*Law and Literature*,1998 年的修订与扩充版)第 11 章;《法律理论的前沿问题》(*Frontiers of Legal Theory*,2001 年)第 1、6 章;以及《反托拉斯法》(*Antitrust Law*,第 2 版,2001 年)第 9 章。

我们感谢 William Baude, Petet Broadbent, Carolyn Chong, Bryan Dayton, Brian Grill, David Kitchen 与 Carl LeSueur,他们付出了很有裨益的研究帮助;我们也感谢 Michael Aronson, Erica Benton, Dennis Carlton, Edward Cramer, Christopher DeMuth, Rochelle Dreyfuss, Michael Green, Scott Hemphill, Scott Kieff, Benjamin Klein, Elisabeth Landes, Mark Lemley, Lawrence Lessig, Pierre Leval, Douglas Lichtman, Robert Merges, William Patry, Steven Shavell, John Thorne, Samson Vermont, Timothy Wu 与 Tzachi Zamir,他们对前期手稿发表了有益的评论。我们还要对以下人员所提出的诸多有益的评论表示感谢。他们是:参加由美国版权协会(Copyright Society of the USA)所举办的第 32 届唐纳德·C. 布雷思(Donald C. Brace)纪念演讲年会的听众,波斯纳于 2002 年 11 月 18 日在会上阐述了本书第 8 章的一个版本;参加 2002 年 11 月 19 日举行的 2002 年 AEI-布鲁金斯联合中心杰出讲座(AEI-Brookings Joint Center Distinguished Lecture)的听众,波斯纳在该讲座中介绍了第 15 章的一个版本;以及哈佛法学院的法和经济学研讨班、波士顿大学法学院知识产权研讨班的参加者,波斯纳于 2003 年 3 月 4 日、6 日分别在这两个研讨班上介绍了第 11、12 章和第 8 章。最后,我们感谢那些在研讨班和研讨会上提出过有益评论的参与者,我们在那里所提交研讨的文章构成了本书某些章节的基础。

案例索引

（本索引所标页码为原书页码，本书边码，"n"表示脚注，下同）

A&M Records, Inc. v. Napster, Inc., 120–121
Abercrombie & Fitch Co. v. Hunting World, Inc., 188n
ABKO Music Inc. v. Harrisongs Music, Ltd., 88n
Academy of Motion Picture Arts and Sciences v. Creative House Promotions, Inc., 264n
Alcatel USA., Inc. v. DGI Technologies, Inc., 355n
Alfred Bell & Co. v. Catalda Fine Arts, 261n, 262, 263, 265
Allen v. W. H. Brady Co., 303n
American Chicle Co. v. Topps Chewing Gum, Inc., 204n
American Geophysical Union v. Texaco, 48n
American Home Products Corp. v. Barr Laboratories, Inc., 190n
Amgen Inc. v. Hoechst Marion Roussel, Inc., 317n
Anderson v. Stallone, 109n
Anheuser-Busch, Inc. v. Balducci Publications, 165n
Aro Manufacturing Co. v. Convertible Top Replacement Co., 382n

Baker v. Selden, 97–104
Benny v. Loew's, Inc., 155n
Blau Plumbing, Inc. v. S.O.S. Fix-It, Inc., 205n
Blue Bell, Inc. v. Farah Manufacturing Co., 181n
Board of Trade v. Dow Jones and Co., 105–106
Bonito Boats, Inc. v. Thunder Craft Boats, Inc., 211n
Borden, Inc. v. FTC, 173n
Botello v. Shell Oil Co., 286–287

Bridgeman Art Library v. Corel Corp., 261n, 263, 265
Bristol-Myers Squibb Co. v. McNeil-P.P.C., Inc., 190n
Broadcast Music Inc. v. Columbia Broadcasting System, Inc., 386–387, 388n
Brulotte v. Thys Co., 372, 380–381, 417

Campbell v. Acuff–Rose Music, Inc., 148n, 153, 154n, 155n, 163n
Campbell v. Koons, 261n
Carpenter v. United States, 355n
Carson v. Here's Johnny Portable Toilets, Inc., 159n, 226
Carter v. Helmsley-Spear, Inc., 275n, 281–282, 283n
Castle Rock Entertainment, Inc. v. Carol Publishing Group, Inc., 163n
Ciba-Geigy Corp. v. Bolar Pharmaceutical Co., 190n
Cliff Notes, Inc. v. Bantam Doubleday Dell Publishing Group, Inc., 165n
Coach House Restaurant, Inc. v. Coach & Six Restaurants, Inc., 182n
Coca-Cola Co. v. Gemini Rising, Inc., 160n, 162
Columbia Broadcasting System, Inc. v. Lowe's, Inc., 155n
Computer Associates International v. Altai, Inc., 392n
Corona Cord Tire Co. v. Dovan Chemical Corp., 303n

Davis v. The Gap, Inc., 154n
Deere & Co. v. MTD Products, 159–160
Demetriades v. Kaufmann, 100n, 101n
Dr. Seuss Enterprises, L.P. v. Penguin Books USA, Inc., 152, 154n
Durham Industries, Inc. v. Tomy Corp., 113n

Dwinell–Wright Co. v. White House Milk Co., 182n

E. I. du Pont deNemours & Co. v. Christopher, 330n, 355, 355n, 369, 371
Eldred v. Ashcroft, 210n, 211n, 218n, 231, 408n
English v. CFC&R 11th Street LLC, 282
Estate of Martin Luther King, Jr., Inc. v. CBS, Inc., 124n

Feist Publications, Inc. v. Rural Telephone Service Co., 103–104
Festo Corporation v. Shoketsu Kinzoku Kogyo Kabushiki Co., 322n, 323n, 338
Flack v. Friends of Queen Catherine Inc., 283–284
Forward v. Thorogood, 264n
Franklin Mint Corp. v. National Wildlife Art Exchange, Inc., 262n

Gaylor v. Wilder, 303n
Gilliam v. American Broadcasting Cos., 279n
Gracen v. Bradford Exchange, 113n

Harper & Row Publishers, Inc. v. Nation Enterprises, 125, 126, 130, 143–144, 146
Haslem v. Lockwood, 17n, 35
Haynes v. Alfred Knopf, Inc., 144n
Hays v. Sony Corp. of America, 272n
Henry v. A. B. Dick Co., 372n, 373–374
Hoepker v. Kruger, 255n
Hormel Food Corp. v. Jim Henson Productions, Inc., 160n
Hurst v. Hughes Tools Co., 355n
Hyatt Corp. v. Hyatt Legal Services, 206n

Illinois High School Assocation v. GTE Vantage, Inc., 33, 196–197
Imperial Homes Corp. v. Lamont, 100n
In re Independent Service Organizations Antitrust Litigation, 379n
International Business Machine Corp. v. United States, 373n
International News Service v. Associated Press, 4, 105, 107, 421n
International Nickel Co. v. Ford Motor Co., 322–323
International Salt Co. v. United States, 373n

Johnson & Johnson Associates, Inc. v. R. E. Service Co., 338n
Jordache Enterprises, Inc. v. Hogg Wyld, Ltd., 162n

Kewanee Oil Co. v. Bicron Corp., 355n, 359n, 360, 364n

L. Baitlin & Son, Inc. v. Snyder, 113n, 263n
Lee v. A.R.T. Co., 108n, 261n, 265
Leibovitz v. Paramount Pictures Corp., 154n
L. L. Bean, Inc. v. Drake Publishers, Inc., 163n
LeSportsac, Inc. v. K Mart Corp., 199n
Lish v. Harper's Magazine Foundation, 145–146
Lotus Development Corp. v. Borland International, Inc., 392
Lucasfilm Ltd. v. High Frontier, 194n

Mallinckrodt, Inc. v. Medipart, Inc., 381n
Martin v. City of Indianapolis, 275n, 283
Mattel, Inc. v. MCA Records, Inc., 162n
McGregor-Doniger, Inc. v. Drizzle, Inc., 205n
Metallizing Engineering Co. v. Kenyon Bearing & Auto Parts Co., 361n
Minnear v. Tors, 91n
Mirage Editions, Inc. v. Albuquerque A.R.T. Co., 261n, 265n
Moncada v. Rubin-Spangle Gallery, Inc., 284–285
Morgan Envelope Co. v. Albany Perforated Wrapping Paper Co., 381n
Morrisey v. Proctor and Gamble Co., 97n
Morton Salt Co. v. G. S. Suppiger Co., 373n
Mucha v. King, 27n

Nabisco, Inc. v. PF Brands, Inc., 206n
Nadalin v. Automobile Recovery Bureau, Inc., 28n
National Basketball Association v. Motorola, Inc., 106–108
New Era Publications v. Henry Holt & Co., 125–126, 126n, 130, 135n, 144, 417
New York Times v. Tasini, 273, 417

O'Reilly v. Morse, 323n

Painton & Co. v. Bourns, Inc., 364n
Park 'n Fly, Inc. v. Dollar Park & Fly, Inc., 183n
Pavia v. 1120 Avenue of the Americas Associates, 271n, 282–283
People for the Ethical Treatment of Animals v. Doughney, 165n
Pepsico, Inc. v. Grapette Co., 184n
Pharmacia Corp. v. Alcon Laboratories, Inc., 190n

案例索引 515

Phillips v. Frey, 355n
Piarowski v. Illinois Community College District 515, 157n
Pickett v. Prince, 109n, 113n
Pioneer Hi-Bred International v. Holden Foundation Seeds, Inc., 368n
Polaroid Corp. v. Polarad Electronics Corp., 182n
Pollara v. Seymour, 284–285
Publications International, Ltd. v. Landoll, Inc., 200
Pushman v. New York Graphic Society, 127, 264

Qualitex Co. v. Jacobson Products Co., 189n, 200

Richmond Homes, Inc. v. Raintree, Inc., 101n
Roberts v. Sears, Roebuck, & Co., 304n
Robinson v. Random House, Inc., 276n
Roche Products, Inc. v. Bolar Pharmaceutical Co., 336n
Rockwell Graphic Systems, Inc. v. DEV Industries, Inc., 368n
Rogers v. Koons, 163, 261, 268–269, 272, 417
Romm Art Creations, Ltd. v. Simcha International, Inc., 149n

Salinger v. Random House, Inc., 125, 126, 129, 130, 135n, 144, 417
Scheiber v. Dolby Laboratories, Inc., 380n
Schiller and Schmidt, Inc. v. Nordisco Corp., 269n
Sega Enterprises Ltd. v. Accolade Inc., 100, 102, 121n, 309, 392
Serra v. U.S. General Services Administration, 281n
Sheldon v. Metro-Goldwyn Pictures, 88n
Smith v. Chanel, 206, 206n
SmithKline Beecham Corp. v. Pennex Products Co., 190n
Sony Corporation of America v. Universal Studios, Inc., 118–119, 123, 409
Standard Fashion Co. v. Magrane-Houston Co., 397–401
Standard Oil Co. (Indiana) v. United States, 382
State Street Bank & Trust Co. v. Signature Financial Group, Inc., 328n, 341

Sunderman v. Seajay Society, Inc., 135n, 145
SunTrust Bank v. Houghton Mifflin Co., 149, 154n

Taliferro v. Augle, 275n
Taylor Wine Co. v. Bully Hill Vineyards, Inc., 204
Treasure Salvors, Inc. v. Unidentified Wrecked & Abandoned Sailing Vessel, 17
Ty, Inc. v. GMA Accessories, Inc., 279n
Ty, Inc. v. Perryman, 206n
Ty, Inc. v. Publications International Ltd., 121–122, 163n

UMG Recordings, Inc. v. MP3.com, Inc., 121n
United Feature Syndicate v. Koons, 261n
United States v. General Electric Co., 383–385
United States v. Loew's, 387–388
United States v. Microsoft Corp., 393–394
Universal Studios, Inc. v. Corley, 43n
U.S. Golf Association v. St. Andrews System, Data–Max, Inc., 106n
USM Corp. v. SPS Technologies, Inc., 380n

Waldman Publishing Corp. v. Landoll, Inc., 276n
Wal-Mart Stores, Inc. v. Samara Bros., Inc., 193n
Weinstein v. University of Illinois, 272n
Westinghouse v. Boyden Power Brake Co., 317n
WGN Continental Broadcasting Co. v. United Video, Inc., 279n
White v. Samsung Electronics America, Inc., 159n
White-Smith Music Publishing Co. v. Apollo Co., 19n
Williams v. Broadus, 109n
Wilson v. Simpson, 381n
Wilson Sporting Goods Co. v. David Geoffrey & Associates, 323n
W. L. Gore & Associates v. Garlock, Inc., 361–362
Wojnarowicz v. American Family Association, 286
Wright v. Warner Books, Inc., 129n, 145

Zacchini v. Scripps-Howard Broadcasting Co., 223n

作者索引

Aitchison, Jean, 170n, 171n
Akerlof, George A., 210n
Akmajian, Adrian, 169n
Alchian, Armen A., 42n
Alford, William P., 52n
Allison, John R., 320n, 335n, 338n, 339n
Alsop, Ronald, 228n
Ames, E. Kenly, 260n
Anderson, Bentley J., 7n
Anderson, Terry L., 11n, 414n
Areeda, Philip E., 374n, 380n
Arno, Peter S., 310n
Arrow, Kenneth J., 304

Bae, Jay P., 314n
Baird, Douglas G., 105n, 223n
Baird, Laura M., 311n
Baker, Scott, 320n
Bakos, Yannis, 388n
Banks, Bruce A., 311n
Becker, Gary S., 154n, 161n, 174n, 209n, 256n
Begley, Sharon, 179n
Ben-Porat, Ziva, 164n
Berman, Bruce, 320n
Berndt, Ernst, 314n
Besen, Stanley M., 46n, 126n, 396n
Bessen, James, 327n
Beverley-Smith, Huw, 64n, 105n, 223n
Bevington, David, 59n
Bhagwati, Jagdish, 47n
Blair, Roger D., 7n, 314n
Bloom, Harold, 59n
Bone, Robert G., 354n, 366n
Bonus, Holger, 256n
Bork, Robert H., 398n
Bouckart, Boudewijn, 2n
Boudin, Michael, 392
Boyle, James, 13n

Brakman, Steven, 327n
Branstetter, Lee, 326n
Breit, William, 42n
Breyer, Stephen G., 9n, 21n, 189n
Britt, Bill, 224n
Brock, William A., 404n
Brown, Cynthia J., 51n
Brynjolfsson, Eric, 388n
Bugbee, Bruce W., 51n, 413n
Bullough, Geoffrey, 58n
Buranen, Lise, 61n, 192n
Bynon, Theodora, 170n

Caprio, Frank M., 380n
Carlton, Dennis W., 40n, 117n, 301n, 315n, 321n, 327n, 329n, 385n
Carroll, John M., 193n
Caves, Richard E., 38n
Chang, Howard F., 317n
Chatman, Seymour, 148n, 155n, 163n
Cheung, Steven N. S., 328n, 354n, 366n
Church, Steven A., 332n
Clankie, Shawn M., 192n
Clark, T. J., 68n
Coase, Ronald H., 14n, 23n, 91, 92, 95–97, 102, 272n
Cohen, Wesley M., 312n, 359n
Comanor, William S., 173n
Coombe, Rosemary J., 161n
Cooter, Robert D., 403n
Cotter, Thomas F., 7n, 314n
Coverdale, John F., 167n
Craswell, Richard, 204n, 205n
Creamer, Jon, 255n
Cross, Eric, 67n

Dahlman, Carl J., 12n
Dale, S. S., 67n
Danto, Arthur C., 258n

Danzon, Patricia M., 313n
D'Arcy, David, 255n
Dasgupta, Partha, 301n, 327n
Davis, Michael H., 310n
Davis, Steven J., 314n
De Geest, Gerrit, 2n
Demers, Richard A., 169n
Demsetz, Harold, 14n, 412
Denicolò, Vincenzo, 10n, 324n, 361n
Dentith, Simon, 148n, 150n
Derthick, Martha, 405n
Donner, Irah, 413n
Dreyfuss, Rochelle Cooper, 194n, 208n, 230n, 273n, 324n, 335–336, 380n
Duffy, John Fitzgerald, 7n, 303n, 362n
Dunner, Donald R., 337n, 338n

Easterbrook, Frank H., 382n, 383n
Ehrlich, Isaac, 174n
Eisenberg, Rebecca S., 310n, 316n
Ellickson, Robert C., 17n
Emert, Carol, 255n
Epstein, Richard A., 15n, 105n, 316n, 421n

Farber, Daniel A., 403n
Farrell, Joseph, 396n
Feather, John, 51n
Federico, P. J., 334n
First, Harry, 230n, 324n
Fisher, Lawrence, 174n
Flynn, Laurie J., 255
Fogarty, Michael S., 311n
Frank, Björn, 56n
Franzoni, Luigi Alberto, 361n
Frickey, Philip P., 403n
Fried, Michael, 68n, 257n
Friedman, David D., 354n
Friedman, Monroe, 169n
Friendly, Henry, 364n
Fruman, Norman, 59n
Frye, Northrop, 60

Galenson, David W., 258, 276n
Gallini, Nancy T., 5n, 9n, 320n, 325n, 329n
Gehring, Wes D., 151n
Gertner, Robert H., 385n
Gifford, Don, 151n
Gigerenzer, Gerd, 161n
Gilbert, Richard, 218n
Gilovich, Thomas, 161n
Ginarte, Juan C., 410n
Ginsburg, Jane C., 212n, 213n
Ginsburgh, Victor A., 27n

Glaeser, Edward, 209n
Glazier, Stephen C., 322n
Gleadell, Colin, 255n
Goldreyer, Elizabeth, 48n
Goldstein, Paul, 109n, 113n
Goodman, Nelson, 255n
Gordon, Wendy J., 4n, 118n, 154n
Gorman, Robert A., 212n, 272n
Grabowski, Henry G., 314n, 315n
Grady, Mark F., 223n
Grampp, William D., 269n
Green, Jerry, 325n
Green, Michael Steven, 93n, 97n, 104n
Greenberg, Abraham S., 1n
Greenberg, Lynne A., 260n
Griliches, Zvi, 327n
Gurnsey, John, 57n
Gutterman, Alan S., 7n

Hadfield, Gillian K., 2n
Hall, Bronwyn H., 310n, 320n, 327n, 344n
Hamermesh, Daniel, 48n
Hanchuk, Walter G., 329n
Hand, Learned, 88n
Hanfling, Oswald, 16n, 255n
Hansmann, Henry, 276n, 279–280
Hardy, I. T., 272n
Harlan, John Marshall, 380n
Harmon, Robert L., 338n
Harnish, Robert M., 169n
Harries, Don, 68n, 151n
Hausman, Jerry A., 40n
Hayek, Friedrich 415
Heald, Paul J., 329n
Heller, Michael A., 316n
Higgins, Richard S., 205n, 208n
Hochman, Harold M., 42n
Holloway, Lynette, 54n
Holmes, Oliver Wendell, 19n, 27n, 28n
Holzhauer, Rudi, 4n
Horton, Andrew, 68n
Hotelling, Harold, 19
Hovencamp, Herbert, 372n
Hui, Kai-Lung, 214n
Hurt, Robert M., 9n
Hutcheon, Linda, 148n

Jaffe, Adam B., 9n, 21n, 310n, 311n, 320n, 326n
Jakes, J. Michael, 337n, 338n
Janis, Mark D., 372n
Jarceski, Jeffrey D., 337n, 338n
Jaszi, Peter, 51n, 161n

Johnson, George, 48n
Jones, Charles I., 327n
Jones, Eric L., 12n

Kahneman, Daniel, 161n
Kaplan, Benjamin, 52n
Kaplan, David A., 125n, 255n
Kaplow, Louis, 387n
Karjala, Denis S., 223n
Katz, Michael L., 396n
Kay, Randy, 364n
Kearney, Joseph D., 406n
Kenney, Roy W., 388n
Kieff, F. Scott, 329n
King, Sarah, 266n
Kirby, Sheila Nataraj, 46n, 126n
Kiremidjian, G. D., 148n, 150n
Kitch, Edmund W., 10n, 116n, 181n, 205n, 302n, 304n, 319, 324, 354n, 360, 375
Klein, Benjamin, 46n, 164n, 168n, 173n, 373n, 377–378, 388n, 398n
Klemperer, Paul, 324n, 396n
Klenz, William, 67n
Kline, David, 322n
Knight, Frank, 12n
Knight, H. Jackson, 322n
Koenig, Gloria K., 334n
Kortum, Samuel, 344n
Kraus, Kate, 320n
Krecké, Elisabeth, 414n
Kuipers, Simon K., 327n
Kwall, Roberta Rosenthal, 208n, 270n

Langreth, Robert, 314n
Lanjouw, Jean O., 311n
Lavey, Warren G., 173n
Leahey, Jack, 48n
Leal, Donald R., 414n
Leask, Nigel, 269n
Leffler, Keith B., 168n, 173n
Lemley, Mark A., 4n, 109n, 296n, 311n, 319n, 320n, 334n, 335n, 338n, 339n, 357n, 372n, 393n
Lennon, Peter, 256n
Lerner, Andres V., 46n
Lerner, Josh, 344n, 404n
Lessig, Lawrence, 9n, 45n, 120n, 408
Leval, Pierre N., 135n, 220n
Levin, Kim, 269n
Levin, Richard C., 312n, 313n, 320n
Levmore, Saul, 28n
Levy, Steven, 408n

Lichtenberg, Frank R., 91n, 327n
Lichtman, Douglas G., 89n, 105n, 114n, 119n, 320n
Liebowitz, S. J., 46n
Liman, Lewis, 220n
Lindenbaum, Peter, 52n
Link, Albert N., 379n
Litman, Jessica D., 407n
Locke, John, 4
Loewenstein, Joseph, 51n
Long, Clarisa, 328n
Lueck, Dean, 26n

MacDonald, Dwight, 163n
Macey, Jonathan R., 403n
Machlup, Fritz, 9n
MacKie-Mason, Jeffrey K., 40n
Madow, Michael, 223n
Magee, Stephen P., 404n
Mallon, Thomas, 59n
Martin, Henri-Jean, 51n
Marvel, Howard P., 398n
Maskin, Eric, 327n
Maskus, Keith E., 413n
Masterson, Salathiel C., 51n
Matthews, Brander, 51n
Matthews, Duncan, 413n
Maurer, Stephen M., 104n
Mazzoleni, Robert, 312n, 316n, 324n, 326n
McCarthy, J. Thomas, 160n, 185n, 196n, 198n
McCartney, Brian T., 279n
McChesney, Fred S., 11n, 205n
McCloskey, Donald (Deirdre) N., 12n, 96n
McDougal, Stuart Y., 68n
McKenzie, Matt, 120n
Medearis, John, 412n
Medema, Steven G., 96n
Mehra, Salil Kumar, 112
Meltzer, Françoise, 59n
Menell, Peter S., 2n, 4n, 99n, 334n, 339n, 392n
Menger, Pierre-Michel, 27n
Merges, Robert Patrick, 4n, 9n, 303n, 304n, 305n, 306n, 308n, 317n, 318n, 319n, 322n, 324n, 328n, 334n, 339n, 362n, 409n
Merrill, Thomas W., 33n, 406n
Merz, Jon F., 352n
Miller, Arthur R., 228n
Mueller, Janice M., 315n
Müller, Beate, 147n

作者索引　　519

Murphy, Kevin M., 46n, 154n, 174n, 209n, 256n, 314n, 398n
Murphy, Victoria, 314n

Nelson, Richard R., 216n, 312n, 317n, 318n, 319n, 322n, 324n, 326n, 359n, 379n
Newman, Peter, 26n, 38n, 403n
Nimmer, David, 67n, 109n, 154n, 155n
Nimmer, Melville B., 67n, 109n, 154n, 155n
Norman, Geraldine, 262n, 267n
Novos, Ian E., 325n

Oliar, Dotan, 214n
Oppenheim, Charles, 311n
Ostrom, Elinor, 414n

Pace, Nicholas M., 352n
Pakes, Ariel, 311n, 327n
Parchomovsky, Gideon, 314n
Park, Walter G., 410n
Parker, William N., 12n
Parr, Russell L., 320n
Patterson, Lyman Ray, 1n, 51n, 52n
Penrose, Edith, 9n
Perlman, Harvey S., 205n
Perloff, Jeffrey M., 38n, 40n, 117n, 301n, 315n, 321n
Philipson, Tomas, 91n, 327n
Picker, Randal C., 118n, 119n
Plant, Arnold, 1n, 2, 2n, 8, 20, 21n, 22–23, 51n, 304, 374
Png, I. P. L., 167n, 214n
Pound, Louise, 169n
Prager, Frank D., 413n
Praninskas, Jean, 169n
Prater, Jill I., 255n
Priest, George L., 164n
Putnam, Jonathan, 311n

Quirk, Paul J., 405n

Raboy, David G., 173n
Rai, Arti K., 352n
Rappaport, Edward, 231n, 244n
Raskind, Leo J., 370n
Reichman, J. H., 104n
Reitman, David, 167n
Richtler, Mordechai, 134n
Ricks, Christopher, 59n, 61n
Riewald, J. G., 148n, 149n, 151n
Ringer, Barbara A., 234n

Rivette, Kevin J., 322n
Robinson, Joan, 39n, 40n
Robinson, Walter, 281n
Romer, Paul, 66n
Ronte, Dieter, 256n
Rose, Carol M., 13n, 34n
Rose, Margaret A., 148n
Rose, Mark, 51n
Rosen, Jeffrey, 216n
Rosen, Sherwin, 49n
Ross, David, 39n, 40n
Roy, Alice M., 61n, 192n
Rubenfeld, Jed, 112n, 287n
Rubin, Paul H., 161n, 208n
Rubinstein, Raphael, 261n

Sakakibara, Mariko, 326n
Saloner, Garth, 396n
Salop, Steven C., 73n
Samuelson, Pamela, 104n, 354n, 356n, 369
Samuelson, Paul A., 39n
Sandler, Chanani, 272n
Santilli, Marina, 276n, 279–280
Saunders, David, 51n
Saunders, Kurt M., 321n
Saxenian, AnnaLee, 365n
Schankerman, Mark, 311n, 312n
Schaumann, Niels B., 260n
Scheffman, David T., 73n
Scherer, F. M., 39n, 40n, 230n, 314n, 315n, 337
Schjeldahl, Peter, 68n
Schmalensee, Richard, 40n, 173n
Schuchman, Robert M., 9n
Schumpeter, Joseph, 379, 379n, 412
Scotchmer, Suzanne, 5n, 9n, 104n, 325n, 354n, 356n, 364n, 369
See, Harold, 380n
Seidman, Robert J., 151n
Seifert, Fedor, 51n
Shapiro, Carl, 218n, 396n
Shavell, Stephen, 9n
Siegelman, Peter, 314n
Siwek, Stephen E., 3n
Sobel, Gerald, 336n
Stanley, Alessandra, 255n
Statman, Meir, 314n
Steiner, Peter O., 40n
Stephan, Paula E., 308n
Stigler, George J., 18n, 174n, 300n, 388n, 404n, 406n
Stiglitz, Joseph, 301n

Stoneman, Paul, 321n, 327n
Suh, Dong-Churl, 314n
Suzuki, Masaya, 180n
Swidler, Steve, 48n

Takeyama, Lisa N., 393n
Tam, Pui-Wing, 320n
Thurow, Lester, 2n
Tirole, Jean, 40n, 396n
Todd, Peter M., 161n
Topel, Robert H., 314n
Tor, Avishalom, 214n
Towse, Ruth, 4n, 279n
Trajtenberg, Manuel, 310n
Tuchman, Barbara W., 209n
Tuckman, Howard P., 48n
Turner, Julie S., 321n
Tversky, Amos, 161n

Van Gelder, Lawrence, 214n
van Ypersele, Tanguy, 9n
Varian, Hal R., 40n
Vermont, Samson, 320n
Vernon, John M., 315n
Vogel, Steven K., 405n
von Ees, Hans, 327n
von Hippel, Eric, 313n

Waldman, Michael, 325n
Walsh, John P., 312n, 359n
Walterscheid, Edward C., 211n
Wasko, Janet, 220n
Weinberg, Bruce, 276n
Weisbrod, Burton, 48n
White, Morton, 258n
Wiggins, Steven N., 173n
Wiley, John Shepard Jr., 373n, 377–378
Williams, John C., 327n
Willig, Robert D., 40n
Wilson, Thomas A., 173n
Winslow, Anastasia P., 148n
Winter, Sidney G., 318n, 379n
Wittenberg, Philip, 52n
Woodmansee, Martha, 51n, 161n
Wordie, J. R., 12n

Yen, Alfred C., 4n
Young, Leslie, 404n

Ziedonis, Rosemarie Ham, 320n, 344n
Zimmerman, Diane Lennheer, 230n, 324n
Zinner, Darren E., 313n
Zipf, George Kingsley, 170n

主题索引

Abandonment of property 财产的抛弃,17—18,28—29,31—35;intellectual versus physical property 知识财产与物质财产,32,232,303—304

Academic research 学术研究。参见 Basic research;Universities

Advertising 广告,11—118,154;as complement of advertised good 作为广告商品的补充,174n;comparative 比较~,159—160;false 虚假~,204—206。另参见 Brand names;Marketing;Product differentiation;Trademarks

American Investors Protection Act《美国发明人保护法》,361n

Anthologies 文集,217。另参见 Copyrights,compilations

Anticybersquatting Consumer Protection Act《反对网络抢注消费者保护法》,180;410

Antitrust and intellectual property:blanket licenses 反托拉斯与知识产权:一揽子许可证,386—387;block booking 批量预订,387—388;bundling 捆绑销售,388,400—401;end-product royalties 最终产品使用费,386—388;exclusive dealing 独家销售,397—400;felt tension between the two fields of law 在这两大法律领域之间所感受到的紧张,335,372,416;merger law 合并法,385;Microsoft litigation 微软公司诉讼案,387,392—393,400—401;minimun-price patent licenses 最低价格的专利许可,384—385;patent pooling 专利联合,382—383;patents as cartelization devices 专利作为卡特尔的工具,383—385;predatory pricing 掠夺性定价,401;software markets 软件市场,390—402;trying arrangements 搭售协议,372—390 各处,400

Architectural Works Protection Act of 1990《1990 年建筑作品保护法》,101—102,406

Architecture 建筑,100—102,277。另参见 Architectural Works Protection Act;Copyrights,architects' plans;Copyrights,buildings

Art (visual)(视觉)艺术,16,24,99,114—115,254—293;Abstract Expressionism 抽象表现主义,257—259;Appropriation Art 挪用艺术,254,260—262,266—269;artists' incomes from derivative works 艺术家从演绎作品中获得的收入,254—255,259—260;artists' support for moral rights laws 艺术家

对著作人身权法的支持,278—279,291;conceptual 观念性,6,254;congestion externalities 拥塞外部性,256,260;derivative works from 来自～的演绎作品,254—257;graffiti 涂鸦,285;museum shops 博物馆商店,24,41,46,255;Pop Art 波普艺术,254,258—259;postmodern 后现代,254—269,285;price of originals versus price of copies 原始作品的价格与复制件的价格,41,255—256;publication of ～的发表,264;re-creation as copying 再创作与复制,85n;sale contracts 买卖合同,277—279;sculptors' clay models 雕塑家的泥模型,284;stolen 被盗,35—36,124;Superrealism 超现实主义,258—259;vintage photographs 原始照片,256。另参见 Manet;Moral rights;Warhol

Artists Rights Society 艺术家权利协会,264

ASCAP。参见 Performing-rights organizations

Authorship 作者身份,64;academic 学术的,48,53,65,97,272—273;authors' incentive 作者的激励,48,53,65;royalties as method of compensating 版税作为补偿方法,38—39,48,279n。另参见 Plagiarism

Availability heuristic 便利性启发,161,207

Basic research 基础研究,97,305—308,310n

Bayh-Dole Act of 1980《1980 年贝赫—多尔法》,310n

Berne Convention《伯尔尼公约》,234n,235n,239n,245—247,270

Biography 传记,131—144

Biotechnology 生物技术。参见 Pharmaceutical drugs

Blurring 模糊。参见 Dilution

Book reviews 书评,as advertising ～作为广告,117—118,154。另参见 Fair use

Brand loyalty 品牌许可使用费。参见 Brand names;Trademarks

Brand names 品牌名称,64—65,166—167,169n,195—196;pharmaceutical 药品的 ～,54,173,196,313—314。另参见 Product differentiation;Trademarks

Broadcasting 广播,106—108。另参见 Television

Burlesques 嘲讽表演,152—158,163,217

Celebrities 名人,207,223;dead 去世的 ～,223—224,228n;incomes of 名人的收入,54—55。另参见 Publicity rights;Superstars

Censorship 书报检查,52

Circumvention 规避。参见 Encryption

Clayton Act《克莱顿法》,section 3 第 3 条,372—373

Coase Theorem 科斯定理,52,92,96,158—159,274

Common law 普通法:defined ～的定义,417n;economic analysis of ～的经济分析,10,87,417n;tendency of, toward efficiency ～的效率趋势,205—206,417;trademark law as 商标法作为～,179,205—206;trade secrets law as 商业秘密法作为～,355—356。另参见 Copyrights, common law

Commons 公共品。参见 Public domain

Communication theory 交流理论,170—172

Competition 竞争,23;for monopoly 支持垄断的～,22—23,315—316;monopolistic 垄断性～,315,378—379;perfect 完全～,375—376。另参见 Antitrust and intellectual property;Monopoly

Compulsory licensing 强制许可,7,9n

Computers 电脑、计算机,42,387;computer chips 电脑芯片,370,390—391;electronic databases 电子数据库,104—105,273—274,417;Semiconductor Chip Protection Act《半导体芯片保护法》,370;switching costs 转换成本,396n。另参见 Digitization;File sharing;Internet;Software

Congestion externalities 拥塞外部性,13—14,20,70,222—228;in art 艺术品的～,256,260,279

Constitution 宪法。参见 U. S. Constitution

Consumer search cost 消费者的搜寻成本,168,173—174,202—203,422—423;careful versus careless consumers 细致的和粗心大意的消费者,204—205。另参见 Trademarks

Contracts 合同,43—44,52,91n,118—119,393—394;breach of contract as theft of trade secret 违约而窃取商业秘密,355;for sale of art 艺术品买卖～,277—279;complementary versus substitutional 补充性与替代性,153—154

Copying 复制:economics of ～的经济学,41—51;intermediate 间接～,100;managed,经营性～,326;modern technology of 现代～技术,42,49,140。另参见 Copyrights

Copyright Act of 1909《1909 年著作权法》,129,215,234,235n

Copyright Act of 1976《1976 年著作权法》,129,214,220,234—235,245—247,263—264,403,406—407,414n,417;section 101 第 101 条,103n,108n,234n,271n,333n;section 102(a)(8)第 102(a)(8)条,101n;section 102(b)第 102(b)条,91n,100n;section 103 第 103 条,103n;section 106A 第 106A 条,270n;section 106(2)第 106(2)条,108;section 107 第 107 条,115,126n,

129,157;sections 109(a) and (b)(1)(A)第 109 条(a)、(b)(1)(A),265n;section 111(a)(3),第 111(a)(3)条,410;sections 115 and 116 第 115、116 条,309n;sections 117(a)(1) and (b)第 117 条(a)(1)、(b),109n;section 201(c)第 201(c)条,273n;section 303(a)第 303(a)条,233n;sections 408 第 408 条,411—412,504—505,86n

Copyright Clearance Center 著作权清算中心,116n

Copyright 著作权,5;adverse-possession analogy ～与敌意占有的类比,33—34;and antitrust ～与反托拉斯,379,387—388,392;architects' plans 建筑师的规划,100,332;artworks 艺术作品,127,254—293;block booking of ～的批量预订,387—388;books 图书,240—244,253;breadth 保护范围,324n;buildings 建筑作品,100—102;collective works 集合作品,273—274;common law 普通法～,124,127,129,211,214,247,263,331;compilations 汇编作品,103—104;contract substitutes for 合同的替代,43—44,52,393—394;contributory infringement 协助侵权,43,118—121;copyright infringement versus plagiarism 侵犯著作权与剽窃,60—61;cover rule 包含规则,309n;databases 数据库,273—274;deposit of copy in Library of Congress 向国会图书馆交存复制件,295;depreciation of ～的折旧,212,238—244,312;dilution 淡化,161—162;dramatic works 戏剧作品,42—43,57,331—332;duration 保护期限,33—34,69—70,210—249,394,419;economic model of ～的经济模型,55—56;effect on, of encryption 加密对～的影响,44;effects of, on cost of expression ～在表达成本上的影响,66—70;English practice 英国的实践,1,51—52,211;evidentiary considerations 证据性考虑因素,88—90,113—114,155,257,259,263;facts versus expression 事实与表达,102—104,107;fees 费用,219—220,235—237,245—246,249;first-sale rule 首次销售原则,265;foreign copyright law 外国著作权法,270;foreign residents 外国居民,239n;formal model 形式模型,71—84,90—91,131—141;and free speech ～与言论自由,158,162,287;government documents 政府文件,15—16,24;graphic arts 图形艺术作品,240—244,253,312;history of ～的历史,1,51—52,84;ideas versus expression 思想与表达,83,91—103,107,132n,257—259,305—307,322,392;indefinite renewals of ～的无限续展,210—249;independent creation versus copying 独立创作与复制,85—91,102—103,355n;of industry standards ～的行业标准,100,392;infringement of music copyrights 对音乐作品著作权的侵权,88;invented languages 发明出来的语言,172;joint ownership 共有,30,216,318;jukebox rule 自动点唱机规则,309n;maintenance-incentives argument

主题索引 525

for ~ 的维持激励论据,228—230;marketing expenditures 营销费用,232—233;merger doctrine 合并原则,97—101,104;music 音乐作品,54n,66,88,240—247,252—253,309—310,312;notice 版权标记,34,215;originality requirement 独创性要求,89—90,262—263,265,319;ownership of copyright versus ownership of copy of copyrighted work 著作权所有权与著作权作品的复制件的所有权,126—128;passive-carrier defense 消极传输者抗辩,409—410;patronage as alternative 以赞助作为替代方案,53,65;photographs 摄影作品、照片,112—113,237,262—263,266—269;preemption 优先,107,129,211,270n;preservation-incentives argument 保持激励的论据,230—231;and privacy ~ 与隐私,141;publication requirement 发表要求,129,264;reclaiming from assignee 从受让人那里取回著作权,38;registration 登记,86,129,215,234—249,295;remedies for infringement 侵权行为的救济,86n,119;renewals 续展,212,219—220,234—249,252—253;retroactive extension 追溯性延长保护期限,220—221,409;right to make copy for own use 为自己使用而制作复制件的权利,394;and Romantic theories of creativity ~ 与浪漫主义创作论,63—64;short phrases 短语,89,99;software 软件,96—97,99—101,109,265,309,326,332,391—392,394;sound recordings 录音制品,245—247,265n,403n;sporting events 体育比赛项目,107;statutory history 制定法的历史,210—211;structural difference between copyright and patent law 著作权法与专利法的结构性差别,418—419;substantial-similarity test of infringement ~ 侵权行为的实质性相似标准,67,89—91,217,322;think tanks 思想库,273;tracing costs 追踪成本,213—216;trade-secret analogies 与商业秘密的类比,331—332;transaction costs 交易成本,216—217;transfers of ~ 的转让,127,264;tying arrangements by owners of ~ 所有人的搭售协议,379;unique works of art 独一无二的艺术作品,127,254—257;unpublished works 未发表的作品,87,124—146,247,263—264,273,326,331,422;user interfaces 用户界面,100,392;versus design patents ~ 与外观设计专利,332—333;versus patents ~ 与专利,394—297;welfare effects of ~ 的福利效果,80—84;works fixed in tangible form 固定在有形载体上的作品,129;works made for hire 雇佣作品,211,271—275,282。另参见 Antitrust and intellectual property;Art（visual）;Derivative works;Fair use;Intellectual property;Patents,compared with copyrights;Performing-rights organizations;U. S. Constitution, patent and copyright clause

Copyright Term Extension Act《著作权保护期限延长法》,211,213,214n,

217n,220,223,245—247,406,408—410;legislative history 立法史,231n, 410;mercantilist argument for 支持～ 的重商主义主张,231n,410

Credence goods 信赖商品,65

Derivative works 演绎作品,24,41,68,90,108—115,121,212,226—227;adaptations as 改编作为～ ,267;in art 艺术作品的～ ,254—269 各处;burlesques as 作为嘲讽表演的～,155,157—158;copyright versus patent 著作权与专利,317—319;copyrightability of ～的可著作权性,110—114;disreputable 不体面的～ ,162—163,279;economic rationale for author's monopoly of 由作者享有～ 独占权的经济合理性,109—114;exceptions to author's monopoly 作者对～ 享有独占权的例外,109n,267—268;and moral rights law ～与著作人身权法,279—280;parodies as 作为滑稽模仿的～ ,149—150;publication of ～的发表,264;from public-domain works 对处于公共领域的作品的～ ,113,263;scope of concept 定义的范围,109,114—115;software 软件,109;versus improvement patents ～与改进专利,111—112,319

Diaries 日记。参见 Copyrights, unpublished works

Digital Millennium Copyright Act《数字千年著作权法》,43—44,370n,406,410,414

Digitization 数字化,43—45,49,62n,87,263—265,414

Dilution 淡化,160n,206—209;blurring 模糊,161n,207,221;cheap copies 廉价复制品,208—209;famous marks 驰名商标,206;pure 纯粹的～ ,207—208,227—228;tarnishment 污损,160—161,206—207

Disney corporation 迪斯尼公司,220—221,272,274,408—409。另参见 Mickey Mouse

Droit de suite 追续权,4,38

Drugs 药品。参见 Patents,pharmaceutical

Economic analysis of law 法的经济分析,3—4,10,87

Eliot 艾略特,T. S. ,copying by ～所作的复制,59,60n,61,152,164,216,268

E-mail 电子邮件,128

Enclosure movement 圈地运动,12—13,413

Encryption 加密,43—45

English Copyright Act of 1710 英国《1710 年著作权法》,1,52

Externalities 外部性,technological versus pecuniary 技术的和金钱方面的,20,224—226。另参见 Congestion externalities;Network externalities;

主题索引 527

Public goods

Facts, intellectual property in 事实中的知识财产, 102—108

Fair use 合理使用, 44—46, 59, 61, 115—123, 216n, 306, 417; and First Amendment ～与宪法第一修正案, 287; book reviews 书评, 117—118, 150, 155n; by biographers 传记作家的～, 131—144; borrowing from one's own earlier work 从其自己的早期作品中借用, 269; copying of industry standards as 复制行业标准作为～, 100, 392; copyright parodies versus trademark parodies, 著作权的滑稽模仿与商标的滑稽模仿, 162, 165; Jeff Koons's puppy sculpture 杰夫·孔斯的小狗雕塑, 260—261, 268—269, 417; museum reproductions 博物馆复制, 264; unpublished works 未发表作品, 125—126, 128—146; productive or transsformative versus reproductive or superseding use 生产性或者转换性使用与复制性或者替代性使用, 123; 130—131, 141—142, 154; trademarks 商标, 194。另参见 Parodies

Federal Circuit 联邦巡回法院, 2, 7, 305, 328, 334—353, 357, 406, 415—416; approval of business-method patents 同意商业方法专利, 341, 417; damages determinations 损害赔偿金的确定, 339; impact of, on R&D expenditures ～对 R&D 支出的影响, 345—347; impact on amount of patent litigation ～对专利诉讼案件数量的影响, 347—352; impact on number of patent applications ～对专利申请数量的影响, 340—345; impact on number of patents granted ～对专利授权数量的影响, 340—345; infringement determinations 侵权行为的认定, 338; origin 起源, 334; pro-patent orientation 亲专利导向, 335—353, 361, 418; specialization 专门化, 334—335, 418; validity determinations 专利有效性的裁定, 337—339

Federal Trade Commission 联邦贸易委员会, regulation of false advertising 对虚假广告的管制, 205—206

File sharing 文件共享, 46—47, 120—121

Film 电影。参见 Movies

First Inventor Defense Act《先发明人抗辩法》, 361n

Food and Drug Administration 食品药品管理局, 314—315

Generic names 通用名称。参见 Trademarks

Hatch-Waxman Act《哈奇—韦克斯曼法》, 314—315, 335n, 353, 407

Imagination costs 想象成本,161n,207

Information costs 信息成本,65;experience versus search goods 体验商品与搜索商品,117n。另参见 Trademarks,economic function of

Innovation 创新:bearing of risk aversion 承受风险逃避,304;causes of ～的原因,327;Darwinian theory of ～的达尔文主义理论,318—320,383;effect of market structure on 市场结构对～的影响,385;effect of patents on 专利对～的影响,326—328,345—347,383;inventors' incentives 发明人的激励,307—308;pharmaceuticals 化学药品的,313—316;Schumpeterian theory of 熊彼特的创新理论,379—380,395—396。另参见 Basic research;Patents;Universities

Intellectual Property 知识财产、知识产权:access-incentive tradeoff 接触—激励的交换,11,20—22,213—214;China 中国,52;commonalities across different fields of ～不同领域之间的共性,420—421;common law versus legislative 普通法的与制定法的,417,424;developing countries 发展中国家,413;economic analysis of ～的经济分析,1—4,8—10;elasticity of demand facing producers ～生产者面临的需求弹性,376—377;foreign laws 外国法,7,270,303,311n,326—327,353,361—362;foreign trade in ～的对外贸易,3,231n,410;growth as law field 作为法律领域的成长,2—3;growth in legal protection of ～法律保护的增强,412—413;growth in market for ～市场的扩大,2—3,249,416;income generated by 由～所产生的收入,54—55;non-economic perspectives 非经济学视角,4—5;remedies for infringement 侵权行为的救济,7—8;rewards systems for ～的奖励制度,9,24;role in economic growth ～在经济发展中的作用,2;social value of intellectual-property rights 知识产权的社会价值,21—24,422;trend toward greater protection of ～更大保护的趋势,406—407。另参见 Antitrust and intellectual property;Property;specific fields of intellectual property law

Interest groups 利益集团。参见 Public-choice theory

Internet 互联网,7,410;antitrust concerns regarding Internet-related markets 与互联网相关市场的反托拉斯问题,390—402;cybersquatting 网络抢注,180,410。另参见 File sharing

Inventions 发明。参见 Innovation;Patents

Joint ownership 共有,29—30。另参见 Copyrights;Patents

Koons,Jeff 杰夫·孔斯,152—153,261,268—269

Language:economics of 语言的经济学,168—172,192—193;generic words 通用词汇,169,192

Lanham Act《拉纳姆法》,181—183,205—206,406,417n;antidilution provision of ～的反淡化条款,206;section 43(a)第 43(a)条,206n。另参见 Trademarks

Letters 信件。参见 Copyrights,unpublished works

Literature 文学:character of ideas in 文学中思想的特征,94;concepts of literary creativity 文学创作的概念,58—61,63—64,422n;contribution of trademarks to 商标对于～的贡献,169,192;extensive quotation in literary analysis 在文学分析中的广泛引用,135n;modernist 现代主义的,59。另参见 Eliot;Milton;Shakespeare

Manet,Edouard 马奈,67—68,152,216

Marketing 营销,copyright protection of ～的著作权保护,232—233

Mickey Mouse 米老鼠,220,224—227,231,244,312。另参见 Disney corporation

Milton,John 弥尔顿,copying by ～所作的复制,61,63,67

Misappropriation,doctrine of 非法挪用原则,5,62—63,104—108,207

Monopoly 垄断,15n,22—23;different concepts of ～的不同概念,374—379;and generic names 与通用名称,195—196;industry standards issue 行业标准问题,99—100,392,394;monopolistic competition 垄断性竞争,315,378—379;of complementary good 互补产品的～,122;patent monopoly versus economic monopoly 专利垄断与经济垄断,328n,374—375;and product differentiation ～与产品差别,173—174;versus property right ～与财产权,374。另参见 Antitrust and intellectual property;Competition

Moral rights 著作人身权,4,63,160n,162,227,270—293,423;attribution rights 作者身份表示权,270,276—277;foreign law 外国法,270;integrity rights 同一性保持权,270,276—287;noteworthy disputes over 在～上值得注意的争议,281n;overlap with derivative-works doctrine 与演绎作品规则的重叠,279—280;public-choice analysis of ～的公共选择分析,287—293;state law 州法,270,286—293;and trademark tarnishment ～与商标的污损,160n;waivers of ～的弃权,278—279,286;works of recognized stature 达到被人认可高度的作品,275,279,282—283

Movies 电影:block booking 批量预订,387—388;colorization 制作彩色版,229—230;copying in ～的复制,68。另参见 Disney corporation

Music 音乐，conceptual 观念的，258n；copying（"quotation"）in classical music 古典音乐的复制（"引用"），67—68；cover and jukebox copyright rules 著作权的包含规则与自动点唱机规则，309n；marketing expenditures 营销费用，233；parody 滑稽模仿，148n，153；popular 流行音乐，169n；recording of classical music 古典音乐唱片，230.Copyrights，music；Copyrights，sound recordings；Recording industry

Napster，47，120，121n
Network externalities 网络外部性，46，394。另参见 Software

Parodies 滑稽模仿，61，147—165，226，261，280，287；erotic 色情的，161—165；parody defined 严格定义的滑稽模仿，148—149；as political criticism ～作为政治批评，151；and publicity rights ～与公开权，159；target versus weapon 目标与手段，152，165，268—269；trademark parodies 商标的滑稽模仿，159—165
Patent Act《专利法》：section 102 第 102 条，337n；section 102(a) 第 102(a) 条，303n；section 102(b) 第 102(b) 条，361n；section 103 第 103 条，337n；section 112 第 112 条，337n；section 122(b) 第 122(b) 条，362n；section 171 第 171 条，332n；section 271(d)(5) 第 271(d)(5) 条，381n；section 273 第 273 条，361n
Patents 专利，27，91n；on abandoned inventions 在被抛弃发明上的～，303—304；adverse-possession analogy 与敌意占有的类比，33—34；as alternatives to trade secrets 作为商业秘密的替代方案，328—331，336，345，356—363；American rule on rights of second inventor if first invention is trade secret 关于当第一发明作为商业秘密时第二发明人权利的美国规则，361—362；applications for 申请～，308—309，337—345，357，362—363；basic versus applied research 基础研究与应用研究，96—97，302；blanketing and bracketing 覆盖和纳入，322；blocking，封锁性，317；broad versus narrow 范围较广的与较窄的，323—325，331，338—339；business-method 商业方法，23n，95n，98，233—234，306，328—329，336，340—341，343，361n；as cartelization tools 作为卡特尔的工具，383—385；citations as measure of quality 作为衡量～质量的引证，310—311；clustering 集群，322；commercial success as evidence of nonobviousness 以商业成功作为具有非显而易见性的证据，305；compared with copyrights 与著作权的比较，96—98，294—297，325—326；competitive effects of ～的竞争效果，327—328，330；cross-licensing 交叉许

可,383;defensive patenting 防御性专利,320—322,325,336,375;depreciation 折旧,297,302,311—312;design 外观设计,100n,200—201,332—333;doctrine of equivalents 等同原则,114,317,322—323,331,338;duration 保护期限,21,33—34,296—297,300,302,306,314—315,331,333,362,380—381;economic effects 经济效果,10n,326—328,331—332,410;economic rationale for granting 授予~的经济合理性,294—300;enablement(disclosure)requirement 可实施性(公开)要求,294,298—299,326,337n,356—357,360—361;end-product royalties 最终产品使用费,386—388;evidentiary considerations 证据性考虑因素,305;examination 审查,86,308—309,319,320n,323—324,352,357,418;expense 费用,303,311—312,316,357,360;experimental use 实验使用,315—316,335n,407;fair-use analogy 合理使用的类比,315—316;fees 费用,303,311—312,319;first-to-file rule 先申请规则,303;first-to-invent rule 先发明规则,303;foreign patent laws 外国专利法,303,311n,326—327,361—362;foreign patenting 外国专利申请,353;foreign-resident U.S. patenting 外国人申请美国专利,353;formal model of ~的形式模型,297—299;functional versus structure or material claims 功能性权利要求与结构或者材料性权利要求,331;ideological controversy over ~上的意识形态争论,335—336;improvement 改进,112,295,317—319,322;incomplete appropriability 不完全专有,299;indefinite 含糊不确定,324;independent discovery 独立发现,86,90,295—296,324;industry demand for ~的行业需求,312—316;inventing around 周边发明,295,298—299,313,357;joint ownership 共有,30,318;licensing of ~的许可,307,316,320—321,374,381—385;litigation cost 诉讼成本,357n;litigation over ~诉讼,334—353,357n;minimum-price licenses 最低价格许可,384;novelty 新颖性,89—90,303—304,320n,358;number granted ~授权数量,339—345;number granted as function of R&D expenditures 所授权专利数量作为R&D支出的函数,344—345;number of patent lawyers 专利律师的人数,347—348;obviousness 显而易见性,21,304—305,417;one year grace period 一年的宽限期,360—361;patent-misuse doctrine 专利滥用原则,372—373,380—382;patent monopolies versus economic monopolies 专利垄断与经济垄断,328n,374—375;patent races 专利竞赛,18,93,296,300—302,324,382—383;pharmaceutical 化学药品,54,173n,300—301;313—316;plant 植物~,332n;pooling 联合,382—383;preemption by federal of state law 联邦法优先于州法,359n,360,370;prior invention 已有发明,87,360—361;product versus process 产品与方法,297;prosecution history estoppel 申请过程的不容否认,323—324,338;prospect theory 勘探理论,181n,302,319—320,324,360—361;publication of application 申请的公开,362;publication of prior art 现有技术的公开,320;recent increase in number of 最近以来的～数量增加,325;remedies 救济,321n;renewals 续展,311—312;repair versus reconstruction 修理与重造,381—382;requirement of proving utility 证明具有实用性之要求,302—303;research tools 研究工具,315—316;reverse doctrine of equivalents 反等同原则,267,317,331;royalties 许可使用费,320n,374;royalties after patent expires 专利保护期届满后的许可使用费,380—381,417—418;searching prior art 检索现有技术,303; as signals of quality of firm's technical knowledge ～作为企业技术知识品质的标志,328n;software 软件,86,96—97,327—328;strategic patenting 策略性专利,302—303,320—322,336;structural difference between patent and copyright law 专利法与著作权法的结构性差别,418—419;suppression of ～的遏制,320—321;types of ～的种类,332;validity determinations ～有效性的裁定,337—339,383。另参见 Federal Circuit;Innovation;Intellectual property;U. S. Patent and Trademark Office

Performing-rights organizations 表演权组织,9n,29—30,116—117,120,382,386—387,407,410

Pharmaceutical drugs 化学药品,competition between 它们之间的竞争,313—316;R&D,313。另参见 Patents

Photography 摄影。参见 Art,vintage photographs;Copyrights,photographs

Piracy 盗版,46—47,410;style 款式,399。另参见 Software

Plagiarism 剽窃,52,59—66;and moral rights law ～与著作人身权法,276

Price discrimination 价格歧视,39,46n,122,265—266,373,377—378,388—390;in declining average-cost industries 在平均成本递减的行业中,389—390;output effects 产量效果,40,389—390;perfect 完全的～,40;prerequisite of ～的先决条件,375;versus Ramsey pricing 与拉姆塞定价,40n

Privacy 隐私,22;business 企业的,330n;private versus social benefits of ～的私人性收益与社会性收益,141;right of,in tort law 在侵权法中的隐私权,64,130,134,141,144。另参见 Copyrights, unpublished works;Publicity rights

Product differentiation 产品差别,173—174,207。另参见 Brand names;Trademarks

Property 财产;adverse possession 敌意占有,21,31—34;committed-searcher doctrine 实际搜寻人原则,17—18,26,27n,302;economics of 产权经济学,

主题索引 533

8,11—36;finders' rights 拾得者的权利,27—29,229,232,368,421;first-possession rules 先占原则,179—182;how acquired ～的取得方式,25—36;ideology of property rights 财产权的意识形态,414—415;nature of property right 财产权的(本质)特征,355,363,367,374,421;physical versus intellectual 物质财产与知识财产,8,11—20,25—36,44,414—415,421;relation of, to trade secrets 与商业秘密的关系,355,363,367;rise of property rights 财产权的兴起,412;static versus dynamic benefits of ～的静态与动态收益,11—14,222—224;trespass 侵入,355。另参见 Abandonment of property

PTO。参见 U. S. Patent and Trademark Office

Public-choice theory 公共选择理论,403—419,424;application to copyright statutes 在著作权制定法上的应用,220—221;application to moral rights laws 在著作人身权法上的应用,287—293;asymmetric stakes of contending interests 竞争利益的标的不对称,407—411;deregulation movement 放松管制运动,404—406;versus ideological theory of expansion of intellectual property protection 与扩张知识产权保护的意识形态理论,414—415;versus "malaise"theory of expansion of intellectual property protection 与扩张知识产权保护的"不景气"理论,415—416;versus public-interest theory of expansion of intellectual property protection 与扩张知识产权保护的公共利益理论,412—413

Public domain 公共领域:appropriation of public-domain works 对公共领域作品的独占,229,232;how composition would be affected by system of indefinite renewals 通过无限续展制度如何对汇编作品产生影响,219,249;how nourished by copyright 通过著作权如何助长了～,69—70,212;intellectual versus physical 知识的和物质的～,13,31—32;private versus social value of ～的私人价值和社会价值,408—409;protection of, by copyright statute's preemption provision 通过著作权制定法的优先条款保护～,107;publication of public-domain works 公共领域作品的出版,53—54;social value of ～的社会价值,14—15

Public goods 公共产品,14,19—20,23—24217,225;excludable versus nonexcludable 排他性与非排他性的～,14,24,403

Publicity rights 公开权,54n,64,105n,159n,222—227;heritability of ～的可继承性,223—224

Publishing 出版、发表,academic 学术性～,53,56,375;e-books 电子图书,120n;economics of ～的经济学,23,38—57,228—230,273—274;newspapers 报纸,105,273—274。另参见 Authorship

Pushman presumption 普什曼推定,127,264

Recording industry 唱片业。参见 Copyrights,music;Encryption;File sharing;Performing-rights organizations
Rent seeking 寻租,17—18,220—221;by banking trademarks 通过储存商标,180。另参见 Patents,patent races;Public-choice theory
Research and development (R&D)研究与开发,345—347;economies and diseconomies of scale in 在~ 上的规模经济与规模不经济,383。另参见 Basic research;Innovation;Patents,economic effects
Reverse engineering 反向工程,44,100,309,330,362—363。另参见 Trade secrets

Salvage 打捞,maritime 海上打捞,17,26
Satire 讽刺,152—153,160,163
Semiconductor Chip Protection Act of 1984《1984 年半导体芯片保护法》,370
Shakespeare,William 莎士比亚,copying by ~ 所作的复制,52,58—61,64,66—67
Software 软件,41,43,57,99—101,171—172,210,221,312,318,366;antitrust concerns related to 与~ 相关的反托拉斯问题,390—402;browsers 浏览器,393,401;computer operating systems 电脑操作系统,391,393,401;interfaces and protocols 界面与协议,100,392;network externalities 网络外部性,392—402;overlapping copyright and patent protection of ~ 的著作权保护与专利保护的重叠,96—97,353;piracy of ~ 的盗版,46—47,98,393。另参见 Patents
Sonny Bono Copyright Term Extension Act《松尼波诺著作权保护期限延长法》。参见 Copyright Term Extension Act
Stationers' Company 出版商公会,1,51—52
Statute of Anne《安妮法》。参见 English Copyright Act of 1710
Superstars 超级明星,economics of ~ 的经济学,49—50,55

Tarnishment 污损。参见 Dilution
Television 电视;video recorders 录像,118—119。另参见 Broadcasting
Tie-ins 搭售。参见 Antitrust and intellectual property,tying arrangements
Time shifting (Betamax case)时间转换(Betamax 案),118—119,123
Trade dress 商品装潢,166n,332—333。另参见 Patents,design

主题索引 535

Trademark Clarification Act of 1984《1984 年商标明确化法》,195,406
Trademark Law Revision Act of 1988《1988 年商标法修订法》,250
Trademarks 商标,6,9,25,31,64,413,422,423;acquisition of ～的取得,179—183;adverse-possession analogy 与敌意占有的类比,33;aesthetic functionality 美学功能性,97,199—201,332;arbitrary 任意性～,188,193;artists'艺术家的～,258n,259,276;banking of ～的储存,180—182;banking of, in Japan 在日本的～ 储存,180;cancellation of, in Japan 在日本的～ 撤销,180n;colors as 颜色作为～,189—190,193n,200;common law of 普通法上的～,205—206;competitive effects of ～的竞争效果,330;contribution of, to language ～对语言的贡献,168—172,193—194;depreciation 折旧,250—253,312;descriptive 描述性～,189,193,209;doctrine of laches 懈怠原则,182—183;dual use 双重使用,196—197;duration 保护期,186—187,222;economic function of ～的经济功能,161,166—168,173—174;fair use 合理使用,194;fanciful 臆造～,172—173,188,193;fees 费用,253;forfeiture by reason of quality degradation 以质量降低为由而没收～,185;formal model of ～的形式模型,174—179;functionality doctrine 功能性原理,197—201;generic names 通用名称,190—197,208;geographic scope 地理范围,182—183,201;inadvertent infringement 非故意侵权,86;intentional versus unintentional infringement 故意与非故意侵权,204—205;intent-to-use registrations 有使用意图的注册,182,406n;licensing versus sale of ～的许可使用与买卖,185—186;and monopoly ～与垄断,173—174;parodies of ～的滑稽模仿,159—165;pharmaceutical 化学药品的～,54,173n,190,196,314;plagiarism as trademark infringement 剽窃作为商标侵权行为,63;and product quality ～与产品质量,168,185,203—204;promotional goods 促销性商品,184n;proof of likelihood of confusion 有混淆可能性之证据,201—206;registration of ～注册,27,86,179—183,201—202,204,250,308;renewals 续展,250—253;secondary meaning 第二含义,193;service marks 服务商标,184n;shapes as 形状作为～,189—190,197—201;social costs of ～的社会成本,172—174;status of, in bankruptcy 在破产时的地位,186;suggestive 暗示性～,188—189,193;as source of product differentiation ～作为产品差别的源泉,173—174;transfer of ～的转让,184—186;transfers in gross 总括性转让,184—186;as trying product ～作为搭售产品,374;use-in-commerce requirement(token versus commercially significant)商业使用的要求（标记与商业意义）,86,179—182,406;utilitarian functionality 实用功能性,198—200;versus design patents ～与外观设计专利,332—333。另参见

Brand names; Dilution; Intellectual property; Internet, cybersquatting; Lanham Act; Trade dress

Trade secrets 商业秘密, 22, 30, 36, 124, 354—371; adverse-possession analogy 与敌意占有的类比, 33; aerial reconnaisance as theft of 空中侦察作为窃取~, 355, 369, 371; analogized to military secrets 与军事机密的类比, 363—365; blocking 封锁性, 365—366; breach of contract as theft of 违约作为窃取~, 355; common law of 普通法上的~, 355—356; complementarity of patent and trade secret law 专利法与商业秘密法的互补性, 328—331, 356—363, 423; contractual protection of ~的合同保护, 360, 364—365; copyright analogies 著作权的类比, 331—332, 370—371; defined ~的定义, 354; duration 保护期限, 356—360; effect on market structure 对市场结构的影响, 330; employee covenants not to compete as method of protecting 以雇员的竞业禁止协议作为保护~的手段, 360, 364—366, 371; fair use 合理使用, 371; formal model of ~的形式模型, 366—368; inventor's choice between patents and trade secrets 发明人在专利与商标秘密之间的选择, 356—363; licensing of ~的许可, 329, 365—366, 371; loss of, by accident ~的意外丧失, 33, 366—369; relation of, to concept of property 与财产概念的关系, 355, 363, 421; relation of, to copyright and patent law 与著作权法和专利法的关系, 370—371; reverse engineering of ~的反向工程, 355—356, 365—371; in software 软件中的~, 391; theft of contrasted with theft of physical property 窃取~ 与盗窃物质财产的对比, 367; transaction costs of ~的交易成本, 329n; trespass as theft of 侵入行为作为窃取~, 355; and tying arrangements ~与搭售协议, 374

Transaction costs 交易成本、交易费用, 8, 12, 16—17, 21, 31—33, 216—217, 305—306, 421; Coase's analysis of 科斯的分析, 14; derivative works 演绎作品, 110—111; of trade secrecy 商业秘密的~, 329。另参见 Coase Theorem; Fair use

TRIPs Agreement (World Trade Organization Agreement on Trade-Related Aspects of Intellectual Property Rights) TRIPs 协定(世界贸易组织《与贸易有关的知识产权协定》), 413—414

Tying arrangements 搭售协议。参见 Antitrust and intellectual property

Uniform Trade Secret Act《统一商业秘密法》, 354n

Universities 大学: applied research by ~作出的应用研究, 310—311, 316; patent policies of ~的专利政策, 310n; role of, in pharmaceutical research ~在

化学药品研究上的作用,313n;support of basic research by ～对基础研究的支持,306—307,316。另参见 Authorship,academic

Unpublished works 未发表作品。参见 Copyrights,unpublished works;Fair use,unpublished works

U. S. Constitution 美国宪法,patent and copyright clause 专利和著作权条款,1,211,226n,232,413

U. S. Court of Appeals for the Federal Circuit 美国联邦巡回上诉法院。参见 Federal Circuit

U. S. Court of Claims 美国索赔法院,334

U. S. Court of Customs and Patent Appeals 美国关税与专利上诉法院,334

U. S. Patent and Trademark Office (PTO) 美国专利商标局,86,295,296n,308—310,319,320n,323—324,334—335,337n,358,408,418;procedures and incentives 程序与激励,352;trademark registry 商标注册簿,308

Visual Artists and Galleries Association 视觉艺术家和美术馆协会,264

Visual Artists Rights Act《视觉艺术家权利法》,270—271,274—287,406,423

Warhol 沃霍尔,Andy,256—260,262n,266—267,269,272

译后记

一

本书作者之一波斯纳在中国,至少在中国法学领域可谓家喻户晓,其《法律的经济分析》在国内推出中译本后,他几乎就成了法的经济分析学派的代表。另一位作者兰德斯对国内读者可能略显陌生,不过说起他的名头可就大了,他是芝加哥大学法学院克里夫顿·R. 马瑟(Clifton R. Musser)法和经济学教授,而克里夫顿·R. 马瑟荣誉经济学教授就是鼎鼎大名的罗纳德·科斯。不管怎么说,他们都可以算作是"驰名商标"吧!诚如两位作者在书中所言,名人的名字、形象就是他们的一种知识财产。在美国法中,把这些对象所产生的权利称作"公开权"(right of publicity)。其实,它们也就相当于商标,可以减少消费者(读者)的"搜寻成本"。如果你也有购书读书先看前言后记的偏好,那么译者在此举出这些"驰名商标"来应当能够大大地节约你的信息成本。相信有一部分读者就是冲着这些名号开始翻阅此书的。

法和经济学(或者法的经济分析)的运动始于 20 世纪 60 年代的美国,尤其以芝加哥大学为大本营,那里涌现了一批以科斯为代表的杰出思想家。他们开一代风气之先,形成了所谓的"芝加哥学派"。在过去的五十多年中,对法和经济学的研究是法律界最重要的发展,以经济学来分析法学问题已经成为美国法学院的主流学科和主导性研究方法。

对知识财产的经济分析,虽说可以从亚当·斯密这样的古典经济学家算起,并且至少在 20 世纪 30 年代就已经出现了像普兰特(Arnold Plant)这样的学者,他们明确、专门地以著作权和专利的经济方面为研究对象。但是一直要到 20 世纪 70 年代,知识产权的

译后记　　**539**

芝加哥大学法和经济学部分学者，自左下角按顺时针方向排列：肯尼斯·W.达姆(Kenneth W. Dam)、理查德·A.爱泼斯坦(Richard A. Epstein)、威廉·M.兰德斯(William M. Landes)、理查德·A.波斯纳(Richard A. Posner)、R. H.科斯(R. H. Coase)。

来源：www.law.uchicago.edu/Lawecon/introduction.html

经济分析才开始成为一种持续增长的现象。本书导论部分即以大量数据(在专利数量、知识产权专门律师、专业期刊、课程比例、论文数量、国际贸易收支等方面的增长)，真切地反映了这一过程和结果(第3页)。这里还有一个较为便利的统计。在Towse和Holzhauer汇编的知识产权经济学代表性论文中，共收录了自20世纪30年代以来的以英语发表的论文89篇。根据发表时间先后，依次为20世纪30年代(2篇，就是普兰特的论文[1])、50年代(3篇)、60年代(1篇)、70年代(6篇)、80年代(38篇)和90年代(39篇)。[2] 如果考虑到90年代的数量中包括了《新帕尔格雷夫经济学和法学词典》(*The New Palgrave Dictionary of Economic and the Law*, 1998)的5个词条和发表于2000年和2001年的各1篇，

---

[1] 关于普兰特的论文、观点和贡献，本书多有介绍。参见本书附录"作者索引"之Plant, Arnold。

[2] *The Economics of Intellectual Property*, Ruth Towse & Rudi Holzhauer ed., 2002.

则90年代的数据应当调整为32篇。所以,20世纪80年代应当算作知识产权法的经济分析的黄金时代,而为本书作者在知识产权法的经济分析方面奠定地位的那两篇代表作,也正是发表于这一时期。

当然,70年代关于知识产权的经济分析的论文,尽管数量与80年代相比较为悬殊,但也不乏扛鼎之作,比如史蒂文·布雷耶于1970年发表于《哈佛法律评论》上关于著作权的论文。[3] 当时的背景是美国国会正在考虑对1909年《著作权法》首次作出重大修订,而布雷耶检验了图书著作权在道德和经济上的合理性,并进一步考察了有关延长保护期限和扩大有关照相复印和电脑程序著作权保护范围的提议,但他的结论是,著作权不应废除,但其扩张并无必要,甚至是有害的。[4] 布雷耶发表此文时年仅32岁,系哈佛大学法学院助理教授,但就是这篇论文,不仅使他在此后获得哈佛法学院的终身教职,并且在23年之后,成为美国最高法院的第108位大法官。[5] 由此足见该文的分量,也可算作印证本书观点的一个例子,即创作者虽非根据知识产权亦可以从作品中获得可观收益(第60页)。

提及布雷耶是恰当的,因为从他的论文中可以明显地看到普兰特的影子,而兰德斯和波斯纳在本书中的观点又与布雷耶的论文相合。而且,本书许多内容的讨论就源于对1998年国会通过的《松尼波诺著作权保护期限延长法》的质疑,这也与布雷耶论文的背景相似。如果还要加上在网络环境下对著作权制度的怀疑性思考,其代表性人物可能就是劳伦斯·莱西格。[6] 也许基于这种意

---

[3] Stephen Breyer, "The Uneasy Case for Copyright: A Study of Copyright in Books, Photocopies, and Computer Programs", 84 *Harvard Law Review* 281—351 (1970).

[4] Stephen Breyer, "The Uneasy Case for Copyright: A Study of Copyright in Books, Photocopies, and Computer Programs", 84 *Harvard Law Review* 281—351 (1970).

[5] Paul Goldstein, *Copyright's Highway: From Gutenberg to the Celestial Jukebox* (1995).,参见该书中文本《著作权之道——从谷登堡到数字点播机》,金海军译,北京大学出版社,2008年版。

[6] Lawrence Lessig, *The Future of Ideas: The Fate of the Commons in a Connected World* (2002).

气相投,惺惺相惜,在莱西格对本书的评论中,明显可见他慷慨所予的许多溢美之词(参见本书封底)。这条线索既体现了知识产权法的经济分析学派不同时期的学术传承,也折射出这些研究者对知识产权制度的批判性思考。

我国学界在 20 世纪 90 年代中后期也有零星的法学或者经济学著述涉及知识产权法的经济分析,不过令人奇怪的是,即使以经济分析相标榜的作品,在具体内容和引证材料上亦未见有对上述这些经典作家和作品的介绍。而现在既可凭借网络之便,又有出版社、译者戮力同心,译介相关领域的经典著述,或可有助于状况之改观。

二

关于本书中若干语词翻译的说明。

首先就是"intellectual property""intellectual property rights"和 "intellectual property law"这三者如何确定其含义。一般而言,前两个词都可以表示"知识产权",因为 property 本身即有"财产(权)"之义。但在本书中,两位作者在使用这两个词时是有所区分的,亦即前者指作品、发明、商业标记等对象,后者系指在该对象上的财产权利,故此,译者相应译作"知识财产"和"知识产权",以示区别。但对于第三个词,则译作"知识产权法"(而不相应译作"知识财产法")。

其次是"copyright"的定译。众所周知,中国在 1990 年制定《著作权法》时,就对于究竟叫"著作权"还是"版权"发生过激烈的争论。尽管最后立法机关考虑种种情况,还是采纳了前者,但有一部分人为此愤愤不已,据说在 2001 年修订该法时仍试图改换法律名称。同样可以看到,在《民法通则》第 94 条和《著作权法》第 56 条中,把"著作权"和"版权"视为等同的。或谓,著作权法大致划分为欧陆的著作权法体系和英美的版权法体系,所以,在英美法中使用"copyright"只能是"版权"。事实上,随着英国在 1988 年的立法增加规定著作人身权的条款,尤其是随着美国在立法上也开始保护著作人身权(尽管只限于视觉艺术作品,参见本书第 10 章),但可以看到两大体系实际上也在相互接近,它们之间的区分已不是那么显著和重要。据此,译者把"copyright"译作国内较为通行的"著作权"。此外,本书也把"moral right"亦相应译作"著作人身权",而不取"精神权利"的说法。

还有就是几部重要法律的译名。例如,美国联邦商标法是"Lanham Act",通译为《兰哈姆法》,但本书译作《拉纳姆法》。理由是,该法系以众议院民主党议员弗里茨·加兰·拉纳姆(Fritz Garland Lanham)的名字命名的[7],因此,应当遵循人名之通译。查国内主要的译名词典,均将此译作"拉纳姆"。[8] 又比如,被公认为世界上第一部著作权法的是英国 1710 年的"Statute of Anne",本书译作《安妮法》,但坊间多将其译作《安娜法》《安娜法令》《安娜女王法》。实际上,该法是由英国议会通过之法律,因其全称(An Act for the Encouragement of Learning, by Vesting the Copies of Printed Books in the Authors or Purchasers of Such Copies, during the Times Therein Mentioned)太长,故以当时在位女王的名字命名,但并非王室命令。[9] 而当时的女王就是 Anne(1702—1714 年在位),系斯图亚特王朝最后一代君主。她的名字无论在历史学还是权威词典中,均译作"安妮",而不是"安娜"。[10] 再比如美国 1980 年的 Bayh-Dole Act 授权大学将政府提供资金而研究所得的成果,由各大学申请专利,被认为是促进应用性研究和专利产业化的一项制度创新。该法在此前多译作《拜杜法案》,但并不准确,因为它已经是一部国会通过的法律,而非最初提议的法案,并且不符

---

[7] 薛波主编:《元照英美法词典》,法律出版社 2003 年版。"Lanham Act"条目。

[8] 例如,新华通讯社译名室编:《世界人名翻译大辞典》,中国对外翻译出版公司 1993 年版;新华通讯社译名资料组编:《英语姓名译名手册》(第二次修订本),商务印书馆 1996 年版。

[9] 参见金海军:《知识产权私权论》,中国人民大学出版社 2004 年版,附录 1。

[10] 参见蒋孟引主编:《英国史》,中国社会科学出版社 1988 年版,第 398—399 页;金志霖:《英国国王列传》,东方出版社 1998 年版,附录"1066 年以来的英国国王";钱乘旦、许洁明:《英国通史》,上海社会科学院出版社 2002 年版,附录一"英王世系简表";陆谷孙主编:《英汉大词典》,上海译文出版社 1989 年版,"Anne"条目。即使从通常的英语人名看,与"安娜"相对应的也应当是 Anna。

合通常的人名翻译(或者其缩略)。本书译作《贝赫—多尔法》。

译者指出这些,并无苛责之意,但从中确也反映出当初国内相关学者在介绍基本制度和理论时,那种急切、急躁之情,他们甚至都顾不上查一下通行的词典,或者相关学科的通例。译者深知译事艰辛,非亲身经历无以品味,但还是要把以往的一些不足之处指出来并加以订正,知我罪我,唯求心安。

当然,译者看到那些准确优美的译文,也常常不自禁地击节赞叹。比如本书作者在说明合理使用问题时所举的莎士比亚剧本的例子(边码第58—59页),节选了《安东尼奥与克莉奥佩特拉》第2幕第2场的一段描写。译者曾试图自译,终觉难以达意,这也正说明了本书在讨论思想与表达时,将作品分为想象型作品和论证型作品这两类作品的合理性(边码第93、96页)。当译者找来朱生豪的莎士比亚全集中译本(完成于20世纪40年代)时,相比之下,直接引用朱译显然才是最经济和最明智的。这也算是合理使用的另一个实证依据吧!

不过,在这里有必要指出的是原著的行文风格。两位作者在保持法律用语的严谨之余,在结构安排和遣词造句方面十分活泼,尤其是当中的大量比喻和俗语,读来令人生趣。甚至有些如果翻译成中文,恐难登大雅之堂,比如"play dog in the manger"。这也是译者喜爱本书的一个原因,并且推荐有条件的读者可以找原著一读。

最后还应当指出,本书集两位作者在知识产权法研究之大成,近乎涉及知识产权法的各个领域。而且,本书既以经济学和法学相跨,作者在说明知识产权法相关问题时又广征博引,所以,书中大量涉及微观经济学、政治经济学、计量经济学和统计学知识和应用,也有诸多文学艺术和电影戏剧方面的典故。这一方面固然显示了作者的博学多才,另一方面也对译者构成重大考验。

三

译者最早阅读两位作者关于知识产权方面的论文是在2001年下半年,其时一边留校任教,一边为博士论文答辩后的整理扩充准备资料。某日从他文注释处看到有该两位作者的论文《商标法：一个经济学的视角》，载《法和经济学杂志》，另一文是《著作权法的一个经济分析》，载《法律研究杂志》，发表时间分别是 1987 年和 1989 年。其时心中惊喜不已，一则以惊，自己研习知识产权法学多年，竟未知有此宏文，遑论读过；二则以喜，深以为可以将之译介到中国来，以慰同好。尽管此时距作者发表已逾十余载，国际社会和包括美国、中国的知识产权制度已有相当变化，但细读之下，仍觉其中观点和方法值得学习，且颇有启发。

时值刘春田教授主编的《中国知识产权评论》正在为第 2 卷组稿，其中一篇就是上面所提到的 1987 年《法和经济学杂志》发表之商标法论文。该文由台湾中国文化大学林柏杉翻译为中文，刘师指定由本人校核（原文经由作者重大修订后收入本书第 7 章，译者在翻译时对林译有所参考）。另一篇著作权方面论文，虽在校内外图书馆查找并通过 Lexis 检索原文，竟然久觅无着。幸而黄海峰博士其时在哈佛学习，遂托其办理，海峰不久即将此文复制件寄到，译者得以尽早读完。

说来也是机缘巧合。2003 年 10 月，北京大学出版社贺维彤、毕竞悦到访，问能否翻译一本知识产权方面的英文著作，拿出样书来一看，正是本书的英文原版，其时该书在美国上市也不过数月。他们的效率与译者知道并找到那两篇论文的效率相比，可谓神速。当即同意翻译，并着手研读、初译。

译者虽已不是初生牛犊，但还是全然不畏山中有虎，反觉乐在其中，渐译渐进。不过，真正的困难亦随之而来，这也正是翻译和阅读或者写作的差别。阅读原著可以只知其义，无须一字字地抠，更不必将之完全表达为另一种文字；写作时，表达亦全在自己，路遇虎狼挡道，绕道可也。翻译尽管有原文作为依据，但译者必须忠实于原文，即使遇有难以理解、难以表达之处，亦须相应化解。顺便一提，在 20 世纪 80、90 年代通行的"编译"，恰恰就是一种取巧的做法。

所谓真正的困难就是在校译阶段，因为必须克服在初译时所留的硬骨头。此际承蒙北京大学法学院知识产权专业博士生刘晓春和北京大学出版社编辑王晶细读全稿，并与原文逐行对照，发现了初校稿中的多处误漏。她们的作用是无可替代的,使译者得以及时更正补漏,大大降低了错误成本。

译者也曾通过面谈和电邮方式,多次向美国专利律师杰克(Jack Haken)求教。其中的问题不光涉及美国司法制度和知识产权制度中一些非常具体的规定和实践,也有关于专利技术和文学艺术等方面的知识。比如原文一处注释提到"a glimpse of alfalfa",光看原文的上下文,很难理解 alfalfa 究竟是什么意思。杰克推测可能是 20 世纪 30 年代美国童星卡尔·斯威策(Carl Switzer),循此线索一查,果然如此。

译者对以上诸位的帮助深表感谢!

四

译者一向认为,原文著述乃一独立作品,翻译者只在于从头至尾忠实地把一种语言创造性地转换成另一种语言,不应在译文译著中有所发挥,"夹带私货",甚至不应加译者序之类的东西。翻译者的意见感想尽可以在他处发表,以免破坏读者自己的阅读、判断和感受。尽管译者刻意将此文放于本书最末处,恐怕仍不免被讥为蛇足。但是,译者此次出于交代相关背景、说明专门术语之需,也为了对贡献者表达诚挚谢意,故虽觉不妥,仍执意记之。

金海军
2005 年孟春于中国人民大学